T0204180

Contemporánea

Guillermo Cabrera Infante (Gibara, Cuba, 1929 - Londres, 2005) es uno de los escritores de habla hispana más grandes del siglo xx. Director de la Cinemateca de Cuba de 1951 a 1956, fue crítico de cine, director del Consejo Nacional de Cultura, subdirector del diario cubano *Revolución* y director del suplemento cultural *Lunes de Revolución*. Durante el primer gobierno de Fidel Castro (1962-1965) fue agregado cultural de Cuba en Bruselas, pero las discrepancias con el régimen cubano le llevaron a abandonar su cargo diplomático y asilarse en Londres. Sus obras conforman un friso de La Habana prerrevolucionaria y muestran su ideario literario, basado en el goce estético, el erotismo, el humor y la parodia, así como en un dominio del lenguaje sin par en nuestro idioma. Fue el primer escritor latinoamericano que trabajó de guionista en la industria de Hollywood, e impartió clases en las universidades de Virginia y West Virginia. En su obra destacan los volúmenes de relatos *Así en la paz como en la guerra* (1960), *Delito por bailar el chachachá* (1995) y *Todo está hecho con espejos: cuentos casi completos* (1999); las novelas *Tres tristes tigres* (1967), *La Habana para un infante difunto* (1979) y *La ninfa inconstante* (2008); las recopilaciones de críticas cinematográficas *Un oficio del siglo xx* (1963), *Arcadia todas las noches* (1978) y *Cine o sardina* (1997); el ensayo *Puro humo* (2000); los libros de carácter autobiográfico *Cuerpos divinos* (2010) y *Mapa dibujado por un espía* (2013), ambos publicados póstumamente, y las recopilaciones de artículos *Vista del amanecer en el trópico* (1974), *O* (1975), *Exorcismos de esti(l)o* (1976), *Mea Cuba* (1992), *Mi música extremada* (1996), *Vidas para leerlas* (1998) y *El libro de las ciudades* (1999). En 1997 fue galardonado con el Premio Cervantes.

PREMIO CERVANTES

Guillermo Cabrera Infante

Cuerpos divinos

DEBOLS!LLO

Papel certificado por el Forest Stewardship Council®

Primera edición: septiembre de 2021

© 2010, herederos de Guillermo Cabrera Infante
Todos los derechos reservados
© 2021, Penguin Random House Grupo Editorial, S. A. U.
Travessera de Gràcia, 47-49. 08021 Barcelona
Diseño de cubierta: Penguin Random House Grupo Editorial / Sergi Bautista
© María Corte, por la imagen de cubierta

Printed in Spain – Impreso en España

ISBN: 978-84-663-5594-0
Depósito legal: B-9.074-2021

Impreso en Liberdúplex, S.L.U.
Sant Llorenç d'Hortons (Barcelona)

P 3 5 5 9 4 0

Nota de los editores

La versión de *Cuerpos divinos* que aquí se publica corresponde al último manuscrito de un libro en el que Guillermo Cabrera Infante estuvo trabajando, con largas interrupciones, desde su estancia como agregado cultural de la embajada de Cuba en Bruselas hasta sus últimos días. Así lo atestiguan los folios encontrados con el membrete de Kraainem, el municipio en el que residía con Miriam Gómez desde 1962, que se corresponden fielmente con las primeras páginas del libro que el lector tiene ahora en sus manos.

Como consecuencia de sus largos años de exilio y de la enfermedad que le aquejó desde 1972 –un trastorno que le obligó a someterse a dieciocho sesiones de electroshock–, el método de trabajo de Cabrera consistía en largas elaboraciones de una misma historia, que luego corregía una y otra vez, bien sobre el mismo manuscrito, bien en infinidad de cuadernos y hojas sueltas, con una caligrafía grande que a veces le servía para desarrollar una simple frase o para anotar una cita que posteriormente incorporaría al libro.

Lo que se recoge aquí es, pues, la versión mecanografiada y más acabada de una larga secuencia de un libro que podía haber tenido muchas más o muchas menos páginas según la voluntad de un autor que, por desgracia, ya no está entre nosotros para ofrecernos su texto definitivo. Sin embargo, el interés de estas páginas, su enorme valor testimonial, justifica la aparición a la luz pública de lo que, en sus propias palabras, quiso ser «una novela y sólo fue una biografía velada».

Todos los personajes son reales.
Sus nombres son los de la vida real. La historia
ocurrió de veras.
Así, sólo el libro –esas páginas blancas
impresas con letras negras, la pasta del lomo,
la cubierta abigarrada–,
sólo el libro es ficticio.

PRIMERA PARTE

Fit as a fiddle que es todo lo opuesto a listo para la fiesta. *Fit as a fiddle* que es vivo como un violín y no violento como una viola. *Fit as a fiddle and ready for love, riddle for love* que es vole, volé (ve olé), *randy for love and feet as two fiddles* musicales, y se hizo el destino un desatino porque el hado organiza más mal que la suerte, que se ordena mejor que una frase, *Fit as a pit*. Iba cantando en buen tiempo y no solo, sino con Raudol al lado, cantando ahora a la rubia cuando la miré todavía sin haberla visto, mi órgano sin registro tocando sonatas Würlitzer antes de comenzar la función, *organ in the pit*, piano en el pozo, en el foso con toda esa luz de tiza arriba, al lado, al frente, violenta sin hacerse violeta por lo menos en horas.

Fue entonces que la vi sin haberla mirado, sin realmente haberla mirado, sin mirarla apenas y vi que era rubia, rubia de veras aunque parecía pequeña, pero aun sin medirla sabía que estaba hecha a mi medida. ¿Qué buscaba ella? No a mí, ciertamente, porque tenía un papel, un papelito, como un billete suave, en la mano y miraba a cada puerta, cada fachada, cada frontis de ese edificio, y me ofrecí a salvarla de su extravío, esa niña en el bosque de concreto buscando tal vez el absoluto relativo a los dos.

Hay momentos en la vida –yo lo sé– en que el alma está vacía, el corazón desolado y todos esos clichés no sirven para demostrar ese estado de ánimo que una canción americana define como *I'm ready for love*: listo para el amor sería la traducción pero apenas sirve para mostrar cuándo uno tiene el espíritu y el cuerpo (no hay que olvidar el cuerpo) abiertos al amor. Yo conozco ese estado particular y sé que el que busca encuentra. Así, no me extrañó haberla encontrado ni el amor que ella despertó en mí: más me extraña lo fácil que pude no haberla encontrado o lo fácil que fue el encuentro.

Creo que yo la vi primero. Puede ser que Raudol me diera un codazo, advirtiéndome. Salíamos de merendar y de hacer un dúo de donjuanes de pacotilla en la cafetería que está debajo del cine La Rampa. Cogimos por el pasillo que sube y entra al cine y sale a la calle 23 y por el desvío (¿por qué no salimos directamente a la calle?) atravesando el pasadizo lleno de fotos de estrellas de cine y frío de aire acondicionado y tufo a cine, que es uno de los olores (junto al vaho de gasolina, el hedor del carbón de piedra ardiendo y el perfume de la tinta de imprenta) que más me gustan, esa maniobra casual puede llamarse destino. No recuerdo más que sus ojos mirándome extrañada, burlona siempre, sin siquiera oír mi piropo, preguntándome algo, dándome cuenta yo de que buscaba alguna cosa que nunca había perdido, pidiéndome una dirección. Se la di, la hallé y se la di. ¿Se sonrió o fue una mueca de burla o me agradeció realmente que buscara, que casi creara los números de la calle para ella? Por poco no lo sé jamás.

Raudol puso su Chrysler a noventa por Infanta y llegando a Carlos III se emparejó a un Thunderbird rosado y sonó el claxon. La mujer que iba dentro miró y sonriendo dijo algo. Raudol le hizo señas de que doblara a la derecha y parara. Nos detuvimos detrás de ella. Se bajó, se puso a hablar. Hablarían diez, quince minutos o nada más que tres, pero me estaba cansando ya. Menos mal que dejó el motor encendido y que el aire acondicionado mantenía el carro fresco dentro, aunque afuera el sol de junio, al ponerse, encendía las copas de los flamboyanes y las flores rojas eran otro incendio vegetal sobre las ramas. Se reía todavía cuando volvió después de apretar el brazo rosado que salía fuera como si fuera un extra del carro. Haló la antena. Recorrió con la mano el cuje de metal y dejó un dedo sobre la punta. Para esperar el veintiséis, gritó a la otra máquina o al brazo, que hizo un gesto que en cubano quiere decir

«Eres tremendo, muchacho». Montó y arrancó tocando –y ésa es la palabra porque oí las siete, quizá las ocho primeras notas de *La Comparsa*, una a una– el claxon. Dio la vuelta doblando en U a toda velocidad frente al semáforo y saludó al policía con la mano al pasar y tal vez con el letrero de PRENSA en el parabrisas delantero y atrás.

–¿Viste?

–¿Qué cosa?

–Lo que le grité del veintiséis ahí en la esquina con su guardia y todo.

–No entiendo.

–El radio, hombre.

No entendía. El radio estaba encendido, como siempre, y ahora el locutor recordaba sedosamente después de haber dejado oír un disco popular que no recuerdo. Dedíquenos un botón en la radio de su auto, señor automovilista, por favor.

–No entiendo.

–La antena, chico, la antena. Para coger la Sierra, viejito.

–Qué bien.

Ahí estaba Ramón Raudol, vestido con su camisa de polo color crema, en pantalones beige tenue y mocasines castaño oscuro, siempre bien peinado, siempre con calobares verde botella de día, siempre con un Rolex: siempre elegante y siempre deportivo y siempre conspicuo. Vino de Europa por caminos torcidos. Era español y salió huyendo de España, de Madrid, no sé por qué, aunque él siempre dijo que fueron causas políticas. Contaba que de España pasó a Francia y no sé cómo apareció en los juicios de Nuremberg como MP. De qué manera dejó el escenario en que se montaba el crepúsculo de los dioses sobre el banquillo y vino a Cuba, es algo que solamente un computador IBM podría estricar: el método de una madeja concéntrica de mitos, mentiras y medias verdades. Un día, por broma, Darío Milián cogió lápiz y papel y anotó una a una las aventuras contadas y sumó. Raudol tendría dos años más que yo, quizá tres, pero el total de sus proezas daba sesenta años y lo convertía en un Dorian Gray errante, que dejaba la huella de los años fijada en sus hazañas mientras permanecía eternamente joven en una encarnación de la idea platónica del Héroe. Sin embargo, muchos de sus cuentos eran ciertos y en ellos se mezclaban el heroísmo y el ridículo a partes iguales. Era el protegido del director de la revista, que fue alumno de su padre en Madrid. Creo que su padre era un notable científico español –aunque Unamuno dijera que hay una *contradictio in adjecto* en los términos. Raudol no heredó el amor por la ciencia, sino un odio a lo exacto, que puede ser o no ser su contrario. Hace seis meses estuvo preso como cosa de dos meses. Todo el asunto es muy turbio y por primera vez Ramón no fue explícito. Dicen que sorprendió en su apartamento a un conocido galán de la televisión ejerciendo ex cátedra su *glamour* con la mujer de Raudol, que era también estrella de la televisión y del radio y que es una muchacha encantadora, que hablaba en arrullos mucho antes de que Marilyn Monroe se hiciera famosa y tenía una belleza exuberante que hacía al vestido lo que hace la vegetación tropical de la isla al paisaje, que lo desborda. Nunca creí este cuento, pero no hay otro. Lo cierto es que el actor tenía como padrino (las mismas voces que lo situaban en el apartamento de Raudol con su mujer, lo describen en su estudio de soltero, sentado a los pies de su protector, que le acaricia la cabellera fotogénica, mientras oyen la grabación diferida del programa en que el galán es el héroe romántico de mujeres que se llaman Laura de Montesinos, Julieta Montemayor o Virginia de Alvear) a un magnate poderoso y de pronto hubo pistolas en el cuento y la policía ocupó el arma como perteneciente a Raudol. Automáticamente cayó entre los delincuentes de la Ley contra el Gangsterismo, que era una ley hecha para que nadie más que los gángsters pudiera portar armas. Aquí hizo el ridículo y creo que por primera vez lo supo. Cuando el ataque al cuartel de Matanzas (que fue, exactamente, otra matanza, para cerrar el ciclo de los avatares de un nombre: la ciudad se llama así para conmemorar una carnicería gratuita de indios que se hizo en los primeros tiempos de la colonización) fue como fotógrafo, ya que entre sus habilidades estaban no sólo la de haberse hecho crítico de cine en seis meses, que no es cosa difícil, sino un gran reportero, un mediano escritor y un buen fotógrafo en menos tiempo de lo que le costó aprender a decir *servesa, grasia y cabayeros* –cosa que siempre le reprochaba como arribismo lingüístico el director de la revista. Raudol hizo muy buenas fotos y entre ellas había dos, una de un muchacho asustado, herido, tirado en el suelo, con las manos amarradas, y otra del patio del cuartel en que rodeaban el camión atacante los cuerpos de doce rebeldes muertos. Un capitán del cuartel mató al herido y lo añadió a los doce muertos y tomaron otras fotos. Alguien se dio cuenta de que Raudol había hecho fotos antes y después y le pidieron el film, y Raudol, que pertenecía a la Asociación de Prestidigitadores de Cuba, sacó el rollo que era y con un juego de manos lo transformó en el rollo que no era y lo extrajo a todo lo largo, a la luz, velándolo. Después lo entregó al coronel de la guarnición, que tenía nombre de mujer y que era de una crueldad más allá de la mujer y del hombre, porque no era humana –y Ramón lo sabía, todos lo sabíamos. Algunas de esas fotos, por un acto de prestidigitación periodística, aparecieron en *Life* con un título que decía «The Mistery of the Thirteenth Corpse», que quería decir que desvelaba el misterio del cadáver número trece, y fue un escándalo político. Ramón se tuvo que esconder dos o tres semanas, pero habían pasado dos años y ahora tenía una máquina nueva, grande, con aire acondicionado, y siempre pagaba él cuando invitaba. No era sólo eso. Ramón era tan falso y tan verdadero como su acento, que tanto podía ser el de un español que quería hacerse pasar por cubano como el de un cubano que se hacía el español, y que en él se hacía auténtico y necesario y dúctil. Además me fascinaba su éxito con las mujeres, con el dinero, con la vida.

–La cojo todas las noches.

–¿Sí?

–Entra clarita, clarita. No tengo más que salir a la carretera, a Guanabo, a Cantarranas o al Cotorro y en el camino la oigo. A veces paramos el carro y la oímos tranquilos y como siempre voy con alguna chiquita, puedo disimular con arrumacos.

A veces dejaba caer en la conversación un término español que lo cogía a uno de sorpresa, lo hacía perder el balance y uno oscilaba entre la noción de que tenía enfrente a un extranjero aplatanado o a un pedante nativo y finalmente aceptaba su forma de hablar como un estilo.

Llegamos a la revista, me dejó en los bajos y arrancó de nuevo.

—Me voy al noticiero.

Había aprendido a decir noticiero en vez de noticiario. No lo vi irse y saludé al guarda jurado en la puerta, pero en vez de entrar di media vuelta y cogí un taxi en la esquina.

—Quiay.

—¿Adónde?

—A Infanta y Malecón.

—¿Cómo anda la cosa?

—Igual que siempre.

—¿Qué se sabe de la Sierra?

—Yo no sé nada. Pregúnteme de cine, de las películas que ponen o de qué artista se casó con quién y le digo enseguida.

Era el chofer que estaba siempre en la esquina. Decían que era un chivato o un 33.33 o un confidente de Ventura, no sé. A mí siempre me parecía un prodigio sexual —al menos en sus cuentos. Me contó que vivía con una mujer, dura ella, pero sabrosa, que tenía una hija que era un cromo y se estaba acostando con las dos. Primero la mujer, la madre, brava ella, protestó, porque los cogió a los dos en su cama y quiso pegarle a la hija, pero él le dijo, Cabrona, después que tú misma la enseñaste, y la botó de la casa. Por la madrugada, la mujer vino y le pidió que la dejara dormir en su cuarto porque, si no, tendría que dormir en el parque. Ahora la cosa estaba arreglada, pero estaba viendo a ver cómo se acostaba con las dos a un tiempo y vamos a ver si las ponemos a hacer sus cositas y eso, aunque eso es más difícil. Tenía la cara tostada, de estar todo el día sentado al timón y darle el sol en la cabeza, quizá cuando niño fue rubio. Con los ojos siempre rojos, irritados, y con el tabaco sempiterno en la boca, parecía un pez sin nombre que mordiera una carnada eterna. Lo llamábamos Desade.

—Mira eso que va por ahí, chico.

Sacó la cabeza fuera del auto para mirar a una mulata grande y gorda que Rubens habría agregado a su esbozo de *Los Negros*.

—Muy buena, tú, muy buena.

No le dije nada y aproveché para pagarle.

—Deja eso para luego.

Siempre estaba empeñado en cobrarme luego, que era una ocasión que posponía cada vez. Creo que quería que le debiera si no un favor, por lo menos dinero. Insistí, porque ya ir en su máquina era bastante cómplice. Además, quería bajarme rápido y si no le pagaba tendría que despedirme con un hasta luego amable y largo, y con alguna íntima posdata: un café en la esquina, mirar otra mujer los dos.

—Aquí en la esquina.

—Pero esto no es Malecón e Infanta.

—Está bien aquí.

—Compadre, usté siempre apurativo.

Me bajé y corrí hasta el autobús que llegaba a la esquina, porque la había visto.

—No coja ése.

Oí que mi voz sonaba rara y con una autoridad no deseada. Ella me miró con el mismo aire extrañado, pero de veras sorprendida, sin burla esta vez.

—¿Cómo?

—Que no coja ese autobús.

¿Fue mi decisión a su pregunta, a nuestras miradas, lo que hizo que bajara la mano que casi agarraba la manilla, diera un paso atrás y dejara ir el carro? Luego ella me explicó que nunca supo por qué lo hizo.

—¿Qué usted quiere?

—¿No se acuerda de mí?

—Sí, de ahorita cuando buscaba la dirección.

—¿Encontró lo que buscaba?

—Sí, era una oficina en que pedían una muchacha como recepcionista.

–¿Le dieron el trabajo?

–No, porque tenía que saber mecanografía, aunque sea un poco.

–¿Y usted no sabe?

Estábamos en la esquina, en el mismo lugar, casi todavía yo saliendo de la máquina y ella aún con el gesto o con la huella, el recuerdo del gesto de subir al autobús, mirándonos a los ojos. La gente salía de las oficinas, de los comercios, del trabajo, y los autobuses doblaban de la calle 23 hacia Infanta y de Infanta a 23, llenos, ladeados por el peso, soltando humo y ruido y aire caliente, dejando estrías profundas en el asfalto blandito. Las máquinas rodaban Malecón arriba Malecón abajo y algunas doblaban para coger 23, esquivando las pesadas curvas de las guaguas. El bar El Gato estaba abarrotado, con gente bebiendo en la barra y jugando al silo añadiendo al ruido del tránsito y al parloteo de la terraza y el bar, el crótalo de los dados en el cubilete, el golpe seco sobre la madera al vaciar el vaso de cuero con dramatismo de jugador y el rodar de los cinco cubos de hueso sobre el mostrador. A veces, el silbido de la cafetera siseaba por sobre el barullo y se oía a la gente pedir café y pagarlo y tomarlo en el puesto de la misma esquina.

Nosotros no oíamos nada como no veíamos el sol ponerse en la tarde de julio, serena, rápida y ámbar arriba en el cielo y sobre el mar.

Decidimos caminar. Creo que lo decidimos los dos sin decir nada. Lo cierto es que cuando vine a ver cruzaba la calle 23 para caminar por la acera del Ministerio de Agricultura y debajo de los pinos nuevos doblar por O arriba y caminar más allá de la entrada al Nacional, bajando la calle ahora llegamos hasta la placita que está frente al parque del Maine y nos sentamos en los (duros) bancos de mármol. Estuvimos conversando mientras la prima noche se hacía segunda, casi un conticinio excepto por nuestra conversación en voz baja y el rumor aledaño de los autos que pasaban por el Malecón. ¿De qué conversamos? De nade- rías, seguramente, ya que no recuerdo exactamente la ma- teria de la conversación, sólo su tono, que se fue haciendo más íntimo hasta que en un momento dejamos de hablar.

Ahí estaba ella, debajo de la luna, su cara llena de luna plena, belleza lunar sin historia, muchacha temprana. Esto es como un sueño, creo que dije. Pero lo que dije de veras fue lo juro por la luna y ella casi me dijo no jures por la in- constante luna. El sonido inconstante fue mío. Pero ahí se- guía su cara. Ella, que estaba de cara a la luna, la luz refle- jada de la luna reflejando en su cara, sus grandes redondos ojos glaucos recibiendo ahora la luz de la luna, su nariz más pequeña que cuando vista al sol, su boca de cupido corito y su barbilla que completaba su cara de luna a la luz de la lu- na. De pronto hubo una nube, hubo un oscurecer de la luna, hubo un eclipse en su cara y ella se rió al decir: ¿Ya ves? Que quería decir claro nunca jures por la luna, que es inconstan- te, que es un bolero. Eso es lo que ella quería decir pero sólo dijo ¿Ya ves? Casi como queriendo decir, ya ves.

La luna debía estar brillando en alguna parte del cielo pero no nos importaba mientras yo la miraba intensamen- te y allí en la media oscuridad ella me devolvía la mirada: ya yo estaba enamorado y al imaginar que la tomaba entre mis brazos y la besaba y al hacer la imaginación real con sólo alargar un brazo y pasarle un dedo por el dibujo de la barbilla me incliné hacia ella, que no dijo nada, que no se movió, que no devolvió mi beso pero lo permitió, y luego cuando insistí sentí que ella también me besaba. Nos estu- vimos besando, tiernamente, sin la urgencia de la pasión, hasta que ella se detuvo, se reclinó hacia atrás y dijo:

—¿Qué hora es?

Yo miré el reloj y vi que eran casi las nueve.

—Las ocho y media.

—Me tengo que ir.

—¿Por qué ahora?

—Debía estar en casa hace horas.

—¿Te esperan para comer?

—No, no hay nadie en casa, pero a lo mejor mi madre

llama. Ella sabía que yo venía a buscar ese trabajo y que regresaría temprano. Ella está de turno esta noche, de seis a doce. Tú sabes, ella es enfermera.

Ah. No lo sabía, claro que no lo sabía, sabía muy poco de ella, solamente que era inteligente y muy diferente a las otras mujeres que conocía entonces. Ella se levantó y al hacerlo, todavía sin levantarse del todo, le pregunté por qué no se quedaba un rato más y me dijo que no podía pero que yo podía, si quería, acompañarla hasta su casa.

En vez de regresar a Infanta y 23 para coger el autobús, caminamos hasta 23 y L a buscar la ruta 32. Por el camino le cogí la mano y ella lo permitió, por lo que caminamos muy lentamente hacia arriba primero, después O hacia abajo y finalmente Rampa arriba hasta encontrar la calle L junto a la fabricación del edificio que luego sería el Habana Hilton. No tuvimos que esperar mucho: la 32 venía casi vacía y nos sentamos detrás, cerca de la puerta trasera. Todavía recuerdo cómo el aire que entraba por la ventanilla movía su corta melena rubia, ella sin decir nada, mirándome o mirando hacia la calle. Ni siquiera recuerdo cuándo pagué al conductor, solamente recuerdo de ese viaje su cuello largo y bien dibujado bajo la melena y su mirada de ojos casi amarillos como reflejando el color de su pelo. Hicimos un largo viaje por toda la Quinta Avenida hasta el paradero de la ruta 32, y al bajarnos los últimos ella me avisó que todavía teníamos que caminar y caminamos por entre los cabarets de la playa, muy temprano para estar en su esplendor y muy tarde para encontrarlos cerrados, hasta coger la avenida de Santa Fe y un poco más allá de la entrada del Biltmore internarnos por las calles laterales, allí donde todavía no había nada edificado, solamente la parcelación, y caminar en dirección del río Quibús hasta que llegamos a una casa oscura pero nueva, no muy grande, que era su casa.

—Llegamos —dijo ella, abriendo la puerta con su llave.

Creí que me iba a dejar entrar pero se detuvo en la puerta, aguantando la hoja con la cadera, lista para despedirse.

—Tengo algo que decirte —le dije.

Había tenido algo que decirle toda la tarde pero no me decidía a hacerlo o no. Ahora me decidí: era importante conocer su reacción.

–¿Sí? ¿Qué es?

Mi timidez me ayudó a dar el salto.

–Yo soy casado.

Ella apretó los labios hasta hacerlos casi una sonrisa.

–Vaya –dijo–, pero me lo temía.

La otra versión del recuerdo es que le dije que era casado cuando todavía estábamos sentados en el parque y que al regresar a La Rampa la dejé esperando en la calle un momento mientras buscaba un teléfono público. Debí decirle que iba a llamar al trabajo y ella debió saber a quién iba yo a llamar: a mi mujer, que estaba sola en la casa (mi madre se había llevado a mi hija de vacaciones al pueblo) con catarro. Casi me dio pena la voz ronca que me respondió y a la que dije que me quedaba trabajando hasta tarde en la noche. Ella dijo: trata de venir temprano que me siento muy mal. Colgué diciendo que sí, que estaba bien.

–Tenía que decírtelo –le dije–. ¿Es tan importante?

–Eso debes saberlo tú –me dijo ella.

–Quiero decir para ti.

–Podría decirte que no cambia nada porque me lo temía tanto que casi lo sabía, pero también que lo cambia todo.

–¿Todo?

–Todo.

–No, no debes decir eso. No cambia nada. Todavía somos tú y yo.

–Eso es para ti. Pero mejor dejamos para otro día esta conversación.

Ella cerraba la puerta: Elena cerraba la puerta. (Ésa es otra cosa. ¿Cuándo nos dijimos los nombres? ¿Durante la larga conversación en el parque en que me deslumbró su inteligencia? ¿O tal vez antes, frente a El Gato, casi acabado de conocernos?)

–Estoy muy cansada.

–¿Cuándo nos vemos?

–No sé.

Afortunadamente ella, antes de cerrar del todo la puerta, añadió:

–Di tú.

–¿Mañana?

–Está bien. Mañana.

–Por la tarde.

–Está bien.

Era viernes ese día. Al otro día, sábado, yo trabajaba nada más que medio día: prácticamente iba nada más que a cobrar.

–¿Dónde?

–Di tú.

–En 12 y 23. A las cuatro.

–Está bien –dijo ella y acabó de cerrar la puerta.

No hubo un beso de despedida y yo me quedé mirando la puerta cerrada que era como todas las puertas cerradas. Ahora sabía que no la vería más.

Pero al otro día, antes de las cuatro, ya estaba cogiendo sol en la acera del Atlantic, mirando para 23 y 12 para ver si venía o no. Dieron las cuatro en mi reloj y las cuatro y cinco y las y diez. Decidí esperar hasta las cuatro y media y ahora crucé la calle y pasé a la acera de la sombra. Antes de llegar a la otra acera la vi venir desde la esquina, caminando con su paso tan femenino que se haría característico en su lentitud sabrosa y luego pasaría a ser inolvidable. Venía vestida con un vestido floreado (no recuerdo si era seda o algodón) que le llegaba un poco más arriba de los senos y allí terminaba en un escote completo que dejaba casi sus pechos al aire mientras sus hombros desnudos sostenían las dos tiritas multicolores que colgaban el traje al cuerpo. Estaba *ravishing,* que es el adjetivo que más se ajusta a su recuerdo, ya que decir arrobadora es decir poca cosa de la frescura de su cara, de la línea perfecta de sus labios pintados para levantar su boca carnosa, de sus ojos levemente maquillados, ahora más grandes y redondos y amarillos que anoche: su cabeza casi perfecta enmarcada por la melena rubia para coronar aquel cuerpo al que la juventud añadía una animalidad rampante. Me sonrió. Yo también le sonreí pero tenía ganas de reírme en triunfo: ella estaba allí. La cogí por un brazo y sentí su piel suave y estirada bajo mis dedos ávidos.

–¿Qué tal?

–Muy bien, ¿y tú?

–Yo bien. No iba a venir, tú sabes.

–Pero ¿por qué?

–Hablé con mi tío. Yo lo hablo todo con mi tío y me dijo que cuando un hombre le dice a una mujer que es casado para empezar es que ese hombre no tiene buenas intenciones.

–¿Y cómo sabe tu tío mis intenciones?

Mientras hablaba la llevaba por la calle 10 rumbo a 17, sin siquiera decirle todavía dónde iríamos.

–Él no las sabe. Yo no las sé. ¿Cuáles son tus intenciones?

Me demoré más de un segundo en contestar.

–Yo no las sé tampoco. ¿Qué son intenciones?

–Lo que tú quieres hacer conmigo.

–Pero eres tú la que estás haciendo conmigo: estoy enamorado de ti y tú no lo estás de mí. Me llevas ventaja.

Ella no dijo nada en principio, luego casi musitó un tal vez o casi lo oí yo decírselo.

–¿Adónde vamos?

–A El Atelier, aquí cerca. ¿No te parece?

–Pensé que íbamos a ir al cine.

–¿Quién quiere ir al cine cuando puede estar contigo en la misma oscuridad pero sentados frente a frente, mirándose a los ojos?

¿Le dije yo realmente esa parrafada o me la estoy inventando ahora? Qué importa. Lo importante es que ella iba a mi lado, rumbo a El Atelier, que era un *night club* abierto por las tardes, y no había puesto objeción alguna. Ella debía –tenía que– saber a qué se iba a El Atelier además de a bailar. Si no lo sabía (lo cierto es que lucía muy joven, inocente, esa tarde, a pesar de la madurez de su cuerpo), pronto iba a saberlo. Cruzaba yo las calles muy orondo con ella y al mismo tiempo cuidando de no atravesar ningún grupo de hombres en las esquinas.

—Hoy tengo que regresar temprano, tú sabes.

—¿Sí?

—Sí. Mi madre tiene el día libre.

—¿Y adónde le dijiste que ibas?

—Le dije que iba a salir con una amiga al cine. ¿Por qué?

—No, por nada.

Habíamos llegado. Afuera había un anuncio imitando una paleta de pintor al tiempo que avisaba que por las noches tocaba allí Frank Emilio. Entramos. De pronto estuvimos en otra dimensión, abriéndonos paso por entre la oscuridad del club, evitando chocar con las pocas parejas que bailaban, caminando rumbo a una mesa libre. Nos sentamos y ella tuvo un leve temblor y se quejó del frío del aire acondicionado. Para mí era una delicia pasar del calor de horno húmedo de la calle al frescor del club, pero ella estaba vestida para la calle mientras que yo llevaba saco y corbata. Pronto vino un camarero y nos preguntó qué queríamos beber y yo a mi vez le pregunté a ella qué quería beber y dijo que no sabía, de momento, no sabía.

—Bueno —dije yo—, dos daiquirís.

Ella hizo un gesto como que estaba bien y al quedarnos solos, alumbradas las caras por la lucecita encima de la mesa, escasa y distante, le cogí una mano. Sus manos eran lo menos perfecto de su cuerpo, ya que eran cortas y gordas, pero a mí no me lo parecieron entonces: en ese momento ella era para mí la perfección. Hablamos pero afortunadamente no volvió a surgir en la conversación el tío aconsejador. Tomábamos los daiquirís, espesos y tan fríos como la atmósfera acondicionada del club. Del tocadiscos venía la voz de Katyna Ranieri, que repetía incansable *Acqua di fonte, acqua di fonte* y pensé que no sólo las canciones cubanas tienen una letra idiota. *Anche l'italiane…*

—*Anche l'italiane…*

—¿Qué?

—Oh, nada —le dije, sonriéndole—, que canta en italiano.

—Sí, ¿te gusta?

—No mucho. ¿Y a ti?

—Esa de ahora no. Otras sí.

La canción cambió para un *slow* que no tiene memoria pero era justamente lo que yo, que no sabía bailar, necesitaba para bailar.

—¿Quieres bailar?

—Bueno —dijo ella pero no pasivamente.

Salimos a bailar. Ella era bajita: tenía justo el tamaño que me convenía para bailar con ella. Me puso una mano en el cuello y yo la apreté contra mí. Mis piernas se movían con poca habilidad pero ella bailaba bien y disfrutaba a plenitud el doble placer de moverse con la música y de estar adherida —ésa es la palabra— a mí. Sabía gozar del baile y yo decidí unirme a su cuerpo ondulante. En un momento recosté mi bajo vientre a una de sus caderas y me froté contra ella al compás de la música. Ella dejó escapar, junto a mi oído, como un silbido intenso. De seguidas me mordió una oreja. Ella sabía. Sus mordidas tenían la exacta cantidad de herida y caricia. Seguimos bailando hasta que se acabó la pieza, pero hicimos un puente con el próximo disco que comenzó a sonar casi encima del que se acababa. La música era «Les feuilles mortes» convertida ahora en «Autumn Leaves» por Nat King Cole con su escasa pero bien entrenada voz susurrando en un inglés casi demasiado cuidadosamente bien pronunciado. Con auxilio de la música grabé el momento en mi memoria, lo hice expreso porque sabía que un día estaría en la necesidad de recordarlo y sin embargo ahora me es imposible describir la exacta atmósfera en penumbra del club, los rumores de conversación en voz baja mezclados, el trajín de la pareja de la mesa más próxima, el frote de los pies y alguna que otra risa entrecortada, como una suerte de sonrisa sonora, y por sobre todo la música llenando el pequeño local con la tácita invitación a susurrar insinuaciones o francas declaraciones a amar: la canción por sobre todo, rodeándonos, entrando por los poros tanto como por los oídos, pastosa, haciéndose casi sólida la voz musitada de Nat King Cole.

—El viejo Nat King Kong —tuve que decir.

—¿El qué? —me dijo ella.

—Muy bueno Nat King Cole —tuve que rectificar.

–A mí me gusta mucho.

Entonces pensé que ella o no tenía buen oído o ningún sentido del humor. Pero yo no estaba allí para hacer chistes sino para amarla y cuando Nat King Cole dejó de cantar en el tocadiscos decidí que era mejor que nos sentáramos. La mesa estaba fuertemente iluminada por contraste con la oscuridad de la pequeña pista de baile y pude ver su cara redonda y a la vez perfilada y sentí que me estaba enamorando más de lo que debiera.

–¿Tienes un cigarrillo?

–Sí, seguro.

Saqué mi caja de Camel y le ofrecí uno. Pensé en encenderlo en mi boca y pasárselo luego pero cambié de opinión en el momento en que ella tendió la mano para sacar el cigarrillo de la cajetilla. Se lo alargué entresacado y ella lo tomó, yo también cogí un cigarrillo y los encendí casi simultáneamente. Fumamos un rato en silencio, mirándonos por entre el humo. Los daiquirís casi se habían licuado a pesar del frío que había en el club.

–¿No tienes frío?

–No, ya me he acostumbrado.

–No, como estás vestida tan de verano y aquí hay tanto aire acondicionado...

–No, ya se me quitó.

Ahora pienso cuántas veces pronunciamos entonces la palabra *no* para comenzar cada oración –¿qué pensaría entonces? Cuando acabamos de fumar me acerqué más a ella y le pasé un brazo por los hombros desnudos. Como toda respuesta ella se sonrió y bebió un poco más de su daiquirí. Me acerqué más todavía. Es decir, aproximé mi cabeza a la suya y en un momento estábamos besándonos. Yo la había besado primero, un beso suave, pero ella me respondió entreabriendo los labios y yo abrí los míos para coger su labio inferior entre ellos. De su boca salió el aliento a cigarrillo y alcohol, ese aliento que después se convirtió sólo en olor a humo y en su olor, después, días más tarde, cuando descubrí que ella fumaba un cigarrillo tras otro, en tensión, y su aliento peculiar, a pesar de lo común que es el olor que deja un cigarrillo en la boca, fue una más de sus claves de identidad, su identificación olfativa. Nos besamos, estuvimos besándonos durante un tiempo que ahora me parece breve pero que entonces fue eterno. Dejamos de besarnos para pedir al camarero otro trago, y mientras lo traía volvimos a besarnos y cuando lo dejó en la mesa con toda discreción nos besamos antes de comenzar a beber el segundo daiquirí. No bebimos mucho, mas nos besamos. Volvimos a bailar, esta vez casi clavados en un sitio fijo, moviendo nada más que las caderas, las caras juntas, yo besándole el cuello, una oreja, la cara, y dejándole sentir cuánto me exaltaba ella sexualmente. Regresamos a la mesa y allí por primera vez le puse mi mano en su rodilla y me alegré de que no llevara medias, que siempre me son casi asquerosas al tacto. Toqué sus muslos cortos y gordos y más arriba, pero cuando llegué al pubis apretó sus piernas de manera que sus muslos bloquearon mi avance. La miré, nos miramos y nos volvimos a besar, pero a pesar de que intenté llegar hasta su pubis más de una vez, no pude conseguirlo. Ésa era su zona vedada esta vez. Al poco rato, entre besos, me recordó la hora. Era hora de irse para ella y no pude mentirle y decirle que era temprano todavía.

Cuando salíamos, ya el sol se estaba poniendo por detrás de las azoteas. Caminamos de vuelta hasta 23 y 12 a coger la 32. Llegó y subí junto con ella haciendo el viaje hasta la parada del Biltmore. Esta vez no la acompañé a su casa, sino que nos despedimos cerca de allí, con el sol ya puesto y la noche casi encima de nosotros dos. No nos veríamos al día siguiente, ya que era domingo y su madre se quedaba en la casa, pero ella me iba a llamar el lunes a la revista tan pronto como su madre se fuera a trabajar por la tarde.

El domingo lo pasé con mi mujer que todavía estaba mala con su catarro en la garganta y mientras el día se escurría lentamente me puse a leer, a oír discos y a rogar que no se me pegara el catarro. No tuve que tomar precauciones extras.

El lunes por la mañana fui a la revista como de costumbre aunque esta vez la costumbre estuviera alterada por el viaje a Europa de Wangüemert, el jefe de información, que me dejaba el control de la parte práctica de la revista no sólo como jefe de redacción que yo era sino ocupando también su puesto. Hacía tiempo que yo deseaba hacer cambiar la revista a partir de mi página, que era diferente al resto, para unificarla en un todo más moderno, con más blancos, mayores fotos y menos texto. Ahora estaba enfrentado directamente con Diógenes del Peso, el director artístico. Éste venía a la revista solamente una o dos veces por semana y el resto del trabajo quedaba en manos de segundos y terceros, emplanadores que habían trabajado allí desde antes de su llegada hacía tres años, desde antes de que la revista cambiara de dueño y tuviera una nueva administración. En cierta manera su política artística (era un viejo dibujante devenido director artístico por su amistad personal con el dueño) era un dejar hacer a los emplanadores, mientras que conservaba celosamente su cargo y sus prerrogativas, una de las cuales era pasarse tres días a la semana yendo a la finca de Miguel Ángel Quevedo, el dueño, el magnate de las publicaciones semanales, hombre que él mismo decía ser más que un ministro, ya que los gobiernos pasaban pero su revista, *Bohemia*, siempre continuaba con su mismo poder público.

Mi plan consistía en modernizar la sección de cuentos cubanos y extranjeros, y mientras Wangüemert estuviera en Europa mostrarle al director, con los hechos consumados, cuánto mejor se veía el interior de la revista (su exterior era invariablemente un dibujo de Andrés y la experiencia había demostrado que ésta era una de sus mejores características) y a partir de allí renovarla toda. Había llevado uno de los cuentos a publicar, una historieta de ciencia-ficción, para que me lo ilustrara y emplanara Ithiel León, que trabajaba en una de las mejores agencias de publicidad y sabía (o yo creía que sabía) mucho de emplanaje. Juntos planeamos cómo cambiar la negrura de la revista con un ataque de blancos alrededor de la ilustración del cuento que consistía en una exótica asamblea de dinosaurios. Vimos, riéndonos, un presagio en la ilustración, diciéndonos que comenzábamos por atacar a los mismos monstruos antediluvianos. El título del cuento había sido cambiado de las compactas letras habituales de la revista por una sobreimpresión de puntos blancos, que usaban mucho en la agencia de publicidad y que se llamaba *zip-atone* o más familiarmente *sipatón*.

–Es el corazón del África negra el que atacamos ahora –dijo Ithiel León–. Sujétate el cinturón.

Esto había pasado exactamente el jueves anterior y el cuento ya emplanado fue agregado al resto de la revista. El lunes era el día en que el cuadernillo en que estaba el cuento estaría listo para la inspección del director y del director artístico, que hacía siempre un esfuerzo por estar en la revista los lunes, ya que el martes toda la revista estaba ya tirada y era un hecho consumado. Esa mañana desde mi buró vi pasar a Diógenes del Peso rumbo a la oficina del director donde estuvo encerrado un buen rato. Yo seguí leyendo uno de los cuentos que tenía para verificar su posible publicación y no deseaba más que la mañana pasara y llegara la tarde con la llamada de Elena. Pero el secretario del director, Pepe, al que unos apodaban Pepe el Loco para distinguirlo de otros Pepes posibles y a quien yo llamaba José-Hernández-que-no-escribirá-el-Martín-Fierro, vino a verme desde su rincón, con su típica sonrisa socarrona, para decirme que había una reunión importante. A él no le interesaba ni poco ni mucho el aspecto o el contenido de la revista y su solo intento de influir en la publicación llegó un sábado por la tarde, después de haber cobrado por la mañana y de haber estado bebiendo toda la tarde en La Cuevita, la bodeguita-bar frente a la revista. De buenas a primeras saltó al medio de la calle para dirigirse a los obreros que salían del taller y arengarlos a que tomaran la revista, toda la imprenta, y que se incautaran de ella. Había cogido de tribuna el Cadillac del administrador y desde allí instaba a los obreros a que tomaran el poder. Unos amigos del taller que todavía estaban por allí, y que tal vez habían estado tomando con él, lograron bajarlo del capó y llevárselo. Después de eso, todos acordaron que Pepe el Loco,

José-Hernández-que-no-escribirá-el-Martín-Fierro, aunque era rubio, era en realidad un indio al que no se le podía dejar beber. Afortunadamente la policía no intervino y el administrador sólo le dio las quejas al director (cuando vio que su carro estaba intacto a pesar de las trompadas que el orador había descargado sobre él) y el director se limitó a decirle a Pepe que debía tener cuidado cuando tomaba. A lo que Pepe, simulando contrición, añadió que sí, que no iba a beber más. Ese mismo Pepe era el que ahora me advertía que había una reunión adversa en la dirección.

La reunión terminó con la salida de Diógenes y el regreso de Pepe a su rincón de la antesala. Casi al instante, Pepe regresó para decirme que el director quería verme. Tal vez tenga que hablar ahora de mi relación con el director. Yo lo había conocido en 1947 (parece mentira que hubieran transcurrido ya diez años), cuando le llevé a su puesto de jefe de redacción de *Bohemia*, en su viejo edificio de Trocadero, un cuento que yo había escrito parodiando en serio a Miguel Ángel Asturias. Tenía yo entonces dieciocho años y la timidez acentuada por la adolescencia pero me animé (gracias a la intervención de Franqui, que había leído el cuento y fue quien me aconsejó que lo llevara a *Bohemia* y hasta me dijo lo que tenía que decir), subí las escaleras corriendo, llegué hasta su buró y le dije muy rápido:

–De un admirador de su cuento «Ready» para que usted me diga qué le parece.

Él me mandó regresar al jueves siguiente en su español tan acentuado y tan rápido y a la semana siguiente me enteraba yo que mi cuento no sólo era publicable, sino que sería publicado: ¡mi primer cuento! Luego me recomendó una lista de lecturas y me dijo que pasara por su casa dentro de unos días para prestarme unos libros que yo debería (tenía que) leer. Así trabé amistad con ese hombre que creó un puesto para mí: ser su secretario particular, y que tanta influencia iba a tener en esos primeros años de mi vida, tanto que muchas veces lo tomé por mi padre. Luego, cuando Quevedo compró *Carteles*, él pasó a ser el director y creó para mí la página de cine, que comencé a escribir con un seudónimo por el que mucha gente me conoció desde entonces. Ya yo trabajaba en *Carteles* como corrector de pruebas, antes de ser adquirida por *Bohemia*, y seguí trabajando en el mismo oficio unos años más, hasta que el director me nombró jefe de redacción. No creo que la ficción deba encubrir su verdadero nombre: Antonio Ortega, que llegó en su relación conmigo hasta a ser padrino de mi primera hija. Ahora yo hablaba con el director.

–Se acaba de ir Carlos de aquí, furioso al ver las páginas que usted emplanó. –Ortega siempre me trató de usted–. ¿Por qué no me consultó antes?

–Quería darle una sorpresa y que viera el resultado usted mismo.

–Sí, pero no olvide que Carlos es el director artístico.

–Si él apenas se ocupa de la revista… Todo el trabajo en realidad lo hacen Domingo y Cardoso. Lo que yo hice fue nada más que emplanar la sección de cuentos extranjeros. El resto de la revista sigue como antes.

–Bueno. Lo mejor es que deje las cosas como están. Ya podremos ocuparnos de un nuevo emplanaje un día de éstos. Contando con Carlos, claro está.

Ortega en realidad era un mediador entre las directrices de *Bohemia* –que no quería ver a *Carteles* convertida en un competidor serio– y las necesidades más inmediatas de la revista para seguirse manteniendo como la segunda del país. Conciliador, me dijo:

–¿Viene conmigo?

Yo hacía invariablemente el viaje con él, que todos los días se llegaba a *Bohemia* camino de su casa y luego me dejaba en la calle 23 y avenida de los Presidentes para coger la guagua hasta mi casa. Esta vez también lo acompañé. Al salir del despacho me esperaba la sonrisa conocedora de Pepe.

A *Bohemia* yo iba a enterarme, más que de las noticias, de los últimos chismes políticos. Ortega iba por la necesidad de chequear cada día, y por querencia: estaba acostumbrado a esta visita diaria, menos los fines de semana, en que no había nadie. Había varias gentes en la redacción, entre ellos mi amigo Leandro Otro. Estaban contando cuentos verdes y en un momento entre los chistes salió de su despacho Miguel Ángel Quevedo. Todos se detuvieron en su risa y Leandro llegó a ponerse de pie. Siempre me divertía la atmósfera cesarina que reinaba en *Bohemia*, donde Quevedo era el césar, rodeado de acólitos y hasta con sus favoritos de turno. Se decían muchas cosas de Quevedo, entre otras que, solterón, era en realidad homosexual y que muchos de los empleados, por no decir los periodistas que trabajaban allí, eran en realidad sus amantes. Pero a este rumor, aunque persistente, le faltaba si no veracidad por lo menos comprobación. Lo cierto era que el hombre tenía poder –verdadero poder político, como se demostraría más de una vez: había ministros que le habían hecho antesala– y gozaba de él, evidentemente complacido de su fuerza pública. Estuvimos allí un rato, Ortega hablando brevemente con Quevedo y yo conversando con Leandro: había pocas noticias políticas, la situación seguía igual. Desde el asalto a palacio y su secuela de asesinatos cometidos por la policía, se habían estabilizado las diferentes fuerzas políticas y aun la situación en la Sierra era estable, con los partes contradictorios de las fuerzas del gobierno y las bandas rebeldes.

Nos fuimos al poco rato. Yo llegué a casa para almorzar y apenas si hablé con mi mujer. Salí más temprano que de costumbre y me fui para la revista en taxi, cosa que hacía raramente por las tardes, aunque por la mañana siempre viajaba en máquina de alquiler para poder llegar a tiempo, que era poco antes de la llegada de Ortega a las diez. Por la tarde pasé el tiempo leyendo cuentos para publicar sin encontrar nada publicable. Pasaba el tiempo y no llegaba su llamada: hacía mucho que no me sentía tan ansioso, iba a coger el teléfono cada vez que sonaba y nunca era para mí. Por fin a las cuatro y media me llamó: reconocí su voz enseguida, con sus bordes de falsete que la hacían tan cubana –o mejor, tan habanera. No me podía ver esa noche, su madre trabajaba en turno doble y no vendría hasta tarde, pero ella no podía salir, ya que no tenía permiso.

–Tuve una discusión y todo con mi madre –me dijo. Bueno, estaba bien: si ella no podía venir, yo iría.

A ella le pareció bien.

–¿Tú sabes bien dónde está la casa? –me preguntó.

Por supuesto que yo sabía, de todas maneras ahí estaba el club Quibús para orientarme. Yo tenía que ir al cine, pero iría a la tanda de la tarde y saldría para su casa en cuanto terminara la función. Colgamos, así, sin decirnos más nada.

Fui al cine y salí como a las ocho. Enseguida cogí la ya familiar ruta 32 hasta la playa. Caminé por la avenida de Santa Fe hasta dar con el callejón que era su calle. Cuando llegué a la casa, estaba a oscuras. Toqué el timbre y nadie salió a abrirme. Toqué de nuevo. Nadie. Decidí llegarme hasta el Quibús y llamar por teléfono. Entré en el Quibús, completamente solitario a esa hora, el club de aspecto casi campesino alumbrado por luces de colores en su interior. Vino un camarero a atenderme enseguida: el primer cliente de la noche. Pero cuando le dije que solamente quería llamar por teléfono perdió todo interés en mí y señalándome para una pared me dejó entrever más que ver el teléfono adosado. Llamé y el teléfono sonó y sonó y sonó. Colgué y volví a llamar: me parecía increíble que ella me hubiera hecho venir por gusto –o tal vez pasara algo extraordinario. Finalmente respondieron el teléfono. Por un momento no reconocí su voz y temía que fuera su madre, pero no: era ella. Se había quedado dormida esperándome, me dijo.

–Ven para acá –añadió.

Fui y cuando llegué la puerta estaba entreabierta pero la casa seguía a oscuras. Ella asomó su cabeza por la puerta a medio abrir.

–¿Qué pasa? –le pregunté.

–Nada –me dijo–. Que me acosté. Estoy en ropa de cama.

A la poca luz del portal pude ver que llevaba un bonito transparente y debajo estaba desnuda.

–¿Y no me invitas a pasar?

–¿Por qué no lo dejamos para mañana? Estoy completamente dormida.

–Ah, vamos. Déjate de boberías. Invítame a pasar.

–No, no puedes entrar así como estoy –me dijo–. Espérate ahí –y me señaló uno de los sillones de hierro del portal.

Cerró la puerta. Me senté en el sillón pero inmediatamente sentí tal hambre que decidí llegarme al *pickin' chicken* de la avenida de Santa Fe y comprarme un pollo frito. Lo hice. Por el camino iba pensando en lo que ella pensaría cuando saliera a buscarme y me gustó la idea de que ella se creyera que me había ido: eso demostraba que ella tenía que vérselas con un original. Regresé con mi pollo en su caja. La casa seguía a oscuras. Volví a llamar. Ahora salió ella enseguida: estaba de nuevo vestida para dormir.

–Ah –dijo–, yo creí que te habías ido.

–No, fui a comprar un pollo. Vamos a comerlo.

–No, gracias. Ya yo comí. Pero te lo puedes comer tú.

–¿Aquí en el portal?

–No, más vale que pases. Te va a ver algún vecino y después va a venir la comentadera.

Entré a la sala que ella dejaba rápidamente por otra puerta.

El chalet era por dentro tan clase media reciente como por fuera. Me senté en un sillón creo que forrado de nailon y comencé a comerme el pollo, tranquilamente. Estaba delicioso, como nunca había sentido un pollo frito. ¿O era que lo comía en circunstancias que eran favorables al apetito? Todavía estaba comiendo cuando ella regresó vestida y se sentó frente a mí.

–¿Cuándo vuelve tu madre? –le pregunté.

–Alrededor de las doce, ¿por qué?

–Entonces tenemos tiempo.

–No, no quiero que te quedes mucho rato aquí.

–Pero ¿por qué?

–No sé. Ella puede regresar inesperadamente, yo qué sé.

–Está bien. Pero mañana salimos.

–Mañana no, pasado mañana, cuando mi madre esté de nuevo de guardia.

–¿No te puedo ver mañana?

–No, mejor es que no. Ya ella está sospechando.

–¿Sospechando qué?

–No sé, sospechando que salgo mucho, que he cambiado, según ella dice, y cuando ella dice que he cambiado...

–¿Qué pasa entonces?

–Nada, que se pone a vigilarme, a no dejarme ir ni a la esquina y siempre tengo que hacerlo furtivándome, como cuando estaba en la escuela.

Reparé en un retrato de un hombre que había en la mesa de centro.

–¿Quién es ése? ¿Tu padre cuando joven?

–No, ése es un favorito de mi madre. –Siempre decía mi madre y no mamá o su nombre: fue entonces que me di cuenta cómo llamaba a su madre, tal vez fuera por el tono en que lo dijo–. Un verdadero comemierda. Fue mi novio hace como un año.

–¿Sí?

–Sí, ahora está en los Estados Unidos, exilado o yo qué sé. Primero andaba por México. Tú debes haber oído hablar de él. Se llama Simón Sans.

–En la vida he oído hablar de él. ¿Y por qué debía yo de saber quién era?

–No sé, como eres periodista y eso... Él es muy conocido por la gente esa del 26 de Julio.

Era la primera vez que la oía hablar siquiera remotamente de política.

–Pues no lo conozco. Ni lo quiero conocer.

–¿Por qué? ¿Porque es peligroso?

–Para ti, no para mí.

–¿Para mí? Ya te dije que era el perfecto comemierda.

–Bueno, me alegro.

Terminé de comer el pollo.

–¿Qué hago con la caja?

–Dámela, yo la echo a la basura.

–Pero ¿y si tu madre la ve?

–No va a venir a registrar la basura. Además si la ve le digo que tenía hambre y me compré ese pollo en el *pickin' chicken*.

Le entregué la caja. Mientras ella iba a la cocina hice una cosa que me era desagradable: limpiarme la mano y la boca con mi pañuelo. Hubiera preferido pasar al baño, pero era demasiada confianza. Ella regresó y se sentó de nuevo. Yo me levanté y fui hasta ella y le acaricié los hombros.

—¿No me das un beso?

Ella casi se puso de pie, pero yo me agaché para besarla. Sus besos tenían la exacta medida de sabiduría y de inocencia y eran a la vez otra caricia.

—Ah —dijo ella, mitad disgustada mitad reconocimiento—, sabes a pollo.

—Ése es el inconveniente del pollo: es delator.

Iba a decir que dejaba una huella delatora pero siempre me sonaba esta frase a un chiste habitual: ¿Qué es lo que deja la vaca al pasar? La huella delatora. Me olvidé del chiste besándola allí en la sala. Nos besamos un rato, luego ella se separó.

—Bueno, ahora vete.

—¿Ya?

—Sí, mejor te vas ahora.

Vi que ella se contenía: también ella deseaba continuar besándome —o al menos eso fue lo que creí.

—Todavía falta mucho tiempo para la medianoche: no se me van a convertir la carroza en calabaza y los caballos en ratones. No soy Ceniciento.

—Ya sé, ya sé. Pero mejor es que te vayas.

Ella no tenía mucho sentido del humor, además se volvía obsesiva, por lo que decidí irme. Ya en la puerta nos dimos un último, alargado beso y ella cerró la puerta. Salí sintiéndome otro hombre: o mejor sintiéndome un hombre. Crucé la avenida de Santa Fe con una curiosa sensación de desafío: esa noche no le temía yo a nada ni a nadie. Y con tal superioridad me fui a coger mi ruta 32, de regreso a La Habana —mejor dicho a El Vedado.

Nada pasó al otro día en la revista, que ya estaba circulando dentro del edificio. La guerra entre los blancos y los negros había terminado en un curioso armisticio: yo debía limitarme a emplanar mi página, a hacer allí lo que me diera la gana, pero tenía que dejar el resto de la revista tal y como estaba, y aunque me sentara ahora en el puesto de Wangüemert, seguía siendo únicamente el jefe de redacción, ocupándome de mi provincia, que era la literatura: el resto de la revista quedaría, en términos de emplanaje, extramuros. Y así el cuento de los dinosaurios bradburyanos fue una rara avis y aunque el sipatón fuera adoptado por el comité de emplanaje práctico, Domingo, Cardoso y Carlos, apodado por sí mismo el Maldito, yo no debía interferir más con la apariencia de la revista, que seguiría negra y conservadora como hasta ayer. Por otra parte, el recuerdo de Elena, que anoche me había hecho inmortal con un beso, todavía me perseguía lo suficiente como para olvidar mi guerra contra lo negro y en favor de los blancos.

Al otro día nos encontramos en el lugar convenido, más tarde que la vez anterior.

—Por poco no puedo venir —me dijo.

—¿Qué pasó?

—Tuve una discusión con mi madre.

Fue entonces (ya en El Atelier o tal vez fuera sentados en un banco de un parque: no recuerdo bien) que me contó su historia. Su madre no era su madre. No había sabido que era hija adoptiva (recogida, dijo ella) hasta hace poco, un año o dos, cuando su madre adoptiva se puso celosa con su marido por la estrecha relación que tenía con la muchacha, que cada día se hacía más mujer. Hubo una discusión entre ellas dos acerca de la forma en que ella, Elena, trataba a su padre, «con tanta confianza», como dijo la madre. Para decirle finalmente que tuviera en cuenta que ella no era su hija verdadera. Esto le causó un *shock* tremendo a Elena, que demandó que le dijeran toda la verdad. Se la dijo su padre adoptivo, usando el más considerado de los lenguajes. Fue después, por otra revelación, que supo que su madre era una loca de Pinar del Río cuando su padre venía de Oriente. Al decirme el apellido completo de su padre (muerto poco después de esta serie de revelaciones), lo identifiqué como un político menor pero conocido. También se decía que era un drogómano, lo que Elena me confirmó: su clase de vida había acelerado su muerte. Ahora había entre la madre adoptiva y la hija una tensión que se hacía cada vez mayor. Le pregunté a Elena si había conocido a su madre y me dijo que la había ido a ver a Pinar del Río, al manicomio en que estaba recluida, pero que no había tenido ninguna emoción particular ante el encuentro, que fue como si visitara a una loca desconocida –lo que después de todo no era más que la realidad.

–Mi madre me amenazó con cambiarle la cerradura a la puerta.

–¿Para qué? –pregunté yo.

–Entonces no tendré llave para salir y entrar cuando quiera. Ya ella sabe que no me quedo en casa cuando está de turno.

–Bueno –dije yo–, no dejes que eso te amargue el día.

Debía decir la noche, porque ya era tarde cuando terminó sus revelaciones. Mi interés era que ella se concentrara en nuestra relación y mi plan consistía en llevarla a una posada. Sabía de antemano que tendría que vencer una dificultad que era más que aparente.

–¿Por qué no vamos donde podamos estar solos?

–¿No lo estamos aquí? –Entonces era cierto que estábamos en el parque y no en El Atelier.

–Quiero decir los dos solos.

–Ya sé lo que tú quieres decir –dijo ella y se sonrió.

–No lo cojas por lo malo –le dije yo–. Sólo quiero besarte en paz.

–Bueno, vamos –dijo ella de pronto, cogiéndome desprevenido. Ella siempre sorprendente: creí que haría falta más persuasión que una simple invitación. Caminamos hasta 2 y 31, donde estaba el hotelito, que no queda muy lejos de 10 y 17, donde estábamos entonces. Evité la calle 23 y bajamos por todo 25 hasta 2: no quería que nadie nos viera camino de la posada, aunque nuestro paseo no fuera en sí mismo revelador, lo era para mí, y tal vez para algún encuentro fortuito. Llegamos y entramos por la puerta oscura por donde acceden las máquinas. Yo la dejé en la oscuridad y me fui a la taquilla o carpeta, nunca supe cómo se llamaba ese lugar en los hotelitos. Me preguntaron que si por toda la noche o un rato.

—Un rato —dije y pagué.

Entramos en la habitación que me señalaron. Ella la miró, más bien la inspeccionó cuidadosamente: se veía que nunca había estado en una de ellas. Por lo menos no en este hotelito.

—Bastante deprimente —me dijo.

—Sí lo es, con esta luz. Pero déjame apagarla y encender la de cabecera.

Apagué la luz y de seguido encendí la lámpara de cabecera, que era roja. Decidí sentarme en una silla y al mismo tiempo la invité a ella a que se sentara. Pero antes de que yo la invitara ella comenzó a quitarse la ropa, más bien a quitarse el vestido.

Hay que atender a la época y a las cubanas de esa época para saber lo inusitada que fue su acción. Yo venía preparado para un largo interludio de conversación y de reiteradas invitaciones a acostarnos, y he aquí que ella, sin siquiera decirle nada, comenzaba por desvestirse. Yo estaba, más que sorprendido, anonadado. Ella se quedó en refajo y vi que no llevaba ajustadores: otra de sus sorpresas. Se sentó en la cama, yo me senté al otro lado, no sin antes quitarme la chaqueta: no me atrevía a quedarme en calzoncillos porque quizás esto fuera demasiado abrupto para ella, que no se había quitado más que el vestido.

Nos acostamos y empezamos a besarnos; ninguno fue como el beso que me dio a la puerta de su casa anoche o anteanoche, pero nos besamos un largo rato, yo acariciándole los senos y los muslos con mis manos.

—Espérate un momento —le dije y me quité los pantalones y la camisa, quedándome en calzoncillos. Mientras lo hacía podía ver su cuerpo pequeño y compacto y tan femenino, fulgurante de carne joven a la luz roja de la cabecera—. ¿Por qué no te quitas el refajo? —le pedí y ella dijo «Está bien», y se lo quitó, quedándose en sus blúmers, que debían ser blancos porque se veían rosados a aquella luz roja que era como el bombillo revelador de un cuarto oscuro. Sus senos eran pequeños pero compactos y estaban muy de acuerdo con su cuerpo, aunque ella fuera más estrecha arriba que abajo, con sus amplias caderas y sus muslos gordos. Los senos se veían rosados y firmes y los acaricié con mis manos primero y luego bajé para besarlos una y otra vez y finalmente mamarlos. Ella se retorcía en la cama y me acariciaba la cabeza. Seguí bajando hasta su ombligo y más abajo casi hasta llegar al pubis, pero no me dejó llegar, tirándome de la cabeza por el pelo y diciendo: «¡No!», muy firmemente. Yo volví a besarle los senos, a besarla, y ahora, arriba de ella, la besaba en la boca, en los labios, en la cara, y ella respondía a mis besos.

Traté de convencerla de que se quitara los pantaloncitos, pero no quiso y no insistí: ésa era la primera vez que estaba con ella y no iba a echarlo todo a perder con mi insistencia: ésa era su zona prohibida y adopté la paciencia como método. Nos seguimos besando, yo frotándome contra ella una y otra vez hasta que finalmente me vine en los calzoncillos que nunca me había quitado. Ella pareció calmarse al mismo tiempo que yo y aproveché para ir al baño y lavarme y lavar los calzoncillos. Regresé desnudo al cuarto y me volví a acostar a su lado.

–Vámonos –me susurró ella.

–¿Cómo? –pregunté yo, creyendo que no la había oído bien.

–Que nos vayamos –me dijo.

–¿Tan pronto?

–Sí, no soporto más este lugar.

Volví al baño, a ponerme los calzoncillos mojados. Cuando salimos vimos todo mojado: había llovido mientras. Ya en la guagua, casi solos en el carro, le reproché que no hubiéramos consumado el acto.

–Te he hecho un favor –me dijo.

–¿Un favor?

–Sí.

–¿Tú a mí?

–Yo a ti. ¿Tú sabes cuántos años tengo realmente?

–No. –No lo sabía, habíamos hablado de muchas cosas los dos pero nunca hablamos de su edad.

–Todavía no he cumplido dieciséis.

Yo me asusté al saber que andaba saliendo con una menor, pero para no hacer ver que me asustaba no le dije nada. No hablamos más durante el viaje, pero yo le cogí una mano entre las mías.

Nos bajamos de la guagua y cruzamos la avenida. La noche estaba fresca por la humedad que había dejado la lluvia también aquí. Los autos pasaban a nuestro lado, indiferentes, dejando detrás un rocío móvil al que la luz de los faros de los autos que venían hacía arco iris. Me pregunté si en realidad la palabra arco iris tendría plural: la luz de los autos hacía arco irises. Sonaba atroz. En ese momento ella me tiró del brazo.

–Por aquí –dijo.

Me extrañé porque siempre seguíamos por la avenida de Santa Fe hasta doblar por su calle. Ahora caminábamos por una calle curvada y lateral, por entre solares yermos, y apenas alumbrada por una luz distante.

–Vamos por aquí que no habrá nadie –dijo ella.

Sentí, ahora, una nueva sensación de complicidad, que había perdido desde hacía unos días.

–Además –añadió–, nos demoraremos un poco más.

Caminábamos cogidos de la mano. Oía el croar de las ranas y el sonar de los grillos. Al pasar por el poste del alumbrado, ella se rió, sola.

–¿De qué te ríes?

Como hacía siempre, calló un rato antes de responder. Antes no me había dado tanta cuenta de su costumbre, pero esta noche lo noté particularmente.

–Me río de ti –dijo finalmente.

–¿Dije algo?

Ella no dijo nada.

–¿Hice algo que debiera o no debiera hacer?

Ante nosotros saltó una pequeña rana y ella se bajó de un salto de la acera. Yo estaba pensando en lo que ella ideaba para bromear: en su clase de sentido del humor. Pero era en serio: le tenía miedo a las ranas, lo vi bien claro en su cara. Sin embargo fue ella quien sugirió que cogiéramos este camino lleno de ranas. O colmado de croar.

–¿De qué te reías, Elena?

Ella era todavía Elena. Más tarde sería Elenita y, a veces, solamente Ele, pero ahora era Elena.

Me miró a la cara.

–De que eres un cobarde –me dijo, sin pestañear.

–¿Yo? ¿Qué te hace pensar eso?

No estaba yo asombrado de que ella me llamara cobarde: esto no era una noticia. Estaba asombrado de que me lo dijera ahora: hace diez minutos o una hora antes no me habría asombrado, pero ahora sí.

–No me reía de eso exactamente –dijo ella–. No es para reírse. Me río porque pienso que si la gente que te teme te conociera como yo te conozco te despreciaría.

–¿Por qué?

–Porque eres un cobarde y no lo pareces. No lo pareces en absoluto. Supongo que habrá mucha gente que te teme –yo la interrumpí para pensar que tenía razón– y te respeta. Pero es que no te conocen. Cuando te vi por primera vez me dije: «Me va a hacer mucho mal». Y me dije a mí misma: recházalo porque te va a hacer mucho daño, y tenía miedo de volverte a ver. Pero ahora estoy convencida de que no eres capaz de hacerle daño a nadie, porque tienes miedo, no por altruismo, sino porque eres un cobarde.

Ella se detuvo; no sólo dejó de hablar sino que dejó de caminar para mirarme cara a cara. Yo dije, pero lo dije bien para mí solo: «Te equivocas, nena. Al final seré yo quien te haga daño a ti. Ya lo verás. Estarás viva para entonces».

–Pero los cobardes hacen más daño que nadie –dije en alta voz.

–Sí, eso es verdad. Pero ahora no te tengo miedo. Ya no tengo temor de ninguna clase contigo. ¿Y sabes una cosa?

–No. ¿Qué cosa?

–Que te amo.

–Ya lo sé.

–No, sabes que estoy enamorada de ti pero no sabías que te amo. Ahora lo sé yo y es que puedes saberlo tú.

La cogí por sus estrechos hombros y traté de besarla,

pero ella rehuyó la boca, ladeó la cara de manera que le besé un cachete y no la boca.

–Ahora no –dijo ella–. Ahora no tengo ganas de besarte ni de que tú me beses. Vamos a acabar de llegar.

Estábamos exactamente detrás de su casa, con el club Quibús alumbrando la noche de rojo y de azul a la izquierda, al otro lado del río. Seguimos caminando, despacio pero seguros hacia su casa, los solares yermos dejados detrás y yendo por entre otras casas vecinas. Ya no íbamos cogidos de la mano. De pronto me preguntó:

–¿Qué tú harías si al llegar a casa te encontraras de buenas a primeras con mi madre?

–¿Yo? Nada. Es decir, le cogería la mano y la estrecharía, que es lo que tiendo a hacer, siempre, mecánicamente cuando estoy en una situación embarazosa y alguien manotea frente a mí. Estoy seguro de que tu madre manoteará al verme. –Ella se sonrió–. El problema estaría en que ella se quedara tan tranquila. Entonces no sabría qué hacer. De veras.

–Hace noches que me pregunto esto: ¿qué irá a hacer él si se enfrenta con mi madre?, y no encuentro respuesta.

–Mejor es que no tenga que enfrentarme con ella.

–Pero tendrás que verla tarde o temprano. Eso ocurrirá más pronto o más tarde.

–Mejor que ocurra más tarde.

Ella bajó de la larga acera de la parcelación y dijo:

–Ya llegamos.

–Casi.

–No, mejor te quedas por aquí y yo entro sola a la casa.

–Pero ¿por qué? Tu madre no va a estar.

–No, ella no va a estar. Al menos yo espero que no esté y así cuando venga me encuentre durmiendo, inocente.

Se sonrió con su sardónica sonrisa.

–Al menos aparentemente. ¿Tú sabes una cosa?

–¿Qué?

Estábamos detenidos en medio de la calle lateral, pero no había cuidado de que viniera ningún automóvil. Ella se demoró bastante en responder.

–No lo vas a creer, pero yo nunca me había acostado con nadie.

–Tú nunca te has acostado con nadie entonces, porque esta noche no nos hemos acostado. Simplemente hemos estado juntos sobre una cama, pero eso no es acostarse. Bueno, sí es acostarse, pero luego no lo es.

–No, ni siquiera eso. Nunca lo había hecho.

–¿Y Simón Sans?

Ella se rió. Ahora pude verle todos sus dientes perfectos.

–Ya te dije que ése era un comemierda.

–Sí –le dije–, pero *anche* los comemierdas se acuestan.

–Sí, pero no él, que era tan formal. ¿No lo viste en el retrato?

–Lo vi uniformal no formal. Quiero decir, que lo vi de uniforme militar. Es soldado, ¿no?

–No, es aviador, además era, es, el delirio de mi madre. Pero era tan formal que era incapaz de hacer nada conmigo.

–Tal vez le tuviera miedo al año, ocho meses y veintiún días.

–¿Qué cosa?

–Eso es lo que te echan de cárcel por acostarte con una menor, aunque ella consienta.

–¿Ah, sí? No sabía que era tanto. Sabía que te echaban cárcel pero no tanta cárcel.

–Pues puede que a eso le tuviera miedo él.

Sé que esa frase de arriba está mal construida, pero así fue como la construí entonces.

–Él no sabía nada. Nunca le dije nada. Quiero decir, de mi edad, y yo con el pelo más largo entonces parecía mayor que ahora.

–Tal vez adivinó tu edad verdadera. O se lo dijo tu madre.

–No, no era eso. Era que él era un perfecto caballero.

Se rió.

–Él mismo lo decía de él mismo.

–Puede que lo sea.

–Sí, puede.

Se enserió de pronto.

–¿Qué te pasa?

–Nada, que me voy.

–Pero no te vayas así.

–Es que... –Y ella hizo una de sus pausas.

–¿Es que?

–Que en todo caso te has dado por aludido.

–¿Yo? ¿Por qué?

–¿Ves? Ni siquiera te diste cuenta.

–Pero ¿de qué?

–Que te dije que era la primera vez que me acostaba, que estaba en una cama con alguien. Eso es importante, me parece.

–Claro que es importante. Ya yo lo sabía antes de que me lo dijeras.

–No, tú no lo sabías. Tú te creías otra cosa. Seguro que pensaste que me estaba haciendo la difícil.

–No, te juro por Dios que no, que yo nunca pensé que te hacías la difícil.

Ella me creyó, pero en realidad sí había pensado que se hacía la difícil. Es más, cuando la sentí moviéndose debajo de mi cuerpo supuse que ya se había acostado antes. Ahora no sabía si decir que sí o que no al dilema: tal vez ella dijera la verdad. En todo caso me creyó y antes de irse me besó, rápida, en los labios. La vi pasar al portalito de su casa, abrir la puerta y entrar.

Al otro día no nos vimos porque era el día en que yo hacía mi crónica, para hacer la cual tenía todo un ritual, además de que su madre no estaba de turno. Yo comenzaba mi crónica cuando se iba todo el mundo. Antes, cuando Wangüemert no estaba de vacaciones, él era casi siempre el último en irse. Hasta ese momento yo había estado leyendo cuentos o hablando con él o conversando con Pepe en su rincón. Pero cuando ya se habían ido todos, comenzaba a escribir. Empezaba invariablemente por el título, que era casi siempre paródico y alusivo. La primera línea era el título verdadero, que subrayaba cuidadosamente. Después venía el primer párrafo, que era una exposición del argumento. El resto podía seguir o no seguir, de acuerdo a cómo funcionaran los mecanismos de construcción ese día.

Ahora, enamorado, resultaba más divertido escribir porque el amor se reflejaba en todo, pero al mismo tiempo había más distracciones, como esperar una llamada por teléfono o recordar un encuentro. Esto se añadió al ritual de la crónica, que se hacía y rehacía casi ella sola por momentos aunque a veces se detenía por completo, con un pretexto cualquiera: buscar un dato en un libro de referencia o en la enciclopedia, recordar un momento dado para relatarlo al lector. Si yo estaba vestido, como casi siempre, de saco y corbata, para entonces ya el saco descansaba en el respaldar de la silla giratoria, acalorado a pesar del aire acondicionado. Luego me desataba la corbata y me zafaba el botón del cuello. Más tarde desaparecía toda la corbata de mi vestimenta para ir a parar a un costado del buró, culebreando fija sobre los papeles ya escritos o por escribir, por este tiempo no quedaba nadie en el edificio más que los bedeles que limpiaban y el guarda jurado de la puerta de entrada, abajo, sentado en su taburete. Tal vez hubiera un linotipista rezagado, esperando mi crónica o adelantando el material para la semana siguiente, ya que para entonces la revista estaba toda parada y hasta emplanada y hechos los negativos, mi crónica era la última en llegar a los linotipos. Para entonces serían las siete o las ocho de la noche. Si estaba con suerte la crónica habría adelantado mucho y a eso de las ocho y media hacía un alto, me arreglaba la camisa, me anudaba la corbata, me ponía el saco y salía a caminar hasta La Antigua Chiquita, donde comía. Invariablemente era un filete, término medio, plátanos verdes fritos y ensalada, un pudín diplomático de postre, café y un tabaco. Luego regresaba a la revista y a mi crónica, que crecía con el tiempo: había empezado a ser unas pocas páginas cada quince días, después cada semana y ahora eran verdaderos mamotretos hasta de veinte cuartillas a la semana. Si la crónica se desenvolvía bien o estaba muy mal, suspendía la salida a comer y seguía trabajando. Últimamente, en vez de escribir la crónica en el salón de redacción, empujaba el satélite hasta el despacho del director, que abría con la llave de Pepe, y allí, en un espacio más concentrado, producía mi prosa a veces recargada y torpe, otras simple y fluida, pero siempre tendiendo a un barroquismo esencial. En otras ocasiones la crónica la terminaba a las doce de la noche o a las tres de la mañana y a esa hora cogía la guagua que me dejaba en 12 y 23 para comer en Fraga y Vázquez: un bisté (una costilla más bien), plátanos fritos a puñetazos y arroz o una ensalada y flan de postre, terminando con los sempiternos café y tabaco. Todavía en otras ocasiones, el pájaro maravilloso del espíritu santo no se posaba en mi hombro, como decía Mendoza mi amigo, y la crónica se demoraba hasta el amanecer, en que me sorprendía por la mañana un linotipista que venía a la redacción a buscar material, o Wangüemert que llegaba, completando yo la crónica en las primeras horas de la mañana, apenas a tiempo para ser puesta en letras de imprenta, corregida, impresa en cromo, emplanada y fotografiada para tenerla lista para el último momento del offset: ahora, con los años, me maravillan la paciencia, casi el amor respetuoso que sentían todos por mi crónica, para comulgar con tanta indisciplina y costosa demora. Era yo el último de los redactores en entregar el material y el primero exigiendo espacio. Cómo pudieron lidiar conmigo en aquellos seis años —«un lustro que dura más de un lustro»— en que escribía mi crónica para *Carteles*.

Salimos juntos el sábado, tal vez por la tarde, porque recuerdo regresar con ella en la guagua, esperando a que diera la vuelta en la playa, y encontrarme con los únicos pasajeros: el compositor Luzguardo Martí, su señora y sus odiosos hijos, que me miraron (él y su mujer) con ojos abiertos, ya que conocían a mi mujer y aquella muchacha que yo llevaba del brazo no era evidentemente ella. Tácitamente evitamos saludarnos y cuando se lo conté a Elena, camino de su casa, cuando imité los ojos redondos de Martí y describí su enorme bigote, sus entradas en el pelo, con las cuales remedaba al otro Martí, nos reímos de lo lindo de la respetabilidad del artista cuando burgués.

Debimos salir otras veces, pero no las recuerdo: debiera recordarlas pero no las recuerdo por lo que son indistintas, unas igual a otras. Tal vez fuimos al cine o a El Atelier o a algún otro lugar parecido, pero sé que no volvimos a la posada, respetando tácitamente la minoría de edad de Elena y sabiendo sin embargo que la consumación de nuestro acto de amor era la única meta posible, lo único que realmente importaba ahora: romper esa barrera era nuestro destino y tanto pensamos en ello (por lo menos yo) que cuando realmente ocurrió hubo como un anticlímax. ¿Era esto solamente todo?

El lunes me llamó temprano. Teníamos cita esa tarde y me extrañó que me llamara.

–Ah, ¡por fin llegaste! –me dijo–. Te he llamado como diez veces. Ha pasado algo.

–¿Dónde estás?

–Aquí en casa.

–¿Qué pasó?

–Por poco mato a mi madre. Tienes que venir, tienes que venir y sacarme de aquí.

–Bueno, ya voy. No hagas nada hasta que yo llegue.

Colgamos. Salí a la calle y paré el primer taxi que vi, ya que la máquina de alquiler de la esquina no estaba todavía en su piquera. Le dije al chofer que me llevara a la playa y el hombre insistió que a qué playa. Tuve que decirle que no era exactamente a la playa donde yo quería ir sino cerca del club Quibús. Afortunadamente lo conocía. Me dejó en la esquina de su casa. Cuando llegué, ella estaba en el portal, sentada, esperándome. Yo temía encontrarme con su madre malherida o tal vez muerta, pero estaba ella sola.

–¿Qué pasó por fin?

–Ven para que veas –y me hizo entrar en la casa. Me llevó hasta el baño y me señaló la puerta, que tenía varias identaciones–. ¿Ves? Eso lo hice yo con un hacha. La perseguí hasta aquí y se encerró en el baño. Por poco hago añicos la puerta y la mato a ella. Menos mal que me controlé.

–Pero ¿por qué? ¿Qué pasó de nuevo?

–Tuvimos una discusión y ella me puso frenética. Me dijo que sabía que yo salía con un hombre, que seguro me estaba acostando con él y que ella no quería putas en su casa. Eso último fue lo que me puso frenética. No la puedo soportar más. Tienes que sacarme de aquí. Hoy, ahora mismo.

Traté de ser conciliador:

—Pero bueno, vamos a ver. No hay que ser tan extremista. No hay...

—Sácame de aquí, te lo ruego.

—... que llegar a esos extremos.

—Sácame de aquí. Si no me sacas tú, me voy yo de todas maneras.

Me detuve a pensarlo y la miré creo que por primera vez ese día: estaba muy bella. No había llorado pero tenía los ojos húmedos ahora. Volví a descubrir que realmente estaba enamorado de ella y cedí.

—Está bien. Coge toda tu ropa en una maleta.

—No, yo no me llevo nada. No quiero nada de ella. Me voy así como estoy.

Estaba vestida con una bata simple, como de andar por casa.

—Por lo menos cámbiate de ropa.

—No, no quiero pensar en ropa ni en nada. Quiero irme de aquí. Si no me voy de aquí esta noche, cuando ella regrese la voy a matar. La mato y después me mato yo y ya está.

Había una firme decisión en su voz y pensé que era capaz de hacerlo: las dos cosas.

—Ponte otra ropa y nos vamos enseguida.

Ahora pareció reaccionar. Se mordió el labio inferior y dijo:

—Está bien. Pero sácame de aquí.

Se fue hacia uno de los cuartos. Al poco rato regresó vistiendo un sencillo vestido azul marino, que le quedaba un poco chico.

—Este vestido me lo regaló mi padre. Con él estoy bien. Vámonos.

—¿Seguro que no quieres llevarte nada?

—Seguro. No quiero nada de ella y no quiero estar ni un minuto más en esta casa.

—Muy bien.

Salimos a la calle y caminamos hacia la playa. Había

una piquera de taxis allí cerca y cogimos uno. Le dije que nos dejara en Carlos III y la calle Infanta.

–Vamos todavía a tropezar con ella –me dijo Elena–. Tú sabes bien que ella trabaja en Emergencias.

Le dije al chofer que nos dejara frente al mercado de Carlos III, que estaba como a tres cuadras del hospital de Emergencias. Yo tenía que volver a la revista, no podía un lunes, que era el día del cierre, alejarme de allí toda la mañana. Por el camino pensé que era mejor dejarla en una biblioteca. La de la Sociedad Económica de Amigos del País estaba en la misma avenida, a unos pasos del mercado. Cuando bajamos del taxi le dije que entrara en la biblioteca, pidiera una colección de periódicos de los años veinte y me esperara allí. Yo regresaría para almorzar con ella. Mientras caminaba hacia la revista pensaba en la ironía de utilizar tan respetable sociedad como los Amigos del País como lugar de *rendez-vous*. Pero toda la mañana trabajé pensando en ella, deseando nada más que llegara el mediodía. Antes de esa hora, como a las once y media, decidí llamar a mi casa para dar una noticia en la que había meditado. Salió mi mujer pero pedí hablar con Silvina, su hermana, que vivía en el mismo edificio pero tres pisos más arriba. Mi mujer se extrañó y quiso saber qué pasaba. Yo le dije que no quería hablar con ella, que quería hablar con Silvina. Y ahora tengo que hablar de la relación especial que existía entre Silvina y yo. Éramos mucho más que cuñados y secretamente nos queríamos con un amor que era mayor que el que pueden tener dos hermanos. Nosotros vivíamos en una casa de cuatro cuartos en la planta baja, con mis padres, mi hermano y mi abuela. Ahora solamente estaban en la casa mi abuela y mi mujer. Mi padre estaba trabajando y mi hermano viajaba hacia la Unión Soviética, en un barco rumbo al Festival Mundial de la Juventud. Yo era el que había sido invitado, casi secretamente, por algunos de mis amigos criptocomunistas, pero al no poder viajar yo aprovechó mi hermano la ocasión y, con una función de cine a beneficio suyo, pudo conseguir el dinero del viaje hasta Praga. Silvina vivía en el cuarto piso exactamente encima de nuestro apartamento, en uno mucho más pequeño. Ahora vivía sola, pero hasta hacía muy poco tiempo vivía con su marido, mi íntimo amigo René de la Nuez, que trabajaba junto a mí en *Carteles*, que había sido compañero mío de bachillerato y que había conocido a Silvina porque yo era novio de su hermana y un día lo invité a que saliéramos todos. Recuerdo todavía el día de la boda, con Silvina medio borracha, por la noche temprano, en una especie de recepción que daba el Little Theatre, pegada a mí (todavía anda por ahí una fotografía en que su bella cara se recuesta contra un hombro: esa camisa rayada es la mía), su bella cara italianizante todavía más bella por los colores subidos por la bebida, temerosa de irse de luna de miel, apegada a nosotros, a su hermana y a mí, pero sobre todo a mí, de manera que esa noche tuvimos que acompañarlos hasta Tropicana, donde, en la barra, ella pidió un Alexander más de la cuenta y me dio un dulce suave beso en la cara antes de quedarse dormida y posponer la luna de miel por una noche al menos. Ahora ella vivía sola, separada de René, y de esa separación tenía yo un poco la culpa.

Todo comenzó el día que asaltaron el Palacio Presidencial para matar a Batista. Mejor dicho, comenzó un poco antes, tal vez seis meses antes, cuando Alberto Mora vino a esconderse en casa, ya que estaba clandestino. Algunos de mis amigos lo sabían y, entre ellos, por supuesto René de la Nuez, que era tal vez mi más antiguo amigo, lo sabía, ya que vivía arriba de casa. También lo sabía Franqui, que trabajaba de corrector de pruebas en la revista. Allí también confeccionaba él el periódico clandestino en que yo lo ayudaba a veces a redactar una nota o un editorial. Un día Franqui me dijo que el grupo revolucionario de Alberto Mora, el Directorio, planeaba algo «en grande». Cuando regresé del trabajo le pregunté a Alberto qué había de cierto en esto, los dos sentados en la cama en el cuarto de mi hermano, y Alberto reaccionó con nerviosismo y casi con violencia. El grupo de Alberto, el Directorio Revoluciona-

rio, y el de Franqui, el 26 de Julio, luchaban encarniza-
damente contra Batista, cada uno por su lado, pero no se
veían mutuamente con buenos ojos. Así, cuando Franqui
me encargó que le consiguiera algunos explosivos con el
Directorio, ya que el 26 de Julio apenas tenía, Alberto demoró bastante en decir que sí, pero finalmente accedió. Todavía lo recuerdo pasar por delante de la casa del segundo
jefe de la radio-motorizada, que vivía puerta con puerta
con nosotros, una tarde, más bien una noche, y llegar a
casa con su paquete de dinamita bajo el brazo, tranquilo,
como si trajera libros. Recuerdo que pusimos la dinamita
sobre el escaparate del cuarto de mis padres y lo nerviosa
que se puso mi madre al darse cuenta de que algo traíamos
Alberto y yo entre manos. Como Franqui demoraba en llegar, yo decidí llevarme la dinamita de la casa, habida cuenta del nerviosismo creciente de mi madre, y cargué con ella
hasta la esquina, donde cogí un taxi para llegarme a la revista. Recuerdo cómo el chofer charlaba conmigo, fumando, y de vez en cuando se daba vuelta para insistir en un
punto, moviendo la mano derecha, con el cigarrillo, por
encima del paquete que descansaba a mi lado. Pero llegamos a la revista sin novedad, le pagué y subí hasta la redacción sin que el guarda jurado de turno se asombrara por mi
llegada ya que todos ellos estaban acostumbrados a verme
llegar a deshora. Allí en la redacción esperé a Franqui, que
se había demorado con su grupo que venía a buscar la dinamita y se produjo una pequeña confusión cotidiana,
pero finalmente llegó y se llevó el paquete. No recuerdo
dónde pusieron las bombas, pero sí sé que no resultó herido nadie en las explosiones y me alegré pues yo había sido
instrumento en conseguir la dinamita. Mientras, Alberto
seguía en casa, saliendo de noche a reunirse con su grupo.
Un día me pidió que yo viera a ver si podía esconderse su
padre (que tenía nombre de héroe antiguo, Menelao, y que
murió como un héroe) en casa de René por unos días, ya
que temían que la policía hubiera descubierto su escondite
presente. René dijo que no y con eso le salvó la vida a Alberto, ya que éste tuvo que salir de casa un día de día a reu-

nirse con su padre, y ambos fueron interceptados por un carro de la policía. Mientras Alberto se bajaba de la máquina para enredarse en una pelea con el policía que los descubrió, le decía a su padre que corriera, lo cual consiguió después de gritarle varias veces. Su padre era un personaje importante en el Directorio y si lo cogía la policía sus planes se podían venir abajo. Así Menelao corrió dejando a su hijo trabado con el policía, consiguió escapar y Alberto fue preso. Por estar preso no fue al asalto a Palacio unos pocos días más tarde y salvó la vida, en cambio su padre y la mayor parte de los asaltantes murieron en el asalto.

Franqui fue también cogido preso poco después cuando se descubrió la casa en que tiraban el periódico. Recuerdo que una noche (yo regresaba con migraña de ver alguna mala película) recibí una llamada de Elías Constante, que era corrector en *Carteles* por el día pero que por la noche trabajaba en el Nacional, que me dijo, medio en clave, que acababan de coger presos a los responsables del periódico clandestino. Yo supuse que también había caído Franqui y se lo pregunté a Constante, que dijo que no lo sabía pero que era probable. Así me acosté alrededor de las doce y como a las cuatro de la mañana tocaron a la puerta. Era la mujer de Franqui, que venía a decirnos que acababan de detener a su marido, y aunque a Franqui no le ocurrió nada (podía haber muerto en el interrogatorio, como tantos otros) y lo protegió su condición de periodista, nunca me perdoné el no haber investigado si lo habían puesto preso temprano en la noche o no y buscar su nueva dirección (se acababa de mudar y yo no sabía dónde vivía) para advertirle que habían cogido a su grupo, ya que la policía no descubrió su nuevo escondite hasta las tres de la mañana, tal vez porque uno del grupo habló, tal vez porque investigaron con las compañías de mudanzas, que entonces estaban muy vigiladas para conocer el movimiento de los grupos clandestinos.

Eso ocurrió en marzo, ese mes de marzo de 1957 en que tantas cosas, heroicas y miserables, bellas y horripilantes, ocurrieron y Franqui estaba todavía detenido en el Buró de Investigaciones y Alberto preso en el Príncipe cuando asaltaron el Palacio Presidencial, el día 13 por la tarde. Recuerdo que yo estaba almorzando cuando me llamó Lydia Díez para decirme que por el radio habían dado la noticia de la muerte de Batista. También recuerdo el alboroto en la casa de al lado, la del coronel Díaz Argüelles, y el movimiento de perseguidoras y de carros del ejército por la calle 23. Llamé a *Carteles*, pero no había nadie en la redacción que supiera algo y solamente me dijeron que los fotógrafos estaban en la calle, señal de que algo grave estaba en realidad ocurriendo. Como a las seis paró un carrito frente a casa, casi junto a la entrada del garaje del coronel, se bajaron de él Dysis Guira y dos hombres más, y uno de ellos cojeaba levemente. Cuando entraron en la casa reconocí a uno de los hombres como Joe Westbrook, que yo sabía que era novio de Dysis, y el otro me fue presentado como primo de Joe. Venían (y Dysis me lo dijo enseguida) a ver si se podían esconder en casa, ya que ambos hombres habían participado en el asalto a la CMQ, desde donde radiaron la falsa muerte de Batista (falsa en realidad, pero real para los asaltantes, que confiaban en la muerte de Batista en el Palacio Presidencial como cosa segura). El primo de Joe estaba herido en un pie pues habían tenido un encuentro con una perseguidora y en el intercambio de disparos había muerto Echeverría, el líder estudiantil que venía con ellos de la emisora. Ahora Joe lloraba en la sala, en brazos de Dysis. Era evidente que en casa no se podían quedar, pues no confiábamos en la cocinera (que era novia de un soldado) y un hombre herido era muy conspicuo. Enseguida Silvina se ofreció a esconderlos en su apartamento. Todos subimos al apartamento, pero René no estaba: estaba, como debía estar yo, en la revista, trabajando. Le quitamos el zapato al primo de Joe, que se llamaba y se llama todavía Carlos Figueredo, y vimos que la herida no era profunda pero que necesitaba asistencia médica. Mi hermano se ofreció a buscar a un amigo que pertenecía al 26 de Julio para conseguir un médico de la clandestinidad, diligencia en la que se demoró bastante pues su amigo, como miembro del 26 de Julio, estaba absolutamente en contra del asalto a Palacio, que veía como una maniobra del Directorio para adelantarse a Fidel Castro en la Sierra. Pero finalmente accedió y vino el médico, quien vio que la herida era superficial, la curó y vendó y se fue en un silencio total: él también estaba en contra del asalto a Palacio. Como a las siete, regresó René del trabajo para encontrarse su casa convertida en refugio de asaltantes, si no a Palacio por lo menos en combinación con los que murieron en el Palacio Presidencial, «gente de acción», como se llamaban ellos mismos. Su reacción fue previsible pero excesiva. Nadie le había consultado para convertir su casa en guarida de gente en fuga, perseguida, y él, que no era un hombre político aunque como casi todos fuera enemigo del régimen batistiano, no iba a tolerarlo: o se iban los refugiados o se iba él de la casa. Silvina tomó la decisión como un abandono en circunstancias extremas, mientras que yo trataba de aconsejar a René que no se fuera, que con ello ponía en peligro la vida no sólo de los refugiados, sino también de su mujer. René tenía la intención de irse a pasar la noche a un hotel, mientras reflexionaba. Le hice ver lo peligroso que era aparecerse un hombre solo, joven, en un hotel a pasar esa noche tan larga de investigaciones y revanchas. Después pensó en irse a la revista, pero también le hice ver que él no acostumbraba, como yo, estar a deshoras en la revista y que esto le parecería extraño a los guardas jurados que custodiaban el edificio, que aunque no eran precisamente policías sí eran un cuerpo de vigilancia. Finalmente decidió irse a dormir a casa de sus padres. Acordamos que adujera una disputa con Silvina –y así se fue de su casa René de la Nuez y con el mismo golpe de cierre de la puerta salió de la vida de Silvina, que esa misma noche decidió divorciarse. La historia de los refugiados no termina aquí, sino unas dos semanas después, cuando decidieron cambiar de escondite (después de todo todavía seguían viviendo junto a la casa del segundo jefe de la radio-motorizada de la policía y, aunque en principio éste era el sitio en que menos buscarían, seguía siendo peligroso, sobre todo por las visitas que les hacía todos los días Dysis, quien bien pudiera estar bajo vigilancia policíaca), no sin pasar un susto o dos. Uno de ellos fue cuando mi mujer me llamó a la revista para decirme que toda la manzana estaba rodeada de policías y era solamente una precaución policial para garantizar el tranquilo entierro de sus víctimas, otro fue cuando ya se había ido Joe Westbrook a su nuevo escondite (donde iba a estar muy seguro, el pobre, que duró tan poco, pues este refugio sí fue descubierto por la policía y él, Joe, resultó muerto cuando tenía apenas veinte años) y Silvina se quedó sola con Carlos. Una noche, bien tarde ya, por la madrugada, tocaron a nuestra puerta: era Silvina que no podía controlar a Carlos, que tenía un dolor en el pecho y quería salir a la calle. Tuve que subir con ella y convencer a Carlos de que no era muy buena idea salir a esa hora, además, según pude comprobar casi como un experto, su dolor en el pecho eran simplemente gases. Finalmente Carlos encontró otro refugio seguro, pero René no volvió más a su casa y así fue como Silvina se quedó sola.

—¿Sí? —era ella al teléfono.

 —Oye, para que le digas a tu hermana que yo me voy de la casa.

 —¡Cómo! ¿Qué tú dices?

 —Que me voy, que no vuelvo más.

 —Pero tú no puedes hacer eso.

 —¿Y cómo lo estoy haciendo?

 —No, tú tienes una mujer y una hija. Tú no puedes dejarlas así como así.

 —Claro que puedo.

 —¿No?

 —Prefiero que lo hagas tú.

 —Ella está aquí a mi lado. ¿Quieres hablar con ella?

 —No, no quiero nada más que tú le digas que yo no vuelvo más. Ahora voy a colgar.

 —Oye, oye.

Colgué. No tenía que imaginarme la escena de llanto que estaría haciendo mi mujer en ese mismo momento, pero ahora yo tenía cosas más apremiantes que hacer que visualizar el llanto de mi mujer. Salí de la revista y me dirigí a la Sociedad Económica de Amigos del País. Cuando entré en la biblioteca estaba ella casi sola allí. Me senté a su lado.

—Vamos para almorzar.

—No tengo ninguna gana.

Era curioso, yo tampoco tenía apetito a pesar de que ya era bien tarde.

—Bueno, vamos a salir de aquí en todo caso.

—¿Adónde vamos a ir?

—No sé. Vamos a dar una vuelta por ahí.

Salimos y cogimos Carlos III abajo, siempre opuesto al hospital de Emergencias. Caminamos un rato en silencio.

—¿Qué vamos a hacer? —le pregunté finalmente.

—¿Tú me preguntas a mí? Yo no sé. Creí que tú ya sabías.

—Bueno, ya le he dicho a mi mujer que no vuelvo más a casa. Pero ahora, ¿qué vamos a hacer tú y yo?

—Yo no sé qué vas a hacer tú, pero sí sé que yo no vuelvo a vivir con mi madre más nunca en la vida.

—No, claro que no. Pero ¿qué vamos a hacer ahora? Es ahora lo que me preocupa, no mañana ni pasado.

—Podemos ir a un hotel.

—¿Con qué equipaje? No nos admitirán.

—¿Tú crees que no nos admitan?

—Seguro.

—Bueno, podemos ir al mismo lugar que fuimos el otro día.

—¿A una posada?

—Sí.

—Pero no ahora. Yo tengo que volver a la revista.

Nos quedamos callados los dos y seguimos caminando en silencio. Finalmente hablé yo.

—Lo mejor es que tú vuelvas a la biblioteca.

—Ya me he leído todos los periódicos de hoy.

–Pide periódicos atrasados, la colección de la revista *Social*, que es una revista muy amena de los años treinta.

No sabía cómo tenía yo todavía ánimo para hacer el elogio de *Social*.

–Es una revista natural para que la lea una mujer –expliqué.

–*Social*. Está bien. ¿A qué hora vienes a buscarme?

–A eso de las seis...

Caminamos de regreso, ella a la biblioteca y yo a la revista. La tarde pasó lenta y al mismo tiempo rápida, según mi estado de ánimo, ansioso por estar con Elena a solas, temiendo a la responsabilidad que significaba cargar con ella: no se me había olvidado la edad todavía, creo que entonces la tenía más presente. Lo curioso es que nadie en la revista, ni siquiera René o Pepe, que hablaron mucho conmigo, notara mi condición. Dieron las cinco y todos salieron de la revista, inclusive Pepe y René, y yo me quedé solo en la redacción, pensando en la punta de la silla. Hasta el director se fue, despidiéndose de mí, como siempre: para nadie era extraño que yo me quedara más allá de la hora de salida en la revista. Cerca de las seis fui a buscar a Elena. No sabía si la biblioteca la cerraban a esa hora o seguía abierta de noche, por lo que me decidí a ir antes de que dieran las seis. La encontré esperando en la puerta: la biblioteca estaba abierta todavía pero ella estaba sola.

–Por fin –me dijo–. Llevo rato esperándote.

–Lo siento. No pude salir antes –mentí con una gran naturalidad.

–Sí, lo sospechaba –dijo ella, admitiendo mi excusa, por otra parte, ¿qué iba a hacer si no?

Echamos a andar, yo dirigiéndome Carlos III abajo. Ella me sujetó por un brazo.

–Podemos ir hacia Infanta. Mi madre hace rato que debió dejar el trabajo.

–¿Tú le dejaste una nota o algo?

–¿Qué mejor nota que la que dejé en la puerta del baño? –dijo ella, sonriéndose casi.

Era como un alarde de cinismo que no dejaba de tener su lado humorístico, aunque no se lo vi yo entonces.

–Mejor cogemos una máquina –propuse– y nos vamos para la posada. A menos que tú quieras comer antes.

–No tengo hambre. Lo que estoy es cansada de estar sentada.

–Entonces podemos caminar.

–No, está bien. Hacemos como tú dices.

Cogimos un taxi en la esquina de Infanta, pero le di la dirección de 11 y 24, otro hotelito que no le resultara a ella tan deprimente como el de 2 y 31. Llegamos todavía de día y en la carpeta se extrañaron cuando dije que iba a estar toda la noche. Seguramente me creyeron un atleta del amor. Entramos al cuarto, que estaba en los bajos, en la parte que daba al parque, y tenía aire acondicionado. Estaba agradable, al menos la temperatura, mucho menos sofocante que afuera. Ella miró el cuarto con atención y curiosidad y finalmente se echó en la cama, vestida. Yo me senté a su lado. Fue entonces que reparé que ni siquiera llevaba una cartera consigo: verdaderamente no tenía más que la ropa puesta encima. Ella miraba al techo.

–¿Fue para esto que me fui de mi casa? –preguntó.

Pero la pregunta no iba dirigida a mí: era más bien como si pensara en voz alta y decidí dejarla sin respuesta. En realidad, ella tenía razón: había escogido mal al compañero de fuga.

Al poco rato de estar ella en silencio, me arrimé a su cuerpo y la besé ligeramente en la cara. Luego bajé mi boca buscando la suya y nos besamos primero tiernamente, después casi con desesperación. Ella se separó de mí y me dijo:

–Un momento.

Se levantó y comenzó a quitarse la ropa. Esta vez no se quedó en refajo sino que se quitó hasta los blúmers y desnuda vino a meterse en la cama, tapándose con la sábana:

–Brrr. Hay frío –dijo.

–Voy a apagar el aire acondicionado –dije yo, y me levanté a hacerlo.

También me quité la ropa y me introduje entre las sábanas, junto a ella. Seguimos besándonos, hasta que finalmente logré colocarme encima de ella, que abrió las piernas. Hizo solamente un gemido y me sorprendió la facilidad de la penetración. Pensé que ella no era virgen y que me había engañado diciéndome que lo era, pero el placer no me dejó pensar más en su virginidad y juntos nos movimos, mi cuerpo siguiendo la sabiduría de su cuerpo pequeño y compacto. Cuando terminamos, después de un clímax casi afónico, ella se levantó y fue al baño. Salió un momento con un pedazo de papel higiénico en la mano.

–Estoy echando sangre –me dijo.

Me senté en la cama y vi que el papel estaba efectivamente manchado de sangre.

–Es natural, ¿no? –le dije.

–Sí –dijo ella–, pero no me gusta la sangre nada.

–¿Y cómo ibas a matar a tu madre a hachazos? Entonces sí ibas a ver sangre.

–Es diferente –dijo ella–. Yo estaba furiosa entonces.

Volvió a entrar al baño a lavarse. Más tarde volvió a la cama. Al poco rato volvimos a empezar.

–¿Te duele? –le pregunté.

–Un poco al principio, pero ya no.

Luego nos quedamos tumbados en la cama, laxos, como muertos.

–Has sido muy valiente hoy –me dijo al rato.

–¿Yo?

–Sí, tú.

–¿Cuándo?

–Todo el día. Yendo a buscarme a mi casa, cargando conmigo, viniendo conmigo a una posada, que soy una menor.

Era verdad que prácticamente –para cualquier ojo ajeno, como sería el de un juez– yo había raptado a una menor, pero no había pensado en eso en todo el día.

–Ahora quiero hacerte un regalo.

–¿Tú a mí? –Me pregunté qué podía ser.

–Sí, por haber sido tan valiente. Yo no tengo quince años sino dieciséis. Voy a cumplir diecisiete, creo.

Me sentí aliviado y sorprendido, más sorprendido que aliviado, pues me asombraba que ella me adelantara esa información que iba, prácticamente, en contra de ella: ya yo estaba pensando cómo divorciarme y casarme con ella. Es decir, antes de que la madre avisara a la policía.

—¿Sí? —le dije solamente.

—Sí, mi amor —dijo ella—. ¿No te parece bueno?

—Claro que sí, pero ¿cómo es que no sabes tu edad?

—Muy sencillo. Mis padres me adoptaron cuando yo tenía un año, creo, y ya hace más de quince años que me adoptaron. En todo caso yo celebré mis quince hace casi dos años, cuando mi padre estaba vivo.

—Eso era cuando eras novia de ese tipo, ¿cómo se llama?

—Simón. Simón Sans.

—Sí, Simón Sans. Es un aliterativo.

—¿Un qué? —preguntó ella mirándome a la cara.

—No tiene importancia. Un tipo sin importancia.

—Para mí no tiene ninguna. Aunque él es bastante preciado de sí mismo.

—Pagado de sí mismo.

—Eso es.

Lo dijo con tanta dulzura en su falsete que me desarmó. Ella recurría mucho al falsete habanero, pero solamente era puro falsete cuando estaba incómoda o brava. Ahora era un falsete amoroso. La besé en los ojos, en la nariz, en la boca, sobre todo en la boca.

—¿No quieres hablar? —me preguntó ella.

—No ahora.

—Pero es que… yo estoy cansada. Déjame descansar un rato. Anda.

Me bajé de encima de ella y le dije:

—Está bien, descansa. Aunque tenemos toda la noche para descansar.

—También tenemos toda la noche para estar juntos. ¿No te parece raro?

—No particularmente.

—A mí sí, antes hubiéramos tenido que estar contando el tiempo. Ahora tenemos todo el tiempo para nosotros.

Casi se sentó en la cama y se quedó entre sentada y acostada, de reposo, en su lugar.

—¿Tú no tienes un cigarrillo?

—Sí. ¿Quieres uno?

—No he fumado en todo el día. Eso fue lo que más me desesperó en esa biblioteca. Ah, también que había un tipo detrás de mí. Se cambió de lugar como cinco veces por la mañana. Luego también estaba por la tarde y vino a preguntarme si me interesaba *Social*.

—Ah, ¿sacaste la revista?

—Le dije que no para que me dejara tranquila. Sí, pedí esa revista y me trajeron como toda la colección. Un montón así.

—¿Y qué te pareció?

—Una revista vieja, qué me iba a parecer. ¿No te interesa que te cuente lo del tipo que me perseguía por la biblioteca?

No particularmente, pero le dije que sí. Siguió un largo cuento de cómo ella cambiaba de lugar y este individuo, que ella me describió como largo y flaco y con granos en la cara, cambiaba de lugar cada vez que ella lo hacía. Él hacía como si buscara mejor luz, pero lo que buscaba era un mejor lugar cerca de ella. Su cuento me hizo recordar mis días de ir a la biblioteca, sobre todo a la Nacional cuando estaba en el viejo castillo de La Fuerza y los personajes que eran *habitués*, como el tipo bajito y tímido que siempre estaba leyendo y el otro tipo grande y fuerte y con la cabeza siempre sudada, que traía un paquete en las manos, amarrado con sogas, y el otro tipo ya viejo, que estaba copiando la enciclopedia Espasa página a página y tenía un lugar reservado para sus papeles y sus lápices, muchos lápices, con los que escribía a mano lo que estaba en letra impresa en el volumen: los tres tipos evidentemente locos o cuando menos, para ser más amables, excéntricos de la lectura.

—...Y por último le dije que si no me dejaba quieta iba a llamar al bibliotecario, que era lo que menos en el mundo quería hacer yo sino pasar desapercibida en la biblioteca, parece que este tipo se daba cuenta de ello, pero cuando le hablé en firme dejó de hablarme y de llamarme la atención aunque no se cambió de lugar y siguió allí frente a mí.

Y estaba pensando no en la biblioteca de hoy, sino en la biblioteca de mañana y en la de pasado mañana y en todos los días de biblioteca que le esperaban a ella, mientras yo resolvía qué hacer.

Nos levantamos bien temprano, salimos del hotelito y atravesamos todo El Vedado y toda La Habana hasta llegar a la avenida del Puerto. Caminamos un poco y nos sentamos en un banco del parque del Anfiteatro. Eran las seis de la mañana y no había nada abierto donde pudiéramos desayunar, cosa que era imposible hacer en la posada. Por alguna razón indeterminada (tal vez fuera el ayuno, al menos de mi parte) no hablamos en todo el viaje ni tampoco ahora, pero de pronto ella dijo en su falsete:

—Ah, carajo.

Y vi a un hombre, más bien un viejo, que avanzaba en nuestra dirección. Al pasar pareció reconocer a Elena y la saludó con un «Quiay» y ella respondió «Hola». La realidad siempre se empeña en parecer ficción: Elena me explicó que era un tío de ella. Era increíble, pero cierto: de todas las personas del mundo que podían haber pasado frente a nosotros, la primera y a las seis de la mañana ¡tenía que ser un tío de ella!

—Pero no importa —dijo ella—. De todas maneras no se lleva con mi madre.

Eso fue todo lo que dijo y volvimos a caer en el mutismo mientras el sol subía por detrás de La Cabaña.

Al poco rato abrieron el café El Templete, detrás del edificio del mismo nombre, y caminamos junto al castillo de La Fuerza hasta llegar allá. Desayunamos café con leche y pan. No era precisamente hambre lo que teníamos, ella menos que yo, pero me sentí mejor después de desayunar, aunque permanecimos en el café mucho tiempo después del desayuno —yo tomé varios cafés solos y ella pidió una cajetilla de Camel—, no nos animábamos a salir, como temerosos (al menos yo) del día que nos esperaba afuera. Por fin nos decidimos y echamos a caminar por el Malecón. Ya había más gente en la calle, mucha de ella desembarcando de las lanchitas que venían de Casablanca. Cuando vimos (o cuando yo vi) que íbamos camino de El Prado, dimos marcha atrás a buscar la guagua que la dejara a ella en la Sociedad Económica de Amigos del País y a mí cerca de *Carteles*.

Cuando llegué a la revista todavía no había llegado nadie a la redacción, por lo que aproveché para lavarme la cara en los baños. Ya lo había hecho en la posada antes, pero necesitaba limpiarme del recorrido hecho por la mañana, también le echaba de menos al cepillo de dientes. Al mismo tiempo me preguntaba si ella no se sentía incómoda llevando la misma ropa, como me pasaba a mí. En realidad comenzaba a sentir los efectos de la fuga mal preparada y de la vida clandestina. Decidí ponerme a trabajar, a leer cuentos para olvidar la situación en que estaba. Al poco rato llegó Pepe y después siguieron llegando otras gentes a la redacción, dibujantes, linotipistas en busca de material, emplanadores que querían una aclaración con respecto a la importancia de un título: gente de la revista. Más tarde vendrían los colaboradores y habría en la redacción una atmósfera muy cercana al café literario, que era el peor de los lugares para mí en ese momento.

Por fin llegó el mediodía y aunque yo siempre me iba hacia la una, acompañando al director, esta vez me fui tan pronto dieron las doce. Me llegué a la biblioteca, donde Elena seguía revisando la misma colección de *Social* (tal vez para una tesis de grado) y nos fuimos a almorzar. Aunque ninguno de los dos tenía hambre, comimos en el restaurant del mercado de Carlos III. Como no soy Hemingway no recuerdo el menú que apenas comimos. Nos quedamos un rato en el restaurant, sin hablar apenas, pero pensando (por lo menos yo) en nuestra situación. ¿Qué íbamos a hacer? ¿Podíamos continuar así por mucho tiempo? ¿No sería posible que ella volviera con su madre? No, esto último no era posible siquiera pensarlo, mucho menos realizarlo: ella no bromeaba cuando me dijo que por poco mata a su madre. Afortunadamente, dieron las dos y yo tuve que regresar a trabajar y ella volvió a la biblioteca.

La tarde pasó lenta y cargada de visitantes. Creo que Pepe se dio cuenta de algo porque vino a preguntarme, en un momento en que me quedé solo, si me pasaba algo. Por supuesto que no, sólo que estaba un poco cansado. Luego hacia las seis o casi me pude ir a buscar a Elena. Ahora ella quería caminar un poco.

–Estoy entumida –me dijo–, de tanto estar sentada.

Caminamos por todo Carlos III, sin cuidarnos poco ni mucho de Emergencias, y llegamos hasta la loma del Príncipe, luego torcimos avenida de los Presidentes arriba y decidimos sentarnos en el primero de los parques de la avenida. Estábamos en territorio conocido (al menos a mí me conocían: ése había sido mi barrio hasta hace muy poco) y casi enseguida propuse que nos fuésemos a comer. Pero ahora ella no tenía ningún hambre y yo tampoco me sentía con ganas de comer. Fue entonces que propuse volver a la posada. Caminamos hasta la piquera de carros de alquiler en la esquina de la avenida y 23 y tomamos un taxi.

Todavía no había anochecido cuando llegamos al hotelito. Me pareció que me atendió el mismo hombre de la vez anterior y que se asombraba de mi deseo de pasar toda la noche, pero el individuo no estaba allí para reconocer clientes y además no estábamos haciendo algo ilegal, aunque en los tiempos que corrían cualquier cosa podía ser ilegal. Decidí darme un baño antes de meterme en la cama y mientras me duchaba Elena se paró en la puerta a mirarme bañar. Empezó a reírse mientras me miraba.

–¿De qué te ríes? –le pregunté.

–Je, que te bañas como un mono –me dijo, haciendo una imitación de cómo yo me pasaba el jabón por todo el cuerpo.

No me hizo ninguna gracia, pero ella se aburrió de verme bañar y entró al cuarto. Cuando salí de la ducha ya ella estaba en la cama, desnuda, tirada boca abajo, sus amplias caderas aplastadas contra el colchón, su cuerpo de color casi bruno destacándose sensual sobre las sábanas blancas. Me eché sobre ella, pero me rechazó.

–Ah, no –dijo–. Hace mucho calor.

–Está puesto el aire acondicionado –fue lo que se me ocurrió responder.

–No, pero ahora no –dijo ella–. No tengo ganas.

Chasqueado, todavía recordando su frase de que yo me bañaba como un mono (no la he olvidado: ésa fue la frase ocasional que se convirtió en determinante en mi vida con ella), me acosté a su lado. Al poco rato cogí el teléfono para pedir los tragos.

–Dos cubalibres –dije a la voz anónima que me respondió–. Cuarto número ocho –añadí, aunque ya la voz sabía de dónde llamaban.

Al poco rato tocaron a la puerta y me levanté para coger la bandeja con los dos vasos que me tendía un brazo tan anónimo como la voz del teléfono.

–Son ochenta centavos –dijo el dueño del brazo y fui a buscar el dinero para pagar, dándole un peso y diciéndole que se quedara con el vuelto.

Puse su trago en la mesita de noche de su lado (ella seguía acostada boca abajo) y me senté en mi parte de la cama a beber el mío tranquilamente. Por primera vez me sentía bien después de la ducha y al tomar mi trago me sentí ligeramente mareado: lo que no era extraño con el estómago vacío como lo tenía. La miré a ella y me pregunté si estaría dormida (su cara estaba vuelta hacia el otro lado) y decidí que no lo estaba, por lo que le pasé un dedo por la canal de la espalda hasta llegar a sus nalgas redondas y tersas. Me gustaba su cuerpo pequeño y femenino y su piel tersa por el sol. Comencé a besarle los hombros y bajé hasta su cintura y le besé las nalgas y más abajo. Entonces ella se dio vuelta y me abrazó: nos besamos. La miré y vi su cara pasar del aburrimiento a la pasión y pensé en su frase («Te bañas como un mono») y al mismo tiempo dejé de pensar en ella para concentrarme en sus besos. Ahora estaba arriba de ella y al penetrarla hizo una mueca de dolor.

–¿Te duele? –le pregunté.

–No, ya no –dijo–. Sigue.

Seguí suavemente penetrándola, pensando en esta palabra con su pene al inicio y pronto dejé de pensar para sentir sus movimientos sabios, antiguos, los mismos que me hicieron creer que ella no era virgen la primera vez. Suave primero y seguido después y más tarde violento llegamos al clímax al mismo tiempo, ella gimiendo y diciéndome cosas (palabras que apenas entendía o atendía) en su dulce falsete y yo silencioso, moviéndome, afuera y adentro, dentro y fuera, moviéndome más hasta sacarle el último gemido. Después nos tiramos cada uno en su lado de la cama y mirando al techo busqué el trago con mis manos en la oscuridad a medias del cuarto, encontrándolo a lo largo del brazo, mientras la veía levantarse a ella para ir al baño. Regresó al poco rato, buscó en su cartera los cigarrillos y empezó a fumar furiosamente como siempre hacía. Nos amamos varias veces esa noche, seguida, sosegada y gravemente: no hay humor en el amor.

Al día siguiente salimos en la misma peregrinación temprana. Esta vez fuimos a dar al parque Central, a sentarnos en un banco: fue una decisión mía que ella aprobó. Tal vez no quisiera volver a encontrarse con su tío. Desde el banco miraba yo los portales del Centro Gallego donde el sol comenzaba a dar y esperaba a que se abriera uno cualquiera de los cafés de los alrededores para desayunar. El parque estaba libre de mendigos y éramos los únicos sentados allí. Traté de hablar con ella pero su humor no era el mejor por la mañana temprano, por lo que me callé y me puse a pensar en las circunstancias, que no eran las mejores del mundo: aquí estaba yo, con la mujer que amaba (ya no tenía dudas de que era amor) y sin embargo me sentía como si ella fuera un peso y no un alivio en el alma: esto, estar con ella, solos, era lo que yo había buscado desde el principio y sin embargo ahora no sabía qué hacer con aquella libertad que era como una forma de prisión. Pronto comenzó a pasar gente por el parque, evidentemente a sus trabajos, y los vehículos se hicieron notar en las cuatro calles hasta ahora solitarias excepto por la guagua ocasional. Abrieron los cafés y le propuse ir a desayunar: ésas, creo, fueron las primeras palabras que cambiamos aquella mañana. Yo no dejaba de comprender que sería molesto para ella, aun desde el mero punto de vista físico (anoche se levantó para lavar sus pantaloncitos), pero no se me ocurría otra cosa que hacer. Fue evidente desde el primer día que no podíamos ir a un hotel: ni ella ni yo deseábamos volver a casa a buscar nuestras cosas, pero tenía que haber una solución y yo debía buscarla y encontrarla. Tal vez mi demora en hallarla era lo que la ponía de este humor hosco y silencioso, pero, ésta es la verdad, ni una sola vez se quejó de su situación, asumiéndola desde el primer instante en que decidió fugarse de casa de su madre.

Después del desayuno volvimos cada uno a nuestros refugios: yo a la revista y ella a la biblioteca, ambos fuimos seguramente los primeros en llegar. Yo tan temprano en *Carteles* que Pepe, al llegar ese segundo día de mi fuga a las nueve, me dijo:

—Le has cogido amor al puesto de Wangüemert.

—¿Yo? No. ¿Por qué?

—Llegas ahora primero que nadie, como dando un ejemplo.

Lejos estaba yo de ser ejemplar, por lo que se lo dije.

—De todas maneras le has cogido apego a su silla y te sientas en ella desde bien temprano.

—También me voy temprano –le dije.

Lo que era verdad: apenas daban las doce yo dejaba la revista para irla a buscar a la biblioteca. También me iba según daban las seis, cosa que no hacía antes, que llegaba tarde y me iba también tarde.

—¿Qué te pasa? –me preguntó Pepe de pronto.

Era evidente que debía vérseme en la cara: por lo menos hacía dos días que no me afeitaba. Yo nunca he tenido mucha barba y entonces tenía menos, pero debía notarse que no me afeitaba –o tal vez mi cara fuera confesora.

—¿A mí? Nada. ¿Por qué?

—No sé. Hace días que vienes actuando extraño. ¿Pasa algo en tu casa?

—No, nada. Que yo sepa, nada.

Se me había escapado esa admisión de no estar al tanto de lo que pasaba en mi casa y temí que por un momento Pepe la hubiera entendido. Pero aparentemente no oyó nada.

—No te mates trabajando –me dijo–, que no vale la

pena. De todas maneras no te van a dar el puesto de Wangüemert.

Esto lo dijo riéndose con sorna, mostrando sus grandes dientes manchados de nicotina y algunos picados en los bordes.

—¿Tú crees realmente que yo quiero el puesto de Wangüemert?

—No sé. Sí sé que por lo menos te gustaría el puesto de Carlos, ¿no? Para cambiar el formato de la revista, como intentaste.

—Intenté hacerlo, sí, pero no para coger su puesto.

—Bueno, para dárselo a alguien que pudiera hacerlo mejor que él.

—Tal vez. En todo caso yo sabía y sé todavía que Carlos está sembrado en su puesto. Lo que intenté...

—Lo que intentaste fue una especie de golpe de estado.

—... fue cambiar la sección de cuentos. Bueno, llámalo golpe de estado si quieres.

—¿De qué otra manera puedo llamarlo? Estoy contagiado con el medio.

Él hacía alusión a la situación política, lo que era raro en Pepe llamado el Loco, José-Hernández-que-no-escribirá-el-Martín-Fierro, que detestaba meterse en política: al menos así me dijo cuando intenté venderle unos bonos del 26 de Julio, que me dijo:

—No voy a contribuir a perder mi libertad. Así con Batista me va muy bien.

Él no era batistiano, ni siquiera era politizado, ya que se refería a su libertad de deambular por las calles de La Habana, solo, de emborracharse los sábados, de hacer el menor trabajo posible en la revista, de vivir una vida de bohemio anónima pero libre —o más bien anónima y libre.

—Fue entonces un golpe de estado fallido —dije yo.

—Exactamente —dijo él y se volvió a reír con su risa sarcástica, más bien era una sonrisa amplia llena de sorna y nicotina.

Empecé a recoger unos papeles de la mesa y dije:

—Bueno, me voy.

–¿No te vas con el jefe?

–No, hoy no. No puedo.

–Te pierdes los chismes de *Bohemia*.

–Tengo otra cosa que hacer.

–Bueno, tú te lo pierdes.

Lo dijo medio en broma medio en serio y había siempre en Pepe esta actitud como picada, como si tuviera clavada una espina en alguna parte del ánimo, que lo hacía desagradable para los demás pero que para mí era como una marca de fábrica: era extraño que no fuera sarcástico o burlón, aunque sus burlas carecieran de *esprit* –Pepe era, en realidad, un escritor fracasado y su alma no estaba exenta de una envidia que era a veces cruel, sobre todo con los viejos escritores de la revista, en su mayoría republicanos españoles desterrados, como el director, aunque se juntaron por casualidad: ya ellos estaban en la revista como colaboradores cuando llegó el director, lo que hizo fue destacar más a alguno, como el viejo Fernando de la Milla, que comenzó a hacer una sección llamada «Este pequeño mundo en que vivimos», que era una de las más amenas de la revista. Sin embargo, los sarcasmos de Pepe hacia mí se revestían de una suerte de respeto, tal vez por razones de generación, tal vez por una suerte de admiración que él sentía por mí o por la camaradería de algún sábado en que solíamos salir a beber juntos y a reunirnos en el burdel de la esquina: *Carteles*, a pesar de su aire de revista respetable, estaba en el corazón de Pajarito, como se llamaba a esa otra zona roja de La Habana para diferenciarla del barrio de Colón, donde en sus bordes, cosa curiosa, estuvo *Bohemia* antes de ser una revista con tanto éxito. Así las dos primeras revistas de Cuba vivían (una) o habían vivido (las dos) en un barrio de putas.

Dejé la revista corriendo (ya eran mucho más de las doce) para llegarme a la biblioteca y recoger a Elena y me preguntaba qué se preguntarían los empleados de la biblioteca de esta coalición entre un hombre y una *habitué* (lo era ahora Elena) que venía a buscarla a las doce y a las seis. Me encontré con ella otra vez a la salida: «No soporto más la biblioteca», fue su saludo, y me dolió ver en su boca, donde antes siempre hubo una sonrisa de dientes pequeños y perfectos, tanta amargura ahora. Decidí que para animarnos a comer los dos fuéramos a un restaurant agradable y escogí La Maravilla, en La Habana Vieja. Cogimos un taxi en la esquina sin hablarnos más, hasta que ella preguntó:

–¿Adónde vamos?

–A un restorán agradable –dije yo–. Se come de lo más bien.

Ella torció la boca, como si lo último que le importara en el mundo fuera la comida: era así en realidad pero yo no lo sabía entonces.

Llegamos al restaurant y nos sentamos cerca de la puerta desde donde se veía la iglesia del Cristo y el parque con sus jóvenes ficus largos y la hiedra que rodeaba una de las torres de la iglesia: era una hermosa vista de La Habana Vieja. No miré para nadie en el restaurant y fue solamente cuando el camarero trajo el menú que medio me volteé para ver a los otros comensales y vi a Berto y a Tony. Los dos me conocían bien y me conocían como hombre casado, los dos eran jóvenes católicos y no tuve que mirar bien para ver la reprobación en sus caras. Berto daba unas reuniones de jóvenes intelectuales católicos a las que yo asistía a veces, a menudo acompañado por Roberto Branly, y los dos decíamos que íbamos por el buen whiskey que se servía en la casa (Berto era hijo de millonarios), pero en realidad íbamos por cierto esnobismo literario y social. Parte de esta gente se reunía por las noches en el restaurant El Jardín, en El Vedado, y ya hablaré de ellos más adelante.

Casi le dije a Elena lo que enfrentábamos pero sabía de antemano que a ella le importaría ni poco ni mucho y no dije nada, pedimos el almuerzo y a pesar de lo apetitoso que se veía al venir ya no tenía ningún hambre y Elena solamente picoteó aquí y allá de su plato. Salimos del restaurant antes que Berto y Tony y sin mirar ni una sola vez en su dirección me imaginaba cómo nos estaban mirando, sobre todo Tony que era del grupo el que más interés mostraba por las mujeres, aunque había otros que se interesaban más de lo conveniente en ellas para ser jóvenes católicos ejemplares y uno del grupo, cuando tenía una erección por malos pensamientos, se ponía a hacer calistenia y llegaba hasta cincuenta *push-ups* para contener su naturaleza tropical. Esto nos lo había contado a Branly y a mí Andrés Casablanca, que aunque había estudiado con los jesuitas del colegio de Belén y conocía muy bien a varios del grupo católico se burlaba de ellos con su marxismo incipiente: él era tan de buena sociedad como los demás del grupo, pero no participaba para nada en lo que él llamaba la «sagrada beatería», pronunciando beatería casi como batería.

Caminamos un rato calle Teniente Rey abajo, pero ninguno de los dos tenía mucho que decir. ¿Qué iba a decirle yo? ¿Que la amaba? ¿Que ella era mi gran amor? Debía saberlo ya, además sería pura retórica para ella. ¿Qué me iba a decir ella? ¿Que estaba cansada? ¿Que ésta no era la vida que ella quería hacer, fugitivos los dos, casi delincuentes unidos por el amor? La única comunicación posible la teníamos en la cama, por las noches, que era cuando ella me entregaba su cuerpo y juntos llegábamos a la exaltación del amor. Seguimos caminando hasta la calle Compostela, con La Habana Vieja dormida en la hora de la siesta, solamente interrumpida en su reposo por las guaguas que pasaban continuamente rumbo al puerto.

Ahí se me ocurrió una idea más brillante que desesperada y, sin decirle nada a Elena, abruptamente cogí una máquina de alquiler y la deposité en la biblioteca. Seguí en ella hasta la calle 26 esquina a 23. Con gran cuidado pasé por al lado de mi casa, entré al edificio y subí la escalera hasta el último piso. Afortunadamente Silvina estaba sola en su casa. Su asombro fue grande al verme parado en la puerta, pero sería mayor al oírme hablar.

–¿Ya regresaste? –me preguntó.

–¿Con tu hermana? No, todavía no.

–¿Y qué haces aquí?

–Vengo a pedirte un favor. Es un gran favor que me puedes hacer a mí personalmente.

–¿Qué es?

Ella estaba en guardia, pero así y todo la cogí fuera de guardia.

—Quiero que alojes a Elena, así se llama esta muchacha, por unos días.

Abrió sus grandes bellos ojos todavía más de lo que se los abriera la naturaleza.

—¿Qué?

—Ya me oíste. Quiero que me hagas ese favor.

—¡Pero tú estás loco! Sí, te has vuelto loco. ¿Cómo le voy a hacer eso a mi hermana?

—No se lo haces a tu hermana negativamente, sino a mí, de una manera positiva. Mira cómo estoy.

—Ya te estaba mirando.

—Hace tres días que deambulamos por La Habana, dormimos en una posada y por el día ella me espera en la biblioteca.

—No quiero saber nada de eso.

—Por favor.

—No, no puede ser.

Pero en esta segunda respuesta yo vi que ella se ablandaba.

—Hazlo por mí. No serán más que unos días. Tal vez menos que eso.

No dijo nada, pero lo estaba pensando: ya esto era una gran ventaja.

—Por favor.

—Bueno, está bien. Pero yo no voy a hablarle.

—No tienes que hablarle. Solamente tienes que dejarla vivir aquí unos días. Después de todo tú vives sola.

—Está Ivette viviendo conmigo ahora.

—Ah, sí. Se me había olvidado.

—Bueno, pues ya te lo recuerdo.

—No tienes que decirle nada. Solamente que es una amiga tuya. Yo la voy a traer por la noche y subiré con cuidado. Nadie se va a enterar. Además, nadie en casa va a sospechar que Elena está viviendo contigo. Para todo el mundo puede ser una amiga tuya que te pidió el favor de vivir contigo unos días.

—Bueno, ya te dije que estaba bien. Pero unos días nada más.

—Unos días.

Salí de la casa antes de que cambiara de opinión y me dirigí a la revista. Dejé la revista como siempre a las seis menos cuarto y me llegué hasta la biblioteca. Elena me estaba esperando en el parque de la avenida esta vez: se veía que estaba harta de la biblioteca. Le conté lo que había pasado y ella, tan inerte como siempre últimamente, no aprobó ni desaprobó, solamente me siguió. Caminamos por la avenida como el día anterior hasta llegar a Príncipe y luego subimos por la avenida de los Presidentes hasta la calle 23, donde finalmente y ya de noche tomamos un taxi hasta la esquina de 24 y 23. Entré, con infinita cautela, al edificio ya que la luz estaba encendida en casa. Elena caminaba detrás de mí a sólo unos pasos. Subimos los tres pisos y toqué levemente la puerta de Silvina, como si temiera que el toque se oyera en los bajos. Abrió ella la puerta y yo me hice a un lado para hacer pasar a Elena y presentarla. Fue una confrontación más bien rara por no decir demasiado: allí estaban, frente a frente, la hermana de mi mujer y la mujer con quien yo la estaba engañando —no: por quien la había abandonado—, la última buscando refugio en casa de la primera y todavía yo presentaba una a la otra. Eso se llama caradura pero también desesperación y yo creo que Silvina lo entendió así. Elena sonrió y dijo «Quiay» con desgana pero como si dijera «Mucho gusto» con el mayor entusiasmo. Silvina respondió: «Mucho gusto» como si dijera «Quiay» y entramos todos. Había en Silvina una gran calma que yo no sabía a qué achacar, ya que esta tarde estaba más bien alterada por la posible presencia en su casa de Elena y ahora que esa presencia posible se hacía real y definitiva lo tomaba todo con la mayor naturalidad, tanto que Elena conservó su sonrisa, no tímida ni forzada sino vagamente irónica (para mí, que ya la conocía; para otros y quizá para Silvina era una sonrisa sin sentido), y todavía sonreía cuando nos sentamos en la sala. Esta entrevista me recordaba la reunión con Joe Westbrook, el 13 de marzo por la tarde, tan diferente y al mismo tiempo igual de clandestina y casi tan heroica, al menos para Elena que mostraba su decidido coraje. Afortunadamente Silvina comenzó tuteándola.

–Así que te fuiste de tu casa –dijo con la más leve de las entonaciones para no llegar a hacer de la frase una pregunta.

–Bueno –dijo Elena–, así parece, ¿no? –Levantó su barbilla hacia mí, como indicando al culpable más que al cómplice de su fuga–. Tú lo sabías, ¿no? –preguntó Elena, respondiendo al tuteo con el tuteo.

–Sí, sí, ya yo lo sabía.

Era evidente que la conversación no progresaría mucho, por lo que dije:

–Elena, Silvina, se va a quedar nada más que un par de días. Ya buscaré yo donde pueda ir.

–Está bien –dijo Silvina–. Me parece bien –y a Elena–: ¿Quieres pasar al baño?

–Bueno, si se puede... –dijo Elena.

Silvina se levantó y caminó hacia dentro de su casa y Elena la siguió. Al cabo regresó Silvina, se sentó a mi lado y muy calmadamente me dijo:

–Yo se lo conté todo a Mirta.

–¡Cómo! –dije yo casi saltando–. ¿Por qué?

No hay que decir que Mirta era mi mujer.

–Porque tú ibas a terminar por contárselo todo y yo era la que iba a quedar mal.

–Pero ¿por qué hiciste eso? No había necesidad.

–Lo hice para salvar mi responsabilidad. No quiero líos con Mirta. Tú se lo ibas a decir tarde o temprano.

–No. No esto, en todo caso. Se suponía que era un secreto entre nosotros dos.

–Tres.

–Bueno, entre nosotros tres. Esto equivale a una traición de tu parte.

–¿Y qué es lo que tú le estás haciendo a Mirta?

–Bueno, eso es algo entre ella y yo.

–Entre nosotros tres de nuevo, porque fue a mí a quien viniste a pedir refugio.

–Porque creía que tú eras mi amiga.

–Más que hermana de mi hermana.

–Bueno, sí: más amiga mía que hermana de tu hermana. ¿No ha sido siempre así?

–Tal vez. En todo caso tú eres un irresponsable.

–¿Irresponsable por qué?

–Porque sí. ¿Cómo un hombre casado como tú saca de su casa a una muchacha para terminar trayéndosela a su cuñada para que la esconda de su hermana?

Era una pregunta compleja a la que no había respuesta simple.

–Tú no sabes toda la verdad.

–¿Y por qué no me la dices tú?

–Ya la irás sabiendo poco a poco. Dame tiempo, solamente te pedí tiempo y he aquí que ahora has complicado el asunto más de lo que yo quisiera. ¿Y si tu hermana hace algo desesperado o torpe?

–Ésa es tu responsabilidad, no la mía. También esta muchacha es tu responsabilidad.

–Lo es.

–Claro que...

Silvina se calló, ya que Elena regresaba del baño. Era evidente que se había lavado la cara y peinado y aun con los días de fuga y clandestinidad se veía fresca, bella. Creo que fue en uno de esos momentos en que me asaltó la certidumbre de que estaba enamorado, locamente enamorado de Elena.

–¿Ustedes no han comido todavía? –preguntó Silvina.

–Yo no quiero nada. Gracias –dijo Elena.

–Yo tampoco –le dije a Silvina y dirigiéndome a Elena, pero al mismo tiempo a Silvina–: Yo voy a bajar ahora. Subiré dentro de un rato.

–Está bien –dijo Elena–. Pero por mí no lo hagas.

«Pero si todo lo he hecho por ti», debiera haber sido mi respuesta, que tal vez declaraban mis ojos. Mi boca dijo:

–Lo hago por mí.

Bajé y abrí la puerta de mi casa que había dejado tres días antes, tal vez para siempre, y la casa era la misma: allí estaba la antesala con mi buró y mi librero y la sala, donde Mirta veía televisión, ella sola, mi abuela seguramente durmiendo en su cuartico y mi padre fuera, como siempre cada noche después de la comida.

–Hola –le dije a Mirta como si regresara del trabajo un día cualquiera, pero ella no me respondió: siguió con sus ojos fijos en la pantalla de la televisión, tal vez fingiendo interés en un programa que no recuerdo y que seguramente era indistinto de cualquier otro programa que ella estuviera viendo.

No sabía qué hacer y me quedé parado en la sala un largo momento, luego me dirigí a mi cuarto. Quería darme un baño y cambiarme de ropa, sobre todo cambiarme de ropa, afeitarme, lavarme los dientes con mi cepillo en su lugar de siempre: todo estaba como si no lo hubiera abandonado nunca y así debía ser, pues ¿qué son tres días en una vida? Aquellos tres días sin embargo habían cambiado mi vida y la de Elena, radicalmente, y tal vez la de Mirta, pero no había cambiado el cuarto de dormir ni el cuarto de baño que seguían iguales, indiferentes como la naturaleza: afuera era una noche cualquiera de junio.

Después de lavado y vestido con ropa limpia volví a la sala. Mirta seguía mirando televisión o haciendo que miraba la televisión y pensando tal vez en qué cosa, de seguro en mi abandono y mi rechazo hechos patentes con mi fuga. Al poco rato dije: «Voy a la esquina a comprar cigarrillos» y fue como si se lo hubiera dicho al cómico de televisión que ahora hacía reír a un público invisible, pero no a la visible espectadora que oyó o no oyó mi recado. Salí y fui a la esquina, a la bodega, y compré una caja de Marlboro y otra de Camel. Luego regresé y subí los tres pisos hasta el apartamento de Silvina. Llamé a la puerta y vino ella a abrirme. Elena estaba en la sala, sentada, y era evidente que yo había interrumpido una charla: había bastado una hora, tal vez una hora y media, para que Silvina y Elena charlaran como viejas amigas. Le entregué la cajetilla de Camel a Elena: «Vaya», le dije. «Ah, gracias», dijo ella y enseguida abrió la cajetilla, sacó un cigarrillo y buscando en su cartera extrajo una cajita de fósforos y encendió su cigarrillo como si hubiera estado esperando que yo llegara con ellos desde hacía rato. De pronto me sentí un recadero. Había interrumpido la conversación entre Silvina y Elena y no lograba encajar en ella ni iniciar una nueva conversación, ya que no había nada que decirle a Silvina y yo no quería un intercambio con Elena, yo quería su cuerpo, pero era más que evidente que yo no podía tener ningún contacto con Elena mientras estuviera viviendo en casa de Silvina, no como Joe y Dysis, que escandalizaron a Silvina al ponerse a hacer el amor la primera noche de su refugio, cosa que por otra parte yo encontré muy natural y menos sorprendente que el llanto de Joe abajo en casa. Ahora me sentaba a mirar a Silvina y a Elena, que habían vuelto a conversar, pero yo no atendía a sus palabras sino que las miraba charlar con calma y con cierta satisfacción, al mismo tiempo que apreciaba la belleza serena de Silvina y la belleza perturbadora (al menos para mí) de Elena. No estuve mucho rato mirándolas pero ahora me parece que fue una hora o tal vez un día en vez de los pocos minutos que estuve allá arriba.

–Bueno –dije yo–, me voy a dormir.

–¿Ya te vas? –preguntó Silvina, sin mucho interés.

–Sí, estoy muy cansado. Tú también debes de estar cansada, Elena, ¿por qué no te vas a dormir? ¿Ya ella tiene un lugar? –le pregunté a Silvina.

–Sí –dijo ella.

–Pero no estoy cansada –dijo Elena y yo sentí un vago sentimiento que hoy sé que son celos al saber que ella deseaba seguir conversando con Silvina.

–Bueno, como quieras –dije y salí.

Al regresar me encontré toda la casa a oscuras: Mirta se había ido a dormir. Entré al cuarto sin encender la luz, me desvestí y me acosté a su lado. Sabía que ella estaba despierta aunque por la poca luz que entraba por las persianas vi que tenía los ojos cerrados y vi su perfil suave, excepto por los ojos cerrados, que mientras dormía o estaba acostada le daban un aspecto cadavérico a su cara. En silencio me viré para mi lado pero al momento sentí que la mano de ella tocaba mi hombro y, al tocar yo su mano con mi mano, Mirta se echó a llorar, primero calladamente, luego con más fuerza, mientras espasmos de llanto sacudían su cuerpo.

Al otro día salí para el trabajo como un día normal cualquiera, pero antes de salir (ya mi padre se había ido para su trabajo) hablé un poco con mi abuela en su cuarto.

–Ha mandado a buscar a tu madre –me dijo, y se refería a que mi madre estaba en mi pueblo de vacaciones con mi hija–. Ella le mandó un telegrama. La oí hablando por teléfono.

Le di las gracias a mi abuela por la información y me fui. Claro que no salí directamente a la calle sino que subí a ver a Elena. Sabía que no debía hacerlo pero no podía controlarme: verla era más importante para mí que ninguna otra cosa en el mundo y a verla fui. Estaba recién levantada y se veía fresca y bella y, como Silvina pretextara alguna cosa para salir de la sala y dejarme solo con ella, le pregunté cómo se sentía.

–Mucho mejor –me dijo.

–¿Dormiste bien?

–Sí, dormí bien, sí.

–¿Qué piensas hacer hoy?

–No sé. Nada. No se me ocurre ahora nada que yo tenga que hacer.

Yo estaba tratando de saber cuáles eran sus planes, pero Elena seguía viviendo al día, sin pensar en ningún momento en el siguiente, caminando naturalmente, un paso tras el otro.

–¿Vamos a almorzar juntos?

–Ya le dije a Silvina que iba a almorzar con ella, aquí en su casa.

–Ah –dije yo, tratando de decirlo con naturalidad, aunque estaba picado por la amistad que había surgido, espontánea, entre Silvina y Elena: hubiera preferido una cierta tensión entre ellas a esta evidente complicidad de Silvina con la mujer con que yo traicionaba a su hermana. Pero ¿no era esto lo que yo más deseaba? No lo sé, no lo sabía entonces. Sabía solamente que quería estar a solas con Elena, no un rato sino todo el tiempo, y ahora Silvina venía a interrumpir esa posibilidad–. Bueno, entonces me voy. Te veo por la tarde. Hoy voy a resolver dónde vas a vivir.

–Está bien –dijo Elena con su voz indiferente–. Hasta luego.

En *Carteles* se me ocurrió una idea que no sé cómo no había pensado antes en ella: Branly era la solución. Él vivía con su madre en una casa de huéspedes de la calle Línea. No tenía más que conseguir allí un cuarto para Elena. Lo primero que había que hacer era saber cuánto me costaría, pero el dinero era lo de menos: yo podía aumentar mis colaboraciones en la revista para sufragar los gastos. Decidido, subí al cuarto de los correctores para hablar con Branly: éste era un favor que me tenía que hacer, después de todo él me debía su puesto de corrector. Lo encontré leyendo, mientras Elías Constante corregía una galerada. Esperé a que terminara y me lo llevé para la azotea, para hablar con él libremente. Le expliqué la situación lo más brevemente que pude y finalmente le pregunté si me podía conseguir un cuarto en su casa. Él me dijo que no sabía pero que me lo diría después que regresara de almorzar.

No me fui de la revista a la hora del almuerzo y me quedé leyendo un cuento cuando el director se iba, que me preguntó si venía con él. Por supuesto le dije que no, que tenía que leer un cuento y así aparecí como el jefe de redacción perfecto: en realidad esperaba el regreso de Branly de su misión. Como a las dos regresó y me dijo que había un cuarto disponible. Vi el cielo abierto: podía sacar a Elena de casa de Silvina para llevarla a un lugar de confianza. Branly me dijo cuánto costaba al mes y no era una cantidad exorbitante por cuarto y comidas: yo podía pagarlo, además estaban las colaboraciones futuras a las revistas para sufragar cualquier déficit. Enseguida regresé a casa, subiendo directamente al apartamento de Silvina para decirle a Elena que estuviera lista a las cinco y luego me fui a mi casa. Mi mujer no estaba: nadie, ni la criada ni mi abuela, sabía adónde había ido. Mi abuela me dijo, muy confidencial:

–Tu madre vuelve mañana.

–Muy bien –le respondí yo–, que vuelva si quiere volver.

Mi abuela estaba conmigo: nunca le había gustado mucho Mirta y aunque lo oía todo desde su cuarto y sabía todo lo que pasaba en la casa –y fuera de ella– no creo que supiera todavía que Elena estaba viviendo arriba con Silvina: ésta fue una revelación que Mirta ocultó a los demás de la casa, su ausencia de orgullo no llegaba a admitir que mi padre y mi abuela supieran que la mujer con que se había fugado su marido estaba bien y viviendo en casa de su hermana. Le pedí a Elsa, la criada, un café con leche y unas tostadas y comí esto como almuerzo tardío.

Cuando dieron las cuatro y media subí a casa de Silvina. Elena me dijo que estaba lista: no tenía siquiera un cepillo de dientes que llevarse con ella. Silvina y Elena se despidieron como viejas amigas que volverían a verse pronto. Casi me sorprendió la intimidad con que se trataban, pero en realidad no había de qué asombrarse: Silvina era una persona excepcionalmente comprensiva y Elena era muy amistosa cuando quería serlo y quiso serlo con Silvina.

Bajamos las escaleras, yo con cuidado, Elena detrás de mí, no desganada sino despreocupadamente: desde el primer día se había comportado como alguien que no tiene nada que perder en la vida y así era en efecto. Fuimos hasta la esquina sin tropezarnos con nadie excepto el policía siempre de posta en casa del coronel. Cogimos un taxi y fuimos hasta la revista a recoger a Branly, a quien le presenté a Elena y preguntó si era esa cara la que había botado los mil buques. Por supuesto que Elena no entendió pero yo me sonreí: no estaba ahora para el ingenio de Branly, siempre dispuesto a bromear, sino que me preocupaba que nos aceptaran –que aceptaran a Elena– como huésped en la casa de Branly, aunque él dijo bien claro por la tarde que no habría ningún problema. Por el camino le expliqué a Elena lo que tenía que decir acerca de la ausencia de ropa y Branly volvió a decir que no habría ningún problema, que la dueña de la casa de huéspedes era una vieja amiga de su madre y suya, que era chismosa como todas las viejas pero su negocio le interesaba más que el chisme.

Llegamos y nos bajamos. Yo conocía de vista a la dueña y creo que hasta había hablado una o dos veces con ella cuando en el pasado solía visitar mucho a Branly, en la época que estudiaba en la escuela de periodismo y todavía no trabajaba.

–Ah, qué bien –dijo la dueña, a quien Branly llamaba Cacha pero a quien yo no sabía si llamar Doña Caridad o no–. Qué muchacha tan linda. ¿Te vas a quedar mucho tiempo con nosotros?

Elena dijo que no sabía, que no dependía de ella, y Branly aprovechó para decir que a lo mejor llegaba a ser una inquilina tan vieja como su madre (quien, asombrosamente, no había salido a ver a la nueva inquilina: de seguro que estaba todavía trabajando), pero no tan buena amiga. La vieja comprendió el tono de Branly y dijo:

–Este Robertico: siempre con sus dichos.

Fuimos los tres de la sala al cuarto que le tocaría habitar a Elena: no era muy grande, pero tampoco era pequeño, y tenía una amplia ventana que daba al zaguán. No sabría decir si a Elena le gustó o no, ya que ella, con su habitual indiferencia, dijo que estaba bien. Acordamos la vieja Caridad y yo el precio.

–Es siempre por adelantado –dijo–, pero como tú eres amigo de Robertico no tienes que pagar el mes adelantado, sino pagarme a fines de mes los días que faltan y de ahí empezamos a cobrar por adelantado.

Yo respiré aliviado. Cada vez tenía menos dinero y no llevaba conmigo siquiera para pagar una semana de la casa de huéspedes, pero todo salió bien: vi en ello un buen augurio. Elena no tuvo siquiera que explicar su carencia de ropa y salimos a sentarnos en el portal Branly, ella y yo a un lado y la dueña al otro lado, en su balance habitual. Al poco rato llegó la madre de Branly y me levanté para saludarla: ella era siempre muy afectuosa conmigo, siempre lo había sido pero ahora lo era más desde que le conseguí trabajo a Robertico. Le presenté a Elena, y la madre de Branly, que se llamaba Paula y que era una vieja ya en su mediana edad, amargada por la fuga del padre de Branly con la mejor amiga de ella, de saberlo no habría estado bien dispuesta a recibir a Elena en su casa (ella actuaba como si la casa de huéspedes fuera de su propiedad), pero era al mismo tiempo una vieja distraída y yo no creo que supiera siquiera que yo estaba casado y a menos que Branly se lo dijera (cosa que no haría, estoy seguro: su comunicación con su madre era más bien escasa), no tenía por qué enterarse. De todas maneras acogió muy bien a Elena por un momento y luego dijo que estaba muerta de cansancio (ella siempre estaba muerta de cansancio: nunca la oí decir otra cosa más personal) y se iba a tirar un rato en la cama. Así Branly, Elena y yo seguimos en el portal y cuando se hizo de noche invité a Branly a que viniera a comer algo con nosotros al Delicatessen, que quedaba en la calle Calzada, exactamente detrás de la casa de huéspedes.

Elena como siempre apenas comió nada y yo la imité, comiendo nada más que un sándwich de jamón y un café con leche, pero Branly estaba de buen humor y mejor apetito (creo que creía que mi aventura era su aventura) y se comió una ensalada de pollo y un gran pedazo de pastel de manzana.

Regresamos a la casa de huéspedes y nos sentamos en el portal. Mejor dicho, se sentó Elena (a quien le cedió el sillón uno de los huéspedes, caballeroso) y Branly y yo nos quedamos de pie junto a ella. Branly seguía con su buen humor y se veía que Elena se sentía si no bien por lo menos mejor que los tres días de biblioteca y posada, aunque su naturaleza inerte indicara poco cambio de la casa de Silvina a acá. Pero al poco rato Elena dijo que estaba cansada y que se quería ir a acostar. Branly me dio un ligero golpe con el codo y se sonrió. Tal vez pensaría que yo me iba a acostar con Elena, cosa que no pensaba hacer aun antes de que la dueña de la casa de huéspedes dijera en el portal, esa misma noche y en otra conversación pero bien alto, como para que lo oyéramos, que si una fama tenía su casa era la de no permitir indecencias. Dormir con Elena supongo que caía en esta definición y me limité, cuando se levantó para marcharse, a darle un beso ligero en la mejilla, aunque mis labios (y todo mi cuerpo) desearan otra cosa.

Cuando regresé a mi casa, mi mujer (mejor debía decir mi esposa: era la otra la que era ahora mi mujer) dormía ya o tal vez se hiciera la dormida para no repetir la escena lamentable de anoche. Me despertó temprano un gran barullo en la casa. Al levantarme vi que mi madre había regresado (cuánta velocidad había imprimido a su viaje de regreso: debía estar en relación directa con el texto del telegrama, en el que se me debía describir como un hombre terrible, o no, tal vez solamente se refiriera a Elena como una mujer fatal) y me alegró ver a mi hija. Todavía en paños menores, mi madre me pidió hablar conmigo a solas y nos encerramos en su cuarto.

—¿Así que te fuiste con una pelandruja? —fueron sus primeras palabras.

—Sí, me fui, pero no con una pelandruja.

—¿Cómo quieres que califique a la pérfida que le quita el marido a una mujer de su casa?

Tal vez en vez de pérfida mi madre dijo perdida, pero era más o menos esto lo que quiso decir.

—Nadie le ha quitado el marido a nadie —dije yo—. Fui yo quien decidió quitarse.

—Pero esa mujer debía saber bien que tú eras casado. ¿O no lo sabía?

—Se lo dije el primer día. O no, creo que el segundo. Sí, el segundo día.

—Y ella lo aceptó, claro. Eso es lo que es una pelandruja.

—Te suplico que no la llames así.

—¿Y cómo quieres que la llame?

—Ella se llama Elena, pero no tienes que decir su nombre si no quieres.

—Claro que no quiero.

—Puedes decir esa mujer o la mujer. Cualquier cosa menos pelandruja, porque eso es lo que ella no es.

—Bueno, está bien. ¿Y se puede saber por qué te fuiste con ella?

—Porque estoy enamorado.

—Ah, estás enamorado. Vaya, no es la primera vez que

pasa pero sí es la primera vez que te vas de la casa y abandonas el hogar, dejando huérfana a tu hija.

«Por favor, qué cantidad de lugares comunes», le iba a decir pero solamente dije:

—Por favor.

—Qué favor ni favor. Tú lo que tienes que hacer es acabar con esa mujer y regresar a tu casa.

—Ya estoy en mi casa.

—Sí, pero de seguro que no has acabado con ella. Vas por el camino de tu padre.

—¿Por qué no dices por el de mi abuelo?

Mi abuelo tenía una querida en el pueblo y mi abuela lo sospechaba, por lo que me llevó un día a pasear por la costa y fui yo, con mi vista de entonces (¿quién hubiera dicho que de grande iba a ser miope y necesitar espejuelos?), quien vio a mi abuelo de lejos paseando del brazo de su querida. Mi abuela terminó con mi abuelo y le exigió que se fuera de la casa, pero mi abuelo, en vez de irse a vivir con su querida, dejó el pueblo y se fue a Holguín, a casa de su hermana. Allí murió de asma, suplicando un perdón que mi abuela, ni aun después de muerto, le otorgó, odiándolo hasta el último momento con un odio español y terrible. Mi madre, que era la hija favorita de mi abuelo y a quien ella quería con locura, nunca le perdonó esto realmente a mi abuela, por lo que hubo entre ellas una especie de tirantez muy sutil pero evidente a mis ojos. Era visible que a mi madre no le gustaba la referencia a mi abuelo y prefería hablar de mi padre, quien muy a la chita callando había tenido su aventura más o menos disimulada a sus ojos perspicaces.

—Porque tú a quien debieras parecerte es a tu padre y hacer las cosas con mayor discreción. ¿Qué te pasa? ¿Te has vuelto loco o te ha vuelto loco esa mujer?

—No, no estoy loco, pero sí estoy enamorado y estoy aquí porque no me queda otro remedio, pero preferiría estar en otra parte.

—Con esa mujer.

—Si tú lo dices...

–No, eres tú quien lo dices. ¡Qué odio le tengo! Ojalá que le pase lo peor.

Mi madre conservó este odio por Elena hasta su muerte. Mucho tiempo después y en el remoto barrio de Kraainem, Bruselas, Bélgica, odiaba a una empleada del supermercado cercano simplemente porque se parecía a Elena –cómo la vio y cuándo es el misterio a desvelar, pero el odio estaba presente mucho antes de haberla conocido.

–Bueno, está bueno ya. Esto no te concierne realmente.

–¿Que no me concierne? ¿Y tú crees que yo voy a permitir que dejes sin padre a tu hija por otra mujer?

–Nadie está dejando a nadie, por lo menos por ahora. Así que cálmate, hazme el favor. Ahora voy a salir y no quiero oír una palabra más de este asunto o de veras me voy de la casa.

–Sí, y eres capaz de hacerlo, ya que te fuiste una vez.

Salí del cuarto por la puerta lateral, atravesé el cuarto vacío de mi hermano y entré al baño: todavía no me había lavado la cara ni los dientes. Al entrar al baño sorprendí a mi mujer que se maquillaba. ¿Habría oído toda la conversación dos cuartos más allá? No era posible, pero tampoco me importaba que la hubiera oído.

–¿Adónde vas tan temprano?

–A salir.

–¿Adónde?

–Por ahí. Voy a darle una vuelta a la niña. Tal vez vaya a casa de mi tía. ¿Te importa?

–¿A mí?

–Sí, a ti. De la forma en que preguntas...

–No, no me importa. Aquí cada cual hace lo que le da la gana.

–Me alegra saberlo.

–Yo creía que ya lo sabías.

Y salí del baño para entrar en mi cuarto que era todavía nuestro cuarto. Me puse los pantalones y los zapatos y esperé a que mi mujer saliera del baño para entrar a lavarme. Tenía intención de llegarme a ver a Elena antes de ir a la revista, pero ahora –entre la conversación con mi madre y el tiempo invertido por mi mujer en maquillarse– no me quedaba tiempo para hacerlo. Lo haría al mediodía: tal vez almorzáramos juntos, no en la casa de huéspedes sino en el Delicatessen o en cualquier restaurant cercano.

Me entretuve además otro rato jugando con mi hija, que había venido de lo más linda, tostada por el sol, su cutis quemado haciendo contraste con sus ojos verdes: me gustaba mi hija y ella, la malcriada, lo sabía. Jugué con ella antes del desayuno y todavía después quería seguir jugando: queríamos los dos. Pero no era posible y me fui a mi trabajo.

Al llegar subí al cuarto de los correctores. Ya estaban allí Branly, René y Elías Constante. Después de saludarlos le hice señas a Branly que quería hablar con él y salimos a la azotea.

–¿Qué tal? ¿Cómo le ha ido a Elena en la casa?

–Yo creo que bien. Parece que se lleva bien con Cacha.

Ésa era la dueña de la casa de huéspedes.

–Al menos eso fue lo que vi esta mañana a la hora del desayuno.

–Ah, vaya, menos mal.

–No me parece una muchacha difícil. Al menos para llevarse con las personas mayores.

–Bueno, ella no se llevaba precisamente bien con su madre.

–Eso no sé. Pero hasta habló con mi mamá y todo.

Branly podía ser muy efectivo en caso de apuro, para ayudar a un amigo, pero la penetración psicológica no era su fuerte. Yo quería saber más de la vida de Elena en la casa, sola –especialmente su relación con la población masculina de la casa. Pero no quería preguntárselo directamente a Branly y él no se daba cuenta de que mis rodeos iban a dar a una sola pregunta.

–Lo que es todo un pollo –dijo Branly con admiración más que con lujuria.

–¿Tú crees?

–Vamos, vamos, que tú también lo crees.

–No, ella no está mal.

–¿No está mal nada más? Está muy bien, pero que muy bien.

–Ten cuidado que voy a empezar a ponerme celoso.

–No, tú sabes que conmigo no hay problema.

Yo lo sabía bien: Branly era un tímido sexual.

Salí de la revista a las doce y me dirigí a la casa de huéspedes. Esperaba almorzar con Elena. Pero cuando llegué a la casa de huéspedes, Cacha me dijo que Elena había salido sin almorzar ya que no quiso hacerlo. No, ella no sabía adónde había ido, dijo simplemente que iba a dar una vuelta, pero no había dejado ningún recado. Me pregunté adónde habría ido y me dije que estaba más segura en la biblioteca o en casa de Silvina que en la casa de huéspedes. Caminé hasta la esquina con la esperanza de verla, pero por supuesto no aparecía por ninguna parte. Me fui a casa a almorzar, aunque tampoco tenía mucha hambre y comí poco, con la mesa más concurrida ahora, mi madre y mi hija haciendo compañía a mi mujer y a mi padre, que habían sido los únicos comensales en los días anteriores a mi escapada.

–¿Qué te pasa? –me preguntó mi madre–, ¿por qué no comes?

–No tengo hambre.

–¿Y eso por qué?

–No sé. Simplemente no tengo hambre. ¿No te ha pasado eso nunca a ti?

–A mí sí, pero tú siempre tienes buen apetito.

–Pues no tengo ganas de comer ahora. Eso es todo.

Mi padre seguía comiendo con su apetito de siempre, casi voraz –muchas veces se comía en el desayuno lo que sobraba de la noche anterior– y mi mujer no decía una sola palabra, comiendo en silencio, mientras mi hija regaba toda la comida fuera de su plato y sobre su ropa. Yo, en todo este tiempo, pensaba en qué estaría haciendo Elena.

Regresé a la revista, evitando a duras penas llegarme hasta la casa de huéspedes, trabajé un poco por la tarde y salí antes de las seis. Fui en taxi para llegar más pronto y en cuanto me apeé de la máquina vi a Elena sentada en el portal, fumando tranquilamente y aparentemente charlando con la vieja Cacha. Saludé a Cacha pero no le dije nada a Elena, y me senté a su lado en otro sillón. Al poco rato Cacha entró a la casa y nos quedamos solos.

–¿Dónde estabas al mediodía? Vine por aquí a buscarte y no te encontré.

–Ah, salí a dar una vuelta.

–¿Por dónde?

–Por ahí, por el Malecón. Me senté un rato en el muro.

–¿Por qué no me esperaste?

–No sabía que ibas a venir.

–Tú sí sabías que yo iba a venir.

–Bueno, pero no sabía a qué hora ibas a venir. Estaba cansada de estar en la casa, se me caía el techo encima. Tú sabes que eso me pasa.

–Sí, yo sé que eso te pasa, pero por lo menos debiste esperar para salir conmigo.

–¿Quieres dar una vuelta ahora?

–Lo que quiero es estar solo contigo.

–Bueno, tú sabes que eso es imposible en este lugar al que me has traído.

–Ya lo sé.

–Podemos dar una vuelta si quieres.

–No, no quiero dar ninguna vuelta ahora.

–Querías salir al mediodía a pleno sol y ahora que hay fresco no quieres salir. No te entiendo.

–A mediodía vine a buscarte para salir a almorzar. Ahora no quiero salir porque no tengo ganas de andar por la calle.

–¿Qué, tienes miedo de que te coja tu mujer?

–Tú sabes bien que no le tengo miedo a eso.

–Yo no sé nada. En realidad, yo no sé nada de ti.

–Estamos parejos.

En ese momento entraba Branly y saludaba a Elena con mucha familiaridad, demasiada, me parecía. Entró a la casa y yo me callé porque sabía que volvería a salir, como efectivamente hizo, y vino hacia nosotros.

–¿Qué tal? –repetía su saludo a Elena.

–Bien, Roberto, y tú ¿qué tal?

Ella lo llamaba Roberto cuando todos le decíamos Branly y no creo que fuera porque encontrara difícil de pronunciar su apellido.

—Yo bien, y tú ¿qué tal?

Era un chiste de Branly, uno de los suyos: hacer un círculo de saludos. Elena todo lo que hizo fue sonreírse: era su primera sonrisa del día y no era para mí. Tal vez fuera su primera sonrisa en muchos días, pero no era para mí. No era, para mí. Ella y Branly hablaron algo pero no oí lo que era pensando que ella se sonreía sin ser para mí la sonrisa: la primera en muchos días. ¿Estaría feliz en la casa de huéspedes? No quise preguntárselo porque sabría su respuesta, ya que sabía que ella no creía en la felicidad. Por lo menos disfrutaba de alguna compañía y sentía algo que pudiera parecerse remotamente a la felicidad. Yo no era feliz, lo fui al principio pero no era feliz ahora, lo hubiera sido de saber que ella era un poco feliz —y tal vez lo fuera. Ahora por lo menos lo parecía, hablando y sonriendo a Branly, escuchando con una sonrisa cualquier chiste soso de Branly.

En un silencio de su conversación con Branly o mejor dicho de la conversación de Branly con ella (Branly había sido abandonado por su timidez hacia las mujeres: tal vez fuera mi compañía pero más bien parecía que era la compañía de Elena, el hecho de que ahora fueran vecinos, mejor: que habitaran bajo el mismo techo), en un momento en que Branly dejó de hablar, le dije:

—¿Quieres ir al cine? Yo tengo que ir.

—No —dijo ella—. No tengo ganas. Gracias.

—¿Y qué vas a hacer entonces?

—No sé. Creo que me voy a quedar aquí un rato y después me voy a acostar.

—Bueno. Está bien. Entonces hasta luego.

—Hasta luego —dijo ella y yo ya me iba.

—Eh —dijo Branly—, ¿y para mí no hay una despedida?

—Sí, Branly —dije yo—. Hasta mañana.

—Hasta mañana por la mañana.

¿Habría alguna alusión en su despedida o era solamente una salida? Tal vez se refiriera a que esperaba que yo mañana le preguntara por Elena esta noche. Pero yo no lo haría. Lo que hice esa noche fue aún más humillante que preguntarle a Branly cómo se había portado Elena. A la salida del cine me llegué por la casa de huéspedes. Estaba cerrada, por supuesto, pero entré por el zaguán, fui directo a la ventana de Elena y traté de ver si estaba durmiendo o no. No pude ver nada, ya que el cuarto estaba a oscuras. Me fui caminando calle Línea abajo, pero cuando ya estaba cerca de El Jardín crucé la calle para caminar por la otra acera y no toparme con la tertulia de Cheché Sorzano en el restaurant.

Al otro día no le pregunté nada a Branly pero hice una visita al cuarto de corrección. Él no me dijo nada y deduje que la noche había transcurrido serena por la casa dc huéspedes.

Afortunadamente era sábado (había esperado este día toda la semana) y no tendría más que trabajar medio día. Menos que eso: unas pocas horas hasta esperar cobrar mi sueldo. Tan pronto como cobré me fui en un taxi a la casa de huéspedes y busqué a Elena, que estaba adentro conversando con una vecina, creo, ya que mi brusquedad en sacarla de la casa fue mayor que mi interés por conocer sus relaciones. Le dije al chofer que fuéramos a 11 y 24, aunque no le dije nada a ella: ya ella sabía, tanto como el chofer. Entramos directamente a la posada, ocupamos el cuarto y puse el aire acondicionado, también pedí dos cubalibres: ése sería nuestro almuerzo. El trago me cayó en el estómago vacío y pronto me sentí mareado, casi antes de quitarme la ropa. Elena ya estaba desnuda y no habíamos cruzado una palabra: vi su cuerpo macizo cruzar de la cama al baño y viceversa y la vi meterse entre las sábanas blancas, que hacían contraste con su cuerpo todavía tostado por el sol de la playa. De pronto me arrastró una gran ola de felicidad y comencé a reír, a reírme y riéndome me metí en la cama. Estaba realmente eufórico no sólo por la posibilidad de tener a Elena para mí solo toda la tarde sino porque iba a gozar de su cuerpo como no lo había hecho casi en una semana. Seguí riéndome y de pronto vi que Elena me miraba extrañada.

–Eh –me dijo–, ¿qué te pasa?

–A mí nada. ¿Por qué?

–Tanta risa.

Me miró de nuevo y no pude evitar reírme a carcajadas.

–¿Tú no estarás drogado? –fue su pregunta.

Debí decirle que sí, que me embriagaba la ambrosía de su cuerpo, que pronto estaría comiendo el alimento de los dioses, que estaba feliz porque iba a saciar mi hambre de su cuerpo, pero me falló la retórica y sólo recordé que el padre o padrastro de Elena era un drogómano y que lo más cercano que había en su rostro a un sentimiento hacia mí se parecía al horror.

–No, nena –le dije–. No estoy drogado. Solamente me siento muy bien.

Aunque en realidad ya se había disipado mucho mi felicidad y había dejado de reírme. La vi ponerse más tranquila y coger su vaso y beber su cubalibre por primera vez, después encendió un cigarrillo y empezó a fumar. Yo me senté tranquilo a su lado, bebiendo de mi vaso, esperando a que ella terminara de fumar, para sentir ese gusto dulzón de sus besos, en que se mezclaba el aroma del tabaco al olor de su boca –y decidí sentirlo enseguida, por lo que cogí el cigarrillo de su boca y lo apagué no en el cenicero sino sobre la mesa de noche y comencé a besarla: pronto nos estábamos besando lenta, profunda, despaciosamente, y olvidé su horror a mi alegría para concentrarme seriamente en los besos que eran los más apasionados que había dado nunca en mi vida y en silencio nos besamos, como en silencio agradecí a Elena sus besos, la proximidad de su cuerpo y la posibilidad del amor.

El país estaba tranquilo, pero con esa tranquilidad expectante que habían creado los asaltos a los puestos del ejército en la Sierra (después que el reportaje de Herbert Matthews en el *New York Times* probó que Fidel Castro estaba vivo y peleando) y el ataque al Palacio Presidencial, se vivía la vida de todos los días pero esperando otra espectacular salida política. Nos íbamos acostumbrando, más o menos, a las bombas esporádicas y el desasosiego y la rabia política que había creado en mi vida el asalto de la policía a Humboldt 7, donde había muerto Joe Westbrook acribillado a balazos, había tenido su epílogo en la ida de Dysis Guira a Argentina, no sin antes venir por la revista, subrepticiamente, para que yo le diera fotos de muertos, de asesinados por la policía, porque ella pensaba publicar fuera de Cuba un artículo sobre la violencia política en la isla. También Franqui estaba en el exilio, después que nosotros, la revista y *Bohemia* y varios amigos, intervinimos con el colegio de periodistas para que lo pusieran en libertad. Se había pasado un día escondido en casa y la noche que pasó allí la pasó despierto y mirando por entre las persianas Miami del recibidor, desconfiando de la seguridad del lugar, aunque nadie lo buscaba, ya que había sido puesto en libertad por orden del tribunal de Urgencia. Así, cuando Olga Andreu y su marido Titón Gutiérrez Alea (que luego, cuando fuera director de películas de veras y no productor de los cortos que ahora proyectaban en los cines junto con los anuncios comerciales, se transformaría en Tomás G. Alea, aunque todo el mundo que lo conocía lo llamaba Titón y así firmaba sus dibujos con los que pasaba el tiempo libre y descargaba sus energías creadoras, según decía él) me hablaron del estado del país les dije que la única guerra civil que conocía era la individual –y era verdad. Tanto como era verdad que las mujeres eran mi campo de batalla. Unos meses antes, cuando me vino a ver Jean-Loup Bourget con un periodista francés que se suponía muy importante en París y querían un contacto con alguien importante del partido comunista, yo hice el contacto para que el periodista hablara con Carlos Rafael Rodríguez, entonces clandestino, pero el más accesible para mí a través de Olga y de Titón, con quien ya me había reunido una vez para cambiar impresiones de lo que pensaba hacer el partido comunista acerca de la lucha en la Sierra, de la que no eran partidarios, y conseguimos contactar a Carlos Rafael (como lo llamaba todo el mundo) y organizar la reunión con el periodista francés, cuyo nombre no quiero recordar ahora, en casa de Olga y Titón. Yo no estuve presente porque esa misma noche se me daba, como se decía, una chiquita que había conocido en una *preview* en el cine Atlantic y no pude romper la cita con ella, que era la primera, para asistir a la reunión político-periodista que tanto me interesaba, porque pudo más el olor de la carne de Emilia, como se llamaba la muchacha, el conocimiento de su cuerpo y la penetración de su carne que la siempre en rescoldo pasión política.

Y era cierto que tenía una guerra civil privada. Había regresado a mi casa, que era tanto la casa de mis padres como mi casa y la de Mirta, pero no había vuelto del todo con ella. Por debilidad creo, o por el recuerdo del amor que existió entre nosotros (que no fue nunca mucho de mi parte y sí fue una pasión para ella, que al principio se mostraba renuente a mis avances antes de ser novios, cosa curiosa, que fui yo quien presionó para que la amistad se convirtiera en amor aunque cuando llegó el matrimonio más bien fue una acción de rechazo, un rebote de mi breve estancia en la cárcel por publicar un cuento con malas palabras en inglés, que el verdadero amor, sin hablar de la pasión que sentía por Elena) no había roto del todo con ella, pero tampoco había creado una fusión perfecta y así salimos al cine por primera vez desde mi fuga. Yo tenía que ir al cine forzosamente y ella lo sabía y la invité y aceptó (aunque no nos habíamos vuelto a acostar desde mi ida y mi venida, y aquí no podía resistir el chiste obvio de decir que mi venida no había sido tal, al menos para ella) enseguida. Fuimos al cine y vimos *El increíble hombre menguante*, que critiqué como una película importante porque introducía la metafísica en la ciencia-ficción y por metafísica quería decir, esa vez, la religión, el concepto expresado en la película que para Dios no hay cero, y hubo más de un lector sorprendido porque si algo había hecho yo hasta entonces era negar la existencia de Dios (o no admitir la religión) en mis escritos.

Al regreso del cine, dejé a Mirta cogiendo el autobús y

le dije que me iba a llegar a El Jardín, a reunirme con el grupo que se veía allí todas las noches y que ella conocía, al menos de vista.

—Así que te vas y me dejas en la guagua —me dijo Mirta, como si yo tuviera de veras la obligación de regresarla a la casa, que bien mirado sí tenía pero no desde que ocurrió mi fuga.

—Sí —le dije—, voy a hablar un rato de literatura.

En las reuniones de El Jardín se hablaba de todo menos de política y el grupo era como una suerte de desprendimiento del grupo Orígenes, en que eran jóvenes, católicos casi todos, de Acción Católica muchos, y todos interesados en el arte y la literatura. Yo había ido no por causa del buen whiskey, como a las reuniones de Berto, sino por curiosidad intelectual, aunque ellos y yo estábamos separados por más de un golfo estético y político, pero me había impresionado lo que dijo Cheché Sorzano, que era pintor pero más parecía por su corpachón y sus gestos un estibador, aunque fuera gente bien, cuando dijo que él era católico porque rezaba todas las noches antes de acostarse y así no tenía miedo a morirse en el sueño, y como uno de mis muchos miedos era el miedo eterno a morirme durmiendo (que luego pasaría, cosa curiosa, a convertirse en miedo a morirme durante el acto sexual), me impresionó que Cheché Sorzano aludiera a ese miedo casi feral y que pareciera de veras que él lo había superado.

Pero esa noche no hablamos de miedos metafísicos ni de mi acercamiento a Dios (momentáneo) mediante la crítica de la ciencia-ficción, que no se había producido todavía, ya que ni siquiera fui a El Jardín, sino que lo que hice fue llegarme a la casa de huéspedes, que estaba por supuesto cerrada y apagada. Pero di la vuelta por el zaguán y me llegué hasta la ventana del cuarto de Elena. Esta vez iba provisto de los instrumentos necesarios, ya que me había munido de mi linterna-pluma y alumbré con ella el interior del cuarto hasta descubrir su cama y comprobar que dormía. Pero, por descuido, la luz de la linterna dio en el cuarto de al lado y enseguida una voz femenina pero bronca dijo: «¡Eh! ¿Quién anda ahí?» y pudo ser la voz de Cacha, la dueña, por lo que salí corriendo a buscar el refugio de la acera. Pero me iba tranquilo porque pude comprobar que Elena dormía y no como yo temía que anduviera por la calle aprovechando que esa noche yo tenía que trabajar.

–¿Por qué no vivimos juntos? –me preguntó Elena a la noche siguiente o tal vez otro día.

–No, no puede ser. Al menos no por ahora.

–Pero ¿por qué? ¿Por qué?

–No puede ser.

–Tú dices que me quieres y yo te creo pero cuando me dices que no podemos vivir juntos no te creo que me quieras.

–Tú sabes que te quiero.

–Pero no tanto como tú dices. Ven a vivir conmigo. Aquí –ella quería decir en la casa de huéspedes– o en otra parte.

–No, no. No puede ser.

–Donde tú quieras, pero vivir juntos.

–No puede ser.

–¿Por qué no puede ser? A ver, di.

–No, no te puedo decir.

–Se trata de que todavía quieres a tu mujer, ¿no?

–No, no se trata de eso.

–Dime, a ver.

–No te puedo decir.

–Pero ¿por qué no me puedes decir? Puedes decírmelo todo. Tú sabes que a mí me lo puedes decir todo.

–Ya lo sé. Ya sé que no le tienes miedo a nada.

–No, tienes razón: no le tengo miedo a nada. ¿A qué le tienes miedo tú?

–Según tú, a todo. ¿No?

–No, no, ahora. ¿A qué le tienes miedo ahora?

–No te lo puedo decir.

–Todo se puede decir. A mí me lo puedes decir todo.

–Menos esto.

–Pero ¿qué es?

–Tengo que explicarte primero.

–Bueno, explícame.

–Cuando yo me casé con mi mujer –yo nunca decía su nombre delante de ella: ni siquiera creo que lo sabía a derechas–, yo era muy pobre. Seguí siendo pobre por un tiempo, pero no por mucho tiempo. Al poco tiempo de haberme casado, las cosas comenzaron a cambiar y empecé a escribir semanalmente en *Carteles*, me hicieron corrector de pruebas completo. Quiero decir trabajando a turno completo. Tocó la suerte que compraran la revista y que mi jefe, el hombre de quien yo era secretario particular, se convirtiera en director de la revista, y así pasé a escribir mi página semanal y después me hicieron, me hizo él, el director, me hizo jefe de redacción y ahora soy jefe de información, también, temporalmente, pero tengo una posición muy importante en la revista. Y todo eso, creo, estoy seguro, se lo debo a mi mujer. Ella me ha traído suerte.

–¡Mierda!

Fue todo lo que dijo ella y por tres días no hablaba más que lo necesario y cuando llegó el sábado y se suponía que íbamos a ir otra vez a 11 y 24 a pasar toda la tarde y parte de la noche si ella quería, ella no quería. No lo dijo así, sino simplemente dijo que tenía la regla y no se podía acostar conmigo, por lo que salimos a caminar por El Vedado, el sábado por la tarde, y llegamos hasta el Turf, que es un *night club* que, como El Atelier, sirve muy bien para pasar el rato con una mujer y aunque ya yo no tenía que pasar el rato con ella, forzosa o forzadamente, entramos. Estaban tocando y tocaron muchas veces «My Prayer», cantada por los Platters, y esa melodía, esa armonización popular, pasó a hacerse parte del momento como antes lo había sido, al principio, «Autumn Leaves», la versión de «Les feuilles mortes» cantada por Nat King Cole, y en un momento, entre esas canciones americanas o francoamericanas o americanas del todo, estuvieron las canciones de Rolando Laserie, que ponían todo el tiempo en La Cuevita, frente a la salida de *Carteles*, cantadas por radio porque en La Cuevita no había tocadiscos y oídas dondequiera –y fue una de las primeras veces que pensé en cómo cierta música fija el recuerdo y está tan inextricablemente unida a él que no se puede oír una sin pensar en lo otro o no se puede recordar sin las canciones, sin la música, que son como una ilustración, y según recuerdo la vez que vi con ella, con Elena, *La cenicienta en París*, que es como se llamaba en Cuba *Funny face*, con Audrey Hepburn y Fred Astaire, que fui a una prueba privada y tuve el valor de llevarla a ella en vez de llevar a mi mujer y los otros críticos, comuneros o no, me vieron con ella, según recuerdo esta película y sus colores en infinitas variaciones y recuerdo su música como algo que estaba en función de la película, como sus colores, no recuerdo la música per se, sino que el recuerdo es uno y global, así es el recuerdo de los momentos en que oí, tal vez por primera vez, «My Prayer» o «Autumn Leaves», que son las canciones, junto con dos o tres de Rolando Laserie, pero no las canciones sino más bien su voz, sus manierismos, su amaneramiento al cantarlas, que era entonces nuevo, recuerdo la cara de ella –aún molesta en el Turf, casi renuente a estar conmigo–, su pelo, sus ojos, su boca, sobre todo sus ojos y su boca, y me llega su aliento siempre endulzado por los cigarrillos americanos que fumaba casi uno tras otro y recuerdo su cuerpo, no su cuerpo desnudo, sino su cuerpo vestido, vestido entonces casi con su único vestido, después con otra ropa, toda ella sin elegancia pero moldeando su figura trabada, como una modelo buena para Maillol, con los pies firmes en la tierra y sus manos de dedos cortos, de uñas comidas casi hasta la cutícula, su dedo índice derecho y el del medio manchados de nicotina, y todo eso la hace entrañable y al mismo tiempo indiferenciable de la música, como si sin música no pudiera haber recuerdo, como si la vida fuera una película, una comedia musical más bien, que necesitara la música para ser posible.

El otro recuerdo es amargo: son los celos. Elena tenía ahora todo el día y muchas veces la noche para hacer lo que le diera la gana y aunque yo deseaba saber qué hacía las veinticuatro horas del día, muchas ni siquiera sabía si estaba en la casa de huéspedes o no, ya que allí no había teléfono y, por otra parte, como yo tenía que trabajar tanto, no podía estarla vigilando como su naturaleza inquieta reclamaba. Yo sabía que ella salía a caminar por el día y creo que no lo hacía por la noche porque yo estaba siempre al llegar (para ella) y podía no encontrarla en la casa. Yo confiaba en que Branly me mantendría informado si algo inusitado ocurría, pero él también trabajaba y mantenía una cierta reserva con referencia a la relación nuestra (la de Elena y yo) tal vez porque conociera a mi mujer, tal vez por inclinación propia. Lo cierto es que yo sabía poco de Elena de su parte (de la de Branly) y muchas veces ni siquiera me atrevía a preguntarle por ella. Yo le di suficiente dinero a Elena para que se comprara alguna ropa, cosa que hizo y hasta llegó a comprarse algunos refajos que hicieron mi delicia (su cuerpo estaba especialmente hecho para llevar esa prenda) en las tardes de sábado del hotelito. También le di algún dinero para que se comprara cigarrillos y alguna otra cosa que necesitara. Así me extrañó que casi al otro día de haberle dado dinero me pidiera cinco pesos y al preguntarle yo por el otro dinero me dijera que se le había acabado. Me extrañó pero no dije nada y le di los cinco pesos y al otro día, cuando la fui a ver por la noche, me pidió ir hasta la esquina y comprarle una cajetilla de Camel. Volví a preguntarle por su dinero y después de muchas vueltas supe que se lo había dado a una compañera de la casa de huéspedes, una peruana que estaba en La Habana de paso y que se había quedado sin un centavo. Era encomiable la actitud de Elena (su generosidad fue siempre sorprendente por muy acostumbrado que estuviera yo a ella), pero yo insistí en ver a la peruana y al regresar a la casa de huéspedes Elena fue a buscarla y me la presentó. Era una especie de india, bajita, casi chata y bastante fea. Mis celos habían esperado una mujer hermosa o por lo menos bonita y me sentí avergonzado de haber dudado de Elena.

Pero un día (un sábado) la fui a buscar a la casa y me encontré con un recado que decía que estaba en Unión Radio, que entonces estaba donde estuvo el cine Plaza, y que volvería enseguida. Yo fui a la esquina, busqué el teléfono de Unión Radio y llamé, preguntando por ella. Por causas desconocidas o absolutamente fortuitas me la pusieron al teléfono y ella, vacilando, me dijo que vendría enseguida, yo le dije que no, que yo la iba a buscar a Unión Radio, pero ella insistió en que vendría a la casa de huéspedes. Yo colgué el teléfono sin decir más nada y tomé un taxi para dirigirme a Unión Radio y al llegar la vi en la acera hablando con un tipo insignificante (no que yo me creyera significante, pero a su lado yo podía ser un actor de televisión comparado con aquel supuesto actor, digo supuesto porque luego supe que no era actor. Tiempo después, mucho tiempo después, cuando de aquel amor no quedaba más que el recuerdo, Jesse Fernández, trabajando conmigo en el periódico *Revolución*, me dijo que él conocía a un tipo –aquí me dijo el nombre que era absolutamente olvidable– que se había aprovechado de mí, le pregunté que de qué manera y Jesse me dijo que él se estaba acostando con una muchacha que yo estaba manteniendo, y por la descripción que dio esa muchacha era Elena, pero yo no lo creí entonces, todavía no lo creo), y cuando ella me vio bajando del taxi sin pagar, diciéndole que me esperara, habló rápido con su interlocutor y éste casi corrió a guarecerse tras la puerta del estudio teatro de la emisora. Allí mismo le pregunté quién era aquel tipo y ella me dijo que era un empleado de la emisora que le había preguntado algo y ella le estaba contestando cuando yo llegué, en el justo momento en que ella estaba esperando una máquina de alquiler para irme a encontrar en la casa de huéspedes. Después, como yo le seguí preguntando, me explicó que en realidad el tipo con quien hablaba era el que daba los pases para los programas con público y que ella lo había conocido a través de su amiga peruana y ella quería ver un programa de radio en vivo porque nunca lo había visto. Lo cierto fue que se contradijo varias veces y finalmente decidí no preguntarle más sino coger el taxi para irnos a 11 y 24 y esa tarde, con su cuerpo, me hizo olvidar el incidente, si no olvidarlo por lo menos recordarlo con menos rencor, aunque los celos no se disiparon y si alguien quiere creer que sirvieron como acicate del placer sexual puedo decirles que no es así: que fue gracias a sus artes en la cama que pude olvidarlo durante las horas que estuvimos juntos, pero entre acto sexual y acto sexual todavía recordaba la casi comedia de equivocaciones que se había producido entre ella y yo esa tarde. Es cierto que ella estuvo más apasionada que de costumbre pero no es esto una mera sensación sino una apreciación correcta de la realidad que aun el recuerdo refuerza, ya que hoy recuerdo más la voluptuosidad de sus caricias, el escurrirse y encontrarse de su cuerpo pequeño bajo el mío, su sensualidad no aprendida sino de naturaleza, el cálido aliento que despedía su cuerpo por la boca y la vagina, los dos puntos de contacto de mi cuerpo con su cuerpo, mi lengua y mi pene sirviendo de introductores al conocimiento de su sexualidad, la pasión que puso en todos sus orgasmos (que eran para mí desconocidos con mi mujer y solamente conocidos con las otras mujeres, los otros cuerpos con que tuve contacto fuera del matrimonio: con Margarita del Campo –ése no era su nombre verdadero sino el que utilizaba para la radio y para el teatro–, la que tenía un seno parcialmente destruido por un fuego accidental cuando niña y que sin embargo sabía utilizar aquel defecto como un efecto verdadero y que fue otro de los cuerpos que me hicieron conocer la vida a través del tacto, del olfato, de la vista y del gusto mediante el goce del amor, y podría hablar de otras pero es de Elena únicamente que quiero hablar ahora), que el incidente en la estación de radio, aunque sintiera rabia al no poder comprender qué posible relación habría entre ella y aquel individuo parado en la puerta de la emisora, con Elena recostada contra una columna mientras él mantenía el brazo por encima de su cabeza y apoyaba su mano sobre la misma columna en un acto, más bien un gesto, una composición de maneras que me pareció, al verla, fatalmente familiar.

Pero ésa no fue la única ocasión en que Elena me hizo sentir celos, unos celos como no había sentido antes y que sentiría después, pero nunca antes, porque ella casi me enseñaría a sentirlos. Sí, yo sabía lo que eran los celos, lo supe desde que tenía siete años con mi prima, la primera persona del sexo opuesto con quien tuve contacto, un contacto tan real que recuerdo la erección el día en que nos encerramos los dos en el excusado, tanto como recuerdo lo abruptamente que se abrió la puerta para hacer aparecer a mi abuela, terrible, amenazadora y real en la fantasía erótica que estábamos elaborando mi prima y yo, ya que recuerdo tanto ese momento o el placer antes del placer de tener contacto con su cuerpecito (mi prima me llevaba tan sólo unos pocos meses de edad) como recuerdo verla jugando con otros muchachos y perderse con Langue, el rubio de pelo lacio, entre las altas yerbas mientras sus compañeros de juegos seguían jugando sin sospechar nada, sin sospechar que eran vistos, Langue y mi prima se perdían entre la yerba y yo de este lado de la cerca sentía, tal vez por primera vez, lo que eran los celos. Elena me hizo sentir esa sensación, tan vívida, de estar prisionero del monstruo de los ojos verdes, más bien del buitre biliar de los celos, aunque los sintiera con Margarita del Campo, pero eran celos casi incipientes ya que nunca estuve realmente enamorado de ella sino que fue una relación puramente carnal y antes habían estado los celos desvaídos de mi noviazgo con Mirta, mi mujer (y siempre tengo que decir *Mirta, mi mujer* porque su nombre es tan insípido como me resultaría un día su persona y debo siempre recordar al lector que cuando escribo Mirta tengo la conciencia de que él tendría que ir atrás, a las otras páginas, para saber realmente de quién se está hablando), que duraron bien poco hasta que estuve seguro de su amor, que una vez conseguido, aun antes de formalizar el noviazgo, se había hecho amor de un solo lado. Así los celos despertados por Elena fueron casi verdaderamente los primeros celos y me hicieron sufrir lo indecible, pues mientras más quería yo retenerla, asirla en cuerpo y alma, más sentía que se me escapaba, que fluía entre mis dedos amorosos como azogue que es azote, con la misma indiferencia del metal por donde se escurre: de esta manera el incidente de la emisora, aunque al mismo tiempo yo trataba o conseguía disminuirle importancia, cobraba mayor relieve mientras menos parecía tenerlo, a poco que pensara en él, y volvía a mi mente, recurrente, la imagen de aquel individuo y su brazo puesto con una excesiva o reveladora confianza, pasado por encima de su cabeza, sin tocarla, pero dando a entender que el cerco parcial de aquel brazo era legítimo, que aquella posición le pertenecía tanto como era suya la posesión de la muchacha o de la mujer (ya que Elena había cobrado a mis ojos, en los últimos días, casi desde el día en que se fugó conmigo, una madurez antes insospechada, insólita si se compara con la muchacha que fue por primera vez conmigo a El Atelier, con aquella imagen juvenil, de carne joven y virgen, expuesta para mis ojos allí junto al tencén de la calle 23, frente al cine Atlantic, aquella tarde de junio en que prácticamente nos conocimos, ya que nos dimos a conocer el uno al otro y lo que yo conocí era una muchacha, mientras la Elena que tengo ahora en mi mente es ya una mujer, madurada violentamente, como una fruta golpeada, en sólo unos pocos días) que tenía bajo su brazo, no casi físicamente abrazada pero sí abrazada tácitamente, ya que ella, Elena, consentía aquella confianza que revelaba, sin duda, una cierta intimidad. ¿De dónde conocería al tipo? ¿Cuándo lo conoció? ¿Cuánto tiempo hacía que lo conocía? Éstas fueron preguntas que me asaltaron una encima de otra pero que yo no me atreví a formularle a Elena, más que nada creyendo que al restarle importancia al asunto dejaría en efecto, como por magia simpática, de ser importante para ella. No lo volvimos a mencionar pero ahí quedó en medio de los dos, abriéndose como un abismo, una de las fisuras, de las tantas que se abrieron entre los dos día a día, casi insensiblemente, imperceptiblemente o perceptible apenas, siempre sentidas o sabidas más de mi parte que de la de ella, ya que yo parecía el socio pasivo de la relación pero era en realidad activo y, excepto por el primer impulso de su escape, Elena no vio ya más control de la situación –pues yo era el que pagaba. Esto, creo, lo sabía ella bien, o lo intuía visiblemente, pero no podía renunciar a su actividad, ser una presencia pasiva, ya que en cuanto yo volvía la espalda ella retornaba a hacer lo que quería, ya fuera salir a «dar una vuelta por el Malecón», como lo llamaba ella, o estar sabe Dios dónde mientras yo trabajaba, trabajaba más que nunca ya que su presencia me imponía una manutención que estaba lejos de poder mantener pues tenía que hacer frente, a medias, a los gastos de mi casa, más los que ocasionaban mi hija y mi mujer, que entonces no trabajaba (aunque poco tiempo después de mi aventura con Elena ella decidiera volver a trabajar, más que nada, creo, por tener ocupado su tiempo ya que nuestra hija era más la hija de mis padres, hija de mi madre más que nada, que hija nuestra, pues no sólo dormía en el cuarto de ellos sino que mi madre la sacaba a pasear todos los días y la alimentaba y bañaba), y mantener por otro lado a Elena, su habitación y comidas, más la ropa y los cigarrillos que consumía vorazmente (y las salidas al cine o a comer fuera, ya que yo trataba de que ella estuviera conmigo el mayor tiempo posible y aunque yo era un crítico profesional pagaba la entrada en todos los cines, menos en uno, La Rampa, y todavía entonces no se me había ocurrido plantearle a la revista que para mantener mi independencia de criterio era esencial que ellos me pagaran también la entrada al cine), que me consumían un dinero que ya yo no ganaba. Es decir, que no era suficiente lo que ganaba y así fue como caí en manos por primera vez de los garroteros, esos increíbles tiburones del préstamo, que pululaban en Cuba dondequiera y a mí me tocó uno de los más suaves que había en *Carteles*, que, por ser yo miembro de la redacción mientras él trabajaba en talleres, me trataba con mayor circunspección aunque no con menos interés y tanto por ciento. Pero había otros placeres, aparte los del cuerpo, que Elena me daba: no sólo viéndola, admirando su belleza intemporal (a veces parecía salida de los años veinte, con su melena corta, otras era una típica belleza de los años treinta con su pelo ondulado, otras salía de los años cuarenta con sus faldas que le daba por llevar más largas, tal vez al comprarse una talla mayor sin apenas darse cuenta), sino que me daba placer con sólo una de sus frases, a veces de una inteligencia mayor, otras de un gran ingenio muchas veces impensado.

Ya hablé o creo que hablé de la tertulia de El Jardín, pero no mencioné a sus componentes, entre los que estaban Virgilio Pérez, con su leve cojera byroniana y su tartamudez, Elio de la Fuente, que aunque era un católico practicante se veía que por debajo del pellejo canónico había lo que se llama un cabroncito. También venían Berto y Junior Doce y Jean-Loup Bourget, a quien creo que vi por primera vez aquí, cerca de la *patisserie* de su padre, y que un día sería protagonista de un cuento mío, pero, sobre todo, visitaba esta tertulia, tolerado pero no admitido del todo, el poeta Baragaño. Ahora tengo que hablar ligeramente del poeta Baragaño porque su imagen de poeta incidió brevemente en el ingenio de Elena.

Era un muchacho del campo, de Pinar del Río, más bien de una ciudad de provincia que del campo, cuando se fue a París y allá hizo amistad con algunos miembros del grupo surrealista, me imagino que sería con los extremos del movimiento, no con los más extremistas, sino con los bordes del movimiento. Lo cierto fue que publicó su primer libro de versos en París y era un libro de poemas surrealistas que no estaban del todo mal. Supongo que él mismo pagaría la edición pero lo cierto es que tenía cierta fama de iconoclasta que él sabía cultivar bien y un día me lo encontré (ya yo lo había conocido ligeramente antes de irse a París, de las reuniones literarias, con visos de violencia, que se hacían en la esquina de Prado y Virtudes a finales de los años cuarenta, en esa esquina donde se reunían todas las noches poetas y pintores y escritores y al mismo tiempo miembros de las pandillas gangsteriles-políticas de aquellos tiempos, como la UIR y MSR, a la primera pertenecía Fidel Castro y a la segunda Rolando Masferrer, que luego tendría tanta importancia en el gobierno de Batista por liderar un grupo que combatía al fidelismo, apodado los Tigres de Masferrer, pero lo cierto es que Masferrer, que dirigía un periódico, donde escribía los editoriales con un estilo directo y bronco que hacía recordar lo mejor de la prosa anarquista, era más bien un intelectual y fueron los azares de la historia los que lo hicieron no jugar el mismo rol que Fidel Castro aunque sus papeles fueran intercambiables) esperando el ómnibus en la calle Reina, junto al cine Reina, y lo saludé y aunque él no me recordaba nos hicimos amigos, no sé si para bien o para mal y hasta yo llegué a defender su intervención en un coloquio homenaje a Paul Claudel, donde tuve que pararme y enfrentar a los miembros celebrantes, todos sentados en el escenario de la salita-teatro del Lyceum, cogiéndose la cultura para ellos, sin dejar que Baragaño, que estaba en el público y no en el estrado, interviniera, por lo que tuve que pararme y decir que el presidente de la asamblea no había sido muy tolerante con el tiempo ya que había hablado 18 minutos por el reloj y ahora no quería dejar intervenir a un asistente al acto. La presidencia del acto le concedió finalmente la palabra a Baragaño, quien no estuvo todo lo brillante que debía haber estado para responder a gente como Lezama Lima, que ya había hablado, y terminó su intervención surrealista y por supuesto anticlaudeliana diciendo: «Dejad que los muertos entierren a los muertos», que no estaba del todo mal como resumen del acto. Al otro día, en la escuela de periodismo, me enteré por Mario Parajón que había incurrido en la ira de Lezama cuando ya me estaba apreciando como crítico y que mirara por quién lo había hecho. Lo cierto es que mi intervención me ganó la amistad de Baragaño, que era mi contemporáneo, y eso era suficiente, aunque muchas veces en el futuro llegué a lamentar mi amistad con él, sobre todo en esa etapa en que (aunque hijo de un contratista español en Pinar del Río, si no rico por lo menos con dinero) vivía en La Habana de la caridad de los amigos, a los que picaba cuanto podía: así venía a mi casa, caminando, desde donde viviera en ese momento, que era cerca de El Jardín (antes habíamos coincidido en el mismo barrio, cuando yo vivía en la calle 27 y avenida de los Presidentes y él vivía en el hotel Palace, donde un día me encontré que se le había inundado el pequeño apartamento y Virgilio Pérez, Héctor Angulo y Eulalia, más conocida como Lala Gómez, le estaban recogiendo el agua con un trapeador y en un extremo del cuarto, observando la operación, estaba Baragaño, muy orondo de tener aquellos intelectuales jóvenes por casi criados y lo que es más sublevante todavía: para complacencia de todos), hasta mi casa en 23 y 26 para pedirme cinco pesos prestados. Al decirle yo que estaba loco pidiéndome tal cantidad (que por demás nunca pagaba), bajaba a tres pesos primero, luego a un peso, más tarde a cincuenta centavos y terminaba pidiendo diez centavos para coger el ómnibus ya que estaba muy cansado para volver a pie, y si conseguía esta última cantidad se daba por satisfecho.

Baragaño solía llevar el pelo largo, en una melena que a veces le caía sobre los hombros, lo que era muy desusado en aquel tiempo, y además, por unos meses, se dejó un gran bigote con largas guías en manubrio. Así nos lo encontramos Elena y yo, una noche que habíamos salido a dar una vuelta por el barrio y cogimos calle Calzada arriba y Baragaño, rodeado de Virgilio Pérez, de Angulo, de Lala (no, de Lala no: solamente había hombres en su grupo) y de alguien más, nos saludó muy ceremonioso, echando un ojo entre cómplice y libidinoso (libido que por lo demás Baragaño gastaba, aparentemente, en miradas, ya que durante años no se le conoció mujer alguna y su vida erótica, aun para mí que llegué a ser muy íntimo de él, fue por mucho tiempo un misterio habanero) a Elena: «Muy buenas noches». Yo presenté como pude a Elena y crucé unas pocas palabras con Baragaño, pues no tenía muchas ganas no de hablar sino siquiera de encontrarme con el grupo: yo quería estar solo con Elena, siempre. Al irse Baragaño y su grupo, casi encima de él, dijo Elena:

—¿Y ése quién es? ¿Un cantante de punto guajiro?

—Sí —dije yo—, eso mismo: un cantante de punto guajiro.

Lo que era un epíteto casi perfecto para denostar al joven poeta surrealista que había llegado «hasta a conocer a Breton», conocimiento que por otra parte siempre puse en duda, aunque a veces llego a pensar que tal vez lo conoció, que después de todo André Breton tenía fama de ser un hombre asequible y tal vez no fue difícil para el poeta de Pinar del Río (ahora un cantante de punto guajiro) haber llegado a conocer al pontífice del surrealismo.

Otra frase de Elena que me viene a la memoria para ilustrar ese aspecto de su personalidad es una que me dirigió a mí (y que nunca le perdoné) en los días en que estábamos en plena fuga, de la biblioteca de la Sociedad Económica de Amigos del País a la posada de 11 y 24 para dormir. Yo debía haber logrado comer en uno de esos días, porque recuerdo que cruzando la calle Infanta, rumbo al cine Infanta a ver una película que yo tenía que criticar, al empezar a cruzar la calle se me salió un eructo y ella dijo enseguida: «Tienes indigestión, querido». Lo que era cierto, pero era al mismo tiempo una frase vil: ya que ella era la causa de mi indigestión y parecía incapaz de darse cuenta de ese mero hecho, de esa relación de causa (ella) y efecto (mi indigestión), por lo que me sonó la frase casi a desamor y muchas veces me he preguntado, por esa y otras ocasiones, si Elena todo lo que hizo fue entregarme su cuerpo y nunca su alma, que en ella jamás hubo amor hacia mí. Ahora recuerdo el cuento que me hizo Blanco, uno de los jóvenes dirigentes de los obreros del taller, que, antes de la existencia de Elena, era también compañero de los sábados en que salíamos a beber después de haber cobrado, casi siempre a uno de los bares de putas de Pajarito, pero a veces llegábamos hasta los bares del puerto, de los muelles, como el día en que ciegos de alcohol paramos en un bar detrás de la Terminal de trenes y, mientras yo iba al baño, Blanco se las arregló para buscarse, comprarse más bien, una bronca de sillas rotas y mesas patas arriba –él era alto y bastante fuerte–, de la que no me enteré en el baño sino cuando salí y vi el reguero en el bar y gente, del grupo nuestro, tal vez José-Hernández-que-no-escribirá-el-Martín-Fierro y tal vez René de la Nuez y alguien más, que lo aguantaban por los brazos, mientras alguien o algunos de otro grupo se aferraban al otro contendiente. Pero lo que iba a contar es el cuento que me contó Blanco, en que la versión cubana de Fausto está sentado en el muro del Malecón una noche y de pronto oye una voz que le dice:

–Soy el diablo y vengo a hacerte una proposición.

–¿Vienes a robarme el alma? –pregunta el Fausto cubano.

–Yo no quiero tu alma –le contesta el diablo–. Lo que quiero es tu cuerpo.

–¿Cómo?

–Sí, si te dejas coger el culo te daré todo lo que deseas.

–¿Todo?

–Sí, todo.

Después de pensarlo un poco, el cubano Fausto accede y se deja sodomizar por el diablo en su cuarto.

–Bueno –dice Faustino–, ahora a pedir.

–Ah –dice el presunto diablo–, pero ¿tú de veras te creíste que yo era el diablo? ¡Yo lo que soy es un bugarrón que manda madre!

Tal vez yo no quería el alma de Elena, todo lo que quería era su cuerpo. ¿Y entonces los celos? ¿Se puede tener celos de un cuerpo? ¿No estaba Otelo locamente enamorado de Desdémona o solamente ansiaba sus blancas carnes? No, yo quería el alma y el cuerpo de Elena. Claro que cuando me entregaba su cuerpo mayor se hacía el amor por su alma, pero yo la quería en cuerpo y alma. ¿Y ella? A veces no estoy seguro de que ella me quisiera y creo que solamente fui un vehículo para dejar a su madre, para librarse de la tiranía materna, una suerte de cortafierro para sus cadenas. En todo caso, si me quería tanto, ¿por qué buscar la compañía de otros hombres como es evidente que hizo? Una noche que fui a buscarla a la casa de huéspedes, y ella no estaba, el útil Branly, que estaba sentado en el portal tocando la guitarra (tal vez olvidé decir que Branly llegó a la poesía y a militar más tarde en un grupo poético, ya en la Revolución, por el camino del bolero: componía canciones populares en sus ratos libres, canciones que por cierto no eran malas aunque nunca tuvieron otra audiencia que sus íntimos) me dio el útil *tip* de que Elena estaba en el bar Ivonne. Nunca había estado yo en el bar Ivonne, pero

Branly sabía que estaba en la calle 12 cerca de la calle 19. Allá me fui corriendo en un taxi y entré en el bar apenas alumbrado buscando a tientas a Elena por entre la gente sentada en la barra y en las mesas. No había mucho que buscar: el bar Ivonne era apenas un cuarto con una barra y unas mesitas cuadradas. Era evidente que Elena no estaba. Regresé a la casa de huéspedes y ya Branly no estaba en el portal, tal vez se había acostado y ahora no había más que gente desconocida, pero me senté en el sillón en que estuvo sentado Branly a esperarla. Dieron las doce y ella no llegaba. Por fin se fueron todos a dormir, poniendo los sillones al revés y contra la pared, y yo me quedé sentado en el mío, esperando. La una y ella no llegaba. Las dos. Yo me paraba a cada rato, con cada máquina que pasaba, y me ocultaba tras una de las columnas del portal, para sorprenderla. Una o dos veces fui hasta la esquina y regresé enseguida, temeroso de que hubiera vuelto durante ese tiempo, aunque yo no descuidaba la vigilancia de la entrada a la casa de huéspedes. Finalmente, a las tres, se detuvo un taxi frente a la casa y por esconderme no pude ver si venía alguien con ella. Ya iba a entrar a la casa cuando la cogí por un brazo. Su susto fue grande.

–¡Dios mío! –dijo–. Pero ¡qué susto me has dado! ¿Dónde estabas metido?

–Eso lo tengo que preguntar yo. ¿Dónde estabas metida?

–Ah –dijo, sin demorar mucho la respuesta–. Me aburría aquí y salí con una amiga que vive en la esquina.

–¿Con una amiga? ¿No será más bien con un amigo?

–Ay, ya empiezas con tus celos. Ya te dije que salí con una amiga.

–¿Y adónde fuiste? ¿Dónde estabas metida hasta esta hora?

–Fuimos al bar Ivonne y allí nos encontramos con dos amigas de mi amiga y fuimos todas a su apartamento, que queda en la calle San Lázaro.

Hasta entonces nunca se me había ocurrido que Elena tuviera veleidades lesbianas: tampoco se me ocurrió entonces, a pesar de que Margarita del Campo me había confesado que una noche en que yo creía que había salido con un amigo y la esperé en la puerta de su casa casi hasta que amaneció, estaba realmente con una amiga lesbiana y con ella se había ido para Bayamo cuando me mandó a *Carteles* el telegrama increíble que decía: EL TIEMPO Y LA DISTANCIA ME HACEN RECONOCER QUE TE HE PERDIDO, y además trató de darme celos con su amiga, lo que consiguió por un tiempo, cuando yo respondí con furia a sus insinuaciones. Pero Elena parecía muy mujer.

—¿Y has estado hasta ahora en esa casa?

—Sí, hasta ahora mismo en que acabo de coger una máquina de alquiler.

Siempre me molestaba que los cubanos utilizaran tres palabras para decir taxi, pero no me molestó ahora: era evidente que estaba más molesto con la fuga de Elena.

—¿Y tú crees que yo me voy a creer eso?

—No sé por qué no te lo vas a creer si es la verdad.

—Tú me estás engañando.

—Sssh —dijo Elena—, habla más bajito que vas a despertar a todo el mundo.

—¡No me mandes a callar!

—No, si yo no te mando a callar. Lo que te digo es que hables más bajito que hay gente durmiendo.

—Ya sé que hay gente durmiendo. Tú debías estar durmiendo hace horas, yo debía estar durmiendo también y por tu culpa...

—Ah, pero yo no sabía que ibas a venir esta noche. Te esperé como hasta las nueve y entonces vino esta amiga mía y me invitó al bar Ivonne, que lo acaban de abrir, y como es nuevo...

—No lo pensaste dos veces.

—¿Para qué lo iba a pensar? Tú parecía que no ibas a venir.

—Sí y si no llego a venir más nunca me entero de que te escapas por la noche.

—¡Yo no me escapé! Te lo iba a decir...

—Quien se escapa una vez se escapa ciento.

—... mañana. Es decir hoy.

–Ya te escapaste una vez de casa de tu madre.

–Ayudada por ti.

–Sí, ayudada por mí. Ése fue mi error.

–Bueno, si tú quieres verlo como un error... Para mí fue lo más apropiado, lo mejor que he hecho en mi vida. Gracias a ti no estoy en la cárcel por haber matado a mi madre. No creas que no te lo agradezco. Pero también me fui de mi casa en busca de libertad. No vengas tú a quitármela ahora.

–¿Libertad? ¿Tú llamas libertad a lo que has hecho esta noche? Eso puede hacerlo cualquier putica.

–Pero yo no soy una putica. Yo soy una mujer libre. Eso también te lo agradezco a ti, que me ayudaste a dejar de ser una niña para convertirme en una mujer.

Ya sé que el diálogo suena demasiado nítido para ser verdadero, pero es así como lo reconstruye mi memoria. Después de esas palabras, Elena vino hacia mí y me besó y no pude resistir la cercanía de su cuerpo: yo también la besé. La carne no es débil sino demasiado fuerte, poderosa, y yo no pude contener mi ansia de su carne alrededor de mi carne y la hubiera penetrado ahí mismo en el portal, si no fuera por la posible aparición de un vecino o, lo que es peor, de un policía.

–Vamos a salir mañana –dije yo–. Me escapo de *Carteles* temprano y salimos, ¿no? ¿Qué te parece?

A ella le parecía muy bien, me dijo, mientras me besaba.

Pero al otro día la política vino a introducirse en nuestra física. Habían matado a Frank País en Santiago de Cuba y corrían muchos rumores. Uno de ellos era que iba a haber una huelga general que había comenzado con el duelo por el entierro de País. Así, cuando me escapé de la revista fue para decirle a ella que se estuviera tranquila en la casa, que había problemas y no podríamos salir. También me llegué a casa a avisar de lo mismo, para encontrarme con Silvina de visita, hablando con Mirta. A las dos les dije que la cosa se veía seria y que era mejor que evitaran salir a la calle. Volví a *Carteles* y Blanco me vino a ver (aunque él no era en realidad del comité de talleres, figuraba prácticamente como el líder sindical. Barata y Onofrio, que habían ayudado a Franqui con su periódico clandestino, estaban más cerca del partido comunista que del Movimiento 26 de Julio, al que se acercaba Blanco, pero aun Barata y Onofrio, con su cautela habitual, vinieron también a verme) para decirme que los talleres estaban listos para ir a la huelga, que qué pasaba en la redacción. En la redacción no pasaba mucho porque yo era toda la redacción en ese momento, los demás eran todos colaboradores. Estaban, es verdad, Pepe, como secretario del director, y los dibujantes: Andrés, que hacía las portadas, y Ozón, que dibujaba mapas y hacía caricaturas para la sección deportiva. Por otro lado estaban los correctores que, aunque trabajaban en la zona de talleres, pertenecían a la redacción. Yo sabía que Branly y René de la Nuez harían lo que yo les dijera, pero no estaba seguro de Elías Constante, que era el corrector jefe, además de admirador casi personal de Batista. Sin embargo, le aseguré a Blanco que la redacción iría a la huelga, que no estábamos esperando que se diera la orden. El comité de huelga de periodistas no se iba a formar hasta el año 1958, pero ahora, a mediados de 1957, había como una unanimidad antibatistiana entre los periodistas más decentes, y el secretario del colegio de periodistas era conocido por su postura antigobierno, así que la huelga podía comenzar en cualquier momento y con ella también podía empezar la represión policíaca. Fueron horas de tensión civil, que duraron hasta entrada la noche y se intensificaron al otro día, con los rumores que llegaban de Santiago de Cuba. Se hablaba de una manifestación de mujeres de luto que fueron hasta el cementerio, a pesar de la vigilancia policíaca y de la presencia de Salas Cañizares, un verdadero verdugo como jefe de la policía de Santiago. También se decía que el ataúd que contenía los restos de Frank País fue cubierto por la bandera roja y negra del 26 de Julio. Pero no se sabía nada en concreto. Yo me mantuve en la redacción el mayor tiempo posible, conversando a veces con un Ortega a la vez nervioso y excitado que no podía controlar la situación y esperaba siempre la confirmación de *Bohemia*, de su director, para hacer la menor gestión. Así y todo, pude llegarme a ver a Elena, que estaba en la casa de huéspedes, esta vez creo que en el comedor, no en su cuarto y mucho menos en el portal donde yo le había advertido que no estuviese mucho tiempo. La situación política producía a pesar de todo una suerte de excitación sexual y me habría metido en el cuarto de Elena de haber sido posible, pero la presencia ubicua de la vieja Cacha –que preguntaba constantemente «¿Y qué, muchacho, qué va a pasar aquí?»– lo impidió. Sentí que el cuerpo de Elena respondía a mi estado de máxima tensión, pero al mismo tiempo comprendía que mi deber era estar en *Carteles* y desaparecer de allí en cuanto llegara la orden de huelga general. Barata y Onofrio, como si supieran más que nadie, se sonreían al comentar que no iba a pasar nada, que las masas no estaban preparadas, que la huelga, si llegaba a iniciarse, fracasaría. Por otra parte estaba la presencia siempre escéptica de Pepe, ese José-Hernández-que-no-escribirá-el-Martín-Fierro, que no creía en nada, aunque en la redacción se reunían conmigo Branly y René de la Nuez para comentar los ultimores (así escribe mi máquina ahora los últimos rumores) traídos a la revista por Montaña, que tenía una columna política y se declaraba a sí mismo como el hombre mejor informado de *Carteles*. El-hombre-mejor-informado informaba a su vez que no pasaría nada, que el gobierno tenía bien controlada la situación y que la participación política no pasaría de Santiago de Cuba. ¿Quién tendría la razón? Lamenté que no fueran seis meses antes, cuando Alberto Mora, que estaba escondido en casa, era una fuente de información, aunque fuera restringida al área del Directorio Estudiantil, y también estaba Franqui, que tenía toda la información posible del 26 de Julio, al dirigir el periódico clandestino de la organización. Pero Alberto era alguien a quien se iba a visitar a veces a la cárcel (tanto que mi hija, al pasar en ómnibus cerca de la cárcel del Castillo del Príncipe, decía siempre «Ahí está la casa de Alberto») y Franqui estaba en el extranjero. Así no sabía yo nada de lo que estaba pasando realmente, excepto la información que recibía de parte de Ortega, el director, que a su vez la recibía de *Bohemia*, donde había un grupo de periodistas y reporteros usualmente bien informados. Pero la huelga era un movimiento espontáneo y clandestino, que parecía moverse de oriente a occidente y del cual ni el mejor de los informadores sabía nada. Sólo cabía esperar –y esperar significaba estar en la revista todo el día, lejos de Elena. Sin embargo, me las arreglé para ir a verla y me la encontré jugando al parchís con otra huéspeda, ella, Elena, la persona más ajena a la política que podía imaginarse.

–Creí que no ibas a venir –fue su saludo.

–Vengo ahora porque quizá no pueda venir a verte en mucho tiempo.

Yo dramatizaba la situación, pero Elena no dejaba de jugar al parchís. Finalmente, aparentemente la ganadora, dejó de jugar y fuimos a un rincón del portal para hacer un aparte.

–Roberto está también muy agitado –decía ella refiriéndose a Branly.

–¿Branly? –dije yo con una inflexión que indicaba no sólo dudas sino también la seguridad de que Branly no tenía valor para tomar parte en la huelga.

–Sí –dijo ella–. Tuvo una discusión con la madre esta mañana temprano. La vieja le dijo que por nada del mundo se metiera en nada y él le dijo que ella debía también ir a la huelga y la vieja le dijo a su vez que ella no iba a dejar su trabajo en el laboratorio ¡ni así se lo ordenara Batista! Roberto le replicó que por fin entendía ella lo que estaba pasando, muy irónico él. Fue una discusión muy cómica –terminó Elena.

–Bueno –dije yo–, nada más que vine a verte un momento para que supieras que estaba bien.

–No veo por qué ibas a estar mal –dijo ella–. No te va a pasar nada.

¡Y yo que quería que ella me viera casi en el papel de un héroe clandestino que se estaba jugando la vida con venirla a ver! Pero Elena era el realismo hecho persona y veía a través de los velos más tupidos lo que estaba escondido de la realidad por las pretensiones humanas. Me imaginé su relación con su madre, posiblemente una buena mujer que se las arreglaba como podía para vivir con su hija adoptiva, desenmascarada de su papel de madre ejemplar por las salidas de Elena. Fue esto tal vez lo que ocasionó las disputas entre la madre y la hija, más que la revelación súbita de que ella no era hija verdadera sino adoptada. Ahora no me quedaba más que irme y no volver por la noche aunque pudiera, para hacer verdadera mi situación de conspirador de café con leche. Para mí la situación era bien real y me estaba jugando la vida tanto como el día 13 de marzo cuando acompañé a Joe Westbrook y a su primo a casa de Silvina, pasé el mayor tiempo con ellos y al mismo tiempo evité pasar la noche, más por miedo a que la situación de peligro nos uniera a Silvina y a mí más de lo conveniente que por miedo a la situación política creada. Ahora, como entonces, el posible peligro exterior me excitaba sexualmente, lo que creo que Elena comprendió al tomarme la mano y acariciármela como sabía hacer ella y luego cogerme la oreja y bajarla casi hasta su boca para decirme: «Te quiero». Pocas veces decía ella esta frase como pocas veces llamaba la atención a lo que más le gustaba de mí. (Un día, en un taxi rumbo a 11 y 24, me dijo: «Me gustan tus orejas y tus manos» y yo tuve que aceptar aquel piropo malvado que eliminaba todas las otras partes de mi cuerpo como posibles de gusto o atención por parte de ella, pero al menos sabía yo que algo le gustaba de mí lo suficiente como para comunicármelo sin que existiera una relación de reciprocidad: yo no podía decirle que me gustaban sus manos, por ejemplo, y nunca me había fijado en sus orejas, aunque había tantas cosas que me gustaban de ella... No, para decir verdad, no me gustaban tantas cosas de ella como me gustaba ella, su cuerpo completo, y su alma también, mejor dicho, su personalidad, la manera de comportarse y hablar y caminar y de vivir la vida que era el conjunto de su ser. Pero esto, por supuesto, no podía decírselo yo a cambio del piropo a mis manos y mis orejas, y acepté callado su declaración –o creo que aproveché para brindarle un cigarrillo en la rara ocasión que ella no estaba fumando.)

Regresé a la revista para encontrarme a Blanco sentado en la redacción, no lejos de Montaña y de Branly y de René de la Nuez, que se habían reunido para comentar la situación. Aparentemente, la huelga, la posibilidad de que se extendiera hasta La Habana, se había disipado, según las últimas noticias, confirmadas ahora por la entrada conjunta de Barata y Onofrio, el dúo que representaba una cierta orientación comunista en los talleres (en la parte técnica de los talleres, ya que Blanco representaba más a los verdaderos obreros que ellos, pues él trabajaba en la edición, emplanaje y embalaje de la revista, mientras que Barata y Onofrio trabajaban en la sección de offset), que venían con sus medias sonrisas, declarando tácitamente saber más que nadie de lo que pasaba realmente, y lo que pasaba era lo que ellos habían previsto: el fracaso de una huelga que no contaba con las masas verdaderas, es decir, con el partido comunista dentro de los sindicatos. Al poco entró Pepe (que estaba a medias en la reunión, siempre en su rincón a medio camino entre la redacción y la dirección y de espaldas al departamento artístico) para decirme que el director me llamaba: «Ortega te quiere» y poniendo una cierta sorna en la declaración como siempre hacía. Dejé la reunión para entrar en el despacho del director, que me preguntó no más entrar:

–¿Cómo anda la cosa?

–No se sabe nada de cierto –le dije.

–No –dijo él–, ni tampoco en *Bohemia* saben nada. Acabo de hablar con el director y parece que Santiago ha vuelto a la normalidad. Pero tampoco esta noticia está confirmada.

–Así es, creo.

–Por cierto –me dijo–. ¿Es cierto que hay aquí un comité de huelga y que usted está metido en él?

–¿Quién le dijo eso?

–Son rumores que me llegan. Muy vagos pero me llegan.

–No, simplemente he hablado con Blanco y con alguna

gente del taller de la posibilidad de una huelga que sería secundada por la redacción.

–Pero usted no es toda la redacción.

–Bueno, prácticamente, y mientras no regrese Wangüemert, no hay nadie más en la redacción. Todos los demás son colaboradores. Excepto por el departamento de corrección no hay más periodistas en la revista, y el departamento de corrección, en su mayoría, está también por la huelga.

–Hay que tener mucho cuidado con esto –dijo Ortega–, no vayamos a provocar una reacción policíaca en la revista. Ya usted sabe lo que pasó cuando se llevaron preso a Franqui.

Se refería a la visita que hizo Franqui preso a la redacción, junto con tres agentes del Buró de Investigaciones. Apareció una mañana, como a la semana o a los diez días de haber sido detenido, y fueron todos a la redacción, se dirigieron más bien a mi buró y Franqui dijo que él trabajaba aquí (cosa que no era verdad, ya que él era fundamentalmente un corrector y trabajaba en el cuarto sobre el taller de linotipos) y dos de los agentes comenzaron a buscar en mi buró, lo que me asustó pues yo tenía entre mis papeles dos *Cartas semanales*, que era el periódico clandestino del partido comunista, y temí que lo fueran a encontrar, y mientras Wangüemert le decía a Franqui que él no trabajaba aquí sino al fondo, los agentes buscaban algo entre mis papeles y afortunadamente no encontraron nada porque los distrajeron las fotografías de estrellas de cine, sobre todo de actrices, *stars* y *starlettes*, las últimas en trusa o con muy poca ropa y en poses sugestivas, los cuerpos distrayendo la investigación policial, hasta que uno de ellos dijo, después de escribir en mi máquina sobre una cuartilla que cogió del buró: «Sargento, esta máquina es una prueba de convicción: en ella se ha escrito parte del periódico clandestino ocupado», lo cual era verdad ya que yo mismo había escrito esos sueltos, propagados luego por la fotocopia y la multilit. La cuestión es que el sargento que venía a cargo del grupo investigador le dijo a alguien de

Bohemia o tal vez a alguien de la misma *Carteles* que si fuera por él cargaba con todo el mundo para el Buró de Investigaciones, queriendo decir que ponía presos a los miembros de la redacción y hasta al director de la revista. Fue Ortega, creo, quien primero se enteró de esta declaración de intenciones del sargento investigador y su susto fue grande al saberlo, por eso no era extraño que ahora lo pusiera nervioso la idea de que la revista se declarara en huelga, cosa que al parecer no pensaban hacer en *Bohemia* y no se sabía de otros periódicos que estuvieran dispuestos a declararse en huelga política también.

–Sí –dije yo–, me acuerdo muy bien de lo que pasó cuando se llevaron preso a Franqui, pero mire que él está libre desde hace rato y todo es porque el gobierno no quiere problemas con los periodistas.

–Pero tenemos que tener mucho cuidado en no provocarlos –dijo el director–. Hay que andar con pies de plomo –lo que era una declaración cómica si se tiene en cuenta que en todas las publicaciones se anda siempre con pies de plomo, sobre todo en lo que se refiere a parar el material en linotipo.

Pero que la declaración era cómica no se me ocurrió entonces, sino ahora. Después de todo, el director podía haberse ahorrado el sermón, pues la huelga nunca tuvo lugar, y le dio la razón a Barata y a Onofrio, que habían declarado desde un principio que «había que preparar a las masas para poder hacer una huelga general política». Este fracaso les daba la razón pero no había nadie para oír sus argumentos, ya que en la revista (con la posible excepción de Pepe, José-Hernández-que-no-escribirá-el-Martín-Fierro, que declaraba que no le interesaba la política, que vendría solamente a irrumpir en su libertad, pero que no veía con malos ojos a los comunistas, al menos del tipo de Barata y Onofrio, más compañeros de viaje que comunistas verdaderos) nadie quería saber de los comunistas, excepto yo, por lo que Barata y Onofrio me tenían como interlocutor válido y mis contactos con el 26 de Julio se habían desvanecido desde la prisión de Franqui. Antes sí hubiera habido lugar para una conversación, cuando Franqui hacía el periódico clandestino en la revista y yo recibía las cartas, de Santiago de Cuba principalmente, que venían a mi nombre pero a la dirección de la revista, cartas clandestinas por supuesto, que yo nunca abría y entregaba a Franqui tal y como venían, muchas de ellas, por lo que yo podía inferir, venidas de la Sierra, si no directamente de Fidel Castro sí de Frank País sin duda.

La huelga no tuvo lugar y regresé más o menos a mi vida de antes, ya que la presencia de Elena en mi vida no hacía el regreso posible más que a medias. Recuerdo que una tarde (no debía ser un sábado pues estaríamos en 11 y 24 haciendo el amor o como dicen en Cuba, con un verbo prohibido pero de lindo sonido, singando) fuimos Elena, Branly y yo a casa de Bolívar Simón, que era un amigo de Branly pero a quien yo conocía un poco y sabía que estudiaba psiquiatría o que al menos estaba muy interesado en ella. Fuimos más que nada a hacerle un test a Elena: yo estaba muy interesado en conocer su alma y la psiquis era una especie de alma visible, para mí, entonces. Nos hicimos el test todos para que Elena no sospechara nada y lo hicimos por turno, primero Elena, después Branly y más tarde yo. Fue todo como un juego, yo viendo vaginas en cada mancha de Rorschach o, si no, jarrones dobles, perfiles y aves extraordinarias. Cada test se hacía individualmente y por separado, el examinando encerrado con el examinador en un cuarto (por un momento sentí una comezón muy parecida a los celos cuando Bolívar estuvo más tiempo del previsto encerrado en el cuarto con Elena). Simón o Bolívar, como le llamábamos, nos declaró a todos normales, decretando en mí una fuerte tendencia paranoica, pero luego, cuando Elena estaba en la sala con Branly, que tocaba la guitarra y cantaba sus boleros (Branly a veces tenía esta manía de no salir a la calle a hacer una visita a amigos si no llevaba su guitarra), Bolívar me llevó a la cocina y me dijo:

—¿Te vas a casar con ella?

—¿Con Elena? No. ¿Por qué?

–Ten mucho cuidado: es una psicópata. El test ha arrojado muchos componentes de psicosis en su personalidad. Tienes que tratarla con mucho cuidado.

Confieso que me alarmé: el diagnóstico venía muy bien a describir la relación de Elena con su madre, hasta los hachazos dados en la puerta del baño-como-refugio. Por supuesto no le dije esto a Bolívar Simón, pero él insistió en que el test era válido, que él había hecho muchos Rorschachs, incluso en la clínica Galigarcía (a la que todos llamábamos El Gabinete del Doctor Galigarcía), y había visto bien claramente los componentes psicóticos en el test de Elena.

–¿Cómo lo has llegado a saber? –le pregunté yo.

–Bueno –me dijo él–, es difícil de explicar, pero el hecho de que haya descrito todas las láminas como figuras en movimiento, y especialmente su relación con las láminas de colores, hace pensar inmediatamente en una personalidad psicótica más que neurótica, como es la tuya, por ejemplo.

–Es fácil decir que soy neurótico –dije–. Todos somos neuróticos. No creo mucho en ese test.

–Tal vez sea porque no quieres creer que Elena es una psicótica. Fíjate que yo no digo que lo sea. Solamente dije que su personalidad tenía componentes psicóticos.

–No, tú dijiste bien claro que la de ella era una personalidad psicótica.

–Bueno. Es evidente que exageraba, exageraba un poco. Tengo que decirte que también hay componentes de autodestrucción en su personalidad.

–¿Quieres decir que es una suicida?

–Presuntamente, sí.

–¿No lo somos todos?

–No, yo por ejemplo no lo soy nada: no hay componentes autodestructivos en mi personalidad, ni deseos de muerte.

–¿Y en mí?

–Hay un tánatos muy fuerte, pero está equilibrado por un eros también fuerte.

–¿Todo eso lo dedujiste del Rorschach?

–Entre otras cosas.

Bolívar es un tipo inteligente, de eso no hay duda, pero es evidente que hay más cosas entre el cielo y la tierra que las que comprende su psiquiatría.

Elena y yo decidimos que era hora de mudarse de la casa de huéspedes, a pesar de las buenas migas que ella había hecho allí con todo el mundo o tal vez por eso mismo. Ella quería mudarse a un hotel donde pudiéramos estar los dos juntos si queríamos. Teníamos que buscar un sitio adecuado: el hotel Presidente, que estaba muy cerca, era muy caro, con su psicina (mi máquina escribe así psicina en vez de piscina y está claro que todavía tengo la conversación y las pruebas de Bolívar Simón en la cabeza, presentes). Se me ocurrió que el hotel Trotcha estaría bien. El hotel Trotcha era un antiguo balneario victoriano, construido a finales del diecinueve, en lo que entonces era una finca de extramuros: El Vedado. Al principio fue un teatro, pero luego se convirtió en este hotel, donde estaba la carpeta y donde había otras habitaciones, tal vez más caras: no lo sé, no las vi nunca. El hotel verdaderamente dicho conservaba sus jardines, que eran intrincados y tenían figuras entre los vericuetos: desde su veranda se veía y se oía el tránsito que transcurría por la calle Calzada. Caminando, una tarde, Elena y yo decidimos que éste era el lugar. Otro día, solo, entré a preguntar cuánto valdría una habitación en el viejo balneario. Claro que no dije en el viejo balneario sino en las habitaciones que daban al jardín. Declaré que prefería pagar semanalmente. La habitación no era para mí sino para una prima mía que venía del campo. Me dijeron el precio y debí encontrarlo razonable porque muy pronto Elena estuvo instalada en el Trotcha. Antes de dejar la casa de huéspedes me hizo una declaración que me obligó a pensar si no sería mejor dejarla en la casa de huéspedes: por lo menos allí estaba bajo la vigilancia inefectiva, pero vigilancia al fin y al cabo, de Branly.

—¿Sabes una cosa?, conocí a un amigo tuyo.

—¿Sí? ¿Quién es?

—Se llama Junior.

El único amigo mío que se llama Junior es Junior Doce.

—¿Ah, sí? ¿Y dónde lo conociste?

—Yo estaba sentada en el muro del Malecón la otra tarde, mirando el mar, cuando paró su maquinita, es uno de esos carritos chiquitos, tú sabes.

No tiene que describírmela: la maquinita es el MG de Junior.

—Sí, yo sé.

—Se paró a hablar conmigo. Me preguntó qué hacía yo sola en tanto Malecón y me gustó la manera de preguntármelo y le dije que estaba aburrida en mi casa, no le dije que en la casa de huéspedes, y que me entretenía mirando el mar. Él me respondió que usualmente la gente que se sentaba en el muro del Malecón se entretenía en mirar pasar las máquinas y luego me invitó a dar una vuelta en su carro.

—Y tú la diste, claro.

—No ese día, sino otro día que estaba también sentada en el muro.

Yo apenas podía contener mi furia de celos.

—¿Y adónde fueron, si se puede saber?

—Oh, a ninguna parte. Dimos una vuelta por el Malecón en su máquina y volvió a dejarme donde yo estaba. Yo no le dije dónde vivía ni nada.

—Claro, apenas hablaste con él.

Yo quería ser irónico pero Elena iba directamente a su respuesta.

—No, hablamos mucho, pero él no me preguntó dónde yo vivía y yo no se lo dije.

—¿Y cómo supiste que era amigo mío?

—Hablando. La conversación vino a parar en ti y él me dijo que te conocía. Mejor dicho, me dijo que era tu amigo. Después de eso fue muy correcto conmigo. No que no lo hubiera sido antes, ¿tú entiendes?

—Sí, entiendo.

—Me cayó muy bien. Todos tus amigos me caen bien, tú sabes.

—Si apenas conoces a mis amigos.

–Bueno, está Branly, el cantante de puntos guajiros, y ahora Junior. Además de Silvina.

–Ella es mi cuñada más que mi amiga, aunque sí, puedes decir que es mi amiga.

–¿Sabes que me vino a ver?

Era el día de las revelaciones.

–No. ¿Cómo iba a saberlo?

–Bueno, fuiste tú quien le dijiste dónde yo vivía. Al menos eso fue lo que ella me dijo.

Era verdad, yo le había dicho a Silvina, que se había interesado por la suerte de Helena (a veces, helénicamente, tiendo a escribir su nombre con hache), que ella estaba viviendo en la casa de huéspedes donde mismo vivía Branly. Supongo que le dije también la dirección o ella la sabría de antes. ¿Cómo Silvina pudo saber la dirección de Branly? Aunque él trabajaba con René, no eran tan amigos como todo eso. Además, Branly entró a trabajar junto con René después de la separación de ellos dos. Tendría que haberle dado yo la dirección, si no este hecho tan simple se convertiría en un espeso misterio –y ya había bastantes cosas ingratas entre Elena y yo como para añadir una más.

Para mudarse, Elena se compró una maletica maluca donde puso toda la ropa que tenía en el mundo, que no era mucha: tal vez por culpa mía. Sin tal vez: por culpa mía. Yo debía darle más dinero para que se comprara alguna ropa. Pero ¿qué haría? De seguro se lo fumaría o lo regalaría a conocidas en apuros. En todo caso casi todo su vestuario se componía de refajos: ella sabía lo que le quedaba bien y se veía mejor en refajo que vestida o completamente desnuda. No me acuerdo mucho de la mudanza. Debimos ir los dos, pero sólo la recuerdo instalada en la habitación número 3, y que la iba a visitar allí. Tal vez ella sola hizo la mudanza, pero ¿quién pagó la semana adelantada en el hotel? Tenía que haber sido yo, de seguro fui yo, pero no recuerdo esos momentos nerviosos junto a la carpeta, con el empleado mirándonos a los dos, luego mirándola a ella sola, preguntándose qué relación podía haber entre estos evidentes no primos que se hacían pasar por tales. La habitación daba al jardín pero en realidad daba a la galería que enfrentaba al jardín, así sus ventanas francesas se abrían al pasillo que era la galería, mientras al otro lado tenía una habitación que daba a un patio que nunca vi. Las ventanas –o mejor dicho, la única ventana– que se abrían a la galería estaban siempre cerradas aunque sus visillos se podían abrir si uno quería, pero por supuesto nosotros no queríamos abrirlos, lo que queríamos era estar solos. Recuerdo que Elena estaba tendida en la cama, en refajo, y yo tumbado a su lado completamente vestido, conversando, cuando uno de los visillos de la ventana se abrió y unos ojos miraron a través de ellos. Nos preguntamos quién podía cometer semejante frescura cuando al poco rato llamaron a la puerta. Abrí y era un empleado del hotel que quería que yo pasara por la carpeta Cuando fui a ver qué era, sin imaginarme qué podía ser, el empleado me preguntó si yo estaba registrado en el hotel.

–No –dije yo–, solamente mi prima.

–Bueno –dijo él–, usted sabe que no están permitidas las visitas en las habitaciones.

¡Eso sí era grande! El hotel se comportaba realmente como un convento. No recuerdo qué contesté en mi turbación pero sé que me di por enterado; desde entonces todas las visitas que le hice a Elena tuvieron que ser clandestinas: era evidente que estábamos condenados al clandestinaje. Recuerdo todas las visitas que hice al hotel, que no fueron muchas pues ya entre Elena y yo no quedaban más que discusiones: ella quería que yo dejara por completo a mi mujer y viniera a vivir con ella, donde fuera.

–¡Mierda! –dijo un día–. Venirme a decir que no te separas de tu mujer porque ella te ha traído buena suerte. Es la última excusa.

–No es una excusa –le dije yo–. Es la verdad.

–Pero ¿tú vas a decirme a mí que tú crees en eso? –dijo ella, casi poniendo sus puños sobre las caderas, los brazos akimbo.

–Sí, es la verdad.

–Pero ¡no es posible! Preferiría que me hubieras dicho otra cosa, que tuvieras otra excusa.

–No es una excusa, es lo que yo creo. ¿Por qué no podemos seguir como estamos?

–¿Por qué? Porque simplemente no estamos viviendo juntos como yo creía. No, como tú me hiciste creer cuando me fui de casa.

–Estamos juntos, ¿no?

–Sí, cuando tienes un tiempo libre, me lo dedicas, como a una querida diversión.

–Estoy contigo todo el tiempo que puedo estar, el resto del tiempo estoy en el trabajo.

–O en el cine.

–Sí, o en el cine. Pero ¿no vamos juntos muchas veces?

–Odio el cine –dijo ella, que era tanto como decir que me odiaba.

Pero no creo que hubiera nunca odio entre nosotros sino como una extinción del amor, que se fue casi con la violencia que había venido: al menos para mí. La señal de que terminábamos fue un catarro muy fuerte que cogí. No me quedé en cama pero debía haberlo hecho. No quise hacerlo porque sabía que de hacerlo todo habría terminado entre nosotros –y de cierta manera el catarro marcó el fin del principio. Recuerdo que caminábamos por la calle Zulueta, pasando frente a la Asociación de Reporters con los viejos periodistas *habitués* sentados en sus sillones en el portal. Era de noche, temprano, y debíamos de venir de comer en algún restaurant cercano. Yo caminaba casi abrazado a Elena y sin embargo me sentía tan distante como si ella no fuera a mi lado, envuelto en el capullo protector del catarro, la enfermedad envolviéndome en su protección y alejándome del medio. Recuerdo también un mediodía en el hotel, ella acostada en refajo, fumando, cuando un carboncillo del cigarrillo le cayó en el pecho: ella lo miró, encendido todavía, ardiendo sobre su piel, yo oliendo la carne quemada, y transcurrieron unos cuantos segundos antes de que se decidiera a barrerlo con la mano, lo que hizo en medio de una gran indiferencia y el carboncillo le dejó la marca de una quemadura a la que no hizo el menor caso. Esta impermeabilidad al dolor físico, que hasta ahora no había observado en Elena, me hizo una gran impresión, con lo sensible que soy al dolor –y recordé el diagnóstico de Bolívar Simón para pensar que la ocurrencia lo convertía en un psiquiatra de gran penetración: era evidente que por Elena corría una veta de locura. La tercera vez que marcó el final fue una noche en que yo tenía que ir al cine –era al Rodi, que queda bastante cerca del Trotcha– y pasé a verla un momento. Ella estaba acostada, como siempre, en refajo y aparentemente se disponía a dormir. Hablábamos brevemente de asuntos sin consecuencia pero ella debió adivinar que ésa era la última vez que yo la venía a ver. El catarro había pasado y la noche de septiembre amenazaba lluvia. Me recuerdo parado en la puerta, a punto de decirle adiós –no hasta mañana ni hasta luego, sino adiós– y en ese momento vi en la mesita de noche, alumbrada por la lamparita, una cuchillita de afeitar. El acero afilado se destacó en un momento que duró más de un momento y entonces pensé –pensé no, supe– que Elena se iba a suicidar. Creo que intenté entrar y llevarme la cuchillita conmigo o hablar con ella para asegurarle que no todo se terminaba en la vida o tal vez advertirla contra el suicidio, pero no hice ninguna de esas cosas, sino simplemente cerré la puerta y me fui al cine, a ver, para criticarla después, *Designios de mujer*, una comedia de Vincente Minnelli.

Ella se suicidó esa noche. Mejor dicho, intentó hacerlo, cortándose las venas en las muñecas y en los codos, pero lo hizo con tan poca pericia que no le costó mucho salvarla a una médico, medio lesbiana ella o tal vez lesbiana entera, que vivía en el hotel y con quien, como de costumbre, Elena había hecho buenas migas: ella siempre tuvo una rara habilidad para hacer amistades inmediatas. Una de esas amistades inmediatas fue Junior Doce. Yo no supe lo del intento de suicidio sino muchos días después, pero la entrevista con Junior Doce tuvo lugar la semana entrante. Él me llamó por teléfono y me dijo que quería hablar conmigo privadamente. Yo pensé que se trataba de una conversación política (Junior y yo hablábamos mucho de política y recuerdo la conversación que tuvimos una noche, debió ser en 1955, porque estábamos sentados en el parque de la avenida de los Presidentes, cerca de la calle 27, de manera que yo vivía todavía en ese barrio y Junior, Berto y yo nos pusimos a discutir la situación política y pasamos a revisar las posibilidades de compromiso posibles en la lucha contra Batista) y nos dimos cita en El Carmelo. Nos sentamos en una mesa para dos apartada del centro del restaurant, junto al estanco de revistas. Allí Junior, con mucho tacto, me dijo que tenía algo importante que decirme. Pensé que me comunicaría su decisión de irse a la Sierra, a pelear en la guerrilla, pero lo que me dijo fue mucho más asombroso.

–Quiero tu opinión sincera –me dijo–. Nosotros somos amigos y nos podemos entender.

–¿Qué es? –le pregunté.

–Bueno, para empezar te diré que conocí a una amiga tuya.

–Sí, Elena.

–¿Ya tú lo sabías?

–Ella me lo dijo cuando ocurrió.

–Bueno, ahora ha ocurrido otra cosa. –Hizo una pausa–. Yo he recogido a Elena.

Por un momento me asombré, pero no fue más que un momento.

–Estaba en muy malas condiciones en el hotel Trotcha y la llevé para mi casa. Eso es lo que quería decirte y preguntarte si te parece mal.

–¿A mí? ¡Todo lo contrario! Me parece una gran noticia, la mejor que podías darme.

–¿Seguro?

–¡Seguro!

–Bueno, tú sabes, ella está viviendo conmigo.

–Junior, tú y yo somos amigos y yo no tengo por qué ocultarte la verdad. Elena me preocupaba, me preocupó hasta ahora mismo que me dijiste que te ocupabas de ella. De veras, créeme, no podías darme una noticia mejor.

Junior pareció no comprender lo que yo decía o tal vez no creía que yo realmente no sintiera ningún rencor contra él sino, por el contrario, agradecimiento, ya que así Elena dejaba de pesar en mi conciencia. Ya no había amor para ella en mí pero sí sentía la responsabilidad de haberla sacado de su casa y de haberla dejado a la buena ventura. Ahora Junior, que era un ser compasivo, venía a decirme que se había hecho cargo de ella y aunque tal vez quedara dentro de mí un poco de celos, hubo más alivio que nada cuando me dio la noticia.

–¿De veras?

–De veras.

–Entonces, ¿tan amigos como siempre?

–Tan amigos como siempre.

Omití preguntarle cómo se llevaba Elena con su madre, ella tan poco burguesa, viviendo en la burguesa casa de Junior, que yo había visitado una noche, creo que a comer o tal vez a una reunión informal, y que abandoné enseguida porque éramos trece los invitados. Me fui en parte por superstición y en parte para *épater le bourgeois*, aunque en verdad de verdad yo soy muy supersticioso. Ahora Elena estaba en aquella casa de amplio portal colonial y oscura sala, rodeada de árboles, arecas y malangas en profusión, y no lejos del hotel Trotcha, y me pregunté cómo la estaría pasando. Pues esto es lo que me pregunté y pregunté, aunque en realidad debía preguntar cómo la estaba pasando la madre de Junior.

–¿Y Elena cómo está? ¿Está bien?

–Ella está muy bien. Por lo menos dice que se siente muy bien, contenta de vivir en una casa y de haber dejado el hotel.

–Entonces –le dije a Junior, que terminó por verme con mayor admiración que antes– todos contentos. La historia ha terminado felizmente: no podía tener un mejor final. *A happy ending*.

Junior se sonrió y, como muchas veces, no dijo nada. Nos despedimos con un apretón de manos, como confirmando, en un acuerdo entre caballeros, un traspaso legal.

No dejé de saber de Elena, por supuesto. La vi una noche en el café Viena, adonde acostumbraba a venir, y la saludé. Ella dejó la mesa en que estaba con un grupo de amigas y vino a sentarse a mi mesa. Recuerdo que lo primero que hice fue mirarle los brazos desnudos y descubrí las cicatrices de su intento de suicidio. Allí ella me explicó cómo su amiga médico la había salvado. También otra amiga la rescató de la calle –ella había dejado a Junior tal vez por dificultades con su madre: esto nunca lo supe bien– y ahora vivía con Elena Mayor, las dos Elenas como podían ser llamadas. A la Mayor yo la había conocido en la escuela de periodismo y era una lesbiana que no se ocultaba, sino que por el contrario ratificaba con su pelado y sus maneras su condición de lesbiana. Ahora ellas vivían juntas y me costó trabajo imaginar a Elena como lesbiana, pero pienso que en ella nunca hubo una dirección moral muy definida y que su sexo, como su carácter, era absolutamente libre: es así como soy capaz de entender esa relación de Elena. Pero no será ésta la última vez que sepa de ella.

Entretanto yo había regresado completamente a mi mujer. Para acentuar mi sobriedad, me corté el pelo casi al rape. Fue por esos días que mi hermano regresó de su viaje a Moscú, en barco como se había ido. Fuimos a esperarlo casi toda la familia. Creo que fue mi padre, pero de seguro fue mi madre y yo, acompañado por Branly. Los dos subimos al barco antes de que mi hermano desembarcara. En su camarote tenía muchas cajetillas de cigarrillos rusos y nos las dio a Branly y a mí para que no le encontraran en posesión de ellas. Pero, no bien salimos del camarote, Branly se puso tan nervioso con las cajetillas de cigarrillos rusos en la mano, que me convenció de darle también las mías y las escondió en rincones oscuros del barco, en codos de tuberías, en hoyos de la cubierta, y salimos con las manos vacías. Luego mi hermano, con toda la razón, se puso furioso con Branly, que había demostrado tan poca ecuanimidad con los cigarrillos rusos, como si fueran respectivas granadas de mano. Yo, por mi parte, me pregunté qué habría dicho el miembro o los miembros de la tripulación que encontraran aquel inofensivo contrabando tan bien disimulado y distribuido por toda la cubierta. Branly por su parte no hacía más que repetir:

–Son cigarrillos rusos, son cigarrillos rusos –decía y añadía–: Y nos los van a coger encima.

Para Branly los cigarrillos eran una forma de propaganda. Mi hermano se encolerizó, diciendo:

–No debía haberte dado nada, debía haberlos sacado yo.

Tenía razón de estar bravo. Pero Branly temía más al BRAC –Buró de Represión de Actividades Comunistas– y al SIM –Servicio de Inteligencia Militar– y al Buró de Investigaciones, amén de las estaciones locales de policía y los que él llamaba verdugones, que era su aumentativo en broma de verdugos, como Ventura y Carratalá, temía más a todas estas potencias juntas que a un posible pique con mi hermano. Así que se desentendió de los insultos y pudo enfrentar la ira de mi hermano con su pasividad usual. Mi hermano dijo que debía haber recordado la noche que pasó en casa de Branly. Fue cuando hubo un problema en la escuela de periodismo y acusaron de ser miembros del 26 de Julio a varios de sus amigos. Él esperaba que la policía viniera a visitarlo como había visitado a más de uno de sus compañeros y decidió pasar la noche en el cuarto de Branly –y no pudo dormir porque Branly, de puro miedo, cogió insomnio y estuvo vigilando por los visillos, esperando la llegada de la policía, hasta que mi hermano se enfureció y se levantó y salió antes de que amaneciera, dejando a Branly y sus miedos detrás en la casa de huéspedes.

A veces recordaba con amor los días pasados con Elena, también recordaba los celos y más que nada me sentía culpable por haberla dejado, y estas lamentaciones las expresaba no sólo ante Branly, sino ante René de la Nuez, quien con su amable cinismo me pedía que me calmara, que no pensara más en ella, que olvidara ese asunto.

–Si no hubieras sido tú habría sido otro –replicaba cuando yo le decía que por mi culpa Elena había abandonado su casa–. No fue por tu culpa –decía–. Más bien te utilizó ella a ti para hacer algo que debía haber tenido planeado hace tiempo.

Pero yo me negaba a creer que fuera cierto y creía ciegamente que la culpa de que Elena anduviera errante por el mundo la tenía yo. Por supuesto que no hice nada para remediar la situación, solamente pude recordar la vez que ella dijo que seguramente yo le haría daño y que yo pensé que ella tenía razón, que antes que dejar que ella me hiciera daño a mí yo le haría mal a ella. Pero para René estas lamentaciones, mis jeremiadas, como él decía, no sólo eran inútiles sino que resultaban, vistas con fría claridad, pura hipocresía. ¿Por qué, si yo creía que Elena andaba perdida por el mundo, no hacía nada por remediarlo? Por otra parte, añadió René, el remedio ya no surtiría efecto porque al conocer Elena esta libertad de ahora, malamente se avendría a serme fiel y mucho menos a regresar al lar materno (René usaba estas palabras deliberadamente para demostrar la cursilería de mis buenos sentimientos), así que lo mejor era dejar a Elena suelta como estaba, en disfrute de su libertad, aunque sufriera los sinsabores que la libertad traía para una mujer. Éstas eran las palabras de René mientras algunos días caminábamos a la salida de *Carteles* por toda la calle Infanta hasta la esquina de Hospital, donde René se despedía para dirigirse a casa de sus padres, con quienes vivía desde que él y Silvina rompieron por lo que ocurrió el 13 de marzo. Luego, él y Silvina volvieron y decidieron mudarse, movimiento que siempre vi como un intento de René de sustraer a Silvina a mi influencia (Silvina y yo hablábamos mucho en casa muchas veces y llegábamos a hablar de Elena, a quien Silvina seguía viendo de vez en cuando, no sé cómo, no sé dónde), pero esto no ocurrió enseguida sino muchos meses después, y así ahora René y yo compartíamos la caminata y a veces tomábamos un guarapo, ahora rebautizado con mucha finura como jugo de caña, en la guarapera que había al lado del cine Infanta. También salíamos juntos los sábados, con Blanco y José-Hernández-que-no-escribirá-el-Martín-Fierro, a visitar los prostíbulos aledaños y a beber unos cuantos tragos aunque distábamos mucho de ser los borrachos que la gente nos creía, sobre todo porque había que tener mucho cuidado con José-Hernández-que-no-escribirá-el-Martín-Fierro, ya que éste tenía muy mala bebida y en más de una ocasión casi nos causó una bronca gorda.

En mi casa las cosas parecían normalizarse. Mi mujer decidió volver a trabajar porque se aburría en la casa donde no tenía prácticamente nada que hacer al haberse cogido mi madre a mi hija para ella y se empleó como secretaria en un laboratorio. A veces intentábamos hacer vida de marido y mujer, pero mi fuga lo impedía muchas veces y ya no fue la misma relación aunque mi mujer se empeñaba en retenerme a toda costa, como se empeñó en retenerme después que supo por qué nos habíamos peleado Adriano de Cárdenas y yo. Ella escogió un momento malo para hacerme la pregunta, durante una especie de segunda luna de miel que iniciamos yendo hasta mi pueblo primero y a Santiago de Cuba después. Llegamos al pueblo, cosa rara, en medio de un diluvio que arrastraba en ríos hacia el mar toneladas de un agua blanca por la arcilla de las calles y nos hospedamos en uno de los dos hoteles que había, allí donde con un pañuelo mojado yo maté cerca de cien mosquitos que estaban posados en las paredes y en el techo, pero no pude acabar con ellos porque entraban más por las ventanas, cientos de ellos, devoradores, hambrientos, capaces de sacarnos toda la sangre en una noche. Fue allí donde ella insistió que le contara por qué habíamos terminado nuestra amistad Adriano y yo. Ella, tan inerme, tan lejos de casa, de visita en un pueblo extraño a conocer a unos parientes míos que eran para ella perfectos extraños, recibió la brutalidad de mi franqueza: se lo dije todo.

Adriano de Cárdenas y Espinoza (él acentuaba el Espinoza no sólo para demostrar, en broma, su vieja estirpe cubana de abuelo educador y tíos médicos y maestros, sino que a veces lo pronunciaba Spinoza para que concordara con su perfil judaico, heredado, como tantas otras cosas, de su madre) era posiblemente mi mejor amigo. Eran los días en que yo no tenía todavía automóvil y los dos andábamos para arriba y para abajo en el suyo –¿o debo decir en los suyos, ya que, tan pronto como chocó su Chevrolet, su padre, rico abogado, le compró un Karmann-Ghia?, pero eran todavía los tiempos del Chevrolet, cuando íbamos al Yank, a comer *T-bone steak,* ensalada y *strawberry shortcake,* por las noches y algunas veces, cuando mi trabajo lo permitía, por las tardes. Adriano me fue presentado por Silvio Rigor, viejo amigo desde los días del bachillerato, y enseguida hicimos muy buenas migas o nos hicimos buenos amigos, como ustedes quieran. Me gustaba la manera que tenía de desinflar los globos burgueses con su iconoclastia, cómo llamaba a su padre bugarrón y se burlaba cariñosa pero fieramente de su madre, separada de su padre con quien él vivía. Su sentido del humor tenía un aire culto que le iba muy bien a su cara spinozista y juntos nos paseábamos por La Habana, merendando en El Carmelo, comiendo en El Potín, algunas veces almorzando su desayuno (pues Adriano se acostaba muy tarde y se levantaba al mediodía) en El Templete o en cualquier otro restaurant de La Habana Vieja. Así, en esta camaradería, llegamos a intentar fundar un grupo político clandestino que duró muy poco, reunidos como lo hacíamos en el cuarto de su casa, dado que las bromas con que acogíamos los posibles peligros hundieron el futuro bote político aun antes de ser echado al agua de la situación nacional.

Recuerdo una de las reuniones, en que Adriano, en bata de casa y fumando uno de sus perennes Abdullah, cigarrillos que, venidos desde la exótica Inglaterra, valían en La Habana casi un ojo de la cara, pero que para él eran como los Regalías El Cuño o los Partagás nacionales, recuerdo, digo, ese día porque vino a una de nuestras reuniones Ramón Ventoso, al que a veces llamábamos Raymond Windy, y ante una toma de posición (ésta fue la frase empleada, en serio, si no recuerdo mal, por el propio Adriano), Silvio, que estaba reclinado en la cama, dijo: «¡Cómo no! Ventoso así y yo así», haciendo como que cogía a Ventoso por el culo, lo que determinó no sólo la carcajada general sino casi la fuga de Ventoso que tal vez pensó que había caído, sin quererlo, en un cenáculo de pederastas. Pero nuestras intenciones eran serias, a pesar de las bromas, no sólo de Silvio, sino de Javier de Varona, que llevaba su sentido del

humor a tomar el timón de la máquina de Adriano y conducirla, durante dos o tres cuadras, por el centro del paseo
de la Quinta Avenida, para consternación y asombro de las
parejas sentadas, temprano en la noche, en muchos de
los bancos. Digo que nuestras intenciones eran serias pues
fueron tomadas como tales por el partido comunista, que
mandó a un emisario de su juventud comunista a asistir
a una de las reuniones que celebramos tarde en la tarde, en
una oficina, vacía a esa hora, de la Manzana de Gómez. El
contacto lo había hecho mi amigo Héctor Pedreira, viejo
comunista, que era ahora camarero de la boîte Mes Amis y
allá fuimos una noche a buscar propaganda y cuando llegamos nos encontramos con que estaba en el cabaret Rolando Masferrer, a quien yo conocía de vista. Enseguida
sus matones se situaron a diestra y siniestra de nosotros
dos, protegiendo a su jefe con un tigre a cada lado. Nosotros pedimos dos tragos con mucha calma y mientras
Héctor buscaba la propaganda en el trasbar, oímos el dictamen de Masferrer, que dijo: «¡Ah , viejo! No hay por qué
preocuparse. Son sacos y espejuelos nada más», refiriéndose por supuesto a que tanto Adriano como yo éramos miopes y estábamos vestidos de cuello y corbata. Pero se equivocaba Masferrer y tenían razón sus tigres si hubieran
visto lo que contenía el cartucho que con mucho disimulo
nos entregaba Héctor en un extremo del bar, protegido por
la oscuridad ambiente: era un paquete de *Cartas semanales*, la publicación oficial de cada semana del partido comunista. Pero nos perdió para esta cuestión política, no
sólo la hembra fatal, sino el dandismo. Adriano se compró
unos guantes de cabritilla en El Encanto, donde tenía una
cuenta su padre, y le dijo al vendedor, medio en serio medio en broma, que eran para hacer prácticas de tiro al
blanco y la noticia llegó a oídos policiales que pronto se
convirtieron en bocas amigas que susurraban al padre de
Adriano (que por otra parte nunca toleraba las amistades
de su hijo, ya que no eran de gente de sociedad, y quería
para su hijo una posición social equivalente a la que adquirió él cuando se casó con su madre) la peligrosidad de las

asociaciones de su hijo. Por otra parte yo nunca he servido para andar en grupos y la disolución de nuestra asociación clandestina no tardó en caer en la tibieza y el desgano, mientras que mis veleidades políticas iban del partido comunista, a través de Pedreira y sus amigos, al Movimiento 26 de Julio, colaborando con Franqui en su periódico que se hacía en la revista, y al Directorio Estudiantil Revolucionario, por intermedio de Alberto Mora.

Fue en este tiempo de disolución política que se cimentó más la amistad entre Adriano y yo, y llegué a presentarle a la que llamamos la Dama Negra de los Sonetos, conocida también como Bettina Brentano. Ella era una actriz negra con quien yo me había acostado una o dos veces antes de conocer a Adriano, y que ahora salía con nosotros a comer al Rancho Luna o a cualquier otro restaurant campestre, los tres sentados en el asiento delantero, ella, la Reina de Saba (como era conocida a veces), sentada entre nosotros dos, riéndose con su risa casi gutural de lo baja que la tenía, aprendiendo a manejar por la noche, por los alrededores de la carretera del Mariel, después de haber comido juntos, o yéndonos con ella hasta Matanzas, en la máquina de Adriano siempre, siempre los tres juntos, como buenos amigos, creía yo, que ya no me acostaba con ella, más que nada porque la Dama Negra recelaba de mi matrimonio y tenía escrúpulos de tener relaciones con un hombre casado, y al mismo tiempo me sentía protegido, por el flanco de Adriano, por la fealdad de su perfil semita y también por su amistad. No podía olvidar, sin embargo, la potencia sexual que irradiaba el cuerpo de la Dama Negra, que podía inducir sonetos hasta en un impotente: sus nalgas eran redondas y erectas y sus senos hacían un pendant frontal y sus muslos eran llenos y redondos (tal vez demasiado redondos para mi gusto pero no para el general gusto de los cubanos) y su cara era de una inquietante belleza, con sus gordos labios y sus ojos negrísimos, que sabían mirar con picardía, y su nariz era más nubia que negra. No es de extrañar que la posesión de tanta belleza viniera a importar más que la amistad. Así un día Adriano me dijo que él creía gustarle a Bettina Brentano (ésas fueron sus mismas palabras) y que a él le gustaba ella y me preguntaba, ya que yo no tenía relaciones sexuales con ella, si él podría (tímidamente) iniciar una tentativa de aproximación erótica. Yo, por supuesto, le dije que no había problemas, que le dejaba el camino libre y que atacara cuando lo creyera conveniente. Esperaba un resonante fracaso porque sospechaba (no: sabía) que Adriano no era el tipo que podría gustar a la Dama Negra, pero calculé mal su oportunismo: no hay que olvidar que Adriano era rico, o hijo de rico si se quiere, y que pertenecía, por su lado Espinoza o Spinoza, a una de las mejores familias de Cuba. Hubo de parte mía, es cierto, mucho de vanidad y de considerar inferior físicamente a Adriano (aunque conocía, por haberlo acompañado más de una vez al Mambo Club o a otro prostíbulo de postín, sus proezas sexuales que llegaban a superar las mías: era fama entre sus amigos íntimos que podía llegar a siete asaltos en una noche, y aunque yo una vez igualé esa cantidad de venidas, no lo logré más que una vez, con Margarita del Campo, en una tarde de puro desenfreno) y que había mucho de condescendencia, casi de paternalismo, en el permiso que le di para atacar la fortaleza sexual negra, ya que no valoraba mucho la capacidad donjuanesca de Adriano y había llegado yo a presentarle a una antigua amante para que pudiera acostarse con ella, pues por su timidez innata no lograba otra relación sexual que con putas. No estuve presente, por supuesto, la primera vez que Adriano y la Dama Negra salieron juntos solos. Ni siquiera sé cómo se inició el avance, cómo realizó el asedio, cuán fácil o difícil fue la conquista. Sé que hubo un ramo de flores y una invitación a comer probablemente a Matanzas o a Varadero, pero no sé más de esos preliminares. Solamente sé que Adriano dejó de invitarme a salir con él, como hacía casi cada noche, y de pronto deduje que Bettina Brentano se había hecho amante de Adriano. Una tarde que éste vino a buscarme a *Carteles*, tuvimos una entrevista en la que yo le pedí explicaciones más que solicitarle que me contara el cuento. La respuesta vino, con una parada súbita del auto, justo debajo del elevado de Tallapiedras, en la forma de una pregunta que me hizo, para mayor rareza, en inglés: «*May I trust you?*», me dijo, queriendo preguntar si podría confiar en mí. No sé qué me dolió más: si la pregunta o el hecho de que Adriano se estuviera acostando con la Dama Negra que ya no era la de mis sonetos sino la de los posibles poemas de otro. Hubo por supuesto celos, pero no podría decir si fueron más fuertes los que sentí por la Dama Negra que los que sentía por Adriano –¿era posible que una mujer se colara entre nuestra amistad y la destruyera? Sí lo era y era también mi culpa, pero yo creí confiar en Adriano, aunque, pensándolo bien, ¿qué había que confiar? Después de todo yo no me acostaba más con la llamada Bettina Brentano y ella no era siquiera mi amante, mucho menos mi mujer, pero era, de alguna manera, una mujer, y su cuerpo, sólido, tridimensional, palpable se había entrometido en algo tan intangible como la amistad. Allí mismo me bajé de la máquina y Adriano arrancó cuando se convenció de que yo no iba a volver a montar en ella, de que todo había terminado entre nosotros, de que de alguna manera se había producido una traición, sin saber decir por quién a quién. Luego, años después, Adriano me contó que Bettina Brentano (era inútil esperar que él la llamara de otra manera) le había exigido que se peleara conmigo para poder salir con él. Yo, por mi parte, me dediqué a buscarlos para sorprenderlos in fraganti, en flagrante delito, visitando las posadas cercanas –11 y 24, 31 y 2 y hasta la de la calle 80 en Miramar–, yendo a los restaurantes que habíamos hecho nuestros sitios de reunión, buscándolos por la calle en cuanto tenía oportunidad. Por supuesto que no los encontré y me felicito por no haberlo hecho, pues de haberlos encontrado, digamos, saliendo de una posada, ¿con qué derecho iba yo a enfrentarlos, mejor dicho a enfrentar a Adriano, ya que realmente la Dama Negra apenas me importaba? Mi actitud fue por supuesto adolescente, pero yo he sido siempre adolescente y creo que de ese estado pasaré a ser un anciano, no más sabio pero sí sin duda más viejo.

Esto fue, más o menos, lo que conté a mi mujer en nuestra segunda luna de miel. ¿Por qué lo hice? No sabría, ni podría, explicarlo, pero tengo como coartada que ella me preguntó por qué ya no éramos amigos Adriano y yo. Debí responderle con un verso de Catulo o una elegía de Propercio pero ella no sabía latín ni le gustaba la poesía y lo que hice fue contarle la verdad, más o menos, porque no creo que fuera tan franco entonces como lo soy ahora, pero sé que le dije que había sido por una mujer, que no era ella, que no era ella, que no era ella. Luego seguí matando mosquitos en las paredes, en el techo, en todas partes del cuarto mientras ella lloraba suavemente sobre la almohada. Sin embargo la luna de miel no fue interrumpida, sino que la continuamos hasta Santiago y solamente el ambiente de estado de sitio que había en la ciudad (era noviembre de 1956), en que se esperaba un levantamiento civil o un desembarco, nos hizo suspender el viaje y regresar a La Habana cuatro días antes del desastroso desembarque del *Granma*.

Desde entonces nuestro matrimonio ya no fue el mismo, por supuesto, pero nada pudo igualar en consecuencias mi fuga con Elena y el hecho de haberla traído a vivir, aunque fuera sólo unos días, a casa de la hermana de mi mujer, arriba de nuestra propia casa. Todavía no me explico cómo ella no se separó de mí entonces y la única explicación posible es esa forma de esclavitud que es el amor de un solo lado.

Debidamente tonsurado regresé a la rutina habitual: de la casa al trabajo y del trabajo a la casa. Hasta la ida a *Bohemia* se había convertido de nuevo en rutina, llegándome allá con el director cada mediodía para saber las últimas noticias de la situación en la Sierra en particular y en general en todo el país. Un día, esta rutina fue interrumpida por una llamada de alguien que telefoneaba desde el interior, desde un lugar cerca del Mariel, entre Mariel y Guanajay para ser precisos. Era una voz atropellada que pedía un periodista y un fotógrafo para hacer una revelación importante. La voz era campesina, pero el acento urgente tenía todos los visos de la autenticidad, y excitado por esta posible noticia, únicamente conocida en *Carteles*, entré en el despacho del director para conseguir un fotógrafo y un automóvil. El director me dijo que no me excitara, que seguramente era una cosa sin importancia y que no le concediera la más mínima atención: eso ocurría a cada rato en *Bohemia*. Pero era la primera vez que ocurría en *Carteles,* y mi alegato finalmente convenció al director y me concedió que me acompañara Ernesto, el más joven de los fotógrafos, casi un aprendiz, pero con quien yo me llevaba muy bien. Ya con el fotógrafo conseguido llamé por teléfono a Titón, a su trabajo, y lo convencí de que nos fuéramos a Pinar del Río, que tal vez se tratara de un desembarco clandestino, que de todas maneras era una noticia importante. Quedó en pasarme a buscar a *Carteles* en una media hora y exactamente en ese tiempo nos dirigíamos por la carretera del Mariel hacia nuestro destino, una finca llamada La Mocha. El camino lo hicimos sin mayores complicaciones: la carretera estaba tranquila, casi solitaria, y cuando llegamos al Mariel no notamos ninguna señal de alarma. La Academia de la Marina se veía tan en calma en lo alto como si en Cuba no pasara nada capaz de alterar el orden marinero, el pueblo estaba sumido en el sopor de después del mediodía y apenas si se veían gentes por las calles. Por fin encontramos a alguien que nos señalara la dirección de la finca La Mocha, que estaba como a tres kilómetros del pueblo, dejando la carretera por un camino vecinal y finalmente una especie de trocha que conducía hasta la finca. Todo estaba en calma, en algún lugar cantaba un sinsonte y en el portal de la casa había una pareja de campesinos, que aparentemente nos esperaban.

–Nosotros somos de *Carteles* –dije yo.

–Sí –dijo el hombre–, ya los estábamos esperando –y se acercó a nosotros que salíamos del pequeño Renault de Titón y habló muy bajo–: No sabe la pena que tenemos con ustedes, pero ¿qué quieren? No pudimos evitarlo, cuando nos dimos cuenta ya era demasiado tarde.

–Ah, ¡por fin están aquí! –dijo otro hombre que salía de

detrás de la casa–. Yo lo he estado vigilando todo el tiempo hasta que ustedes vinieran.

El primer hombre nos miró con cara compungida, mientras el segundo campesino caminaba exaltado hacia nosotros.

–¡Vengan, vengan! –decía y repetía de nuevo–: ¡Vengan, vengan! ¡Vengan para que vean!

Titón y yo nos miramos extrañados, mientras Ernesto se dirigía adonde señalaba y caminaba el segundo hombre. Nos llevó por detrás de la casa y se detuvo como a veinte pies de un dagame solitario en esa parte de la finca.

–¡Ahí la tienen! –dijo y señaló para el árbol y alzando la voz pero al mismo tiempo dándole un tono de confidencia, añadió final–: ¡La Virgen! ¡La Virgen!

Todos los tres nos miramos y después miramos incrédulos al árbol que señalaba el hombre y luego nos volvimos a mirar al primer campesino: no había nada en el árbol, solamente en su tronco una oquedad formaba una especie de cripta, pero esto era algo que se veía mirando después del aviso. No había más nada en los alrededores mientras el evidente campesino loco gritaba:

–¡Se me apareció la Virgen! ¡Véanla, véanla! ¿No quieren tirarle una fotografía? ¡Retrátenla, retrátenla! –y tomaba por un brazo a Ernesto, que no sabía qué hacer.

El otro hombre, el campesino sano, se me acercó y dijo muy bajo:

–Ustedes comprenden, ¿no? No hay nada que hacer. Se nos escapó pal pueblo y antes de que pudiéramos evitarlo ya los había llamado a ustedes.

Hice con la cabeza que sí, haciendo como que comprendía, pero en lo que pensaba era en el chasco, en el viaje desde *Carteles* hasta acá, en la cara que pondría Ortega cuando llegáramos con la «noticia». Ernesto me seguía mirando mientras el guajiro loco exaltaba a su Virgen. Le hice señas de que la fotografiara y Ernesto comprendió que debía simular que retrataba a la invisible aparición de la Virgen.

Nos fuimos entre la exaltación del campesino loco y la vergüenza del campesino sano que había molestado a los periodistas de La Habana sin quererlo. Yo no dije nada en el viaje de regreso y Titón no hacía más que repetir compadre, compadre, compadre, una y otra vez, y Ernesto, con su chusmería juvenil, exclamaba:

–¡Qué guajiro más loco!

De regreso por la autopista nos paramos en el puente de El Morrillo y quisimos visitar el lugar donde había muerto el revolucionario Guiteras, asesinado por Batista en 1934. Me asombró que Titón, de conocidas simpatías comunistas, quisiera visitar el lugar donde muriera alguien tan anticomunista como Antonio Guiteras Holmes, el modelo para el John Garfield de *Rompiendo las cadenas*, el héroe epónimo de la izquierda anticomunista de Cuba, la leyenda viva del revolucionario como hombre de acción. Caminamos por la playa que hace la riada pero por supuesto no pudimos localizar el lugar donde cayera Tony Guiteras, aunque logramos olvidarnos de lo que Ernesto había calificado tan bien como el guajiro loco. Luego regresamos casi escalando la empinada cuesta hasta la carretera y subimos al carro –fue muchos kilómetros más allá que Titón se dio cuenta de que había perdido su billetera, con su permiso de conducir y algún dinero, en la bajada hasta el río y regresamos a El Morrillo, pero cuando llegamos allá se hacía de noche y aunque buscamos por todas partes no fue posible encontrar la cartera. Finalmente nos dimos por vencidos y volvimos definitivamente a La Habana. Al otro día, en *Carteles*, sólo Ortega, el director, me preguntó por la aventura del día anterior. Wangüemert, que ya había regresado de su viaje a Europa, había sido enterado de todo por Ernesto y exclamó al verme entrar:

–De manera que usted también pagó la novatada –y añadió, para mayor escarnio–: No se preocupe, que eso nos ha pasado a todos, si no es un guajiro loco es un habanero cuerdo, pero todos hemos pasado por esa experiencia.

Decidí concentrarme en el cine y comencé a escribir, temprano en la mañana, mi crónica de esa semana.

En el mes de octubre fui a Nueva York, invitado al primer aniversario del estreno de *La vuelta al mundo en 80 días*. Como la primera vez, también esta vez fui en avión, pero el viaje fue más accidentado: si ésta fuera una crónica de Pepys anotaría el pavor que me asaltó cuando descubrí que uno de los motores estaba en llamas y que aterrizamos lejos del edificio del aeropuerto donde pronto estuvimos rodeados de bomberos. René Jordán, crítico de cine también, que viajaba a mi lado, advirtió mi doble temor, a los aviones y al fuego, y dijo: «¡Qué miedo tienes!». Como queriendo decir eres un cobarde, pero en realidad no lo dijo para humillarme sino para describir una realidad. Tenía un miedo pavoroso a que acabaran mis días en el fuego: no soy un ave fénix. Nueva York resultó en otoño más atractivo que en verano con su distinto triple olor de mantequilla frita, alfombra nueva y calefacción. Me sentía como un capuano en Roma: llegaba a la metrópoli, a la urbe, al centro del imperio. La fiesta de aniversario celebrada en el Madison Square Garden (íbamos todos de etiqueta y comprobé que el esmoquin me quedaba tan bien como me gustaba llevarlo: ¿habría nacido para ser un caballero, un gentleman y un dandi? Nadie respondió a esta pregunta pero no por ello dejé de hacérmela) fue una ocasión vulgar y tumultuosa, con un *cake* en el centro que medía más de veinte pies y una turba de fotógrafos que rodeaba a una muchacha rubia que tenía unos senos que hacían pendant con el *cake*: no había visto antes tetas tan enormes y ella las exhibía con una suerte de modesto exhibicionismo que no dejaba de tener su encanto al tiempo que era patético. Pero allí conocí a dos personas importantes: a Victor McLaglen, que era un héroe de mi niñez, y a Jesse Fernández, un fotógrafo cubano radicado en Nueva York que sería casi un héroe de mi adolescencia tardía. Nueva York me devolvía a la admiración y al desamparo. La admiración surgió tan pronto como desembarcamos, poco después del incendio incipiente; el desamparo ocurrió cuando me quedé más tiempo del que señalaba la invitación (era por tres días y los convertí en quince) y tuve que salir del hotel para caer en un local de la

YMCA, que era un refugio al descampado mediante el desamparo: al menos así me sentía. Afortunadamente llamé a mi viejo amigo Saulo Hernández, que ahora se había casado con una muchacha de mi pueblo, María Santos, y estaba instalado en Nueva York. Ya la primera vez que vine, en 1955, me quedé a vivir en su departamento de soltero, que compartía con un argentino que me dio a probar por primera vez el mate (odiosa bebida) y me hizo conocer los peligros de la ley, o mejor de su violación, ya que era un cleptómano empedernido y no podía entrar en un supermercado, en una quincalla o en una tienda cualquiera sin echarse algo al bolsillo —y una vez llegó a echarlo a mi bolsillo. Cuando me di cuenta de lo que había hecho, después que salimos de una suerte de museo chino, llevaba yo en mi capa de agua una tortuguita de cedro o de palisandro, no recuerdo, pero sí recuerdo la decisión tomada enseguida de no volver a salir nunca con él, cosa que hice. Ahora Saulo me ofrecía su casa o al menos un sofá en la sala y acepté: en ese tiempo todo era una aventura.

No conocí una sola ninfa en Nueva York, aunque las veía pasar por mi lado, altas y altivas, pero sí conocí bien a Jesse Fernández, que me enseñó tres cosas: el conocimiento (y luego el amor) del jazz, de los zapatos de gamuza y de los carros deportivos. Tenía de estas tres cosas en su casa, que nunca conocí, además de una mujer y una hija, pero parecía (como lo parecía yo a mi vez) exclusivamente soltero. Fue gracias a él que oí —o mejor dicho, vi— ese nombre hoy venerado: Thelonious Monk, aunque no llegué a oírlo entonces, y que paseé por las calles raudas de Nueva York en su Austin Healey veloz, llegándonos a veces hasta un recoleto restaurant en Brooklyn que conservaba el aire de principios de siglo. También me hizo conocer la fotografía: a su lado, todos los fotógrafos cubanos que había conocido hasta entonces eran meros tiraplanchas. Para Jesse Fernández la fotografía era un arte y así conservé, gracias a él, mi encuentro con McLaglen, que atesoré por mucho tiempo. Con él fui a entrevistar a un director alemán, autoritario y pedante, que no vale la pena mencionar, pero sí lo que ocurrió después. Salimos del apartamento cerca de Central Park y yo buscaba desesperadamente un hotel para entrar a orinar y encontramos uno no lejos del parque, al que no bien entrar todo fue caos y confusión: oímos como unos cohetes chinos y después vimos gente corriendo y finalmente emergieron del fondo mujeres llorando. Eran *manicures* de una peluquería donde acababan de asesinar al mafioso Anastasia. Cuando descubrimos lo ocurrido y nos llegamos al fondo del hotel, ya había un cordón de policías y fotógrafos de prensa, surgidos como de la nada. Jesse se maldijo porque por unos segundos no captó la escena crucial. Yo me bendije porque no tuvimos nada que ver con la Mafia y el bajo mundo. Pero Jesse estaba inconsolable. Así era él: cobarde para las cosas cotidianas, la fotografía, su ejecución, le prestaba un valor inigualable. Parecía entonces que la cámara era un escudo encantado que lo protegía de todo mal posible. Estos arrestos ocurrieron no sólo entonces sino muchas veces en el futuro y ya los conoceremos a su tiempo. Ahora, sin embargo, no había nada que hacer y Jesse ni siquiera pudo hacer las fotografías del muerto, ya cubierto por una piadosa o terminal sábana blanca, pues alguien le exigía el carnet de prensa para entrar a la barbería, cosa que, a pesar de su profesionalidad (o por ella misma), Jesse no se había preocupado de adquirir. Así, entre películas y las aventuras raudas con Jesse, pasaron los quince días de Nueva York. Al final me fui prácticamente huyéndole a la *influenza*, que azotaba la casa de Saulo y que me parecía rondar. Para mí era un desastre la mera posibilidad de caer enfermo en Nueva York y me regresé enseguida, cargado con mi tesoro de conocimientos personales y, sobre todo, fílmicos: no eran tantos como los que obtuve en un mes en Nueva York la vez anterior, dos años antes, pero eran bastantes para nutrir mi crónica. Pero al llegar a La Habana, solamente unas horas después, caí enfermo con la gripe, que no era el catarro envolvente y protector que conocía, sino una enfermedad casi maligna. Pero si un catarro me curó de Elena, una gripe me enfermó de Silvina: ella me cuidaba mientras mi mujer, su hermana, trabajaba, y había en su solicitud tanta devoción y tanto cariño, al mismo tiempo que indiferencia a la enfermedad, que me sentí enamorado de ella, que supe que siempre la había querido y que prácticamente me había casado con la hermana equivocada. Era Silvina quien debió ser mi amor, ser mi mujer. Un día de los nueve que pasé en cama enfermo, Silvina, sentada a mi lado, me rozó la cara con sus labios, luego me besó en los míos, suave, casi imperceptiblemente, en un beso tierno y nuevo. La puerta del cuarto estaba abierta y acertó a pasar mi abuela, que lo veía todo y sabía todo en la casa, y pude ver la cara que puso al encontrar a Silvina tan cerca de mí, tal vez llegando a ver el beso. Sé que se lo dijo a mi madre, tildando a Silvina de descarada, robándole el marido a la hermana mientras ésta trabajaba. Así dijo y me extrañó que defendiera los derechos de Mirta, a quien yo sabía que no quería demasiado, pero en realidad lo que hacía era mostrar su calibre moral, como lo había mostrado veinte años antes cuando nos sorprendió a mi prima hermana y a mí, desnudos los dos en el excusado, que separó nuestros cuerpecitos infantiles, ya sabedores del sexo, con una maldición y diciéndonos, casi gritándonos:

—¡Degenerados, eso no se hace en mi casa!

Nosotros apenas sabíamos qué hacíamos, lo intuíamos más que lo sabíamos, aunque estábamos bien ocultos en la casita del excusado y creíamos que nadie nos había visto entrar, para de pronto ver irrumpir a mi abuela, alta y flaca, dominante por encima de nuestros cuerpecitos casi horizontales, yo encima del cuerpo de mi prima, tan bella —bonita era la palabra entonces—, más bella que nunca lo fue después, encontrándonos haciendo «eso» y para colmo con mi madre y mi padre presos por sus ideas políticas lejos, en algo que se llamaba Santiago y que quedaba fuera de toda imaginación posible. Ahora, veinte años después, casi repetía el papel, sólo que esta vez se lo dijo a mi madre, quien luego, cuando Silvina se hubo ido, me preguntó, muy naturalmente:

—¿Qué hay entre Silvina y tú?

—¿Qué hay entre Silvina y yo? –dije yo–. Nada. ¿Qué había de haber? ¿Por qué?

—Mamá –me dijo mi madre– los vio a ustedes besándose aquí.

—Fue solamente una expresión de cariño. Eso es todo.

—Que no los coja Mirta en esa expresión de cariño. Va a haber un escándalo en la familia.

—¿Es eso lo que temes, el escándalo en la familia? No te creía tan burguesa.

Había entre mi madre y yo esa clase de confianza para hablar así, incluso no la llamaba mamá o cosa parecida sino que le decía su nombre. Lo mismo hacía con mi padre. Eso nos habían enseñado ellos a mí y a mi hermano cuando chiquitos, como expresión de su rebeldía ante la entonces predominante relación entre los padres y los hijos y los llamábamos a los dos por su nombre, en igualdad de relaciones.

—Yo no soy burguesa, pero tu mujer sí lo es.

—No, ella no lo es tampoco. Era gazmoña, católica, cuando se casó conmigo, educada en un convento y todo eso, pero ya no creo que ni siquiera crea en Dios.

—Bueno, yo te digo esto por tu bien –dijo mi madre–. Si es ella en vez de mamá quien los coge besándose, habría armado bonito escándalo. Más vale que termines con eso.

—Pero ni siquiera ha comenzado, créeme. Te lo juro.

—Bueno, yo te creo. Pero evita que Silvina te vea.

Ella quería decir a solas y yo le dije que en el futuro lo evitaría –y así hice, quedando la relación posible entre Silvina y yo en una especie de limbo, donde no sucedería nada por ahora.

Una noche, después de curado, pasé por el café Viena y vi a Elena sentada sola, fumando. Seguí mi impulso y me acerqué a ella.

—¿Qué tal? –le dije.

—Ahí ahí –me dijo ella, medio desganada–. Ni bien ni mal.

—¿Qué haces aquí sola?

—Vine a comer algo.

—Ah. ¿Entonces no estás esperando a nadie?

Ella debía saber que yo me refería a la otra Elena.

–No –me dijo–. No estoy esperando a nadie. Puedes sentarte. Si quieres.

Al hacerlo le miré los brazos desnudos y pude ver las marcas de su suicidio frustrado y sentí de pronto una gran pena por ella –¿o sería todavía amor? Lo cierto es que me senté y hablamos inconsecuencias y yo pedí dos cafés y le pregunté si me dejaba pagar la cuenta y ella me contestó bueno sí. Estuvimos un gran rato en el café hasta que ella me dijo me tengo que ir.

–¿Te puedo acompañar?

–Si quieres –dijo ella con la misma indiferencia existencial que mostraba para todo.

Caminamos media cuadra Línea arriba y yo creía que ella había vuelto al Trotcha pero me dijo que vivía en una casa de huéspedes –otra casa de huéspedes– cerca de allí en la calle F, por donde doblamos.

–¿Tú no lo sabías?

–No, no lo sabía.

–Pero sabes lo otro.

–¿Qué es lo otro?

–¿No te lo dijo Roberto?

–¿Branly? No, no me ha dicho nada. No hemos hablado de ti.

–¿Seguro?

–Seguro. Te lo juro.

Ella hizo una pausa y acercó su cara a la mía. Por un momento creí que me iba a besar, pero no me iba a besar.

–¡Coño! Hasta hueles lo mismo.

Sentí pena por ella porque comprendí su nostalgia. Fue por eso que di un aire burlón a mis respuestas.

–¿Qué quieres? ¿Que cambie de olor con las estaciones?

Ella se sonrió, pero fue una sonrisa triste: aun en la oscuridad de la calle se podía ver.

–¿De manera que no sabes nada? Curioso.

Curioso y más curioso: yo no sabía nada.

–¿Qué es lo que tengo que saber? Acábamelo de decir.

Ella hizo una pausa, se detuvo y me miró fijo a los ojos.

–¿Tú no sabes con quién estoy saliendo ahora?

–No. Sé con quién salías antes, pero de ahora no sé nada.

–Bueno, en ese caso te voy a dar una sorpresa. Estoy saliendo con tu hermano.

¡Eso sí que era una sorpresa! No me lo esperaba en absoluto y ella lo vio en mi cara. Se sonrió, primero, luego se rió.

–Coño –dijo, soltando las malas palabras que le quedaban tan bien y luego hablando en su querido falsete–: ¡No me falta más que tu padre!

Ésa podía haber sido una buena línea para terminar para siempre nuestras relaciones, ya que después de aquella noche no volví a conversar con Elena y cuando la vi la vi de lejos, acompañada por mi hermano, en un grupo con mi hermano, Branly y otra muchacha entrando al teatro, mientras yo afuera tomaba café o tal vez entraba con mi mujer: no sé, no recuerdo. Lo que sí recuerdo es que no volvimos a hablar: excepto por las palabras que ella dijo después, no volvimos a cruzar palabra.

–Si tú quieres –me dijo–, yo lo puedo dejar. Es solamente algo que comienza ahora.

Yo podía haberle dicho que era algo que recomenzaba ahora, que era una sustitución, que ya que no me podía tener a mí tenía a mi hermano. Pero no le dije nada de eso.

–No. ¿Por qué voy a quererlo? Tú haces con tu vida lo que mejor te parezca.

Ella se rió con su risa en falsete.

–Es cómico –dijo–, te lo juro que es cómico.

–Yo no lo encuentro cómico.

–Es cómico porque si no sería trágico. Estoy predestinada a mezclarme con tu familia.

–Tienes ahora una ventaja: por lo menos mi hermano es soltero.

–Sí, y menos supersticioso que tú. No le tiene miedo a mi mala suerte.

–Yo nunca le tuve miedo a tu mala suerte. Estás dándoles vueltas a las cosas. Lo que te dije era bien diferente.

–Bueno, como quieras. Ahora por lo menos soy dueña de mi destino y no puedo olvidar que tú me ayudaste a serlo.

Hizo una pausa leve para añadir:

–Pero si por lo menos olieras distinto, ayudaría.

Habíamos llegado a la puerta de su nueva casa de huéspedes. Lo supe porque ella dijo aquí estamos.

–Aquí te dejo –añadió.

–Bueno, hasta luego.

–No, mejor adiós. Espero, para mi bien, no volverte a ver.

–Si tú lo quieres... Esta noche te he visto por pura casualidad.

–Detesto las casualidades, ¿no lo sabías? Nos conocimos por casualidad.

–Sí, es verdad. Bueno, adiós entonces.

Y adiós fue: no la volví a ver sino años después y cuando lo hice nunca la vi sola. Era evidente que mi vida con Elena había terminado.

Pero hubo, inevitablemente, una posdata. Al otro día mi hermano me enfrentó: vino a mi cuarto, como a las seis de la tarde –o tal vez más temprano ya que mi mujer no estaba–, cruzando por el cuarto de baño.

–Óyeme lo que te voy a decir –me dijo, destemplado–. No quiero que tengas nada que ver con Elena. Ya sé que estuviste hablando con ella porque ella me lo dijo y no quiero volver a saber que has tenido algo que ver con ella.

Había en el tono y en las palabras de mi hermano mucho de posesivo, como si Elena le perteneciese por entero.

–Yo no tengo nada que ver con ella –le dije, calmado.

No quería que la conversación se volviera una discusión o un pleito y bajé la voz a propósito. Pero mi hermano estaba dispuesto a dar un escándalo porque subió la voz:

–No quiero, coño, saber que la has saludado siquiera, ¿me entiendes?

–Sí, perfectamente –dije y salí del cuarto.

Mi hermano se quedó con las ganas de armar un lío, porque lo dejé con la palabra en la boca. Yo temía, por otra parte, que llegara Mirta del trabajo y oyera la conversación que amenazaba con ser discusión. La adenda es que mi hermano y Elena estuvieron juntos —o se separaban y se volvían a juntar, no sé— por lo menos tres años. Luego, años después, mi hermano me contó que la hizo reconciliarse con su madre, aunque nunca volvió a vivir con ella. Yo la volví a ver una sola vez sola —pero esto pertenece al futuro. El presente era que mi gran amor había terminado casi en un quejido y no en una explosión, como yo temiera, y que volví a mi mujer como a un viejo hábito —y lo digo en el sentido de vestimenta también.

René volvió con Silvina y un día encontró a un visitante en su casa: era mi amigo Chori Gelardino, viejo enamorado silencioso de Silvina, que se había atrevido a visitarla y, para su mal, René regresó a destiempo. Chori todo lo que pudo hacer fue esconderse en un *closet* y de alguna manera el nerviosismo de Silvina o algún ruido inesperado hizo que René descubriera su escondite —y aquí René tuvo su gran encuentro con la frase famosa. Viejo enamorado del teatro, crítico de funciones teatrales y casi empresario de pequeñas compañías, René tuvo una salida genial, abriendo la puerta del *closet* y mirando a Chori a los ojos, le dijo muy calmado:

—¿Qué es esto? ¿Una comedia de Labiche?

Chori, que a ratos perdidos era actor, reconoció la superioridad de René en la situación y salió del *closet* sin decir palabra, nada más que moviendo su gran cabeza y medio que sonriendo, pero sin sonreír del todo, y salió también de la casa. Poco después René y Silvina se mudaron de aquel apartamento que le había traído a René tantos dolores de cabeza y a Silvina tantos cambios en su vida: se mudaron para el número 69 de la calle C, para el pequeño apartamento de la azotea, que yo había conocido cuando vivían en él Vicente Erre y su compañera de habitación —ya que no se puede decir que era su mujer, pues Vicente Erre era, y es, homosexual, aunque después de todo tal vez hayan vivido juntos— Adela Descartes, que tiempos después se casaría con otro amigo, más bien otro conocido, como Vicente Erre, que también era homosexual. Pero no es de Vicente ni siquiera de Adela de quien quiero hablar sino de aquel apartamento que tan importante iba a ser en mi vida y al que si pudiera le ofrecería un canto. Estaba en el último piso y tenía dos cuartos, más cuarto de baño y una cocinita –eso era todo: su importancia no pertenece a la arquitectura ni a la topografía sino a la historia–, que daban a una amplia azotea donde se dieron todas las reuniones primero de Vicente y luego de Silvina y René y después de Silvina sola y de René por su cuenta, ya que los dos vivieron juntos y solos (Silvina, inclusive, divorciada de René y vuelta a casar conservó el apartamento que años después y por azares de la historia vino a quedar en posesión de René de nuevo) en él, con su azotea convertida en terraza por los numerosos inquilinos relacionados entre sí, terraza o azotea que daba al parque con la fuente de Neptuno y desde la cual (de la terraza o azotea) se podía ver el teatro auditórium y las dos entradas de El Carmelo, lugar que por un tiempo llegará a ser mi mundo, y desde arriba se contemplan los árboles del parque, ficus en su mayoría, y la pérgola a la izquierda, tan neoclásica, y las palmeras dátiles tan mediterráneas en la acera o en la parte norte del parque, viendo cómo pasan los autos raudos por la calle Calzada y echándose un poco adelante sobre el bajo muro llega a verse también el restaurant El Jardín, su aire libre, que también fue importante para mí, que lo será en esta historia –ese apartamento último de la calle C número 69, con su noble simetría, ya no me pertenece, no lo guardo sólo en el recuerdo, sino que pertenece a la literatura al desvelarlo con mis revelaciones de ahora y otras que seguirán en el inmediato futuro, pero querría haberle hecho un canto, preservarlo como a las ninfas en una melopea directa: no ha podido ser pero al menos lo consigno y los que lo conocieron lo recordarán y aquellos que no tuvieron ese privilegio raro podrán verlo aparecer y reaparecer una y otra vez en estas páginas. Pero por ahora lo dejamos tranquilo.

En septiembre había ocurrido el levantamiento de la base naval de Cienfuegos, cuyo resultado (la muerte de cerca de

doscientos marinos y civiles) he contado en otra parte. Esta
noticia había conmovido a toda Cuba, políticamente, en
general y a mí en particular, ya que esperaba que el levantamiento (hecho primero rumores y luego realidad) tuviera resultados positivos. Pero no ocurrió así. Ahora, en noviembre, la censura se había restablecido y *Carteles*, como
todos los periódicos, estaba bajo su índice. Dirigía la oficina de censura un coronel del ejército, de bigotico y aire
marcial, que visitó al director una o dos veces para explicar la necesidad de la medida, y el censor era un hombre
gordo, de apellido Meruelo y hermano de uno de los voce-
ros de Batista, Otto Meruelo. El censor quería ser bona-
chón y tener buenas relaciones con los censurados, pero en
realidad en *Carteles* nadie lo tragaba y alrededor suyo se
formaba una cortina de vacío que se sentía, pesante, en la
redacción. Solamente Wangüemert y el director se permi-
tían ser amables con él, tal vez temiendo una mano censo-
ra más dura, pero yo que no tenía por qué hablarle, no lo
hacía. Tampoco lo hacía Pepe, José-Hernández-que-no-escribirá-el-Martín-Fierro, que se mantenía en su rincón de
observador no interesado. Así pasó noviembre y vino diciembre –y en ese mes le hice otro hijo a mi mujer, que na-
cería en agosto del año siguiente, otra niña, pero por supuesto yo no lo sabía todavía. Al llegar las Navidades, que
ya no se celebraban con la alegría de antes, el pueblo sumido en la dictadura y con la conciencia turbada por las noticias que venían de la Sierra, en que se hablaba tan pronto
de victorias sobre el ejército como de derrotas sangrientas,
hacía imposible la clásica celebración cubana de las Pas-
cuas, con sus arbolitos exóticamente nevados y las postales
de felicitación, también con su nieve adjunta: nada podía
ser más ajeno a Cuba que la nieve, pero era tradicional tenerla presente en diciembre. Hizo, sí, un poco de frío y ce-
namos en casa, como de costumbre. También celebramos
el fin de año, donde tuvimos en *Carteles* una despedida casi
íntima, hecha obscena por la presencia del censor, a la que
siguió una visita a uno de los burdeles (conocidos por la
palabra más cubana de *bayú*) de la vecindad. Blanco fue

con nosotros, que éramos René de la Nuez, Cardoso, creo que José-Hernández-que-no-escribirá-el-Martín-Fierro, Ernesto y además Andrés García, que aunque era homosexual se veía atraído por nuestras reuniones heterosexuales, tal vez para entusiasmarse con la atmósfera erótica que creaban a nuestro alrededor las jóvenes putas, las puticas que servían también de meseras. Bebimos bastante ese día de fin de año y el burdel no era el bayú de Otto, que estaba casi frente a *Carteles*, sino otro más grande al doblar, con su patio interior que daba a los cuartos, de donde salían las puticas cada vez con menos ropa (o tal vez fuera efecto del alcohol) a pasearse alrededor de nosotros. Vino una mulata que yo conocía de otras veces que se llamaba (cosa nada rara, ya que es un nombre de puta) Xiomara, aunque ella no supiera que se escribía con una equis. Después de haber estado tomando como cosa de una hora, Xiomara se detuvo a mi lado, vestida nada más que con blúmers y una blusita abierta por delante que dejaba ver sus grandes tetas, y comenzó a pasarme la mano por el cuello. Andrés se reía socarronamente y llegó a decir que había algo extraño en un hombre que no reaccionara inmediatamente a tal caricia. Tal vez adivinara mi mezcla de fascinación y temor hacia las putas, provenientes del primer y desastroso encuentro con una de ellas, cuando tenía como dieciocho años, llevado al burdel por Franqui. No ocurrió nada aquella vez, aunque la puta en cuestión –pequeña, rubia teñida y mona de cara– me gustaba. Le pagué, rogándole que no dijera nada (iba con nosotros otro amigo, Pepito, que también se iniciaba esa noche de putería en el barrio de Colón, bastante lejano en el tiempo y en el espacio de este burdel de Pajarito) a mis amigos, cosa que cumplió. La visita, acompañado otra vez por Franqui, se repitió a la semana siguiente, con el ritual de la puta que abría la gran puerta y preguntaba mi edad, insistiendo si estábamos seguros de que yo tenía más de dieciocho años (cosa que era cierta), yo abrumado por el tumulto de mujeres medio desnudas, cuando no desnudas completas, corriendo de un cuarto al otro, encandilado por las luces y la música que venía de la Würlitzer gigante colocada en medio del salón, iluminada como un altar y regurgitando guarachas, asombrado yo por los tres pisos del burdel dedicado a putear, a fornicar, a singar como se dice en Cuba. De nuevo encontré la misma putica y con ella me fui al cuarto y otra vez no pude consumar el acto y ella no fue muy discreta esta vez sino que me recomendó que viera un médico. Yo sabía que no había nada de raro en mi situación, intuía que debía ocurrirle a más de un iniciado, pero desde entonces a la fascinación del bayú, con todo lo que significaban esas cuatro letras, se unió el miedo al fracaso y si bien pude una vez llegar a hacer algo con una puta, ocurrió casi dos años después con una fletera (una trotacalles) negra, pero si logré la erección y la eyaculación no pude decir que había sido un éxito, ya que al estar borracho como estaba (había estado bebiendo con René de la Nuez y con Matías Montes esa otra Navidad y llovía mientras los acompañaba a irse de casa, cuando nos cruzamos por la Manzana de Gómez con la muchacha negra –luego, en el cuarto, se vio más joven que en la calle: apenas si tendría diecisiete años– y los dejé a los dos con la palabra en la boca para seguir a la negrita, que, después de una palabra o dos, vino a resultar puta) no participé del coito y vine a tener mi verdadera iniciación en los misterios del sexo compartido con una compañera de bachillerato, una de las muchachas más bellas del Instituto, ella ya casada y yo con más de veinte años, acostados en su cama, en su casa, mientras su reciente marido trabajaba, y singando a los acordes prestados de *El Mar* de Debussy, sonando en un tocadiscos aledaño que yo mismo me había procurado –pero esa historia ya la he contado antes en otra parte. Ahora debo regresar al bayú de Pajarito y a Xiomara que acercaba a mí, sentado, sus tersos muslos desnudos y los fregaba contra mi brazo derecho y mi hombro.

–Jum –dijo Andrés–, me parece que es sospechoso que tardes tanto tiempo en reaccionar.

–No te preocupes –dije yo–, que yo me sé controlar.

–Pero debes saber también cuándo soltarte.

Seguimos bebiendo y Xiomara siguió con su juego de

enardecerme, mostrando sus grandes tetas erectas por entre la blusa abierta, haciendo pucheros como para besarme sin llegar a hacerlo, calentando con esa sabiduría de la puta cubana que la hace la reina de la putería caribe. Por fin, más bebido de lo debido, me levanté y le pasé un brazo por la cintura desnuda, acariciándole la baja espalda, y nos dimos un beso.

–Jum –volvió a decir Andrés–, eso me parece más bien exhibicionismo para la galería.

Andrés quería ver colegas en todas partes, por otro lado divertía a la galería que consistía en los nombrados más arriba, excepto Blanco que se había sentado una putica en las piernas y le sobaba las tetas, con su acostumbrado descaro. Ernesto, por otra parte, había desaparecido. Decidí hacer lo mismo y Xiomara y yo nos fuimos a uno de los cuartos, cuya puerta cerramos. Yo estaba tan tomado como para poder acostarme con una puta y Xiomara era una hembra tan atractiva como para hacerme olvidar que era puta –pero la ocasión, por culpa de mi borrachera, resultó un fiasco embarrador más que embarazado, ya que no me di cuenta cuándo me venía y me quedé dormido sobre Xiomara, quien terminó por alterarse al ver su profesionalidad tirada por los suelos por mi borrachera: «¡Sal de arriba, sal de arriba!», decía y volvía a decir: «¡Sal de arriba!» hasta que logró echarme a un lado y levantarse, como buena puta cubana, a lavarse. La ocasión en que la amnesia o anestesia del alcohol me hizo olvidar que estaba con una puta, pero al mismo tiempo me jugó la mala pasada de una eyaculación torpe, inadvertida, me recordó otra visita a otro de los burdeles de Pajarito, también con Blanco y no recuerdo si con René de la Nuez o con quién más (debió de ser René, que tenía la costumbre de visitar bayús y era asiduo concurrente a uno que estaba cerca de casa de sus padres, cuando soltero y creo que hasta después de casado) y se pasaba las horas dándose balance en la sala de la casa de putas, hablando con las putas, conversando con ellas de sus problemas, sin acostarse, yendo nada más que para hacerles compañía y siendo recibido por ellas con verdadera amistad), pero no estaba el más bayusero de mis amigos, Adriano de Cárdenas y Espinoza, quien cuando tuvo los dieciséis años, su madre, Consuelo Espinoza o Spinoza o Spinossa, con toda su aura aristocrática, decidió que su hijo único necesitaba una mujer y ella misma consiguió con su hermano el teléfono de uno de los burdeles de postín mejores de La Habana, el que estaba en los altos de la agencia Mercedes Benz, en Malecón y Hospital, y ella misma llamó haciendo la cita para su hijo a quien hizo llevar por el chofer de la familia, que lo depositó en la puerta, lo esperó y luego lo devolvió a la casa materna (ya sus padres estaban divorciados), con toda pompa y dignidad, iniciando a Adriano en su gusto o mejor dicho en su vicio por las putas, que nunca se extinguió, como lo prueban sus semanales viajes al Mambo Club, adonde lo acompañé más de una vez para conocer y luego reconocer la atmósfera de este burdel-boîte o a recoger a La Chimpancé, una mulata que trabajaba de fletera por el Prado y que tenía la cara de un chimpancé, aun con el hocico botado y todo, pero uno de los mejores cuerpos que he visto jamás y, según Adriano, una enorme sabiduría sexual: esta chimpancé agradaría y hasta asombraría a Buñuel con sus cuentos de sus experiencias como puta, entre los que estaba aquel del cliente que la llevaba a su casa y se acostaba, desnudo, en un ataúd que tenía en la sala y allí tenía ella que succionarlo, o el otro cliente que tenía la necesidad de hacer de gallina, completamente desnudo se acuclillaba y ella tenía que ir al refrigerador, buscar un huevo y ponérselo debajo, sin tocar las nalgas, y luego el hombre-gallina cloqueaba, cacareaba como si acabara de poner el huevo y era solamente entonces que podía realizar el acto sexual, o el otro cliente que le exigía que ella «hiciera de viejita» (aquí La Chimpancé imitaba perfectamente a una vieja encogida por los años) para poder acostarse con ella y La Chimpancé llegaba a pintarse arrugas en el baño y reaparecer en el cuarto «hecha una viejita, viejisísima: tosiendo y todo», como decía ella, y sus cuentos eran tantos y tan precisos que era imposible que los inventara y de haberlo hecho no era una puta sino un genio sadista, haciendo sus cuentos en el carro de Adriano, mientras viajábamos del Prado a una posada cualquiera en El Vedado (yo siempre me quedaba en el camino pero no sin antes pedirle a La Chimpancé que nos hablara de sus clientes seguros, que eran todos los que tenían estas aberraciones), y recordando a La Chimpancé, en una digresión del recuerdo de la visita al bar-burdel, barburdel, de Pajarito, una tarde de sábado, en que tuvimos la mala suerte de coincidir con la llegada de un barco americano al puerto y pronto se inundó el bar de marineros, mientras la puta vieja gritaba por todos los rincones del burdel, aun en la trastienda donde estábamos: «¡Salón, salón!» y repetía: «¡Muchachitas, salón, salón!» y no es que fuera una corrupción de *so long* sino que era el aviso de que todas las putas se congregaran en el bar –el «salón»– para ser escogidas por los nuevos clientes y ésa fue otra experiencia, como lo fue la de la putica acabada de llegar de Pinar del Río que tenía un cuerpo perfecto, con unos senos maravillosos pero los dientes podridos y a quien le gusté, le gusté tanto que solía llamarme a gritos por el costado de la redacción, que estaba en un primer piso, dando nombres a gritos, hasta que el director me dijo que no tenía nada en contra de que yo visitara los burdeles (así mismo dijo y no las casas de putas o los bayús), pero que no me convenía nada tener esas amistades, cuando a mí lo que me gustaba era la situación de tener una puta enamorada de mí, tanto que hasta quería que yo fuera su chulo y así poder realizar lo que Faulkner llamaba la profesión subalterna ideal para un escritor: ser un chulo, *macquereau* o *pimp* no en Nueva Orleans sino en La Habana y escribir en un cuarto al fondo, mientras era alimentado, vestido y calzado por la putica de Pinar del Río, a quien, por supuesto, le había hecho arreglarse la dentadura primero, y mientras ella recibía a sus clientes yo en mi cuarto tejía y destejía palabras sobre un papel, negro sobre blanco, escribía, escribía, escribía. De esta ilusión me sacó la voz de Xiomara, que me dijo: «Bueno, este niño, tú sabes, tienes que salir ya».

En los comienzos de 1958 lo más importante en mi vida volvió a ser la política. Habían levantado la censura y *Carteles*, aunque mucho más timorata que *Bohemia*, volvía a publicar noticias políticas. Mi página se hizo también más política y mi vida volvió a girar en torno al eje casa-trabajo-cine que era como decir casa-trabajo-trabajo o trabajo-casa-trabajo. Reapareció por casa Alfredo René Guillermo, que de las tres maneras era conocido y que ninguna de las maneras era su nombre, con su cara de Jean Gabin cubano y joven y sus maneras misteriosas. Venía con bonos del partido comunista para que yo le comprara y también le ayudara a vender en el periódico. Aquí tuve una de mis sorpresas. Wangüemert compró bonos porque eran del partido, por el que sentía simpatías, pero José-Hernández-que-no-escribirá-el-Martín-Fierro se negó a saber de ellos, cosa que me sorprendió, pero más me sorprendió lo que ocurrió con Óscar Pino Santos, colaborador especial de la revista y a quien yo tenía por muy simpatizante comunista. Cuando le ofrecí los bonos me dijo: «Te los voy a comprar, porque son para luchar contra Batista, no porque sean comunistas». Me daba a entender que no compraba los bonos comunistas como tales, sino porque pertenecían a la oposición: ésta era una manera rara de decirme que él no era comunista, como yo sospechaba y como lo era, por ejemplo, Gregorio Ortega, que era otro colaborador asiduo de la revista, que había publicado no hace mucho tiempo una novela corta, *Una de sal y otra de azúcar*, que no tenía mucho de comunista pero retrataba personajes obreros. La sorpresa que me llevé con Óscar Pino fue compensada por la actitud de Andrés, que, apolítico, sin embargo me compró los bonos de buena gana. Luego, más tarde, ocurrió un hecho extraordinario: se aparecieron por la revista Titón Gutiérrez Alea, José Massó y Julito García que venían a verme a nombre propio, pero que me dieron a entender que tenían el visto bueno o el apoyo cuando menos del partido comunista. Ellos querían formar una asociación cívica que comenzara con la iniciativa de la prensa y venían a mí para que yo la dirigiera. La asociación lanzaría un manifiesto que sería apoyado posteriormente por todos los «intelectuales progresistas» (yo bien sabía que esto quería decir comunistas o compañeros de viaje), que imitaría el manifiesto con que pusieron fin a la dictadura de Pérez Jiménez en Venezuela muchos «intelectuales y otros elementos progresistas», secundados posteriormente por la marina de guerra venezolana. Tal vez en Cuba se pueda lograr algo similar, era su propósito. A mí me pareció bien la idea, no porque me la propusieran para que yo la dirigiera, sino porque cualquier forma de luchar contra Batista era buena, además no vi en ello mucho riesgo: de hecho, el riesgo era mucho menor que el de haber escondido a Alberto Mora en casa o haber conseguido dinamita para Franqui. Por otra parte, el manifiesto iba a ser redactado por mí, entre otros, y veía una forma de hacer intervenir la literatura en un hecho histórico. Esa misma mañana redactamos el manifiesto, que, como muchos otros, tenía más retórica política que literatura verdadera, pero parecía combativo y al mismo tiempo ecuánime, cualidades necesarias si queríamos conseguir el mayor número de firmantes –y allí mismo, en la redacción de *Carteles*, comenzamos la tarea de recoger firmas, que sería, mientras no se publicara el manifiesto, una actividad casi secreta. Gregorio Ortega dijo que él lo firmaba... después que lo hubieran firmado otros. Por el momento no le pedimos la firma a Wangüemert, pero sí a Montaña, como comentarista político que era de la revista –y comenzó a echar para atrás y para alante, que si lo firmaba, que si no lo firmaba, hasta que finalmente no lo firmó, quedando para más tarde el comprometerse con el manifiesto por entero. (Luego llegó a firmarlo, pero cuando volvieron a imponer la censura y levantaron las garantías constitucionales, muy presuroso vino a preguntarme si yo había destruido el proyecto de manifiesto, por lo que le di la copia en que estaba su firma para que él mismo la rompiera.) Óscar Pino parecía que iba a firmarlo, pero también más tarde: excepto por mí y mis visitantes, todo el mundo estaba de acuerdo con el proyectado manifiesto, pero diferían firmarlo para más adelante. Era obvio que teníamos que conseguir otras muchas firmas antes de pedir otras, siguiendo un sistema de preferencias que estaba más que nada dictaminado por el miedo. Así esa tarde nos dirigimos los cuatro –mis tres visitantes y yo– a casa de Leandro Otro (sí, ése es su nombre: no hay error alguno) para participarle la idea del manifiesto. Llegamos cuando ya era oscuro y en la parte de Miramar en que vivía no había mucho alumbrado público, pero con todo pudimos ver que había un visitante en su portal, a quien reconocí inmediatamente: era Raúl Roa, que con la Revolución llegaría a ser ministro de Relaciones Exteriores casi de por vida, pero que por el momento era un hombre extremadamente apocado en una situación que no comprendí muy bien, ya que Leandro salió de la casa para recibirnos en el portal y allí fue que hablamos. (Luego, cuando Batista hubo caído, Leandro me explicó el porqué del aire de extrañeza que rodeaba su casa: tenía escondido en ella a uno de los líderes del 26 de Julio, Armando Hart, que luego sería ministro de Educación, pero que por el momento era muy buscado por la policía. Nunca supe si la actitud apocada de Roa era porque sabía que Hart estaba escondido en la casa –que creo que nunca lo supo– o si se debió a ver llegar a cuatro extraños bajándose presurosos de un auto y nos confundiera con la policía. Es posible. Todo es posible. Y ahora aprovecho el paréntesis para hablar de la criatura hermosa con que se había casado Leandro Otro. La vi por primera vez un día en que iba con Leandro en su carro y él se adelantó a otro automóvil que iba delante mientras me decía: «Ven, que te quiero enseñar algo». Como era imposible dejar de venir ya que iba en su auto, seguí con él hasta que se aparejó a otra máquina que iba conduciendo una mujer. Jamás había visto criatura tan radiante: no era bonita, era bella: blanca, muy blanca, con el pelo muy negro enmarcándole el rostro oval, tenía los ojos grandes y muy negros y curiosamente rasgados y la boca perfectamente dibujada y muy rosada, sin pintura, la nariz era grande y puntuda y era al mismo tiempo lo que daba carácter a su belleza que irradiaba de su cuerpo como una emanación.

Leandro tocó el claxon y ella miró hacia nosotros, sin reconocernos, ya que yo iba de su lado, pero cuando reconoció a Leandro sonrió con una sonrisa de dientes grandes y bien hechos: fue entonces que pude contemplar la irradiación de su belleza y fue un momento inolvidable. Luego, más tarde ese mismo día, oí su voz, que acariciaba con sus tonos bajos y bien educados, aunque su cuerpo distaba mucho de ser perfecto, de piernas delgadas, corto talle y poca cintura, más bien con la sombra del vientre que se le desarrolló después de tener un hijo con Leandro. Otra de sus características era su buena educación: era una niña de sociedad bien educada y que lo sabía. Al mismo tiempo –y esto lo supe después– estaba muy metida en lo que entonces se llamaba la lucha cívica: es decir, que estaba rabiosamente contra Batista y, siguiendo la trayectoria de su padre, militaba en la Revolución, pero era algo que el día que la conocí ocultaba muy bien.)

Hablamos brevemente a Leandro del Manifiesto (ya iba adquiriendo caracteres de mayúscula), en un rincón de su portal, un tanto separados de Roa, que seguía sumido en su apocamiento, cosa que no dejó de extrañarme, pues conocía a Roa de sus días como director de Cultura, en el Ministerio de Educación, en los tiempos de Prío, y era hombre que no paraba de hablar, gesticulando al mismo tiempo que alzaba la voz y se alteraba con su propia oratoria. En cuanto a la diligencia con Leandro, se vio desde un principio que no íbamos a llegar a nada: él era entonces (cosas de la vida) rabiosamente anticomunista (como lo era también el huésped invisible, Armando Hart, y el doctor Roa no se quedaba atrás) y nada más de ver por quién estaba compuesta la comisión, yo sabía que se iba a negar a participar en cualquier empeño nuestro –aunque él me tenía, desde que fuimos compañeros en la escuela de periodismo, mucho respeto intelectual, creo que me veía, como mucha otra gente, demasiado cerca de los comunistas para su comodidad. Pero entonces no dijo ni que sí ni que no, sino solamente que iba a pensarlo pues había cosas más importantes que hacer que firmar manifiestos. Me imagino que se refería a los actos de acción y sabotaje que realizaba el 26 de Julio no sólo en Santiago sino también en La Habana y en otras partes: el objetivo de nuestra comisión era bien claro que no estaba por la acción y el sabotaje sino por la lucha a través de las palabras. Lo cierto fue que salimos chasqueados de la entrevista con Leandro y nos dispersamos hacia nuestras respectivas casas. El destino del manifiesto (ahora desinflado en minúsculas) fue breve, ya que antes de completar un número apreciable de firmas y mucho antes de que cogiera algún vuelo, volvieron a imponer la censura de prensa y ahí acabó todo: así fue de corta mi actuación como líder político.

Creo que he contado en otra parte sobre las reuniones artístico-literarias que había casi todas las noches en el restaurant El Jardín, en el lado sur de su terraza, presididas por la obesa figura de Cheché Sorzano, quien no me inspiraba ningún respeto ni como pintor ni como comentarista de la vida cultural, pero tenía para mí el interés de su truculencia católica y el hecho (que me parecía «asaz curioso», como diría uno de los asistentes a las reuniones) de que era hijo de Leonardo Sorzano Jorrín, conocido corrientemente como Jorrín, que era autor de los libros de texto de inglés que había tenido que estudiar en el bachillerato. En estas reuniones estaba a veces Jean-Loup Bourget o Jean L. Bourget, a quien he presentado bajo otro nombre en una narración corta como alguien que me ofrecía a la vez jazz y mariguana, en su casa, tarde en la noche, encima de la pastelería de su padre, lugar de reunión de ricos golosos que en el cuento convertí en *trattoria*. Creo que dije allí cómo acepté su jazz y rechacé su mariguana, con una rectitud para lo segundo teñida un tanto por el miedo. Ya Jesse Fernández, en Nueva York, me había dado a conocer otro lado del vasto mundo del jazz, del que yo conocía un pequeño fragmento que iba de Louis Armstrong a Duke Ellington y hacía muy poco que se había enriquecido con el conocimiento de Coleman Hawkins, pero me detenía no mucho más allá. Gracias a Jean Loup ahora pude añadir al misterioso Thelonious Monk que me había descubierto Jesse Fernández, el igualmente hechizante (esta vez en el sonido, no en el nombre) Miles Davis y su trompeta con «sordina como de algodones», como creo que dije en el cuento. El viejo tocadiscos comunal que había en casa no servía ya más que para oír a Cozy Cole y gente así, por lo que me compré el disco del Modern Jazz Quartet que trae a los cuatro negros impecables en la portada y lo oí por primera vez con Ramón Raudol, en casa de una amiga suya (que de seguro era su querida), y éste, Raudol, me preguntó: «Pero ¿qué cosa es esto?», al oír la extraña combinación de piano, *drums* rascados con escobilla, vibráfono y piano que se puede oír en «La Ronde» y que a mí me fascinó enseguida pero que a él lo fastidió, pues al saber que yo tenía un nuevo disco de jazz en las manos y querer oírlo (yo más que él) esperaba que fuera un previsible seguidor de Louis Armstrong, tal vez, o quizás hasta un epígono de Paul Whiteman. Así supe que me tenía que comprar otro tocadiscos para oír mis discos de jazz, interés que había superado al que tuve por la música clásica y al que luego iba a tener por la música popular cubana contemporánea, que ya superaba el fanatismo por los discos viejos de soneros como Ignacio Piñeiro o Nené Enriso. Pedí consejos a un amigo músico, cuyo nombre no vale la pena introducir pues viene a estas páginas solamente como consejero gramofónico, y me recomendó que me comprara un tocadiscos Philco que no era muy caro y yo podía pagar al contado, cosa que hice –y así, si no estaba en la revista o en el cine, estaba oyendo mis pocos discos de jazz que poco a poco se convirtieron en muchos: fue de esta manera como añadí un nuevo interés *dilettante* a la política.

Jesse Fernández vino a La Habana, enviado por *Life en Español*, a cubrir las carreras de carros llamadas Primer Rally de La Habana y a hacerle un reportaje gráfico a Alicia Alonso, y así fue como nos volvimos a ver tan pronto. Yo me dejo llevar fácilmente por quien muestre algún entusiasmo en cualquier dirección posible y el fervor, más que

entusiasmo, de Jesse por La Habana, me condujo, me se-
dujo. Pronto fuimos un *team* y él me propuso que yo hiciera el texto para el reportaje sobre Alicia Alonso, encargo
que acepté con gusto. Pero primero vinieron las carreras
y la atmósfera monegasca, lemansesca, que había adquirido la ciudad terminó por contagiarme. Iba a todos lados
con Jesse, que con su atuendo exótico y sus tres cámaras
colgando del cuello era la imagen del reportero gráfico moderno, muy lejos de los fotógrafos de plancha que teníamos
en *Carteles*. Aunque la mujer de Jesse estaba con él en La
Habana, éste actuaba como si estuviera soltero (la vine a conocer casi como por casualidad el mismo día de las carreras y me sorprendió que fuera mucho mayor que Jesse) y así
mismo me comportaba yo. De alguna manera (los aconte-
cimientos tenían la brusquedad y el carácter imprevisible
de los sueños) nos encontramos con dos coristas americanas
del recién inaugurado hotel Capri: eran altas, rubia una y
pelirroja la otra, con largas piernas que parecían salirles de
las axilas y bocas y ojos hermosos por lo bien pintados o
tal vez bien pintados por lo hermosos que eran. Sin embargo, con la misma celeridad, las dos modelos se redujeron a
una sola, que llevábamos entre Jesse y yo. Ya era de noche
cuando la llevábamos a tomar sopa china al Mercado Único
(y yo ni siquiera tuve un recuerdo para la época de mi vida,
mala época, en que vivimos frente al mercado en un cuarto y aquella zona era mi barrio) y luego insistimos llevarla
the way to Hemingway y este camino de Hemingway era
nada menos que Cojimar, la playa y el pueblito, que le íbamos a enseñar a nuestra corista convertida en turista (no
recuerdo por qué razón ella no trabajaba esa noche).

Me miró y me dijo asombrada, como si hablara con un
astrónomo que acaba de revelar que mira al cielo a veces
por las noches:

–*Do you know Hemingway?*

Tuve que decirle:

–*Do I know Hemingway?*

Ella sonrió. Era una leve sonrisa, apenas un pliegue de
su boca.

–*You know Hemingway?*

No dejé de mirarla pero esta vez no pestañeé al decirle:

–*Do I know Hemingway?*

Las comisuras de sus labios se distendieron más:

–*You know Hemingway.*

Vi sus ojos brillar en la noche y sabiendo que debían brillar más de día (después de todo era de noche) fueron mi acicate:

–*Do I know Hemingway?*

Iba a decirle que la primera vez que vi a Hemingway lo vi bajando por ese tramo de calle sin nombre, *the street with no name*, que está entre el Centro Asturiano y la Manzana de Gómez, con sus pulidos adoquines azules. Hemingway no era Hemingway sino un hombre grande, colorado como un camarón cocido, que caminaba vestido como un turista, usando zapatos bajos pero no sandalias (hombre tan viril no iba a alimentar los prejuicios habaneros contra aquel que lleva sandalias. Cristo mismo habría sido acusado de pederasta: Ecce Homo) y sin embargo llevaba unos *shorts* largos, *bermuda short trunks* sería su nombre, que con los largos calcetines hacían de sus piernas un mazacote de músculos con las pantorrillas boludas y los muslos protuberantes. Llevaba una suerte de pullóver suelto y listado, como si fuera mitad hombre y mitad cebra. Tenía los largos brazos tan musculados como las piernas y muy velludos. Por entre el escote del pullóver también le salía un vello espeso del pecho. No usaba barba y su cabeza se veía enorme. A pesar de los calcetines altos y los *shorts* largos, el hombre daba una sensación definitiva de enormidad. Viéndolo bajar hacia la plaza de Albear pensé que era un turista a la caza de rincones habaneros, como esta placita con sus árboles altos y su estatua del ingeniero. La escultura era visible desde los pies del monumento a José Martí en el parque Central, en donde la estatua, con el brazo levantado, la mano en alto y un índice acusador, parecía señalar hacia el constructor del primer acueducto de La Habana. Los chuscos decían que Martí en realidad llamaba a cuentas a Albear y le decía: «Toma nota». Pero el visitante echaba a un lado ahora la placita y se encaminaba sin titubear al Floridita, abría las puertas de cristal opaco y entraba como *Peter in his house*. Era un turista que buscaba no la plaza con una pila en lugar de fuente sino el oasis que en vez de dátiles producía daiquirís. En esa ocasión no tenía la mínima idea de que era Hemingway, el autor que en *Tener y no tener* se creyó que descubrió La Habana y solamente describió esa placita que ahora ni siquiera había mirado de reojo.

La próxima vez que vi a Hemingway fue dentro del Floridita. Yo estaba en la barra con Leandro Otro y con Junior Doce. Leandro Otro, que siempre fue un entusiasta, nos dijo al entrar:

—Aquí es donde viene Hemingway a tomar daiquirís. Se los hacen especialmente con jugo de limón, ron y mucho hielo pero ninguna azúcar. A lo mejor lo vemos.

En la barra pedimos lo indicado: tres daiquirís. Junior Doce y yo lo tomamos con azúcar pero Leandro insistió que el suyo fuera sin azúcar.

—Como Hemingway —le dijo al barman.

Tomamos otros tres daiquirís y Leandro volvió a especificar:

—El mío sin azúcar. Como Hemingway.

Bebimos bastantes daiquirís con y sin azúcar como para que yo me sintiera mareado. Nunca había estado en el Floridita que era un bar no una bodega y decorado a la moderna, tal vez con el suficiente *art déco* como para justificar los espejos negros tras la barra que no reflejaban las filas de botellas. No era oscuro porque se filtraba suficiente luz por las amplias ventanas con cristales opacos. Estaba admirando el decorado, mirando a través de la puerta que no dejaba ver la plaza pero sí recibía la luz del sol poniente, cuando vi al turista que había bajado por la calle innominada con su aura de fanfarrón que no tiene enemigos naturales, sólo históricos. Se lo señalé a Leandro.

—¡Es Hemingway! —exclamó—. No lo puedo creer —y antes de que terminara su declaración incrédula se había disparado hacia la mesa del rincón en la que estaba Hemingway.

Cuando lo vi estaba mirando al frente, pero ahora escribía en un papel. Junior y yo tuvimos que seguir a Leandro: su entusiasmo era una inercia que nos movía en su estela. Ya estaba frente a la mesa cuando lo alcanzamos. Hemingway siguió escribiendo y ni siquiera levantó los ojos del papel. Usaba unos espejuelos que eran como las gafitas de mi abuela cuando cosía.

—¡Mr. Hemingway! —exultó Leandro. Pero no dijo más.

El escritor —era un hombre que escribía— levantó la vista y lo miró por sobre el aro de acero de sus lentes.

—Mr. Hemingway —volvió a decir Leandro que parecía a punto de añadir «Soy yo. ¿No me reconoce?». Había tal vehemencia en su voz, tanta admiración en su aspecto, que Hemingway le dijo, tuvo que decirle:

—¿*Yes?*

—Lo admiro mucho —dijo Leandro en inglés. Eso había que reconocerle: para no haber estado nunca en Estados Unidos hablaba bastante buen inglés. Es cierto que había estudiado en el Colegio Baldor, donde las clases eran bilingües, pero no tenía una traza de acento cubano—. Hace tiempo que quería conocerlo.

Hemingway se quitó los espejuelos muy lentamente, como si las patas se enredaran en sus orejas o como si le doliera el gesto.

—Joven —dijo Hemingway con mayor lentitud que al desembarazarse de los espejuelos—, no porque una persona esté haciendo un acto privado en un lugar público, esa actividad se hace necesariamente pública. Buenas tardes.

Pero Leandro no se movió, quien se movió fue Hemingway. Se levantó casi de un salto de la mesa, la rodeó y miró hacia Junior Doce. Yo también miré hacia Junior y vi que estaba con el cejo fruncido, que es en él un gesto pasivo pero que por alguna razón oculta manifiesta una agresividad en potencia. No hay tal. No he conocido persona más mansa que Junior y si sus seis pies tres pulgadas parecen formidables en Cuba, ciertamente no podía ser una amenaza para Hemingway que ahora al lado de Junior no se veía mucho más bajo: tal vez Junior le llevara una pulgada o dos pero no más. Hemingway sin decir palabra levantó rápido el brazo y disparó su puño en dirección de la cara de Junior, pero Junior, que siempre fue un atleta natural, simplemente movió la cabeza a un lado y el puñetazo de Hemingway pasó por un lado sin tocar la cara de Junior ni su largo cuello. Yo no sabía si estar más asombrado con el comportamiento de Hemingway, tan innecesariamente violento, o con la habilidad de Junior para manejar la situación con absoluta calma. No sólo no había sido tocado por Hemingway sino que no había contestado. Más asombroso todavía que lo que hizo fue lo que dijo Hemingway. Se sonrió hacia Junior y le dijo:

–Muy buenos reflejos. Debías ser boxeador.

Junior, serio como siempre, tuvo la última palabra:

–Gracias. No me interesa.

Hemingway volvió a su mesa, se caló los espejuelos anacrónicos y trató de escribir. En todo este tiempo no había perdido de vista a Leandro, pero ahora lo miré y pude ver que todo su entusiasmo se había evaporado, él mismo se había desinflado, su gordura perdida en el desencanto. Regresamos a la barra y pedimos tres tragos. Esta vez Leandro no insistió que su daiquirí no tuviera azúcar. Pero cuando fuimos a pagar tuvimos una sorpresa. El camarero se negó a aceptar nuestro dinero.

–Ya todo está pagado –y añadió moviendo la cabeza hacia un rincón del bar–: El señor Hemingway ordenó que todo lo que consumieran ustedes se lo pusiera en su cuenta.

Junior desde su altura sonrió –pero no al camarero. Leandro volvió a recobrar su peso específico o atómico y parecía estar a punto de exclamar: «¡Ése es mi hombre!». No recuerdo mi reacción pero debió dirigirse al asombro que no me había abandonado: ¿dónde Junior Doce había adquirido esos reflejos de boxeador? Fue bueno que yo no insistiera en ser el Menelao de la inconstante Elena.

Volví a ver a Hemingway, era inevitable, acompañado de Junior Doce y de Leandro Otro. Aparentemente Leandro lo había llamado después del incidente en el Floridita y Hemingway no se había disculpado –tal vez se creyera que pagar la cuenta era disculpa suficiente pero para mí no era más que el vaivén del borracho: agresivo ebrio, amoroso sobrio– pero lo había invitado a venir a la finca Vigía cuando quisiera. No tenía que llamar, con presentarse a la puerta (debió decir a la portada) bastaba. Leandro decidió que la invitación no era sólo a él, tal vez recordando que había sido Junior quien había impresionado a Hemingway. Decidí ir porque el viaje a Santa María del Rosario era agradable en el MG de Junior, aunque estuviera un poco exprimido por Leandro, los dos a la izquierda de Junior, con su absurdo timón a la derecha. ¿De dónde habría sacado esa rareza? Llegamos a un portón que quedaba a mano izquierda, no a la derecha como había imaginado. Nos bajamos, no sin cierta dificultad: aun para mí era difícil el descenso de la miniatura del MG de Junior y para Junior, con sus largas piernas que desaparecían en el interior del carrito, salir de entre palancas, pedales y timón era una hazaña. Caminamos hasta la portada que más parece guardar un rancho que una finca. A un lado pero bien visible vimos un cartel. Como los tres sabíamos inglés pudimos leer que advertía que solamente entrara aquel que estaba invitado. Era una diplomática salida de Hemingway para la entrada a su casa. Los vecinos, que debían saber poco inglés, no podían sentirse aludidos y por otra parte, al escribir el letrero en inglés, se implicaba que sólo los que leían (y hablaban, supongo) ese idioma eran capaces de entrar sin ser invitados. Además de que no hay palabra en español para *gate-crasher*.

–¿Tú estás seguro de que nos invitaron, Leandrito? –preguntó Junior con su ceño fruncido, usando además el diminutivo que tanto le gustaba y le quedaba tan bien: desde la altura de su boca Leandro no podía menos que ser Leandrito.

–Claro que sí –dijo Leandro–. Lo dijo bien claro: «Vengan cuando quieran». Se refería a nosotros tres.

Junior pareció convencido pero no dejó de fruncir las

cejas. Leandro levantó el lazo metálico, casi un fleje, que unía el portón con un horcón a un lado y entramos. Tuvo la precaución de volver a cerrar la portada a nuestra espalda. Comenzamos a subir una loma en lo alto de la cual se veía una casa y al lado una torre. No sabía por qué llamaban la Vigía a la finca, si por la loma, por la casa que estaba en la loma o por la torre al lado de la casa. Se podía vigilar todo el barrio, San Francisco de Paula entero, desde cualquiera de las tres atalayas. Como sea, al subir vimos una construcción que no producía relieve: era la piscina. Había gente alrededor de la pileta pero no se estaban bañando sino que estaban a la sombra de los árboles –¿ficus, jacarandás, tal vez una acacia importada?– alrededor de la piscina. Hemingway no nos vio aproximarnos porque estaba mirando el reflejo de los bambúes y del álamo –eso eran: álamos– en la piscina, pero cuando lo hizo era demasiado tarde y por su cara pude ver que creía que estaba decayendo. Se levantó de su asiento en la mesa donde un día se le aparecieron dos negros en silencio, uno de ellos era muy grande y tenía una cara que él nunca olvidaría. Al mismo tiempo, de la casa-finca salió otro negro, no muy alto, con una cara inolvidable por lo buena. Leandro, que no había visto a Hemingway, dijo:

–Ése es René. Es el mayordomo-cocinero-valet de Hemingway –y parecía listo para gritar–: Eh, René, soy yo, Leandro –cuando tal vez recordara que René no lo podía reconocer porque no lo conocía.

René se acercó a nosotros moviendo la cabeza negativamente, de esa forma que no pueden hacerlo más que los negros que son realmente negros, con una mezcla de incredulidad y de burla. Estaba casi a nuestro lado pero bajando la loma y así y todo no le daba a Junior por el hombro. Iba a decir algo cuando una voz dijo:

–Déjalo, René. Son amigos míos. Bienvenidos, amigos.

Hemingway tenía una voz que era demasiado como de lata, que no sonaba neoyorquina pero tampoco de Chicago. Tal vez influida por la pronunciación de Ezra Pound, dejando todas las ges finales, dejando caer algunos diptongos. Pero ahora, hablando español por un momento, me sorprendió que supiera tan poco español, que su acento americano fuera tan espeso, que la voz se hiciera grave con la pastosidad de la mala pronunciación.

–¡Mr. Hemingway! –dijo Leandro, exclamatorio, como si nunca hubiera visto al escritor, tendiendo una mano–. ¿Usted se acuerda de nosotros?

Aparentemente Leandro no había oído lo que acababa de decir Hemingway en español o tal vez esperaba que lo dijera en inglés para darle certificado de identidad.

–Nosotros somos los muchachos del Floridita.

–Sí me acuerdo –dijo Hemingway, que era hombre de pocas palabras y muchas malas palabras. Pero no usó ninguna esa vez. Malas palabras, quiero decir. Pero había estrechado la mano, tal vez húmeda, de Leandro sin mucho entusiasmo.

–Decidimos venir a verlo, como usted nos invitó.

La conversación estaba monopolizada por Leandro, mientras Junior, que era de la estatura de Hemingway aunque estaba en la pendiente, seguía con el ceño fruncido, tal vez por el sol que había allí en el descampado de la Vigía. Yo decidí mirar hacia la piscina y ayudado por mis buenos espejuelos, que se convirtieron de inmediato en anteojos, vi una mujer que se levantó de su silla ante la mesa y estiró su cuerpo alto y esbelto. Llevaba una trusa negra, satinada, que hacía juego con su hermoso pelo negro. Era muy blanca a pesar del pelo renegrido o tal vez porque hacía contraste con la piel. Estaba de perfil pero al ver su barbilla bien moldeada y su nariz perfecta supe quién era. Pero ahora Hemingway hablaba con todos nosotros, por lo que tuve que incluirme en la conversación.

–Miren, muchachos, la cosa es así. Ustedes son bienvenidos en mi casa a cualquier hora, cualquier día, pero ahora tengo invitados, unos amigos americanos. No voy a poder atenderlos a ellos y a ustedes al mismo tiempo. ¿Qué les parece si vuelven otro día?

Junior seguía con su ceño fruncido, pero Leandro estaba encantado:

–Perfecto, perfecto, Mr. Hemingway. Volvemos otro día.

Hemingway nos miró con sus ojos que guiñaban al sol tanto como las cejas de Junior se fruncían y dijo:

–Me alegro que comprendan. Buena suerte.

Pero antes de volverse y regresar a su *party* en la piscina le dijo a Junior:

–¿Todavía no le interesa el boxeo, joven?

–No, no, señor –dijo Junior en rápida respuesta, como si hubiera estado esperando esa pregunta todo el tiempo. Nos fuimos todos, Hemingway cuesta arriba y nosotros cuesta abajo, hacia la portada y el MG minúsculo. Cuando regresábamos a La Habana dije:

–¿Vieron quién estaba almorzando en la piscina?

Ni Junior ni Leandro, por supuesto, habían visto nada.

–Ava Gardner.

–¿Ava Gardner? –dijo Junior sin preguntar pero interesado, apreciador de mujeres bellas como llegué a saber por experiencia un día del pasado, que era entonces el futuro. Pero Leandro no tenía ojos ese día, sólo oído para las palabras de Hemingway.

–El Maestro siempre tiene pupilas a su alrededor. ¿Por qué creen ustedes que le llaman papá y él llama hijas a todas las mujeres, aun a las mayores como Marlene Dietrich?

Fue todo lo que dijo Leandro en el viaje de regreso –eso y la perspectiva de volver a la finca Vigía. Pero yo nunca volví. Sin embargo, vi a Hemingway de nuevo, esta vez más de cerca, más a la luz reveladora que en su finca, más íntimamente encerrados que en el Floridita: enclaustrado en su yate, que él se empeñaba en llamar, por modestia o arte marinera, bote. Habían comenzado a rodar *El viejo y el mar* y empezaron por lo que había sido un acto del azar: la pesca del gran pez espada, mostrando con esta caza empecinada que el libro tenía más parentescos con *Moby Dick* que los que quería admitir su autor. Hemingway salía todas las mañanas al amanecer en su barco, pero no iba solo como Santiago en su bote –aunque estaban los dos igual de salados. Cada atardecer regresaba el yate, llamado *Pilar*, cargado de fotógrafos, técnicos y eso que se llama en

Hollywood un director de segunda unidad, que es al director lo que Auguste Maquet era para Alexandre Dumas. El yate, además, parecía un insecto marino, rodeado de antenas que salían como exploradores al océano: eran varas de pescar y curricanes y carretes. La invitación a una de estas expediciones marineras vino por la persona interpuesta de *Carteles*, que había arreglado con el novelista un reportero a bordo durante un día de pesca. Ese reportero, que era un admirador del mar desde la orilla, que no sabía nadar y que posiblemente se marearía en el alto, con la corriente del Golfo moviendo los barcos a su capricho, que era siempre contrario a la marea y a las rutas de navegación, era yo.

La noche anterior tuve una entrevista con el director de segunda unidad que era un actor secundario que se llamaba Don Alvarado, aunque su verdadero nombre era Joe Paige, que era, tenía que ser, su segundo nombre. Este antiguo *latin lover* era ahora un hombre calvo pero todavía alto, que hablaba el español con acento americano y el inglés con acento mexicano. Esa noche me explicó que hasta ahora no habían tenido suerte en la caza del marlín, como se empeñaba en llamar lo que los pescadores cubanos llamaban castero: pez espada para todos. Pero contaban con tener suerte al día siguiente. Mi presencia a bordo sería la de un testigo de este momento culminante del cine –se corrigió: «De nuestra película». Aquel instante en que Santiago pesca su gran pez. Pero si por azar no se pescaba el enorme marlín, le parecía a él que no debía ser la crónica de un fracaso, porque el hombre puede tener un fracaso, pero jamás admitir la derrota. Me parecía que había oído esas palabras antes pero no recordaba dónde: tal vez en alguna de las elocuentes películas mudas de Don Alvarado. Después de esta advertencia –porque era una advertencia a mi testimonio de reportero–, empezó a hablar del sudor. Tenía una teoría de lo más curiosa sobre que el sudor no era producto del calor sino de los nervios. Nadie suda por el sol sino por los nervios.

–¿Usted está sudando ahora?

Era de noche, estábamos en la habitación aireacondicionada del hotel –y sin embargo sudaba. Siempre me han sudado las palmas de las manos. Pero no le iba a mentir.

–Me sudan las manos.

Pareció asombrado.

–¿Está nervioso?

No, yo no estaba nervioso. ¿Por qué había de estarlo? Se lo dije. Pareció sumamente contrariado, tanto como ante el imperio femenino devastador de Marlene Dietrich en *The Devil is a Woman*. Me pareció que debía calmar su ansiedad.

–Debe de ser la noche tropical.

–No, en Hollywood tenemos noches tropicales y nadie suda. ¿Usted ha visto una estrella sudando? Ni aun debajo de los arcos sudan.

Tuve que admitirle que las estrellas no sudaban en el cine. Pero no lo contradije en lo de las noches tropicales de California.

–Sólo sudan cuando están nerviosas –me corrigió–. Usted tiene que estar algo nervioso.

El pobre José Paige o Joe Paige o Don Alvarado se veía tan agitado que decidí calmarlo.

–Sí –admití–, confieso que estoy un poco nervioso.

–¿Ya ve? Yo lo sabía. Es una teoría que no falla.

Se hacía tarde. No para mí, sino para Paige. Me levanté y él hizo lo mismo, mostrando su estatura que no lo había llevado al estrellato en Hollywood (seguramente le sacaba la cabeza a Valentino y Ramón Novarro debía darle por el hombro) pero por lo menos lo hacía distinguido en nuestra reunión de gente baja. Fue el sonido lo que redujo a Don Alvarado a director de segunda unidad, no sólo lo que dijo sino cómo lo dijo:

–Bueno, amigo, ¡mañana a la caza del gran marlín!

Debí reírme pero hice lo más cercano a la risa que podía: me sonreí. Me tendió una mano larga. Yo le di la mía húmeda, sin duda por los nervios de conocer en una misma noche a Don Alvarado y emprender la cacería del gran marlín. Digo en una noche porque por supuesto no me acosté. Era para mí más fácil pasarme la noche despierto que tratar de levantarme a las cuatro de la mañana: siempre encuentro el amanecer, los pocos que he visto en mi vida, del lado de la madrugada. Me pasé lo que quedaba de noche leyendo *Terre des hommes*, pues si me iba a pasar el día en el mar era simétrico o perverso que pasara la noche en el desierto. Inmaculado como un santo exuperado salí para el lugar de la cita con quien debía llamarse José Pagés para pasar las páginas de su documento de identidad mexicano. Antes de salir me tomé una dramamina que había comprado esa tarde como exorcismo del mareo. Llegué al hotel a las cuatro en punto, dejando de una pieza a todos esos desarticulados técnicos americanos acostumbrados a los latinos con su particular sentido del tiempo.

–*Hey* –me gritó uno de ellos, mientras cargaba el pisicorre con cámaras y lentes y trípodes–, *you certainly got up early this morning*.

Iba a decirle que mi nombre no era Pancho pero escogí, como en las fotografías, sonreír al objetivo. En el portal del Nacional, siempre elegante, salido de otra época, iluminado por la luz de noche, estaba Raúl García, que iba a ser mi fotógrafo ese día. Por su lado pasó Joseph Pageia, lamentando yo que no fuera José Calleja para felicitarlo por su proyección de la fidelidad que dura más allá de la traición, matando a Hank Quinlan poseedor de un *touch of evil*. Pero me dijo: «Venga conmigo en mi coche, ándele», y volví a la tramoya del cine, esa que no está detrás de la pantalla ni en el proyector.

–Está conmigo mi fotógrafo –le dije señalando a Raúl que se acercaba.

–Que se venga con nosotros nomás.

Me hubiera gustado desayunar antes de salir pero tenía miedo que el mareo me volteara el estómago lleno: sólo hay un acto más detestable que vomitar y es defecar. Para mí el vómito no es una abominación como la mierda –y sin embargo hay quien la atesora.

Bordeamos toda La Habana, todavía dormida, por el Malecón hasta el muelle de Caballería y de ahí por la Alameda de Paula a Tallapiedra, por sobre el Elevado, hundiéndose concreto en la sordidez inmaterial de toda esa zona de La Habana que detestaba porque interrumpía con fea novedad y la persistencia de algunas fábricas, aun de las chimeneas de la planta eléctrica, la visión histórica del castillo de Atares. Nuestro destino era Cojimar y después de viajar por carretera a Guanabacoa nos desviamos rumbo al puerto escondido, más bien una cala, donde había comenzado el camino de Santiago rumbo a la inmortalidad por la captura azarosa de un pez espada enorme, que pronto se convierte en un pez hediondo en su bote remador. No sé por qué curiosa simetría debía salir de este muelle la flotilla para buscar un pez mucho menos grande que el que había cazado ese mítico pescador cubano desde una yola y sin aparejos. Cuando llegamos apenas amanecía. Por el camino me había tomado dos pastillas más de dramamina y cuando pisé tierra estaba firme, aun a pesar de que el camino llevaba a la misma costa. Parqueado junto al muelle había un carro, un Chrysler convertible, blanco, con capota negra y tapicería roja. Dentro del auto había dos personas, una mujer menuda, rubia, y un hombre canoso, de cabeza maciza y cuello de toro. No tenían que decirme quiénes eran. La pareja permanecía sentada mirando fijamente al frente, aunque al frente no había nada que mirar excepto la pared de una especie de choza con pretensiones de almacén. Supuse que estarían conversando cosas íntimas, pero era algo peor. Hemingway, consciente de su importancia, no había salido del automóvil a esperar en el muelle como el resto de la partida. Tal vez pensaría que que lo vieran esperando lo disminuía. Si hay algo que odio es la gente consciente de su importancia, sobre todo cuando son importantes. Finalmente, dejó su asiento y salió de la carroza.

–*Gentlemen* –dijo: ésa es una palabra que le gustaba mucho usar. Tal vez lo hiciera, por reflejo, *un gentleman*–. *You are late.*

Paige, hecho un paje, se deshizo en explicaciones y me temí que alguna me concernía, porque Hemingway se separó de su lado y vino hacia mí.

–Ustedes ¿quiénes son? Yo no los conozco.

Seguía hablando en inglés y luego, cuando habló en español a la tripulación del *Pilar*, su acento era tan espeso que deduje que nunca hablaría bien español y, lo que es peor, que nunca lo había hablado bien. ¿Cómo se las arreglaría en España, con su torpe acento y su pronunciación cubana abriéndose paso por entre la maraña de su dicción? Deduje que todo su conocimiento de toros y toreros era de segunda mano. En cuanto a *Por quién doblan las campanas* se explicaba sola: quien hablaba así era John Donne exiliado en Castilla. *I spit in your mother's milk*. Del carajo –o tal vez carraho.

–Venimos de *Carteles* –le dije–. Creo que ya hablaron con usted.

–¿Quién habló conmigo?

–El director.

–Nadie ha hablado conmigo.

–Entonces mejor nos vamos –le comuniqué.

No me dejó moverme:

–No, vengan. Hay sitio para dos más en el bote.

–Gracias.

–*You're welcome.*

Entonces, acostumbrado al *Not at all* del inglés de la escuela especial, creía que me daba la bienvenida. Ahora sé que solamente me decía «No hay por qué».

–¿Sabe lo que pasa? –me dijo, echándome un brazo por encima–. Que nadie habla conmigo. Llega esta gente de Hollywood a hacer una película con mi libro, que no es un libro para el cine (ninguno de mis libros es para el cine) sobre un viejo pescador que captura un marlín enorme y ninguno de ellos ha visto un marlín en su vida. Apostaría que ni siquiera saben lo que es un marlín. Es más, ni siquiera conocen la palabra. Pues vienen y quieren pescar no sólo un marlín sino un marlín gigante y que además fotografíe bien. Así llevamos días y días saliendo al mar y no aparece un marlín por ninguna parte. Claro, a mi pescador le tomó no sólo 69 días sino una vida en el mar para coger su pez y ahora quieren *an instant marlin!* Eso es lo que es.

Estaba asombrado –el escritor parco y conciso era ahora un viejo garrulo, salido más de *El tesoro de la Sierra Madre* que de *Los asesinos*. Con todo, pensé qué habría dicho Leandro si me viera ahora, a la luz escasa del amanecer. Pero Hemingway concluyó:

—¿Tú has estado antes en un bote en alta mar?

—No —le confesé. No le iba a mentir.

—Te vas a marear.

—No lo creo —le dije, tocando con mis dedos las dramaminas en mi bolsillo.

—Bueno, si te mareas ahora, no te marearás en el alto. *That's called sea legs*. Apuesto a que no habías oído antes la expresión.

—No, nunca —admití, pero le dije—: La buscaré en el diccionario. —Se rió. No cra una sonrisa, era una mueca por entre la barba espesa.

—*You'll be all right*.

Con esa declaración caminó rápido hacia el yate al extremo del muelle. Tuve que reconocer que para darse importancia se daba muy poca importancia. Raúl se unió a mí, en silencio, como hacen los fotógrafos, que son todo ojos. Caminamos hacia el yate. Nuestro director venía al final, como si fuera un extra. Dejé subir primero al *crew*, que no era la tripulación (ya a bordo, aparentemente desde hacía rato) sino el equipo de filmación: cameraman, camarógrafo y toda esa gente que ahora se ocupaba de fijar la cámara al piso, como preparándose para fotografiar una combinación de *Huracán* y *Motín a bordo*. Antes de subir me eché dos píldoras de dramamina más a la boca y las tragué en seco. Cuando pisé la cubierta lo hice con el impulso indeciso de Ismael con un pie y la confianza veterana de Starbuk, y aunque tenía cierta tendencia explicable a cojear pronto dominé mi espacio, aprendiz y maestro.

—*All on board?* —preguntó Hemingway con decisión, y al decir alguien «*Yessir*», añadió con don de mando—: Nos vamos, Manolo.

Manolo, evidentemente el piloto (suponía que en un yate de Hemingway no habría patrón a bordo), arrancó el motor, que hizo un ruido fallido, volvió a arrancar y prendió. Oí ese rumor continuo pero con una mordaza líquida, que es característica de las gasolineras y los yates. Pensé que no hay dos clases de motores que suenen igual en las máquinas que propulsan: una moto, un auto, un avión. Todos esos motores tienen un sonido diferente. El de nuestro barco era un murmullo muelle. Alguien soltó amarras y nos separamos poco a poco de la costa. Al poco rato la cala se hacía más amplia mientras Cojimar se empequeñecía, dejada detrás como la estela. Ya el sol había salido cuando entramos en eso que los pescadores llaman la mar. Hubo un movimiento a bordo y los miembros del equipo, no de la tripulación, empezaron a abrir cajas de metales y a destapar termos. Fue momentos después que me di cuenta que preparaban el desayuno. Uno de los camareros —estábamos entre *cameramen*, camarógrafos y camareros— se acercó a Hemingway y le preguntó qué quería desayunar.

—Jugo de naranja, huevos fritos con bacón, *croissants* y café con leche. Pero no te preocupes en servirme que lo tengo todo aquí conmigo.

El camarero quedó todo confundido, hasta que Hemingway sacó de debajo de su asiento, que dominaba la cabina, el timón y la vista al frente, una botella, la abrió y bebió directamente de ella un largo trago.

—Vodka —explicó Hemingway al camarero—. *The complete breakfast.*

El camarero se sonrió comprensivo y se dirigió a mí, que estaba sentado de través pero cerca de Hemingway.

—¿Desayuno, señor?

No iba a arriesgar la estabilidad de mi cuerpo con la inestabilidad de mi estómago. Le dije que no, pero se quedó esperando. Al cabo me di cuenta de que esperaba que yo sacara una botella de ron, me diera un trancazo y lo proclamara como el desayuno ideal. Ahora Hemingway miraba hacia mí, de medio perfil, escrutando, ladeado. Los dos, camarero y capitán, esperaban una explicación mía.

—Nunca desayuno —dije.

—*Good for you* —dijo Hemingway—. *Breakfast is bad for lunch.*

Me reí. Mejor dicho, me sonreí porque temía que de un momento a otro me ofreciera su desayuno de escritor. Pero afortunadamente agarraba la botella de vodka como para protegerla del mareo, ahora que el yate daba tumbos al coger las olas de frente. Fue entonces que me di cuenta de que estábamos ya en el alto. A mi alrededor todo el mundo desayunaba, unos sólidamente, otros líquidos sólo, Hemingway su vodka puro. Me eché dos píldoras en la boca y tragué en seco. Raúl vino hacia mí, con un pan en una mano y una taza de papel con café en la otra, su Rolleiflex colgando del cuello. Se sentó a mi lado y, adoptando un tono conspiratorio que habría sido más adecuado a bordo de la *Bounty* que del *Pilar*, me susurró al oído:

–¿Tú crees que le haga una foto al viejo ahora?

Hablaba conmigo pero miraba hacia otra parte. Su mirada se dirigía directa a Hemingway que bebía sus sorbos largos ahora.

–¿Estás loco? –le dije.

–No, pensé que sería interesante. *Candid camera*, tú sabes.

–¿Quieres ganarte veinte azotes?

Me miró para ver si hablaba en serio. Hablaba en serio.

–Estás loco. ¡Veinte azotes! ¿Dónde crees que estamos?

–A bordo del *Pilar* y, a bordo, la autoridad es el capitán. Lo mismo te puede casar que ponerte preso que hacerte azotar.

Raúl no me creía y lo demostró chistando y apartando la cara.

–Bueno, hazlo si no me crees. Tira tu foto, que a lo mejor hasta te lanzan por la borda con cámara y todo. Da gracias de que no puedan hacerte caminar el tablón.

Raúl no dijo nada y se levantó y se fue, pero era evidente que me había creído. Es bueno que no le dijera que podían colgarlo del palo de mesana.

A las diez de la mañana nada había cambiado, excepto el viento del norte. Hemingway todavía sostenía la botella de vodka, pero no podría decir si la protegía del viento, de sí mismo o si se protegía de ella, porque estaba bien vacía.

Tal vez tuviera un pozuelo pero como el vodka es menos visible que el agua de mar, que es azul –sólo que ahora el agua del mar no era azul sino morada. Fue así que supe que estábamos navegando la corriente del Golfo. Para notar que la botella de vodka estaba vacía no tuve que moverme, pero para ver la corriente del Golfo me había tenido que poner de pie, un pie cuidadoso delante del otro, para que las planchas no se me escurrieran, caminando lentamente, cuidadosamente porque no quería despertar al capitán de su sueño de leones en la playa o de leprosos en la nieve. Caminé hasta la cubierta descubierta, donde dos pescadores, evidentemente profesionales, atendían las largas cañas, su extremo insertado en unos zoques de las sillas rotatorias, como oficinistas al aire libre, sus cuerpos sujetos por cinturones a sus asientos, agarrando las cañas con las dos manos, a la espera de que picara ese pez espada ideal a que estábamos destinados –o tal vez al revés: ese pez que tenía una cita con nosotros en un punto exacto del océano. De pronto una voz dijo detrás de mí:

–¡La corriente del Golfo es la última tierra virgen!

Era Hemingway que había salido de su asiento y de su estupor y caminaba de la cabina a la cubierta con paso seguro. Su voz era firme. No había una sola señal de la botella de vodka que se había bebido completa. Todos miraron hacia él, menos el piloto, que seguía mirando al frente, atento a cada ola.

–Una vez que se pierde de vista la costa se está más solo que en ninguna cacería.

Pasado el asombro de verlo sobrio, reparé en que llamara tierra al mar. Una contradicción de términos portuguesa, sin duda. En ese momento, del interior de la nave salió una mujer que casi había olvidado, rubia de pelo corto, menuda, sonriente.

–¡Ah! –dijo Hemingway, como si la descubriera–. *Miss Mary's here! Gentlemen*, les presento a Miss Mary.

Ella sonrió aún más tímidamente, aunque se veía que era una timidez social y no física. Hemingway la abrazó y ella pareció más pequeña entre sus brazos peludos. Pero el abrazo fue momentáneo. Hemingway la soltó, se separó de ella y gritó como para que todos lo oyeran:

–*Number one!*

Creía que estaba proclamando su predominio pero después de su declaración salió a la cubierta y abriéndose paso por entre cables de cámara y curricanes de pesca, se arrimó a la borda y comenzó a abrirse los pantalones por la portañuela. Todos sus hombres, que atendían a los avíos de pesca, volvieron la cara, pero los asistentes de cámara, los camarógrafos, el cameraman y aun Joe Paige parecieron por un momento mirones masculinos, hasta que se dieron cuenta de que Hemingway orinaba sobre la borda. Cuando terminó, todavía abrochándose la portañuela, se volvió y dijo:

–Mear al mar. *It's just like the opposite of ashes to ashes. Water to the waters.*

Paige sonrió no sé si complacido porque Hemingway lo estaba mirando o porque le había gustado el chiste, que a mí me pareció contrario al primitivismo exhibido por su autor. Pero Paige, a pesar de que estaba dominado por la presencia de Hemingway, no pudo reprimir expresar su obsesión:

–¿Cogeremos hoy el marlín, señor Hemingway, usted cree?

Hemingway lo miró como si notara por primera vez aquella pieza del museo de las figuras de celuloide.

–¿Qué clase de marlín quiere usted? –pero era evidente que no era una pregunta–. ¿Un marlín blanco, uno estriado o un marlín negro? El marlín blanco no pesa nunca más allá de 150 libras y algunos llegan a pesar tan poco como 25 libras. Los marlines estriados son mayores pero se pescan por su hueva, aunque los pescadores cubanos dicen que todos los marlines estriados son machos. Al mismo tiempo dicen que todos los marlines negros son hembras. Lo cierto es que son grandes, con cabeza deforme, y enormes peces negros. Pero a lo mejor usted quiere para su cámara en colores un marlín azul. Éstos pueden ser gigantes aunque creo que son una variedad azul del marlín blanco.

En todo caso usted lo que quiere es un marlín que fotografíe bien, sea tan grande como una ballena y tan dócil como Rintintín. ¿No?

Paige no sabía si entre las tareas del director de segunda unidad estaba contemplar (en los dos sentidos de la palabra) al autor del libro en que estaba basada la futura película o al actual capitán del barco en que se filmaría su escena crucial. Diplomático por temperamento o tal vez por llevar muchos años en Hollywood, entre estrellas malcriadas, directores autoritarios y productores ante quienes los directores eran meros aprendices de tirano, iba a responder con un compromiso, cuando Mary Hemingway, sonriendo comprensiva, le dijo a su marido:

–Tan singular como el pez de Santiago.

Pero Paige no metió la pata sino que se zambulló entero.

–¿Quién es Santiago?

Hemingway lo miró como si hubiera subido a bordo, de pronto, William Faulkner en persona –o tal vez más acertado sería decir Darryl Zanuck. No dijo nada pero su furia iba en aumento, como si creciera con las olas que ahora nos sacudían como intrusos en el Golfo que éramos. Ante aquella mirada el capitán Bligh resultaba tan dulce como Keats y el mismo Ahab se convertía en una versión coja de Ismael. Nadie decía nada y decidí probar mis piernas por cubierta, moviendo una primero, la que estaba más clavada al piso por la dramamina. Pude despegarla de las tablas y adelantarla hacia la zona borrascosa y silente. Zafé la otra y mis pasos, aunque silentes, tenían la solidez del andar del monstruo de Frankenstein al probar sus piernas –en este caso marinas. Miss Mary, como Hemingway obligaba a llamar a su mujer, que era todo menos una miss, en una suerte de caricatura del caballero sureño, no hacía nada ni siquiera decía nada, como si temiera más a Hemingway que al mar proceloso. Paige no decía nada pero no creo que estuviera temeroso –al menos así lo iba a demostrar unos segundos más tarde. Finalmente Hemingway resopló no como una ballena sino como un toro en un encierro, y dijo furioso:

—You, Hollywood people! You certainly know how to bring out the worst in me!

Dicho lo cual, se separó de la borda y caminó rápido hacia la cabina, pisando sólido, sin que lo perturbara el balanceo de la embarcación, como si estuviera cargado de dramamina y no de vodka. Pero el pobre Paige se quedó en cubierta, con una cara limpia pero barnizada de asombro:

—¿Qué pasó? ¿Qué dije? ¿Qué hice?

Mary Hemingway intervino:

—No se preocupe, Mr. Paige —recordaba su nombre. Siempre me maravilló la facilidad de los americanos para retener nombres propios ajenos. Parecía ser más que un deber social una práctica mnemotécnica—. Está molesto porque no hemos podido coger el marlín. Es difícil coger un buen marlín, no ya un marlín espectacular.

—Ya veo que es difícil, ya lo veo.

—Hace falta el Gran Merlín para coger un marlín.

Todo el mundo se volvió hacia mí: era yo el que había hablado. ¿Cómo me había atrevido? Nunca supe explicarlo pero Miss Mary se sonrió, más bien como ama de yate que como aficionada. Pepe Paige levantó más las cejas y abrió los ojos, perplejo. Raúl, que no habría sabido distinguir a Merlín de Martín o de marlín, se unió a mí, como solidario. El cameraman, tal vez llamado Tutwiler (siempre tengo dificultad en retener los nombres propios ajenos) no atendió más a la conversación. Una vez que Hemingway se fue con su santa furia contra Hollywood *marching in* hacia el interior y más allá dentro rumbo a la cabina, a hacer de segundo del timonel, para quien él era un dios del mar, barbado, formidable y airado: Neptuno es mi copiloto. Gracias a Zeus, que manda más que nadie, Manolo anunció el almuerzo. Fuimos todos a encontrarlo. Era evidentemente carne refrigerada, pero por lo menos no era carne enlatada: era goloso pero gourmet. Además de la carne había pan al lado, en platos de cartón. Agradecí no encontrar pez espada por ninguna parte del menú: hubiera sido tautológico comer pescado en el mar. Aunque habría sido el milagro del pez y el pan: no había castero ni marlín que coger ese día. Estábamos definitivamente salaos.

Después del almuerzo, Hemingway salió de alguna parte entre el piloto y el mar azul con otra botella de vodka en la mano. La levantó en el aire, describió un arco sobre nosotros, como si nos bendijera y dijo:

–¡Salud y pesetas!

Mary Hemingway se le acercó y le habló bajo. Pensé que le daba consejos acerca de que tal vez estaba bebiendo en exceso, pero Hemingway habló para nosotros:

–*Gentlemen, Number One for Miss Mary please.*

Mary Hemingway se separó de su marido y caminó hacia la cubierta. Me fue difícil comprender cómo iba a orinar por sobre borda con sus pantalones largos puestos y más difícil todavía saber cómo se los iba a quitar. Me fue imposible mirar en su dirección, sólo oí, por entre el rumor del mar, los ruidos de pasos de la tripulación y la camarilla cinematográfica abandonando sus posiciones y entrando en la cabina. Momentos después Mary Hemingway regresó a reunirse con nosotros, luciendo tan pulcra como antes. Hemingway volvió a hablar a la chusma de a bordo:

–*Announcement, Announcement: it's siesta time.*

Todo el mundo entendió que debíamos acomodarnos de través en los bancos del yate, no muy mullidos. Pero descubrí que no iba a tardar en dormirme. El ritmo preciso del yate –una cuesta, un salto, un hundimiento– ayudaba al sueño. Estaba además la noche en vela.

Cuando me desperté, todo el mundo estaba en su puesto: los pescadores con sus varas, el cameraman, el camarógrafo y el director de fotografía estaban alrededor de la cámara y Raúl tiraba fotos inútiles al océano: no hay nada más parecido a una ola que la siguiente. Sólo Paige no estaba dirigiendo su segunda unidad que más bien parecía la tercera desunión. Ahora se sentaba frente a mí mientras Hemingway, todavía bebiendo vodka como si la siesta fuera sólo para sobrios, lo enfrentaba. Mary Hemingway no se veía por ninguna parte. Supuse que estaría durmiendo en su camarote: debía de haber alguno abajo. ¿O allí estaba sólo el mar? Hemingway sometía a Paige a una suerte de tercer grado degradado. Era evidente que no había olvidado la *gaffe* que había borrado a su personaje del mapa literario.

—¿Qué van a hacer ustedes con toda la película tirada aquí?

—La vamos a utilizar. Mucha de ella servirá para *days for nights*.

—*What the hell is that?* —preguntó Hemingway, que era evidente que no sabía nada de la nomenclatura del cine.

—Día por noche. Escenas que se filman de día con un filtro y luego parece que es de noche.

—¿Y para qué sirve eso?

—Para las escenas nocturnas del pescador. Hay escenas que pasan de noche.

—¿Me lo va a decir a mí? El viejo se mantuvo junto a su pez un día y una noche y otro día y otra noche mientras el pez nadaba en lo hondo y tiraba del bote. Cuando emergió, el viejo maniobró sobre él y lo arponeó. Lo ató al costado de su bote y vinieron los tiburones. El viejo, solo en el Golfo, los atacó con un remo hasta que se quedó exhausto y los tiburones se comieron cuanto pudieron del pez espada. Dos días después fue recogido por pescadores y no quedaba del marlín más que la mitad y ésa pesaba ochocientas libras. El viejo estaba llorando en su bote cuando los pescadores lo rescataron, medio loco por la pérdida, y los tiburones todavía le daban vueltas al bote.

—Ése es Santiago —dijo con cierto triunfo Paige.

Hemingway lo miró atravesado y antes de responder decidió ponerse en la boca el pico de la botella y beber más vodka.

—No, *siree*. Ése es el verdadero héroe, el pescador de la vida real. Santiago es el pescador de mi novela.

—Ah —dijo Paige, como comprendiendo o como aliviado o como embarazado. Sudaba copiosamente. A pesar de la brisa del Golfo que entraba por las ventanas veía las perlas de sudor como rocío del mar sobre su frente. Ahora sacó un pañuelo de alguna parte de su indumentaria tan impecable y se limpió las palmas de la mano. Iba a preguntarle si sudaba por el calor o porque estaba nervioso. Pero decidí que sería cruel. Era como ayudar al verdugo a poner la soga al cuello y preguntar cómo lo quería: si nudo Ascot o príncipe de Gales.

—Va a ser una gran película, se lo aseguro —le aseguró Paige a Hemingway—. Fiel a su novela por completo.

—Lo que va a ser es Hamlet sin el Príncipe.

—¿Cómo? —Paige no entendía nada esa tarde y ya me preguntaba si habría entendido algo alguna vez. No me explicaba por qué no había hecho una gran carrera de actor con lo obtuso que era.

—Qué va a ser la película de un viejo y su pez sin el pez —dijo Hemingway, didáctico. Ésa era su debilidad como escritor: explicaba demasiado.

—No, le aseguro que hoy vamos a coger el pez. Lo siento aquí —y se apuñaló la boca del estómago con un dedo.

—Eso puede ser mareo —dijo Hemingway con su crueldad característica: podía ser tan cruel con las personas como con los animales, y ya se sabe lo que era capaz de hacer a los animales. Decidí que era demasiado para mí: una mala corrida de toros y me levanté sin hacerme conspicuo por mi ausencia y di la vuelta a la cubierta. Decidí explorar el puente del yate, que era del largo de la cabina y protegido por una barandilla de metal pulido. Desde arriba se podía ver el mar tanto como desde abajo, sólo que parecía que había más océano desde lo alto. Miré a lo lejos, luego miré a la estela del yate y después a los lados. Junto a nosotros vi unas flechas de plata que salían del mar, se mantenían en el aire por veinte, treinta, hasta cincuenta metros y volvían a entrar en el mar. Los identifiqué enseguida como peces voladores, que con su velocidad, su ligereza y su color brillante parecían los colibríes del mar. Nunca los había visto porque no son visibles desde el Malecón, mi mirador del mar, pero no me costó reconocerlos, viendo cómo sus aletas se convertían en alas y volaban a ras de mar a veces, otras más alto y siempre parecían capaces de mantener su vuelo por sobre las olas y la marea, por encima del océano, venciendo su medio, conquistando el aire. Sabía que los peces voladores siempre vuelan no por puro placer (ese gozo está en el ojo del espectador) sino porque huyen a otros peces, que los buscan no por su vuelo sino por su sabor. Pensé que tal vez nuestro pez espada no estaría lejos, persiguiendo a los peces voladores como nosotros lo perseguíamos a él, unos surgiendo al aire, el otro ocultándose en el mar. Miré atrás y vi un pez grande, casi enorme, que nadaba junto al yate, poderoso, incansable, manteniéndose junto a nosotros sin dificultad. ¡Era el pez espada! Aunque su color no era el azul ideal, ni el blanco despreciado ni el negro aborrecido, sino casi color café, tabaco apenas, más bien sepia. Lo señalé con un grito a uno de los pescadores, que miró en la dirección de mi dedo, volvió la cabeza y me dijo indiferente:

–Galano.

–¿Qué?

–Un tiburón. Viene detrás de nuestras carnadas. Son una pejiguera.

El pescador volvió a su tarea, que era observar el carrete de su caña y yo, decepcionado, miré al otro lado del yate –para descubrir un segundo galano. Estuve tentado de decir son dos, pero temí el ridículo ante la pericia pescadora y me callé. Al poco rato el carrete de uno de los pescadores hizo un ruido característico, una especie de chirrido rápido que se detiene súbito, y hubo animación en la cubierta. El pescador comenzó a dar cordel pero pronto trabó el carrete y cortó la cuerda. Hemingway había salido a la cubierta al ruido del carrete, convencido tal vez de que habíamos cogido a nuestro pez espada, o tal vez a un marlín que se dejara fotografiar saltando sobre la superficie, proyectando su espada en el aire, dando un giro espectacular a todo su cuerpo y cayendo al mar con un chasquido y un chapuzón. Pero al ver que su pescador había cortado el curricán preguntó:

–¿Qué pasa?

–Galano –dijo sucinto el pescador, evidentemente un

hombre de menos palabras que el héroe de Hemingway y casi con tanta mala suerte.

—¡Maldita sea! —dijo Hemingway en español. Paige salió detrás de él y se atrevió a preguntar:

—¿Qué pasó?

—*Your fucking camera's spooking the fish away! That's what!*

No creo que Paige volviera a hablar en toda la tarde. Nadie volvió a hablar. Es más, no pasó mucho más el resto de ese día, excepto que a eso de las cuatro de la tarde —la hora en que empiezan las corridas en la plaza de Madrid, en la Monumental de México y en la arena de Lima— Hemingway gritó a todo pulmón:

—*Number two!*

Corriendo hacia la cubierta, todos los presentes abandonaron su puesto y no vi cómo Hemingway cagaba en el mar, cómo su defecación contaminaba la corriente del Golfo, como sus excretas execraban el océano.

Al poco rato dimos media vuelta. No sé cómo lo supe, ya que esa maniobra es difícil de precisar en alta mar, pero barloventeamos y empezamos el camino de vuelta. Es decir, no había otro camino que regresar a Cojimar, ya que la tierra más cercana era Cayo Hueso y para llegar allá habría que atravesar la corriente del Golfo, dejar detrás el costurón morado y entrar en aguas territoriales americanas. Si abandonamos la Cinta oscura fue ciertamente para navegar las aguas azules cercanas a la costa cubana. Antes de que atardeciera estábamos de regreso en la cala de Cojimar, después amarramos al viejo muelle y desembarcamos. Esperé que Mary Hemingway lo hiciera primero, pero fue Hemingway quien pisó tierra o cemento antes que nadie. Era evidente que estaba furioso, pero no consigo mismo. El último que dejó el yate fue José Paige, que era sin duda el enemigo malo para Hemingway, su salación, su jinx: el talismán invertido que había impedido la captura del más grande pez espada que jamás había nadado en aguas del Golfo. Pero Hemingway me sorprendió antes de entrar en su automóvil, donde ya se había sentado su Miss Mary.

–De manera que después de todo no se mareó –me dijo, no me preguntó.

–No, gracias a Dios –le dije y casi añadí «y a la dramamina».

–No creo que tenga suficiente para un reportaje –me dijo, sentando a Raúl silencioso a mi lado: un fotógrafo habla menos que mil palabras–. *No marlin, no pictures.*

–Oh, sí –le dije–. Siempre se puede hacer algo. Voy a hablar del triunfo y del fracaso. De los muchos fracasos que componen un triunfo. Del hombre y del mar.

Eso pareció gustarle:

–*Good!*

Pero añadió:

–Démele mis saludos a Quevedo.

No me estaba remitiendo al Siglo de Oro, a España, al siglo XVI, sino que se había confundido de nombre, de director y de revista. Era evidente que, desde el principio, había creído que yo venía de *Bohemia* y no de *Carteles*. Después de todo *Bohemia* había publicado *El viejo y el mar* en español primero que nadie. No lo saqué de su error no porque me creyera enviado a las Ligas Menores. Simplemente estaba admirado de que no hubiera rastro de alcohol ni en su hablar ni en sus movimientos. Su dicción era precisa, la clara voz nasal del Medio Oeste americano y sus pies fijos en el suelo ahora, plantados como si estuvieran clavados sin dolor al asfalto, sostenían sus piernas fuertes y su cuerpo robusto. Pensé que tal vez el vodka fuera su dramamina de tierra firme.

La voz era americana pero suave, dulce, y los ojos azules me miraban entre incrédulos y divertidos:

–*Do you really know Hemingway?*

–Claro que sí, rica. Como la palma de mi mano.

Jesse soltó una carcajada. La modelo o corista o lo que fuera miró a Jesse y me volvió a mirar a mí.

–*What did you say?*

Jesse intervino:

–Darling, he said: «Of course I know Hemingway».
–Then why don't we go and pay him a visit. The three of us.
–A surprise party –dije yo.
–No –dijo la muchacha–. *Just a visit.*
–Let's go then –dijo Jesse.
–Yes, let's –dijo ella, la mamboleta. En este caso, la rock-and-rolletta.
–Let's take the way to Hemingway –dije yo.
–That's nice.
–Yeah –dijo Jesse–. *The way to Hemingway.*
–That's nice –dijo la beldad como un templo–. *The way to Hemingway.*

Sólo que se lo atribuyó a Jesse, cuando era yo y no Jesse quien lo había dicho. Azares de la pronunciación.

–Pero antes –dije yo–, un pariente musical –y canté–: «La pasta Gravy es de rico sabor y deja en sus tripas un harto esplendor».

La preciosa ridícula preguntó a Jesse cuando terminé:
–What did he sing?
–A song –dijo Jesse.
–A Chinese son –dije yo.
–What does he mean? –preguntó ella.
–He's proposing to take you to a restaurant.
–A Chinese restaurant –dije yo.
–It's a very good one –dijo Jesse.
–Good but inexpensive.

Ella me miró. Hacía rato que no me miraba. Ya estaba echando de menos sus ojos exóticos.

–Well, what are we waiting for?
–For your taxit approval and for a taxi –dije yo.
–What is he talking about? –le preguntó ella a Jesse, evidentemente convertido en mi intérprete.
–I don't know –dijo Jesse–, *but it makes sense.*
–It makes nonsense –dije yo.
–Yes it does –dijo ella–. *It really does. You two are crazy! Believe me! A crazy pair!*
–Please consider us the Three Stooges.

–*But I'll like you* –vaticinó ella. En ese momento venía una máquina que podía ser o no ser un taxi. Decidí determinar su género con la mano.

Pero no llegamos a ir a Cojimar porque en todos los periódicos de la noche estaba la noticia de que una banda de revolucionarios había secuestrado a Fangio, el primer corredor y la máxima atracción. En el mismo Mercado Único, nos encontramos con los cintillos de los periódicos. El comentario de Jesse, repetido en estribillo –«Esto está de bala, tú»–, era apto para la situación: yo había intentado olvidarme de la política aunque fuera por un día, pero he aquí que ella volvía a entrometerse en mi vida. El resultado fue que ninguno hizo nada con la corista turista, como nos habíamos propuesto sorteárnosla de alguna manera o dejarla a ella a su preferencia, y la reintegramos a su apartamento, que estaba en Malecón y Paseo, en un edificio nuevo donde ella compartía un apartamento con tres otras coristas más. La muchacha estaba encantada con nuestra galantería y se vio que quería salir con nosotros de nuevo, cuando lo propusiéramos, pero ahí en la puerta del edificio terminó todo.

Luego Jesse se puso a meditar cómo iba a hacer su trabajo si continuaban desapareciendo los objetos para su objetivo fotográfico y la noche terminó en una nota pesimista. Pero al otro día eran las carreras y ahí estuvimos. No estuvimos presentes cuando el gran accidente de un carro que se desvió hacia el público y mató a nueve espectadores, pero sí estuvimos todo el día de los fosos a la pista y al revés. Así, yendo en taxi de una parte del Malecón a la otra, nos encontramos con otra corista posible, parada como esperando un ómnibus en Infanta y San Lázaro, y paramos el taxi y nos bajamos. Jesse, quien, a pesar de su atuendo, experiencia y mayoría en años, era en realidad bien tímido en el fondo, me dejó a mí hacer el acercamiento. La corista o modelo (de cerca parecía más una modelo que una corista) era alta, rubia, de grandes ojos azules y vestida muy bien, llevando el pelo con una banda hecha de un pañuelo. Yo le hablé en inglés primero, pero no pareció entender y creí que en realidad era sueca o danesa, aunque yo no había visto una sueca o danesa entonces más que en el cine o en fotografías. ¿Cómo saludarla en danés, por ejemplo? He aquí un problema en que no habíamos pensado por lo que seguí hablando en mi inglés, hasta que oí una voz muy popular, pero muy popular, casi chusma, que decía:

—Eh, pero ¿qué es lo tuyo muchacho?

La voz, extrañamente, salía de la corista o modelo sueca o danesa.

—Yo soy muy cubana, cien por cien —seguía diciendo la voz que aunque mal educada no dejaba de ser a propósito para aquella figura, baja y profunda, la voz no la figura.

Fue entonces que me di cuenta que la modelo o corista, más modelo que otra cosa, era habanera, con un acento como de Luyanó o Lawton Batista y llamé a Jesse, que se acercó, y le dije:

—Ella es cubana.

—Y bien cubana —dijo la voz popular.

—Sí, claro —dijo Jesse, como si siempre lo hubiera sabido—. ¿Tú eres modelo o cosa parecida? —preguntó él con su tono directo que pasaba por encima de la timidez como deslizándose sobre ella.

—Sí, yo soy modelo —dijo la modelo, que ya no era corista ni sueca ni danesa, sino modelo cubana a pesar de su aspecto nórdico y dijo:

—Me llamo Norka —para acentuar ese aspecto.

—Él es fotógrafo de *Life* —dije yo, presentando a Jesse, que no se dignó a presentarme a mí a mi vez.

—¿Dónde podemos verte? —dijo Jesse—. Quiero decir, otro día, para hacerte unas fotografías.

—Pueden conseguirme —así dijo y no contactarme como sería debido en una modelo con una educación americana—, con Korda.

—¿Ccoonn qquuiiéenn? —dijimos los dos a dúo ligeramente excéntrico.

—Con el fotógrafo Korda. En su estudio —en realidad

pronunció casi etudio–, que está frente al hotel Capri. Ahora me tengo que ir que ahí viene mi guagua –y levantó la mano para parar el vehículo en el interior del cual desapareció antes de que nosotros saliéramos de todos nuestros asombros.

–El fotógrafo Korda –dijo Jesse, imitando a la modelo–. Debe de ser tremenda loca.

Estuve de acuerdo con Jesse.

–Pero vamos a ir a verlo para divertirnos un rato.

–Sí, vamos –acordé yo–, mañana o pasado.

–Cuanto antes mejor –dijo Jesse.

Seguimos caminando hacia el Malecón donde las carreras todavía continuaban.

La continuación de ese día discontinuo estuvo en mi visita a la Puntilla, el último grito en barrios de la alta sociedad, a casa de Poppy y de su hermana Mercy, que eran de Pinar del Río a pesar de los nombres, y adonde me llegué porque me había invitado Poppy, por intermedio de mi amigo Silvio Rigor, que era *habitué* de la casa de estas muchachas solteras que buscaban novios en más de una parte. Para estar a tono con Jesse yo había completado mi atuendo deportivo (en vez del saco y la corbata habituales, llevaba camisa abierta y pantalones que querían ser *slacks*) con una gorra flexible: para mis adentros que no había nada más deportivo que mi vestimenta. De esa ilusión me sacó la muchacha que vino a abrir la puerta con un qué quiere que no era para recibir amigos y fue la intervención oportuna de Mercy que me sacó del apuro: en vez de un autista me habían tomado por un chofer de taxi, nada más oprobioso para un periodista que quería ser tenido por un escritor. Así fue mi debut en casa de Poppy y Mercy, que no eran, como Lavinia Ley, la mujer de Leandro, de mi círculo más próximo. Pero me quedé buena parte de la tarde en esa casa, sobre todo porque vino Silvio Rigor y comenzó a hacer su clase de chistes cultos, parafraseando a Heidegger, por ejemplo, con aquello de «¿Por qué el ser y no más bien la nalga?», que se atrevió a acuñar en casa de aquellas señoritas de sociedad. Además quedaba el aspecto espiritual:

Mercy comenzó a tocar la guitarra y a cantar unos boleros dulces con su vocecita ronca que daban ganas de singarla, aunque, como su hermana, no tuviera un buen cuerpo sino una cara linda, trigueña (su hermana, por el contrario, era fea y rubia) y tremendamente atractiva para alguien como yo que ama a las muchachas en flor.

Jesse Fernández y yo hicimos enseguida un dúo, salíamos a muchas partes juntos después que se acabaron las carreras, devolvieron a Fangio y desapareció la aparatosidad política para surgir la vida más glamorosa de las modelos y su mundo. Comenzamos por ir al estudio (léase *studio*) de Korda, que en realidad se llamaba Alberto Díaz pero que se puso ese nombre, según me contó más tarde, para parecer exótico y no dejar de recordar a la Kodak, y que no era de ninguna manera el fotógrafo maricón que creíamos sino un peligroso singante (como le gustaría describirlo a Silvio Rigor), que había dejado de vender máquinas de escribir (o quizás otro artículo parecido) para dedicarse a la fotografía, cosa que decidió así sin más ni más un día cualquiera. Ya yo lo había visto antes porque habíamos ido mi hermano (hace rato que habíamos hecho las paces) y yo a ver un MG que anunciaron en el periódico y, justamente cuando llegamos al garaje, Alberto Díaz (hay que llamarlo así porque estaba vestido de cubano, con su sombrerito de paja y todo y creo que hasta con una guayabera) se lo llevaba por muy buen precio que sin embargo yo no podría haber pagado. Lo reconocí en cuanto entramos al estudio Jesse y yo, pero no le dije nada, por supuesto, sino que oímos su relato, muy seriamente, aunque luego Jesse y yo nos desternilláramos de la risa con las pretensiones de Alberto Korda *né* Díaz (había o hubo otro Korda en el estudio, más viejo que Alberto, a quien se decidió llamar Korda el Viejo), pero tuvimos que guardar la compostura al recordar las gloriosas proporciones de Norka, que era algo más que su modelo —como fue evidente ese día. (Hay que reconocer a los precursores y decir que fue Germán Puig quien descubrió a Norka, cuando aún posiblemente no se llamaba con ese nombre y se la trajo a su conocido

Alberto Korda porque se conocían de la publicidad, profesión que ejercían ambos. Por ese entonces ya Germán Puig no vivía en Cuba sino en España y nuestra amistad había dejado de ser lo que fue en los días gloriosos del Cine Club de La Habana y luego de la Cinemateca de Cuba para convertirse, por ese tiempo, casi en una enemistad, y así fue como yo no conocí a Norka antes de que Korda le pusiera sus ojos pícaros y sus manos velludas encima. Ahora solamente quedaba admirar su belleza nórdica y contrastarla con los sonidos vulgares que salían de su boca y ver que una y otros en vez de incongruentes eran similares y ambos le quedaban de lo más bien.) Para Korda la presencia de Jesse Fernández fue fatal ya que lo convenció de una vez que el atuendo de fotógrafo era el que llevaba Jesse, desde las tres cámaras al cuello hasta los pantalones estrechos –de *cowboy* se llamaban entonces cuando nadie apenas se atrevía a usarlos en Cuba– y los zapatos de gamuza o, mejor dicho, de piel invertida o *suede*, palabras que tampoco nadie usaba en Cuba por ese tiempo. Así desapareció la guayabera y el sombrero de paja y se acentuó el MG, carrito que quedaría inmortalizado para siempre en una portada para un disco de Beny Moré, titulado *Que llegó el Bárbaro* y que todavía conservo de aquellos años en que descubrí tantas cosas, por lo que estas páginas debían llamarse los años de aprendizaje y no de otra manera.

Jesse y yo nos concentramos para hacerle el reportaje a Alicia Alonso (la *prima ballerina* estaba entonces patrocinada por la Polar, la cerveza del pueblo y el pueblo nunca se equivoca, como se equivocaría luego con un gobierno aún por venir) y fuimos a su casa, que era un apartamento dúplex en la calle L y allí vimos cómo vivía o hacía que vivía, porque en realidad tal concentración para hacer una cosa, el baile, era casi una vida artificial o tal vez inventada para el fotógrafo –y así asistimos a su sesión de pedicura, en que el quiropedista (o mejor, la quiropedista) se concentraba alrededor de unos callos monstruosos que según la bailarina eran esenciales para el ballet. También la oímos hablar con mucha fluidez del Equity o sindicato de actores y artistas americanos y pudimos comprobar sus conocimientos de la vida teatral (o balletística) de Nueva York. Luego fuimos a su academia de ballet, donde unas maravillas intocables (hay algo, como una pátina asexual, que hace impenetrables, en todos los sentidos, a las bailarinas de ballet) hacían ejercicios acompañadas por unos pocos muchachos en poses delicadas, y aquí Alicia Alonso y su marido Fernando –que aparecía como su *coach, manager* y consejero en una pieza– se quejaban de los «prejuicios cubanos que no permiten dar clases de ballet a los muchachos». (Luego Jesse, que se reía tapándose la boca, casi de medio lado, decía: «¡Prejuicios mierda, que salen todos maricones!», lo que a juzgar por lo que vimos en la academia era la pura verdad.) Las bailarinas y bailarinitas (éstas más que aquéllas) se veían con mirada golosa en sus sudados *leotards*, palabra que aprendí en aquellos días, algunas descansando tumbadas en el piso y con las piernas (todavía deliciosas: nada deformadas por los duros ejercicios del ballet) contra la pared y tendidas hacia arriba. Había que salir de allí antes que nos alcanzara un frenesí sexual, a pesar de la indiferencia que mostraban todas por todo lo que no fuera el baile y la idolatría de Alicia que más bien debía llamarse Adoración Alonso.

Luego, otro día, fuimos a verla (y a fotografiarla) mientras era atendida por su oftalmólogo particular, que vivía en la calle de San Lázaro. Allí, en la caverna del oculista, donde letras luminosas sustituyen las revelaciones eleusianas, supimos que Alicia Alonso se estaba quedando paulatinamente ciega, que había sufrido varias operaciones para corregir desprendimientos de sus retinas y otros defectos similares pero con nombre distinto y más complicado. Nada era menos recomendable que los duros ejercicios del ballet (fue allí, en aquellos días, donde descubrí que los bailarines de ballet eran en realidad gimnastas con música de fondo) para su visión cada vez más pobre. Todo parecía animarse para llegar a ser una *story* de *Life* y sin embargo tanta aparente falsedad era pura y simplemente la realidad. Después, otro día, fuimos con Alicia y Fernando Alonso a

Matanzas, a presenciar los ejercicios de graduación de las bailarinitas (había algunas maravillas que más que ninfetas eran impúberes pero con cuerpos deliciosos) de un colegio privado y nada, entre los delicados arabescos de brazos lánguidos y piernas erguidas, era más alejado de la visión diaria de la revista y de la atmósfera política que se vivía allí, con la presencia constante del censor –nada más alejado de la revuelta, de los rebeldes, de la Revolución, que aquellos días pasados con Alicia Alonso sirviendo de modelo fotográfica a Jesse, que tomaba las poses más extraordinarias (doble ballet) para manejar sus triples camaritas que hacían clic y fijaban el momento fugaz para la eternidad más o menos duradera de una foto.

Al regreso de Matanzas, ya en La Habana, en la ciudad, justo detrás del cine Astral, nuestro auto chocó violentamente con una máquina de alquiler que venía a toda velocidad calle arriba. Alicia Alonso fue zarandeada y tirada de un extremo al otro del auto y al bajarnos para increpar al chofer, no pudo haber choque mayor (mucho más grande que el que acababa de ocurrir) que la facha y lenguaje del taxista, contrastando con la urbanidad, si bien ofendida, de Fernando Alonso, que dividía su tiempo entre atender a su mujer y la posible herida (que no había recibido) interna a sus ojos e increpar al chofer culpable, que no admitía su culpa y solamente decía «¡Yo vengo por mi derecha!», y yo (mientras Jesse fotografiaba la escena) contemplaba aparte aquel juego de contrastes entre los artistas y el pueblo cubano –representado sin duda por el chofer y su lenguaje habanero–, que mientras más los acercaba más los dividía. Finalmente, entre los ayes de Alicia y los reproches de Fernando Alonso, se fue el chofer culpable o inocente (ya no sé qué o quién tuvo la culpa del choque, más que de autos, de estilos, de vidas) calle arriba, rumbo a su posible destino –y nosotros seguimos nuestro camino, lamentando la mala suerte o desdichada casualidad que nos había hecho cruzar a semejante zafio en nuestro camino.

Toca contar las relaciones familiares, las discusiones a medio tono o contenidas a medias entre Alicia y su hija, ya una mujer, más parecida a Fernando que a Alicia, que fueron el prólogo a la fuga de la muchacha con su novio, un bailarín que quizá seguía la tradición de Fernando y Alberto Alonso y era heterosexual. O la conversación entre Alicia y su madre, que vivía en un apartamento en la calle 17 que era el epítome de la casa burguesa cubana que no hace caso al calor y se adorna con alfombras y cortinas de tupida cretona oro, aquí transcurrieron las horas entre inanidades («Alicia siempre quiso ser bailarina») y verdades («Ya no se puede vivir en Cuba, hijito, con tanta revuelta») de la burguesía nacional.

El reportaje o la *story* se completó con una reunión entre Alicia y otros artistas cubanos (no menciono a uno para no mencionarlos a todos) que se reunieron en La Bodeguita del Medio, lugar de reunión de la intelectualidad y la política cubanas para comer y oír unos sones cantados por Carlos Puebla a, por ejemplo, Masferrer, como luego se los cantaría (con otra letra) a Camilo Cienfuegos, que todavía no era un héroe sino un nombre que resonaba desde la Sierra para oídos clandestinos. De este almuerzo tardío de domingo quedan las fotos (publicadas, efectivamente, en *Life en Español*, pero no –afortunadamente– mi comentario verbal al testimonio gráfico).

Jesse se quedó unos días más en La Habana y aprovechamos para ir a visitar a Wifredo Lam, el pintor, que vivía en una casa frente al campamento militar de Columbia, y a quien Jesse conocía bien y yo no demasiado. Llegamos cuando quemaba algunos de sus cuadros en el patio, según él para seguir el ejemplo de André Breton destruyendo lo creado, según Jesse porque no estaba de acuerdo con lo que había pintado, y según yo mismo para aumentar el precio de los restantes cuadros. De ese holocausto confuso salvé un lienzo que el pintor, por supuesto, no me regaló, sino que después de preguntarme «¿Tú crees de verdad que está bien?», y dándome, como hacía siempre, el nombre de mi hermano, lo tomó entre sus manos y lo contempló a la distancia del brazo extendido para decir: «Sí, no está mal. Se lo venderé a...» y aquí introdujo el nombre de una rica

burguesa habanera para regocijo de Jesse que tomaba fotografías de todo: la quemazón, el lienzo salvado, el pintor, el
salvador del lienzo, la tarde, el patio y la tendedera cubierta no de ropa tendida sino de lienzos extendidos.

Luego vino una representante de la aristocracia nacional (nieta, creo, del ilustre escritor, abogado, investigador
folclórico, antropólogo, musicólogo, Fernando Ortiz) que
mientras hablaba con Lam dejaba caer su casi dorada cabellera hacia un lado y hacia el otro de sus hombros para
mostrar la perfección de su cara: era como para enamorar-
se de ella si no existiera la distancia que había entre ella y
yo, que era de años luz sociales. Venía a comprar un cuadro pero no desdeñaba las miradas, y el pintor mulato-chi-
no, discípulo de Picasso y gloria nacional, que momentos
antes se estaba quejando de que habían entrado en su casa
y le habían robado ¡la taza del inodoro!, dejó de quejarse
para medir en telas y billetes los posibles cuadros que la bella visitante necesitaba para decorar su casa: más bien un
pedazo de pared que quedaba entre una escalera y un rincón visible –y Jesse seguía tirando fotos, conservando para
una próxima posteridad aquel monumento, aquel momento de la belleza criolla. Lamenté no ser un fotógrafo de palabras capaces de recrear a voluntad tanta belleza. Pero no
era yo el fotógrafo, sino Jesse Fernández, y por ahí andan
todavía los testimonios gráficos (como le gustaba decir a
los periódicos de la época) de ese día, aunque nunca encontré la foto de la belleza cubana. Antes de irse Jesse para
Nueva York hubo otra reunión, esta vez con pintores y escultores, en un lujoso apartamento de la avenida de los Presidentes, un *party*, creo, para Wifredo Lam. En todo caso
estaba él con su mujer sueca y estaban los pintores Mariano Rodríguez y Martínez Pedro y el escultor Lozano y había varias mujeres elegantes, que no eran las mujeres de los
pintores (aunque la esposa de Martínez Pedro, también extranjera, alemana creo, era una mujer muy atractiva dentro de su tipo nórdico) ni de los escultores y se habló de
todo menos de política, lo que es curioso por lo políticos
que resultarían luego algunos de estos pintores, sobre todo

Wifredo Lam, quien después del robo se había hecho el propósito de irse de Cuba (dicho a Jesse) y de no volver jamás. Esa noche se rieron de él, de su exótica cultura y su más exótica pronunciación en la que las zetas y las eses iban todas en el lugar que no debía, como por ejemplo pronunciando Zuesia. Luego, a pesar de las risitas, habló de los peligros de la penicilina y también de unos especímenes que no eran otros que paracaidistas comunes y corrientes, afrancesados hasta convertirse en *parachutistas*. Sin embargo los cuadros de Lam mostraban una indudable cultura, aunque más bien francesa, y cuando su segunda o tercera mujer, no la que tenía ahora sino la anterior, se burlaba de su pronunciación francesa, él respondía, no sin razón, que con ella había podido hablar con Breton, cosa que como pintor surrealista era muy importante –y la noche habanera pasó entre risas, risitas y risotadas, no tan formal como la reunión en La Bodeguita del Medio, pero sí culturizada a extremos que eran igualmente ajenos a la alta burguesía y a los obreros, solamente buena para epatar a la clase media que era la única que entendía esta palabra en la isla.

Por fin se fue Jesse Fernández cargado con sus cámaras y sus rollos preñados de fotos a pesar del tamaño de sus aparatos fotográficos. (Ésta era una broma que hacíamos a costa de Raúl Roa, cuando visitaba Nueva York. Jesse lo fotografió y él no cesaba de preguntar «Pero con esas camaritas ¿tú vas a sacar fotos en grande?», para risa eterna de Jesse y mía también.) Por fin se fue y la redacción de *Carteles* volvió a cobrar su ritmo habitual bajo la censura, que no había permitido fotografiar los últimos muertos aparecidos. El parte oficial hablaba de encuentros habidos en la Sierra en que habían resultado «muertos varios forajidos» y convertía a los rebeldes en casi lo que habían convertido a los mambises de las guerras de independencia las autoridades españolas, que siempre hablaban de desafectos. Compré, para aliviar mi monotonía, varios discos de jazz, entre ellos uno de Sonny Rollins que me era particularmente querido por su versión inolvidable de «Poor butterfly», que siempre que la oiría me recordaría esos días, más bien esas noches, tarde en la noche, en que me sentaba en el recibidor a oír mis discos tranquilos, mientras por la ventana de persianas Miami entraba a veces la conversación de los policías apostados junto a la casa del coronel González, segundo jefe de la radiopatrulla, o de las perseguidoras, como las conocía el pueblo en Cuba. Ellos, el coronel, su padre, su familia y los policías que los servían tenían tantas relaciones con nosotros, a pesar de vivir pegados, como los marcianos y como tal los mirábamos –y tal vez nos miraban mutuamente.

Un domingo fui con Pepe, José-Hernández-que-no-escribirá-el-Martín-Fierro, a Cojimar, a comer en casa del manquito del Real, que era un inválido que se adelantaba a su tiempo: tenía un brazo talidomídico, el brazo derecho, en que el miembro terminaba en una manita mustia y escuálida de apenas tres dedos y que él mostraba sin complejos vistiendo camisas de manga corta. Fuimos y me hice acompañar por mi primo Papi para contener a José-Hernández-que-no-escribirá-el-Martín-Fierro en caso de que la posible bebida lo convirtiera en Pepe el Loco –pero pasamos un día agradable, por lo menos yo, que descubrí que la madre del manquito del Real era aficionada al jazz y tenía entre sus discos las primitivas grabaciones de Charlie Parker y de Dizzie Gillespie y su conjunto bebop, sorpresa que me resultó en extremo simpática y que casi me permitió mirar al manquito con otros ojos, aunque su habitual mala leche, potenciada, se veía que se convertiría un día en pura hijadeputada, como efectivamente fue. Pero la gran sorpresa del viaje, del día, ocurrió al regreso, por la noche, con Pepe casi el loco esperando la lanchita para atravesar la bahía, que me miraba con ojos rencorosos.

–¿Qué te pasa? –le pregunté.

–¿Que qué me pasa? ¿Que qué me pasa? Tú sabes lo que me pasa.

–No, yo no sé nada. ¿Qué te pasa?

–¡Cobarde! Eres un cobarde.

–¿Y a qué viene eso?

–¿A qué viene? A que viniste custodiado por tu primo.

Papi, discreto como siempre, callado como siempre, se hizo a un lado.

–Yo no he venido custodiado por nadie. Él vino conmigo simplemente, como tú.

–No, tú lo trajiste porque tenías miedo.

–¿Miedo? ¿Miedo a qué?

–Tú sabes.

Sus palabras resonaban gangosas en el pequeño muelle, casi solitario a esa hora en el viaje de regreso.

–No, te juro que no sé. ¿Miedo a qué?

–Miedo a mí. Me tienes miedo a mí. Tenías miedo de quedarte solo conmigo, ¿no es verdad?

No comprendí de inmediato qué quería decir, luego se fueron abriendo paso los viejos cuentos de Pepe el Loco, el que decía que para ser un verdadero escritor (para escándalo del viejo Óscar Martín) había que ser hombre y hembra (ésas eran sus palabras) y contaba cómo de noche acostumbraba a meterse en el cuarto de su hermano loco (ése sí estaba loco de verdad: tuvieron que recluirlo, al pobre, y lo vi una vez o dos por *Carteles*. Muy diferente a su hermano, muy tímido y dulce en su locura) y le «tocaba la cosa» (así contaba Pepe el Loco) y cuando su hermano se despertaba, salía corriendo y se escondía, por lo que su hermano, ya medio loco, creía que había venido a visitarlo el diablo y que era el diablo quien lo masturbaba. Sólo que era su hermano y nadie lo sabía en la casa. Nunca supe si estas confesiones eran inventadas o ciertas, Pepe haciéndose el maldito: ya que no era escritor maldito podía ser maldito solamente. Pero ahora comencé a comprender poco a poco.

–No te atrevías a venir solo conmigo –decía Pepe, en voz más alta–. Porque tienes miedo. ¡Me tienes miedo a mí y te tienes miedo tú mismo!

Quería decirle que hablara más bajo, pero era inútil: cuando Pepe bebía perdía todo control de sí mismo y de su circunstancia. Por eso no me gustaba salir solo con él, y por eso le pedí a mi primo, Papi, parado de inocente en una esquina del muelle mientras en la otra Pepe gesticulaba y me miraba con una cara de rencor cada vez mayor, que me acompañara.

–¡Tienes miedo, cabrón! ¡Tienes miedo!

Seguía con su letanía y era imposible intervenir.

–¡Tienes miedo a que yo te arrastre conmigo!

No tenía miedo a eso ni cosa parecida: aunque unos pocos años más joven que yo, Pepe tenía poco de Rimbaud y yo nada de Verlaine para verme envuelto en una situación literaria-homosexual. Pero he aquí que Pepe soltaba toda su agresividad escondida durante tanto tiempo. Recuerdo que una vez dejó de hablarme sin motivo aparente y un día, cuando volvió a hablarme (yo tomé una actitud con el mismo grano de sal que la otra), me dijo que era porque él estaba celoso de mis amigos, sobre todo de René Jordan con su brillantez intelectual, así me dijo, y entonces yo creía que se trataba de celos intelectuales, pero ahora me daba cuenta de que eran otra clase de celos los que le hicieron dejarme de hablar, los mismos que lo hacían alborotar ahora sobre el muelle.

–Sí –decía–, de que yo te arrastre conmigo por la pendiente del vicio y de la perdición.

Además de insistente era cursi. Se lo dije:

–Ésa es una frase cursi.

Esto pareció detenerlo. Me imagino que no esperaba un examen literario de la situación. Se sonrió, se sonrió con su risa de dientes cariados.

–¡Cabrón! –me dijo y se fue caminando hasta el tercer extremo del muelle, que se había convertido ahora en un triángulo, con Papi mi primo haciendo uno de los catetos y el otro Pepe y a mí no me quedaba otro remedio que ser la hipotenusa. Hipo tenusa. Hipo de musa. Hijo de puta. Me pareció que esto lo murmuraba Pepe en su rincón del muelle, pero es posible que yo estuviera también un poco borracho. Me alegré de que Papi me hubiera acompañado. Él podía ayudarme a controlar a Pepe si se ponía violento, aunque ahora me parecía que no era necesario utilizar sus servicios: la crítica literaria había detenido el torrente homosexual de José-Hernández-que-no-escribirá-el-Martín-

Fierro. Afortunadamente venía la lancha ya. Terminó de arrimar y se aparejó al muelle, mientras salían de ella dos o tres soldados, que eran sus únicos ocupantes. Cuando acabaron de salir, montamos nosotros dos, Papi y yo, mientras Pepe se quedaba en su rincón: creía que nunca iba a embarcarse, pero cuando la lancha comenzó a separarse del muelle saltó a ella en el último minuto. Se quedó de pie en la proa, sin entrar al barco. Estuvo allí todo el tiempo que duró el viaje desembarcando primero que nadie y cuando salimos Papi y yo no se le veía por ninguna parte. Ahora iría seguramente a acabar de emborracharse en algún bar de los muelles y terminaría en algún prostíbulo cercano. Papi mostró su preocupación por Pepe, que era noble:

–Es que está muy borracho.

–No, no está tan borracho. Ése es un teatro que él hace. Ahora sí se emborrachará de veras.

–Tenemos que salir a buscarlo entonces.

–No, déjalo a él solo. Él conoce bien La Habana. No tendrá ningún problema.

Y, efectivamente, el lunes por la mañana estaba Pepe en *Carteles* como si no hubiera pasado nada: hasta me sonrió los buenos días.

–Tremenda la que cogimos anoche.

–Sí –le dije, dejándole el beneficio del plural.

Segunda parte

El día 3 de marzo de 1958 es una fecha importante en mi vida. Ése fue un día como otro hasta casi las seis de la tarde y no recuerdo por qué me quedé hasta tan tarde en *Carteles:* tal vez escribiera mi crónica. Lo cierto es que alrededor de las seis estaba esperando el ómnibus en la esquina y también me sorprende que no cogiera un taxi. Todo lo hice para coger la ruta 10 que esperé ese día como un día cualquiera, pero en cuanto subí al ómnibus todo cambió: la vi a Ella: entonces ella no era Ella todavía y no lo sería en mucho tiempo, pero fue ahí, de pie en el ómnibus, que la vi por primera vez. No sé si vi primero sus ojos amarillos o si noté antes que nada su tez pálida o su esbeltez o su elevada estatura. Este último detalle, el de la estatura, no lo noté hasta más tarde. Lo que hice fue quedarme de pie mirándola y vi que ella miraba una o dos veces hacia mí. En Carlos III se desocupó un asiento lateral y ella se sentó. Yo me moví hasta pararme justo a su lado. Luego se desocupó un asiento detrás de ella y me senté y entonces observé que me miraba con el rabo del ojo, mientras hacía como que miraba a la calle. Seguimos viajando juntos hasta que el ómnibus estuvo en la calle 23 y siguió más allá de la avenida de los Presidentes y todavía más allá de Paseo. De pronto se puso de pie para apearse en la esquina de la calle 4 y yo, como movido por un muelle, me puse de pie también y me preparé a bajarme junto con ella. Tal vez yo tenía la intuición de adónde iba ella, tal vez no lo supiera todavía, pero cuando el ómnibus pasó y ella atravesó la calle 4, la seguí. Se detuvo a esperar el tránsito en la calle 23 y yo me detuve a su lado. Echó a andar para cruzar la calle, nerviosa, y yo crucé tras ella, impulsivamente cogiéndola del brazo en medio de la calle.

–Tenga cuidado –le dije–, que aquí el tránsito es muy peligroso.

Ella me miró y fue entonces que me di cuenta de que era más alta que yo porque me miró de arriba abajo y al mirarme se soltó de mi mano. Cruzó la calle por entre el tránsito sin esperar la luz (ésta era una señal de nerviosismo extremo, como supe después, pues ella, siempre temerosa de los automóviles, es la más cuidadosa de los peatones) y caminó por la acera del frente hasta un edificio que en nada se diferenciaba de los otros de la calle pero que yo sabía que era diferente, era la Academia Municipal de Arte Dramático. La seguí hasta el edificio y entré en él; cuando la vi perderse escaleras arriba, subí detrás de ella. Hasta mí vino una muchacha que en un principio creí que era una recepcionista, pero luego supe que era otra joven aspirante a actriz que se llamaba Sigrid González, en una suave mezcla de exotismo y cubanía aunque ella era toda cubana, con su belleza en flor.

–¿Desea algo? –me preguntó.

–Sí, quisiera ver a René de la Nuez.

–El profesor René de la Nuez está en clase en estos momentos.

–¿Puedo esperarlo?

–Sí, si quiere pasar a la dirección...

–¿No hay otro lugar? –menos respetable iba a añadir, pero dejé la pregunta en su sitio formal.

–Puede pasar a la terraza, si quiere. Es por ahí, por esa puerta.

Afortunadamente la muchacha señalaba la puerta por donde había desaparecido mi fugaz compañía. Me pareció una excelente idea y seguí ese camino. La encontré en la terraza (evidentemente había llegado tarde a clase) con otros alumnos, pero no me acerqué a hablarle sino que contemplé su largo cuerpo delgado y su belleza de largo pelo negro, recogido hacia atrás, aunque a la distancia no podía detallar sus facciones. Esperé un rato y mientras esperaba se hizo de noche (aunque eran los días finales del invierno, el sol se ponía temprano todavía) y podía verla en la terraza, charlando con sus compañeros, mientras de vez en cuando miraba hacia donde yo estaba. Era evidente que debía preguntarse quién era yo, pero no qué hacía allí, en el extremo de la terraza, mirándola insistente.

–Eh, ¿qué haces por aquí?

Era René, quien evidentemente debía preguntarse qué hacía yo por allí (nunca, creo, había visitado la Academia de Arte Dramático), buscándolo, cuando podía haberlo visto, debía haberlo visto en la revista no hacía siquiera una hora o tal vez dos. Aunque ya no vivíamos en el mismo edificio ni trabajábamos en el mismo departamento nos veíamos a diario: fue él, de hecho, quien más hizo por ayudarme a olvidar las tormentosas relaciones con Elena, por disipar mis culpas, tirando, medio en serio, medio en broma, todo el malogrado asunto a una suerte de relajo criollo que él dominaba bastante bien. Era obvio que se sorprendiera.

–Nada. Pasaba y quise hacer una visita a la academia.

Pero él no se iba a dejar convencer por tan pobre excusa.

–No, tú buscas otra cosa.

–Palabra.

–¿Quieres ver a Mario?

Se refería a Mario García Mendoza, el director de la academia y mutuo amigo.

–No. ¿Para qué?

–No sé. Se me ocurrió.

De pronto ella se movió en la terraza, de un grupo de alumnos a otro.

–¿Quién es ella? –pregunté señalando con la cabeza.

–Ah, yo sabía –dijo René–, yo sabía que algo buscabas.

–Venía en la guagua conmigo y se bajó aquí en la esquina. No sé por qué me bajé detrás de ella.

Era así que por primera vez relataba aquel encuentro tan importante, con palabras triviales, aunque es cierto que el encuentro, en vez de anunciarse con bombo y platillo, a juzgar por sus futuras implicaciones, había sido bien sencillo. No había por qué, en ese momento, juzgarlo de otro modo.

–Es una alumna.

–Eso parece. Quiero decir que me des detalles.

–Es alumna mía. Pero no hay nada que hacer. Aquí todos han tratado de tumbarla, pero no han conseguido nada. Te lo digo para que no te lances.

Entonces yo pronuncié unas palabras que fueron fatales.

–¿Qué te quieres apostar si es todo lo contrario?

–Me apuesto lo que quieras, pero te advierto de nuevo que no te lances: te vas a llevar un chasco.

–Cien pesos contra un cabo de tabaco. –René se rió, se sonrió al oír mi apuesta que era común entre nosotros por esos días.

–Va –dijo René, que era tan tacaño como amigo y al mismo tiempo amigo de obtener algo por nada.

–¿Cómo se llama?

Me dijo su nombre que jamás olvidé.

–¿Me la quieres presentar?

–Está bien. Ven conmigo.

Caminamos hasta el borde de la terraza. René la llamó a ella a un lado aprovechando un aparte que ella hizo, intencionado o casual: eso nunca lo sabré. Nos presentó. Ella me tendió la mano y por primera vez sentí sus dedos largos, delgados y perfectos entre los míos que, como siempre, fueron torpes: apenas pude agarrarle la mano y la estreché casi en la punta de los dedos. Traté de comenzar a hablar pero no me salía ninguna palabra capaz de iniciar la conversación. Sigrid apareció en la terraza.

–Y ésta es Sigrid González –me dijo René, como indicando, muy levemente, que era un coto reservado: así al menos lo entendí y no me equivoqué.

–Encantado.

–Ya nos conocimos abajo –dijo ella, demostrando buena memoria.

–Él trabaja donde mismo trabajo yo: en *Carteles* –dijo René a las dos. Las dos sonrieron, como entendiendo.

–Los dos trabajamos en *Carteles* –dije yo. Las sonrisas se hicieron más amplias porque yo había sonreído al decirlo, indicando que era una broma particular.

–Ah, sí –dijo ella y pude apreciar plenamente y por primera vez su voz: baja, acariciante, cultivada, voz que un poeta picúo iba a llamar un día «voz de nardo», imitando no sé qué García Lorca en decadencia, pero en ese momento me gustó su voz, mucho, tanto como me gusta todavía.

–¿Por qué no salimos todos juntos? –dijo René.

–Lo siento, pero yo no puedo –dijo ella.

–Yo creo que yo tampoco –dijo Sigrid.

–Bueno, en ese caso... –dijo René, como despidiéndose. Yo lo observaba porque me gustaba verlo en su papel de profesor: no lo hacía del todo mal. Era el profesor joven y moderno pero al mismo tiempo se daba su lugar. Si había propuesto la salida era, sin duda, en mi favor. Sigrid se iba y la miré: no estaba del todo mal, con sus pícaros ojos negros y su linda boquita. Además, aunque su cuerpo era cubano, era todavía bien joven y eso mismo le daba un encanto animal a su figura más bien llena, de grandes senos y futuras caderas gordas pero aún por llenar. Ella se fue o entró al edificio. Por debajo de la conversación había algo más que yo había sentido pero no entendido: la rivalidad entre ella y Sigrid. Era más bien proveniente de parte de Sigrid (me gustaba su nombre, sacado de su madre sabe Dios de dónde, con su exotismo sueco) que se creía la mejor actriz de su año y su posición peligraba por la presencia de ella. (Esto lo supe mucho después: me hubiera ayudado saberlo entonces, cuando entendí la negativa a salir en grupo de Sigrid como dirigida a mi persona exclusivamente.) René se fue también y sólo quedamos en la terraza ella y yo junto al muro que daba a la calle y el otro grupo de alumnos, entre los que destacaba uno muy largo y muy delgado, a quien pronto conocí como El Flaco y a quien vi más en el futuro de ese grupo, sobre todo por el tiempo en que fue expendedor de café en 12 y 23 tarde y en la noche y por la madrugada, conocido de todos los concurrentes noctámbulos a esa esquina por haberse traído un tocadiscos al puesto de café y haber completado los ruidos nocturnos con música de la llamada clásica que quiere en realidad decir europea. El Flaco, un melómano que alegraba (o entristecía: para mucha gente ésa era música fúnebre) la noche de los tomadores de café de 12 y 23 junto a Fraga y Vázquez. Pero no lo destaqué más que por su estatura esa tarde en que lo conocí.

–¿Por qué no salimos tú y yo? –le pregunté a ella, insistente.

–¿Adónde? –dijo ella, mirando al tránsito de la calle abajo.

–No sé. Tú escoge. –Fue entonces que me di cuenta de que la estaba tuteando de la manera más natural del mundo: así sucedió todo entre ella y yo, espontáneamente.

–No sé. Tengo que regresar a casa.

–Pero regresas más tarde. ¿No puedes regresar un poco más tarde?

–Poder sí puedo, pero no sé si quiero.

–Quiérelo, por favor.

–¿Para qué?

–Quiero hablar contigo, estar en un lugar donde podamos hablar tú y yo.

Ella no respondió de inmediato y yo vi que lo pensaba: supe que tenía ganada la partida. Pude hasta haberle dicho a René, antes de irse: «¡Y va la apuesta!». Iba la apuesta, de seguro: me sentía confiado de ganarme su confianza y algo más.

–¿Dónde vamos?

–No sé. Mira, aquí cerca está El Atelier, que es un *night club*. Podemos ir allí, si tú quieres.

Lo pensó un poco más.

–Bueno, está bien. Vamos.

Me llené de alegría: era mi primer triunfo y yo esperaba que no sería el último. Antes de salir noté que efectivamente me llevaba una o dos pulgadas de estatura, aun con los zapatos bajos que ella llevaba. Nos escurrimos de la azotea por entre el grupo de alumnos (al menos, ésa fue la sensación que tuve, temiendo a cada momento que fuéramos detenidos por alguien del grupo o que se nos añadiera alguno). Una voz del grupo la llamó pero era para decirle hasta mañana. Bajamos las escaleras y salimos sin otro contratiempo, cruzamos la calle, esta vez por el semáforo, y pronto me decidí a abandonar la calle 23 (temía encontrarme con alguien, bien conocido de ella o, lo que es peor, conocido mío) y seguimos por 21 hasta El Atelier. Entramos.

Estaba tan oscuro como siempre pero ahora de noche se veía menos oscuro que de día, cuando la entrada era realmente un túnel de carboneros. Pronto nos acompañó un camarero hasta nuestra mesa que para mayor coincidencia (aunque un tanto forzada por mí: yo había elegido venir aquí) era la misma en que nos sentamos Elena y yo un día ya memorable del año pasado. Pedimos dos daiquirís, que, como decía alguien muy cursi entre mis amistades (o entre mis conocidos, más bien), era lo más expedito. (Se trataba de un compañero de trabajo cuando hacía *surveys*, al que se le quedó, entre el grupo, el sobrenombre del Expedito.) Yo la miré bien y mientras venían los tragos y aun a la escasa luz era bella. Vi sus grandes ojos amarillos, de largas pestañas naturales (apenas si llevaba maquillaje, mejor: creo que no llevaba ninguno) bajo dos cejas negras, espesas y bien formadas, su fina nariz que siempre me asombró (hasta que ella me dijo un día que se había hecho una cirugía plástica, cosa que me negué a creer en un principio) y su boca rosada y bien hecha, de labios protuberantes y más bien grande. Solamente marraba su belleza unos leves puntos de acné.

–¿Qué edad tú tienes? –le pregunté, creyendo que me diría que tenía veinte años o más: no iba a correr más riesgos como los que corrí con Elena.

–Dieciséis. –Algo saltó dentro de mí–. Pero cumplo diecisiete en estos días. ¿Y tú?

–Veintinueve, voy a cumplir treinta. –No sé por qué de pronto había decidido echarme años: tal vez para ganar peso ante ella que se veía mayor de lo que era: yo tenía entonces veintiocho años.

–No lo pareces.

Iba a decirle que ella tampoco, pero entonces tendría que agregar que parecía mayor, cosa que tal vez no le gustara.

–No, no lo parezco.

Era verdad: a pesar de mis espejuelos parecía mucho más joven de lo que era en realidad, tal vez de ahí mi necesidad de echarme años ante ella.

Hubo un silencio. ¿De qué podíamos hablar aparte de la edad para hacer conversación? Después de todo no se venía a El Atelier a conversar, pero tenía que empezar de alguna manera: no podía tirar encima de ella de buenas a primeras. Además estaba presente la advertencia de René de que ella era difícil, muy difícil, casi espacial. Afortunadamente llegaron los tragos, si no habría tenido que invitarla tal vez a bailar y aunque nadie mira a nadie en sitios como El Atelier (tal vez de noche sí: yo siempre había venido de día), sería ridículo verme o saberme bailando con una mujer mucho más alta que yo. Tomamos los tragos y o bien ella tenía el estómago demasiado vacío o había bebido algo antes (tiempo después me dijo que esa tarde venía del cumpleaños de su hermana), lo cierto es que el trago le hizo efecto enseguida –o a mí me lo pareció así.

–Yo estoy enamorada –dijo ella a propósito de nada–. De un hombre alto y con el pelo rojo.

No había nadie más disímil a mí que esa imagen de su amor.

–Lo amo, pero él está casado. Creo que está casado. Pero yo lo amo.

Me sentía ridículo allí oyendo su confesión: más valía haber bailado. Para evitar el ridículo pedí otro trago, dos más. Seguimos bebiendo y ella siguió hablando y llegamos a la parte en que me preguntó qué yo hacía y cuando le dije que era periodista, me dijo: «Oh, igual que René, digo el profesor René de la Nuez. Debía haberlo sospechado. Trabajan en el mismo lugar. Sí, claro, debí haberlo sabido». Entonces ella hizo algo que ahora me hace pensar que pasó mucho más tiempo y que bebimos más de lo que he dicho: se sentó en la silla de manera que casi estaba acostada en ella y me puso la cabeza en los muslos.

–Ay –dijo–, yo me quiero morir. Me veo muerta entre cuatro velas y me gusta. Yo me quiero morir.

Era evidente que estaba borracha, pero yo ahora no hacía tanto caso a sus palabras como a sus actos: de lejos bien podía parecer otra cosa, ella con su cabeza en mis muslos, y le pedí por favor que se sentara, antes de que viniera el camarero a requerirnos, que era lo último que yo quería que pasara en este mundo, aunque bien pensado no recuerdo nunca que ningún camarero de El Atelier (o de cualquiera de esos lugares similares) viniera a requerir a ningún cliente.

De todas maneras le pedí que se levantara y se sentara correctamente, ¿cómo iba a poder hacer algo con ella en aquella posición? Y yo había venido a El Atelier con ella a hacer algo, por lo menos a hablar, y ahora todo lo que oía eran sus quejidos, sus lamentos por estar viva y su ansia de estar muerta: buena me había tocado. ¿Sería por esto que la consideraban difícil, casi imposible? Era posible. Recuerdo que en algún momento de la noche dejamos El Atelier, con ella todavía borracha o todavía queriendo morirse, y nos sentamos en el parque que está ahí al lado o que me pareció que estaba ahí al lado aunque en realidad estaba en la calle 15. Nos sentamos un rato allí al fresco de la madrugada (era ya más de la una, si no recuerdo mal) y me asombró que ella no hablara del tiempo, que no se diera cuenta de lo tarde que era. Estuvimos allí sentados un gran rato, hasta que se le pasó la borrachera: lo supe porque dejó de hablar de que quería morirse y hablamos de otra cosa. Yo quería decirle que era casado, para dejar detrás de mí ese expediente, pero decidí dejarlo para la próxima ocasión. Luego, finalmente, nos íbamos: yo la acompañaba hasta su casa, que quedaba en 15 entre 22 y 24, cuando al salir del parque cruzó la calle, siseante pero al mismo tiempo extrañamente silenciosa, una bandada de gansos, blancos, enormes, caminando como marinos en tierra o como borrachos, cruzando la calle con toda la calma –y eso hizo la noche inolvidable. Cuando llegamos a su casa nos despedimos, nos dimos la mano, creo, y le pregunté cuándo podía verla de nuevo. Ella me dijo: «Oh, no sé. Mañana o pasado, supongo. Yo voy todos los días a la academia». Yo me extrañé que en su casa todo estuviera a oscuras y que nadie la estuviera esperando y me pareció una muchacha particularmente libre, cuando podía salir hasta tan tarde sin chaperona y sin que nadie la esperara despierto. Creo que se lo dije y ella me dijo:

–Oh, mi mamá tiene una gran confianza en mí.

Lo que no me dijo esa noche me lo dijo en otra ocasión, ella trabajaba, trabajaba en una fábrica de tabacos y tenía que estar en el trabajo a las siete y media de la mañana, así que era milagroso que trasnochara tanto teniendo que trabajar al otro día tan temprano: cuando me lo dijo, esto me sorprendió tanto como el hecho de que saliera hasta tan tarde, sola, y nadie la esperara en casa –después de todo ella no tenía más que dieciséis años. Deduje que su familia debía ser tremendamente liberal. Pero aquí, como en otras cosas con ella, me llevé una sorpresa.

Por aquellos días terminaba sus días de trabajo en *Carteles* el profesor Cabezas, que era el archivero mayor (el archivero menor era su ayudante Blanca Mieres, que me caía particularmente simpática, a pesar de su pacatería, porque insistía en que yo me parecía a James Mason, el actor). El profesor Cabezas era un antiguo cura, jesuita, que ahora, en sus años viejos, era el más radical de los ateos y anticlerical por excelencia. Yo gozaba mucho de sus cuentos de *débauches* en los conventos y en los monasterios, de los que siempre tenía una buena colección. En la antigua *Carteles* tenía una sección especial, que consistía en un cuadro con un artículo al lado que casi siempre lo que hacía era describir el cuadro. Cuando vino la nueva regencia esta sección desapareció enseguida, lo que hirió al profesor Cabezas. Creo que lo que más lo hirió fue que quien retirara la sección fuera un republicano exilado como él. Sea como sea, el profesor Cabezas ya no volvió a ser el mismo: ya sus cuentos de curas y de monjas y de frailes no volvieron a ser tan bien contados y era visible que decaía. Poco tiempo después decidió retirarse y era ahora que se hacía factible el retiro. Con su ida quedaba vacante el puesto de archivero mayor (era dudoso que ascendieran a Blanquita: ese puesto nunca lo iba a ocupar una mujer, al menos no en esa época) y yo pensé enseguida en mi amigo Silvio Rigor, que estaba de profesor en la Academia Einstein, que a pesar de su nombre no era precisamente un emporio del saber, y donde ganaba una porquería. Lo propuse al director y le pareció bien (sobre todo cuando yo traje a Silvio para que lo conociera y éste soltó una de sus pedanterías, que ahora no recuerdo, pero que le daban un aire muy culto: cosa que en realidad era, comparado con los periodistas de *Carteles* y de otras partes) y Silvio consiguió el puesto de archivero mayor, en el cual no había que hacer mucho más que estar sentado de nueve a doce y de dos a cinco y archivar las fotografías que salían reproducidas en la revista (cosa que hacía siempre Blanquita) y guardar la colección de *Carteles*, encuadernada año por año desde su fundación. Desde mi punto de vista la presencia de Silvio vino a enriquecer la redacción de *Carteles* (aunque él no escribía): era feliz tener cerca a alguien que sabía que el nombre del fabuloso estafador Stavisky eran Serguéi Alexandre, que la Internacional Verde era el ideal de Aleksandr Stambolisk, gobernante búlgaro hasta 1923 (la especialidad de Silvio Rigor era la historia europea entre las dos guerras mundiales) y si alguien hablaba de Tristan Tzara, él era capaz de añadir, cantando: «*For my heart belongs to Dada*». Era su sentido del humor lo que yo más apreciaba en Silvio, que se había hecho con los años más pedante pero más cultivado y hasta podría decir más eficaz. Fue gracias a Silvio que conocí a Adriano de Cárdenas y Espinoza o Spinoza. Adriano estaba interesado en conocerme porque sabía (por Silvio seguramente) que yo había sido amante de Julieta Estévez. Adriano había estado locamente enamorado de Julieta (es más, ella había sido su primer amor: lazo que nos unía, ya que Julieta me había iniciado en los secretos del sexo, en todos. Fue por ella que supe lo que era un cunnilingus, que para mí era tan esotérico como la palabra que lo define, y otros secretos, otras maravillas) y todavía añoraba su compañía, cuando un día que yo caminaba con unos compañeros de la escuela de periodismo (René Jordán, Magaly Hoz y creo que Esperancita Magaz) Calzada arriba y justo en la esquina del Carmelo se detuvo un auto de donde me llamaron. Era Silvio que me llamaba para presentarme a su amigo íntimo que era Adriano, que entonces no era más que un muchacho gordo que manejaba un carro grande. Luego lo vi varias veces más, gracias a Silvio, y así fue que trabé conocimiento con esta personalidad tan influyente en mi vida, de la que no voy a hablar ahora pues apenas hay tiempo para hablar de las ninfas. Solamente quiero añadir que fue también gracias a Silvio que conocí a José Atila, que entonces no se llamaba José Atila sino que ése fue un seudónimo que yo le busqué cuando lo inicié en el periodismo. También inicié a Silvio y de ahí venía el rencor sordo de los viejos colaboradores de *Carteles*, que veían a la redacción llenarse de gente joven desconocida (René Jordán colaboró en *Carteles* con uno de sus cuentos, pero venía a visitarme a menudo, cada vez que traía una colaboración para *Vanidades,* donde escribía regularmente antes de ser el crítico de cine de *Bohemia*), entre éstos, aunque no escribiendo, no todavía, estaba José Atila.

Pero ahora debo hablar de mi nuevo conocimiento: de ella, a la que anoche dejé tarde en la noche en su casa, tan cerca de la mía, y a quien había venido a ver otra vez a la Academia de Arte Dramático. La esperé a la salida y ese día no estaba vestida con su traje ancho, de saya de paradera, que llevaba ayer, sino simplemente con unos pantalones y una camisa. Esta vez era visible que no usaba ajustadores y sus teticas sin sostén se mantenían erguidas, no opulentas como parecieron anoche porque estaban sostenidas hacia arriba y además su amplio pecho las hace parecer grandes cuando ahora se ven más bien pequeñas, pero de todas formas realmente adorables. Ella lleva unos mocasines pero todavía luce alta, quizá demasiado alta para mí, lo que no es óbice (ésa es otra palabra que aprendí de los días en que hacía *surveys:* la decía también Expedito, por lo que a veces no le llamaban así sino que le decían

Óbice) para que salgamos. Esta noche no vamos a El Atelier, lo que es evidente por su atuendo (que, déjenme decirlo, resulta atrevido en este tiempo en Cuba: una muchacha que usa pantalones masculinos y una camisa de hombre para vestir. Luego, con el tiempo, sabría que los pantalones son un regalo de ese muchacho alto y flaco que vive frente a su casa y que será como una futura competencia, aunque le lleve ventaja en años, y que los usaba porque no tenía otra ropa que ponerse de pobre que era, cosa que yo no sabía entonces y achacaba el atuendo masculinizante a una libertad de albedrío y un gusto por lo inconforme que la hacía más atractiva todavía), sino que caminamos por las calles de El Vedado, aquí todo lleno, el barrio, de números, desaparecidas cuadras atrás las calles que se llaman con letras, a partir de la avenida Paseo. Caminamos, atrevido que soy, hasta muy cerca de casa, bordeando el hoyo, lo que para nosotros será siempre El Hoyo, que está entre las calles 23, 19 y 22, muy cerca de esa esquina de 26 y 23 donde vivo, pero también camino de su casa en 15 entre 22 y 24. Nos sentamos en el muro de El Hoyo y allí, casi castamente, nos dimos el primer beso. Para mí fue un triunfo pero me pareció observar que para ella era una rutina: un beso dado a un amigo, casi un beso en la cara por el leve roce de los labios suyos, secos, cerrados, contra los míos, todavía no ávidos, sabiendo que este beso no significa nada. La calle, todo el barrio está tranquilo, allí junto al hoyo, frente a la casa en que vive mi amigo el arquitecto Alberto Robayna, que he visitado una vez para maravillarme del uso de viejos elementos sacados de casas en ruinas de La Habana Vieja: arcos de medio punto, cancelas, una puerta-ventana vidriada. Allí, en la suave noche de marzo hablamos de cosas intrascendentes: ella no volvió a mencionar sus ganas de morirse mientras yo me moría de ganas de saber qué había de cierto en la historia del hombre del pelo rojo, pero sin atreverme a preguntar, al mismo tiempo que sin importarme demasiado porque después de todo no estoy enamorado de ella, no todavía, y si salgo con ella, si busco su compañía, no es solamente porque me agrada, sino porque está también presente la apuesta que casi he hecho conmigo mismo: ella será mía. Lo que no sabía en ese tiempo es que buscándola, tratando de que fuera mía, fui yo de ella mucho antes. Pero ahora está la conversación: le pregunto sobre el teatro, sobre la academia y sus estudios de teatro, sobre su teatralidad, tratando de saber si esa voz baja, susurrante, es aprendida, impostada, o es su voz verdadera, no ocurra como con la falsa Bettina Brentano, a quien un día se le perdió su voz radial para salirle por debajo, durante una discusión con sus hermanas (más populares, incultas), la voz de negrita que realmente era la suya. No ocurre así sin embargo con ella y una de las cosas que aprendo pronto es a apreciar su sinceridad: no tiene que recurrir al falsete honesto de Elena para que le salga su voz propia, que no es muy diferente de la voz de conversación en grupo, social, o de la voz, baja, tibia, con que conversa conmigo ahora. Pronto establecemos nuestra geografía en sucesivas salidas, mapeando esa zona de El Vedado en que ella vive y que está entre la academia y su casa. Yo cultivaba su amistad, esperando más después de aquel beso furtivo junto al hoyo, pero no hay más que eso. Tampoco pude enterarme de la naturaleza total de mi rival, el hombre de la cabeza roja (casi parece un personaje de Chesterton en mi fantasía), a quien me represento como alto, no moreno sino pelirrojo y buen mozo. Un día por fin le dije que era casado y me respondió que lo sabía. «¿Cómo?», le pregunté, pensando que se lo había dicho alguien, tal vez René, y me respondió: «Se te ve en la cara». Pero no había en mí la menor señal de casamiento: hasta llegué a perder (o a dejar detrás, que es lo mismo) el anillo de compromiso en el dedo anular, así que solamente saben que soy casado los que me conocen y los que reciben mi confesión. Pero ella insistió en que lo sabía. Por ciencia infusa indudablemente. Con todo, no dejó de pasear conmigo muchas noches y un día, bastante cercano al día que la conocí, me dijo:

—Quiero que vengas a mi casa, a conocer a mi madre. También puedes visitarme, si quieres.

Yo sí quería, quería verla a ella, aunque fuera en su casa, pero temía que su madre adivinara que yo era casado. Pero su madre resultó una señora gorda (no muy gorda, era el cuello corto y el vientre lo que la hacían parecer más gorda), alta, muy entretenida, que me recibió con un cariño como si me hubiera conocido de toda la vida. Pero no olvidé que ella me confesó que fue acompañando a su madre a un juego de pelota que conoció al hombre de la cabeza roja, peligroso pelirrojo.

También conozco en su casa a su hermano menor que se ríe mucho para su edad (tiene 12 o 13 años) y amamanta más que acaricia siempre un perro, un cachorro de perro grande, tal vez un mastín o un gran danés. La visita mía es más bien corta pero sé que le he caído bien a la madre porque sé que nadie puede caerle mal a esta mujer tan cubana y al mismo tiempo tan de campo, pueblerina. Allí me enteré que venían de un pueblo de campo de la provincia de Las Villas pero que hace ya años que viven en La Habana. También conozco a su hermana soltera, que tiene un bar por la calle 28 o 30, cerca del río. Un día pasé un susto grande porque llegó de repente (yo había logrado tocarle los senos en esa ocasión) un hombre alto, fuerte, muy bien parecido —que era su hermano. Estaba todavía más asustado mientras me ponía de pie no fuera a ser que se notara mi excitación sexual, pero su hermano era tan inocente como su madre y solamente me dio la mano y me dijo que tenía mucho gusto en conocerme, a lo que respondí que el gusto era mutuo. Otro día vengo a visitarla de noche y como otras veces nos sentamos en el balcón mientras adentro, en la sala, su hermano y su madre veían televisión. Ella me había pedido que trajera algo de beber y yo compré una botella de vodka, que empezamos a beber del pico en el balcón. Yo temía que ella se emborrachara como en El Atelier y le diera por decir que se quería morir o por añorar al hombre pelirrojo. Pero no. Nos tomamos entre los dos la botella y fui yo quien resultó borracho, pero no tanto como para no poder robarle dos o tres besos (o tal vez más), algunos muy íntimos, y sentirle los pechos (pechitos) por encima de la camisa y después desnudos bajo mi mano. Fue entonces que por primera vez ella mencionó la palabra coco, que a mí me pareció, entre el alcohol, exótica pero que era solamente una forma popular de aludir a la imaginación: «¿A ti no te gusta hacerte coquitos?», me preguntó ella, y como no entendí me explicó que era pensar en cosas sexuales, aunque no lo dijo con todas esas letras: en una palabra, imaginaciones sexuales. Tuve que responderle que no. Lo que era verdad: yo a esa edad tomaba mi sexo *straight*, sin desviaciones y sin imaginaciones posibles, pero ella sabía, sabía que el sexo está más en la cabeza que entre las piernas, a esa edad ya lo sabía. Fue esto lo que quiso decir esa noche y me sentí muy cerca y muy lejos de ella, como un animal extraño visto de cerca.

Todo esto ocurrió en el transcurso de varios días, por supuesto, aunque la memoria lo telescopie y parezca una sola visita o una sola caminata hasta su casa. Pasaron tantos días que pasó un mes, cuando ella me reveló que cumplía años por esos días, en el mismo mes que yo. Traté de imaginar qué podía regalarle yo pero no se me ocurrió nada: todavía no sabía que era tan pobre como para no tener ropa, ya que podía haberle regalado un vestido. Después de todo yo tenía algún dinero y siempre he sido generoso con las mujeres (y con algunos hombres), como cuando le regalé una estola que me costó 25 pesos a Bettina Brentano, regalo que ella luego lució con otro, sin duda con mi amigo Adriano de Cárdenas y Espinoza o Spinoza. Pensaba qué regalarle y cada vez se me ocurría menos qué regalarle, cuando se lo mencioné a ella y me dijo redondamente que no quería ningún regalo, que si le hacía un regalo se pondría brava conmigo, es decir, quizás hasta me dejaría de hablar o de ver: así era ella de orgullosa entonces. (No que no lo fuera luego, pero las expresiones de su orgullo cambiaron sensiblemente con el tiempo.) El día de su cumpleaños me enseñó unas fotos que acababan de hacerle: fotografías profesionales, como de publicidad de una actriz.

—Es un regalo —me dijo, y yo sentí unos celos tan grandes de aquel que podía regalarle algo que comencé a pensar que me estaba enamorando en serio de ella, que ella comenzaba a dejar de ser ella para ser Ella –aunque no había ocurrido del todo todavía–. El fotógrafo me vio mirando su colección. –Era un fotógrafo de la calle Galiano–. Y me preguntó si me gustaría tener una igual que las que exhibía de... –y aquí mencionó el nombre de una actriz conocida, que no recuerdo ahora–. Yo le dije que sí y me hizo pasar al estudio para hacerme las fotografías. ¿Qué te parecen?

Me dieron ganas de decirle que no estaban bien, que ésa no era ella, que ella no era así, pero estaba sonriendo en la vida como en la fotografía, encantadoramente, por lo que no pude decirle más que la verdad: estaban muy bien. Creo que esas fotos las utilizó luego como publicidad –y ahora que hablo de la publicidad tengo que hablar de mi intención de regalarle una nota en una columna de alguno de los periódicos populares, donde yo tenía amigos, pero ella se negaba a utilizar mis conexiones, aunque esa negativa sucedió mucho después. Ahora, por el momento, todavía estábamos en fintas y todavía no estaba yo enamorado de ella –o al menos eso creía.

Un día se apareció Ramón Raudol por la revista con su nuevo carro: un auto enorme, un Pontiac era, que parecía un infinito ataúd negro, que llegaba de aquí allá, cogiéndose casi media cuadra para él solo en la acera de *Carteles*. Le había puesto aire acondicionado, gomas de bandas blancas y un radio Blaupunkt.

–Es de onda larga y corta –explicaba él y adoptando un tono confidencial añadía–: Puedo coger la Sierra con él.

La Sierra ahora era la Radio Rebelde de la guerrilla, que había comenzado a transmitir por esos días, dando noticias que eran mucho más creíbles que los partes de guerra oficiales, donde siempre ganaba el ejército «produciéndole múltiples bajas a los insurrectos». Por supuesto esta radio ya era conocida de toda la clandestinidad y muy pronto lo sería de toda Cuba, hasta la madre de ella se escapaba por las noches de su casa a casa de una vecina para oír, las puertas y las ventanas cerradas, la Radio Rebelde, que se convertía en una suerte de BBC en la Europa dominada por los nazis. Raudol volvía a contar (para regocijo nuestro, aunque no de Pepe, José-Hernández-que-no-escribirá-el-Martín-Fierro, que era el único que no mostraba entusiasmo por este contacto clandestino) que de noche se iba por la carretera central o por la carretera del Mariel afuera, parqueaba su carro y encendía el radio, conectando enseguida la Radio Rebelde. Esto era, por supuesto, peligroso, pero Raudol era atrevido y audaz. ¿No había ido con un grupo de periodistas clandestinamente a la Sierra y había sido testigo de un combate, según contaba a su regreso? Además, él había sido quien tomó o al menos pasó de contrabando las fotos de los muertos asaltantes al cuartel Goicuría, de Matanzas, dos años atrás, un testimonio gráfico (como les gustaba decir a los fotógrafos en su jerga retórico-periodística) que sacudió al gobierno, haciendo más patente su falta de veracidad y la impunidad con que cometía sus crímenes.

Ramón hablaba a raudales de sus proezas periodísticas. A veces olvidaba, con la facilidad con que aventaba sus aventuras amorosas, que se quería un hombre de acción que relataba su odisea escapando de Madrid, buscado por la policía de Franco, perseguido por la guardia civil, cruzando los Pirineos, que hacía parecer como si fuera Napoleón cruzando los Alpes buscando a caballo el paso abierto, o Stevenson en su burro fiel atravesando la campiña. Pero, con todo, Ramón era un héroe de papel periódico, capaz de las más arriesgadas aventuras en busca de noticias que muchas veces ni se podían publicar. Había subido a la Sierra con otros periodistas y, según él, había llegado, al cuartel general y hablado con Fidel Castro. Dejado detrás por su cuenta, había participado en un raid a un cuartel del ejército. Contó cómo había caminado toda una noche de la Sierra a las estribaciones, cómo habían atacado el cuartel (¿había participado él?, es posible pero nunca lo supe) y había tenido que hacer el trayecto de regreso corriendo primero, luego a marcha forzada, para escapar al cerco de una columna del ejército. Esta hazaña se había quedado en mero relato oral, en tópico de conversación, porque nunca se publicó. Su otra hazaña fue más riesgosa. Enterado de que atacaban el cuartel del ejército en Matanzas, corrió hasta allá en su carro y llegó a tiempo para presenciar no la caída del cuartel, sino la cuenta de los atacantes muertos. Contra la orden militar, tomó fotografías del patio del cuartel lleno de cadáveres y las pasó de contrabando. De regreso a los laboratorios del noticiero en que también trabajaba, las reveló y, como ningún periódico o revista cubano podría publicarlas, decidió venderlas en el extranjero. Pero un fenómeno curioso ocurrió en el revelado, que se hizo una revelación. El parte oficial declaraba que habían muerto trece de los atacantes (entre ellos, por supuesto, su jefe, el patético Reynol García, repudiado por su partido, vilipendiado por Fidel Castro, dejado a un lado por la historia, olvidado por todos y por supuesto asesinado por el ejército batistiano), pero Ramón escrutó la foto y contó doce cadáveres. Volvió a mirar aquella visión de varios hombres tumbados por tierra, como durmiendo al sol tropical, con el camión militar al lado y rodeados de soldados, y contó de nuevo doce. Enseguida se dio cuenta de lo que pasaba: el cadáver trece anunciado por la radio (y, peor aún, mostrado más tarde en una foto oficial publicada al día siguiente) no había muerto en el ataque sino después: Reynol García había sido capturado vivo y ejecutado sumariamente, con un disparo en la nuca. La foto era una huella delatora, la prueba visual del crimen. Ramón comprendió que tenía en sus manos no la fotografía extraordinaria que sabía que había tomado con riesgo de su vida, sino un documento sensacional. Con la misma astucia con que penetró en el cuartel atacado, hizo contacto con el corresponsal de *Life* en La Habana y juntos prepararon un reportaje que era una especie de «yo acuso» visual. Se veía la foto de Ramón, no muy nítida, algo borrosa, tal vez fuera de foco, y a su lado la versión oficial, nítida, impecable, mostrando los muertos al sol. El título del reportaje decía: «El Misterio del Cadáver Trece». Durante varios días Ramón tuvo que dormir en casa de amigos –o tal vez de amigas. Curioso de nacimiento, osado de profesión, era también indiscreto por naturaleza –ya había contado a demasiada gente cómo él había sido el autor de la foto que denunciaba más que mil editoriales.

Ahora nos contaba su encuentro con Hemingway. Sé que ocurrió de lejos pero lo relataba como si compartiera la misma banqueta ante el bar o un asiento vecino en el avión –porque todo comenzó en un avión. Hemingway aterrizó en Rancho Boyeros. Es decir, tocó tierra el avión en que viajaba, porque conocido el miedo que le tenía a los aviones era dudoso que Hemingway mismo piloteara el DC3 que lo trajo desde Nueva York, punto intermedio entre Estocolmo y La Habana. Venía por supuesto de recibir el premio Nobel pero bajó la escalerilla primero que Mary Hemingway. Había algunos fotógrafos en la pista pero en el salón de los que se podían llamar VIF, *Very Important Foreigners*, habida cuenta que hay tan poca gente importante en Cuba (aquí le sugerí a Ramón que el salón debía rebautizarse como para *Very Important Folks* o tal vez *Very Impotent Fuckers*, pero él siguió con su cuento, haciéndome una historia corta, larga), había dos banderas, una americana y otra cubana. Hemingway, rápido, se acercó a la bandera cubana y la besó. Lo hizo con tal celeridad para su bulto que los fotógrafos no tuvieron tiempo de tomar fotos de aquel momento trascendental. Todos gritaron a Hemingway que repitiera su acto, algunos fotógrafos llegaban a hablar en español, idioma que habían aprendido en su niñez, con una o dos ayas de Sevilla. Hemingway cambió de cara a pesar de su barba y dijo, entre humillado y ofendido:

–Señores, yo no soy un actor. Ese gesto ha sido voluntario, me ha salido del corazón y no puedo ni debo repetirlo.

Y el autor, nunca un actor, salió furioso del aeropuerto. Ramón ahora me contaba el incidente como prueba de integridad. Pero lo que ocurrió después mostraba a Hemingway como un irracional absoluto. Le dieron un almuerzo marinero en el comedor del International Yacht Club, al extremo del muelle de yatistas, en plena bahía habanera, cerca del Templete (monumento y restaurant del mismo nombre), frente al castillo de La Fuerza, todavía Biblioteca Nacional, donde los libros compartían con las piedras el moho de los siglos, el paso del tiempo y el pasado de la historia. El club además tenía vista a la fortaleza de La Cabaña, el pueblo marino de Casablanca y, si el día era claro, al Morro, contador de barcos y veleros. El almuerzo transcurrió sin otros incidentes que los muchos mojitos que le servían a Hemingway, entre bocado y bocado del inevitable arroz con mariscos que él apropiadamente llamaba paella, aunque siempre lo pronunciara mal y la paella terminara sonando a pala. *To call a Spanish dish a spade*. Una vez que Hemingway hubo rechazado el postre, declarando una vez más «*I never eat sweets*», el presidente del club se puso de pie y comenzó un discurso en inglés con tal acento que era español por otros medios. Al terminar, anunció que nuestro Conrado Massaguer, genial caricaturista criollo, presentaría a nuestro huésped de honor una caricatura personal (¿es posible una caricatura impersonal?), en conmemoración del acto, como recuerdo del club y en honor al premio Nobel de literatura. Jamás fue un galardón más merecido (aplausos, mientras Hemingway tomaba otro mojito, perdida la cuenta pero no el sentido) y ahora es su turno, querido Conrado. Massaguer, corto pero no perezoso, se levantó, dando el efecto de que se había sentado (mera ilusión óptica), y se dirigió a Hemingway cargando un cuadro, evidentemente la caricatura. Al doblar la T de la presidencia, Massaguer levantó el cuadro (era la caricatura) y con una frase de rigor le hizo entrega al escritor del objeto homenaje del caricaturista. Hemingway se había levantado para aceptar el regalo, por lo que Massaguer se empequeñeció. Hemingway no llevaba espejuelos pero pareció calarse un par para mirarse, es decir, contemplarse en su espejo distorsionado. Pero no hizo más que ver la caricatura y su sonrisa se hizo una mueca (cosa nada difícil ya que la sonrisa de Hemingway se había convertido hacía años en una mueca) y al instante la mirada se hizo acción. Dijo una mala palabra en inglés y levantando más el cuadro lo estrelló contra la mesa, con tal fuerza que el marco se partió y el cristal se hizo pedazos ante el impacto. Ya no había mueca de risa en su boca sino que toda su cara se torcía, mientras retorcía el marco, lograba sacar de entre los cristales partidos el papel en que estaba dibujada la caricatura, lo tomaba entre sus manos que se habían hecho enormes y lo rompía en dos primero, luego en cuatro y finalmente en incontables pedazos –aunque la lógica numérica indica que fueron ocho los pedazos últimos. Con un puñado de papeles (lo que quedaba de su caricatura) se volvió hacia las ventanas y arrojó a ellas lo que parecía ahora confeti. Así terminó la obra maestra desconocida. *Ars brevis, ira longa*. Digo desconocida porque nadie pudo saber qué contenía exactamente la caricatura de Massaguer, cuánto Hemingway ignorado representaba aquella caricatura del artista adolecido, aquel retrato de Dorian *graying*, la cantidad de desgracia bajo presión que contenía latente. Hemingway volvió su torso enorme bajo la guayabera todavía blanca y anunció casi con un grito:

–*Gentlemen, I can swear that I've never been so insulted in my life!*

Declaración después de la cual arrancó a caminar rumbo a la puerta, no sin tener que pasar junto a sus huéspedes atónitos, muchos de los cuales musitaban excusas en perfecto inglés. En cuanto al caricaturista culpable (para el que se pidió una expulsión del club, moción que resultó derrotada cuando un miembro advirtió que el culpable no era, gracias a Dios, socio del club), se había levantado por encima de su desgracia al derrumbarse en una silla y musitar una y otra vez:

–¡No lo entiendo! ¡No lo entiendo!

Massaguer, veterano de la caricatura criolla, elogiado en todas partes, con exposiciones internacionales, nunca había sufrido una crítica tan despiadada y, cómo decirlo, tan negativa. ¿Dónde refugiarse después de esta derrota *by the Waterloo*? Entre los maestros, sin duda. Pero Goya es un perfume ahora. ¡Daumierda! Hogarth, dulce Hogarth. Sí, irse a casa, a casa: el último refugio del artista en su derrota.

Esta anécdota de Hemingway me hace recordar otra, la del día que vino Ramón y me preguntó:

−¿Quieres venir?

−¿Adónde?

−¿Cómo que adónde? A El Cotorro.

−¿A hacer qué?

−A ver a Hemingway, por supuesto.

−Pero Hemingway no vive en El Cotorro, vive en Santa María del Rosario.

−Ya sé dónde vive Hemingway. He estado allí.

−¿Tú has estado en su finca?

−He estado hasta en su casa. Muchas veces.

Ramón siempre parecía estar en todas partes. No me asombraría que hubiera estado en Palacio y entrevistado a Batista.

−¿Qué vamos a hacer en El Cotorro?

−Hemingway va a hacer entrega de la medalla del premio Nobel a la Virgen de la Caridad.

−¿En El Cotorro?

−Sí, en la cervecería Hatuey.

−¿En la cervecería Hatuey? −Me daba cuenta de que resultaba un eco.

−Allí hay un santuario a la Virgen de la Caridad. Es una réplica de El Cobre. Hemingway quiere rendir homenaje a todos los cubanos. Por eso escogió a la Virgen de la Caridad.

−¿Por qué no va a El Cobre?

−¿Y quién va a pagar el traslado de todos esos periodistas hasta Santiago?

No se me ocurrió más que un evidente mecenas.

−Bacardí por supuesto.

−Pero Bacardí no tiene una cervecería en El Cobre y sí tiene un santuario en la cervecería de El Cotorro.

–Razón comercial que convence.

Ramón se sonrió.

–¿Vamos entonces? Tengo que hacer un reportaje.

No tenía cosa más importante que hacer que cumplir con mi deber en la revista, pero el deber siempre se puede posponer: es el placer que demanda inmediata aplicación. Sería grato ir en la máquina de Ramón hasta El Cotorro y ver al laureado escritor, católico converso, o tal vez con prosa, ir a rendirle homenaje a nuestra santa patrona, virgen pero mulata o por lo menos a una de sus versiones, reproducción comercial. Dejamos detrás La Habana con la promesa de regresar pronto, como en los *travelogues*, promesa que cumplía rigurosamente, como un verbo votivo. Cogimos la carretera central rumbo a El Cotorro, Ramón manejando con su acostumbrada mezcla de pericia y peligrosidad, yendo a demasiada velocidad fácilmente. Cuando llegamos a El Cotorro se dirigió recto a la cervecería Hatuey (Ramón parecía conocerse todos los caminos) y parqueó entre tantos automóviles que deduje que o bien todos los obreros estaban tan motorizados como la cervecería mecanizada o había centenares de visitantes. Ramón me explicó: «Pertenecen al Cuarto Poder». Nos dirigimos a la entrada, donde había más gente que autos afuera. Había muchos periodistas que Ramón conocía (yo no conocía a ninguno) y Ramón supo que Hemingway no había hecho acto de presencia todavía. (Era indudable que los periodistas hablaban como escribían o viceversa.) Nos adentramos por entre la masa enguayaberada, que convertía mi camisa beige y mi chaqueta carmelita en una suerte de verdadera guayaba entre quesos blancos. Pero no pudimos avanzar mucho. Ramón, alto, me describía de vez en cuando lo que veía –que no era mucho: decenas de periodistas en guayabera frente a unos funcionarios oficiales de la cervecería, en guayabera, que rodeaban un nicho en el que estaba la imagen de la Virgen, a la que imaginé también en guayabera en vez de con su manto azul y oro con que se la representaba en todos los cromos y postales devotas. Hubo un movimiento de la masa en guayabera y hacia el lado de los jardines vi avanzando una figura que me era conocida, un escritor que nunca recibiría el Nobel, vestido de dril cien y que llevaba un jipijapa. Era Landó quien hacía cosa de un año me había traído un cuento a *Carteles*, tan malo que hacía parecer los que había publicado antes obras maestras absolutas. Al decirle que no podía publicarlo le di una excusa misericordiosa:

—El director lo considera demasiado fuerte para publicarlo. ¿Por qué no pruebas en *Bohemia*?

Pero él adivinó la verdad debajo de mi excusa y me dijo:

—Creo que es demasiado bueno para *Bohemia*.

Le dije que sin duda lo era, pero desde entonces, antes de abandonar la redacción, concibió un odio contra mí que simulaba ser mero desprecio. Sin embargo siempre nos saludábamos cuando nos veíamos, como si mi veredicto sobre su cuento nunca hubiera sido pronunciado, como si su condena a mi persona nunca se hubiera ejecutado. Ahora venía acompañado de otra persona, también vestida de dril cien, fumando un tabaco, y ambos parecían un par de hacendados que se apresuran a llegar a una reunión de su asociación. A su acompañante lo había visto varias veces y hasta me lo habían presentado. Era un poeta de Pinar del Río que vivía ahora en La Habana y trabajaba en la Academia Biarritz, enseñando inglés a habaneros. Todos sus alumnos debían hablar con acento pinareño. No sé si era tan escaso dril cien entre tantas guayaberas o el enorme tabaco que fumaba el poeta (se llamaba Heberto Padilla, con esa rara combinación de un nombre cómico y el apellido de un galán del cine mexicano), pero consiguieron lo que Ramón, con su mucha maña, no pudo: se abrieron paso por entre la concurrencia como una doble versión de Moisés a través del mar de guayaberas, llegando de noche, impidiéndoles adorar la Virgen más de cerca la barrera de directores, gerentes y contables de la cervecería. Esta descripción de acción tan efectiva la debo a Ramón, aunque, claro, los adjetivos son míos y casi dejo fuera la expresión de Ramón que era tan apta para describir aquella invasión de la prosa viborina (Landó vivía en La Víbora) y la poesía pinareña, que me dijo:

–¿Y quién carajo son esos tipos?

Hijos de Hemingway, le iba a proponer, pero antes de decirlo supe que no iba a aceptar esa hipótesis. Por lo que dije, mintiendo:

–No tengo la menor idea.

De pronto hubo un tumulto en el mitin y las guayaberas comenzaron a hacer olas blancas, desmintiendo que hubieran sido nunca una versión del mar Rojo. Supuse que estarían repartiendo cerveza a la concurrencia, por lo que hice resistencia al movimiento de marea que avanzaba. Pero era incontenible. Debían de estar repartiendo ambrosía y néctar en la cervecería. Ramón denunció lo que ocurría con un anuncio:

–Viene Hemingway.

Traté de ver al ilustre peregrino, poniéndome en punta de pies. Me imaginé que vendría vestido para la ocasión, algún traje de *sharkskin* o tal vez *seersucker,* pero no vi a nadie vestido así. Es más: no vi a nadie. El corro de guayaberas se movía de un lado a otro, como olas rítmicas, y no podía ver más que una guayabera repetida hasta el horizonte visual. Oí unas palabras en indescriptible español y supuse que serían pronunciadas por el decano de los corresponsales extranjeros, todos vestidos de guayabera. Silencio y luego aplausos y antes y después relámpagos de los flashes de los fotógrafos, que me parecieron inútiles en aquel sol cegador. Pero tal vez las fotos fueran tomadas en la cripta. Hubo otro murmullo, esta vez alguien hablaba en un inglés inaudible por el muro de acento cubano que debían atravesar los sonidos anglosajones básicos, rompiendo la barrera fonética. Debía ser un alumno de Padilla que aprovechaba para practicar su dominio de lo que fuera aquella lengua que hablaba. Hubo más aplausos y de pronto se hizo el silencio, roto inmediatamente por las luces violentas de los flashes. Ahora el movimiento de la masa en guayabera se manifestaba en sentido contrario.

–¿Qué pasa? –le pregunté a Ramón.

–Que nos vamos –dijo Ramón, dándome la cara por primera vez en la tarde última.

–¿Se acabó? ¿Se acabó todo?

–Sí –dijo Ramón.

–¿Y qué fue lo que hizo?

–Bueno –explicó Ramón–, dijo dos o tres palabras que no entendí y luego alguien que no conozco dijo otras dos o tres palabras, que tampoco entendí, y Hemingway se fue directamente a la estatua y le colgó una cinta con una medalla del cuello.

Sospeché que Ramón no creía mucho en la Virgen de la Caridad, patrona de Cuba, autora de innúmeros milagros, entre otros el de convertir a un escritor que nació en Chicago, escribía en inglés y no sabía construir una oración en español, en un escritor cubano. Entre estas reflexiones estaba cuando Ramón me anunció:

–Ahí están otra vez esos tipos.

Me volví y pude ver a Landó y a Padilla moviéndose diestros y distinguidos entre las guayaberas en diáspora.

–Se pasaron todo el tiempo –me dijo Ramón– halando leva.

–¿Cómo halando leva? –quise saber.

–Sí –me dijo–, no dejaron a Hemingway tranquilo ni un momento. Hasta se atrevieron a cogerlo de la manga.

Iba a preguntarle a Ramón si era la manga del saco de Hemingway o de la chaqueta. Pero no lo hice. Me temí que me dijera que era de una guayabera.

Pero ahora estaba Raudol en uno de sus días eróticos (que eran de confesiones y bastantes: un día llegó a hacerme la confidencia que para acostarse con su mujer –la actriz de televisión que había sido, en su primera juventud, intérprete de más de una fantasía masturbatoria ajena y propia–, que estaba muy bien para el común de los cubanos: muy buena, tenía que imaginarse que se estaba acostando con otra mujer cualquiera, lo que me pareció entonces una herejía erótica) y nos dijo a todos (por lo menos a Pepe, a René y a Silvio, que participaba de la tertulia por primera vez o una de sus primeras veces) que había descubierto una nueva posada, recién inaugurada, que era una maravilla. Era para ir a ella en automóvil y hacía uno así: entraba en su carro con su ninfa al lado, llegaba hasta un garaje, se bajaba y cerraba la puerta de corredera del garaje y, socio (que Ramón pronunciaba a veces sozio: se había cubanizado mucho pero le quedaban algunas zetas de su pasado español), sacabas a la ninfa del carro y subías una escalerita y estabas en un cuarto de lo mejorcito, muy bien amueblado, y al poco rato te llamaban por teléfono por si quieres tomar algo y vienen y por una puertecita te traen las bebidas. Por ahí mismo pagas la cuenta y, luego que acabas, bajas la escalerita, metes a la ninfa en el carro, subes la puerta del garaje, sales y no ves a nadie.

—¡Es la ultimitilla!

Raudol nos dejaba siempre con la boca abierta. Ahora prometía llevarnos al lugar, por la tarde, ya que tenía que volver allá a recoger un paraguas que había dejado olvidado. Uno de los misterios de este cuento es cómo dejó un paraguas olvidado en un sitio que estaba protegido no sólo de las miradas humanas sino de la intemperie. La posible solución es que hubiera utilizado el paraguas en prácticas contra natura. Pero nadie pensó en ese espeso misterio entonces, sino que todos, a las cinco, hora de salida de *Carteles*, nos fuimos con Ramón Raudol a conocer la nueva posada que sólo los privilegiados usufructuarios de carro podían visitar con asiduidad —o aun por primera vez. Salimos, cogimos la Calzada de Rancho Boyeros y llegamos al Huevo, doblamos a la derecha por una carretera secundaria y después de una o dos dobladas más estuvimos frente a la fábrica de Avon y justo detrás quedaba la nueva posada, toda adornada con buganvilias en seto y en trepaderas y con arecas y otras plantas haciendo un nido vegetal a aquel altar del amor: *omnia vincit amor* cuando uno tiene dinero para facilitar la victoria. Esperamos en el carro, parqueado justo en medio del patio de la posada, viendo algunos garajes vacíos y otros ya ocupados, a que Ramón se llegara a la oficina y regresara con su paraguas rescatado. Y en la satisfacción de su sonrisa por el pasmo que nos causaba a todos con este nuevo hábitat erótico hubo una revelación: el paraguas no había sido olvidado, simplemente lo había traído y dejado allí para tener un pretexto y venir a buscarlo rodeado de todas esas bocas abiertas, inocentes, casi imberbes, que se depravaban del todo ante la magnificencia de este nuevo templo del amor. ¡Este Ramón Raudol!

Mientras, yo completaba, por las noches, mi topografía sentimental con Ella. Ahora nos llegábamos a menudo a la emisora CMOX, en 19 y 8, donde en los bajos había una discoteca, una tienda de discos, abierta hasta las doce de la noche y dedicada, cosa inaudita, a vender nada más que discos de jazz. Allí me encontré por primera vez con ese *man* de esos tiempos, Django Reinhardt, y su disco *Nuages*, que no me cansaba de oír en la caseta individual que yo convertía en dúplex, instalándola a ella a mi lado, aunque no le gustara el jazz, aunque no entendiera nada de música, aunque fuera sorda como una tapia para cualquier sonido organizado, oyendo los arpegios jazzdebussysticos de *Nuages* que se convirtió en un himno a la noche de ese tiempo –hasta que lo compré: todavía lo tengo, en otro disco, tal vez en otra versión, y cada vez que lo oigo vuelven para mí estos días idos, estas noches que debían estar olvidadas por el tiempo que ha pasado pero que permanecen indelebles en mi memoria. Allí también descubrí, para mi placer, a Jimmy Giuffre y su clarinete de sonoridades tan inusitadas, con su trío, y a Chico Hamilton y su quinteto, y a su antiguo maestro y verdadero artífice del saxofón barítono Gerry Mulligan, con Chet Baker, cuya versión de «My heart belongs to Daddy» (pese a Silvio Rigor y su parodia dadaísta) tengo a menudo todavía en la memoria, tarareando mentalmente sus primeros compases, tan llenos de sabio ritmo y encontrándome, esta vez físicamente (al menos la apariencia física de su sonido), con Thelonious Monk, a veces solo, con sus acordes invertidos, y otras con su conjunto o tocando con algún otro maestro ya descubierto, como Charlie Parker o Dizzy Gillespie, y de nuevo encontré al Modern Jazz Quartet en otras combinaciones inolvidables de sus cuatro maestros —y tantos y tantos otros, advertidos unos, otros inadvertidos, como el todavía inapreciado pero más adelante descubierto con estupor John Coltrane, ahora envuelto en la sonoridad de Miles Davis todavía. Y ella siempre me acompañaba en estas excursiones, de las que a veces salía un disco que compraba, pero las más veces solamente venía a oír las novedades, con Remigio, el gordito vendedor, mulato de ojos amarillos, tan amable, que siempre me ofrecía «la última novedad acabada de llegar: calentica, como aquel que dice», diciéndolo con su voz un poco aguda, estridente ante tanta música baja (gracias al descubrimiento de Charlie Mingus y Ray Brown, ambos inmortales: y aquí termino para no hacer una lista homérica de estos melodiosos pasadores de tiempo, descubrimientos culturales, continuadores de la tristeza en la alegría de vivir que da el jazz).

Vino a verme Alfredo Villas, muy misteriosamente, a la revista, un día casi a la salida y nos fuimos a la azotea, que es a veces una continuación de la redacción por otros medios.

—Se anuncia la huelga para abril —me dijo—. Está aquí en La Habana, enviado de la Sierra, Faustino Pérez que va a ser su coordinador. Esta vez va a ir todo el mundo.

¿Quién era todo el mundo? ¿Qué organizaciones irán a la huelga? ¿Se incluirá al partido comunista y al Directorio? Esto es algo que Alfredo no sabe, pero me promete investigar. Lo que me viene a decir es que el comité de huelga de los periodistas me ha escogido a mí para que lo represente en *Carteles;* cuando ellos digan va la huelga, yo tengo que decir también va la huelga y procurar que todo el personal abandone la revista. Para eso tengo que entrevistarme con Blanco, que muestra una clara preferencia por el Movimiento 26 de Julio pero que actúa por libre, aunque es él quien manda a los obreros de los talleres «de abajo», como se les llama, porque trabajan abajo con respecto a la redacción, administración, linotipos y fotograbados, donde tienen cierta prevalencia sobre otros dos tipos, Barata y Onofrio, el dúo. Sin embargo todos están de acuerdo en ir a la huelga cuando llegue la orden. Villas me ha recomendado que busque un lugar donde esconderme, ya que sin duda la policía irá a buscar a los responsables de la huelga a su casa. No tengo dónde esconderme y mis conocimientos de los grupos clandestinos (aun con el 26 de Julio) están determinados por ser yo quien facilita en su casa un lugar para esconderse. Pero de pronto me acuerdo que Vicente Erre tiene un apartamento en El Vedado, muy cerca de donde vive ella (ya había pensado en esconderme en su casa, pero deseché la idea por poco práctica y demasiado romántica, aun en el sentido sexual), allí Erre da sus clases de actuación: puede ser un buen lugar para esconderse. Nadie me va a conectar a mí con el grupo de actores que visitan el apartamento, además no estarán ellos de visita ese día. No crean que mientras pienso en un lugar para esconderme no se me oculta que será un lugar bueno para llevarla a ella y tratar de hacer el amor, cosa que no ha podido pasar de las escaramuzas en el balcón y no me ha pasado siquiera por la cabeza invitarla a una posada porque sé que se negaría de plano: así que el lugar donde esconderme políticamente será (podrá ser) el lugar para reunirme eróticamente. A Vicente Erre (que tiene unas francas simpatías por los comunistas: ya hemos tenido más de una discusión con respecto a Bertolt Brecht, a quien quiere montar «tan pronto como lo permitan las circunstancias»), le explico lo del plan de huelga y la necesidad de tener un sitio donde esconderme y enseguida me ofrece su apartamento, donde él ya no vive, y me da una llave para que entre y salga cuando estime conveniente.

Todo está arreglado: no falta más que la señal de Villas para dar la orden de huelga y perderme. Mientras, sigo saliendo con ella, cuando ella puede. Un sábado por la tarde nos vamos al Turf.

Allí, entre tanta oscuridad propicia, la invito a bailar. Me lleva más de la cabeza pero nadie se dará cuenta de ello en el Turf y bailamos un bolerón lento, haciéndolo más lento con nuestros pasillos: ella tampoco baila muy bien, de manera que estamos hechos el uno para el otro, moviéndonos lentamente en nuestro pequeño espacio de baile, uniéndonos la música y la noche artificial del club y el momento. Allí me da ella uno de sus besos más memorables, que casi parece el primero –y aunque ella no ha admitido jamás sentir ninguna clase de afecto por mí, sé que este beso se parece al amor más que ninguno otro recibido (y dado) hasta ahora. Cuando termina el bolero volvemos a beber, en nuestra mesita. Le cojo la mano larga y blanca y suave (todavía no sé el trabajo que ella hace: luego, un día, ella me lo dirá, trabaja en una fábrica de tabacos, separando las hojas buenas de las malas, y odia el olor que el tabaco en rama deja en sus manos, en sus brazos, en todo su cuerpo, pero ahora cuando yo le beso la palma de las manos no siento ningún olor a tabaco excepto la fragancia de alcohol, humo de cigarrillo dulce y aire acondicionado que nos rodea) entre mis manos y sus manos son también más largas que las mías: en todo me lleva ventaja de pulgadas o de centímetros esta muchacha larga y febril y vertiginosa como se está haciendo para mí.

–Te quiero –le digo. Creo que es la primera vez que se lo digo claramente: he combatido su reticencia con la mía. Además el amor ha tardado en llegar: es ahora, a más de un mes de haberla conocido, que me siento enamorado, que puedo decir te quiero sintiéndolo, que el amor presta su halo prístino a mis palabras. Pero ella no dice nada, se deja besar la palma de la mano como se deja besar la boca, pero no responde, excepto por ciertos momentos como aquel en el balcón de su casa, y ahora quiero que el alcohol suelte su atada afectividad y se deje llevar por el momento y por mis sentimientos. ¿Lo conseguiré? Ella sonríe: ésa es su mejor arma porque su risa deja ver una de sus imperfecciones: un pedazo de encía sobre los dientes nada parejos, pero su sonrisa es elocuente y grácil y bella: así ella sonríe a menudo. Ahora me sonríe por toda respuesta. Hace rato que estamos aquí en el Turf bebiendo y bailando pero ella sigue aferrada a su aura protectora. ¿Cómo conseguiré soltarla?

–Yo no te quiero –me dice por toda respuesta–. No estoy enamorada de ti. Ni siquiera creo que me gustes.

Pero estas palabras no me detienen.

–¿Amas al pelirrojo?

–¿A *quién*? –dice ella como extrañada.

Desde la primera noche no habíamos vuelto a hablar de ese personaje, ahora decididamente mítico.

–Al hombre pelirrojo del que me dijiste que estabas enamorada.

–¿Te dije yo eso?

–Sí, el primer día.

–Pues te dije mentira. Yo no amo a nadie. Él me anda detrás, o andaba detrás de mí mejor dicho, pero yo tampoco lo quiero a él.

–¿Es entonces a Pepín?

Éste es el vecino de enfrente que ella me presentó un día y me saludó desde sus seis pies y pico con un gran respeto: éste hasta ha llegado a hacer tensión dinámica, ejercicios de Charles Atlas para dejar de ser flaco y así impresionarla más.

–Por favor.

–¿Entonces no amas a nadie?

–A nadie. Ni siquiera a mí misma.

¿Será verdad? Cómo saberlo, este interrogatorio en este lugar no sirve. Quiero decir que éste no es el lugar adecuado para un interrogatorio, lo único que me alegra es su oscuridad, su intimidad, su aire acondicionado tan bien controlado y el hecho de que estamos sentados frente a frente y no uno al lado del otro como en El Atelier: me prevengo para una posible reacción alcohólica en que ella se me acueste en las piernas y diga y repita que se quiere morir. Pero hoy no lo hace. Tampoco lo hizo el día que nos emborrachamos en el balcón de su casa: al contrario, allí estuvo muy alegre. ¿Sería el efecto de los daiquirís de El Atelier? En el balcón bebimos vodka, vodka, y ahora aquí tomamos cubalibres. Así no hay reacción mórbida. Le propongo que salgamos a bailar de nuevo, a dar los dos o tres pasos que yo quiero creer pasillos y a movernos en imitación del ritmo de bolero, sin hacer caso del pedazo de cabeza que ella me lleva. Salimos. Nos pegamos el uno al otro y ella consiente en lo que vulgarmente se llama mi repello: frotar mi pene enhiesto, mi pantalón túrgido, mi braga enardecida contra sus muslos y su bajo vientre. ¿Será una calientapollas? No lo creo, no me ha dado esa impresión y yo conozco bien a las mujeres: quiero decir a las cubanas. Aunque sé que no pasaremos de ahí: no hay un lugar apropiado al que podamos ir. Otra cosa sería si yo tuviera un apartamento de soltero, pero ni siquiera soy soltero. Es mi voz alcohólica, alcohólica, la que susurra dentro de mí. Debo encontrar un lugar limpio y mal alumbrado adónde llevarla, que no sea un sitio público, por lo que no puede ser, de ninguna manera, una posada, también llamada hotelito. Por otra parte ella no está nunca sola en su casa y sería demasiado arriesgado intentar algo más allá del mate en su casa. Queda, como última alternativa, el apartamento de Vicente Erre.

Lo que me saca del Turf y me recuerda la huelga, los días de huelga, que se hacían, se hacía porque sería un día único: una fecha escogida, se hacía cada vez más inminente, eminente también en la vox pópuli, pero mi santo y seña no llegaba. De hecho no llegó nunca: vino una comunicación casi infusa que mencionaba el día 9 como el momento para aclarar la huelga, el 9 por la mañana, pero Villas no apareció por ninguna parte. Después me explicó que sus instrucciones no habían llegado tampoco. Así las cosas no convoqué a ninguno de los miembros sindicales de *Carteles* y solamente me dediqué a dejar el trabajo temprano (aunque la demás gente en la revista siguió trabajando: unos porque simpatizaban con los comunistas, que fueron separados de la huelga, otros porque no recibieron ninguna consigna, los más porque tenían miedo de dejar el trabajo) y me llegué en una máquina de alquiler (había instrucciones vagas, dadas antes por Villas, de no coger ómnibus ni autobuses ese día) al laboratorio en que trabajaba mi mujer y la hice llamar y allí mismo le comuniqué que dejaba de trabajar desde ese momento. No sé qué excusa ella presentó en su trabajo, pero vino conmigo hasta casa, donde le dije que se quedara encerrada. De allí me encaminé hasta el apartamento de Vicente Erre, donde me instalé. Ahí pasé la mayor parte del día, sin comer, sin noticias. Pero ya por la noche me decidí a salir: en la calle todo seguía normal, la gente iba para arriba y para abajo, los vehículos circulaban iluminados, la vida seguía su curso. Así las cosas volví a casa, donde me encontré a Olga Andreu y a Titón aparentemente de visita pero esperándome: me venían a contar el cuento de lo que pasó en la esquina de su casa, que había sido la mía también, calle 25 y avenida de los Presidentes, más conocida como G y 25: habían matado a un miembro importante del 26 de Julio en esa esquina. Aparentemente había sido interceptado por una perseguidora y acribillado a balazos allí mismo. Después nos enteramos que era Marcelo Salado, muy conocido miembro del Grupo de Acción y Sabotaje del 26 de Julio. Esa noche, tarde ya, Olga y Titón se llevaron un gran susto, ya que tocaban violentamente en su puerta –o así parecía. Cuando se levantaron comprobaron que tocaban, casi tumbaban, a la puerta de al lado, el tercer apartamento de ese piso. Oyeron claramente que era la policía y que se metían en el apartamento a la fuerza, luego siguieron ruidos de búsqueda y finalmente se llevaban a alguien arrestado. Todo esto lo oyeron pegados a la puerta, temblando de miedo, no fuera que la policía siguiera buscando en otros apartamentos (aparentemente Titón conservaba algunas *Cartas semanales* en su casa), pero se hizo el silencio. Por la mañana se enteraron de que en ese apartamento había vivido Marcelo Salado y que a quien se habían llevado preso era a su mujer o a alguien muy cercano al difunto.

Eso fue todo lo que pasó el día de la huelga: un fiasco absoluto y más aún por los muertos (se decía que en La Habana habían matado como a cien miembros del 26 de Julio), que confirmaban el desastre con su presencia fúnebre. Fue un duro golpe para el 26 de Julio, que quedaba, al menos en el concepto popular, liquidado en la ciudad de La Habana. Pero esa noche del día 9 no pude evitar llegarme a verla a ella y dije en casa que iba a dar una vuelta.

–Ten cuidado, muchacho –dijo mi abuela desde su cuarto junto a la cocina, donde oía todo lo que pasaba en la casa por alejado que estuviera de ella.

–Sí, ten cuidado con lo que haces y con quién te juntas –repitió mi madre, que siempre veía una mala compañía posible, pero al mismo tiempo era de lo más amistosa con mis amigos y hasta con mis conocidos.

–Por favor –fue todo lo que dijo mi mujer, antes de añadir–: Cuídate –como si yo partiera desarmado para el Congo Belga.

Tanto me dijeron que me cuidara (vi la misma intención de decirme que me cuidara en mi padre, cuando levantó la vista del periódico que leía) que me sentí culpable: yo sabía bien adónde iba y con quién me iba a reunir. Cuando llegué a su casa estaba ella mirando la televisión con su hermano, su madre estaba oyendo la radio clandestina, con mayor atención esa noche toda llena de presagios y de malos agüeros (para los nuestros, quiero decir: una vez más las fuerzas del mal habían triunfado), pero mi alegría fue grande de encontrarla a ella y de encontrarla sola. Pronto salimos al balcón y me dijo que no había ido ese día a la academia: no por razones políticas (no había criatura más apolítica que ella: o por lo menos, si la había, yo no la había conocido), sino por insistencia de su madre que temía que le ocurriera algo por el camino. Le dije que lo más probable es que no hubiera habido clases, aunque yo sabía que esos centros oficiales, como su academia, debían haber tenido clases obligatorias. Estuvimos conversando en el balcón hasta que regresó su madre, que venía muy excitada. Nuestra conversación no fue particularmente importante como para destacarla, pero sí lo que comentaba su madre:

–Muchacho –dijo ella, sin dirigirse a nadie: era un comentario general–, la cosa está que arde. Han dado partes de guerra de lucha en todos los frentes.

Su madre estaba evidentemente contagiada por la retórica del noticiero rebelde, cuando añadía:

–Han causado muchísimas bajas al ejército.

El ejército era uno solo: el de Batista, las fuerzas revolucionarias eran los rebeldes. Cada día me gustaba más su madre, con su evidente locura y su pasión, compartida, por el béisbol y la Radio Rebelde: teníamos todo eso en común. Y había que añadir ahora otra cosa: ella había nacido en mi pueblo, aunque la familia viniera de Las Villas, había nacido donde mismo nací yo.

–Tal vez hasta seamos parientes –añadió ella un día, cuando conversábamos.

Por su parte ella (mi Ella) me contó una vez cómo su madre tenía dos nombres: el nombre con que había nacido y otro que le pusieron cuando tenía dos años. Sucedió que se perdió un día, siendo casi un bebé que apenas si sabía caminar, y la familia empezó a buscarla y, como no la encontraban por ninguna parte, hicieron una promesa de ponerle el nombre del santo del día si aparecía: la encontraron, milagrosamente a salvo pero inexplicablemente al otro lado del río. Era a principios de siglo y todavía había cocodrilos por aquella zona y nadie pudo explicar no sólo cómo se salvó de los saurios sino cómo había podido ella cruzar el río: ninguna de las explicaciones familiares pudo desentrañar el misterio. Su madre, por otra parte, cuando murió su marido, el padre de ella (entonces ella no tenía más que dos años), se quedó viuda con ocho hijos (afortunadamente, algunos de los hijos eran hijas y ya mujeres cuando murió su padre en un accidente de construcción, en Nicaro, Oriente, como a mil kilómetros de donde vivían) y los tuvo que criar ella sola, negándose a casarse de nuevo para consagrarse a la familia: no era así raro que todos los hijos (los que yo conocía y los que no conocía todavía) estuvieran locos por su madre, a la que veneraban. Pero su madre no quedó bien después de recibir la noticia de la muerte súbita de su marido y a menudo era presa de ataques (por lo que ella me contó es evidente que se trataba de ataques de histeria), en cuyas convulsiones caía a cada rato cuando ella era niña (tendría entonces unos seis años) y para escapar a la terrible realidad se iba de la casa hacia el campo cercano y se sentaba debajo de un árbol particular («una mata de maravilla», me dijo ella, que lo recordaba todo vívidamente) y allí, temblando por la impresión, se quedaba dormida y cuando regresaba al cabo de un rato a la casa, ya la madre se había recobrado de su ataque y todo estaba de nuevo en calma. Estas narraciones que me hizo al hablar de su madre (me hablaba más de su familia que de ella misma: siempre era reticente a hablar de ella) me acercaron mucho a ella, al tener una niñez compartida no por la infelicidad (yo fui un niño feliz) sino por la vida casi en común en pequeños pueblos y el amor por la naturaleza cercana: el campo era nuestra comunión. Pero esa noche no hablamos de nosotros dos, es decir, no hablé yo con ella de ella, sino que conversamos trivialidades hasta que vino su madre y nos sumergió de nuevo en la política de la que yo quería salir con la visita a su casa.

—Un día te van a llevar presa —le dijo ella a su madre—. Como te cojan, ya verás lo que te pasa.

—Muchacha —dijo su madre—, qué me van a coger, si oímos el radio todos encerrados en la casa. Había una calor que por poco me asfixio.

Y su madre siempre tenía un tono particularmente juvenil, casi infantil, cuando hablaba de sus aventuras con la radio clandestina: ahora que había censura de prensa la oía más que nunca (otra de las características de su madre, que era una mujer extremadamente popular, me la confesó ella un día: su madre no sabía escribir pero había aprendido a leer sola leyendo periódicos y compraba periódicos por la mañana y por la tarde para leerse la crónica roja ya que era una apasionada de los crímenes y asesinatos, cuyos detalles se leía hasta la letra más menuda). Su madre era un personaje hasta en su aspecto, pues parecía un cruce de una vieja gitana con una vieja india aunque interiormente era todavía una niña. Pasé con ella un buen rato para terminar un día que había sido, de cierta manera, terrible.

Al otro día *Carteles* siguió *business as usual*: con todo el mundo en su puesto. No vi a Blanco ni a Onofrio y a

Barata, el dúo del departamento de invertidos en el que curiosamente eran los únicos heterosexuales, aunque por supuesto el departamento no se llamaba así por los invertidos que trabajaban allí sino porque allí se hacía la inversión de los fotograbados.

–¿Qué le dije? –me dijo Wangüemert, aprovechando que el censor no había llegado todavía–. No ocurrió nada más que el derramamiento de sangre de siempre. En Cuba la sangre es generosa.

Wangüemert fue uno de los pocos con autoridad en la revista a quienes dije mi resolución de ir a la huelga. Él, por supuesto, se opuso. Había heredado de su hijo muerto una aversión a todo lo que tuviera que ver con Fidel Castro. Wangüemert tenía un hijo (tenía dos, pero este que murió era su hijo favorito) que militaba en el Directorio, a quien apodaban Peligro por su valentía. Yo lo había conocido bastante en los días en que la Cinemateca proyectaba películas en el Palacio de Bellas Artes, donde trabajaba en un puesto importante. Por alguna razón desconocida nos caímos mutuamente mal y ahora lo siento pues me hubiera gustado conocerlo: siempre el héroe ha atraído mi curiosidad. Como un héroe murió efectivamente en el asalto al Palacio Presidencial el 13 de marzo de 1957. Peligro (su verdadero nombre creo que era José Luis) aborrecía a Fidel Castro desde sus días estudiantiles, pero parecía que ahora que Fidel Castro estaba en la Sierra lo odiaba todavía más. Este odio, como es natural, se le pegó a su padre, que detestaba a Castro, como él decía, mientras que todos los simpatizantes de su causa decíamos Fidel. Wangüemert quedó destrozado cuando murió su hijo en Palacio. Al poco tiempo se marchó de vacaciones a Europa, con el dinero de su querida, Sara Hernández Catá, que había heredado una pequeña fortuna hacía poco y se la gastó con él viajando por Europa. De aquel tiempo guardo una tarjeta enviada desde Brujas y el consejo de que si algún día iba a Amsterdam (¡jamás sospeché entonces que iba a ir a Amsterdam casi todos los fines de semana por tres años!) no dejara de comer en De Schwartze Boek, lo que hice la primera vez que fui a Amsterdam en 1962: comí allí faisán, pero lo servían a la manera germánica (con salchichas y coles agrias) y lo detesté. En *Carteles* todos (o casi todos) vieron mal que Wangüemert se fuera de vacaciones con su amante tan poco tiempo después de haber muerto su hijo, pero yo no lo vi mal: pensé entonces que nada de lo que hiciera iba a devolverle la vida a su hijo y que las vacaciones le evitarían pensar en la tragedia tan cercana. (Verdad que también confiaba en la salida de Wangüemert para llevar a cabo mi frustrado proyecto de cambiar la revista, pero ésa es otra historia.) Por otra parte no me parecía mal que si su querida tenía dinero y se lo quería gastar con él lo hiciera: después de todo bastante aguantaba Wangüemert de Sara Hernández Catá, con su tendencia a la borrachera y a la pendencia, y creo que almorzaban todos los días juntos y siempre pagaba Wangüemert: era, pues, una reciprocidad simple y llanamente.

Ahora, un año después de la muerte de su hijo, el odio de Wangüemert por Fidel Castro seguía inmarchitado –y después de todo, tenía razón: no había ocurrido nada. Wangüemert añadió que habiendo dejado al partido (el partido era el partido comunista, del que él era un simpatizante muy cercano) lo más natural era que la huelga fracasara. No quise añadir nada, sobre todo después que él habló de la generosidad de la sangre, pues ¿qué derecho tenía yo de refutar a este hombre que en su vejez se había visto visitado por la tragedia debido a la sangre generosa de los cubanos? Así, me callé la boca y al poco rato llegó el censor y todos nos callamos la boca. Hablando del censor, me había venido a ver a casa especialmente Héctor Pedreira, mi amigo comunista que trabajaba de camarero en el Mes Amis, para advertirme que bajara el tono de mis críticas. Ahora que todas las publicaciones estaban censuradas, aquellas columnas que se publicaban todavía eran pura papilla, voces inaudibles, y yo aprovechaba, a veces, para poner banderillas al censor, hablando de lugares remotos como Bali o Italia, a propósito de las películas que tenían tales sitios como escenario. Pedreira venía por su cuenta pero no sé por qué me imaginé que lo mandaba alguien del partido, su superior inmediato o alguien parecido, tal vez alguno de la comisión cultural: lo cierto es que él me dijo que me estaba buscando que me clausuraran la columna y después, éstas fueron sus palabras, «nos quedaremos sin nada». Le prometí que lo haría, atendiendo a la palabra del partido, sobre todo ahora que, aparentemente deshecho el 26 de Julio en La Habana, era la única voz política autorizada de la clandestinidad. Por lo demás la vida en *Carteles* siguió como siempre y al sábado siguiente salimos, después de cobrar, Silvio Rigor, René de la Nuez, tal vez Pepe, el José-Hernández-que-no-escribirá-el-Martín-Fierro, Cardoso y Ernesto el fotógrafo. Lo recuerdo muy bien porque era un día nublado pero de mucho calor y Silvio salía con su capa de agua en la mano o tal vez tirada sobre un hombro, no recuerdo bien. Lo cierto fue que avanzábamos en grupo por la calle Pajarito tal vez a comer en la plaza de Carlos III, cuando Silvio advirtió:

–¡Qué olor! ¿No lo sienten ustedes? Es como mariguana.

–Alguien estará fumando de la maligna –dijo Cardoso, que siempre se refería a la mariguana por el nombre que le daban las crónicas rojas de los periódicos: la maligna yerba.

–Debe de ser –dijo René de la Nuez, y ya íbamos a acordar todos que en algún lugar cercano alguien le «daba a la manteca» cuando Ernesto o tal vez Carlitos el Maldito advirtieron que salía humo de entre Rigor (como ellos llamaban a Silvio) pero no como de costumbre de su boca o por las dos fosas nasales, sino de su cuerpo: la capa echaba humo. Cuando lo advirtió era demasiado tarde: ya la combustión había hecho un hueco en su capa, sobre el bolsillo. Fue después que descubrió que había guardado su pipa en el bolsillo, era evidente que todavía encendida. Hubo un coro general de carcajadas, a las que se unió Silvio de mala gana con su sonrisa de dientes perfectos.

–¡Debe de ser la maligna! –comentó René y de nuevo nos echamos a reír. De estos chistes impensados estaban hechas nuestras reuniones, que después de todo eran bastante inocentes.

Estaba de moda entonces un juego de salón llamado el Juego de la Verdad. Creo que todavía se juega pero no con el ardor por la verdad con que se jugaba entonces. Yo lo detestaba. Creyendo que todo el intercambio social estaba más basado en la mentira que en la verdad, me negaba a jugarlo. Pero una noche se reunió un grupo de gente en casa de ella y propusieron jugar al Juego de la Verdad. Todo el mundo aprobó, casi aplaudiendo, y no me pude negar. Estaban Pepín el largo, su vecino de enfrente que todavía, creo, aspiraba al amor de ella, inútilmente, según mi parecer, unos días, otros con muchas posibilidades. (Fue solamente mucho tiempo después que supe que nunca tuvo, como ella decía, «mucho chance».) Su madre no estaba, como siempre fiel oyente de la Radio Rebelde. Pero estaba su hermana y una amiga de su hermana, apodada La China, que era en realidad una mulata. Ya ella me había confiado que La China era la amiga de su hermana. Pero también me había contado cómo La China había tratado, como decía ella, de levantarla: a escondidas de su hermana le decía que era muy linda, que tenía muy buen cuerpo, cosas dichas no como las dice una mujer sino como podía decírselas un hombre. Así, cuando ella me presentó a La China un día, no pude evitar sentir un cierto desagrado ante su persona, aunque era una mujer sumamente atractiva físicamente, pero no me parecía que le importaran mucho los hombres. Estaban además en la sala de la casa esa noche su hermano, que era demasiado niño para jugar: todo lo que decía era verdad, unos vecinos de arriba y otra gente que no conocía, lo que hacía el juego todavía más aventurado que si hubiera conocido a todo el mundo. Empezamos a jugar y, como no cabíamos todos en la sala o no había asiento para todos, ella se sentó en el suelo, cerca de mí, que me sentaba en uno de los sillones. El juego, que es bastante aburrido, procedió como de costumbre y a mí solamente me interesaba su verdad y lo que ella tuviera que ver conmigo, por lo que no presté mucha atención a lo que ocurría, hasta que le tocó jugar a La China y yo fui el elegido para responder. Llegamos al momento en que La China me preguntaba:

—¿Cómo me encuentras tú?

—Atractiva —respondí, diciendo la verdad, aunque toda la verdad hubiera sido insoportable, pues habría tenido que decir atractiva físicamente pero repulsiva moralmente.

—¿Qué piensas de mí?

—Que estás interesada en alguien y no debes estarlo.

—¿Se puede saber el nombre de esa persona?

—Se puede saber pero no lo voy a decir.

Hubo protestas:

—Hay que jugar bien el juego…

—Tienes que decir lo que piensas…

Pero me mantuve en mis trece.

—No lo voy a decir. Eso es todo.

—Bueno, está bien —concedió La China—. ¿Está esa persona presente?

—Sí, sí está.

—¿Estás tú cerca de ella?

—Bastante.

—¿Puedo preguntarle a ella?

—Así no se juega —dijo alguien—. Tienen que continuar los mismos.

—Sí, puedes.

Entonces La China se dirigió a ella.

—¿Amas a alguien? —le preguntó La China a ella.

—No.

—¿Crees que podrás amar a alguien?

—Tal vez —respondió ella.

—¿Podrías amar a una persona que está muy cerca de ti?

—Tal vez —dijo ella y se recostó en mi pierna. Todavía, con los años que han pasado, recuerdo ese momento en que ella se recostó sobre mi pierna. Después, cuando casi se abrazó a mi rodilla, es un recuerdo imperecedero, que atesoro.

—¿Es un él? —preguntó La China.

–Sí –dijo ella.

Vi que La China no estaba tan contenta con la respuesta.

–¿Te gusta?

–No es mi tipo, pero hay algo en él que me atrae.

–¿Podrás amarlo a él?

–Tal vez –respondió ella y ya el Juego de la Verdad se convirtió en una bendición para mí: ése fue el día, o mejor la noche, en que ella se convirtió en Ella. Me dieron ganas de levantarle la cara y besarla, de apretarla entre mis brazos, de levantarla en vilo –tan larga como era– y subirla hasta mis labios y mi corazón, pero no hice nada más que ponerle una mano en la cabeza, cuando ella la bajó un momento al responder «Tal vez», que era para mí un sí definitivo. Ya no recuerdo más de la noche ni del juego, aunque olvidé decir antes que yo había insultado a La China cuando me preguntó:

–¿Te caigo bien?

Y yo le respondí:

–Usted no me gusta nada.

–¿Por qué? –insistió ella.

–Porque no me gusta el juego que se trae.

Recuerdo que vi que ella supo que los dos sabíamos y fue entonces que ella decidió cambiar de sujeto de preguntas. Pero ya esto está en la periferia del recuerdo, como un borrón al que se ha añadido una cuenta nueva, después que La China, tal vez inadvertidamente, me dejó saber la verdad: ella sentía algo por mí que no era pasajero y que era para mí lo más importante del mundo en ese momento y al preguntarle a ella si me amaría había respondido:

–Tal vez.

Eso era todo lo que quería saber.

Ahora no faltaba más que encontrar un lugar donde pudiéramos reunirnos: un sitio para estar solos, una plaza de reunión donde poder decirle mi amor, que no fuera un parque, un club o una reunión del Juego de la Verdad. Hacia ese punto encaminé mis intenciones.

Silvio Rigor y el profesor Carvell se encontraron en *Carteles*, pero antes habían tenido otro punto de contacto: Bárbara, la hija del profesor Carvell, de quien Silvio estaba enamorado y era, al parecer, correspondido. Silvio, al poco tiempo de trabajar en la revista, heredó un dinero que le correspondía por parte de su difunto padre, cuya familia había vendido unos terrenos donde edificaron, en los años cuarenta, el parque Martí (que yo conocía bien pues era, aunque estaba en El Vedado, el terreno deportivo del Instituto de La Habana, de ahí, del Instituto, además del terreno familiar, debía conocerlo también Silvio), y era ahora, finalizando los años cincuenta, que venía a cobrar su parte de la herencia. Era la primera vez que yo conocía a alguien que hubiera heredado, lo que vino a hacer más precioso el conocimiento de Silvio, aparte de sus cualidades (y defectos) personales que lo hacían casi único entre mis amigos. Lo primero que hizo Silvio fue comprarse un automóvil. El dinero de la herencia no era mucho, por lo que tuvo que contentarse con un carro de uso. Se compró un Dodge de los primeros años cincuenta, verde oscuro, que comenzó a manejar con una *sans façon* que daba miedo: le tiraba a los otros autos unos finos que sólo dejaban centímetros, casi milímetros, entre su carro y el carro enemigo (todo otro material rodante era el enemigo), y de la misma manera un día se llevó de cuajo uno de los recién instalados parquímetros frente al parque Central. Silvio no vio otra alternativa que cargar con el artefacto, la columna de hierro con el parquímetro arriba, para una estación de policía. La más cercana era la tercera estación, de Zulueta y Dragones, y allá se apareció Silvio con el parquímetro. El cabo de guardia no lo quería creer y hasta salió el capitán de la estación a ver al extraño individuo: un chofer cargando un parquímetro muerto. Habida cuenta del odio que le tenían choferes y dueños de auto a los artefactos medidores recién instalados, era algo inaudito —y también imprevisto. Nadie sabía qué hacer con el parquímetro en la estación de policía, donde finalmente lo echaron a un rincón, pero el capitán no dejó pasar la oportunidad para echar un discurso y decirle a Silvio que si todos los ciudadanos fueran tan cívicos como él, otro sería el destino del país. Lo cierto –según me contó Silvio– es que él no llevó el parquímetro a la estación de policía por civismo, sino por embarazo: simplemente, después de haber derribado el artefacto, no sabía qué hacer con él. Otras aventuras ocurrieron a Silvio como chofer, entre ellas parar en seco, unos cien metros antes de llegar al semáforo de Línea y calle L, para hablar con una rubia despampanante (ése es el adjetivo cubano y así estaba ella de buena, en términos cubanos) con quien estaba saliendo. Pero no salió mucho con ella y a los pocos días me presentó otra rubia, esta vez una rubita natural, flaca más que delgada, de largos brazos y largas piernas y con una cara mona, que era Bárbara. «Es hija del profesor Carvell, ese cabrón», me dijo Silvio después. No pude notar entonces si le decía cabrón a su futuro suegro (Silvio se llegó a casar con Bárbara: pero ésa es otra historia) en sentido peyorativo o con admiración.

Qué era lo que despertaba en mí el profesor Carvell. Pertenecía (como Jess Losada, otro personaje favorito mío del viejo *Carteles*) a la antigua redacción de la revista y yo conocía su nombre desde niño, ya que hacía los horóscopos. Pero, además de astrólogo, el profesor Carvell era médico y tenía una cura contra el cáncer que consistía en una fórmula secreta que un día de revelaciones me confió que estaba hecha, mayormente, de cocimiento de hojas de anoncillo o mamoncillo. Aparentemente, el ungüento maravilloso (curaba toda clase de cánceres: ésa es una palabra que nunca he sabido si tiene verdaderamente plural. La moral actuando sobre la gramática: como no quiero verlo reproducirse no sé si el cáncer tiene un plural gramatical o no) había curado a un montón de gente en Caracas, donde se vendía en las farmacias, no así en Cuba, donde no había podido conseguir todavía, pese a su influencia (eran innúmeras las personas influyentes que conocía el profesor Carvell, gracias a sus profecías pero también a su simpatía), una patente médica. Para el director, el profesor Carvell era una suerte de embaucador amable, para Wangüemert era un colaborador asiduo y para mí llegó a ser un personaje folclórico. Yo conocía su barba y sus ojos claros por las fotografías (durante mucho tiempo estuvo su foto expuesta en una tienda del paseo del Prado, además de que el viejo salía en *Carteles* a menudo), pero no conocía su mirada de hipnotizador que cuando no lograba impresionarte con ella convertía en un guiño cómplice. El profesor Carvell solía fumar en boquilla (es evidente que se aseguraba, mediante filtros, no tener que emplear su cura contra el cáncer en propia persona) y dar charlas sobre lo humano y lo divino. (Tenía un lema astrológico: «Las estrellas inclinan pero no obligan» y otro personal: «Hay que vivir el momento feliz». No sé si el primero era original o no: el segundo lo sacó de un bolero de moda. Tenía un tercer lema: «En el amor la mejor figura es el triángulo, base de la pirámide», que explicaba no por su parte social sino sexual: lo mejor era hacer el amor entre tres personas –de preferencia con dos mujeres–, formar una pirámide y reservarse la parte de la base.) El profesor Carvell era un depravado heterosexual que siempre estaba haciendo revelaciones casi íntimas de sus proezas sexuales: «Anoche me encontré con una chiquita...», «Hay un medio tiempo por el barrio...», «Me encerré en un cuarto con dos niñas...», etc., etc., y yo nunca dudaba que dijera la verdad: aun en la parte referente a las niñas, ya que a veces me dejaba ver su correspondencia (el correo del profesor Carvell era numeroso), y sé que tenía una consulta astrológica privada. Pero uno de los temas de conversación del profesor Carvell no era el sexo a mares sino el mar: había adoptado la pesca submarina como entretenimiento deportivo en sus años más que mozos (el profesor, como lo llamábamos todos: «Eh, profesor...», era el comienzo de una pregunta de parte de Cardoso, ahora el emplanador oficial de Carvell: éste, por supuesto, no era su nombre, sino Carballido. De cómo vino a convertirlo en Carvell es toda una historia que no voy a contar ahora, el profesor Carvell era ya algo más que cincuentón cuando lo conocí en los años cincuenta) y ahora a menudo relataba sus aventuras mar afuera o en el alto, como decía él, contando cuentos de encuentros peligrosos con tiburones («Lo peor es salir afuera –contaba–, con el cuerpo medio dentro del mar y medio fuera. Ahí es cuando eres más vulnerable: lo mejor es estar siempre sumergido») y lo contaba con la mayor seriedad, hasta que nadie dudó que el profesor Carvell era un campeón de pesca submarina –aunque nunca, Jess Losada, que era amante de las bromas gráficas como nadie, llegando a retocar, por intermedio de Ozón, las fotografías que salían en el antiguo *Carteles* (la práctica se terminó con la nueva regencia), y añadía barbas y bigotes a amigos y conocidos que salían en las páginas deportivas (había otra práctica, ésta más privada, en que viriles campeones de lucha libre aparecían succionando un pene imposiblemente enorme a su contrincante de pancracio: había otras bromas pero no puedo recordarlas todas), publicó una foto del profesor Carvell como cazador subacuático tal vez fuera porque no convenía a la imagen de hermético astrólogo que cultivaba en público el profesor.

Hubo un tercer encuentro entre Silvio y el profesor, pero esta vez yo fui el único testigo. Sucedió poco antes de la boda de la unigénita del profesor (aunque estaba divorciado de la madre de Bárbara y se veían poco, el padre afectaba una gran preocupación por el destino de su hija), cuando me vino a ver y me dijo:

–Quiero hablar contigo privadamente –y, al yo reírme, añadió grave–: Es un asunto serio.

Era una tarde en que yo me había quedado solo en la redacción escribiendo mis páginas, pero así y todo insistió en que nos reuniéramos al fondo, en el cuarto de corrección: ya todos los correctores se habían ido y no quedaba nadie en la biblioteca, el silencio sólo era interrumpido por el ruido de gran relojería de los linotipos funcionando abajo. Cuando llegamos, sin todavía sentarme, me dijo:

–Yo sé que este muchacho, Rigor, es muy amigo tuyo y que es buen muchacho.

–Sí lo es –intervine yo, en favor de mi amigo.

–Ya lo sé. Ahora yo quiero hacerte una pregunta un

poco delicada. ¿Es verdad que él...? —y no continuó la pregunta verbalmente sino que haciendo un gesto muy cubano se rascó la piel del dorso de la mano izquierda con el índice derecho, queriendo decir que era negro, o, más eufemísticamente, tiene de color.

Yo estuve a punto de repetir la respuesta de Branly a su madre, cuando le hizo la misma pregunta y él respondió: «¿Qué, urticaria?». Pero la cara del profesor era toda gravedad.

—Ah, profesor —le dije yo—, ¿no quedamos que en Cuba el que no tiene de congo, tiene de carabalí? O como dice Pío Baroja: «En Cuba se pierde la flor de la España / por unos mulatos». ¿No ha visto usted cómo en la visa americana donde dice raza ponen cubana?

—Sí, chico —me dijo él, paciente—, ya sé todo eso. Pero yo quiero saber, ¿tiene o no tiene?

—¿Se le ve? —pregunté yo a mi vez.

—Bueno —me dijo él—, no tanto.

—Entonces —dije yo—, por qué no se conforma con eso.

—Es que son mis nietos los que están en juego —dijo el profesor, medio compungido.

La verdad es que la madre de Silvio era una mulata bastante oscura y que él, las primeras veces que fui a su casa, me hizo creer que era su tía y no su madre, pero esto no se lo iba a decir yo al profesor Carvell: no le daría ese gusto. Por otra parte ya sabía yo que la boda estaba decidida, que Silvio le caía bien a la madre de Bárbara y que no había nada que el profesor Carvell pudiera hacer. Pero tampoco le iba a decir eso.

—No —le mentí—, él no tiene de negro y si lo tiene es muy lejos. Como yo. Usted no me iba a rechazar a mí, ¿no?

—No, pero tú no eres quien va a ser mi yerno.

Ahí terminó la conversación y como fin a esta historia tan sórdidamente cubana tengo que decir que mi amigo Silvio Rigor, cuando se casó, no invitó a su madre a la boda, a la que, sin embargo, sí que fue el profesor Carvell, a pesar de ser detestado por su ex mujer y haber pasado a ser, en la fauna particular de Silvio, el epítome del animal canalla.

Pero ahora se trataba del dinero de Silvio, que le permitía vivir más desahogado (no era tanto, después de todo, lo que le pagaban en *Carteles*), y de su necesidad, como la mía, de tener un lugar donde pasar un rato en privado con su novia Bárbara, sin tener que someterla a la humillación de llevarla a una posada. Ambos, pues, teníamos problemas semejantes. Lo indicado era unir fuerzas, pero todavía nos faltaba una tercera pata a la mesa: él y yo solos no podíamos costear un apartamento amueblado, que por muy barato que saliera no podía costar, en El Vedado, donde lo queríamos y donde más nos convenía, menos de 90 pesos al mes. Nos hacía falta un tercer socio. Fue entonces que pensé en mi cuñado, Juan Blanco, que siempre andaba enredado con chiquitas más o menos bien y que tal vez necesitara un apartamento tanto como nosotros. Cuando lo fui a ver al edificio de la Pan American me recibió con su mezcla de bonhomía y buen humor. (He aquí, entre paréntesis, un yerno *ad hoc* para el profesor Carvell: rubio y de ojos azules, que debía a su padre italiano. Juan Blanco tenía una madre mulata, de la que había sacado solamente el pelo rizado: no hay arios en Cuba.)

–Hey, buena gente –me dijo–. ¿Qué te trae por aquí, otro caso legal?

Podía referirse tal vez a mi matrimonio, casamiento que hizo él, o tal vez, antes, a mi salida rápida de la cárcel por haber publicado un cuento con malas palabras en inglés, que también lo debía a él. Juan, evidentemente, se extrañaba de que lo viniera a ver a su consulta legal y de que no fuera a su casa como amigos íntimos que éramos, además de concuñados.

–Te vengo a proponer un negocio –le dije y pasé a explicarle mi plan.

Le pareció perfecto. Es más, él mismo estaba pensando en una cosa parecida, pero no podía sacar todo el dinero él solo, una sociedad era lo más recomendable. Él conocía ligeramente a Silvio, pero que yo lo recomendara era suficiente. Así, quedamos de acuerdo. Ahora no faltaba más que encontrar el apartamento (amueblado) adecuado.

Pocos días antes de inaugurar nuestro *tumbadoir*, como yo lo llamé –sabia mezcla de tumbadero y *boudoir*– ocurrió un incidente que pudo tener consecuencias graves, pero que terminó felizmente y que al mismo tiempo me hizo cambiar mi opinión de Silvio Rigor con respecto a su valor personal. Como yo, Silvio no era muy dado a pelear, es más, desde que lo conocía del bachillerato no le había conocido más que una pelea confusa, habida con Fausto Masiques, pelea que en realidad debía haber sido entre Fausto y Adriano de Cárdenas y Espinoza o Spinoza, pero Silvio, como el mejor amigo de Adriano en ese momento, se encontró envuelto en ella casi sin quererlo. Yo sé lo que me contó el propio Silvio (o tal vez fuera Adriano), que Fausto lo increpó en la universidad –el incidente, o mejor la trifulca, tenía por eje a Julieta Estévez, nuestra musa: lo había sido mía, cuando apenas a los veinte años me inició en los misterios y placeres del sexo a dos (los del sexo a uno los conocía yo desde hacía muchos años y tengo que decir que esas primeras cópulas no llegaban a procurarme el placer que me dieron las primeras masturbaciones; nunca jamás), y lo había sido de Adriano y de Fausto, pero no de Silvio; de ahí la ironía del encuentro– y luego lo retó y finalmente, cuando Silvio se estaba sacando el reloj para combatir (no sé por qué empleo este verbo homérico y no su equivalente cubano de fajarse, pelear), Fausto se le acercó y le propinó un solo golpe, en la nuca o en la quijada, que lo lanzó al suelo y ahí terminó la pelea. Fue al enterarme de este ataque a traición que yo llamé por teléfono a Fausto para decirle que era un cobarde y un esquinado ladino (no le dije estas últimas palabras, por supuesto, sino sus equivalentes de uso común), pero no llegamos a combatir Fausto y yo, sino que todo quedó en una enemistad que duró años, pero Fausto, ay, conservó por un tiempo todavía el usufructo de los favores de Julieta, que estaba en ese año 1955, vista por mí en una función del cine-club universitario, con su pelo rubio ahora dorado al blanco, casi platinado, y la piel color de yodo, más bella que nunca: así la quiero recordar siempre. Silvio, decía, nunca se jactó de su valor pero por aquellos días me demostró una valentía que solamente la da el amor –o su equivalente, los celos. Vino a verme, tarde en la tarde, y me pidió que lo acompañara. Me explicó que había un mafioso (era la primera vez que yo oía el adjetivo, aunque por supuesto conocía la palabra Mafia) que estaba saliendo con Bárbara y eso lo iba a acabar él hoy mismo. No creo que me pidiera que fuera con él como compañía moral o física (mucho menos), sino tal vez como testigo. O tal vez fuera la costumbre: por aquellos días salíamos mucho juntos. Lo cierto fue que llegamos al restaurant (italiano tenía que ser) Doña Rosina y debía ser muy temprano en la noche o un día particularmente malo para el negocio, porque el salón comedor estaba vacío o casi vacío, y efectivamente, en una mesa al fondo, casi recoletos, estaban Bárbara y un hombre más o menos joven, pero que no tenía aspecto para nada de mafioso (hoy, que sé más, pienso que eso era realmente lo que lo hacía tan peligroso: era un turiferario de la Mafia, sin duda, ya que trabajaba en el casino del hotel Nacional, pero en la parte administrativa del salón de juego), sino que más bien parecía pusilánime, con su talante rubianco, sus espejuelos montados al aire y su ausencia de español, que le dio en la discusión un aspecto como indefenso, inerme. Silvio se dirigió expresamente al fondo, sin esperarme, y cuando llegué ya le decía a Bárbara:

–... tienes que salir de aquí conmigo: es éste –se refería al mafioso, que ni siquiera era italiano–, o yo. Tú escoge.

Bárbara trastabillaba, balbucía, dudaba y se dirigía al mafioso:

–*I'm sorry. I must go* –creo que le dijo, mientras el mafioso estaba con la mano tendida, dispuesta a dársela a Silvio o tal vez a mí, que ya había llegado a la escena del suceso, y finalmente no se la dio a nadie y se quedó unos minutos con su mano al aire.

Silvio le dio la espalda y Bárbara lo siguió, quedándose el mafioso americano de pie en el salón comedor, a la vista de todos los camareros, que eran cubanos y entendían muy bien lo que pasaba, mientras el mafioso no parecía comprender nada: estaba tan alelado que me dieron ganas de explicarle lo que pasaba, pero creo que finalmente en su cabeza de *accountant* o contador de la Mafia entró la noción que era mejor para su negocio evitar un incidente con dos cubanos que podía terminar en una pelea si no confusa al menos difusa. Yo salí con Silvio, que seguía a Bárbara, pero decidí no montar en su carro y le dije allí mismo que me iba a pie al cine, y ambos partieron en el Dodge verde oscuro. No sé qué explicaciones siguieron al suceso, pero ya de aquí en adelante el romance entre Silvio y Bárbara fue viento en popa y retrospectivamente pienso que lo mejor que hizo Silvio fue promover aquella confrontación, para ganarla a ella, quiero decir.

Por aquellos días hubo un despliegue de valor con respecto a una mujer de parte de otro amigo, René de la Nuez (René y Silvio fueron por esos días tal vez mis mejores amigos), pero esta vez no hubo confrontación con un mafioso sino un encuentro con Eros, franco y simple. Hacía tiempo que René estaba detrás de Sigrid González (mejor dicho que Sigrid estaba detrás de René, ya que ella estuvo siempre dispuesta a conquistarlo, pese a que él arriesgaba su puesto de profesor de arte dramático al salir con una alumna así: las reuniones fueron siempre secretas) y ese día, casi glorioso para todos (era una tarde radiante de primavera tardía cubana, con el sol saliendo entre gruesas nubes después de haber llovido y limpiado la atmósfera, entibiado el aire la lluvia de media tarde), pero más que glorioso para René, que salió ese día con la determinación de acostarse con Sigrid. No sé si lo consiguió ese mismo día o un poco más tarde, sí recuerdo estar en el portal del cine Radiocentro, despidiendo a René que se iba a encontrar con Sigrid en el restaurant La Palmera, apenas a dos cuadras de allí, dándole yo consejos de última hora de cómo tratar a una virgen (era evidente que Sigrid, a los dieciséis años ya cumplidos, todavía lo era), para no fracasar en ese primer encuentro, ya que René padecía de varios males sexuales producidos evidentemente por la timidez: eyaculación precoz y poca durabilidad de la erección, que había combatido por los días que se acostaba con la horrible Dulce Atós (que yo llamaba Dulce Atroz hasta que llegué a olvidar su verdadero apellido), mediante la Yoinbina Hude (creo que ése es el correcto nombre de la marca) para lograr una erección indudable, durable, y luego recurría al frotamiento con Nupercainal, que era un anestésico tópico, mediante los cuales conseguía satisfacer el desenfrenado apetito sexual de Dulce Atroz (a veces yo llegaba a decir que ella tenía dos hermanas más, llamadas Dulce Aramís y Dulce Portós, las Tres Mosquehetairas, Pornós, Atroz y Amamís, sin olvidar a una posible cuarta hermana, D'Artdemain), pero ahora, hoy, estaba seguro que no iba a necesitar el auxilio de su farmacopea, de la que René había hecho un chiste (nosotros, en Cuba, o al menos mis amigos, hacíamos un chiste de todo: aun de la más dolorosa realidad, así trascendíamos lo terrible del problema por medio de la risa. Al menos yo lo hacía y ésta fue la causa de que no me acercara a los problemas ajenos con la debida distancia, íntimamente, sino que siempre había la distancia del chiste: ya contaré cómo un chiste me alejó de conocer a fondo los problemas sexuales de Silvio y de ayudarlo si era posible, pero esto sucedió más adelante). Ahora debo hablar de Sigrid, a la que no vi ese día pero estaba seguro de que vestiría uno de sus vestidos de saya ancha, con sayuela de paradera, a la moda, por debajo, y por arriba le llegaría a los hombros, dejándolos desnudos, a los lados, mientras al frente bajaría un escote profundo que dejaría ver la media mitad de sus senos, su piel trigueña estirada sobre ellos, mostrando unas medias copas que sugerían la otra mitad con una indudable eficacia erótica. Yo no sé si ese día fue la primera vez que René se acostó con Sigrid, ya que no lo hablamos: por una inexplicable razón de pudor René nunca contó cuándo se acostó con su alumna, quizá por eso, porque era su alumna y él quería mantener su dignidad de profesor, aunque fuera profesor de teatro, de historia del teatro. Sí sé, por revelaciones que me hizo la misma Sigrid años después, que ella era virgen cuando se acostó con René la primera vez y esto, además del amor que sentía por ella, fue lo que obligó a René, en último término, a casarse con ella tiempo después. Ahora, ese día, lo dejé feliz sabiendo que no tendría que utilizar su farmacia con una mujer, porque no era atroz sino delectable criatura.

El *tumbadoir* perfecto apareció en las páginas de anuncios clasificados del *Diario de la Marina*. Yo había mirado la *Marina* y el periódico *Información* (es curioso cómo se forman los masculinos y femeninos aun entre los periódicos: la *Marina*, el *Información*, el *Carteles*, la *Bohemia*: esta última tal vez influida por la ópera que le dio el nombre) todos los días, pero no encontraba nada que fuera adecuado: o eran muy caros los apartamentos amueblados decentes (lo preferíamos por supuesto en El Vedado) o no parecían cumplir las funciones que nosotros les dábamos. Por fin en la *Marina* apareció un anuncio de un apartamento amueblado en la calle 8, que costaba 95 pesos. Ése era el nuestro, ya estaba decidido. Yo estaba seguro de que podríamos conseguirlo por 90 pesos y fuimos a verlo Silvio y yo. El dueño se llamaba Boloña, así simplemente, y era un hombre ya mayor, calvo, con un aspecto respetable que él se empeñaba en aumentar en su trato. Enseguida nos trató de muchachos:

—Bueno, muchachos, ¿qué se les ofrece? Vienen por el apartamento, ¿no?

Le dijimos que sí, él nos dijo que estaba en el sótano. Él vivía en los bajos y aparentemente en los altos (toda la casa era suya) también se alquilaban apartamentos.

—Ustedes lo quieren, por supuesto, para vivir ustedes, ¿no?

—Bueno —le dije yo—, no exactamente.

—Lo queremos por una razón social —dijo Silvio, quien se sonrió para hacerme consciente de su *calembour*, *pun* o retruécano.

—Ah, por una razón social —reforzó el viejo Boloña (así fue como devino este señor en nuestro folclore) el juego de palabras, sin darse cuenta, por supuesto.

–Sí –intervine yo–, para recibir amigos, dar una fiesta. Cosas así.

–Bueno –dijo el viejo Boloña–, supongo que no serán fiestas escandalosas, ¿no?

–Somos enemigos del escándalo –dijo Silvio–, vulgo barullo, pataleta o jaleo.

–También somos enemigos de las orgías –dije yo, dejándome llevar por la retórica de Silvio.

–Ah, eso me parece bien. Nada de orgías –dijo el viejo Boloña.

–Nada de orgías –repetimos casi a dúo Silvio y yo. (Luego, cuando volvíamos a *Carteles* en el Dodge verde oscuro de Silvio, casi cantábamos: «Nada de orgías, dijo el viejo Boloña».)

–Ahora –añadió–, si ustedes quieren recibir a una amiguita, discretamente, ¿no?, yo no me opongo.

Cabrón. El viejo bien sabía para qué queríamos nosotros, dos hombres evidentemente solteros (Silvio al menos lo era totalmente, yo actuaba como tal casi desde el mismo mes de casarme), su apartamento que él llamaba «de los bajos».

–Bueno, lo cogemos, ¿no? –le pregunté yo a Silvio y aproveché para hacer una imitación del viejo Boloña.

–Sí, lo cogemos –dijo Silvio.

–Bien. Lo cogemos –le dije yo al viejo Boloña–, lo que lo cogemos a noventa pesos mensuales.

–Bueno, muchachos –dijo el viejo Boloña (yo llegaría a escribirlo Bologna, en una nota dejada a Silvio en el apartamento una noche)–, eso está un poco fuerte, ¿no? Yo quiero noventa y cinco.

–¿Sabe lo que pasa? –le dije yo–. Es que somos tres los que vamos a coger el apartamento y noventa es perfectamente divisible por tres, ¿no le parece? –añadí el «le parece» porque un «¿no?» solo quizás habría sido demasiado.

–Bueno –dijo el viejo Boloña–, no vamos a pelear por cinco pesos, ¿no? Noventa mensuales entonces y todos contentos.

–*Tutti contenti* –añadió Silvio y el viejo Boloña se rió y casi preguntó: ¿Habla vuesa merced el italiano?

De casa del viejo Boloña (que sería nuestra casa) nos fuimos no a *Carteles* directamente, como debiéramos (estábamos en horas de trabajo), sino al edificio de la Pan American a ver a Giovanni Bianco, alias Juan, mi concuñado para participarle la buena nueva: éramos dueños de un hermoso apartamento amueblado en medio de El Vedado, porque, casi lo omitía, bajamos a ver el apartamento de «los bajos», vulgo sótano, y lo encontramos muy bien equipado: hasta tenía refrigerador, un refrigerador grande y ya antañón (no tenía los tubos refrigerantes encima, como los modelos de los años treinta, pero casi) en la cocina, cocina de gas, una sala, amueblada con muebles como de playa, de bambú y cretona –sofá, dos sillones, mesa de cristal encima–, y un cuarto bastante grande, con una cama camera y un escaparate. Estaba bien. Esto lo transmitimos a Juan, quien confiando en nuestra palabra dijo:

–Bueno, *we're in business* –que eran poco más o menos las únicas palabras que sabía en inglés: unas cuantas más que Silvio, cuyo inglés era motivo de risa entre Adriano de Cárdenas y Espinoza o Spinoza y yo.

Descubrimos un día (para regocijo de Mauricio Solaz) que pronunciaba *husband* diciendo *jiusband* en vez de *josband*, pronunciación tan extraordinaria que Mauricio creyó que era adrede: una broma lingüística. Pero nosotros, Adriano y yo, sabíamos mejor. Otra vez, por ejemplo, pronunció la frase *decision in Africa* como *disaision in Eifrica*, que era todo un hallazgo de la nueva pronunciación del inglés. Decía *pot* por *put*, *boll* por *bull*, *hirt* por *heart*, es decir, *jart* –y muchas, muchas malas pronunciaciones más. Lo grave es que Silvio se empeñaba en hablar inglés (oyéndonos a mí y a Adriano y a Mauricio y, más tarde, a José Atila, que habían, los dos últimos, estudiado en Estados Unidos) cada vez que quería y creía que lo hablaba bien. El otro cordón umbilical entre Juan Blanco y Silvio (además del *tumbadoir* ahora) era la música. Juan componía música seria, como él decía (luego fue música se-

rial), en sus ratos libres y se consideraba más un compositor que un abogado, mientras que Silvio tenía un formidable oído para la música clásica (fue precisamente su manera de tararear *El pájaro de fuego* lo que me hizo conocerlo
en el bachillerato) y de haberlo tomado en serio podría haber hecho una carrera como director de orquesta, ya que
las composiciones que se sabía (y eran muchas) se las sabía
como se las sabe un conductor –no de tranvías, por favor,
sino de orquesta, que ésta era otra palabra inglesa que Silvio empleaba, pronunciándola así y no *kondóktor*, como
debía.

Esa noche llegué a casa de ella para decirle, de alguna manera, la buena noticia del apartamento, pero ella tenía otra
noticia para mí.

–Tengo una buena noticia que darte –me dijo.

–¿Sí? ¿Qué es?

–Tiene que ver con el teatro –y yo debí poner alguna
cara de decepción, pues tal vez esperaba, ingenuamente,
que habláramos de lo mismo.

–¿No te interesa?

–Sí, cómo no –reaccioné a tiempo.

–Me han escogido para hacer una obra. El teatro Las
Máscaras. Es *Algo salvaje en el lugar*, de Tennessee Williams.

No la conocía. Se lo dije.

–Es *Orfeo descendiendo*, pero ése es el nombre que le
han puesto aquí.

Orpheus Descending sí la conocía de nombre. Se lo dije.

–Sí –dijo ella–, ha tenido mucho éxito. Tengo uno de los
papeles principales, el de Carole Cutrere.

Ésta sí era una noticia, ya que creía que le habían dado
un papelito: era una noticia que una alumna de la Academia de Teatro consiguiera un papel principal en un estreno. Le dije que había que hacerle propaganda, pero ella no
quería.

–No, no quiero –me dijo.

–Pero ¿por qué?

–No todavía. Es muy temprano. Además, después van a decir que he tenido publicidad porque me la conseguiste tú. No, no quiero.

–No seas boba. Si te doy publicidad es porque creo en tu talento.

–¿Cómo crees en él si no me has visto actuar?

–Eso se ve. Nada más que con verte, cualquiera se da cuenta de que eres una actriz nata. Además de que debes tener muy buena presencia en la escena.

–No, soy muy alta. Ése es mi problema en la academia: soy más alta que casi todos los muchachos.

–Te pondrán actores altos.

–Recuerda que en Cuba no los hay tanto.

–Algunos de los nuevos actores de televisión son altos. Me imagino que los usarán en el teatro. De todas maneras, tienes muy buena figura y eso es una ventaja para una actriz. Además, recuerda tu otra ventaja.

–¿Cuál? ¿Tú?

–No, yo no: tu voz.

–Ah.

Era verdad: su voz se notaba cada día más perfecta, agregados a su timbre natural los ejercicios de impostación y de proyección de la academia: a mí me gustaba cada día más su voz. Se lo dije.

–Eso eres tú porque estás enamorado de mí.

–Eso es lo que tú crees.

–¿Qué, que no estás enamorado de mí? ¿No lo estás?

¿Lo estaba? Debía estarlo, era evidente que lo estaba. Se lo dije.

–Si no, eres un buen actor –me dijo.

Le dije que quería darle la noticia de que teníamos un lugar donde reunirnos.

–¿Cómo donde reunirnos?

–Sí, donde podemos estar tú y yo solos, un rato. ¿No quieres venir?

–No se te ocurrirá meterme en una posada...

–Dios me libre –dije yo, fingiendo mi inocencia cómicamente. O al menos, yo creía que cómicamente–. Es otro lugar. Mucho mejor. Un apartamento.

Confiaba en su curiosidad, que la había llevado ya a conocer extraños interludios. Al menos, eso es lo que ella me había contado. Me contó cómo tenía una amiga casada que la invitó un día a su casa, con su marido, «a ver unas películas». Las películas, por supuesto, resultaron pornografía. Ella me dijo que las vio de lo más tranquila, sentada, viendo, como ella decía, «todas las cochinerías». Luego la pareja la invitó al cuarto para que, sentada en una silla (que ella separó de la cama, según me contó), los viera a los dos mientras «hacían cosas» en la cama. Una vez la invitaron a participar y ella declinó la invitación. Cuando terminaron ella dijo: «¿Eso es todo?» y se fue. Luego su amiga temía que ella se hubiera «puesto brava» con ellos, pero no era así y los siguió tratando. Pero peor (estas palabras, al escribirlas, siempre parecen la misma palabra, repetida y mal escrita) le ocurrió con su amiga Amanda Líster. Ella, Amanda Líster, era amante de un hombre muy rico, de un millonario (ella me dijo su nombre pero no lo voy a poner aquí por su notoriedad) que las invitaba al Habana Yacht Club «y todo». Siempre ella andaba de tercera con su amiga (esto ocurrió dos años antes de conocerla yo a Ella, de manera que debía de tener entonces unos quince años) y así iban a todas partes, al cine, al club, a los clubs (que hay que diferenciarlos unos de otros) y un día, una noche, su amiga la invitó a que fuera a la casa de su amante, que estaba en Miramar, según ella. Una vez allí, la invitó a que se bañaran en la piscina interior («bajo techo», como dijo ella, en su cuento), pero ella no había traído trusa. «Eso no importa –dijo su amiga–, nos bañamos desnudas las dos.» Una vez dentro del baño su amiga empezó a jugar con ella, a echarle agua por la cara, a hundirla en el agua, juegos que parecían de lo más inocente, hasta que ella se cansó y salió de la piscina. Amanda fue detrás de ella y hasta insistió en secarla y cuando lo estaba haciendo, de dentro de la casa y completamente desnudo salió el amante de Amanda, que quería otra cosa que bañarse. Parece (esto nunca me lo contó ella muy claro) que a su amiga le gustaban las mujeres y había querido «hacer cosas» con ella, cuando salió su amante dispuesto a convertir en trío el dúo que, de dejar ella a su amiga, sería un acto de tribadismo.

Todo parece indicar que ella debió pelearse con su amiga, pero no ocurrió así porque, según ella, «yo no tengo complejos», lo que era una clase de explicación ambigua, pero al fin y al cabo una explicación. Fue entonces que ocurrió el tercer cuento, cuando fue en otra ocasión de nuevo a la casa del amante de Amanda (linda combinación ésa, ¿verdad?), pero esta vez fue acompañada por Bonita Pérez, que después sería muy famosa gracias a la televisión. Bonita tenía entonces un año menos que ella, es decir, catorce, y era prima de Amanda, por lo que ella no pensó que fuera a ocurrir nada. Era de noche y estaban las tres, los cuatro, tomando bebidas («Yo tomé un daiquirí», dijo ella, que era muy aficionada al daiquirí), cuando ella empezó a sentirse rara, muy mareada nada más que con una copa, y la lengua comenzó a ponérsele grande y no se la sentía, tanto que le molestaba al hablar. Así, cuando Amanda y su amante fueron adentro con no recuerda ella qué pretexto, le dijo a Bonita: «Vámonos de aquí, que me han echado algo en la bebida», pero era demasiado tarde porque ya para entonces Bonita estaba completamente borracha («Y con solamente tomarse una copa», dijo ella), así que ella no esperó más y antes de que regresaran Amanda y su amante, entró en la casa, abrió la puerta de la calle y se fue sola. Luego parece que al amante de Amanda le dio pena o tal vez tuviera miedo de que le pasara algo por la calle, a una muchacha sola, tarde en la noche, por el barrio tan apartado en que vivían, y la alcanzó con su máquina y la montó y la llevó a su casa. Dijo ella que él no dijo nada por todo el camino, pero que ella recuerda que no venía Bonita en la máquina y, al preguntar por ella, él le dijo: «Se va a quedar en la casa. Está muy borracha para regresar a casa de sus padres». Ella no supo qué le pasó a Bonita esa noche ni tampoco ésta se lo dijo al otro día cuando la vio, pero estaba segura de que le habían echado una droga en la bebida.

—Claro –le dije yo–, cocaína.

—Ah –dijo ella–, ¿era eso? Debían habérmelo dicho para por lo menos saber a qué sabía sabiéndolo.

Tantos saberes en una sola oración me marearon, pero no obstante pude entender su razonamiento.

Así, con todos estos cuentos presentes (me los había contado en diferentes noches, esta Sherezade habanera), yo sabía que la curiosidad nada más la iba a atraer a los predios del viejo Boloña, por lo que le conté todo lo contable del apartamento, aunque no le dije que lo había cogido con Silvio Rigor y Juan Blanco. Ella no conocía al último, pero a Silvio lo había traído yo una tarde por su casa.

Cuando llevé a Silvio a conocerla a su casa él se negó a subir y ella entonces bajó las escaleras guarecidas hasta los bajos. Estaba vestida con unos pantalones de hombre azul celeste, *heavenly blue jeans*, y una camisa también masculina y lucía aún más alta. Por una razón tan oscura como Rigor, o tan oscura como la de Rigor, ella no terminó de bajar la escalera y se quedó en el último peldaño, haciendo hola con su voz más grave, y Rigor por primera vez en su vida se quedó sin nada que decir, pasmado, pausando entre la mirada que tenía que dirigir desde abajo, no sólo desde su propia estatura sino desde la posición de inferioridad en que estaba con respecto a ella, que se veía más alta de lo que era y ya era bien alta no sólo para la mayoría de las habaneras sino para cualquier visitante de la geografía exterior, sus cinco pies ocho pulgadas crecidos por sus piernas largas, por sus miembros finos, por su cuerpo esbelto, por su cara larga y delgada. Ella y Rigor entablaron un diálogo en que mi amigo parecía ser el enemigo de mi *trouvaille*.

—Así eres actriz –dijo Rigor, que no creía que hubiera en Cuba actores, mucho menos actrices.

—Trato de ser.

—¿Por qué ser y no más bien ser nada? –preguntó Rigor, robando la línea a Spinoza. Ella por supuesto no entendió.

–¿Cómo no ser nada?

–Nada, actriz nata, nata de la crema. *Crème* de la cremallera –dijo Rigor señalando para la portañuela de ella, que llevaba un zíper ostensible.

–¿Es usted modisto? –dijo ella más que preguntó queriendo ser molesta.

–Modesto más que modisto. Mi nombre es Mussorgsky.

–Pero él –señalándome a mí– me dijo que su nombre era Ego.

–*Ego's the name of my true love's hairdresser.*

Pero Ego había malgastado sus *silver* balas en salvas: ella no entendía inglés ni le interesaba aprenderlo, mucho menos intercambiar con Rigor un diálogo de sordos.

–Me tengo que ir –me dijo ella, sin dirigirse a Rigor, y dio media vuelta, comenzó a subir la escalera, pero volteó la cabeza para decirle a Rigor:

–Adiós.

–Se dice hasta lu Ego.

–Hasta luego –dijo ella pero me lo dijo a mí. Subió las escaleras más larga y más bella que si estuviera desnuda.

Cuando Silvio la vio irse dijo:

–Manes de Don Juan, ¡qué cosa más tremenda! Y cómo una mujer así le hace caso a un hombre como tú –lo que me causó risa y luego se lo conté a ella, que añadió:

–Pero yo no te hago caso.

–No todavía –dije yo, y lo dejamos ahí. Ahora la instaba a que me acompañara al apartamento.

–No esta noche –me dijo.

–¿Cuándo? –pregunté yo.

–Ah –dijo ella–, cualquier día.

No que ella tuviera preferencia por el día sobre la noche para visitar mi *tumbadoir* (ahora recuerdo que nunca empleé ese término con ella: ¿para qué? Era demasiado riesgoso, además no lo iba a entender), ya que ella trabajaba de día y no lo íbamos a dejar para un sábado por la tarde o para un domingo, por razones de disposición de emplazamientos. (Ahora tengo que explicar que esas disposiciones eran nada más que la división del tiempo para usar el apartamento por turnos: nos tocaban dos días a la semana a cada uno y el domingo quedaba libre en caso de que alguien lo necesitase de urgencia. A mí me había tocado el lunes y el martes, a Silvio el miércoles y el jueves y a Juan el viernes y el sábado. Había sido echado a la suerte pero también teníamos consideración con Juan, que era el que más trabajaba de los tres, aunque cualquiera de los tres podíamos cogernos una noche libre –yo era el que más problemas tenía con las noches por el cine– y quedaba sobreentendido que el apartamento iba a estar sin utilizar la mayor parte de los días por el día. De manera que no había manera de que ella visitase mi apartamento por el día pues debía olvidarme de los sábados por la tarde y del domingo.)

–¿Por qué no vamos al cine? –propuso ella en cambio.

Después de pensarlo un poco (no quería estropearlo todo con mi insistencia: tenía tiempo para cazarla otro día), dije que estaba bien y al cine nos fuimos. Fuimos al Payret, no recuerdo la película que vimos pero la noche resultó inolvidable. Ella se vistió con su traje azul, ancho, con saya de paradera, y el amplio escote que dejaba hacía ver, con su pecho combado, como si tuviera más senos de los que realmente tenía, y se veía encantadora, con el pelo recogido arriba en un moño, ni antiguo ni moderno, muy suyo, que le despejaba la cara y le hacía el cuello más largo. Tan blanca, estaba radiante bajo las luces de la ciudad: esto fue cuando salíamos del cine. Fue en la misma salida que nos encontramos a Ramón Raudol y su mujer, Marissa Ross (ése era su nombre para la televisión aunque se parecía mucho al verdadero), a quienes les presenté a Ella (Ramón sabía que yo estaba casado, y creo que su mujer también, pero ella no conocía a mi mujer y me temo que la tomó a Ella por ella: Ramón sabía más) y Ramón nos invitó a tomar algo. Fuimos hasta el Lucero Bar en su máquina y nos sentamos a beber, los cuatro tomando daiquirís contra la noche calurosa: el Lucero Bar era un lugar agradable pero el aire acondicionado lo habría hecho más grato. Nos sentamos en la terraza, en las sillas de mimbre, oyendo a Celeste Mendoza insistente, incesante desde la victrola automática. Conversamos naderías y la noche habría sido como cualquier otra si no se nos acerca una gitana que quería decirnos la fortuna. Nos reímos: nosotros no creíamos en gitanas, al menos Ramón y yo, pero las mujeres (sobre todo Ella) querían conocer el futuro, saber su fortuna, que sería sin duda la buena fortuna. La gitana, con su amplia falda que barría el piso, su pañuelo en la cabeza y sus dientes de oro, se tomaba muy en serio su papel. Le tomó la mano a Marissa y le predijo una larga vida y mucho dinero. Luego, cuando se dirigió a Ella, sacó unas cartas ennegrecidas y gastadas por los bordes que empezó a barajar y luego las colocó, una a una, sobre la mesa. Ahora habló con una voz más profunda:

—Ustedes dos —se refería a nosotros: era evidente que había visto que estábamos juntos— van a estar juntos un tiempo, se van a querer mucho, pero luego se van a separar, después se van a volver a juntar y ya no se van a separar más, van a viajar mucho y conocer países extraños.

Terminó la gitana y Ramón, que invitaba siempre a todo, le pagó. Nos quedamos riendo de las cosas que había dicho. Luego Ella, que recordaría siempre las predicciones de la gitana, me contó que se había divertido mucho con lo que había dicho. En los años por venir decía que ella se había dicho: «Esta gitana está totalmente equivocada: yo, juntarme con este hombre —se refería a mí, por supuesto—, que ni siquiera me gusta, que no es mi tipo, y decir que vamos a viajar juntos». Ella no lo quiso creer: no creyó nada pero luego, con los años, pensaría mucho en la gitana. Yo también pensé en ella: tanto que todavía recuerdo las manos largas y morenas y sucias, las cartas sobre la mesa, los collares colgando múltiples del cuello, la voz cascada, a pesar de que no era vieja, de la gitana, que tal vez no fuera una gitana, sino una mujer disfrazada de gitana, aunque Ramón, por español, debía conocerlas bien y dijo cuando se fue que era una gitana de verdad, lo que nos extrañó a los cubanos en la mesa: gitanos en Cuba.

—Hay algunos —dijo Ramón, que una vez había hecho un reportaje sobre los gitanos cubanos—. Parece que están de antiguo en Cuba: algunos afirman que llegaron a la isla con Colón, lo que puede ser probable.

El resto de la noche se pasó en una disertación continua de Raudol sobre los gitanos, que eran para nosotros un tema exótico aunque próximo, ya que habíamos sido confrontados por una gitana esa noche. Además era muy próximo para ella: su madre parecía una vieja gitana, aunque, a veces, parecía una vieja india y otras muchas la vieja campesina cubana, la guajira que era. Más tarde Ramón Raudol nos dejó a cada uno en su casa: tuve que darle la dirección de ella, donde me bajé. Antes de entrar en su casa (no había puerta de la calle sino una escalera interior a la que se llegaba por un lado del bloque de apartamentos), me dio un beso.

—¿Me vienes a visitar mañana? —le pregunté. No comprendió al principio, pero luego cuando se dio cuenta de que yo me refería a mi apartamento, al *tumbadoir*, dijo, muy bajo:

—Tal vez.

Lo que para mí significó que iría. Al otro día en *Carteles* Silvio me preguntó cómo había estado la inauguración del *tumbadoir*. Tuve que decirle la verdad y pareció decepcionado. Pero pude agregar:

—Todavía me queda otra noche.

—¿Va a ser hoy?

Repetí las palabras de Ella:

—Tal vez.

Silvio estaba muy seguro de Bárbara, de que ella iría con él al apartamento: debía estarlo después de la confrontación con el mafioso. En cuanto a Juan Blanco no sabíamos nada: el *tumbadoir* sería para él un pretexto para conseguir a quién llevar. En eso le llevábamos ventaja: para nosotros ya el apartamento del viejo Boloña tenía un propósito y un sentido. Esa noche fui a buscarla a la academia y me encontré con Sigrid, que me sonrió muy pícaramente.

—¿No buscas al profesor De la Nuez? —me preguntó.

—No —le dije—. Vengo en busca de alumnos, no de profesores.

–Alumnas, dirás tú.

–Alumna a secas –dije yo.

–Ella está al salir de su clase.

–Gracias. ¿Y cómo tú no has ido a clase hoy? ¿No es la del profesor De la Nuez? –le pregunté yo siguiendo su forma de tratamiento para René.

–Precisamente –me dijo ella y entró.

Salimos Ella y yo. Debíamos haber ido a comer a alguna parte primero, pero yo estaba ansioso por estar con ella a solas en el apartamento, por lo que nos dirigimos caminando Vedado abajo por la calle Paseo, hasta que doblamos por la calle 9 buscando la calle 8, que era mi, nuestro, objetivo. Pronto estuvimos allí y al introducir la llave sentí una emoción especial: era la primera vez que íbamos a estar solos.

Del apartamento me llegó un olor a humedad que no había sentido antes, tal vez porque había visitado los predios del viejo Boloña siempre de día y el sol tal vez impidiera que saliera la humedad del sótano. Entramos. Ella entró con curiosidad no exenta de cuidado, muy gentilmente, como la visita que era, pero al mismo tiempo inspeccionándolo todo, ladeada, no ciertamente esquinada pero como temiendo (al menos esto es lo que creía yo) un enemigo sutilmente emboscado. Encendí las luces y la sala se veía cómoda, confortable, casi vivida, aunque sabe Dios cuánto tiempo hacía que nadie vivía en ese apartamento. Ella se sentó en una silla (no llevaba cartera esa noche y vestía pantalones y una blusa, no una camisa) y yo me senté en otra.

–¿Quieres tomar algo? –le pregunté al poquito rato.

–¿Qué tienes? –me preguntó ella.

–Hay ron y cocacaca –me trabé, nervioso, en la palabra.

–Coca-Cola.

Ella se sonrió, se rió. Qué bueno porque el lapsus disipó el miedo que había entre los dos: el mío también.

–Podemos hacer cubalibres –propuse yo, yendo hacia la cocina.

Ella, sin yo sentirlo, fue detrás de mí, curioseando, pero no tomando posesión de la casa. En la cocina, en el refrigerador enorme, Silvio y yo, previsores, habíamos puesto una botella de ron y varias botellitas de Coca-Cola. También habíamos almacenado algunos huevos, para hacer duros tal vez, y pepinillos encurtidos. No había más nada en el refrigerador, excepto el hielo hecho. Preparé dos cubalibres —cubaivres, como los llamaba Sergio para regalo mío nada más porque no creo que su novia lo entendiera— no sin trabajo con el hielo y abriendo las Coca-Colas bajo su mirada, y volvimos hacia la sala. Bebimos nuestras bebidas en silencio.

—Debí haber tenido vodka —dije yo, tratando de recordarle la noche en el balcón.

—¿Para qué?

—Para beber tú y yo.

—No hace falta. Está bien así. De todas maneras hace mucho calor.

—Sí, hace calor. ¿Quieres que abra las ventanas? Está un poco encerrado esto.

—Como quieras.

Abrí una de las ventanas de la sala, que daba, enrejada, a un pasillo lateral. No sabía si ese pasillo era muy frecuentado o no, pero me arriesgué.

—¿Quieres ver el resto de la casa? —le propuse al rato.

—¿Qué más hay?

—Hay un cuarto, que tiene aire acondicionado. —Esto me sonó a una proposición, pero tal vez nada más que a mis oídos.

—No hay mucho más que ver. Supongo que el cuarto será como todos los cuartos.

—No, no hay mucho. Sí, es un cuarto cualquiera.

Seguimos bebiendo, en silencio ahora.

—¿Quieres más cubalibre?

—No, está bien así.

¿De qué podía hablarle? Lo más indicado era insistir en el cuarto.

—¿Quieres ver el cuarto ahora?

Ella hizo un gesto como de fastidio.

—Bueno, si tú quieres... —dijo por fin.

Caminamos unos pasos, hasta el cuarto. Encendí la luz. La verdad que no había mucho que ver: solamente la cama, grande, casi obscena, en el centro del cuarto, y el armario.

–Tiene aire acondicionado –insistí.

–¿Sí?

–Sí.

Finalmente me decidí a dar el salto.

–¿Por qué no nos quedamos aquí?

–¿Para qué?

–Puedo encender el aire acondicionado.

–Bueno, está bien. Podemos quedarnos.

Era evidente que ella accedía.

–Aunque no hay donde sentarse –opuso ella.

–Podemos sentarnos en la cama –propuse yo, más bien tímidamente aunque sin tartamudeos ni vacilaciones. Me parecía que a ella le divertía, aunque no sé si le divertía la idea de sentarnos en la cama o la idea de mi proposición o le divertía la misma situación, de la que debía tener el control. Al menos yo no lo tenía. Ella caminó por el cuarto y vino a sentarse en la cama. Yo, haciendo como que me demoraba, me senté a su lado pero no sin demorarme mucho en realidad, no fuera a ser que cambiara de idea. De pronto me levanté y cerré la puerta.

–¿Para qué cierras la puerta? –me preguntó ella.

–Para poner el aire acondicionado.

Di la vuelta por detrás de la cama y me arrodillé sobre las almohadas, alcanzando el interruptor del aire que estaba encima de la cabecera. Pude ponerlo en marcha sin dificultad aunque me temí que me daría trabajo, ya que se veía viejo más que de segunda mano. Echó a andar inmediatamente, pero con un chirrido primero y luego con un sonido ronco, mezcla de zumbido y estertor continuo.

–Debe moler el aire antes de enfriarlo –había dicho Silvio al inspeccionar el apartamento, refiriéndose al aparato. Su metáfora propositoria se había vuelto verdad ahora, aunque esperaba que fuera una verdad propiciatoria.

–¿Estás mejor ahora? –le pregunté al volver a sentarme a su lado.

–Yo estaba bien antes, gracias –dijo ella, no sin cierto tonito en su voz, que se hacía más baja ahora. Tal vez fuera efecto del cuarto, ¿o sería mi cercanía?

–Yo creo que aquí estamos mejor que en la sala. Allá parecíamos una visita.

–Pero yo soy una visita –dijo ella.

–Sí, ya lo sé, pero no es eso lo que quería decir. Quiero decir que los dos parecíamos estar visitando a alguien, como esperando.

Ella se sonrió.

–¿Y tú no estás esperando algo?

–¿Yo?

–Sí, tú.

–No sé. ¿Qué cosa?

–No qué cosa sino de quién.

–¿De quién?

–De mí, quiero decir.

–Estoy esperando, como siempre, tu amor.

–Esperas más que eso, ¿no?

Ella quería decir que yo no quería su amor sino su cuerpo y aunque no lo expresó con esa retórica tenía razón, pero yo quería también su amor, ahora quería su amor, sobre todo su amor, a pesar de que hubiera venido aquí por su cuerpo.

–Espero que me des lo que tú me des –le dije–. Con eso me conformo.

–¿Nada más?

–Nada más ni nada menos.

Me acerqué un poco más a ella. La luz del cuarto era baja a propósito, por lo que no estábamos lejos de la atmósfera romántica, erótica o erotizante que creaba un hotelito, pero aunque el apartamento estaba lejos de parecer una posada no otra cosa era su propósito. Así cuando me acerqué a ella era para comenzar el asedio. Afortunadamente ella no se movió de su sitio. Subí una mano hasta su cabeza y le acaricié el pelo.

–Me gusta tu pelo.

–Es muy negro –dijo ella como explicación sin pedir

disculpas por su color (el rubio era entonces el color de moda en Cuba), tampoco sin vanidad aunque podía sentirse vanidosa de su pelo, una verdadera cabellera que le caía, ahora, por ambos lados de la cara y la enmarcaba en su palidez.

–Me gusta el pelo negro –dije.

–A mí también, aunque yo cuando niña tenía el pelo rubio. Pero ahora me gusta negro y si no lo tuviera negro me lo teñiría de negro.

Cuando siguió hablando de su pelo hice una leve presión con la mano sobre su cabeza y la acerqué a la mía. Ahora estábamos más juntos y podía besarla si quería. También si ella quería, porque la absoluta soledad de los dos había revelado en ella una voluntad de hacer solamente lo que quisiera, que se veía sin esfuerzo, sin siquiera probarla.

–¿Me das un beso? –le pedí.

Pasó un momento y ella no dijo nada. Pasó tanto tiempo que me temía que no hubiera oído o que no fuera siquiera a responderme. Finalmente dijo:

–Bueno.

Y dispuso su boca no físicamente sino mentalmente para el beso, expresándolo con un leve movimiento de la cabeza no hacia mí sino hacia el lado, buscando el ángulo en que su boca podía encontrarse con la mía. Lo cierto es que la sentí moverse bajo mi mano y yo también me moví hacia ella para darle ese primer beso privado que no puedo olvidar. Fue un beso ligero pero largo. No intenté abrir su boca ni buscar su lengua sino solamente tener un contacto con su cuerpo a través de los labios. Nos quedamos así un rato, luego ella se separó. Pero al momento volvimos a besarnos, esta vez con más pasión. Mis manos buscaron su cuerpo y rodearon su espalda primero, atrayéndola más hacia mí, luego dejé que mi cuerpo hiciera presión sobre el suyo y la incliné sobre la cama, tanto que ella cedió y se reclinó sobre la almohada. Ahora yo estaba casi encima de su cuerpo, al menos mi pecho estaba sobre su busto, y saqué una de las manos para recorrer sus senos, que sentí erectos

–erecto, mejor dicho: sólo sentí uno de sus senos– bajo la blusa. Seguí buscando hasta que encontré los botones y desabotoné uno, sin reacción aparente de ella bajo mis labios. Encontré otro y otro botón y los zafé igualmente, hasta que todos estuvieron sueltos. Introduje mi mano por la blusa abierta y pude sentir su teta, casi su tetica, excepto por el gran pezón que la hacía teta, bajo mis dedos, con los que lo acaricié, poniéndolo más duro todavía. Me separé, me senté en la cama y pude contemplar sus senos por primera vez a la luz plena y vi que eran bellos en su originalidad, con la brevedad del seno propiamente y la túrgida desmesura de sus pezones, que eran muy grandes y erguidos y conservaban el color rosado de la leve aureola: eran unos senos parados y redondos a los que los pezones podían dar por un momento el aspecto de puntudos. Yo nunca los había visto iguales ni más bellos. Ella se quedó tumbada en la cama y yo me dirigí a besarle los senos y aunque esperaba que me detuviera, no lo hizo sino que me dejó besarlos, los dos, y de besarlos levemente pasé a succionarlos, chupando primero los pezones, luego teniendo medio seno en la boca, después casi el seno completo dentro de mí y seguía succionando. Ella se revolvía en la cama bajo mi succión y con las manos traté, mientras le mamaba los senos, intenté zafarle el pantalón, cosa que me era difícil por la posición de mi cuerpo y mi propia presión sobre ella. Así cambié de posición y seguí succionando sus tetas casi de lado, al tiempo que buscaba la combinación que abriera sus pantalones. Cuando la encontré y comencé a abrirlos, sentí que una de sus manos detuvo la mía (toda esta operación compleja se había hecho más difícil porque empleaba una mano solamente) y la sostuvo firme. No insistí de momento, pero cuando aflojó la presión de su mano, me solté de ella para seguir mi operación de abertura, pero volvió a asirme por la mano, esta vez con más presión, y oí que dijo solamente pero firme:

–No.

–¿Por qué no?

–No quiero.

–Solamente quiero verte desnuda.

–No quiero. No ahora. No esta noche.

–Pero ¿por qué no?

–Porque no quiero y eso basta.

–Ya tú estuviste casi desnuda conmigo una vez.

No era verdad: solamente se había abierto la portañuela de sus pantalones de hombre, en su casa, el día que nos sorprendió su hermano mayor, pero en aquel gesto de dejarme ver su bajo vientre, mucho más abajo del ombligo, hubo una promesa de que no sería difícil verla desnuda. No fue una promesa verbal pero la hubo en su gesto casi desafiante de abrirse los pantalones, cuando llevábamos menos tiempo de conocernos, que yo creí que al aumentar el tiempo haría más fácil tenerla desnuda ante mí y esto era lo que yo quería esta noche.

–No, no lo estuve.

–¿No recuerdas aquella vez en tu casa cuando vino tu hermano?

–Bueno, ¿y qué? –me dijo casi desafiante–. Aquello fue otra vez. Ahora no quiero. Déjame levantarme, por favor.

Había una firme resolución en su voz, por lo que me separé de su lado (ya no estaba arriba de ella pero todavía mantenía la presión sobre su cuerpo) y la dejé que se sentara en la cama. Se abotonó los pantalones primero y luego se abrochó la camisa. Había una finalidad en sus actos que me demostró, sin palabras, que había terminado nuestra cita esa noche.

–Ahora me quiero ir –dijo ella finalmente.

–Está bien –dije yo, sabiendo que no había nada que hacer pero también consciente de que ganaba más sin hacer oposición a sus decisiones–. Cuando tú quieras.

–Ahora mismo.

–Bueno.

Cerré el aire acondicionado y salimos del cuarto. En la sala se me ocurrió una dilación que quizás hiciera menos abrupta la partida.

–¿No te quieres quedar aquí un rato? Podemos tomar otro trago y conversar.

–No, quiero irme.

–Bueno, está bien. Nos iremos.

Apagué las luces, cerré bien la puerta y salimos. Camino de su casa (que hicimos, como casi era costumbre entre nosotros, a pie, nos caminábamos todo El Vedado casi todas las noches) hablamos poco, yo con miedo a que me dijera que no iba a salir otra vez conmigo, con el temor a que reaccionara conmigo como lo había hecho con el amigo de su amiga, el amante de Amanda o cualquiera de las otras personas que habían querido tener relaciones sexuales con ella a destiempo. (Ya entonces yo sabía que había un tiempo con ella, un ritmo, una exacta ocasión de cuándo hacer las cosas: sólo me faltaba encontrar el cuándo.)

Vino a verme Baragaño. Tenía marcas en la cara, sobre todo alrededor de los ojos, de puños, de puñetazos y otros golpes. Me dijo que se los había producido la policía y me dio a entender que fue la policía de Pinar del Río. Ahora estaba en La Habana rumbo a París y me venía a pedir algún dinero para el viaje. Me dio pena verlo todo magullado, sobre todo por razones políticas, como me había dicho, y le di un poco de dinero: no mucho. Baragaño nunca tenía mucha suerte conmigo y el dinero, ya que le di todo lo que tenía pero así y todo no era mucho, aunque se conformó. (Luego, tiempo después, sus amigos, que resultaban sus peores enemigos, me dijeron que los golpes no se los había dado la policía sino su padre, al que había sacado dinero para alejarse de su vista para siempre. Nunca supe qué creer y preferí creer que Baragaño había sido efectivamente asaltado por la policía de Batista por sus opiniones políticas, que eran surrealistas pero resultaban subversivas en Cuba entonces.) Me dijo que se iba inmediatamente y nos despedimos: no sabía yo cuándo había de volver a ver a Baragaño, quien después de todo resultaba uno de los personajes del folclore cultural habanero.

Por aquellos días se convirtió en otro personaje de folclore el nuevo conocido José Atila, que hablaba constantemente de sus experiencias en el MIT (creo que era ahí donde estudió o tal vez fuera otra universidad técnica americana) y le encantaba relatar las aventuras de sus compañeros, sobre todo la de un compañero de cuarto que tenía en su posesión una ametralladora que se había comprado legalmente. Esta compra fascinaba a José Atila y alguna de esa fascinación se me comunicaba. A pesar de que Atila era muy prudente (un día, cruzando Carlos III rumbo a *Carteles*, me dijo, a propósito de nada, «*Thus conscience does make cowards of us all*», citando a Shakespeare en su buen inglés con acento americano, y demostrando que para él la cobardía era un estado natural), mostraba fascinación por los actos de agresión, por la acción directa. Era un curioso personaje Atila, con su gordura (pesaba más de doscientas libras en un cuerpo que apenas llegaba a los cinco pies diez pulgadas), su falta de aire constante (fumaba como una chimenea: a toda hora, un cigarrillo tras otro) y sus fobias y pasiones. Atila era hijo de un comerciante español de la calle Muralla, que vendía sobre todo pantalones y camisas baratos, y que había hecho algún dinero, pero al ser hijo bastardo y reconocido más tarde no participaba grandemente de la fortuna del padre y vivía con su madre en un pequeño apartamento cerca del mercado de Carlos III. Tenía el resentimiento de los bastardos y aunque su padre le había pagado una educación costosa en Estados Unidos, no malgastaba mucho amor en él. Creo que a veces trabajaba en el almacén de su padre pero siempre parecía ocioso, un señorito que visitaba a los amigos que trabajaban en su trabajo y los acompañaba a la salida. Pero tenía talento para escribir, Atila. Al menos me dio un cuento para que yo se lo publicara en mi sección de cuentos cubanos de *Carteles*. En este cuento un hijo permite que su madre lo insulte por pasarse el día leyendo y luego, como venganza, mientras la madre habla por teléfono en la sala, él desde el cuarto va lanzando todas las posesiones familiares por el balcón, hasta que no queda en la casa más que la mesa con el teléfono y la silla adjunta en que habla su madre sentada. Finalmente, al colchón de la cama materna, que había reservado para el final, le pega fuego y lo echa también balcón abajo, ardiendo. El cuento estaba contado de una manera maestra, con sus toques lunáticos precisamente colocados, y se lo publiqué, por lo que pasó de ser un señorito a convertirse en escritor en cierne –o escritor ya establecido, pues una publicación en *Carteles* casi equivalía a una consagración habanera. Así su fidelidad hacia mí aumentó (él que había venido a mi vida vía Silvio) y no era raro encontrarlo esperándome muchas veces, por las tardes, junto a mi buró. También desarrolló teorías literarias, entre las que estaba la eficacia del cansancio en la creación: según él no podía ponerse a escribir más que cuando estaba muerto de cansancio al finalizar el día, que para él era al finalizar la noche. Así, escribía muy tarde en la madrugada, cuando ya no daba más. No es extraño que así sus cuentos se hicieran raros, vencido el escritor por el cansancio que debía ser su fuente de inspiración. Tenía teorías sexuales no menos extravagantes pero en este campo quedó como canon no él sino su madre. Su madre era una gallega gorda gorda, sucia de aspecto, cuadrada como un armario y con las cejas juntas y una jeta en vez de cara, de pelo greñudo más que ondeado. Fue Adriano de Cárdenas y Espinoza o Spinoza quien la puso como patrón de sexualidad: solía Adriano describir una situación particular en que se encontraba uno cualquiera de nosotros (Silvio o yo) en una isla desierta y aparecían en ella, como por ensalmo, la madre de Atila y, digamos, Jacques Chabassol (un actor juvenil francés, de acentuada belleza efébica, popular en los años cincuenta) o alguien parecido visto en la calle. La pregunta corolario de Adriano era: ¿con quién acostarse en la isla desierta? Por supuesto que el horror sexual que producía la madre de Atila no hacía la selección dudosa y así Adriano siempre triunfaba en su tesis de que nosotros todos éramos homosexuales latentes. ¡Claro que era imposible ser heterosexual si era para serlo con la madre de Atila! Una pregunta que nos asaltó muchas veces es cómo llegó el padre de Atila a tener relaciones sexuales con semejante mujer y llegamos a la conclusión de que la madre de Atila debió ser criada en casa del padre de Atila y éste, una noche de borrachera, no supo distinguir mucho dónde introducía el pene y así produjo a José, a quien siempre su madre llamaba, para su bochorno eterno, Pepillo. Con todos estos chistes, sin embargo, Atila era tomado a veces muy en serio por nosotros al dar muestras de una inteligencia que desmentía su fealdad y sobresalía por entre los sempiternos espejuelos oscuros y semirredondos que superponía a su cara de luna llena.

Por aquellos días ocurrió un cambio en mi vida, cuando pasé de la esfera semipública de periodista que firmaba con un seudónimo (lo que no era tan serio: los cubanos somos dados a los seudónimos y había muchos periodistas usándolos), a la de dominio público de la televisión. La CMQ sacaba un segundo canal. Además de su canal popular, el 6, ahora estrenaban el Canal 7, que se ocuparía de eventos culturales como no se ocupaba el Canal 6. Así, recibí una oferta para hacer un programa de crítica de cine y teatro. En un principio pensé que el socio adecuado para encargarse de la parte de teatro sería René Jordán, pero a éste le pareció muy poco el dinero que ofrecían, aunque yo creo que también le tenía un poco de miedo a las fuertes candilejas de la televisión. La selección recayó entonces en René de la Nuez, que ya hacía la crítica de teatro en un periódico y que podía llevar su «pasión por las tablas», como él decía, al ancho campo de la televisión. Hicimos la prueba en un estudio que más parecía una caja de zapatos y la pasamos tanto René como yo. Recuerdo haber usado el pequeño truco de haberme quitado los espejuelos durante la emisión ficticia y haber conversado con un supuesto público de lo humano y lo divino aplicado al cine. Yo mismo estaba asombrado de que mi timidez pudiera ser vencida con tanta facilidad y la prueba de René no resultó menos brillante. Así fue como los dos devenimos «estrellas» de la televisión. Para el poeta Ángel Lázaro, que colaboraba en *Carteles* toda la semana con un artículo de costumbres, la televisión sería mi némesis:

–No se deje arrastrar por la popularidad –me decía, mientras yo me reía por dentro pensando en mi «popularidad»–, que ésta es como una riada: primero uno no la ve y cuando la tiene encima ya es demasiado tarde.

Lázaro creía evidentemente en el poeta secreto y me hacía el favor de afiliarme entre los poetas. Para mí la televisión era un medio de ganar más dinero, pero también me ofrecía la oportunidad de poder decir lo que yo quería sobre el cine, llegando a un mayor número de personas que con la página semanal. Por otra parte yo creía que el prestigio que ganaba me permitiría conquistarla a Ella, ya que mis otros dones habían fallado. Así comenzó mi vida de «estrella de la televisión», aunque fuera una estrella menor en una constelación pequeña.

El segundo encuentro de ella con nuestro *tumbadoir* fue más productivo, aunque la televisión no tuvo que ver nada pues todavía no había yo comenzado a transmitir. Ocurrió al otro día de la primera visita y puedo suprimir los preliminares porque se parecen tanto que podrían haber ocurrido una sola vez. Recuerdo tenerla ya en el cuarto y haberla disuadido de que me dejara ver su cuerpo desnudo en todo su esplendor, cosa que para mi sorpresa hizo sin mayores renuncias. Fue entonces que me deslumbré y me monté sobre ella y traté de separarle las piernas con las mías, pero las mantenía firmemente cerradas. En un momento contestó a mi insistencia con un esfuerzo tremendo de los brazos y de pronto me vi volando literalmente de la cama al suelo. Allí, desnudo pero cubierto de ridículo, ensayé unas cuantas convulsiones para disimular mi caída de la cama y con voz entrecortada le dije: «Es un ataque». «¡Qué ataque ni qué ataque!», dijo ella, pero yo insistí: «Sí, es mi epilepsia que me ataca». Decir yo estas palabras y salir ella disparada por el otro lado de la cama y fuera del cuarto fue la misma cosa. Me levanté rápidamente y la seguí desnudo a la sala donde ya ella se ponía la ropa.

–Pero ¿qué pasa? ¿Por qué te vas?

Pero ella no respondía.

–Dime algo, ¿qué ha pasado?

–Tú eres un epiléptico –me dijo ella finalmente–. Yo me voy de aquí.

(Fue luego, con el tiempo, que aprendí que la última excusa que debí haber dado por mi caída de la cama fue la de la epilepsia. Ella le tenía horror a esta enfermedad: la epilepsia y la lepra eran para ella la representación del horror del universo en el género humano. Pero esto no lo podía saber yo entonces.) Me vestí rápidamente, diciéndole espérate, espérame, espera, mientras lo hacía, pero ella no parecía querer esperar. La alcancé ya en la calle (tuve que volver a cerrar la puerta del apartamento que había dejado abierta en mi afán de alcanzarla) y tenía que caminar rápido para mantenerme a su lado. Yo le hablaba y ella no me respondía, hasta que le dije que no era verdad, que yo no era epiléptico en absoluto, que había sido mi pretexto para cubrir la caída. Ella aminoró el paso pero no la desconfianza:

–¿Por qué me lo dijiste entonces? Podía habérsete ocurrido otra cosa.

–Sí, es verdad. Pero fue eso lo que se me ocurrió. Perdóname.

Fue entonces que me contó de su horror a la epilepsia, tal vez tuviera que ver con los ataques de histeria de su madre (esto no me lo dijo entonces sino que lo deduje yo tiempo más tarde), pero lo cierto es que el horror era verdadero. Todavía llegando a su casa estaba yo protestando de mi sanidad corporal: yo era el antiDostoyevski. Claro que no usé esa palabra pero eso fue lo que le di a entender: no había escritor más sano, un puro periodista. Llegábamos ya a su casa cuando logré hacerla sonreír y pude obtener la promesa de que volveríamos a salir, no tal vez mañana pero sí pasado: ahora se entrometían en nuestras relaciones sus ensayos dramáticos que se llevaban a cabo de noche. Más de una vez me encontré esperándola en los bajos de su casa a que regresara y a veces lo hacía bien tarde en la noche, ya de madrugada. Una de las primeras veces regresó en auto: la traía el actor que hacía de galán que, para colmo de males, no sólo era alto y bien parecido sino nada homosexual.

Afortunadamente le había oído decir a ella que él, el actor, no le gustaba nada físicamente: esto era por lo menos una ayuda. Pero por este tiempo ocurrió nuestra primera pelea seria. Quizá fuera resultado de haber utilizado yo mi influencia con Rafael Casalín para que le publicara en su columna de chismes de la farándula una nota que se convirtió en la columna entera. Yo obtuve, por medios fraudulentos (le dije que era para mí), una foto de Ella (por Ella llegué hasta convertirme en aquello para lo que estaba menos dotado en la vida: en un fotógrafo) y salió adornando la columna, que hablaba además de toda la gente que aparentemente estaba hablando de ella en ese momento como la actriz del futuro (esto era lo que decía Rafael Casalín en su prosa ligera pero untuosa) y la persona a observar entre las tablas habaneras. Ella pensó que era una publicidad inmerecida, que me estaba utilizando a mí sin quererlo, y se puso brava, tanto que me dejó de hablar. Tal vez su silencio se debía a que no veía futuro en nuestra relación (ya era casi una relación) pues yo era un hombre casado y ni una sola vez le había hablado de divorciarme por ella, cosa que por otra parte (según supe más tarde) ella no hubiera permitido: aborrecía a las mujeres que rompían hogares por su propia felicidad. Los días en que no me habló, en que no nos vimos, fueron largos y llenos de sufrimiento para mí. A veces pasaba por debajo de su casa, tarde en la noche, para ver si la veía, para concertar un encuentro que pareciera fortuito —inocentemente porque ¿cómo iba a parecer fortuito un encuentro a medianoche debajo de su casa? Pero de esas vanas pretensiones están hechos los planes de los enamorados. Así pasaron varios días.

Mientras, el *tumbadoir* no estaba desocupado. Una noche, viniendo del cine, me encontré en el ómnibus a una mulata muy adelantada que parecía judía (hasta su perfil de larga nariz ganchuda era semita) y bien pudiera haber sido una húngara, pero en esa variada mezcla que hay en Cuba (solamente superada tal vez por Brasil) ella era una mulata. Se sentó delante y yo me cambié de mi asiento trasero para el lado de ella cuando se quedó vacío unas cuadras más allá de 23 y L. Le hablé y me contestó. Hablaba con muchas eses, evidentemente haciéndose la fina. Se bajaba en 23 y 12 y allí me bajé yo. Ella hacía una combinación para bajar por Línea y, conversando mientras venía su ómnibus (creo que usó esa palabra en vez de decir guagua: así era de «cultivada»), quedamos en reunirnos a la noche siguiente en El Carmelo de Calzada. A la otra noche estaba yo allí cuando me topé con Barbarito Pérez que siempre me daba conversación sobre cine. Él era un *habitué* de El Carmelo al que yo evitaba, entre otras cosas porque se decía que era batistiano (había quien llegaba a decir que era agente del SIM o del BRAC pero esto yo no lo creí nunca: simplemente tenía un puesto en el gobierno, tal vez una botella, una de esas sinecuras que resultaban entonces peligrosas para la oposición) y mientras yo esperaba por la entrada de la calle D, me daba conversación sobre las últimas películas, buscando mi comentario. Casi lo mandé a que leyera mi columna pero como mi cita no venía todavía, esta Paula Romero (así me dijo que se llamaba ella), hablé con él y hablando estaba cuando llegó ella con el inevitable vestido con saya de paradera y la parte de arriba descotada hasta dejar los hombros fuera. No la presenté a Barbarito sino que solamente me despedí de él sin invitar a Paula a tomar algo en El Carmelo. Al salir le dije que iríamos a tomarlo en mi apartamento y ella dijo que encantada. Enseguida se veía que era fácil, lo vi desde la noche anterior, pero me gustaba, sobre todo como festín de intermedio ahora que yo estaba prácticamente soltero, y había cierta elegancia en su delgadez y era grata su piel quemada por el sol o por la raza. Caminamos por la calle Calzada, conversando boberías –¿qué otra cosa se podía conversar con Paula? Finalmente llegamos a los predios de Boloña y entramos al apartamento.

–Ah, qué bien está esto –dijo ella–, parece un apartamento de película.

Enseguida se retrataba la cursi en sus declaraciones, pero yo no había venido allí a descubrir el artículo genuino y no me importaba lo falsa que ella fuera: con tal de que no

llevara rellenos y su cuerpo delgado, esbelto, no delata-
ba ninguno. Le serví su cubalibre, que aceptó con gracias
melifluas: había, evidentemente, una gran distancia entre
Paula y Ella pero como Ella no estaba allí había que ape-
char con lo pescado. No tuvimos que hablar mucho, ya
que usando su mismo lenguaje la invité al cuarto, de pasada de invitarla a ver la cocina y el resto de la casa, y pronto estuvimos en la cama. No recuerdo que hiciera falta mucha persuasión para hacerla desnudarse, lo que le agradecí,
y cuando vi su cuerpo sobre la cama que yo había destinado
en un principio para Ella, sentí un leve escrúpulo, pero fue
solamente leve y creo que no llegó a ser escrúpulo: solamente la sombra de una duda de amor. Pronto estuve encima de ella pero era lo que se conocía en Cuba como un mal
palo: apenas se movía y dejaba escapar gemidos que eran
tan falsos como su conversación. Ni siquiera apelar al cunnilingus cambió su frigidez por algo que fuera levemente
cálido y me dije que me merecía aquel premio: así pagaban los dioses del amor (griegos, romanos, yorubas) mi infidelidad a Ella. Afortunadamente la media hora de tedio y
movimiento (de mi parte) terminó pronto y me quedé dormido. Cuando me desperté, Paula estaba vestida, impecable, sosteniendo la estola innecesaria por el calor sobre sus
hombros desnudos.

–¿Nos vamos ya? –le pregunté hipócrita.

–Sí, cariño –me dijo ella–. Se hace tardísimo.

Así hablaba ella, toda en superlativos, y así habló por
última vez; no quedamos en volver a vernos más: tal vez yo
había resultado una desilusión también para ella, quién
sabe. Aunque todavía puedo anotar su esbeltez tan poco
cubana y su sonrisa de dientes parejos y fuertes y sus ojos
levemente semitas, tal vez asirios. Nunca la volví a ver en
la larga noche habanera, pero quiere la casualidad que
Adriano de Cárdenas y Espinoza o Spinoza y yo entremos
en los mismos círculos del infierno cubano: un año o dos
después, él se acostó con ella. Lo supe por el nombre (no
hay muchas Paula Romero en La Habana) y por la descripción de su cuerpo y sus hábitos: Adriano la había encontra-

do no en un ómnibus sino en una esquina, cuando pasaba en su automóvil, y la invitó a subir y ella subió y fueron a tomar unos tragos a un club (preliminares que yo me salté) y terminaron en una posada. Todavía hacía el amor torpemente o, como dijo Adriano, «singaba mal»: es evidente que se aprende poco en el arte del amor y que había nacido con ella una frigidez que de cierta manera acompañaba a su figura esbelta, a sus maneras cursis y a su refinamiento de pacotilla. ¡Pobre Paula Romero, ni siquiera en estas memorias en que quiero celebrar a todas las mujeres que se cruzaron en mi vida por este tiempo, tiene ella un lugar cálido!

Llevé a Silvio al director del Canal 7 (que estaba encantado con el programa de René y mío) para que hiciera la prueba para un programa de historia, lo compartiría con Sara Hernández Catá, a quien conocía bien de la revista y con quien se llevaba bastante bien. Serían charlas informales sobre la historia y la política mundial (la política local estaba vetada a la emisora y, por otra parte, no le interesaba para nada a Silvio) y lo tendrían una vez por semana. No ganaba mucho, pero lo que cobraba ayudaba a su presupuesto –y además se divertía. Solíamos encontrarnos el día de emisión en la cafetería de Radiocentro. Allí tuvo lugar un encuentro con Julieta Estévez que fue un modelo de las relaciones entre Silvio y el bello sexo (al que Julieta representaba tan bien, ya que había sido la musa de más de uno de nosotros, excepto de Silvio, claro está), aunque Julieta rechazaría esta calificación por demasiado antifemenina.

–Te has pelado corto –comenzó Silvio, notando que yo me había cortado el pelo bastante–, ahora tendrás las ideas más largas, *according to Schopenhauer*.

Silvio miró a Julieta significativamente. Aunque su pronunciación era más que desastrosa la intención se comunicó en su manera de decir la frase y Julieta entendió claramente la alusión a Schopenhauer. El odio –más bien desprecio– que Silvio sentía por Julieta venía tal vez por que Silvio se sintiera despreciado por Julieta: era uno de los pocos compañeros de bachillerato (aunque él era un año menor que Julieta, la había conocido por el tiempo que me conoció a mí y sabía la facilidad para el amor que profesaba Julieta para quien había más de un Romeo posible) que no habían tenido nada que ver con ella, aunque Silvio lo hacía parecer como si fuera él quien no quisiera tener que ver con Julieta.

—Ya tú sabes que las ideas van de acuerdo con el pelo —prosiguió en la misma.

—Anjá —dije yo por decir algo.

—¿Alguien tiene algo más que decir? —preguntó Silvio a quien el alcohol (había estado bebiendo, «preparándose para el programa», mucho antes de que llegara Julieta, a quien yo invité a que se sentara a nuestra mesa) hacía más atrevido que de costumbre y mucho más misógino—. ¿No? Cero hits, cero carreras.

—¿Cuándo viene tu compañera de programa? —le pregunté yo por variar la conversación por otra ruta más segura.

—No lo sé. ¿Quién sabe cuándo hace algo una mujer?

Julieta seguía en silencio bebiendo su trago (aunque ella no era muy aficionada a la bebida había aceptado mi ofrecimiento de un cubalibre: ése era mi trago favorito para las mujeres: me gustaba pronunciar más su nombre que daiquirí o cualquier otro cóctel conocido) y mirándonos.

—Hay mujeres que saben lo que hacen —dije yo, arrastrado por el argumento de Silvio.

—Nómbrame una y te descubriré un transvestista —dijo Silvio.

—Catalina de Rusia —dije yo.

—El príncipe Potemkin era su álter ego.

Silvio estaba disparado por el alcohol y la presencia de Julieta: era un doble motivo, además del nerviosismo de la espera del programa y de Sara Hernández Catá que no llegaba.

—La reina Cristina.

—¿De Suecia?

—La misma que viste y calza.

–Esa mujer descartó a Descartes. Nómbrame otra.

–Jeanne Moreau.

Era mi estrella de cine favorita después de *Ascensor para el cadalso* y la publicidad preventiva de *Los amantes*.

–Las actrices no son verdaderas mujeres: son exhibicionistas de cuerpo y alma.

Sucede que Julieta era una actriz. Había tenido un éxito bastante merecido en *La lección*, de Ionesco, y hace poco había protagonizado *La boda*, de Virgilio Piñera, en la que interpretaba el papel de una mujer que temía casarse porque tenía las tetas caídas, lo que era un contrasentido para quien conociera las espléndidas tetas de Julieta. Esta actuación había sido un comentario entre conocidos, ya que Julieta tenía bastantes conocidos, y Silvio había participado regocijado en algunas de sus bromas.

–Además, tiene tetas a la francesa. Quiero decir, que apenas tiene.

–¿Y eso no te gusta?

Me extrañaba que no le gustaran pues Bárbara tenía muy poco seno.

–Me encanta. Las mujeres de poco seno son las más sesudas. De ahí que sean las que menos se exhiben.

Aquí Julieta no pudo aguantar más y exclamó:

–¡Eres un comemierda!

Se hizo el silencio en nuestra mesa y a mí me pareció que también ocurrió en toda la cafetería. Por fin Silvio pudo.

–¿Tú has visto? –dijo dirigiéndose a mí.

Julieta se levantaba, por lo que dejaba a Silvio con el insulto encima y sin poder replicar. Se fue sin decir más nada, ni siquiera darme las gracias por el trago: creo que también estaba disgustada conmigo.

–Pero ¿tú has visto? –repetía Silvio–. ¿Qué le he hecho yo a esa mujer?

–Nada. Tal vez fue el trago.

–¿Un cubalibre es suficiente para el insulto?

–Aparentemente para ella sí.

Todavía estaba sacudido por el apelativo cuando llegó Sara (que, como de costumbre, traía unos tragos encima) y se dirigieron escaleras arriba hacia el estudio y su programa.

Por aquellos días hice un descubrimiento importante: acababa de llegar un disco de Billie Holiday, de quien yo había oído hablar pero a quien no había oído nunca. Se llamaba (se llama todavía) *Lady in Satin* y al principio la voz rayada por el tiempo y la mala vida me sonó un poco rara, rascante a los oídos, aunque los arreglos me parecieron muy bien y además estaba J. J. Johnson tocando el trombón, que siempre lo hacía con verdadera maestría. Pero poco a poco la voz un tanto ronca de Billie Holiday me fue penetrando y el disco se hizo imperecedero, además de marcar aquellos días con su música y sus palabras. Yo llegué a oírlo todo el tiempo, todas las noches, y acentuaba mi tristeza por la pérdida de Ella, que yo me creía eterna aunque actuaba como si fuera momentánea. Así, una noche, más bien tarde en la tarde, me llegué por su casa, para ver si la veía por casualidad y cuando ya me iba la vi venir calle 22 arriba, por el camino de Las Viejitas, como ella llamaba a dos viejecitas que eran sus amigas. Tanto las visitaba que yo llegué a sentir celos y creerme que había algo de otro interés en casa de ellas. Pero ahora venía caminando sola por la acera, cruzando la calle, y me vio cuando ya estaba bajo los falsos laureles de la esquina. Se acercó a mí y en silencio nos juntamos, puse mis labios sobre los de ella (ella se inclinó un poco para besarme) y le di el beso más dulce (ésa es la palabra) que he dado nunca y también lo recibí: lo recuerdo, lo recordaré siempre, ese beso bajo los laureles, ocultando el bombillo de la esquina y su luz y el aire suave que soplaba entre ellos en la noche de principios del verano. Fue una reconciliación, la primera, y pasamos después días juntos. No volvimos al *tumbadoir*: aunque yo quería una unión completa con ella, dudaba invitarla a visitar de nuevo el apartamento. Pero salimos mucho, fuimos al cine juntos, al cine La Rampa, lo recuerdo aunque no recuerdo la película que vimos, sí recuerdo que ella se pasó toda la función hecha un ovillo en su luneta, pegada a mí, y no recuerdo haberme sentido tan bien físicamente en el cine nunca antes. También fuimos a un club de jazz que acababan de inaugurar en el cabaret Mil Novecientos, los domingos por la tarde, animado por Mongo Santa Cruz, un mulato alto y bien parecido, vestido a menudo de dril cien blanco, a quien había conocido en la CMOX, buscando, como yo, discos de jazz. En el club tocaban *cool*, más que nada, que es lo que estaba entonces de moda, por músicos cubanos *amateurs*, que no eran la maravilla porque no podían depender del ritmo, como en la música cubana, sino que tenían que organizar las complicadas armonías del *cool* y para eso no eran tan buenos, pero estaba bien la atmósfera de club de amigos del jazz allí en el sótano del Mil Novecientos los domingos por la tarde. En esa reconciliación ocurrió también otra fiesta, otro domingo, que vino a llamarse en mi mitología particular el Día del Gran Ecbó (así lo escribo yo aunque los expertos en folclore afrocubano escriben *ekbó* y algunos *ebó*), que comenzó como una aventura estética para Titón, que me había invitado, y un fotógrafo de *Cine-Revista*, que él llevaba para ver si lograban captar el ecbó en cine. Comenzamos por almorzar en la bodeguita de la calle Baños y Calzada, muy cerca de *Cine-Revista*. Llovía a cántaros ese mediodía de domingo y mientras fumábamos nuestros puros, esperábamos que escampara para llegarnos hasta el pisicorre de *Cine-Revista* que aunque estaba parqueado ahí en la acera estaba a kilómetros de distancia por el agua que caía a torrentes. Por fin hubo una breve escampada y corrimos hasta el carro. Atravesamos todo El Vedado, La Habana y parte de Luyanó buscando la carretera de Guanabacoa, donde se celebraba el ecbó. Esta reunión de grupos de santeros en invocación a los dioses se celebraba con toque de santos y sacrificios, que se hacían en el mar, cerca de Regla, y en el monte, en Guanabacoa. Decían que el ecbó, que era una fiesta de santería cara, lo pagaba Batista, que era él quien había dado el dinero a los santeros, a los que animaba un espíritu de concordia: la fiesta se celebraba para aplacar a los santos y rogar por la paz entre todos los cubanos en guerra. Cuando llegamos a Guanabacoa nos costó algún trabajo encontrar el *stadium*, que era donde se celebraba el ecbó. Como había llovido mucho éste se celebraba bajo techo, en los *stands* del *stadium*. Entramos como si asistiéramos a un evento cualquiera, pero al penetrar yo el recinto (el *stadium* quedaba santificado por la presencia de los tambores y los atributos de la santería) sentí que entraba en otro mundo: el mundo prohibido pero sugerente a la vez de la santería cubana. Resonaban los tambores y se oían los cantos litúrgicos, mientras los congregados bailaban unos junto a otros, pero dejándose presidir por el santero mayor, que llevaba su bastón de mayoría. Enseguida sentí que Ella tenía que ver aquel espectáculo (porque era un espectáculo como lo es toda misa) y le propuse a Titón ir a buscar una amiga mía (así le dije), de vuelta a El Vedado. Para mi sorpresa aceptó encantado y volvimos a desandar todo el camino hasta llegarnos a su casa. Yo temía no encontrarla pero ella estaba allí (ya había escampado), pasando el domingo viendo televisión con su madre y con su hermano. Dejé a Titón en el carro, subí a buscarla y bajé con ella. Vi cómo Titón reaccionaba ante su belleza inusitada (él, como director de cine que era, tenía buen ojo) y a ella le cayó muy bien Titón (muy bien, demasiado bien para mí que sentí celos cuando ella me dijo que encontraba a Titón extraordinariamente bello, lo que no esperaba en un amigo mío, así dijo, la muy) y enseguida fuimos un trío de amigos (el fotógrafo se había quedado en Guanabacoa) que hacía la travesía de La Habana en una tarde de domingo después de la lluvia. Ella se encantó con la fiesta: no sabía dónde ponerse para mejor admirar el espectáculo y lucía inusitada, tan blanca entre tantos negros, aunque no la miraban a ella, atentos como estaban a la ceremonia. Durante el toque le dio el santo a más de una oficiante y ella lo absorbía todo con sus hermosos ojos amarillos y creo que llegó a amarme un poco ese domingo, agradecida por haberla traído a este espectáculo inusitado (nunca había estado en un toque de santo, no en uno verdadero, y su centro religioso se movía entre el espiritis-

mo practicado por su madre), pegada a mí, a veces poniéndome un brazo amado sobre el hombro, otras muy
junta a mí admirando a los bailarines, invadida por el ritmo incesante de los tambores, inundada por el color y
el sonido de la fiesta a los dioses negros de Cuba. Recuerdo que había un bailarín (éste era blanco y era evidentemente una loca: al revés del ñañiguismo, que pone pruebas
de hombría a sus sectarios, la santería admite a las mujeres
y a los maricones sin problemas), un oficiante, mejor dicho, que tenía una camisa blanca (todos los concurrentes
estaban vestidos de blanco, como corresponde a los hijos
de Obatalá, la diosa que reclama el blanco como su color
favorito) toda llena de botoncitos blancos que le daban un
aire como de guayabera cubierta de nácar –y aquel detalle
acabó de encantarla, de cautivarla, casi de convertirla a la
religión de la santería. (Su conversión verdadera ocurriría
años después, pero siempre he creído que en realidad comenzó aquella tarde de domingo en Guanabacoa.) Después que terminó el ecbó se pasó a la casa del santero mayor, donde se comerían parte de los animales y alimentos
ofrendados a los dioses. Era una casona amplia, con un
gran patio y una mesa larga en su comedor, con sillas por
doquier. En el patio, central, había una ceiba donde se hacían los sacrificios habituales pero no ahora, durante el
ecbó, que fueron hechos al mar y al monte. Ella lo miraba
todo con su amable curiosidad y las mujeres de la casa
(eran evidentemente mujeres que vivían en la casa o visitas
constantes, *habitués* de la santería) la miraban a ella a su
vez. Por fin nos fuimos, después de haberlo visto todo ella,
dejando la postrera parte de las festividades del ecbó todavía celebrándose entre iniciados. De vuelta nos llegamos al
Mil Novecientos (Titón era como yo un amante del jazz y
ya yo le había hablado de las tardes de domingo en el club)
y fue un salto del África cubana a los Estados Unidos cuba-
nizados –o si se quiere a una Cuba americanizada, aunque
el jazz tenía raíces negras y su máximo fanático en La Habana, en Cuba, Mongo Santa Cruz, era un mulato, se hacía evidente que habíamos pasado de los misterios de la

religión, de una africanidad casi pura, a pesar de que los
santos en la santería son blancos o cuando más mulatos,
habíamos saltado de lo sagrado a lo profano aunque si-
guiéramos el camino de la música: allá tambores, aquí sa-
xofones, trombones y piano y unos tambores civilizados (a
pesar de Tobita, de espejuelos y con aire de estudiante, modelo que siempre traía una tumbadora y se insertaba en las
jam sessions a acompañar un número *cool* con su ritmo
casi de *bebop*), pero ella se sintió igualmente dominada
por la curiosidad que la llevaba a conocerlo todo, aunque
en realidad no le gustaba el jazz: ella decía que no tenía
oído para la música y esto era en parte cierto. Terminamos
la tarde del domingo en el Mil Novecientos, con Titón ya
ido para su casa, a unirse a Olga, y yo la convidé a ella a
comer un arroz frito especial en el restaurant Celeste, que
le encantó. Después le propuse que estuviéramos un rato
solos y para mi sorpresa aceptó ir al apartamento. Yo me
arriesgaba con esa visita pues podía encontrarme con
Silvio o con Juan ya que era domingo. Afortunadamente
cuando el taxi nos dejó frente a los predios de Boloña el
apartamento estaba a oscuras y aunque así y todo podía estar uno de ellos, acompañado, en el cuarto, cuando entramos lo encontramos vacío, propio para nosotros dos. Nos
sentamos en la sala (ella no quiso tomar nada y yo la acompañé en su abstención) a conversar. Había sido un día de
múltiples sensaciones: ella recordaba vivamente todas sus
sensaciones pero, curiosamente, reservaba un recuerdo
para el callado, limpio y pequeño cementerio visto en el camino: le había gustado tanto que Titón había parado el
carro para que ella lo admirara pero no nos bajamos porque los caminos entre las tumbas eran de tierra y estaban
enfangados con tanta lluvia. Ella recordaba que el cementerio se veía blanco, lavado, y añadió que daba gusto morirse para ser enterrado allí. Yo me temí que ella volviera a
hablar de la muerte como el día que la conocí, en que demostró una obsesión con morir, pero ahora no estaba borracha y sólo estaba transmitiendo una experiencia estética, si se puede decir. Luego pasó al ecbó (yo, pedante como

siempre, le presté la palabra y ella la aceptó), que le había parecido la otra cara de Cuba. No lo dijo con esas palabras pero esto fue lo que quiso decir, añadiendo con una frase de moda entonces: «Es un tiro». La frase era muy nueva y me asombré de que ella la usara: seguramente la había recogido en el teatro, pero de todas formas la anoté mentalmente, ya que le quedaba muy bien y aunque yo la detestara antes (a la frase) se me hizo querida en su voz acariciante. Ella había estado antes en otros toques, pero ninguno tan emocionante como éste, tan salvajemente sincero (de nuevo estoy transmitiendo una paráfrasis de lo que ella dijo no citándola *verbatim* pues empleó otras palabras para comunicar esta frase), tan verdadero y precioso. Estuvimos conversando mucho tiempo en la sala y aunque yo pensé en el cuarto más de una vez no le dije nada que tuviera la más remota connotación sexual. Fue al final de la noche que me animé a llegarme hasta ella sentada y, bajando la cabeza, le di un beso, que ella me devolvió. Me senté a su lado y estuvimos besándonos un rato. Me asaltaron visiones en que yo la levantaba en mis brazos y la llevaba al cuarto y la depositaba en la cama, visiones que eran rotas por la realidad: yo no podía cargar una mujer tan grande, mejor dicho, tan larga, y, aunque pudiera, resultaría ridículo verme (o al menos saberme) cargándola a ella. Además estaba de por medio su resistencia, que quizá produjera un incidente como mi caída de la cama, desnudo, con su secuela de una falsedad (entonces mi «epilepsia») para cubrir el ridículo. Dejé que las visiones se anularan unas a otras (en otra imaginación ella me pedía ir al cuarto ¡juntos!), mientras ella hablaba de las experiencias del día y yo ponía cara de beberme sus palabras (soy muy bueno en simular atención mientras pienso en otra cosa: esto lo aprendí en los días del bachillerato cuando parecía ser todo oídos para el profesor y en realidad estaba a kilómetros de distancia del aula, luego esta habilidad se hizo perfecta en la escuela de periodismo, con sus aulas más pequeñas y sus profesores más mediocres), de prestarle toda la atención del mundo. Finalmente ella dijo que se tenía que ir: debía levantarse temprano mañana lunes. Nos fuimos, pero al menos había logrado que volviera al apartamento –a mi, de nuevo, *tumbadoir*.

En esos días la política vino a interrumpir mi nueva felicidad. Tuvo la forma de una carta de Franqui, en la que me decía que estaba en la Sierra (esto lo sabía yo ya por Alfredo Villas, que me dijo que Franqui dirigía la Radio Rebelde), de nuevo en la lucha revolucionaria dentro de Cuba, y me anunciaba que el portador (en realidad una portadora que dijo que su nombre era Ángela, a secas) tendría otros mensajes para mí con una petición de ayuda. Extrañamente el portador, la portadora, no volvió a aparecer por *Carteles* y deduje que o bien había sido detenida o los mensajes de Franqui para mí no encontraron su camino apropiado. El otro incidente político fue la visita inusitada de Batista a la casa de al lado, la del coronel. Luego me enteré que había venido a ver al padre del coronel, un general retirado del ejército, que estaba enfermo y viejo. Fue un sábado por la tarde y yo estaba leyendo en el cuarto cuando mi madre entró y me dijo:

–Algo pasa. Han reforzado la guardia en casa del coronel y hay perseguidoras por todas partes.

Me levanté enseguida y fui a ver. Efectivamente la casa de al lado estaba llena de policías en la puerta del garaje y en la acera. Me quedé a ver. Al poco rato apareció un Cadillac negro, llevando una chapa muy baja (no recuerdo si el uno o el dos) y custodiado por varias perseguidoras. Del auto bajó una figura rechoncha, conocida, vestida impecablemente de blanco: era Batista. Recorrió rápido el trayecto entre la acera y la puerta de la casa, subiendo la breve escalera de la entrada y entrando en la casa en menos tiempo del que me toma contarlo. Era increíble tener a este hombre, a este tirano, tan cerca. Imaginé las posibilidades de tener acceso a las oficinas de al lado (que por el frente se interponían entre nuestra casa y la casa del coronel) y montar una ametralladora allí y esperar a la salida de Batista.

Era tan simple... pero claro había que tener el conocimiento de que Batista vendría a casa del coronel ese día, cosa que probablemente muy poca gente sabía, y los contactos necesarios con los movimientos clandestinos para alertarlos ante su presencia. Pero yo estaba pensando en serio en esta posibilidad, cuando advertí que la acera se colmaba de gente, entre la que reconocí a muchos de los vecinos del fondo, donde había una cuartería o apartamentos mucho más baratos. Ellos se congregaron allí con curiosidad, cambiando palabras con la escolta del coronel (que no era conocida, al menos de vista) y esperando pacientemente. Era evidente que esperaban la salida de Batista y cuando ésta se produjo empezaron a gritar: ¡Viva Batista! ¡Viva el presidente! ¡Era increíble! Esta gente del fondo ahora resultaba batistiana. Casi no pude contener mi rabia al ver que el tirano no sólo no era enfrentado por las balas de una ametralladora sino que era resueltamente saludado con júbilo por partidarios en grupo. Eso me amargó la tarde y la noche del sábado, en que iba a salir con ella. No íbamos al *tumbadoir* (era la noche o el día de Juan) sino al cine. Fuimos a ver *Un condenado a muerte se escapa* que a mí me maravilló y que a ella no le gustó nada. A mí me parecía que era bueno que se pusiera esta película porque acentuaba la atmósfera nazi, con la represión que había en Cuba: aunque no se sintiera con la intensidad con que se sentía en el film, era evidente que había entre nosotros condenados a muerte que no se escapaban, sino que aparecían muertos en una calle apartada de la ciudad o en un camino en el campo. Esta salida fue la última que tuvimos, ya que otra vez ella insistió en que no podíamos vernos más y comprendí (aunque no acepté) su insistencia. Fue así que decidí liquidar el *tumbadoir*, ya que Juan no había tenido mucha suerte pescando candidatas a encamar y Silvio, el único que aparentemente hizo buen uso de él, no opuso mucha resistencia –y si digo aparentemente lo digo porque no opuso resistencia. Él me había hecho pocas confidencias sexuales: siempre había sido así de reticente. Pero un día me dijo que tenía que contarme algo confidencial. «No tengo eyaculación –me dijo después de un rodeo–. Puedo estar horas singando que no consigo venirme.» Yo, en vez de oírlo y aconsejarlo o al menos mostrar un poco de empatía por su problema, fui una vez más indiscreto y le dije:

–¡Perfecto! Es la situación ideal. No sabes cuánto daría René de la Nuez por estar en tus zapatos.

Eso lo cortó enseguida y no me contó más nada y yo perdí la oportunidad de acercarme más a quien era verdaderamente un amigo: mas nunca recibí otra confidencia suya.

Reynaldo Ballinas, a quien conocí en El Jardín, en el grupo que discutía poesía y pintura y tal vez religión pero nunca política, había abierto una librería en El Vedado, en la calle 27, muy cerca de la universidad y de mis antiguos predios de la avenida de los Presidentes. Fui a la inauguración de la librería (que tenía el exótico nombre de La Exótica, insistiendo tautológicamente en que todos los libros que vendía eran extranjeros) y allí, sentada en un rincón, me encontré con un bibelot –o mejor dicho, con una tanagra. Era una muchacha –luego supe que no era una muchacha sino una mujer, ya divorciada– de cara muy mona, con todo perfecto, incluyendo los dientes pero en escala reducida: ella era muy pequeña y esto en Cuba quiere decir que era realmente pequeña, pero todo encajaba en su figura a la perfección: la pequeña nariz, la pequeña boca, la barbillita –sólo sobresalían los grandes ojos inusitadamente azules. Reynaldo nos presentó. Se llamaba Mimí de la Selva, nombre que me sonó enseguida a seudónimo pero que luego se mostró como el suyo verdadero. Hablamos entre el ruido de la congregación, cambiamos muchas bromas inconsecuentes, ese día yo me sentía brillantemente entretenido, los tragos salvando la depresión que me causaba la lejanía de Ella, y esa brillantez la recibió Mimí con intercambios apropiados. Entre otras cosas, me contó que era rica y tenía cuadras de caballos. Yo no había conocido a nadie que tuviera cuadras de caballos en Cuba y eso la hizo exótica en La Exótica. Salimos casi los últimos, ya tarde en la tarde de verano, y yo la invité a comer y luego a asistir a una prueba privada de una película americana en La Corea. Comiendo, ella se asombró (fingidamente) de verme comer bien, al extremar yo mis maneras en la mesa, y me dijo:

—Ay, si come igualito que mi abuela —usando para referirse a mí la tercera persona familiar que usa en Cuba mucha gente, sobre todo muchas mujeres.

Ésa fue la primera nota falsa que sonó en el intercambio con Mimí, pero tal vez fuera el tono irónico el que me molestó y ella fuera muy genuina. Lo cierto es que aplaudió al verme cambiar el tenedor, después de cortar, para la mano derecha:

—Ah, no, pero mi abuela no hace eso.

Ella se veía muy divertida comentando mis maneras en la mesa, tanto que no disfrutó mucho la comida. Luego salimos y nos fuimos caminando a La Corea (el restaurant era La Antigua Chiquita y estaba cerca), a ver la película que proyectaban. A la salida, solos en la calle Ayestarán, ella bailó unos pasos de danza (ya me había dicho que había estudiado ballet) y me reventó un poco verla actuando como una heroína de comedia musical, pero no dije nada, ya que presumía que Mimí era una conquista fácil (ya había salido el tema de su divorcio: había estado casada con un director de televisión que yo conocía de nombre, quien a su vez me era conocido por ser el marido, o el amante ahora, de una maravilla mulata de la televisión) y ahora me invitaba a su casa, con esas mismas palabras. Ya era tarde y me extrañó la invitación tan repentina, pero acepté encantado. Cogimos un taxi en la esquina Ayestarán y Carlos III y nos llegamos hasta su casa, que era un amplio apartamento en la calle 17 casi esquina a K: tenía amplios ventanales que se abrían a la calle por todos lados de la sala y aunque de día debía ser muy ruidoso era ahora moderno y acogedor. Ya me veía yo yendo hacia el cuarto, hacia la cama, con Mimí, quien me dijo sin embargo:

—¿Quieres que te toque algo? ¿Falla, por ejemplo? —y antes de que yo pudiera decirle que sí (o que no) ya estaba sentada al piano que dominaba el salón, tocando *La danza del fuego*, con mucho brío de parte de sus brazos pero muy poca puntería de parte de sus dedos, por lo que salían muchas notas equivocadas: era atroz, y no comprendí de inmediato la comicidad de estar yo allí, a la una de la madrugada, oyendo *La danza del fuego* mal tocada por la mujer que se suponía debía estar debajo de mí en la cama (esto sin preocuparme por los vecinos que debían estar acostumbrados al concierto) pero que, en cambio, estaba sentada al piano con un fervor español.

Cuando terminó no me quedó más remedio que decir que estaba muy bien, que me había gustado (malditas sean las convenciones sociales –y casi iba a poner sexuales), a lo que ella respondió:

–¿Quieres que te toque otra cosa? ¿Liszt, por ejemplo?

Más ruido, coño, pensé pero dije:

–No, prefiero que hablemos de ti, sentados allí en el sofá.

Ella me miró, se sonrió y dijo:

–Bueno, como quieras.

Nos sentamos en el sofá, aunque no tan cerca como yo hubiera querido.

–Cuéntame de ti –le dije, como si ella no me hubiera contado pocas cosas ese día, desde la tarde hasta la medianoche: pero ésa era mi técnica.

–¿Qué quieres saber?

–Todo –le dije yo, casi con el mismo fervor con que ella fallaba a tocar a Falla.

–Bueno –dijo ella–, tengo una noticia para ti y aunque eres periodista no quiero que la publiques, ¿entendido?

–Comprendido –dije yo muy serio.

–Bueno, aquí va: yo soy miembro del 26 de Julio.

Ahora sí que me asombraba, pero me asombró todavía más cuando dijo:

–No simpatizante, como mucha gente, sino miembro de la organización aquí en La Habana.

Me demoré en decirle algo.

–¿Qué te parece? –me dijo ella.

–Que esa noticia no debes dársela a todo el mundo.

–Te la doy solamente a ti.

–Sí pero me la has dado tan fácilmente... Además ni en mí debías confiar.

Era verdad que había sido una mujer fácil no en cuanto al sexo pero sí en cuanto a la política, por otra parte no tenía ganas de guardar esa clase de confidencias: desde ese momento Mimí me pareció una mujer peligrosa, pero no peligrosa para la aventura sino peligrosa para el conocimiento.

–Sé que puedo confiar en ti –añadió–. Te puedo decir también que aquí hemos tenido muchas reuniones de mi célula y te puedo decir además que mañana tendremos otra. Estamos reconstruyendo la organización en toda la provincia. ¿Y sabes por qué te digo esto? –me preguntó.

–No –le dije.

–Porque necesitamos gente como tú: tú bien puedes pertenecer a mi célula.

Me quedé callado un momento, pensando cómo decirle que ya había estado envuelto con el 26 de Julio y que ahora los comunistas, con todos sus defectos, me producían más confianza, que consideraba a la organización, al menos en La Habana, y a partir de la huelga de abril, como gente en quien no se podía confiar totalmente. No podía decirle todo esto, por lo que le dije:

–No, muchas gracias. Gracias por la confianza y la confesión y por el ofrecimiento, pero no, gracias.

Ella se sonrió en su rincón del sofá, allí en la media luz (olvidé decir que el concierto ocurrió en la media luz que venía de la calle, que ella no había encendido las luces de la casa) que producía el farol de la esquina, luego se rió.

–Lo sabía –dijo riéndose–, sabía que no ibas a aceptar. Tienes miedo, confiésalo. Confiesa que tienes miedo a estar en la organización.

La dejé que se riera un poco más.

–Bueno –le dije–, si tú crees que es miedo, es miedo.

–Y qué otra cosa iba a ser. Eso se llama miedo.

–También se puede llamar precaución –le dije yo.

–Tú llámalo como tú quieras, que yo voy a seguir llamándolo miedo.

Me encontraba en una situación embarazosa, enfrentado a una mujer que el mismo día de conocerme me llamaba cobarde, sin tener base realmente, basada solamente en que yo no quería aceptar su ofrecimiento loco (sí, me parecía completamente loco tanto el ofrecimiento como la idea de que alguien pudiera confiar a Mimí misiones subversivas) y he aquí que yo no podía hacer ni decir nada: no iba a hacerle ahora mi biografía política. Le dije lo primero que se me ocurrió:

–Prefiero que hablemos de caballos.

Cuando niño yo había sido un apasionado por los caballos, lo recuerdo desde que tenía tres o cuatro años en que un amigo de mi padre, llamado por el improbable pero inolvidable nombre de Cutuco, me había ofrecido regalarme un potrico. Después, al crecer, fue decreciendo mi amor por los caballos, pero todavía sentía curiosidad por los caballos de montar y un respeto por todos los caballos en general y una lástima infinita por los caballos que tiraban carretones y más aún por aquellos que tenían que figurar en las corridas. Fue por esto que le pedí que habláramos de caballos, aunque también para cambiar de conversación. Pero ella me respondió enseguida:

–No existen.

–¿Cómo que no existen? ¿Era mentira entonces que tuvieras caballos?

–No, no es mentira. Los caballos existieron, pero ya no existen más: eran de mi padre y cuando él murió tuvimos que venderlos. Todavía corren en Oriental Park, pero ya no son más mis caballos.

Se quedó callada y yo pensé que así debía ser su historia de que pertenecía a una célula clandestina: inventada para hacerse la interesante.

–Ya sé que estás pensando –me dijo ella–, que yo inventé lo del 26 de Julio como inventé lo de los caballos.

–No, no estoy pensando eso –le dije, aunque era verdad que lo estaba pensando.

—Bueno, quiero decirte que los caballos existieron como mi célula existe. No tienes más que decírmelo y la conocerás mañana. Ahora bien, tendrás que someterte a unas cuantas pruebas.

—No quiero conocer tu célula —le dije—. Prefiero conocerte a ti.

—Ah, muchas gracias. Eso es muy halagador. Pero ¿no es mejor un poco de misterio?

¿Qué misterio podía reservarme Mimí, que me había contado tantas cosas ese día, esa noche, mejor dicho? Pero tenía que responder algo.

—A veces.

—Bueno —dijo ella—, ahora viene el misterio de mi desaparición. Es tarde y mañana tengo muchas cosas que hacer, algunas con gente que tú tal vez conozcas.

—¿Sí? ¿Como quién?

—Misterios políticos —dijo ella.

—Ah, entonces no los quiero saber.

Ella se rió como si pensara que yo tenía miedo a sus conexiones políticas: en realidad yo temía a su indiscreción, a las revelaciones de esta esfinge súbita.

—¿Cuándo volvemos a vernos?

—Ah, ¿cuándo? ¿Mañana por la noche te parece bien?

—Perfecto. ¿Puedo traer a un amigo? Él tiene carro y eso facilita las cosas. Podemos ir a algún sitio apartado, fuera de La Habana.

—Oh, no hace falta ir tan lejos.

—¿Qué tal si fuéramos al Sierra? Dicen que el nuevo show está muy bien.

—Está bien. El Sierra me parece bien. Entonces hasta mañana.

Ella se ponía de pie, yo la imité. Esperaba una señal cualquiera, un beso aunque fuera, ya que no habíamos estado juntos en el cuarto, sobre la cama, como yo presumí que pasaría. Pero ella me tendió la mano, gesto muy poco común en Cuba: era evidente que se hacía la exótica. No en balde la conocí en La Exótica. Yo le di la mano, que apretó un poco y quise retener, pero ella escurrió su manita y se dirigió a la puerta. Pensé pedirle un beso de despedida, pero después lo pensé mejor y me fui sin decir nada.

Al otro día tuve que convencer a Silvio de que había hecho un descubrimiento importante: una mina femenina, una mujer excepcional, un bicho raro digno de conocer. Todo para aprovechar su automóvil y salir con Mimí, quien me parecía hoy más difícil que ayer. Silvio no estaba seguro de poder ir: tenía que salir con Bárbara.

–Convéncela de que es un trabajo que tienes que hacer –le propuse.

–¿Qué trabajo? –me preguntó él–. Ella sabe que todo lo que yo soy aquí es el archivero.

–Pero puede haberse prestado la ocasión de hacer un reportaje, cualquier cosa. Tú tienes suficiente inventiva.

–Se va a poner brava –dijo.

–Tú tienes suficiente labia como para que no se ponga brava.

Silvio dudó un instante y supe que lo tenía ganado: iríamos todos al Sierra.

Fuimos todos (los tres) al Sierra. Allí comencé a beber, no sólo yo sino Silvio también. Mimí no bebía o apenas si bebió. Empecé a recordarla a Ella y me sentí mal sabiendo que estaba tan lejos de mí y comencé a ver a Mimí como un pobre sustituto –sucedáneo, diría Silvio. En el cabaret, sobre el tablado, un grupo de flamencos del patio (gitanos no importados) bailaban su zapateado y la principal bailarina animaba al público para que se le uniera con palmadas a ritmo. Comencé a palmear, sólo yo en nuestra mesa, mientras Silvio me miraba y sonreía su sonrisa de sorna. No le vi los ojos tras sus espejuelos oscuros (yo también llevaba espejuelos oscuros, como un jazzista verdadero), pero comprendí que su mirada era de desaprobación. Pero al siguiente instante me vi sobre el tablado, pateando sobre el piso de madera, bailando flamenco con la gitana tropical, en un acto que era más que ridículo: era patético. Así demostraba yo mi malestar, haciéndome el bufón ya que no estaba tan borracho como para no saber lo que estaba haciendo. Mimí gritaba ¡Bravo! desde su asiento y yo seguí haciendo contorsiones absurdas sobre el tablado, hasta que tan súbitamente como había comenzado volví a mi mesa.

–Muy buena faena –dijo Silvio.

–Muy bien –dijo Mimí.

–*Good show* –dijo Silvio.

Yo no dije nada, sino que me bebí mi vaso de un tirón.

–¿Por qué no nos vamos a otra parte? –propuse.

–¿Adónde? –preguntó Mimí.

–A La Rampa, por ejemplo. Al Pigal.

–Yo me voy a casa –dijo Silvio–. Estoy verdaderamente cansado, pero los dejo por el camino.

–Está bien –dije yo, que quería quedarme solo con Mimí, tal vez para proponerle, ayudado por el alcohol, que nos fuéramos a su cama–. ¿Te parece bien, ricura? –le pregunté a Mimí.

–A mí sí –dijo ella.

Salimos del Sierra, no sin haber pagado antes, cuando pude comprobar que me quedaba suficiente dinero para ir a otro club cualquiera y todavía me sobraría para coger un taxi rumbo a casa. Silvio conducía mejor ahora, que estaba medio borracho, que cuando estaba sobrio. Regresó a buscar Infanta por La Esquina de Tejas y enfiló hacia El Vedado, luego subió por L y en la esquina del Hilton paró un momento.

–Aquí los dejo –dijo–, si no les parece mal.

–De ninguna manera –dijo Mimí.

–Ah, no –dije yo–, aquí está muy bien. Una caminadita no nos hará daño, ¿verdad que no, ricura? –dije mientras le cogía la barbilla pequeña y perfecta a Mimí que se sacudió enseguida la cara de entre mis dedos, en un gesto que me pareció demasiado brusco, pero al que no di importancia, tal vez por los tragos, tal vez porque no quería darle importancia.

Nos bajamos y comenzamos a descender La Rampa por la acera derecha. Había todavía mucha gente en la calle, por lo que no debía ser demasiado tarde. No se me ocurrió mirar el reloj, que era nuevo (lo había comprado hace poco, después de ver un anuncio que salió en *Carteles* y en todas las demás revistas, de un barbudo que llevaba el mismo reloj. El anuncio, por supuesto, no duró mucho en las publicaciones, aparentemente influidos los anunciantes por la censura: el barbudo se parecía demasiado a los pocos retratos publicados de Fidel Castro en la Sierra), sino que quise saber la hora por el número de personas que había en la calle todavía: debían de ser cerca de las diez. Seguimos bajando La Rampa y un poco más allá de La Zorra y el Cuervo y antes de llegar al Eden Rock nos tropezamos con una pareja: ella era de tipo judío, con su perfil semita y sus grandes ojos de párpados pesados. Era una belleza, lo que se llama una real hembra, y el hombre que la acompañaba iba muy orgulloso de ella: se veía. Mimí lo conocía a él y nos presentó, luego él nos presentó a su acompañante como su esposa. El hombre tenía acento extranjero y al ver mi pelo despeinado por el reciente flamenco y mis espejuelos negros, le dijo a Mimí:

—Un tipo interesante, ¿no?

—Más de lo que usted se cree: es un escritor.

—Ah, un escritor. Muy interesante.

Yo mientras tanto concentraba mi interés en la judía que se veía que le gustaba gustar y miraba francamente con sus grandes ojos semitas. Pero pronto nos despedimos. Al irse, el marido de la judía sabrosa dijo:

—Espero que nos volvamos a ver.

—Sí, cómo no —dije yo.

Y Mimí añadió:

—De seguro: él siempre anda por estos lugares.

Llegamos al Pigal y entramos, subiendo la corta escalera que conducía a ese antro musical: allí había tocado Fellove, entre otros, y todavía su orquesta o combo tenía fama. La música nos dio de golpe, como la oscuridad, pero pronto nos acostumbramos. Pudimos sentarnos en un rincón, ya que el local estaba lleno.

—De bote en bote —dijo Mimí sorprendiéndome con esa expresión popular: ¿dónde habían quedado las cuadras y los caballos?

Pedimos dos daiquirís (la noche afuera era cálida y todavía traíamos el calor del camino) y nos sirvieron con alguna lentitud, pero finalmente nos sirvieron. Yo estaba muy pegado a Mimí y con cierto disimulo le eché un brazo por encima, pero cuando dejé descansar una mano sobre su hombro descotado, ella me quitó la mano y yo quité el brazo: era evidente que no iba a llegar a nada con ella –o que me tomaría un tiempo demasiado largo. Me resigné pues a tomarme mi daiquirí mientras veía las parejas bailar sabrosamente al compás de la música. En un momento mi vecino (era un hombre, ay, lo que tenía al lado y no alguna de las hembras que se veían bailando) se dirigió a mí:

–¿Qué pasa, socio? –me dijo, con bastante confianza, quizá con demasiada: era evidente que estaba borracho o muy cerca de estarlo.

–Quiay –le dije yo.

–¿Sabes una cosa? –me preguntaba pero no me dejó decirle si la sabía o no–. Yo soy batistiano. Estoy con el Yéneral cien por cien.

–¿Ah, sí? –dije yo, ya que tenía que decir algo.

–Sí, compadre. Batistiano cien por cien.

–Pues yo no lo soy –dijo Mimí–. Soy antibatistiana cien por cien.

–¿Cómo dice? –preguntó el borracho y volvió a preguntar–: ¿Cómo dice?

–Que yo soy antibatistiana –dijo Mimí, sonriendo–. Y a mucha honra.

Entonces el borracho dijo:

–Tenga cuidado con lo que dice, señora, que yo soy del SIM –y se metió la mano por entre el saco.

Yo creía que iba a sacar un carnet que justificara su declaración, pero sacó un revólver: era un Smith & Wesson de cañón corto y me pareció curioso lo bien que se veía en la oscuridad del club.

–Mucho cuidado –dijo el borracho agente o presunto agente del SIM–, mucho cuidado con lo que dice –y volvió a guardar el revólver.

Pero Mimí no lo iba a dejar con la última palabra.

–Usted es el que tiene que tener cuidado con lo que dice y debía darle vergüenza sacar un revólver en un centro de diversión pacífica.

El borracho se quedó callado y pareció meditar lo que Mimí le había dicho. Yo aproveché ese momento para sacar a bailar a Mimí: ni siquiera reparó que no era un bolero lo que tocaban, que era fácil de bailar, sino una suerte de rumba-guaracha bastante difícil. Mimí bailaba muy bien (ella había tenido entrenamiento de *ballerina*, me dijo, cuando le interesaba ser actriz, antes de casarse) y yo trataba de seguirla, sin conseguir coordinar mis pasos y convertirlos en pasillos. De pronto el borracho estaba a nuestro lado, en el medio del salón, llamándome la atención con un toque en el hombro. Ahora, entre los bailarines, se veía que estaba bien borracho y que apenas podía caminar.

–Óigame, óigame –decía–, yo soy batistiano de verdad verdad –y volvía a insistir–: ¡Batistiano de los que no hay! –mientras yo trataba de seguir bailando con Mimí.

En ese momento vi que entraba nada menos que Raudol, solo, al salón y lo llamé por su nombre:

–Ramón –le dije–, te quiero presentar a Mimí de la Selva.

Yo me había apresurado a hacer las presentaciones en medio de la pista de baile:

–Mimí, Ramón Raudol, un viejo amigo y compañero de *Carteles*.

–Ah, mucho gusto –dijo Mimí.

Ramón hizo su viejo chiste y dijo:

–El busto es mío –que era un chiste terrible pero que parecía tener ascendencia sobre el humor femenino: Mimí también se rió. Quien no se rió, sino que miraba curiosamente la ceremonia de presentación, fue el borracho.

–Vamos a sentarnos –propuse yo, pero el borracho intervino:

–No nos sentamos. Vamos a hablar aquí.

En ese momento me sentí harto de todo: del borracho, del Pigal, de Mimí y dije:

–Bueno, yo los dejo a ustedes dos –refiriéndome a Mimí y a Raudol–, que me tengo que ir a dormir.

—La noche recién empieza —dijo Ramón.

—Sí, no está más que empezando —dijo el borracho.

—¿Y éste quién es? —preguntó Raudol—. ¿Un amigo tuyo?

—No, qué va —dije yo—, nada más que estaba sentado junto a nosotros allí, en aquel rincón.

Ramón lo miró con mala cara y yo aproveché para irme: era evidente que Ramón le había caído bien a Mimí y que éste no sería un trío como el que habíamos compuesto con Silvio, por lo que lo reduje a un dúo con mi salida. Me fui caminando La Rampa arriba y en la esquina de 23 y L cogí mi ómnibus para casa.

Al otro día Silvio me preguntó:

—Bueno, ¿y qué?

—¿Qué de qué? —le pregunté yo a mi vez.

—¿La levantaste en vilo o no?

Muchas veces Silvio adoptaba ese tono popular, como ahora con su pregunta. Le hice el cuento de cómo Ramón Raudol había heredado a Mimí y Silvio se rió con mi fracaso:

—Y yo que creía que la habías encamado enseguida o desde ya, como quien dice.

—Pues te equivocaste, *mon vieux* —le dije—. La dama se mostró difícil, mucho más difícil de lo que creía. Además tiene mal aliento.

—Es una kamikaze entonces —dijo Silvio.

—¿Cómo? —pregunté yo.

—Sí —explicó él—, kamikaze quiere decir aliento divino.

Desde entonces cuando alguien que conocíamos, como Elías Constante, tenía mal aliento decíamos que «mandaba tremendo kamikaze» o (ésta era una expresión de Silvio más que mía) que «fatigaba el kamikaze». Silvio dejó de verme como un Don Juan a quien no se le resistía ninguna Doña Inés o Doña Ana y vi que se regocijaba con mi fracaso —que para mí no lo era tanto ya que mi interés por Mimí era más cosmético que cósmico. Quien tomó mis relaciones con Mimí (o más bien el haberlo puesto en relación con ella) a pecho fue Ramón. Al día siguiente me dijo:

–Tremenda faena la que me hiciste anoche –usando uno de esos españolismos.

–¿Qué faena?

–La de anoche. Me embarcaste –también usaba cubanismos de moda.

–¿Yo?

–Sí, tú, me dejaste la papa caliente en las manos.

–¿Te refieres a Mimí?

–No me refiero a ella precisamente sino a la situación en que me pusiste. Tú me conoces bien a mí y sabes que a veces yo reacciono violento y me dejaste con aquel borracho entre las manos. Mimí reaccionó violentamente y el borracho se fue poniendo cada vez más pesado y hasta sacó un revólver –olvidé decirle que también me lo había sacado a mí–, para amenazarnos. Creo que es un agente del SIM o algo así. Menos mal que la gente del Pigal me conoce y enseguida uno de los camareros intervino y lo sacaron del club entre dos, dándole coba. Si no es así pudo acabar la cosa en tragedia.

–Pero eso no fue culpa mía. Yo no hice más que presentarte a Mimí.

–Sí, pero debiste advertirme que había habido problemas con ese borracho. Mimí me dijo que ya se había puesto pesado antes.

–Yo creí que se le había pasado.

En realidad me sentía culpable pues Ramón tenía razón: debí advertirle que el borracho podía ser peligroso y no lo hice. Fui egoísta al tratar de escabullirme y dejarle el problema a Ramón.

–Pues no se le pasó y por poco hay tragedia.

Lo que no sabía Ramón entonces (ni lo sabía yo tampoco) es que iba a haber tragedia de veras en su relación con Mimí. Entonces traté de apaciguarlo.

–Bueno, viejo, perdóname si te metí en un lío. No fue mi intención.

–No, si ya lo sé –dijo él–, si no no estaría hablando aquí conmigo.

Para mostrarme que no estaba molesto, añadió:

–De todas maneras, muchas gracias por presentarme a Mimí. Es de veras un bomboncito. Ya yo había oído hablar de ella pero nunca tuve oportunidad de conocerla.

–Sí, ella no está mal –dije–, aunque a mí particularmente no me gusta mucho.

–¿Me la traspasas entonces?

–¿No lo hice anoche?

Ramón se rió y se fue al despacho del director.

En la esquina de Infanta y Carlos III, mejor dicho, llegando a la esquina, a mano izquierda bajando por Infanta hacia el Malecón, había una venta-exposición de automóviles. Allí tenían, tras la vidriera, un carro del que yo me había enamorado. Era un Austin-Healey rojo, de uso, pero en excelentes condiciones, por el que pedían dos mil pesos, que no era una cantidad a la que yo podía acceder fácilmente, aun contando con el programa de televisión. Yo miraba el carro cada vez que pasaba por frente a la venta-exposición y muchas veces pasaba nada más que por verlo: para mí representaba toda la elegancia, la sofisticación, lo exótico y la aventura en un solo objeto. Ya había entrado a preguntar el precio y había vuelto buscando una rebaja (que no me dieron y aunque me la dieran seguramente que tampoco habría podido comprarlo) y llegué hasta sentarme en él, al timón, soñando con el momento en que fuera mío. De alguna manera el carro y Ella estaban conectados: ambos representaban una adquisición valiosa, única –y ahora que estaba peleado con ella el carro se me hizo más distante. Varias veces había ido por su casa, sin llegar a subir, a ver si la veía, pero no lo logré. Hasta que un día, una tarde de sábado en que escribía en mi buró que quedaba junto a la ventana, mirando para la calle, la vi pasar con una niña. Ella haciendo como que no pasaba frente a casa intencionadamente si no por casualidad –y allí vi la señal de que podíamos volver a estar juntos. Así, una tarde, sin pensarlo mucho, me llegué a su casa, tocando a la puerta. Me recibió su madre, que me dijo: «Muchacho, dichosos los ojos que te ven», en su manera guajira y afectuosa. Al poco rato ella salió del cuarto con una toalla en forma de turbante: se había estado lavando la cabeza. La madre nos dejó solos con el pretexto de que tenía que hacer la comida y su hermano no estaba en la casa, por lo que nos quedamos los dos solos en la sala.

—¿Cómo estás? —le pregunté.

—Yo, bien. ¿Y tú?

—Como siempre, trabajando, yendo al cine, cosas así.

—Y a la televisión. Te he visto varias veces.

—Ah, eso. Es una forma de ganarme la vida divirtiéndome.

—A mí me cae bien el programa. Sobre todo cuando hablas tú, no tanto cuando lo hace René. El profesor René de la Nuez.

—Como dice Sigrid.

—Sí, como dice Sigrid.

—¿Qué tal va la obra?

—Ahí, ensayando muchísimo. Horita tengo que salir para el ensayo.

—¿Cómo te sientes en tu papel?

—Bastante incómoda. El personaje no es nada como yo, pero trato de parecerme lo más posible a ella. Es una mujer condenada.

—Como todas las de Tennessee Williams.

—Sí, pero ésta es joven.

—Como tú entonces.

—Yo no soy una mujer condenada.

—Es cierto, no lo eres en absoluto.

—Sin embargo me identifico muy bien con ella.

—Eso quiere decir que te saldrá bien la interpretación.

—Vamos a ver. Todavía estamos en los ensayos con libreto en la mano.

La invité a comer y ella aceptó pero tuve que esperar a que se le secara el pelo. Comimos en el restaurant italiano de 2 y 19 y luego la acompañé hasta el teatro. Al dejarla le dije que la esperaba en El Jardín a su salida: ella estuvo de acuerdo. En El Jardín no me senté en la tertulia, que ya se estaba formando, sino que me puse aparte, bebiendo un whiskey con agua y luego otro y otro. Yo tenía poco hábito de beber solo y al estar bebiendo a solas en El Jardín, mientras leía una revista comprada en el puesto de El Carmelo o un libro traído de casa, me sentía como un personaje de novela, sabiendo que no lo era pero sin saber que lo sería un día. En mis noches de espera en El Jardín veía a la vieja Lala Torrante (a la que sus enemigos escritores, preferiblemente escritoras, llamaban La Atorrante) sentada en un extremo de la terraza con una muchacha que a veces se vestía con *leotard* negro y un pullóver del mismo color para destacar su blancura, su rostro una verdadera máscara con los ojos muy pintados de rímel negro. Me preguntaba si sería hija de Lala o quizás una discípula, pero allí estaban todas las noches las dos solas y a veces acompañadas momentáneamente por un miembro de la tertulia que no temía ser condenado al infierno por acercarse a la carne. A la salida del teatro, Ella venía a buscarme y no bebía nada sino que me pedía que le comprara una manzana y así, comiendo su manzana, la acompañaba hasta su casa, yendo por Línea hasta Paseo y luego subiendo las terrazas del paseo hasta llegar a la calle 15, por donde enfilábamos rumbo a su casa. A veces nos sentábamos en el parque de Paseo a conversar o conversábamos en la escalera de su casa, sentados en los escalones. Ésas fueron noches tranquilas que no presagiaban el futuro borrascoso ni reflejaban el pasado intranquilo, la conversación llevada por caminos llanos, sin dificultades pero tampoco hecha de naderías: estuvimos muy juntos ese tiempo. Luego, de pronto, ella me dijo que no me podía ver más, sin más explicaciones, que lo nuestro, fuera lo que fuera, tenía que acabar y yo me desesperaba por comprender sus motivos, aunque sospechaba que tenían que ver con el hecho de que yo estaba casado, pero ella no lo decía claramente, sino que insistía en que no debíamos vernos más –y dejábamos de vernos por días que me parecieron años, por semanas que semejaban siglos. Fue en uno de estos intervalos amargos cuando conocí a Nora Jiménez.

Yo estaba en la cafetería de CMQ y me disponía a subir para hacer mi programa –y ahora tengo que hablar brevemente del programa, que comenzaba a tener su público. Lo llevamos muy bien René y yo, hablando de teatro y de cine, después de que se identificara el programa con lo que se llamaba entonces «La marcha del río Kwai», que era en realidad la marca inglesa Colonel Bogey, aunque yo no lo sabía entonces. Habíamos sacado la tonada de identificación del disco de la película, pero luego cambiamos para una versión jazzeada por Roy Eldridge, que convenía más a la informalidad del programa. Estaba, como dije, listo para subir a hacer mi programa, un día raro ya que estaba yo adelantado y no atrasado y corriendo como siempre, cuando tropecé con Lydia Ruiz: ella estaba conversando con una muchacha alta y delgada y de pelo casi color arena y cuando me vio dejó de hablar con ella para venir a saludarme. Lydia era una muchacha, mejor dicho una mujer, muy civilizada, muy poco cubana con su pelo rubio y sus ojos claros y su tez pálida, me la había presentado Titón un día ahí mismo en la acera de CMQ y ella, interesada en su publicidad personal (era modelo con pretensiones de ser actriz), se había mostrado muy amable y deferente y aunque no me gustaba mucho como mujer (no soy particularmente aficionado a las rubias, teñidas o naturales, y además había una cierta falsedad en Lydia, una artificiosidad que me molestaba) era agradable tenerla cerca –cosa que ocurría cada vez que nos veíamos que casi se me abalanzaba para besarme, aunque no lo hacía, por supuesto. Esa noche de que hablo me interesó su compañía y le pregunté quién era.

–Una amiga –me dijo–. ¿Quieres conocerla?

–Sí, claro que sí –le dije yo y ella llamó a su amiga por su nombre.

Se llamaba Nora, Nora Jiménez en la presentación, y venía de Santiago de Cuba, lo que se notaba por su acento aunque su blancura de tez y sus ojos verdes desmintieran su origen: uno siempre asociaba a Santiago con mulatas espectaculares o con trigueñas bellas, pero nunca con esta muchacha esbelta y pálida. No tuve tiempo de hablar mucho con Nora esa vez, pero quedamos en que la llamaría a la casa de huéspedes donde vivía: allí vivía también Lydia. Seguro que la iba a llamar, ya que había visto que yo le había caído bien y ella me gustó a primera vista.

Por ese tiempo se le ocurrió a Korda traerme un proyecto de publicación. Yo publicaba en mis páginas *pin-ups*, fotos de estrellas conocidas y de *starlets* desconocidas, pero siempre con poca ropa. Ahora Korda me proponía eliminar la ropa del todo y hacer las páginas gráficas con bellezas cubanas. Las primeras fotos que me trajo mostraban a una muchachita rubia completamente desnuda, su desnudez evidente oculta por una guitarra a la que abrazaba. Había otras fotos también atrevidas, poniendo a la modelo (que se parecía bastante a Brigitte Bardot de cara y que pronunciaba la imitación haciendo pucheros con sus labios botados) entre boas de plumas o sentada de espaldas –siempre desnuda y al mismo tiempo nada objetable para la dirección de *Carteles*. Las fotos causaron sensación, ya que no había costumbre de publicar desnudos en Cuba entonces y la B.B. Cubana (así la bautizó Korda y así fue llamada en mis páginas) hizo una breve carrera como cantante antes de irse de gira por Sudamérica. Cosa curiosa, yo nunca tuve que ver nada con las modelos que salieron en *Carteles* casi todas las semanas a partir del número con la B.B. Cubana, pero nadie me creía, era Korda en realidad quien se aprovechaba, si podía, de levantar a estas modelos o estrellitas nacientes, mientras yo recibía los facsímiles de aquellos cuerpos y caras que *Carteles* inmortalizaba por una semana, contentándome muchas veces, como un lector más, con la contemplación de las reproducciones –y muchas veces no llegué a conocer nunca el original.

Llamé a Nora un día a la casa de huéspedes y la encontré allí, me dijo, de casualidad pues debía haber salido con Lydia y se había demorado sin quererlo. Me alegré de que la casualidad (más mi voluntad) me deparara ese encuentro. Hicimos una cita para almorzar y yo vine a buscarla a la casa de huéspedes. Me llevé una gran sorpresa cuando la vi: no sólo estaba elegantemente vestida (en contraste con la simpleza de su atuendo anterior) sino que se había teñido el pelo de negro noche.

–Idea de Lydia –me explicó ella–. ¿No te gusta?

–Sí –le dije pero cómo explicarle que me gustaba más su belleza simple de antes, su lozanía provinciana, su pelo color arena, y mentí más–. Mucho –le dije, reparando en las nuevas cejas, en el rímel de las pestañas, en la boca muy pintada.

Salimos a caminar rumbo al restaurant, que estaba cerca, y hablando con ella, mirándola, por poco me pego contra una roca, no una roca sino un pedazo de tapia, un trozo de muro que salía de un edificio que derrumbaban: otra vieja casona de El Vedado echada abajo para construir un cajón de apartamentos.

–¿Eres muy distraído? –me preguntó Nora.

–Solamente cuando estoy absorto contemplando la belleza –le dije y a ella le gustó el cumplido. No me dio las gracias, pero supe que le gustó por la manera de sonreírse.

Otra tarde, ya casi de noche, vine a buscar a Nora, de improviso (no la había avisado por teléfono mi visita, sino que hice como si pasara por allí por casualidad y entrara casualmente). Ella tenía una cita.

–Ahora mismo me tengo que ir –me dijo–. Perdóname. Vuelve otro día.

Fue entonces que noté que había cambiado con respecto no sólo a la primera vez que la vi sino a la segunda ocasión. Ella bajaba las cortas escaleras de la casa de huéspedes y salía a la calle. Salí tras de ella, a tiempo para verla entrar en un convertible blanco, cuyo chofer pude conocer: Karel von Dobronyi, un escultor que se había hecho famoso haciendo un facsímil de Anita Ekberg desnuda. Yo lo había conocido porque vino a *Carteles* a proponer los *sketches* para publicar y el director me lo había pasado para que hablara conmigo. Nunca llegamos a nada en concreto y no se publicaron los esbozos, pero supe, preguntando, quién era Von Dobronyi –que se decía, según su tarjeta de visita, «Servidor de las casas reales de Europa». Era nada más ni nada menos que un aventurero internacional que se había instalado en La Habana y había puesto una joyería moderna, donde varios jóvenes escultores cubanos esculpían (o soldaban) joyas en forma de esculturas, tanagras, bibelots, etc. Se decía que Von Dobronyi no era siquiera el autor de la estatuica de Anita Ekberg, sino que solamente había cogido unas fotos de desnudos de la estrella sueca y un escultor desconocido había reproducido en bronce las conocidas por exageradas dimensiones de la Ekberg. Ahora Von Dobronyi se alejaba con Nora, envuelta en una capa negra con el forro rojo, y subían calle 19 arriba, raudos, veloces.

—Van a casa del escultor Serra —dijo una voz a mi espalda y era Lydia.

—¿Sí? —dije yo, como si no me importara.

El escultor Serra era famoso porque organizaba orgías en su casa, donde todo estaba tocado por el sexo: hasta el timbre de la puerta era una teta con su pezón por botón. También se decía que muchas de las orgías se organizaban no sólo para amigos, sino para turistas.

—Yo le dije que no fuera, que no saliera con Karel, a quien conozco muy bien —dijo Lydia—. Pero no me hizo caso: ella tiene la cabeza muy dura. No sé qué cree que va a sacar de él. También le dije, querido —me dijo—, que no saliera contigo, que no iba a sacar nada regalándose como se regala. Una tiene que darse su lugar.

Esto era cierto de Lydia: ella no me gustaba como mujer pero de haberme gustado nunca habría tenido una fácil relación con ella. Yo la respetaba por esto y además porque era novia o prometida de Octaviano Cortés, que era conocido mío, primero, de la cafetería de CMQ y luego como futuro productor de mi programa de televisión. Ellos tenían unas relaciones muy irregulares pero se veía que Octaviano estaba enamorado de ella y sufría con los altibajos de su cortejo.

—Ése no es muy buen consejo —le dije—. Ella no tiene que salir conmigo para sacar lo que quiera de mí: mi amistad es más bien desinteresada.

—Lo dudo —dijo Lydia.

—Pues no lo dudes: yo quiero que Nora se lleve la mejor impresión mía posible.

–¿Para qué tú quieres crear esa buena impresión? ¿Como una obra de caridad?

Lydia era una mujer inteligente además de bella, y había dado en la diana: yo no quería una amistad desinteresada con Nora: yo estaba interesado en su cuerpo, que imaginaba perfecto debajo de sus ropas: delgado, alto, esbelto, de carnes blancas y casi impolutas ahora. Se imponía el casi después de haberla visto salir con Von Dobronyi: ése no era un hombre que perdiera el tiempo con una mujer que no se le diera, al revés de mí que había salido a almorzar con Nora y ni siquiera le había insinuado que me gustaba, oyéndole simplemente los cuentos de su vida, de cómo había quedado viuda en Santiago, con dos hijas, a los diecinueve años, de por qué había decidido venir a La Habana, de sus penurias en la capital, de sus proyectos, sus sueños, sus ambiciones: quería ahora ser una modelo, una actriz, alguien famoso y querido por un público mayor que el de la compañía ocasional. De esto hablamos mientras comíamos y recuerdo que de la conversación saqué la conclusión de que me sería difícil acostarme con Nora, descontando que ella quisiera hacerlo, no porque hubiera algo físico que lo impidiera, sino una interposición supersticiosa mía: ella era viuda y yo veía a las viudas como representaciones humanas de la viuda negra, la araña que mata a su pareja después de consumado el acto sexual. Poco después Nora regresó a Santiago a ver a sus hijos y no la volví a ver hasta su regreso. En el entretiempo volví a verla a Ella. La esperé a la salida de un ensayo y la acompañé hasta su casa. Hablamos mucho esa noche, sobre todo de nuestra relación. Ella no quería que se hiciera más seria de lo que era: yo era un hombre casado y ella no tenía intenciones de casarse con nadie por ahora, quería dedicarse al teatro y no tener a nadie de por medio. En esos días yo me había comprado unas sandalias suizas y con ellas andaba por todas partes, aunque sabía que en Cuba usar sandalias un hombre es señal de afeminamiento. Pero a mí no me importaba: me gustaba el frescor de las sandalias y los prejuicios nacionales me tenían sin cuidado. Esa noche, subiendo por la calle 13, rumbo a su casa, cayó de un árbol, de una ceiba que había allí, que tenía una oquedad en su tronco donde los creyentes dejaban sus ofrendas y la convertían en nicho, de arriba cayó una gran araña peluda, una tarántula cubana, enorme, y yo di un paso decisivo y la aplasté de un pisotón de mi sandalia. Después me di cuenta del peligro que había corrido: al tener el pie casi descalzo la araña podía haberme picado. Ella reaccionó con emoción: no me dijo que yo era valiente sino que me lo dio a entender, después dijo:

–Tienes que tener más cuidado: eres muy impulsivo.

–Sí –le dije–, a veces lo soy.

Llegamos a su casa y no habíamos acordado nada nuevo: seguiríamos sin salir juntos, sin vernos. Ella lo quería así y a mí, a quien le gusta más el recuerdo del aroma que la flor presente, que tengo nostalgia de cualquier pasado y un alma si se quiere romántica, a pesar de mi cinismo (o por el mismo), veía con cierto agrado morboso, con un dolor placentero, aquella ruptura y decidí que era mejor no verla más –y traté de hacerlo, todo lo que pude.

En mi casa todo seguía igual: la misma familia con los mismos problemas. Mi hija ya tenía casi cuatro años y mi mujer estaba nuevamente en estado, con casi nueve meses de preñez. Ella sabía que mi mujer estaba en estado y fue una de las cosas que sacó a relucir cuando precisó por qué no quería verme más y yo comprendí su punto de vista: yo no estaba dispuesto a divorciarme y ella lo supo sin que yo se lo dijera: lo había adivinado desde el principio, desde el mismo momento en que supo que yo era casado –y ahora con mi mujer preñada, casi a punto de dar a luz, era más difícil que nunca la realización de un divorcio, aun suponiendo que yo estuviera dispuesto a desearlo de veras.

Siempre que iba al trabajo en ómnibus yo llevaba un libro para leer en el camino y yo iba a menudo al trabajo en ómnibus, antes más que ahora, quiero decir a principio de los años cincuenta o mediados los cincuenta más que ahora que casi finalizaban. No puedo recordar todos los títulos que leí viajando en ómnibus del trabajo a la casa y de la casa al trabajo, pero sí recuerdo un libro en particular –los ensayos de Victoria Ocampo– porque me senté al lado de una jovencita, de una niña casi (¿cuántos años tendría?, ¿doce?, ¿trece?, no lo sé, no lo supe nunca), de grandes dientes en una sonrisa perenne cuando respondió a mi pregunta:

–¿Te interesa la lectura? –porque la había sentido, primero, y luego visto cómo miraba el libro que yo trataba de leer.

–Sí –me dijo ella–, mucho.

Tenía grandes ojos castaño claro y un aire de inocencia tan grande que irradiaba alrededor suyo como un halo.

–Bueno –le dije–, el libro es tuyo. Te lo regalo.

–¿Éste? ¿De veras?

–Sí –le dije–, tal vez te guste: está escrito por una mujer.

–Ah –dijo ella–, pero yo no debía aceptarlo: nosotros no nos conocemos.

Me hizo gracia su presunción y le dije:

–Eso se arregla ahora mismo –y le dije mi nombre y dónde yo trabajaba.

Ella me dijo su nombre, que olvidé, y me dijo además que iba para la escuela –lo que era obvio al ver los libros de texto que llevaba entre los brazos. Finalmente aceptó el regalo y se llevó el libro, que, como todos los míos, tiene mi nombre escrito en la página titular. Aquel incidente con la niña más bien fea y el libro de la Ocampo se me hizo inolvidable y cada vez que yo cogía el ómnibus por las mañanas, trataba de ver si volvía a verla y preguntarle si le había gustado el libro. Pero nunca la vi, ya que ahora casi siempre iba en taxi al trabajo, sobre todo desde que empecé a trabajar en televisión. Por esos días, además, mi padre se compró un automóvil, de segunda mano, un Pontiac enorme, en el que él se veía más chiquito de lo que era. Decidimos mi hermano y yo aprender a conducir y sacábamos el carro por las noches, ya tarde, para recorrer en nuestro aprendizaje las calles de El Vedado. Una noche en que iba yo solo, cerca de las doce de la noche, bajando por Calzada y casi llegando a la avenida de los Presidentes, vi caminando por la acera derecha a una mulata impresionante. En ese mismo momento me sacaba el cigarrillo de la boca y tenía que doblar la esquina, cuando el cigarrillo se me cayó de entre los dedos. Por miedo a quemarme traté de cogerlo en el aire, abandonando el timón, y el carro se fue de lado, pegando en el contén, subiendo al jardín y siendo detenido finalmente por un banco. Me llevé tremendo susto: de haber alguien sentado en el banco lo habría matado de seguro. Ahora el carro tenía una llanta reventada y tuve que cambiarle la goma, aprendiendo a hacerlo mientras lo hacía. Me alegré de que no apareciera un policía en todo el tiempo que me llevó cambiar el neumático y luego sacar el carro de entre los jardines, para finalmente llevarlo al garaje de Línea y calle F, donde dejé la goma para que la reparasen. El accidente fue memorable (el único que me ocurrió en mi vida de chofer), pero más lo fue la mulata que iba por la acera, a la que perdí para siempre, aunque la llevo en la memoria, con su cuerpo cimbreante, sus caderas moldeadas y sus senos opulentos: ésa no me la quitará nadie.

Lo que sí me quitaron fue el uso de la máquina, pues aunque no conté a mi padre lo del accidente tuve que decirle que había dejado el neumático reparándose en Línea y fue él quien fue a buscarlo. Al parecer se enteró de que era un reventón y se negó en absoluto a prestarnos la máquina a mi hermano o a mí, por lo que se hizo cada vez más necesario comprarme un automóvil y el Austin Healey rojo seguía impertérrito, sin venderse, en la esquina de Infanta y Carlos III, resistiendo mis miradas: fue entonces que decidí ahorrar para comprármelo; con el doble sueldo de *Carteles* y de la televisión podía permitirme ahorrar lo suficiente como para dar la entrada y pagarlo mensualmente.

Por esos días había conocido al director de cine italiano Ferruccio Cerio, quien había tenido años antes éxito en Cuba con una película boicoteada por la Legión de la Decencia, católicos que hicieron más propaganda al mediocre film que la que se merecía. Yo escribí un largo artículo (el segundo escrito con mi seudónimo) sobre el estreno y aparentemente no hablé lo suficientemente mal de la película en cuestión, porque cuando Cerio vino a La Habana, casi cinco años más tarde, lo primero que hizo fue buscarme. Cerio era un hombre alto, moreno, calvo, con lentes levemente ahumados, que solía meterse la mano por entre la camisa abierta para golpearse el pecho mientras hablaba. Mis amigos y yo, los que lo conocimos, estuvimos seguros de que era (o había sido) fascista, más que nada por sus actitudes pseudomilitares y la manera en que se comportaba. Pero de alguna manera nos hicimos amigos y yo lo veía a cada rato, él cada vez más impresionado con la riqueza de Cuba, aparente en La Habana con su nueva arquitectura y sus grandes hoteles. Tenía él una amiga (o amante) que era dueña de una *boutique* (era la primera vez que el nombre se usaba en Cuba) en el edificio Focsa, por la calle 19. Era una francesa que había vivido en Santo Domingo y que ahora se había radicado en La Habana, una mujer muy atractiva en su medianía de edad, que me gustaba mucho y a quien podía haber hecho la corte si no fuera porque de cierta manera le tomé aprecio a Cerio y a sus veladas revelaciones: había sido médico una vez en su vida, fue corredor de autos para la casa Alfa Romeo, estaba en Cuba porque le había dado un ataque cardíaco, etcétera, etcétera. ¡Pobre Cerio, no supe lo que fue de él después de la confusión de los primeros días de la Revolución y nunca me enteré de su destino! Recuerdo su gran momento, cuando Silvana Pampanini visitó Cuba y, al yo ir a entrevistarla, le hablé de Cerio, quien la había dirigido en una ocasión, y dijo maravillas de él, insistiendo en hablarle por teléfono. Su otro apogeo ocurrió poco después, pero hablaré de él más tarde. Ahora sólo quiero mencionar la meliflua *canzone* entonada por la Pampanini (ya en decadencia pero todavía una mujer hermosa) al teléfono, hablando con Cerio y yo tratando de imaginarme la cara suya, con sus pequeños ojos miopes, tan juntos, y su larga nariz romana, que le daban un leve aspecto de elefante amable, irradiando orgullo de ser reconocido por la ilustre visitante.

Llegó el día de la puesta en escena de *Orfeo descendiendo*, que ocurrió el 4 de julio (para hacer esa fecha doblemente memorable) y fue en efecto una revelación. Yo no había asistido a ninguno de los ensayos y por tanto no estaba preparado para lo que vi en aquella pequeña sala: el debut de una actriz verdadera: Ella, solamente con entrar a escena llevando un impermeable viejo, y hablar por teléfono en la tienda del pueblo, mostró qué cosa era actuar y (excepto en un momento débil en el segundo acto, cuando tenía que decir la frase, la palabra repetida: «¡Vive, vive!», donde no fue muy convincente) se ganó el premio de la actriz novel del año. Yo estaba completamente trastornado por aquella revelación, por su epifanía, y fue René Jordán quien me hizo el mejor diagnóstico, cuando se acercó a mí en un entreacto y me dijo:

—Pobre Mirta —se refería a mi mujer—, te acaba de perder esta noche.

Lo que era verdad. Yo no quise ir a los camerinos después de terminada la obra y, aunque no hablaba con ella hacía días, le había enviado un ramo de rosas rojas, carísimo, con una tarjeta en la que puse: «A la actriz larga y febril» y sin saberlo estaba dando prueba de presciencia: eso fue lo que ella demostró esa noche. Me fui para casa caminando, recorriendo el camino que había hecho con ella tantas veces, lentamente, llegando a casa cerca de la medianoche. Pero no pude dormir: me puse a escribir con una extraña lucidez y escribí tres cuentos esa noche que no tenían nada que ver con la pieza pero que estaban dictados por la excitación que me produjo su presencia en la escena. Escribí febrilmente, fumando un cigarrillo tras otro, oyendo el tabletear de la máquina haciendo eco en la calle silenciosa, escribí hasta el amanecer: cuando dejé de escribir tenía tres cuentos completos. Decidí que era hora de comer algo y salí a desayunar en la calle. Mis pasos me llevaron hasta la calle Línea, a casa de Silvio, a quien desperté. Me recibió azorado, como esperando una mala noticia y me respondió solamente «¡Ah, carajo!» cuando le dije que venía a invitarlo a desayunar. Se vistió enseguida y en su máquina nos fuimos hasta el Habana Hilton a comer un desayuno americano de huevos fritos (huevos revueltos para Silvio), pan y café con leche. Por el camino le conté lo sucedido la noche antes y como respuesta dijo:

–Coño, qué metido estás –queriendo decir que yo estaba feliz y desgraciadamente enamorado, lo que era verdad.

Después del desayuno dimos una vuelta en su carro y ya era hora de irse al trabajo, por lo menos para Silvio, ya que yo entraba a trabajar cuando me daba la gana. Nos fuimos los dos a *Carteles* y a media mañana salimos a comer algo junto con René de la Nuez. No quise preguntarle a René qué le había parecido la obra ni Ella en la obra, sino qué había hecho cuando se terminó la obra, que lo vi irse hacia los camerinos.

–Ah, salimos –dijo y se detuvo, titubeante.

–¿Qué pasa? –le pregunté yo–. ¿Pasa algo?

Él no se atrevía a hablar, finalmente me dijo que me iba a contar lo que sucedió si yo le prometía no hacer nada. Se lo prometí y me contó que Ella había salido con ellos en el carro de Pepe Escarpia. Ella había bromeado con todos, feliz por su triunfo, pero también se había estado besando con un actor maricón que venía con ellos. Sentí el ataque de celos más violento que he sentido en mi vida y debí ponerme lívido porque René dijo:

–No debía habértelo contado.

–No importa –le dije yo–. Está bien que me lo hayas contado: ya no hay nada entre Ella y yo.

Pero no pude trabajar más esa mañana. A las once me fui para su casa y le pedí que saliera conmigo al pasillo, a las escaleras, que quería hablar con ella. Ella debió haber visto señales en mi cara, porque sonriendo dijo:

–¿Pasa algo?

No le contesté inmediatamente y ella agregó:

–Muchas gracias por las rosas.

Yo no dije nada hasta que ella cerró la puerta de su casa y estuvimos en el descanso de la escalera donde hablábamos a menudo.

—¿Qué hiciste anoche? —le pregunté.

—Ah, salí con unos amigos después de la obra, a celebrar —dijo ella, agregando—: ¿Por qué no viniste al camerino? Te estaba esperando.

—Yo quiero saber qué hiciste exactamente anoche —le dije con la voz dura, cortante.

—Ya te dije: salí con unos amigos.

—Sí —le dije yo—, y te estuviste besando toda la noche con uno de ellos.

Ella se demudó pero se repuso enseguida:

—Eso seguro que te lo contó René, ¿no?

—No importa quién lo haya contado —dije yo—. Lo importante es que pasó. ¿O no pasó?

Ella se quedó callada un momento, luego dijo:

—Sí pasó, pero no pasó como tú lo dices. Sólo me di un beso y el muchacho a quien besé es una loca perdida. Lo hice por amistad.

—¿Y eso es todo?

—Eso fue todo —dijo ella.

—¿Me estás diciendo verdad?

—Te lo juro —dijo ella—. Por mi madre que es verdad.

Yo estaba fumando y en vez de apagar el cigarrillo en el suelo lo apliqué a su brazo: ella no lloró ni protestó sino que aguantó la quemadura en silencio, pero luego vi que le corrían dos lágrimas por la cara. Casi me fui de su lado corriendo.

Pero por la noche estaba en su casa, temprano, antes de que ella se fuera a hacer la obra. Nos saludamos con bastante frialdad, excepto por su madre que estuvo encantada con mi visita y me preguntó:

—¿Qué tal estuvo mi niña anoche? —su cara radiante de orgullo.

Fue entonces que reparé que nadie de su familia había ido al estreno: ignoraba por qué. Tal vez una superstición familiar, tal vez ella no quiso que fueran, tal vez irían más tarde y no mezclados con la gente del estreno. Le respondí con el entusiasmo que pude obtener:

–De lo mejor: se robó la obra.

–¡Oh! –protestó ella desde el cuarto.

Cuando salimos me dijo:

–Ada dice –Ada era una de sus amigas– que tú eres un sadista –me dijo mostrando el brazo–, que esto es un acto de sadismo, pero yo le dije que es un acto de amor.

–Perdóname –le pedí–, no sabía lo que hacía, estaba muy alterado. Tú no sabes los celos que tenía, que tengo todavía.

–No tienes por qué tener celos: no hay más nadie, no amo a nadie –yo esperaba que dijera excepto a ti, pero no lo dijo–. No hay nadie –fue lo que dijo, repitiéndose.

Llegamos al teatro y sin bajarme del taxi le dije:

–Te espero en El Jardín.

–Está bien –dijo ella.

En El Jardín lo que hice fue beber, bebí más de la cuenta esa noche pero no me emborrachaba: todavía no podía olvidar lo que me había contado René esa mañana pero también mantenía la excitación que me había producido su presencia en la escena. Veía a los contertulios, llegando y formando la tertulia en la esquina de siempre, veía a los comensales tardíos cenando en la terraza, veía a los parroquianos sentados a la barra: los veía a todos pero no estaba allí: aquello sólo era una estación de espera y yo estaba solo en el mundo, con mi amor, con mi dolor, con mi esperanza de conquistar el dolor y el amor como tantas cabezas de hidra y llevarme el vellocino de oro, que era Ella, que era Ella.

Subíamos, como de costumbre, las terrazas naturales hechas parque de la calle Paseo, ella comiéndose una manzana, cuando de pronto me dijo:

–Detesto esas sandalias apuntando a mis pies.

–¿Por qué? –pregunté yo–. ¿No te gustan?

–Las detesto porque sé que te las ha comprado ella.

–¿Quién?

–Ella, tu mujer. De seguro que ella te las compró.

–Te juro que no –le dije–. Me las compré yo.

–No te creo –me dijo.

–Está bien –le dije–, no me creas, pero es la pura verdad.

–¿De veras que te las compraste tú?

–De veras. Te lo juro.

Me halagaron sus celos repentinos, pero más me gustó su cara y el tono de su voz al preguntarme –y de pronto vino la pregunta inesperada, vertiginosa:

–¿Qué hiciste con el apartamento?

–Nada. ¿Por qué?

–Quiero decir –dijo ella–, ¿todavía lo tienes alquilado?

–Ah, no. Hace rato que lo desalquilé.

Ella se quedó callada y de pronto dijo (y ésta debía ser la pregunta, la gran pregunta):

–¿Y no puedes alquilarlo otra vez?

Me quedé como petrificado: yo sabía lo que ella estaba insinuando. Después de un momento le dije:

–Supongo que sí se puede. ¿Por qué?

–Oh –dijo ella–, por nada. Estaba pensando en un lugar donde pudiéramos estar los dos solos y se me ocurrió que todavía tenías alquilado el apartamento y que podíamos ir allí.

No salía de mi asombro –¿era que ella había decidido entregarse, sin más ni más, sin librar una batalla, rindiéndose, después de tantos meses de asedio? Me pidió que nos sentáramos en un banco:

–He estado toda la noche de pie.

–Sí, ya sé: en las tragedias nada más que se sientan los reyes.

Ella se sonrió al sentarse. Estuvimos un rato sin decir nada, contemplando la noche de julio, que era cálida pero allí en las terrazas de los jardines de Paseo se estaba bien, en la oscuridad los dos, alumbrados de vez en cuando por los faros de un auto que bajaba la avenida. Le pasé una mano por detrás y la atraje hacia mí: se dejó besar, primero tiernamente, después duramente, después salvajemente: se me entregaba toda entera. Al día siguiente le propuse a Silvio volver a alquilar un apartamento en el edificio del viejo Boloña, no uno tan grande como el primero, que no podíamos pagar solos los dos, sino algo más pequeño. Silvio estaba de acuerdo: aparentemente Bárbara se negaba a ir a una posada, aunque él no me dijo nada. Fuimos los dos y nos entrevistamos con el viejo Boloña: esta vez no hubo tanto preámbulo: él sabía lo que queríamos y nosotros sabíamos que él lo tenía. Nos enseñó un cuarto grande, sin baño, que estaba al fondo, al que se llegaba por un pasillo aledaño al apartamento grande. Cuando lo vimos y supimos el precio –cincuenta pesos mensuales– decidimos alquilarlo enseguida, le traeríamos el dinero más tarde, el cuarto era nuestro, dijo el viejo Boloña. Quedamos Silvio y yo que lo usaríamos días alternos y a mí me tocó el primer turno: suerte que tiene uno, me dije. Esa noche la esperé en El Jardín, como de costumbre, aunque yo había tomado más que de costumbre: sentía un vago temor o más bien un temor definido, el miedo de la primera vez, como si en realidad fuera mi primera vez. Antes de sentarme a mi mesa a beber whiskey con agua, compré un preservativo –un paquete de tres– en la quincalla de El Jardín: afortunadamente era un hombre quien atendía, si no me hubiera pasado lo que me pasó una vez, cuando yo andaba con Dulce Espina, que ella insistió en que usara condón y fui a una botica, yo solo, y me encontré con una dependienta, una mujer joven y para colmo era la única botica que estaba de turno en el barrio. Traté de pedir lo que quería pero no me salía la voz, finalmente le pregunté a la muchacha:

–¿No hay ningún hombre dependiente aquí?

Y ella me dijo muy calmada:

–No. ¿Qué es lo que usted desea?

Bueno, yo no sabía cómo explicarlo hasta que la mujer, la muchacha, dio media vuelta, abrió un cajón y extrajo algo que puso sobre el mostrador: un paquete de preservativos.

–Era esto, ¿no? –me preguntó ella y yo respondí con la cabeza y por fin pude preguntar el precio y al final ella se explicó–: Los farmacéuticos somos como los médicos.

Esa noche tenía mejor suerte o más experiencia y el

hombre me despachó los preservativos enseguida. Cuando ella llegó ni siquiera le pregunté si quería tomar algo, como hacía todas las noches y ella siempre pedía una manzana: era una loca por las manzanas, sino que me puse de pie y salí con ella bajo las miradas de los concurrentes a la tertulia católica, que me miraban como todas las noches que salía con ella de El Jardín. Caminamos directamente a la calle 8, sin hablar: ella estaba sombríamente silenciosa, yo no quería estropear nada con hablar demasiado. Llegamos a la casa del viejo Boloña y ella se iba a dirigir al antiguo apartamento, cuando le dije:

—No, por aquí —y la llevé del brazo por el pasillo lateral, hasta el fondo, donde abrí una puerta y encendí una luz.

Ella miró el cuarto con una mezcla de curiosidad y —yo diría que— desprecio: era evidente que esto no era lo que ella esperaba. De alguna manera el cuarto compartía la sordidez de una posada sin ninguna de sus conveniencias.

—Por favor —me pidió—, apaga la luz.

La apagué y todo estuvo a oscuras por un momento, luego por la ventana abierta sobre la cama entró un débil rayo de la luz del pasadizo. Ella, sin decir nada, se quitó la ropa: la camisa masculina y los pantalones azules que se habían convertido casi en su uniforme. No llevaba sostén y se quitó también los pantaloncitos: estaba completamente desnuda ante mí y aunque no era la primera vez que la veía desnuda sentí la misma emoción que la primera vez: siempre iba a ser así en el futuro cada vez que ella se desnudara ante mí. Se tiró en la cama y se quedó tumbada, una pierna casi sobre la otra, un brazo por detrás de la cabeza y el otro tendido a lo largo del cuerpo: no me cansaba de mirarla. Yo no me había quitado la ropa cuando ella dijo: «Ven», iba a ir a ella vestido. Me di cuenta de que ella me estaba pidiendo que yo viniera no sólo arriba de ella sino dentro de ella y me quité la ropa apresuradamente, tirándola por el piso y fui a la cama, de donde salí de nuevo para ir a buscar en mi saco los preservativos y mi erección temprana me ayudó a ponerme uno sin que ella se diera mucha cuenta.

–Cuídame –fue todo lo que dijo.

La penetré –para mi asombro eterno– sin gran esfuerzo. Era evidente que era la primera vez que ella se acostaba con un hombre –es decir, la primera vez que se dejaba penetrar por un hombre y sin embargo resultaba muy fácil, tanto que me temí que otro la hubiera poseído antes y casi salgo de dentro de ella, impulsado por los celos. Mientras, ella no decía nada, solamente se movía, primero muy lentamente, luego rápida aunque sin mucho arte, dada la poca práctica, que era también evidente. Yo, mientras, la clavaba contra la cama, haciendo esfuerzos por penetrar cada vez más hondo –o más adentro ya que era una penetración horizontal. Ella no hizo ningún ruido pero al venirme yo, al sentirme haciendo ruido, casi bufando de placer –a pesar de que estaba consciente de todo lo que pasaba, como si me estudiara mientras singaba y la estudiara a ella al mismo tiempo–, ella se ablandó toda, entregándoseme completamente. No tuvo un orgasmo esa vez pero sí un desfallecimiento, una laxitud que era signo de la entrega. Al mismo tiempo me dijo:

–Sal de arriba de mí –que era el equivalente de un «déjame sola».

La dejé sola unos minutos, y luego, sintiendo ganas de comenzar de nuevo, la besé, pero ella estaba apartada y fría: había perdido lo que más valoraba hasta ahora, su virginidad, entregada a un bruto que no pensaba más que en el placer propio: esto era evidente.

–Vámonos –dijo al rato y en su voz había más dictado que petición.

Me vestí mientras ella lo hacía a su vez y dejamos el cuarto en silencio y en silencio caminamos las pocas cuadras hasta su casa.

–¿Nos vemos mañana? –le pregunté al separarnos.

–Si quieres... –dijo ella con desgana. No nos besamos esta vez.

A la noche siguiente yo la estaba esperando, pero esta vez no fuimos al cuarto, sino que caminamos hasta su casa: ella estaba cansada –era evidente que el actuar la dejaba completamente exhausta, ahora que había pasado la excitación de la primera noche– y quería acostarse temprano. Yo accedí y la oí comerse su manzana en silencio. Al otro día Silvio me saludó riéndose.

–Vas a tener que tener más cuidado –dijo.

–¿Más cuidado? ¿Por qué?

–Donde dejas los condones. Por poco me mato al pisar uno anoche: resbalé como si fuera una cáscara de plátano, cuando en realidad sólo era un pellejo del amor que, evidentemente, *omnia vincit* –dijo pronunciando el latín a la alemana.

Silvio estaba de buen humor, tal vez porque había vuelto a usar el *tumbadoir* o porque sabía que yo lo había usado a mayor beneficio propio: él estaba, por supuesto, enterado de las dificultades que había entre Ella y yo (había sido testigo de mi conversación con René y, hablando de René, he aquí que yo había venido a ganar la apuesta, sólo que casi seis meses más tarde de lo que esperaba: no se lo recordé por supuesto, pero él y Silvio sabían, sin yo decirlo, que por fin me había acostado con Ella), además Silvio era demasiado inteligente para no darse cuenta del cambio en mi vida. Afortunadamente, otras gentes (como mi mujer) no lo notaron y ella creo que tampoco me tomó como el vencedor en el combate que habíamos librado por tanto tiempo, aunque ella actuó como vencida.

Volvimos a ocupar el cuarto del viejo Boloña y esta vez ella estuvo menos tensa pero no menos negada al goce: no se dejaba ir, estaba en desacuerdo, más bien en discordia conmigo, y su cuerpo actuaba de acuerdo con su mente, con su voluntad todavía no marchita. Al final, antes de irnos, me dijo:

–Tenemos que dejar de vernos. Esto no puede seguir así.

–Pero ¿por qué? –pregunté yo.

–Porque no voy a ser tu amante –me dijo ella–, y tú no te puedes divorciar. Es más: no quiero que te divorcies, lo que quiero es que terminemos.

Lo dijo rotundamente y yo, como otras veces, acepté su *diktat*: no nos veríamos más. Pero la volví a ver, queriendo y no queriendo, en una fiesta que dio René en la azotea de su casa, a la que ella vino al acabarse la obra: el apartamentico de René estaba muy cerca de Las Máscaras, la sala teatral. Allí la vi bailar con Ernesto el fotógrafo y conversar con todos, y en un momento se llegó a la parte de la azotea donde estaba yo y me sonrió y saludó en voz baja. Yo quería acompañarla esa noche pero no quería pedírselo, sino dejar que acompañarla fuera un acto natural, salido del encuentro. Pero ella se iba para otra sala de teatro, El Sótano, donde iba a comenzar a ensayar otra obra, una adaptación cubana de *Bonjour Tristesse*, en la que ella tenía el papel principal. No me consultó a mí nada al tomarlo, sino que actuó de acuerdo con sus ambiciones, pero yo debí tal vez advertirla contra esa elección. Ella iba a dejar *Orpheus Descending*, en la que estaba tan bien y había sido dirigida con esmero, por una empresa que era una aventura: el director de la otra sala era mediocre, pasado de moda y no la dirigiría tan bien como se merecía, pero ella quería ser una actriz y como todas las actrices tenía necesidad de ser la figura central, cosa que ahora conseguía. Me ofrecí para acompañarla hasta el nuevo teatro y por el camino (ya era casi la una) no encontramos un solo taxi. Me preocupó cómo regresaría a casa y me dijo que el director la dejaría en su máquina: estos ensayos de madrugada eran imprescindibles, pues ella no tenía otro tiempo libre. Al mismo tiempo estaba minando su salud, trabajando todo el día, actuando por la noche y ensayando por la madrugada. Pero yo la dejé en el lugar de ensayo sin decirle más que hasta mañana, que ella aceptó y devolvió con otro hasta mañana. Luego cogí la confronta, una ruta 32 que me dejó en 12 y 23. Decidí ir por su casa y esperarla pero finalmente deseché la idea y me encaminé hasta casa. Allí me esperaba, levantada, mi mujer.

—Quiero hablar contigo —me dijo.

—¿Ahora? Es muy tarde.

—Vamos a hablar ahora. ¿Qué te pasa?

—¿A mí?

—Sí, a ti. Hace tiempo que estás de lo más raro y no me

tratas como antes. Es más no me tratas nada bien: me tratas mal.

Era cierto que yo había dejado de acostarme con ella, pero tenía el pretexto de su maternidad cada vez más creciente.

–No es verdad –dije yo.

–Sí, es verdad. Yo que ya no soy nada para ti, que lo más que puedo llegar a ser es una triste secretaria, pero también quiero, necesito, un poco de cariño, más considera...

Y aquí empezó a llorar. A mí me daba verdadera pena pero no había nada que yo pudiera hacer, excepto tratar de calmarla y al tocarla en el hombro se sacudió de mí y corrió hacia su cuarto. Me quedé solo en la salita que era al mismo tiempo mi cuarto de trabajo algunas veces, mirando a la calle solitaria a través de las abiertas persianas –y comencé a llorar yo también: era un llanto ronco, ruidoso, que no podía contener. Mi madre se despertó y vino a ver qué me pasaba pero tuvo el tacto de no hablarme, sólo que se quedó a mi lado, como si quisiera compartir conmigo la contemplación de la calle solitaria. Ésta no fue la única vez que lloré: otras noches de ese verano me encontraron, tarde, ya en la madrugada, incapaz de contener el llanto –que no sabía qué origen tenía, aunque lo relacionaba mentalmente con mi culpa hacia mi mujer, con mi gran carga de culpa.

Al otro día de la fiesta en casa de René vino a verme Silvina a *Carteles*: ella también estaba en la fiesta y me había visto salir con Ella.

–Esa mujer –me dijo, cuando estuvimos solos en el café de la esquina de Infanta, detrás de *Carteles*, ella tomando un Cawy, yo un café solo– es por quien dejas a Mirta ahora, ¿no?

–No sé a qué mujer te refieres –yo sabía.

–Tú sí sabes. La que salió contigo anoche.

–Sé a quién te refieres. ¿Qué ocurre?

–Que ella es una tortillera.

Quería decir que ella era una lesbiana: no había acusación más ridícula. Se lo dije así.

–No –dijo ella–, no es ridículo –tartamudeó un poco al

hablar–. La vi sentada en la cama conversando con otra mujer y oí la conversación. La mujer, la otra, la estaba enamorando.

Comencé a sentir celos.

–¿Y ella qué hizo?

–Se dejó decir cosas.

–Pero ¿tú la viste tomar parte activa en el acto?

–No, pero se dejaba querer. Al menos eso me pareció.

–Ella es todo lo contrario –le dije, sin estar muy seguro.

–Te lo aseguro.

Yo sabía con quién había estado hablando ella porque la vi desde la terraza sentada en la cama, un momento: era con Cacha Leyva. Cacha había sido objeto de atención de René en el pasado, pero no pasaron de bailar en el Turf. Cacha le declaró a René que a ella lo que le gustaban eran las mujeres. Yo esto lo sabía. Así que esa noche me llegué temprano a casa de ella y le dije:

–Tengo que hablarte.

–¿Ahora?

–Sí, ahora.

–Lo haremos camino al cine, porque ya estamos retrasados.

Caminamos juntos hacia el cine, no quería que lo que yo le iba a decir lo supiera un chofer de taxi o un conductor de ómnibus, así que le propuse caminar.

–Anoche te hicieron avances, ¿no?

–¿Quién? ¿Ese muchacho que bailó conmigo?

–No, ése no. Se trata de una mujer, se trata de Cacha. Yo te vi en el cuarto con ella y Silvina, mi cuñada, oyó lo que ella te decía.

Ella se sonrió.

–Ah, Cacha. Sí, hace tiempo que ella está detrás de mí. Una vez estaba hablando por teléfono desde la academia con su madre y yo estaba con ella y ella le decía a su madre: «Si vieras el muchacho tan lindo con quien estoy». Ese muchacho era yo.

–Tú lo encontrarás divertido, pero yo no. ¿Hay algo entre tú y ella?

–Por favor.

–No, no por favor, sino que quiero que me respondas.

–¿Cómo se te puede ocurrir semejante cosa?

–No se me ocurrió a mí, ocurrió simplemente.

–Pues estás equivocado. Por cierto, que te lo quería preguntar antes. ¿Tú tienes un amigo llamado Silvestre Ruiz?

–Sí, ¿por qué?

–Vino a ver la obra y después vino a visitarme al camerino.

Se me había olvidado por completo que le había hablado a Silvestre de Ella, un día que me vino a ver a *Carteles*. Tal vez le dije que estaba enamorado, no sé.

–¿Él es buen amigo tuyo?

–Bastante.

–Pues trató de levantarme.

–¿Cómo?

–Así como lo oyes. Me invitó a salir y todo, de una manera de lo más untuosa, insinuante.

–No lo puedo creer.

–Pues créelo.

Silvestre Ruiz, mi amigo, compañero de bachillerato y todo.

–¿Tú le hablaste de mí? –me preguntó ella.

–Sí.

–¿Y qué le dijiste? ¿Que yo era una mujer fácil?

–¡Tú, una mujer fácil! En todo caso le diría lo difícil que eres.

–¿No le dijiste que te habías acostado conmigo?

–Por supuesto que no. Eso no se lo he dicho a nadie.

–Bueno, pues de algún lugar sacó él que yo era fácil de levantar porque eso fue lo que trató de hacer. De una manera muy obvia, casi grosera.

–¡No lo puedo creer!

–¿Y cómo crees que yo me dejaba levantar por Cacha?

Ella tenía razón, pero no se la iba a conceder.

–Eso es diferente.

–Diferente porque se trata de una amiga mía y no de un amigo tuyo, ¿no?

–No, no es eso. Es que yo te vi hablando con esa Cacha, las dos sentadas en la cama, y sé de lo que ella anda detrás, que es de ti.

–Es posible, pero no ha conseguido nada. Sin embargo, tu amigo creyó que yo era mucho más fácil de lo que lo cree Cacha.

–¡Es increíble!

Era verdad que era increíble: no podía concebir cómo Silvestre podía hacer semejante cosa. Era tan burdo... Tenía que ser una mentira de Ella. Pero ¿a qué mentirme así? Debía ser verdad.

–Deja que yo lo coja –le dije.

–No, por favor. No le digas nada, te lo suplico. Él me pidió, después, que no te dijera nada a ti.

–Silvestre Ruin.

Ella se sonrió. Me gustaba su sonrisa, aunque no me gustaba su risa. Su sonrisa era encantadora, por ella yo le perdonaba todo, aunque ahora no había nada que perdonarle a ella, sino a mí: yo era el culpable de que Silvestre le hubiera hecho avances. Había hablado con demasiado fervor, con demasiada vehemencia. Sí, lo había hecho, pero no le dije (a Silvestre) que me hubiera acostado con ella. Tal vez, como todo burgués, él pensaba que una actriz tenía que ser fácil. O tal vez, concediéndole un punto, lo habría hecho para demostrarme a mí que Ella no valía lo que yo decía, no lo suficiente como para poner en peligro mi matrimonio. Tal vez. Pero en todo caso era sorprendente que Silvestre se hubiera atrevido a tanto. Traté de olvidarlo pero no pude y desde entonces la relación entre Silvestre y yo no fue la misma. Terminamos el día yendo por la tarde al cine, ya que ella había dejado de trabajar en la fábrica de tabacos para dedicarle todo su tiempo al teatro. Vimos *Bonjour Tristesse*, aunque ella no quería verla para no ser influenciada, decía, por la actuación de Jean Seberg. Vimos la película, los dos, bien instalados uno muy cerca del otro en la confortable frescura del Trianón con aire acondicionado y parecía que no había pasado nada, aunque pronto iba a pasar todo.

Por estos días había regresado a La Habana un actor cubano pretendidamente discípulo del Actor's Studio. Era bastante bien parecido y tenía una personalidad atractiva. René y yo lo entrevistamos para el programa y en el estudio dio muestras de una pedantería agresiva que nos cayó muy mal: el programa estuvo a punto de terminar de mala manera al agredir el actor salvajemente a René y solamente la urbanidad de René evitó que ocurrieran cosas mayores. Desde entonces el individuo me cayó mal, luego tendría razones para que me cayera peor: él había ido a verla actuar y luego fue a conocerla a su camerino. Yo no supe nada de esto hasta que fue demasiado tarde: ocurrió otra de nuestras desavenencias y yo fui a esperar que regresara a su casa, pero pasaron las doce de la noche y no regresaba (ella había comenzado a ensayar la nueva obra de tarde, así que regresaba temprano de noche). Dándome por vencido emprendí en sentido opuesto el camino que habíamos hecho tantas veces juntos y allí en el parque estaba ella sentada con él: me llamó por mi nombre varias veces pero yo pasé de largo, con mi ánimo por el suelo. De manera que andaba con ese tipo, tal vez fuera por eso y no por las razones de siempre que había roto conmigo esta vez. Al día siguiente o a los dos días estaba yo hablando con Vicente Erre en la esquina de L y 23, pegados al teatro Radiocentro, él, Vicente, sentado en el muro que rodea el césped allí, y yo frente a él. Hablábamos de su nuevo proyecto: una academia de actores en La Habana, en un local muy bueno de la calle Neptuno que había encontrado casi por casualidad. Yo le proponía que la aceptara como becada, ya que ella no tenía dinero para pagarse las clases. Vicente no me decía ni que sí ni que no, solamente sonreía, sabiendo que yo no era una parte desinteresada, sino al contrario, que estaba muy interesado en ella, y de pronto sentí que todo se me detenía por dentro: caminando La Rampa abajo, por la acera del frente, venía cogida de la mano del actor. Ella no me había visto y ahora cruzaban la calle rumbo a CMQ o tal vez a la cafetería de Radiocentro. Lo único que hice fue interponerme entre la visión de ella y Vicente y traté de que no la viera justo en el momento en que éste decía:

—Ella es tu protegida.

No supe qué contestarle y lo dejé casi con la palabra en la boca y me fui en busca del primer ómnibus que pasara por la esquina y pasó. Luego, Vicente me preguntó que qué me había pasado ese día, él quería saber si había dicho algo malo y yo le dije que se olvidara del asunto, que no había pasado nada sino solamente que yo había cambiado de opinión con respecto a mi recomendada.

—Pues yo la vi —me dijo Vicente—, y la encontré muy bien como actriz que empieza. Puede que tenga un lugar para ella.

—Ella —le dije yo— no me interesa como actriz ni como persona.

Pero esto fue tiempo después, cuando ya había dejado *Orpheus Descending* y actuaba en *Bonjour Tristesse*, que se llamaba, no por gusto, *Buenos días, Tristeza*. Pero Vicente me hablaba de su actuación en la primera pieza.

A mediados de agosto nació mi segunda hija y yo no estaba en la clínica cuando sucedió; andaba detrás de Ella, celoso como un guardián, celándola, buscándola, tratando de encontrarla sin hallarla propiamente. Fue de noche cuando me llegué a la clínica, mi hija nació por la tarde, pero antes de llegar al hospital había decidido que llevara el nombre del personaje que me encantó, que me embrujó: el nombre de la encarnación de Ella en escena —y así lo hice.

Ella había dejado su papel primero para pasar a actuar en *Buenos días, Tristeza*. Ya hacía días, tal vez semanas que no nos veíamos y, aunque yo había pensado en ella mucho, no había intentado verla. Mejor dicho, la vi varias veces, una cuando la llevé en la máquina de mi padre a probarse la ropa para la nueva pieza. Llovía a mares y yo me quedé en el carro mientras ella iba a casa de un modisto, que era quien hacía la ropa para la obra. Me quedé allí envuelto por todos lados en la lluvia que caía sobre el automóvil, pensando en ella, con quien había insistido en salir pero con quien no me había vuelto a acostar, a pesar de que lo deseaba intensamente, pero desde la noche en que la encontré en el parque ella era para mí remota y casi imposible. Hubo una despedida, una tarde, muy cerca de su casa, cuando yo insistía en que se quedara con mi impermeable porque habían empezado las lluvias torrenciales de fines del verano y ella me lo devolvía y yo volvía a entregárselo y la veo cuando me dejaba el impermeable en la mano y me decía adiós al mismo tiempo: ésta fue la imagen de nuestra separación definitiva y la guardé como tal durante mucho tiempo: todavía la veo caminando calle 22 abajo camino de su casa, rápida, rauda, bella con su paso largo y ágil, y me conmueve este último encuentro. Claro que la vi después, inclusive fui al estreno de *Buenos días, Tristeza*, en que estaba desastrosamente mal: casi estaba mejor Lydia Ruiz, que había pasado de ser modelo a tratar de ser actriz y componía una buena figura en la escena. Pero ella, Ella estaba cambiada: el director había hecho que se cortara el pelo corto, muy corto, en una burda imitación del peinado de Jean Seberg en la película de Preminger y aunque su figura se veía muy bien en biquini en la escena (que pasaba casi toda en la playa), el pelo corto no le sentaba bien a su cabeza grande que se veía casi masculina. Para colmo la habían hecho actuar de una manera que acentuaba sus defectos sin aprovechar ninguna de sus virtudes. Pero allí estaba yo (casi sintiendo una alegría malsana por su desastre escénico), para aplaudir al final y, cosa curiosa, fue allí donde me encontré con Margarita Saa y en uno de los intermedios le pregunté que si podíamos vernos después de la obra y ella me dijo:

–Estoy acompañada ahora, pero puedes irme a buscar a casa. Mis padres están en el campo.

Y ahora tengo que hablar de Margarita Saa, a quien había conocido meses atrás, gracias a Silvio.

TERCERA PARTE

Por ese tiempo (dos o tres meses atrás) leí una cita y no la
pude olvidar: «Muchas veces en la vida emprendí el estudio de la metafísica, pero siempre lo interrumpió la felicidad». A mí no me impresionan mucho las frases. Quiero
decir que por aquel tiempo (y cuánto de aquel tiempo es
este tiempo y al revés, nunca podré decirlo) las frases no
me hacían gran mella. Siempre he tenido muy mala memoria para las frases, las letras de canciones y los poemas,
pero en esta declaración veo ahora retratado por entero ese
tiempo y no me asombra que estuviera repitiendo la frase
días enteros, soltándola viniera o no a cuento, diciéndola a
las muchachas por la calle, machacándola con los amigos
y sacando torpes parodias de su nobleza: *Muchas veces en
la vida emprendí el estudio de la felicidad, pero siempre lo
interrumpió la metafísica./ Muchas veces en la metafísica
emprendí el estudio de la vida, pero siempre lo interrumpió
la vida./ Muchas veces en el estudio viví la interrupción,
pero siempre lo emprendieron la metafísica y la felicidad.*
A pesar de la chacota tampoco pude olvidar el texto que
acompañaba a la cita: «La frase (una de las más memorables que el trato de las letras me ha deparado) es típica del
hombre y del libro. Pese a la brusca sangre derramada y a
las separaciones, es de los pocos libros felices que hay en la
tierra». Entendí poco después que, más que una profecía,
se trataba de un reto. ¿O tal vez fuera un diseño?
   Leo todo esto y casi olvido por qué lo escribí, cosa que
me pasa a menudo. ¿Por qué comencé así esta tercera parte de lo que quiere ser una novela y no pasará de ser una velada autobiografía? ¿Por qué quiero hablar ahora de estos

dos –¿fueron dos o fueron tres?– meses perdidos porque han pasado, tumultuosos, llenos de vértigo y de amarguras? Quiero antes que nada hablar del nombre.

Hace mucho escribí un relato en que un bongosero se enamoraba de una niña de sociedad: el bongosero no existió, por supuesto (yo no soy un bongosero, aunque muchas veces quise serlo), pero la niña de sociedad es real. Se llamaba Margarita Saa pero nosotros (mis amigos y yo: Silvio Rigor y José Atila) la llamábamos Margarita Mefisto. Me la presentó, muy joven, Silvio un día en el Focsa, que yo lo había acompañado a buscar a su novia Bárbara. Se veía mucho más niña de lo que era en realidad (ella tenía más o menos la edad de Ella), pero me gustaron sus dientes grandes y parejos en su gran boca de largos labios gordos y sus manos, desnudas, huesudas, crispadas, con largas uñas y sus ojos, sus ojos castaño claro que reían mucho antes de que lo hiciera su boca. Mucho tiempo después me di cuenta de que tenía un cuerpo y no un mal cuerpo sino muy buen cuerpo, pero ese día me pareció lo que era: una niña de sociedad muy joven para amar. Luego la vi dos o tres veces, una de las veces en su apartamento, y le hablé, no sé por qué, de Billie Holiday. En la próxima ocasión que habíamos de vernos traje el disco y a ella le gustó mucho (cosa que me asombró pues Billie Holiday no le gustaba mucho a mis amigos) y se lo regalé.

–Pero ¿cómo? –dijo ella muy asombrada–, ¿y tú?

–Yo me compraré otro: hay más en donde salió éste.

No parecía querer aceptar el regalo (tal vez por buena educación) pero por fin decidió quedarse con él y cuando salía todavía ese día con Silvio y con Bárbara sonaban las tristes, amargas melodías de Billie Holiday haciendo contraste con la felicidad de Margarita.

La vi más veces (una de las veces en la piscina del Focsa, acompañando a unos niños, saliendo de la piscina con el agua chorreando por sobre su cuerpo casi perfecto, de largas piernas, estrechas caderas y larga y estrecha espalda: ya esto lo he contado otras veces, más o menos como sucedió), en compañía de Silvio pero también con José Atila, quien ese día insistió que Margarita era fácil, se acostaba, diciendo: «¡Ésa singa, ésa singa, ésa singa!», cada vez más vehemente, acompañándonos a Silvio y a mí de vuelta a *Carteles*. No recuerdo qué pudo haber hecho Margarita para hacer ver a Atila que ella se acostaba, pero no puedo olvidar su insistencia, la vehemencia con que el gordo cuerpo de Atila subrayaba la frase obscena: «¡Ésa singa!». Sin embargo no pude menos que tenerla en cuenta en mis otros encuentros con Margarita Mefisto. Esa noche en que nos encontramos viendo *Buenos días, Tristeza*, se me hizo la frase de Atila muy recordable, sobre todo cuando ella aceptó mi proposición de vernos después de acabada la obra y me dijo que la buscara en su casa, media hora después de terminada la pieza. Lo dijo tan bajito que casi no la entendí: ella estaba cuidándose de las dos muchachas que la acompañaban. Recuerdo que media hora después, puntual, estaba yo en el Focsa, yendo hacia los elevadores, atravesando el oscuro vestíbulo y siendo atajado por el sereno, que me preguntó qué yo quería: yo sabía en qué apartamento ella vivía porque me lo había dicho esa noche, y le pedí al sereno (que me impedía subir al edificio) que me dejara hablar por teléfono. Hablé con ella y me dijo que la esperara en la esquina del Club 21 –y allí estaba yo, esperándola, cuando pasó Ella sentada en la carrocería de un Austin Healey rojo, acompañada por el actor del método (a quien no vi en el estreno) y dejándose conducir por un individuo a quien no conocía y su pareja. Allí parado en la esquina estaba yo todavía cuando Ella salió del Club 21 para decirme, susurrante: «Perdóname». Ella había creído que yo estaba allí esperándola, solo, pero no sabía que yo esperaba a otra mujer, que el encanto de *Orpheus Descending* había sido roto por el desastre de *Buenos días, Tristeza* y que Ella casi no me importaba, que podía escribir ella perfectamente y que no pasara nada.

Allí estaba yo cuando Margarita subía la cuesta de la calle N hasta el Club 21 o hasta su esquina, donde la esperaba yo. Se había cambiado de vestido, uno menos de noche que el que llevaba al teatro, con su gran escote negro que dejaba su espalda afuera. Ahora vestía más que simple una blusa y una falda, siempre con el pelo rubio recogido en un moño arriba. Llegó hasta donde estaba yo y me saludó con cierta cortedad.

–Bueno –dije–, ¿adónde vamos?

No podíamos ir al Club 21 porque ahí estaba Ella y yo no quería verla.

–¿Qué te parece el Saint Michel? Debe de estar muy tranquilo a esta hora.

El Saint Michel había cobrado fama como boîte de homosexuales y a menudo estaba lleno.

–Me parece bien.

Caminamos los pocos pasos hasta el Saint Michel y entramos. El local estaba vacío excepto por un par de muchachos sentados a una mesa apartada. (Si alguien siente una sensación de *déjà vu*, es porque esto lo he contado ya antes.) Nos sentamos en un rincón, bajo una de las luces indirectas, por lo que estábamos en una semioscuridad.

–¿Qué quieren tomar? –preguntó el camarero, obsequioso.

(Estoy a punto de hacer un chiste y llamarlo Obsequioso Pérez, pero me contengo.) ¿Un daiquirí?, pregunto. Ella hace que sí con la cabeza. Dos daiquirís, digo, sin preocuparme si el plural de daiquirí debe ser daiquiríes. Comenzamos a conversar. Ella me cuenta que por entrar y salir con sigilo por poco rompe un búcaro valioso, que cogió en el aire, pero no temía tanto romperlo como despertar a la criada (ella la llamó por su nombre) que dormía en su cuarto. Yo me sonrío. No me parece gran cosa la aventura, pero me sonrío. Vienen los daiquirís y empezamos a beberlos. Tomamos otros dos más y al tercer daiquirí ella está casi borracha: Margarita Mefisto (explosiva combinación) conquistada por Don Fausto (hijo de Don Juan y Fausto). Pero he aquí que cuando la iba a besar, comienza a llorar.

–Tengo que contarte algo –me dice entre sollozos.

–¿Sí? ¿Qué? –le pregunto.

Después de unos cuantos pucheros y de haberse borrado algunas lágrimas con el dorso de la mano, me dice:

–Ya no soy virgen.

¡Tremenda confesión! Por lo menos inesperada. ¿Quién habrá sido el afortunado? Le pregunto.

–Tony –me dice–, tú sabes, el primo de Bárbara.

Yo lo había conocido el día que fui a la piscina, pero omití mencionarlo por lo gris que era, aunque también omití a Silvio, que no es nada gris y es porque solamente tenía ojos para Ella.

–Él es un muchacho muy joven –prosigue–, muy confundido, y todo pasó tan de repente, fue tan brusco, tan inesperado...

¿Por qué me está contando ella esto a mí? Si esto fuera una ficción tendría argumentos que exponer, razones que oponer, pero como es la vida diaria, o más bien nocturna, no tengo nada que decir –y ella sigue llorando en silencio. Yo, con mucho cuidado, le beso las lágrimas, que saben, como todas las lágrimas, a salado: un saladito para acompañar la bebida. Ella se calla, yo con mucho cuidado le zafo el moño alto y se desprende, en alud, su larga cabellera rubia –o casi rubia: rubia por partes. Está bellísima, una mezcla de mujer y niña que es muy intoxicante y nueva para mí después de la mujer hecha y derecha que es Ella. Pero en ese momento, ¿quién entra por la puerta? No es un avión, no es un pájaro, es José Atila, que viene acompañado por una muchacha que no puedo describir porque no la anoto y otra pareja igualmente gris. Mira para nuestro rincón y sonríe su sonrisa torcida –casi le oigo pensar: «¡Ésa singa!». No sé si ella conocía o recordaba a Atila, quien por donde pasa no vuelve a crecer la virginidad, pero ya había dejado de llorar y ahora se echaba el pelo para atrás con la mano, ya todo suelto, fluyente, bello más que cabello. El grupo de Atila se instala en el otro extremo de la boîte, que es como decir ahí al lado. Así yo pido la cuenta y nos vamos, después de pagarla. Caminamos calle N abajo, yo llevándola con un brazo alrededor de su cintura, ella recostando su cabeza casi borracha en mi hombro. Me siento bien caminando así y casi me he olvidado de Ella y de otro y su grupo audaz que saltaba del Austin Healey rojo (¿sería el mismo que yo admiraba tras la vidriera?, mañana lo sabré) al interior del Club 21.

Cuando llegamos al Focsa me dice ella:

–¿Quieres subir?

Digo que bueno sin pensarlo mucho, pero después me extiendo en una disquisición sobre el portero y su reputación –y ella replica:

–¿Y a mí qué me importa el portero?

Bueno, si a ella no le importa, a mí tampoco, y subimos los veintiséis pisos en el elevador lento que un beso convierte en veloz: ya estamos arriba. Entramos a su apartamento y ella se llega hasta la cocina y cierra la puerta que comunica con el salón comedor. Yo sé por qué lo ha hecho: ahí detrás de la cocina está el cuarto de criados, de seguro. Regresa a la sala y me invita a sentarme, cosa que no he hecho todavía, y se dirige al tocadiscos, donde tiene el gusto de poner a cantar a Billie Holiday. No voy a hacer una digresión acerca de la propiedad de esta cantante y de lo inolvidable que hará con sus canciones este momento, cantando «I'm a fool to want you», «For Heavens Sake» y otras más que no menciono porque no voy a hacer un catálogo del álbum. Ella viene y se sienta en el sofá. Está claro que es una invitación a que yo me siente a su lado y voy a hacerlo cuando siento el primer rumor: no hay duda, viene de mi interior, me están sonando las tripas. ¿Será el hambre o serán los nervios de encontrarme allí con esa niña de sociedad, ahora tan próxima? No lo sé decir, pero con rumores o sin ellos me levanto y me siento a su lado, comenzamos a besarnos. Ella besa ahora con una pasión que no desmiente su boca de grandes labios: es una criatura apasionada. Yo la abrazo mientras la beso y después le paso una mano por el pecho: no llevaba ajustadores o sostén o *soutiengorge* o como se llame y me extraña que no me haya dado cuenta hasta ahora. Comienzo a desabotonarle la blusa y ella sigue besándome apasionada. Pero mis tripas se empeñan en sobrepasar aun los ruidos melodiosos de Billie Holiday y yo las podía oír claramente, mientras besaba la boca de Margarita y luego cuando buscaba sus senos pequeños y erectos, mientras ella se debatía debajo de mí, los dos tendidos en el sofá. Yo debía haberla cargado en vilo y llevado hasta su cuarto, pero las tripas insistían y no me dejaban concentrar en la tarea de hacer el amor. Ella debía estarlas oyendo también, por lo que dije:

–Perdóname.

–¿Qué? –preguntó ella.

–Que me perdones por el tripeo.

–¿El qué?

–El rumor de mis tripas, me están sonando y no sé por qué.

Ella dijo:

–No importa –y añadió una frase que nunca olvidaré, más inolvidable que el momento–: No somos cuerpos divinos.

¿De dónde habría sacado ella esta frase memorable? No lo supe nunca, pero fijó el momento para siempre, más que la música de Billie Holiday, más que el sabor de sus senos, más que el rumor de mis tripas, y que sería imposible de olvidar. La frase, además, me sacó de la concentración amorosa y me di cuenta de que ella era, a pesar de las confesiones, una niña todavía –y que acostarme con ella (ahí al lado debía estar su cuarto) me hacía no mucho mejor que el Tony que la había desflorado. Así me levanté de encima de ella y me senté en el sofá.

–¿Qué te pasa? –me preguntó ella–. ¿Todavía te suenan las tripas?

–No, ya no. –Era cierto que habían dejado de sonar y ahora lo que resonaba en mis oídos era su respuesta inesperada, sorprendente, totalmente inaudita:

–No somos cuerpos divinos.

Aproveché para decir que era tarde y que me iba. Ella, Margarita Mefisto, parecía sorprendida, como si sus padres hubieran abierto de pronto la puerta y la hubieran sorprendido allí. Inclusive se abotonó la blusa.

–¿Te vas entonces? –me preguntó.

–Sí –le dije–. Mejor que me vaya.

Ella había estado dispuesta a la entrega, esto era obvio,

pero ahora, con Billie Holiday todavía cantando desde el tocadiscos, había recobrado su posesión y se sentó en el sofá al tiempo que yo me levantaba.

–¿Cuándo nos volveremos a ver? –le pregunté.

–Ah, no sé –dijo ella–. Mis padres regresan mañana. De veras que no sé.

No sus padres sino su madre y su marido, su padrastro, eran los que regresaban mañana. Ella me había contado las aventuras de su verdadero padre, el día que ella cumplió quince años, que se vistió de mujer –como estaba vestida temprano en la noche– y fue con él a un *night club*. Alguien le dijo un piropo o se propasó con ella, lo cierto es que su padre (el verdadero) le entró a puñetazos al individuo en cuestión –y así era como ella recordaba la noche del día de sus quince.

–¿Te puedo llamar por teléfono?

–No sé si pueda hablar contigo –me dijo–. Siempre estoy vigilada.

–Está bien –dije yo–. Nos veremos entonces.

–Claro que nos veremos –me dijo ella mientras yo caminaba hacia la puerta y ella venía, descalza, detrás de mí.

No intenté besarla antes de irme pero me detuve en la puerta.

–Hasta luego –le dije.

–Hasta luego –dijo ella.

Yo bajé muy satisfecho en el elevador, estaba contento conmigo mismo porque había triunfado sobre la carne, tontamente orondo por mi faena, en vez de sentirme apesadumbrado por no haberla llevado a la cama; pero ella era Margarita Saa, no Margarita Mefisto, un ser de ficción, sino una criatura de carne y hueso: una niña de sociedad. Pudieron más, creo, las diferencias de clase que el apetito de la carne, de su carne joven, inexperta. Esto me enorgullecía un poco y pude pasar frente al sereno, al portero nocturno, con la cabeza (creía yo) muy alta, pura acción de comemierda, como lo bautizaría Silvio Rigor si se enterara: pruritos sociales. Al otro día vino a *Carteles* José Atila: era evidente que venía a buscar información.

–¿Qué tal anoche? –me preguntó, ya en el café, con Silvio a mi lado.

–Bien –dije yo.

–Vamos –dijo Atila–, que la levantaste. No te dé pena confesarlo.

–¿Qué pasó, caballeros? –dijo Silvio–. Infórmenme.

–Nada –dije yo–. Que Atila me vio con Margarita.

–¿Margarita Mefisto?

–La misma que viste y calza –dijo Atila–. La tenía arrinconada.

–Estábamos en un rincón del Saint Michel –dije yo, a guisa de explicación.

Atila quería mi confesión, de la misma naturaleza que había obtenido de mí, una noche en el Polinesio, en que estaba yo con Ella y llegó él, y yo, medio borracho, di un espectáculo lamentable, penoso, al desnudarla psíquicamente y mentalmente. Empezó todo como una conversación muy normal, según yo iba pidiendo un daiquirí tras otro (ella tomaba ponche de piña y no recuerdo lo que tomó Atila), y de ser normal la conversación pasó a hacerse íntima: ahí fue donde dije que me había acostado el primero con Ella, sin tener derecho a hacerlo. Bueno, teniendo el derecho de primacía aunque yo debía habérmelo guardado para mí mismo. Luego Atila dijo que parecía un cuento de Hemingway donde se comenzaba a pescar, con toda inocencia, y se pasaba a pecar (así lo dijo) de impropiedad, un miembro de la pareja haciendo de hijo de puta mientras el otro, pasivo, esperaba a que escamparan los insultos. No relato este incidente cronológicamente (no lo conté antes por las mismas razones) porque no quiero que nada en este libro se parezca a Hemingway, pero fue una función digna de lamentarse, yo insultándola y Ella atrapada entre mis tragos buscapleitos y las buenas maneras (también estaba físicamente atrapada, entre mi cuerpo y la pared, con Atila al frente, sonriendo tras sus espejuelos oscuros con su cara de sapo), bajo el aguacero de mis palabras, duras como granizo, golpeándola, confesando unos celos salvajes y al mismo tiempo declarando un derecho de posesión que de ninguna manera yo tenía —y Atila gozaba con el espectáculo de mi deyección y con la turbación de Ella, que recibía los insultos con su sonrisa mejor, dando a entender que era la más fuerte, como en realidad lo era: fue poco después que se peleó conmigo definitivamente. Ahora Atila esperaba que yo le confesara que me había acostado con Margarita Saa («¡Esa singa!», casi decía su cara mofletuda), pero yo no estaba borracho, eran las once de la mañana y no había confesión que hacer.

—¿Qué hiciste anoche? —me preguntó directamente—. Después que se fueron del Saint Michel, por supuesto.

—Nada. La dejé a ella en su casa y me fui a dormir.

—¿De veras? —dijo Atila.

—¡No me digas! —dijo Silvio.

Era obvio que ninguno de los dos quería creerme: tendría que haberles dicho lo que pasó en realidad, pero no tenía ninguna gana de dar cuenta detallada de mis pasos (algunos en falso, es verdad) anoche, para que Silvio me dijera:

—Hay que soliviantar al burgués, mientras es joven —queriendo decir que yo debía haberme acostado con Margarita por los mismos motivos (pero opuestos) por los que no lo hice.

Nunca me creyeron y yo los dejé con la convicción de que mentía.

Volví a ver a Margarita (ya era Margarita a secas, la única, no Margarita Mefisto ni Margarita Saa, sino Margarita) y salimos otra noche, aunque fue temprano. Yo la llevé en el caprichoso carro de mi padre hasta la playa de Marianao y de vuelta, pero al regreso la máquina se paró en la calle Línea (era dada a estas súbitas negativas a marchar) y pasé un mal rato mientras trataba de hacerla andar de nuevo y viendo que se le hacía tarde a Margarita. Finalmente accedió a caminar abruptamente y llegamos al Focsa sanos y salvos. La vi después otras veces: yo iba al Focsa, unas veces con Silvio, otras veces solo, pero ya no fue lo mismo. Era evidente que mi momento había pasado y aunque yo trataba de reencontrarlo, no lo conseguía. Estaba además dolido con la partida de Ella. Apareció en forma de noticia en la columna de Rafael Casalín, diciendo primero que una joven actriz y un famoso actor de televisión se habían encontrado en el *lobby* del Habana Hilton y habían caído fulminados (o palabra parecida) por el amor. Luego, a los dos días, aparecía por fin su nombre ligado al actor de televisión y anunciando su próxima boda. Yo di vueltas por su casa pero su madre no sólo se había mudado de casa sino también del barrio y no supe dónde encontrarla. Pasó entonces que Ferruccio Cerio logró hacer realidad su proyecto de hacer una película cubana que hablaría de La Habana desde los días del descubrimiento hasta la fecha. Yo fui a verlo a su apartamento (ya había ido antes con Ella, una noche, a presentársela), acompañado esta vez de Nora, con la que había salido una o dos veces, ahora que ella sabía que no había nada entre Ella y yo. Nora salía conmigo, a comer, a pasear por El Vedado y esta vez a ver a Cerio, a quien no le gustó Nora, por lo que dejamos de hablar de negocios hasta el día siguiente.

Al otro día, me palmeó la cabeza a manera de saludo y me dijo:

—Tú siempre con *le putane* —queriendo decir que yo andaba con putas, lo que no era cierto, pero ¿cómo tratar de explicarle que Nora no era una puta?—. No te dejan trabajar. Si las dejaras un poco serías un gran escritor.

Lo que quería Cerio era que yo le escribiera uno de los seis relatos que iban a formar el film: me tocó iniciarlo. Le dije que sí y comencé a pensar en una idea posible y se me ocurrió que se podía trasladar una leyenda japonesa a los indios de Cuba —y así lo hice. Le gustó a Cerio la trama y me puse a escribirlo. No me tomó mucho tiempo y sus productores me lo pagaron bien. Con eso y lo que yo ganaba (más algún dinero que mi mujer tenía ahorrado) me podría comprar el Austin Healey —pero cuando fui a buscarlo ya no estaba en venta: había sido vendido y yo tal vez lo había visto en la noche habanera. Vi un anuncio que propalaba las ventajas de un nuevo automóvil en Cuba: el Metropolitan, también fabricado por Austin, y fui a verlo. Me gustó a pesar de que tenía cierto aspecto de bañera: era un convertible en que se podían sentar cuatro y era a la vez pequeño y compacto y no gastaba mucha gasolina, cosa a que tienden los carros deportivos. Di la primera entrada y llevé a mi tía para que lo sacara de la agencia y lo llevara al Nuevo Vedado, donde aprendería yo a conducir con cambios ya que hasta ahora había manejado solamente el carro de mi padre que era automático. Me costó bastante coordinar los pies y las manos en los cambios, pero después de una tarde por las calles vacías del Nuevo Vedado pude regresar manejando yo solo hasta la casa, donde parqueé mi carrito, que parecía un juguete con sus colores rojo y blanco y su flamante capota negra. Pronto pude ir con él a *Carteles* y a la televisión. Pero ocurrió un hecho singular que relato tal como fue. Me fui a hacerle una visita a Lydia Cabrera (una de las pocas mujeres realmente brillantes en Cuba: una experta en el folclore afrocubano, a la que había conocido hacía dos años cuando vino un documentalista italiano a La Habana buscando asuntos folclóricos que se prestaran para un documental que planeaban sobre las Antillas), a quien hacía tiempo que no visitaba. Me fui hasta su casa en Marianao, a la hermosa finca que tenían ella y su amiga Titina, una millonaria dueña de ingenios y dueña también de la bella casa en que vivían, una quinta del siglo XVIII a la que habían decorado con techos sacados de casas derrumbadas en La Habana Vieja y hasta le habían adosado un pequeño patio morisco, sacado también de una casa derruida de La Habana Vieja, y mantenían como una especie de museo cubano. Fui a visitarla sin propósito otro que el de charlar con esa gran mujer. Ella, al verme guiando un auto que parecía un carro deportivo y peligroso, me dijo que me lo iba a proteger y fue a su cuarto y de allí trajo una pequeña concha, que me dio.

–Toma esta concha de cauri –me dijo–, que te protegerá ese carrito tuyo, que me parece peligroso.

Yo cogí la concha y la guardé, respetando las convicciones de Lydia Cabrera pero sin compartir mucho sus creencias. Fue mi madre la que me dio una cadenita de oro para ponerla y colgar de allí también la llave del carro. No hacía tres días que tenía el cauri mágico en mi poder, cuando iba a ochenta kilómetros por hora calle 23 abajo y llegué al parqueo de la funeraria Caballero, donde lo dejé como venía haciendo desde hacía dos semanas. Fui a hacer mi programa y todo salió como siempre: normal. Me dirigí al parqueo y cuando se ofrecieron a buscarme el carro, dije:

—No, yo lo voy a buscar —y fui a hacerlo.

No me había montado en él y conducido unos pocos metros, cuando hubo un ruido brusco en su interior y el carro se paró. No había manera de hacerlo andar de nuevo y pedí auxilio a uno de los parqueadores, que vino a ver qué pasaba. Le dio vueltas al timón y algo no marchaba. Finalmente se tiró al suelo y con su linterna miró debajo del carro y soltó un silbido:

—Se te ha roto la barra de trasmisión.

—¿Eso qué quiere decir? —pregunté yo.

—Eso quiere decir —me dijo el parqueador— que si te hubiera pasado manejando el carro no estarías aquí para contarlo.

Era verdad, conduciendo a la velocidad que yo lo hacía, era evidente que si se hubiera roto la barra de trasmisión en la calle, antes, viniendo o luego regresando, me habría estrellado con el carro, tal vez contra otro carro que viniera en dirección contraria: desde ese día respeté mi cauri amuleto como si fuera mágico y comencé a creer que la religión que Lydia Cabrera investigaba y tal vez practicaba era poderosa y digna de tomarse en consideración.

La política volvió a irrumpir en mi vida por los caminos más inesperados. Junior Doce me encontró una noche y me dijo que Adriano de Cárdenas y Espinoza o Spinoza había regresado de su luna de miel con Adita Silva por Sudamérica y que yo debía hacer las paces con él: Adriano estaba de lo más dispuesto a reanudar nuestra amistad. Le dije que sí: después de todo, el episodio con la falsa Bettina Brentano estaba más que olvidado y Adriano y yo siempre fuimos buenos amigos. La reunión de reconciliación se celebró en el aire libre de 12 y 23. Adriano vino solo y después de un breve momento de extrañeza, como ocurre en todas las reconciliaciones, pasó a contar las alegres aventuras de su luna de miel, entremezclado con algunos detalles escalofriantes como ese de la mosca que en Bahía (o tal vez en Minas Gerais, no sé) si te pica no te puedes rascar porque al rascarte haces que un microbio penetre en el cuerpo y a los meses de haber sido picado sufres un absceso (así dijo) en el cerebro o en el hígado o tal vez te coma una de las paredes del corazón. Luego contó cómo estando en Bahía (o tal vez fue en Río) había caminado por un barrio donde había residencias del siglo pasado, espléndidas casas, y habiendo visto una particularmente interesante detrás de una cerca de hierro, abrieron la cancela y él y Adita se acercaron a la casa. De pronto, del fondo, salió un perro enorme que venía hacia ellos con muy mala cara. Adriano se echó a correr y no sólo dejó a Adita detrás, sino que cerró la verja y la dejó encerrada con el perro –afortunadamente a Adita le dio tiempo a abrir y pudo salvarse de las fauces caninas (así dijo). Nos reímos mucho con sus cuentos, Junior y yo: celebrando no sólo el buen humor de Adriano sino su clase de autocrítica humorística que le hacía reconocer su cobardía como un elemento más de su carácter. Pero no era tan cobarde Adriano ya que esa noche él y Junior repartieron proclamas del 26 de Julio en todo el Focsa (donde vivía Adriano), metiéndolas por debajo de las puertas, tarde en la noche, de madrugada ya. Pasaron uno o dos sustos, con gente que venía por los pasillos y con una puerta que se abrió, pero repartieron todas las proclamas sin contratiempo: de haberlo tenido lo habrían pagado caro, aunque a Adriano lo salvaría el hecho de que nada menos que el ministro de Relaciones Exteriores de Batista había sido uno de los testigos de su boda, por la parte del padre de Adita, que era un viejo diplomático. Dos días después me llamó Junior a *Carteles*: tenía que verme urgentemente, pero no podía ser en un sitio público.

–Nada mejor que *Carteles* –le dije–, después de las seis de la tarde.

A esa hora yo siempre me quedaba solo y a menudo me quedaba después de las seis. Junior vino a verme y vio que yo no estaba solo (no sé por qué razón Silvio se había quedado ese día hasta tarde en la revista), pero así y todo me dijo lo que le pasaba. Habían cogido a su contacto en el 26 de Julio (luego, con el tiempo, supe que era Mike, un hermano de Adita) y lo habían acabado a golpes: parece que él lo vio cuando lo sacaban de una estación de policía y lo metían en un carro. No sabía si Mike había hablado o no (después se supo que se había portado de lo más valiente y no le habían sacado nada y la influencia de su padre sólo sirvió para que lo metieran en la cárcel directamente), pero tenía que irse de Cuba. Ya había comprado el boleto del avión y tenía el pasaporte listo (no me explicó cómo pudo hacerlo todo en tan poco tiempo), lo que quería era que lo acompañara yo al aeropuerto y si veía que lo detenían allí le avisara a Adriano para poner en movimiento los mecanismos del amiguismo que, a pesar de la dictadura batistiana, seguían existiendo. Acordamos llevarlo Silvio y yo (no sé cómo Silvio, tan apolítico como era, se ofreció a llevarlo en su carro, que era mucho menos conspicuo que el mío) hasta el aeropuerto esa misma tarde: había un avión que salía para Miami a las ocho de la noche: en ése tenía reservado puesto. Fuimos Silvio, Junior y yo al aeropuerto, mirando yo en cada parada que hacía el carro por los semáforos si se nos aparejaba una perseguidora o tal vez otra máquina de la policía secreta. Pero no ocurrió nada en el camino. El peligro mayor estaba en el mismo aeropuerto y, aunque Junior había conseguido un permiso de salida junto con su pasaporte, no se sabía lo que podía ocurrir. Nos despedimos ante el salón de espera y nos quedamos para verlo entrar al mismo. Pasó por la puerta sin inconvenientes y después, desde la terraza, vimos a Junior dirigirse al avión sin que nadie interfiriera en su salida. Nos quedamos Silvio y yo hasta que arrancó el avión, maniobra de despegue que vimos con sumo placer. Luego, de regreso a *Carteles*, Silvio decía que no había visto revolucionario más asustado por nada que Junior, y yo le dije que ahí precisamente estaba su valor: había cumplido con su deber a pesar del miedo. Pero Silvio no quedó convencido y tuvo la última palabra.

–Para oponerme así a Batista –dijo–, mejor me quedo en casa leyendo a Heidegger.

Lo que no era, en su caso, una *boutade* sino la pura verdad.

Al mismo tiempo reapareció por La Habana Alberto Mora. Me llamó desde un teléfono público a *Carteles*. Dijo «es Alberto» y enseguida reconocí su voz. Quería verme y quedamos en que podíamos almorzar juntos. No lo íbamos a hacer en un restaurant, claro está, ni tampoco en casa, con el coronel viviendo ahí al lado y la criada nuestra, siempre novia de un soldado –aunque a veces parecía que cambiaba de soldado. Quedamos en que nos veríamos en casa de Silvina, que ahora vivía sola en la calle C número 69: René le había dejado el apartamentico a ella y se había vuelto a mudar con sus padres. Allí nos vimos, al otro día, a la hora del almuerzo. Alberto venía vistiendo un traje de dril cien y más parecía un hacendado que un revolucionario.

–El disfraz perfecto –me dijo–, con tabaco en la boca y todo.

Lo último no lo creí, pues Alberto no fumaba. Vino con su guardaespaldas, que era a la vez su chofer, que se quedó abajo en la máquina. Los dos estaban armados y me dijo que esta vez sí que no se dejaba coger por la policía vivo –y lo creí. Comimos nuestro arroz con pollo con mucho placer, viendo a Alberto vivo después de sus aventuras que relató brevemente: el exilio en Estados Unidos, una lancha rápida para hacer el desembarco con el grupo dirigente del Directorio, la Sierra del Escambray después y más tarde, ahora, organizando la resistencia en La Habana. Después del almuerzo, cuando Alberto se hubo ido para su escondite de entonces y ya yo en *Carteles*, se me ocurrió que no sería mala idea política reunir al Directorio con los comunistas, los dos únicos grupos que estaban actuando con eficacia en La Habana, ya que el 26 de Julio no era visible (al menos para mí) desde el fracaso de la huelga de abril. Consulté con Adriano y él estuvo de acuerdo que era una buena idea. Quedamos que él se encargaría de contactar a los comunistas (él tenía buena relación con la «gente del partido» que operaba en La Habana), mientras yo me ponía en contacto de nuevo con Alberto. Para esto tuve que esperar su nueva llamada, que la hizo a los pocos días, y una nueva reunión en casa de Silvina. Ya Adriano había hecho sus contactos y el partido había dado el visto bueno a la reunión. Se acordó que nos reuniríamos en casa de los suegros de Adriano (que andaban de vacaciones por Europa), en el Biltmore, sitio improbable para una reunión clandestina si se piensa con los criterios que lo hacía la policía de Batista. Llegó el día y la reunión coincidió con el cierre de mi página en *Carteles* y fue ya casi a las tres de la tarde (la reunión estaba citada para las dos) que atravesé toda La Habana, El Vedado y todo Miramar hasta llegar raudo a la casa en el Biltmore. (Ya había estado antes allí, pues Adriano visitaba mucho la casa de sus suegros ahora que no estaban, y me asombré de encontrar en la biblioteca la edición completa de *El Capital*. Recuerdo que lo abrí al azar y me tropecé precisamente con la página en que Karl Marx encuentra a los hermanos Marx: ¡es allí donde Marx habla de que dado que las mercancías no pueden ir solas al mercado tienen que existir los intermediarios!) Vi la máquina de Adriano, el Karmann-Ghia que había sustituido a su Chevrolet, y el carro de Alberto, con su chofer esperando dentro, a pesar del calor, con el sol que le daba al auto de lleno sobre la capota. Me bajé y toqué el timbre. Me vino a abrir Adriano, que me saludó con su sonrisa amable. Dentro estaba Alberto, que me saludó con una de sus frases:

–El manual del perfecto conspirador: llegar tarde y luego irse temprano. A ése es muy difícil que lo coja la policía.

–Vengo dispuesto a irme el último –le respondí y él siguió sonriendo su sonrisa torcida.

Había otro hombre en el cuarto: era el enviado del partido. Fuimos presentados y por supuesto que dio su nombre falso, pero luego supe, por Adriano, que era Ramón Nicolau, del comité central y un nombre que yo le oí mucho a mis padres en mi niñez: había sido fundador del partido en Holguín en los años treinta. Ahora era un viejo inconspicuo, gris, apagado: la perfecta imagen para un hombre del partido. Aparentemente la discusión todavía no había empezado y me asombró que estuvieran esperando por mí cuando yo no era más que un intermediario. Habló Alberto y dijo que ellos estaban más fuertes que nunca en La Habana (que era donde el Directorio casi había acabado con su dirigencia comprometiéndola a ella toda en el asalto a Palacio, año y medio antes) y que habían comenzado de nuevo las operaciones.

–Ese asalto a la estación de policía –dijo Alberto, refiriéndose a un ataque a una estación de policía en Marianao, donde un auto que pasaba roció a balazos la entrada de la estación, hiriendo a varios policías y matando a dos– lo hicimos nosotros.

Noté la mirada que Nicolau cambió con Adriano, parecía decir lo que yo pensaba: si con asaltos como éste creía la gente del Directorio que iba a acabar con Batista, estaban más que equivocados. Nicolau dijo que sería interesante una reunión entre el Directorio y el partido para coordinar operaciones.

–Bueno –dijo Alberto, sonriéndose de lado otra vez–, yo no sé qué operaciones pueda hacer el partido.

Por supuesto que hablaba irónicamente y me temí que la reunión terminaría mal, pensando que todo era una equivocación, que nunca se iba a disipar el anticomunismo que siempre había caracterizado a la gente del Directorio.

–Modestamente, compañero –dijo Nicolau, hablando cada vez más bajo–, nosotros tenemos nuestra organización intacta. Hemos tenido suerte con la policía.

–Yo lo llamaría más que suerte –dijo Alberto, sonriendo de nuevo, pero no dijo cómo lo llamaría.

Era obvio que Nicolau no estaba interesado en un intercambio de frases porque siguió hablando con su voz monótona:

–En el aspecto de la propaganda podemos hacer mucho juntos. Nuestras *Cartas semanales* salen todas las semanas sin falta y también sacamos panfletos y hojas sueltas.

El Directorio no hacía nada de esto, si se exceptúa el panfleto que sacaron poco antes del asalto a Palacio, escrito por Joe Westbrook y en el que había una nota decididamente suicida. Alberto terció:

–Estamos más interesados en la acción directa que en la propaganda.

–Lo comprendo –dijo Nicolau–, pero para movilizar a las masas hace falta la propaganda, no sólo la acción directa en que participan unos pocos.

¿Le recordaba a Alberto cuán poca gente le quedaba al Directorio para actuar y cómo habían fallado ellos en levantar al pueblo cuando asaltaron el Palacio Presidencial, en que ni siquiera todos los comprometidos a participar participaron? Tal vez, pero Alberto no cogió la alusión sino que siguió con su obsesión por la acción, que caracterizaba tanto al Directorio:

–Pues nosotros estamos por la acción primero y la acción después.

–Bueno –dijo Nicolau–, en ese terreno también podríamos llegar a un acuerdo.

Me asombró que Nicolau hablara con palabras que podían comprometer al partido en el tipo de movimiento que éste había condenado siempre: el terrorismo.

–Lo importante es actuar coordinadamente.

Había dicho la última palabra muy lentamente, casi como haciendo que entrara en la cabeza de Alberto la idea de coordinación.

–Bueno –dijo Alberto–, yo tengo que consultar a la dirigencia.

–Sin duda, sin duda –dijo Nicolau, tal vez alegrándose de que hubieran llegado a cualquier tipo de arreglo–. Nosotros estamos ansiosos por la cooperación entre todas las fuerzas que combaten a la dictadura.

–¿También con el 26 de Julio? –preguntó Alberto un poco sardónicamente, pues era sabido cómo había repudiado el 26 de Julio la unión con los comunistas durante la fracasada huelga de abril.

–También con el 26 de Julio –respondió Nicolau–. Ya

hemos enviado emisarios a la Sierra a contactar a Fidel Castro directamente.

Alberto hizo una mueca como si no creyera lo que Nicolau decía.

–Lo importante –dijo Nicolau–, lo esencial, es una unión de todas las fuerzas que combaten a la dictadura.

–Bueno –dijo Alberto como concluyendo–, yo voy a pasar su mensaje –hasta ese momento no me di cuenta que no se tuteaban él y Nicolau– a la dirigencia. ¿Cómo podemos volver a encontrarnos?

–A través de Adriano aquí –dijo Nicolau.

–Sí –dijo Adriano–, tú me puedes llamar por teléfono.

–Hay que tener cuidado con los teléfonos en estos días –dijo Alberto y luego, dirigiéndose a Nicolau, tendiéndole la mano–: Bueno, hasta más ver.

–Hasta luego –dijo Nicolau que como casi todos los cubanos rechazaba el adiós por definitivo y más en esta ocasión.

Alberto se despidió de mí con un chiste que machacaba sobre mi llegada:

–Bueno, ahora soy yo el que se va primero.

–Privilegios –le dije, también en broma.

Se despidió de Adriano y salió de la casa. Por la ventana pude ver cómo se sentaba en la máquina, al lado de su chofer-guardaespaldas, y partían.

–Yo me voy también –dije–. Voy en dirección a *Carteles* –dije dirigiéndome a Nicolau–, ¿puedo dejarlo por el camino?

–Te lo voy a agradecer –dijo Adriano–, y así me quedo, que estoy esperando a Adita.

Nicolau hizo un gesto como que me seguiría y le dio la mano a Adriano:

–Yo te llamo –le dijo.

–Está muy bien. Hasta luego.

–Nos llamamos por la noche –le dije a Adriano.

–Muy bien –dijo éste.

–Hasta luego.

–Hasta luego.

—Hasta luego.

Salimos caminando normalmente de la casa del suegro de Adriano, como si yo hubiera vivido en ella toda la vida. Nicolau (fue entonces que me di cuenta que no se había pronunciado su nombre en toda la reunión) iba a mi lado. Montó en la máquina, a mi lado, y arranqué. De nuevo atravesé todo Miramar, El Vedado y casi media Habana hasta Zanja y Belascoaín, donde él me dijo que se bajaría. Lo dejé en la esquina y lo vi alejarse y perderse entre la gente con su figura gris, casi anónima, y me pregunté quién de los dos era un héroe de verdad: Ramón Nicolau o Alberto Mora. Alberto siempre había tenido para mí la aureola del héroe juvenil y lo que hizo para evitar que su padre Menelao cayera preso lo confirmó. Pero ahora al ver alejarse a Nicolau, modesto, casi haciéndose invisible entre la multitud de viernes por la tarde en Zanja y Belascoaín, no pude menos que pensar que él era el héroe verdadero, que Alberto con su aparato de traje de dril cien (otro disfraz, como el de hombre común y corriente lo era para Nicolau), su automóvil y su chofer armado (Alberto mismo llevaba encima una pistola del 45), todo ese aparato de la clandestinidad, lo hacía menos un héroe a mis ojos que este hombre cualquiera que había traído en mi máquina. No lo volví a ver más: las siguientes reuniones entre el Directorio y el partido comunista se realizaron sin mi intervención y creo que llegaron a algún entendimiento, como lo demuestra la historia posterior. Extraños camaradas los «hombres de acción» del Directorio y los comunistas, tan adversos a otra acción que no fuera la de masas. La historia, irónicamente, no les iba a dar la razón ni a unos (los arriesgados, los que perdieron casi toda su dirigencia en un ataque suicida al Palacio Presidencial) ni a otros (los conservadores, que habían mantenido su dirigencia intacta a través de todos los años de clandestinaje).

Ahora estaba de lleno en la política (o pensando en ella todo el tiempo), pero no podía olvidarla a Ella. Pasé un día por el cafetín de su hermana y me detuve a saludarla. Ella, muy campechana, me saludó con mucha alegría y entre otras cosas me dijo: «Esta hermana mía está loca. Con todo lo que yo he hecho por ella, lo que he trabajado para que estudiara y mira lo que viene a hacer». Aparenté no darle mucha importancia a sus palabras y al poco rato seguí mi camino raudo. También visité a Margarita, una tarde que me llegué al Focsa y la vi entrando en la confitería vistiendo todavía el uniforme del colegio Lafayette (exclusivo para niñas ricas), hecha una colegiala, apenas aparentando quince años: mi Lolita. Me saludó con una gran sonrisa de muchos dientes mientras comía un dulce.

–¿Gustas? –me dijo.

No le iba a decir que gustaba de sus labios golosos y le dije:

–No. Gracias.

–Sube conmigo a casa –me dijo–. Mis padres no están.

Subí con gran curiosidad, pero era una curiosidad política más que sexual: Adriano me había dicho que su padrastro tenía relaciones con el coronel Ventura (yo sabía que él había sido ministro de Batista aunque ahora estaba retirado, tal vez por motivos de salud) y quise saberlo. Se lo pregunté a Margarita:

–¿Es verdad que Ventura viene a cada rato a tu casa?

La información tal vez pudiera ser útil a Alberto o a otra gente.

–Oye –dijo Margarita en alta voz, llamando a la cocina–, oye, Eulalia. Él quiere saber si Ventura viene a cada rato por aquí.

La llamada Eulalia apareció en la puerta de la cocina y volvió a desaparecer, dejando la puerta balanceándose, sin decir nada.

–¿Tú buscas información política? –me preguntó Margarita–. Yo te hacía apolítico a ti.

–Mera curiosidad –dije yo–, mera curiosidad.

–Bueno, pues no –dijo ella, como haciendo un puchero–, no te lo voy a decir. Averíqualo en otra parte. Mira, hombre, y yo que te creía tan ajeno a la política, interesado nada más que en el cine.

–Y otras cosas –interrumpí yo.

Ella se sonrió:

–Y otras cosas.

Estaba bella en su disfraz de niña bien y la hubiera besado ahí mismo, con la criada en la cocina y todo, pero ella no lo hubiera aprobado. ¿O sí? De todas maneras no me atreví a averiguarlo.

Mientras yo andaba por la calle, la buscaba siempre a Ella. Una vez creí verla, al atardecer, en un grupo de mujeres que se bajaban en la gasolinera de la rotonda frente al hotel Riviera. Pero Ella no estaba entre ellas. Otra la vi sentada junto al chofer de un VW (me habían dicho que el actor de televisión manejaba un VW), pero no pude aparejarme al carro para verla bien. Debía ser Ella. Otra vez (ya de noche, con mi mujer sentada a mi lado) la vi entrando al cine Radiocentro. ¿Cómo encontrarla en aquella oscuridad? Así, la veía por todas partes: Ella alcanzable con un golpe de acelerador y al mismo tiempo inalcanzable siempre, o bien no daba caza al auto que la llevaba o no era Ella o no estaba entre el grupo de muchachas donde estaba yo seguro de encontrarla. Yo creía que, con la ayuda de Margarita Mefisto, me había librado de una vez de ese fantasma, pero venía a rondar mis tardes, a media luz en el crepúsculo, mis noches, entre la luz artificial y la oscuridad, mis madrugadas, cuando venía de *Carteles*, rondando las cercanías de 12 y 23, y llegué a caminar desde casa hasta su antiguo barrio, recorriéndolo, tarde en la noche, caminando alrededor de El Hoyo, bajando por 22 hasta 15 y luego subiendo por esta calle hasta la plaza y de ahí de vuelta a casa y este periplo lo recorrí varias veces, tratando de encontrar sus huellas –fue mucho tiempo después que supe que vivía en la playa de Guanabo.

Un día, estando en la cafetería de Radiocentro, antes o después de mi programa (sin duda después, porque yo siempre llegaba tarde al programa y una o dos veces tuvieron que empezar sin mí, en un *close up* de René comentando teatro, y yo tuve que escurrirme hasta mi asiento y ponerme a improvisar una charla sobre el último estreno o la película de moda), estaba sentado tomándome un batido (no debía ser un trago, ya que después de romper con Ella dejé de beber) y oí un rumor sordo que recorría la cafetería y rondaba por los pasillos y casi salía a la calle donde caía la lluvia aciclonada de septiembre. De pronto el rumor llegó a mi mesa y pude preguntar qué pasaba y alguien me contó que la máquina de Raudol había acabado con una familia y que habían encontrado en el carro una jeringuilla, que de seguro él y su acompañante estaban drogados. Desmentí esta última noticia (porque yo sabía que Ramón no tenía nada que ver con drogas, que a lo máximo se emborracharía con cerveza y tomaría un trago o dos pero de ahí no pasaba) cuando me precisaron lo que había ocurrido: Ramón no iba manejando sino una mujer que iba con él. El rumor se hizo más preciso y supe quién era la pasajera que había tomado el timón: Mimí de la Selva. Algo me había dicho que esa mujer era peligrosa y yo ahora me culpaba por habérsela presentado a Ramón: sin mi intervención no la hubiera conocido y esta tragedia (porque era una tragedia) no habría tenido lugar.

Sucedió que Ramón estaba dando lecciones de conducir a Mimí y fueron por La Habana Vieja y en una esquina estaba una familia (una mujer negra con sus tres hijos) esperando para cruzar la calle, cuando el enorme carro de Ramón patinó y se encimó (parece que Mimí pisó el acelerador en vez del freno o tal vez al revés) sobre la acera, comprimiendo a la familia contra las columnas del portal, embistiendo a la mujer y arrastrando a una de las niñas, mientras arrollaba a los otros niños: todos murieron en el acto. Ramón tuvo que ver con la justicia (era la segunda vez después de haberle sacado el revólver a un presunto amante de su mujer y fue a dar a la cárcel, preventivamente y por unos días, pero en la cárcel estuvo), ahora no fue a la cárcel, porque él no iba al timón. Pero por motivos que nunca se aclararon Mimí también salió absuelta y creo que la vi, fugaz, en una esquina de El Vedado no mucho tiempo después: así que andaba por la calle. Ramón, después del susto y la impresión de ver todos aquellos niños muertos y de haberlos tenido que recoger para llevarlos al hospital, aunque estaban indudablemente muertos todos, aplastados por el leviatán automovilístico que él tenía, Ramón me contó cómo sucedió el accidente y durante unos días estuvo apocado en *Carteles* y no pasaba por CMQ ni por la cafetería, pero después, al poco tiempo, volvió a ser el mismo Ramón de siempre, que me contaba cómo había llevado a una corista a las afueras de La Habana, había parado el carro en una carretera oscura y allí sobre el asfalto, el carro a oscuras pero su radio sonando alto, había hecho el amor con la corista, quien juró nunca haberlo hecho mejor: un cuento típico de Ramón Raudol y lo más probable es que fuera verdad.

Yo volví a ver *Orfeo descendiendo*, *Algo salvaje en el lugar* o como se llame esa obra de Tennessee Williams, para recorrer otra de las estaciones donde se había detenido mi amor por Ella. Su sustituta era Yolanda Llerena, a quien yo conocía más o menos de vista. No estaba mal pero evidentemente no era Ella: era para Ella que se había escrito el papel. Después que acabó la obra pasé a tras escena a saludar a Yolanda y a decirle que estaba muy bien (estaba nada más que bien como actriz, pero muy bien físicamente: me gustaba, con sus ojos verdes que bizqueaban, su pelo rubianco y su figura tal vez un poco trabada pero apetecible por su juventud, debía tener apenas veinte años) y nos quedamos solos mientras ella se quitaba el maquillaje. Aproveché para invitarla a salir y para mi sorpresa dijo que sí. Le propuse que fuéramos a comer algo a Guanabo, que era un lugar bastante lejos como para ir a comer algo y a esa hora, pero ella aceptó: era mi noche de suerte con ella, nunca había pasado antes de un saludo más o menos frío de su parte. Manejé hasta Guanabo y al llegar allí ella dijo que no tenía ganas de comer nada, que lo que quería era pasear por la playa. La complací y conduje mi carro casi hasta el mar y ella al llegar a la arena se quitó los zapatos (era una de ésas) y corrió por la playa. Yo la alcancé y traté de pasarle una mano por la espalda, pero ella se escurrió de mi casi abrazo y volvió a correr por la playa, sin decir una palabra. La dejé que corriera (después de todo eso estaba permitido, correr por la playa: lo único que estaba prohibido en Guanabo eran los caballos por la arena) y me regresé al carro. Al poco rato (o bastante después) regresó en silencio, se puso los zapatos y entró en la máquina. No volvió a decir una palabra en toda la noche: sin duda era una original, no se hacía. Fue poco después que supe que su madre estaba recluida en un manicomio (no Mazorra, sino uno particular, tal vez Galigarcía) y que Yolanda estaba amenazada (o eso creía ella) de volverse loca también, porque muchos aseguraban que la locura de su madre era hereditaria. No volví a salir con ella (me di cuenta esa misma noche que todo avance era inútil), pero no pude olvidar sus piernas (que era lo más bello, exceptuando sus ojos, en su cuerpo) descalzas corriendo por la arena, en la madrugada. Después, tiempo después, cuando ya ella se había casado, se negó a reconocerme y nunca supe por qué: después de todo, todo lo que hice fue pasarle un brazo por la cintura, pero ella actuaba (y su marido creo que lo creyó) como si yo la hubiera tratado de violar en la playa.

Me llamó Héctor Pedreira para ver si podíamos (mis amigos y yo) hacer algo por Alfredo René Guillermo, el misterioso comunista de los bonos y los muchos nombres, que resultó llamarse Pedro Pérez o algo así tan anónimo, que no sólo la lucha revolucionaria lo había empujado a buscar seudónimos. Sucedía que Pedro Pérez o Alfredo René Guillermo había caído preso y le habían encontrado encima bonos del partido comunista y *Cartas semanales*. No había caído (para su suerte) con Ventura o con Carratalá (otro de los verdugos del régimen), sino en el Buró de Investigaciones. Llamé enseguida a Adriano, quien se puso en contacto con su suegro, que ya había regresado de Europa, y a través del ministro de Relaciones Exteriores (llamado entonces de Estado), pusieron en libertad a Alfredo René Guillermo, Pedro Pérez o como se llamase en realidad. Vino por casa a darme las gracias y le ofrecí mi casa como suya, pero declinó la invitación diciéndome que «aquí han tenido refugio demasiados terroristas» (sic). Me quedé de piedra picada pero respeté su opinión que no era otra que la del partido comunista, con o sin alianza con el Directorio; siempre desconfiados de los hombres de acción (no podían referirse más que a Alberto y a Franqui y, más brevemente, a Joe Westbrook y su primo Carlos Figueredo), lo habían adoctrinado a darme esta respuesta. Vino, me dijo, simplemente a darme las gracias y a decirme que se iba a la Sierra, iba a unirse a las guerrillas de Las Villas. Supuse que su unión sería con el pequeño grupo comunista de Camilo Torres que operaba en Las Villas. ¡Cuál no sería mi sorpresa cuando un mes después supe que Alfredo René Guillermo o Pedro Pérez se había unido a las guerrillas del Che Guevara y ya tenía grado de teniente! Mientras, yo sentía la futilidad de mi vida, ahora que Ella había creado una gran ausencia, y comencé a preguntarme si no sería mejor dejarlo todo y también irme yo a la Sierra, como había hecho Alfredo René Guillermo. A mí no me perseguía la policía, pero tenía mis fantasmas. Por otra parte, ya Adriano me había confiado su intención (hasta ahora nunca llevada a cabo) de unirse a las fuerzas de Raúl Castro en la Sierra Cristal. Yo veía esta señal de un sitio tan preciso como una directiva del partido comunista, con el que Adriano parecía cada vez más identificado. Por otra parte ocurrió un hecho curioso: se llevaron preso a René de la Nuez, vinieron a buscarlo a su casa policías de paisano y eran agentes del BRAC. Lo soltaron a las pocas horas, pero esta señal caída tan cerca de mí me hizo prestarle mayor atención a las palabras del Gordo Arozamena. Éste era ahora crítico de cine del periódico de Masferrer, pero antes había sido miembro de la Juventud Socialista (comunista) y luego se había convertido en delator de sus compañeros. Héctor Pedreira le tenía terror, porque lo había visto en una ocasión señalando para alguien que salía del cine Lira (que pasó a ser el Capri aunque siempre para mí será el cine Lira de mi niñez), donde exhibían una película rusa o un acontecimiento parecido, y esa persona señalada por el dedo del Gordo Arozamena había caído presa. El Gordo coincidió conmigo en una exhibición privada en La Corea y se empeñó después en acompañarme hasta *Carteles:* lo que era caminar tres cuadras. En la esquina de la revista me habló del capitán Castaño (jefe del BRAC, con quien yo me había tenido que entrevistar para obtener el visto bueno a mi pasaporte cuando fui a México a principios de 1957), casi sin venir a cuento.

–Yo le dije –me dijo– a Castaño, que me preguntaba por ti, que tú no eras comunista. –¡Yo no sabía si tenía que darle las gracias o no al Gordo Arozamena!–. Le dije –siguió– que los comunistas estaban en otra parte de la revista, aunque él se refirió a tus críticas como casi panfletos de izquierda. Yo le dije que estaba equivocado, que tú no eras comunista ni simpatizante siquiera y que tus críticas eran liberales (sic).

El Gordo seguía hablando en la esquina de *Carteles* y parecía que no se iba a ir nunca.

–Yo le dije –prosiguió– que buscara en otra parte, pero te advierto que debes tener cuidado con las críticas. No te pases de rosca. Es un consejo.

Se lo agradecí ahora. Poco después el Gordo Arozamena se marchaba, bamboleante, calle Infanta arriba –pero a mí siempre me pareció que él tuvo algo que ver con la detención de René y que en realidad apuntaban a mí. ¡Pura paranoia!, dirá alguno, además de que podría añadir que la policía de Batista, ya fuera el BRAC, el SIM, el Buró de Investigaciones o la Policía Nacional no eran tan sutiles. Comenté con Adriano las palabras del Gordo Arozamena (ya él sabía quién era) y la detención de René y él estuvo de acuerdo conmigo que en esos días se estaba más seguro en la Sierra que en las ciudades, especialmente en La Habana, tan estrechamente vigilada, pero una vez más vino la felicidad erótica a interrumpirme mi metafísica de la historia: Nora estaba dispuesta, a pesar de sus juegos, a acostarse conmigo. Esto fue algo que adiviné, al mismo tiempo que supe de sus actividades con Lydia. Todo sucedió una noche en que fui a visitarla a la casa de huéspedes y ella se empeñó en ir a comer un sándwich (sángüise, decía ella) gigante al bar OK. Yo la conduje hasta Zanja y Belascoaín, llevando ahora un cargamento más precioso que el otro día cuando dejé aquí a Ramón Nicolau. Ella se comió el sándwich como si fuera un bocadito, no en el bar sino sentada en mi carro. Después volvimos a la casa de huéspedes. Subió un momento, según me dijo, para avisar a Lydia que ya había regresado, pero bajó enseguida para decirme que no estaba en la casa, que había salido a buscarla. Decidí que mejor la esperaba conmigo, sentada en la máquina, pero ella daba señales de una extraña agitación.

–Mejor salimos a buscarla –me dijo–. Hazme ese favor.

Cómo no iba a hacerle un favor tan fácil a esta monada. Manejé hasta el bar OK y Lydia no estaba. Regresamos a la casa de huéspedes, Nora dejó la máquina para subir a su cuarto y bajó al instante: Lydia había regresado y había vuelto a salir a buscarla al bar OK, según el recado que ella había dejado.

–Por favor –me dijo–, por favor, vamos a buscarla.

Una vez más me dejé convencer de que Lydia estaba en el bar OK esperándonos y una vez más conduje hasta Zanja y Belascoaín, esta vez a mayor velocidad que las veces anteriores, con la noche haciéndose medianoche no en el bar sino en la calle. No había nadie en el OK. Regresamos al parque Victor Hugo y llegando ya a la casa de huéspedes, con ella a la vista, saltó Nora en mi carro: había visto a Lydia, que la esperaba en la puerta de la casa de huéspedes. Mejor dicho, abajo, en la acera, sin subir los pocos escalones hasta la entrada. Ambas se besaron y se abrazaron, como si hiciera tiempo que no se vieran o como si se hubieran encontrado después de perderse la una para la otra.

–¡Mi hermana!

–¡Mi amiga!

Volvieron a besarse. Fue entonces que vi que Lydia estaba acompañada por un hombre que yo no conocía. Yo me bajaba lentamente de mi carro, convencido de que Nora y Lydia tenían una extraña relación: otra cosa no se podía pensar después de ver lo que yo había visto. Las dos se reían a carcajadas ahora en mi dirección.

–Mira esa cara –dijo Lydia señalando para mí.

–Muchacho –dijo Nora–. ¿Qué te has creído?

–Todo fue un teatro que montamos para ti –dijo Lydia, todavía riéndose.

Yo moví la cabeza como diciendo a mí me van a hacer ese cuento, pero sin decir nada. Luego Lydia me presentó a su pareja cuyo nombre, como siempre, no pude retener.

–Bueno, Nora –dijo Lydia–, ya es tarde y mañana tenemos que modelar temprano.

–Bueno, está bien –dijo Nora–. Bueno –dijo Nora hacia mí y me di cuenta de que todo el mundo en Cuba comienza hablando con un bueno que es usualmente seguido con un entonces si te estás haciendo un cuento o con la proposición seguida si es un mensaje que dan–. Bueno, yo me voy a acostar.

Ella se iba a acostar, así tan tranquilamente, sin decirme siquiera buenas noches. Debía haber dejado uno de los besos que le dio a Lydia para mí: aunque no, yo no hubiera querido ninguno de esos besos.

–¿Cuándo te vuelvo a ver? –le pregunté.

–Cuando tú quieras –me dijo.

–¿Qué tal mañana? Para ir a un *night club* o cosa así.

–Anjá –dijo ella–, mañana por la noche me parece bien.

–Muchacha –le dijo Lydia, que evidentemente estaba oyendo lo que hablábamos y quien yo creía que iba a decir de seguida «Con eso no vas a sacar nada de él», pero lo que dijo fue–: A dormir se ha dicho.

Era característica de Lydia que por muy vulgar que fuera la frase que decía, no sonaba vulgar en sus bien pintados labios; sin embargo, alrededor de Nora había como un aura de vulgaridad que su belleza no lograba disipar.

Pero con todo y su vulgaridad visible para el ojo entrenado, a la noche siguiente salimos. La llevé al Pigal, donde no había vuelto desde mi excursión con Mimí de la Selva, con su nombre improbable y sus más improbables establos llenos de caballos y su evidente peligrosidad. Nora, por el contrario, infundía confianza, ella sabía cómo estar con el hombre que estuviera con ella. Estuvimos en el Pigal como hasta cerca de la medianoche. Fue entonces que le dije:

–¿Y si fuéramos a otro lugar más íntimo?

Ella me miró y sonrió.

–¿Cuánto más íntimo? –me preguntó.

–Lo suficiente para ti y para mí –le dije.

–Eres tremendo –me dijo ella–. Tenía razón Lydia.

–¿En qué tenía razón?

–Ella me dijo que tú me ibas a hacer proposiciones de seguro.

–Pero yo no te propongo nada imposible ni que sea malo para ti. ¿Qué hay de malo en la intimidad?

–Se puede conseguir en una multitud –me dijo ella y me sorprendió la inteligencia de su respuesta: de la pareja Nora y Lydia era Lydia la que era inteligente o al menos la que daba respuestas inteligentes.

–Ya lo sé –dije yo–. Pero no la clase de intimidad que yo quiero.

–¿Por qué no me hablas claro? –me preguntó.

–Más claro no puedo ser –le dije.

–No, dime que te quieres acostar conmigo y yo te diré que sí o que no.

Me quedé callado un momento, decidiendo, pero enseguida dije:

–Me quiero acostar contigo.

Yo esperaba que ella se negara o se hiciera la difícil, en cambio dijo:

–Está bien.

Enseguida organicé la salida, pagando la cuenta rápido y más rápido cogiendo mi carrito y enfilando rumbo a 2 y 31 que era la posada más cercana: si había otra más cerca yo no la conocía.

Cuando Nora se quitó la ropa (afortunadamente no hizo ninguna historia del desnudarse, como me había ocurrido tantas veces con otras mujeres, que se quitaban la ropa por episodios, cada uno de ellos prologado por un ruego o una persuasión) mostró uno de los cuerpos más perfectos que yo había visto. Era delgada pero tenía los senos mejor colocados de todas las mujeres que había conocido: eran más grandes que lo que permitía adivinar su ropa (o al menos la luz roja encendida en el espaldar de la cama hacía ver más grandes sus senos), eran blancos como todo su cuerpo, que lucía de leche a la luz roja, pero tenían un leve pezón muy bien hecho y eran redondos sin ser de bola. Lamento no poder describir exactamente cómo eran sus senos, pero puedo confesar que yo no los había visto más lindos. Yo me quité la ropa después que ella porque me entretuve admirando su *stripping* privado. Aunque ella no estaba *teasing*, era demorado: se quitó primero la saya, sacando primero una pierna y después la otra para mostrarlas las dos desnudas. Sus piernas no eran lo mejor de su cuerpo pues, aunque tenía muslos modelados, había cierta falta de gracia alrededor de su rodilla, el muslo tal vez se continuaba demasiado o la pantorrilla subía un poco hacia los muslos, no era culpa de su rótula (a menudo tan fea en las mujeres) que no era protuberante ni virada sino que estaba en el sitio en que debía estar. La falla, si era una falla, era de la pierna porque el tobillo reproducía el mismo diseño: era tal vez demasiado gordo o no lo suficientemente esbelto para la delgadez de la pierna. Pero pronto me olvidé de sus piernas para ver cómo se quitaba la blusa, la doblaba y la colocaba sobre la saya ya colocada sobre una silla: ahora estaba en pantalón y ajustadores nada más y era un encanto verla. Se quitó primero el ajustador o sostén o como se llame esa prenda, que casi saltó al liberar los senos (que ya he descrito pero que yo veía por primera vez y al contemplarlos me quedé extático), y finalmente sus piernas emergieron del pantaloncito que se quitaba de pie, primero una y después la otra: ahora estaba completamente desnuda y supe que Nora me gustaba mucho, que desnuda revelaba un cuerpo que no se podía adivinar cuando estaba vestida, que la vulgaridad desaparecía en cuanto su cuerpo emergía de entre la ropa, tal vez porque yo miraba su cuerpo y no su cara. De dónde salía su vulgaridad: de la boca botada, a lo Brigitte Bardot, de lo que ella decía, de la manera como decía las cosas, pero ahora estaba desnuda y yo no tenía orejas ni oído: era todo ojos para contemplar su desnudez, enaltecida por la aureola rojiza que le prestaba la luz. La vi caminar (sus nalgas quedaban paradas porque su cuerpo se quebraba un poco en la cintura, por detrás, y le daba un poco cuerpo de negra, hermosa incongruencia en una mujer tan blanca), la vi caminar hasta la cama y tumbarse boca arriba. Luego pude desnudarme yo y no supe si me miraba hacerlo o no, porque lo próximo que supe era que la estaba penetrando y ella me acogía ni con pasividad ni con resistencia sino con una suave aquiescencia y se movía luego con sabiduría (de algo le había servido la promiscuidad a que se había entregado esos primeros meses en La Habana, tanta que sentado un día en la cafetería de Radiocentro con mi amigo Silvano Suárez, nacido Antonio, alguien de una agencia de publicidad le advirtió que si algún día tenía algo con Nora que no se le ocurriera sodomizarla –por supuesto que no utilizó esta palabra sino una expresión obscena– porque ella tenía un microbio malo). Ahora ya no me preocupaba de sus posibles microbios ni de su viudez, que antes me había prevenido de poseerla, sino que la estaba gozando al tiempo que ella gozaba. Para más gozar me pidió ir arriba y allí era un espectáculo, con sus senos redondos que subían y bajaban con su cuerpo, con su cintura quebrada que yo sostenía entre mis manos y que me cabía dentro de ellas, con su boca protuberante ahora entreabierta en el goce, con sus ojos de largas pestañas (no me pregunté entonces si eran postizas o reales) cerrados y su máxima concentración en el coito –que repetimos y fue solamente dos veces porque ella se quiso ir pero sentí que, como con Margarita del Campo, hubiera podido llegar a siete veces o al menos cinco en la noche de hacerla larga, tanto como lo era su cuerpo lechoso encima de mí, estremecido por el orgasmo conseguido al máximo con la posición, que era para mí nueva y tal vez un tanto irritante de haber reflexionado sobre ella, pero que entonces me limité sólo a gozarla. Ella decidió que era hora de vestirse y de irse a casa. Creo que no nos despedimos, al menos no lo hicimos con un beso, pero cuando le dije de salir al día siguiente, obviamente a volver a acostarnos, me dijo que no.

–Es más –dijo–, creo que he cometido un error acostándome contigo.

–¿Un error? ¿Por qué?

–Estábamos mejor de amigos. Quiero decir, solamente de amigos. Ahora esto lo complica todo.

–Yo no veo por qué se va a complicar todo.

–Porque tú estás enamorado de Ella –dijo, claro que no dijo de Ella sino de ella–. Estás muy enamorado todavía y yo puedo enamorarme de ti. Ya ves por qué.

No pude decirle que no a lo que decía con respecto a Ella: era verdad que todavía la amaba, que la amaría siempre, pero también era verdad que habíamos roto para siempre –o al menos eso creía yo entonces. Se lo dije. Me dijo:

–Pero estás enamorado de Ella. No hay nada que hacer. Tenía razón Lydia pero es solamente ahora que me he dado de cuenta.

Me gustó su «dado de cuenta», con su error gramatical y todo, pero por apreciarlo no atendí mucho a lo que dije después. Luego la oí diciendo:

–Mejor que no nos veamos más.

A lo que, por supuesto, no hice caso.

–Sí –le dije–, nos vamos a ver. Nos vamos a estar encontrando dondequiera. Es más, Korda me ha dicho que te llevara por su estudio: quiere hacerte unas fotos.

No se lo dije antes para tener el gusto de que se hubiera acostado conmigo por mí y no por lo que yo hacía por ella.

–Eso es diferente –dijo ella–. Son asuntos profesionales. Yo voy contigo cuando tú quieras.

–¿Está bien mañana?

–Está bien.

–¿Ves como nos íbamos a ver de nuevo?

Se sonrió, tenía una linda sonrisa y mejor era su risa con sus dientes blancos, perfectos. Al otro día la llevé al estudio de Korda y la dejé allí haciéndose fotografías. También llevé a otras muchachas, modelitos y cuasi estrellas, a que Korda les hiciese fotografías para el número de Navidad de *Carteles*, donde iba a presentar a varias mujeres más o menos desvestidas: a unas las había conocido en la cafetería, a otras las había visto por la calle y hablado para que se dejaran fotografiar. Tuve suerte con algunas de ellas, que accedieron, pero a la más linda de todas, vista en la esquina de Infanta y Carlos III esperando el ómnibus con su madre, por poco la convenzo y me dijo que fuera por su casa para hablar de las fotografías, pero luego, en su casa, lo pensó mejor y no se dejó fotografiar: lo que es una lástima porque era una de las mujeres más bellas que he visto, de cara y de cuerpo, y su belleza se perdió para siempre. Allí, en la sección de *Carteles*, había aparecido Ella, fotografiada por Korda (recuerdo el día que se hizo las fotos, que yo la llevé allí, casi a regañadientes de ella que no quería dejarse fotografiar, por pruritos que tenían que ver conmigo y la propaganda, y allí la dejé a que Korda captara su belleza, lo que casi hizo), bajo el nombre de «Nace una actriz». También apareció, en el número de Navidad (en Navidades no en *Vanidades*, como decía Silvio), Teresa Paz, que luego, como se verá, se presentó a mis ojos como todo lo contrario de una estrellita, de una modelito o de aspirante a actriz; cosas que parecía el día que la conocí en la cafetería de Radiocentro y que todavía parecía más cuando la deposité en el estudio de Korda: nunca supe si éste se acostó con ella, aunque puedo decir que a pesar de su belleza (era rubiancа y tenía los ojos verdes muy claros y un cuerpo espléndido: eso que en Cuba se llama buena) nunca me gustó para la cama y, siguiendo mi política de neutralidad sexual con las fotografiadas por Korda (y luego por Raoul, que quiso hacerle la competencia a Korda y me trajo una colección de fotos, modelos hechas ya por él, para publicarlas: a éstas ni siquiera las vi personalmente), nunca se me ocurrió pensar en acostarme con ella. Si alguna vez me pasó la idea por la cabeza de que una de las fotografiadas era acostable para mí, si me cruzó un rayo por el plexo solar, si conseguía esa aura de erección que en Cuba se llama *zarazidad* o *sarasidá*, no llegué a manifestarlo a ninguna de estas mujeres y con las que me había acostado (como por ejemplo Julieta Estévez) había ocurrido mucho antes de que pensara hacerlas fotografiar: así ocurrió también con Nora. Las fotos no eran ni buenas ni malas: les faltaba esa calidad erótica que ella presentaba en la cama y, aunque en algunas salió medio desnuda, ninguna cobró la intensidad que tuvo allí arriba de mí esa noche de nuestro doble encuentro. Claro que se publicaron, pero mi texto no tenía la sarasidá de otras ocasiones (como ocurrió con la B.B. cubana, por ejemplo) y no sirvió mucho para adelantar la carrera de Nora como modelo, aspirante a estrella o a actriz, como demostró luego. Lo que sí fue cierto es que más nunca nos volvimos a acostar; aunque salimos juntos muchas veces y recorrí toda la isla con ella en mi carrito, nunca pasó de un beso fugaz, de un estrechón de senos que no significaban nada para ella –aunque para mí tuvieron la intención de recobrar aquella intensidad que yo había conocido una noche.

Alberto me llamó y me citó con urgencia para casa de Silvina. Llegué antes que él y hablé con Silvina, preguntándome qué pasaría. Cuando Alberto llegó, Silvina se fue discretamente al cuarto y Alberto y yo salimos a la azotea que una noche había sido salón de fiesta, mientras yo estaba acuciado por los celos y Ella bailaba y conversaba con todos menos conmigo. Alberto me propuso, abiertamente, trabajar para el Directorio. Consistía ese trabajo en ir a Miami a llevar un mensaje verbal a la gente del Directorio que tenía su cuartel en esa ciudad y traer algo de vuelta, que Alberto no especificó. Yo estaba dispuesto a ir pero le recordé la detención de René (que él no conocía) y las palabras del Gordo Arozamena (que tampoco conocía, por supuesto). Se quedó pensando un momento y después dijo:

–No, tú no puedes ir en esas condiciones: necesitamos alguien que pase por la aduana sin problemas.

Él conocía las dificultades que se me presentarían para obtener la vigencia de mi pasaporte y cabía la duda de un registro minucioso a mi regreso. De pronto se me ocurrió que Silvina podía ir en mi lugar y se lo dije a Alberto. Él me dijo, después de pensarlo unos momentos:

–Vamos a proponérselo, a ver qué dice.

Silvina salió del cuarto a mi llamada y le explicamos, entre Alberto y yo, lo que pasaba. Como el 13 de marzo de 1957, no vaciló en prestarse a servir a la causa antibatistiana; aunque ella no tenía ninguna conciencia política definida sí estaba, como todos nosotros, resueltamente en contra del régimen de Batista. Alberto le dio las instrucciones, le dijo dónde ir en Miami y qué decir (en este momento yo me alejé un poco de ellos: era mejor no saber demasiado) y le dio dinero suficiente para el pasaje en avión, que la estancia le sería procurada por la gente de Miami. Yo acompañé a Silvina hasta el Ministerio de Estado para que sacara su pasaporte y, cuando llegó la hora de la partida, la llevé en mi carro hasta el aeropuerto. Me dijo que regresaría en dos días y cuando volvió me encontró esperándola en el aeropuerto. Traía un enorme oso de peluche, que casi no podía con él en sus brazos, y unos pocos paquetes. Pasó por la aduana sin dificultades y cuando estuvo en mi carro, viajando de regreso a La Habana, me dijo:

—Este oso está premiado.

No entendí lo que quería decir y después me dijo:

—Está relleno con balas y pistolas.

Silvina era realmente una mujer valiente que no sabía que lo era, como los verdaderos valientes. Ese cargamento, de descubrirse, bien podía costarle un gran mal rato y tal vez la vida. Llegamos a su casa y yo la dejé subiendo las escaleras. Ahora tenía, según las instrucciones de Alberto, que ir a buscar a su madre en su casa de la calle 19 y traerla a casa de Silvina. Así lo hice. Cuando llego al apartamentico, la madre de Alberto le preguntó si había algún recado de Miami y Silvina dijo que ninguno.

—Solamente el oso.

—¿Tuviste alguna dificultad? —preguntó la madre de Alberto.

—Ninguna —dijo Silvina—, fue de lo más fácil aunque pasé un mal rato con la madre de Joe Westbrook, que sigue inconsolable.

—Sí, me lo imagino —dijo la madre de Alberto—. Bueno, mi hija —agregó—, ahora yo me llevo el oso.

Bajamos los dos las escaleras, cogimos mi carrito con su capota baja y enfilamos otra vez rumbo a la calle 19. Por el camino venía pensando yo en la facilidad con que me había convertido en contrabandista de armas para un grupo de acción con el que yo no estaba totalmente de acuerdo: más fácil me veía en el papel de vendedor de bonos del partido comunista, cosa que había hecho. Como en la entrevista de Alberto y Ramón Nicolau, me pregunté todo el tiempo cómo reaccionaría yo si fuera cogido por la policía: de seguro que diría todo lo que sabía y más, le tenía verdadero terror a la tortura. Pero me calmé viendo a la madre de Alberto, ya entrada en años por no decir envejecida, cargando el oso armado como si de verdad fuera solamente un juguete. Así pensando llegamos a la casa y dejé allí a la madre de Alberto, que me dio unas gracias calurosas: «¡Tú no sabes el valor que esto –y apretaba el oso de peluche– tiene para la causa». Me pregunté sobre la verdadera fuerza del Directorio que apreciaba así el contenido del oso, porque ¿cuántas pistolas y municiones cabrían en él? ¿Cinco pistolas? ¿Diez y quinientas balas? Seguramente no mucho más que eso y, como cuando Alberto me (nos) contaba orgulloso la reivindicación para el Directorio del ataque a la estación de policía, sentí una cierta pena por aquellos afanes revolucionarios que no pasaban de meros actos gratuitos, sin significación ulterior posible. Pero le dije a Lala (la madre de Alberto):

–No hay de qué. Lo que siento es no poder hacer más por ustedes.

–Ya has hecho bastante –me dijo–. Alberto te está muy agradecido.

Yo no sabía si era por mi labor de hoy, de transportador de armas, que no era nada comparado con lo que había hecho Silvina, o si por el trabajo unificador del otro día, cuyos resultados no conocía, al dejarlo todo en manos de Adriano y no haberle preguntado cómo iban las reuniones o siquiera si se estaban celebrando ya. De seguro que sí pues los comunistas no iban a echar en saco roto la posibilidad de influir en un grupo que, a pesar de lo exiguo de sus tropas, mantenía un frente guerrillero en las lomas del Escambray y tenía una red de miembros en La Habana. Esta red, como yo sabía, era mediocre, después de haber sido diezmados en el asalto a Palacio, pero yo no sabía si los comunistas sabían cuán pocos eran los miembros del Directorio (de seguro que lo sabrían, como sabían mantener su dirigencia intacta), pero en todo caso era una unión simbólica entre el grupo más apartado del campo de acción comunista y el partido, que nunca había logrado, en La Habana, pasar por encima de los prejuicios anticomunistas de los miembros urbanos del 26 de Julio. Ahora me iba para *Carteles* como cuando dejé a Ramón Nicolau en Zanja y Belascoaín: con la conciencia de haber cumplido con un deber, de haber podido dejar por un momento mi vida hedonista y de haber formado fila con los sacrificados –o al menos con los sacrificantes.

No sé cuándo ni cómo volví a encontrarme con Cecilia Valdés, sólo sé que el encuentro con esa mulata eterna valía una celebración. La había conocido un día en la Barra Bacardí y me gustó su sensualidad evidente. Un pequeño incidente con un zíper que no quería cerrarse nos hizo más o menos amigos y después la vi otras veces, siempre con sus caderas cubanas y sus carnes color yodo, más bien canela que yodo ya que parecían comestibles de tan sensuales, café con leche prieto eran, y su cara, donde relucían sus grandes ojos redondos que ella abría más en señal de admiración, muy bien maquillados, y sus grandes labios gordos y protuberantes le daban el aire de una belleza cubana mítica, de ahí el nombre de Cecilia Valdés, que debió ser el suyo aunque no lo era. Ahora que Ella había desaparecido de mi vida y que Margarita llamada a veces Mefisto se había alejado un tanto en su vida de clase alta, volví a encontrarme con Cecilia. Una vez salimos ella y su amiga Nisia Aguirre, una mulata más negra, más bien una negra que sorprendía por su inteligencia aparejada a su belleza (que no podía compararse a la de Cecilia pero que invitaba a la comparación porque siempre andaban juntas), más apagada pero no por ello inexistente, Nisia y Cecilia y

Jean-Loup Bourget y yo. Jean-Loup iba con Nisia y yo con Cecilia a mi lado y fuimos al apartamento de Jean-Loup que ahora estaba Infanta arriba, más allá de Marqués González, y allí bebimos Bacardí y conversamos, yo teniendo un breve interludio con Cecilia en el balcón donde el frío del invierno incipiente nos juntaba o yo lo tomaba como pretexto para juntarme a ella. Fue allí que decidimos salir otra vez (ya yo antes había salido con ella y recordaba sus besos salvajes, que me dejaban los labios sangrantes, y su gran sexualidad, aunque nunca llegamos a la cama, entre otras cosas porque ella decía que nunca se acostaría con un hombre casado y daba a entender que se mantenía virgen, cosa que a veces yo dudaba y otras podía apostar que era cierto), ahora salimos y fuimos juntos al cine, después la dejé en su casa y no pasamos de unos besos nada tiernos en mi carrito y en el cine. Otro día la vine a buscar y me recibió en la escalera, llevando nada más que un pullóver y una saya, quiero decir que se veía que no llevaba ajustadores y tal vez tampoco pantaloncitos: esto último no pude saberlo pero sí pude ver sus senos grandes y redondos, con un pezón casi morado, del mismo color que sus labios cuando no estaban pintados, y los besé y los succioné y los acaricié allí en la escalera, hasta que oímos que la llamaban de su casa, de su apartamento, y me alegré porque aquellos senos grandes y hermosos eran una tortura que Cecilia me infligía, a sabiendas de que yo estaba loco por acostarme con ella y hubiera llegado hasta a comprometerme con ella (era esto lo que ella buscaba siempre: alguien con quien casarse para entregársele totalmente. Es curioso lo burguesa que suele ser alguna gente de pueblo en Cuba: Cecilia era una de ésas) con tal de tenerla desnuda en una cama, y yo fantaseaba acerca de esta posibilidad, aún ahora ahí en su escalera de la calle Neptuno, casi llegando a Infanta, lugar donde yo mamaba de sus tetas que se veían de tan cerca enormes, prometedoras, frutales, y hundía mi cara entre ellas mientras la oía suspirar, como si ella también quisiera entregarse allí mismo y sólo las voces de su madre posiblemente impidieron que yo cometiera una locura en la escalera y tuve que irme finalmente.

Salimos otras veces, ahora ella vistiendo sus *sweaters* que modelaban sus senos turgentes (me doy cuenta de la banalidad, de la trivialidad, del lugar común de mi adjetivación, pero es que Cecilia no en balde pero en broma apellidada Valdés era uno de los lugares comunes de la belleza cubana: la mulata mítica), y fuimos a almorzar (era fácil para ella escaparse al mediodía) a algún restaurant poco frecuentado (que no le gustaban a ella, que quería ir a los restaurants de moda: allí donde va la gente) donde era posible encontrar sus labios golosos para los mariscos y para los besos más apasionados que nunca me habían dado: a menudo salía con los labios sangrando y me encantaba este dulce vampirismo de Cecilia, mientras pensaba que se me hacía tarde, que debía regresar ya a *Carteles* a trabajar pero siempre encontrando tiempo para un beso más: mi relación con ella estaba hecha de besos y a no ser por aquella noche en la escalera de su casa, en que pude besar sus senos (ocasión que no se repitió más), tenía que contentarme con los besos o con apretarle los senos por encima del pullóver o *sweater* que llevaba. Salimos otras veces de pareja con Nisia y Jean-Loup y yo no sé adónde llegaron ellos, pero siempre que yo podía encontrarme con ella en el balcón frío nos besábamos, ella haciéndolo a regañadientes, siempre díscola, siempre propensa a la disputa, siempre regañándome con su cuerpo evasivo, ya que ella quería una relación más formal o por lo menos una donde ella pudiera llegar un día al matrimonio, cosa que sabía que conmigo era virtualmente imposible, y al mismo tiempo su sensualidad la llevaba a aceptarme, aunque fuera momentáneamente, y besarse conmigo de la manera apasionada que ella conocía, tal vez prometiendo en sus besos las posibilidades que habría con ella en la cama, a la que no se llegaría, por supuesto, sino mediante matrimonio. A mí a veces me desesperaba su control, que cuando más parecía dispuesta a llegar a la cama más pronto rompía el hechizo con una frase o con un movimiento del cuerpo que era un esquive, un desdén temporal, hasta que de nuevo vencía en ella su naturaleza, propensa al amor, dada al amor, hecha para el amor. Cecilia era de veras un problema sin solución y, aunque estaba bien para un rato, llegaban a fatigar todas esas erecciones que ella provocaba resueltas en nada, en una flaccidez también conseguida por ella, por su afán burgués de tener un marido seguro, y aunque ella frecuentaba algunos medios intelectuales, donde parecía querer encontrar su posible marido, era tan popular en su cuerpo y en sus actitudes que no podía menos que admirar su vulgaridad plena, acompañada siempre por su belleza en flor, ella tendría unos veinte años, no más, y era ahora cuando estaba más linda, más sabrosa, más comestible (siempre me recuerda esta palabra la vieja sabiduría de nación que en mi pueblo hacía decir, cuando un hombre «perjudicaba» a una mujer, que se la comió) y más rabia daba tenerla tan cerca y a la vez tan lejos. Fue esto lo que me hizo separarme una vez más de Cecilia aunque sabía que la habría de encontrar de nuevo alguna vez en el futuro.

Fuimos mi mujer y yo a casa de Adriano y Adita, a su apartamento del Focsa, que íbamos a salir juntos a casa de Adelita López Dueña, donde seguramente estaría su amiga Mirta Cuza, con quien yo había salido una vez y nunca llegamos a nada porque la previno su psiquiatra –además, ella no era una ninfa, sino una mujer (no se podía decir que fuera una muchacha, ni siquiera cuando fue muchacha), más atractiva por su inteligencia que por su físico, y como yo casi siempre actuaba como el Mefistófeles habanero («Yo no quiero tu alma, lo que quiero es tu culo»), dejé de verla como una posible encamable y la traté como a una amable mujer amiga, una de mis pocas amigas intelectuales. (Cosa curiosa, antes las había tenido, siendo adolescente, pero luego dejé de ser amigo de las mujeres para convertirme en su posible amante.) Fuimos después de la comida y fue Adita quien abrió la puerta.

–Hola –dijo–. Entren.

Sin avisarlo, entré de un salto y con un movimiento rápido cerré la puerta a mi espalda, dejando a mi mujer en el pasillo tras la puerta cerrada. Puse cara de terror y Adita fue mi espejo súbito:

–¿Qué, qué pasa?

–Hay un perro rabioso en el pasillo.

Adita lo creyó por un momento pero luego la o del asombro en sus labios dio salida a una carcajada que apagó el ruido del puño de mi mujer golpeando la puerta –al menos debía estarla golpeando con el puño, a juzgar por el sonido. Riéndose, acordándose de su aventura bahiana con Adriano y su perro, Adita se apresuró a abrir.

–¡Qué lindo!

Mi mujer entró hecha un maelstrom de estolas. Pero Adita se reía. Señalando a mi mujer le dije:

–¿Qué te dije?

Se rió más todavía, a pesar de la cara de pocos amigos de mi mujer. Se reía Adita, pero no se rió aquel día brasileño en que Adriano la dejó encerrada con un perro en una quinta cuya arquitectura era exquisita como un bordado belga, hecha para admirar de más cerca que la acera protectora (al menos así dijo Adriano). Después de dejar de reírse nos propuso:

–¿Quieren tomar algo? Adriano se está vistiendo ahora, así que saldremos de aquí alrededor de la medianoche.

Entonces, detrás de ella, apareció Adriano.

–Eso es lo que yo llamo una amante y fiel esposa –dijo–. No me insulta más que cuando le doy la espalda.

Hizo su entrada no del todo listo para salir pero bastante avanzado en su empresa –la camisa abotonada, la corbata en su sitio, el nudo perfecto. Aparte de los pantalones con que cubrir sus piernas lechosas y los largos calcetines negros sostenidos por ligas, no le faltaba más que ponerse el saco y a la calle.

–Mis ausencias –continuó– son su catarsis ante mi presencia.

–¿Viste lo que pasó? –le preguntó Adita.

–Mi amor –dijo Adriano, sobándole un brazo–, ¿cuántas veces te voy a decir que no quiero que reveles que debajo de mi aspecto tímido se esconde en realidad Clark Kent? Claro que lo vi. Después de todo estas paredes no tienen más que dos pulgadas de espesor.

Adriano estaba en su mejor forma y mi mujer se sonrió por primera vez en la noche. Para ella debía ser un gran espectáculo ver un marido ajeno hacer añicos verbalmente a otra mujer, por variar –aunque en verdad yo no era abusivo verbalmente con mi mujer: solamente la ayudaba a aumentar su cornamenta. Pero Adriano, a pesar de estar muy enamorado de Adita, no podía pasarse sin sus pullas y quodlibets. Ahora entró de nuevo al cuarto mientras Adita nos preparaba unos tragos. Estábamos con los tragos en la mano, bebiendo, cuando Adriano salió impecablemente vestido. Había algo en él, en sus maneras perfectas, en su modo de comer tan delicado, que justificaba que su padre se hubiera puesto un *de* delante del Cárdenas nativo –aunque Adriano podía reclamar en su segundo apellido aquel Espinoza que él quería escribir Spinoza para recobrar su judería, un abolengo verdadero, venido de su abuelo, un educador y cuasi filósofo (la calificación es del mismo Adriano), de fines del siglo pasado y principios de este siglo, además de estar emparentado, por matrimonio, con una de las familias más ricas y más antiguas de Cuba. Ahora se dirigió a Adita:

–Amorcito, ¿por qué no me haces un traguito?

Él usaba los diminutivos cariñosos con su mujer, aun en los momentos más tensos, llamándola amorcito, vidita, cielito y otros apelativos parecidos. A pesar de que Adriano había significado en mi pasado muchas noches saliendo los dos solos, con lo que dejaba a mi mujer detrás en la casa, ella sentía simpatía por él, quizá sí debido a la deferencia con que él la trataba. Ahora mismo le decía:

–Estás muy elegante –refiriéndose a la estola que llevaba mi mujer para protegerse del frío imaginario del fin del otoño caribe–. ¿Por qué no usas ahora el teléfono? –me pidió, aludiendo a las bromas que yo solía dar por teléfono, no tan sangrientas como las que solía hacer Javier de Varona, las mías más bien dirigidas al psiquiatra de Adriano o a figuras políticas, como el fiscal de la República, quien se había hecho objeto de mis llamadas, siempre prometiéndole un futuro negro cuando cayera el gobierno.

—Mejor lo dejamos para más tarde. No me siento inspirado todavía.

—Lo que quieres es tener más público —dijo Adita, trayendo un trago para Adriano—, Mirta, la otra Mirta —se corrigió en dirección a mi mujer—, Mirta Cuza y Adelita, ¿no es verdad?

—Es posible. Todo es posible en la noche habanera.

Ésa era una frase que yo solía usar a menudo y a Adita le gustaba: se sonrió ahora.

—Bueno, entonces, amorcito —dijo Adriano—, lo que debemos hacer es salir cuanto antes.

—Eso te lo tienes que decir tú mismo —dijo Adita—. Yo hace horas que estoy lista.

Adriano apuró su trago sin decir nada más y yo lo imité; no era la primera vez que lo imitaba —ni sería la última.

—Ya es hora de irnos —dijo—, rumbo a la noche, como diría Julieta Estévez. ¿Ya te contó cómo una vez iba conmigo en mi máquina y exclamó: ¡Mira aquel pájaro amarillo! y yo frené de golpe por miedo a arrollarlo y le pregunté: ¿Dónde está? y me dijo: No, es un verso de Lorca.

Sí, ya me lo había contado, lo que era nuevo era la alusión a Julieta, que había sido un viejo y grande amor de Adriano, delante de Adita ahora, aunque ella debía de estar al corriente a juzgar por la indiscreción notoria de Adriano.

—*An old flame* —dijo Adita. Sí, lo estaba—. *And never put out.*

—*Oh yes* —dijo Adriano—. *She's definitely out.*

Algo había en la conversación que no le gustaba a mi mujer: quizá la referencia a Julieta, a quien odiaba desde que supo (por mí: yo también imitaba a Adriano en lo de la discreción) que yo la había consultado antes de casarme con ella.

—¿Nos vamos? —pregunté yo.

–¿Y si fueran siendo federales? –dijo Adriano–. ¿Por qué no imitas al Indio Bedoya? ¿Cómo es?

–Es muy temprano para las imitaciones –dije.

–Y muy tarde para el original –dijo Adriano–. Nos vamos yendo ahoritita mismo –añadió con el peor acento mexicano del mundo. Salimos. Habíamos decidido, no sé por qué, hacer el viaje en el carro de Adriano y que yo dejara el mío parqueado junto al Focsa. Tal vez esta decisión era una continuación de cuando Adriano y yo viajábamos constantemente en su máquina, cuando aún yo no soñaba con tener auto. Manejó por todo El Vedado, hasta la Quinta Avenida y calle 22, donde vivía Adelita López Dueña, donde tenían sus padres el amplio casón, que era una quinta que era casi un castillo: los padres de Adelita eran muy ricos, dueños de centrales azucareras y otras propiedades.

Antes de bajarnos dijo Adriano:

–Que descienda el Ada madrina –refiriéndose a Adita, a la que nadie conocía por Ada y todos por Adita.

–¿No puedes hacer otro tipo de chiste? –le preguntó Adita, un tanto picada, tal vez porque la llamaba Ada.

–Cielito –dijo Adriano–, yo soy como Borges: una vez conseguido mi estilo es muy difícil librarse de él.

–*I understand* –dijo Adita.

–*Of course you do* –dijo Adriano.

De nuevo, mientras se bajaba, apareció el rictus de desagrado en la boca de mi mujer. Tocamos y vino a abrirnos nada menos que un mayordomo: yo no me asombraba porque ya había estado antes en casa de Adelita, con Adriano justamente.

–Las señoritas están arriba –dijo el mayordomo y subimos las amplias escaleras hacia el primer piso: allí, en una especie de estudio biblioteca, encontramos a Adelita y a Mirta Cuza, su amiga íntima y eterna compañía, nos saludamos y presentamos (Adelita no conocía a mi mujer, aunque Mirta, su tocaya, sí la conocía: ella era una de las razones por las que su psiquiatra le recomendó que dejara de salir conmigo, aunque esto, a pesar de mi indiscreción adrianática, no lo sabía mi mujer) y nos sentamos.

–Bueno, ¿qué hacemos? –preguntó Mirta Cuza.

–Estábamos pensando usar el teléfono –dijo Adriano.

–Querrás decir que lo use yo –interpuse.

–*Exactly* –dijo Adriano.

–¿A quién vas a llamar hoy? –preguntó Mirta.

–¿Por qué no llamas al fiscal de la República? –sugirió Adriano.

–No me va a salir al teléfono –dije yo.

–Lo hemos llamado demasiadas veces –dijo Adelita, desde cuya casa se había llamado al fiscal varias veces.

–¿Por qué no le dices que es de parte de mi tío Octavio? –sugirió Adriano.

–Es una buena idea –dijo Mirta.

–Sí, sí –convino Adelita.

–Bueno, me parece bien –dije yo. Mi mujer no había dicho una palabra. Me levanté y fui al teléfono. Marqué el número privado del fiscal de la República, que me había conseguido Adelita, y cuando salió un criado o secretario al teléfono dije que era de parte del doctor Octavio Espinoza. Octavio Espinoza era el tío de Adriano, quien además de médico prestigioso era un batistiano de corazón (por esta razón Adriano casi no lo trataba) y había ocupado cargos oficiales, aunque no últimamente. La voz me dijo que cómo no y a los pocos momentos oí la voz de Elpidio García Tudurí, con su timbre agudo.

–Dígame, doctor –dijo.

–Mira, Elpidio, no es Octavio Espinoza –dije yo–, en realidad te habla Blas Roca.

Al oír este nombre Adelita soltó una risita audible. Otras veces habíamos usado a Carlos Rafael Rodríguez o a otro miembro de la dirigencia comunista. Esta noche le tocaba el turno al secretario general. Cuando García Tudurí oyó el nombre de Blas Roca se hizo el silencio al otro lado del teléfono.

–En realidad –dije yo–, te llamo para decirte que en cuanto ganemos te vamos a empalar en el parque Central, Elpidio.

Al oír esto García Tudurí empezó a gritar:

–¡Maricón! ¡Maricón! ¡Maricón! –y yo separé el teléfono de mi oído para que la concurrencia oyera–: ¡Hijo de puta! ¡Mierda seca!

Éste era el vocabulario total del señor fiscal de la República y, después de repetirlo una vez más, colgó. Yo también colgué. Adriano estaba riéndose a carcajadas y Mirta y Adelita lo imitaban. También se reía Adita y hasta mi mujer consiguió exhibir una sonrisa. Yo me batía a carcajadas: nunca fallaba con el doctor Elpidio García Tudurí. Sobre todo la parte que anunciaba que iba a ser empalado lo ponía frenético. La única dificultad consistía en hacerlo salir al teléfono: esta vez lo conseguí gracias al doctor Octavio Espinoza, pero no sabía cómo iba a lograrlo la próxima vez. Por lo pronto ya habíamos hecho la noche y habíamos contribuido a la insurrección.

–*Masterful* –dijo Mirta Cuza.

Ella no había sido testigo de otra ocasión en que Silvio, Adriano y yo, a las tres de la mañana, despertamos a Salas Humara, el dueño del magazine *Zig-Zag* y yo con mi voz más dura le dije:

–Mire, le habla el teniente Martínez Ibarra –que de alguna manera sonaba militar y a la vez secreto, como un agente del SIM–. Vinimos a hacer un registro en el magazine porque nos dijeron que aquí había propaganda subversiva. –Del otro lado Salas Humara sólo sabía decir «Pero..., pero..., pero...». Y yo seguí–: El sereno nos dificultó la entrada y no hubo más remedio que matarlo. –Del otro lado hubo un silencio. Yo proseguí–: Más vale que se llegue hasta aquí, doctor. –Hasta el doctor estaba calculado: el director o dueño de *Zig-Zag* era todo menos doctor.

–Sí, sí, cómo no. Enseguida –respondió y yo colgué el teléfono porque ya se oían las risas de Silvio y de Adriano que no se podían contener.

El goce mayor era imaginar la llegada de este hombre al magazine –para encontrarse no un muerto sino una broma tan pesada como un muerto.

Pero eso ocurrió otra noche. Esta noche mi blanco había sido, una vez más, Elpidio García Tudurí, con su segundo apellido mozartiano y su nombre campesino y su breve vocabulario de malas palabras.

–*Splendid* –volvió a decir Mirta que hablaba un excelente inglés. También hablaba muy buen francés y algo de alemán: su espíritu era elevado pero no su cuerpo, un si es no es masculino –aunque no era eso lo menos atractivo en ella: había como un rechazo al hombre que se hacía evidente en su íntima amistad con Adelita. Salimos de la casa tarde en la noche y Mirta vino en la máquina de Adriano con nosotros: algo le había pasado a su carro.

–*What is the matter with your car?* –le pregunté yo.

–*Oh, something or other. It's always chez le mecanique.*

–*That's what happened when you buy a foreign car* –dije yo, queriendo decir que el carro era inglés.

–*Look who's talking. That little bagnole of yours is also English, isn't it?*

–*Yes it is* –contesté.

Seguimos conversando en inglés, con alguna intervención del francés de Mirta y, a veces, del de Adriano. Adita por su parte hablaba también muy bien inglés. Mi mujer era la que se quedaba fuera de la conversación y yo la vi coger su cara de descontento máximo. Así no me sorprendió que cuando llegamos a casa se bajara la primera, casi sin esperar a que el carro se detuviera, y al salir dijo:

–¡Tanta mala educación! Se pasan todo el tiempo hablando inglés. –Y salió rumbo a la casa hecha una exhalación. Yo me excusé como pude con Mirta y con Adita y con Adriano, aunque no lo tenía que hacer con el último: él comprendía y fue él que dijo, hacia mi mujer que se iba, una frase que después yo usé en otro contexto, en otro texto–: Tratamos de convertir el español en una lengua muerta.

–*I'm sorry* –dije yo, todavía hablando inglés.

–*Don't worry about us* –dijo Mirta–. *The real problem is with your wife* –y había como una secreta alegría en ella al decirlo. Me despedí también en inglés y entré a la casa, en cuyo portal me esperaba mi mujer con una trompa por cara: nunca la había visto tan furiosa, aunque la vería aún más furiosa en el futuro.

Las falsas elecciones se acercaban al tiempo que aumentaban las bombas. Una noche llegaron a poner cien bombas en menos de dos horas y aunque la policía –las policías todas– era incapaz de detener la ola de bombas, aparecían muertos que de una manera o de otra se conectaban con el 26 de Julio, la organización responsable de las bombas en La Habana. Ninguna fue tan efectiva como la que habían hecho explotar en uno de los conductos maestros de electricidad en el Prado, que dejó a más de media Habana sin luz, mucho tiempo atrás. Recuerdo que fui a ver ese espectáculo en un ómnibus, que atravesaba la ciudad a oscuras como si fuera una aldea fantasma: había un silencio elocuente en el ómnibus y el recorrido fue de una emoción especial que comunicaba el fin de un mundo –y aunque eso no ocurrió sino tiempo después, se vio que los días del batistato estaban contados.

El día de las elecciones nos lo pasamos Adriano, mi hermano y yo montados en su carro, visitando los barrios de La Habana Vieja y de El Vedado y Miramar y comprobando que casi nadie aparecía en los colegios electorales a votar, unas elecciones cuyo candidato era Andrés Rivero Agüero, el ex ministro de Batista y ahora nombrado para sustituirlo. Pero nadie en el pueblo tragaba el cebo de estas elecciones, que fueron boicoteadas por todos los grupos políticos. Paseamos por La Habana y sus barrios, almorzamos en El Carmelo, cuidándonos de hablar demasiado ya que se decía que algunos de sus camareros eran miembros o por lo menos chivatos de la policía, aunque esto no se pudo comprobar nunca. De todas maneras fue un almuerzo muy silencioso, dedicado a mirar a las muchachas que venían a tomar algo a la barra, procedentes del ballet casi siempre, y a las mujeres que almorzaban con sus maridos o sus amigas en las otras mesas, deleitándonos en ese espectáculo que era para Adriano «contemplar a las flores de la burguesía, no en El Jardín sino en El Carmelo». Aquí era en otra época más feliz donde veníamos Adriano y yo a escandalizar a los burgueses con Adriano comiendo de mi plato de fresas con crema o de mantecado. También el sitio donde un día le demostré cómo eran los políticos cubanos. Entraba en ese momento a El Carmelo Néstor Carbonell, un político muy conocido entonces. Le dije a Adriano:

–¿Qué te quieres apostar que yo saludo a Néstor Carbonell, que no me conoce de nada, y él me saluda como a un viejo conocido?

–Lo que tú quieras –me dijo Adriano.

–Otro mantecado –dije yo.

–Va –dijo él y me levanté en dirección al senador que entraba al comedor (que es una frase robada a Adriano de cuando él hacía el cuento).

–¿Qué tal, doctor? –le dije a Néstor Carbonell.

–Muy bien, chico –me dijo él, tendiéndome una mano–. ¿Cómo te va?

–Bien, gracias.

–¿Y qué tal está tu padre? –Aquí el senador se había propasado y no desaproveché la ocasión.

–Murió hace seis meses.

–¡Caramba, chico, cuánto lo siento! –dijo Néstor Carbonell, cambiando su cara de alegre recibimiento por una de ocasión apesadumbrada. Me despedí y volví a mi asiento aguantando la risa. Adriano no lo quería creer, pero él lo había oído.

–Increíble –repetía después–. ¡Absolutamente increíble!

Pero eso ocurrió, al parecer, en otra ciudad. Ahora ir a El Carmelo, en estos días, era una ocasión de lamentar y hasta la tertulia nocturna de El Jardín se había extinguido. Sin embargo seguíamos saliendo y una de las noches típicas de esta ocasión ocurrió con Big Benny –pero debo hablar antes de la noche de las elecciones. Ya habíamos recorrido la mayor parte de los colegios electorales reconocibles y enfilamos rumbo a la playa, en Marianao. Íbamos por el final de la Quinta Avenida, cuando nos detuvo una perseguidora. Del carro salieron dos policías que avanzaron pistola en mano hacia nosotros. Como es natural, nos dimos por aludidos –es más, estábamos francamente asustados de este despliegue.

–A ver, identifíquese –gritó uno de los policías, más agresivo que el otro.

Adriano metió la mano dentro de un bolsillo del saco y los policías levantaron sus pistolas –pero él todo lo que hizo fue sacar su cartera dactilar, que es como se conocía en Cuba el permiso de conducir. Se lo entregó al policía más cercano, quien lo cogió y estudió atentamente.

–Así que nacido en Berlín –dijo el policía luego de leer en la tarjeta.

–Sí –dijo Adriano y era verdad: había nacido en Berlín, adonde había ido a parar su madre, Consuelo Espinoza, huyendo de los amores tardíos del padre de Adriano.

–¿Y usted es alemán? –preguntó el policía.

–No, cubano. ¿Por qué?

–No, como dice aquí nacido en Berlín...

–Pero de padres cubanos. Yo soy cubano.

–No lo parece –dijo el policía, notando el perfil semítico de Adriano (herencia de los Espinoza o Spinoza) y su cutis lechoso.

–Pues sí lo soy.

–A ver –dijo el policía, mirando al interior del auto–, ¿ustedes tienen con qué identificarse? –refiriéndose a mi hermano y a mí. Mi hermano sacó su permiso de conducir y lo mostró al policía, que movió la cabeza en señal de aprobación. Yo saqué de mi bolsillo mi carnet de periodista. Al verlo el policía hizo una mueca–. Así que usted es periodista –dijo tal vez preguntando.

–Sí, señor –dije yo–. Y trabajo en *Carteles*.

–¿En la revista?

–Sí, señor. –Yo extremaba mis muestras de respeto.

–¿Y está trabajando ahora?

–No, guardia, nada más que paseando con acá mi amigo.

–Paseando, ¿eh? –dijo el otro policía.

–Sí, señor –dije yo.

–¿No les parece que no está la noche para pasear?

La noche era una noche clara de noviembre, pero el policía no se refería evidentemente al tiempo –luego supimos que habían estallado varias bombas esa noche, pero más tarde.

–Mejor se va cada uno para su casa –sugirió el segundo policía, que era aún más agresivo que el primero.

–Bueno, como usted diga –respondió Adriano. El policía devolvió las identificaciones y los dos regresaron a la perseguidora. Adriano, sin decir nada, arrancó y en la rotonda dio la vuelta para regresar a La Habana. Fue entonces que habló:

–Está muy nerviosa esta gente.

–Eso parece –dije yo.

–Parece que las elecciones han sido tremendo fracaso –dijo mi hermano.

–Eso parece –volví a decir yo, que me repetía: todavía pensaba en los policías.

–¿Qué les parece si regresamos a la casa?

–A mí me dejas en la mía –dije yo.

–A mí también –dijo mi hermano.

–Sí, eso quería decir –dijo Adriano–. No hay mucho más que ver.

Así terminó, con esa noche, el día de las elecciones batistianas en que nadie eligió a nadie o el candidato único del gobierno se eligió a sí mismo. Hubo, contemporáneamente, otras noches desagradables, que pudieron ser agradables, pero por razones personales no lo fueron. Escojo, al azar, una pasada en el Club 21, con Adriano y Adita y Big Benny y su mujer Silvia Gala y yo de quinta pata de la mesa. Big Benny era americano-cubano: había nacido en Cuba de padres americanos y tenía mucho dinero. Es más, era millonario. Su esposa, Silvia Gala, era española y una de las mujeres más bellas que se podían ver en La Habana, de cara y de cuerpo. Tal vez la única competencia posible la tenía en su hermana María José que estaba casada con un conocido más que un amigo. Las dos les pegaban los tarros (o les ponían cuernos, como lo hubieran dicho ellas) a sus maridos de lo lindo. María José había tenido un encuentro amoroso en la cocina con Silvio, mientras en la sala su marido, Charles Espósito, conversaba con Adriano. Esto ocurrió mucho antes de que Silvio conociera a Bárbara (con la que, entre paréntesis, se había casado casi secre-

395

tamente: por lo menos no nos dijo nada a Adriano y a mí hasta después de haberse casado), en una visita que hicieron a casa de Charles. Por su parte Silvia Gala se había acostado con mucha gente, entre otros con Junior Doce. Ahora, esta noche de que hablo, Big Benny (era realmente grande y casi sin proponérselo alargó el brazo y tocó el cielo raso del Club 21, de donde zafó uno de los rectángulos de corcho que lo componían) estaba realmente borracho. A menudo podía llevar la bebida muy bien, pero ahora casi se caía, aunque nunca se cayera en realidad. Estábamos comiendo en el Club 21, todos menos él que bebía whiskey en vez de comer. Silvia, después de terminar de comer, se dirigió a Big Benny:

–¿Vas a dejar de beber? –le preguntó con la voz más dura del mundo. Esto distinguía a Silvia de su hermana María José, pues las dos se parecían bastante, excepto porque Silvia era la más dura de las dos hermanas Gala y tenía mejor cuerpo: había algo en las nalgas aplastadas de María José y en su escasa cintura que no compaginaba con la belleza de su cara además de que había cierta dulzura en su voz, mientras la voz de Silvia tenía toda la dureza de las zetas y las jotas españolas además de otra dureza intrínseca. Esta noche lo estábamos comprobando Adriano, Adita y yo, y tal vez Big Benny, quien respondió:

–Hay ocasiones que la única respuesta es estar borracho.

No dijo a qué era su única respuesta: si al matrimonio en general o a su particular matrimonio o a la vida.

–Para ti estar borracho es todo –dijo Silvia–, las preguntas como las respuestas.

Detrás de nosotros, al fondo, Numidia Vaillant estaba cantando sus boleros intelectuales, pero nadie en la mesa le hacía caso –tal vez con la excepción mía.

–Yo no nací borracho –dijo Big Benny–, aunque hay veces que desearía haber nacido.

–¿Quieres tú decir que yo te hice borracho? –preguntó Silvia, agarrando como argumento la primera parte de su declaración.

–Entre otras cosas –dijo Big Benny.

–Qué va, mi vida –dijo Silvia y el cubanismo sonaba extraño en su boca, aunque casi se esperaba el subsiguiente «De eso, nada». Pero no lo dijo sino que agregó–: Ya cuando nos casamos tú eras un borracho.

–Pero no era otras cosas.

Big Benny se calló. Pensé en lo que pudiera haber agregado y me pregunté si diría que no era un tarrudo o que no era un cornudo: tal vez diría tarrudo, porque Big Benny era cubano primero que americano y no creo que estuviera tan influido por el español de Silvia –más bien debía reaccionar contra él, como reaccionaba contra todo lo que representaba Silvia. Por lo menos esta noche: era la primera vez que lo oía hablar así. Nosotros tres, Adita, Adriano y yo, no interveníamos y tratábamos de parecer que no interveníamos sin ser descorteses con nuestros anfitriones: estábamos –o estaba yo– aprendiendo a ser genuinos huéspedes.

–¿Que no eras qué? –preguntó Silvia, con agresividad.

Después de una pausa Big Benny dijo:

–Nada. Mejor que me calle.

–Yo lo creo también –dijo Silvia.

–Mejor que me calle –dijo Big Benny pero como cantando la frase de una guaracha y casi yo esperaba el siguiente «que no diga nada / de lo que yo sé», pero se detuvo ahí, mientras en otra parte del Club (que no era mucho más grande que una habitación grande), en la barra tal vez, sonaban unos aplausos: Numidia Vaillant había dejado de cantar, pero se quedó en un rincón de la barra y si hubiera pasado cerca de la mesa tal vez la hubiéramos saludado. Por lo menos Silvia lo habría hecho ya que ella conocía a Numidia, también la conocía Big Benny y solamente cinco años más tarde, en Madrid, Silvia Gala tendría la idea de poner un club nocturno (o como se llamen esas boîtes en España) con dinero de Big Benny, por supuesto, y Numidia Vaillant cantando: la estrella del establecimiento como quien dice. Silvia, en un alarde de humor arriesgado, ideó ponerle al club, en oposición al Opus Dei, Opus Night, pero la boîte no pasó de ser el proyecto de una caja. Ahora nadie en la mesa tenía qué decirle a Numidia, aunque hubiera pasado rozándonos, como era inevitable si pasaba–. Aunque pensándolo bien –dijo Big Benny–, ¿por qué me voy a callar? Éste es un país libre.

–¿Éste? –dijo Silvia con asombro enfático sin pensar que Big Benny traducía del inglés *This is a free country*–. Es todo menos eso –agregó Silvia, a quien tal vez el bisté y no los tragos hacía arriesgada, por lo menos verbalmente. Nosotros (Adriano y yo) deseábamos que no hubiera un agente secreto perdido entre la clientela –o por lo menos yo deseé tal cosa– ya que de los parroquianos ninguno parecía una figura del régimen.

–Bueno, está bien: éste no es un país libre –me temía que Big Benny hiciera un discurso político en contra del régimen–, pero yo soy un hombre libre: puedo decir lo que quiera.

–Pero yo no voy a estar para oírlo. Dame las llaves del coche.

–¿Qué? –dijo Big Benny.

–Que me des las llaves del coche.

–Carro –dijo Big Benny, corrigiéndola–, no coche. No estamos en España.

–Bueno, está bien; dame las llaves del carro. Yo me voy para casa.

A mí me parecía el colmo de la irresponsabilidad de parte de Silvia dejar a Big Benny borracho como estaba, pero ella insistía en irse. Traté de interceder, pero ¿quién era yo para interceder entre ellos si Adriano y Adita, que eran viejos amigos de ellos, no lo hacían? Big Benny metió la mano en el bolsillo y sacó unas llaves.

–Ésas son las de la casa –dijo Silvia–. Estás tan borracho que no puedes distinguir. Yo quiero las del auto. –Esta vez había usado un término internacional. Big Benny recogió las llaves con un gesto y metió la mano en el bolsillo, luego la sacó para meterla en otro bolsillo y finalmente extrajo las llaves correctas. Silvia las cogió, se levantó, dijo «Buenas noches» a todos y se fue: cuando se levantó reflexioné un momento en lo buena que realmente estaba: no era tan bella de cara como su hermana, pero su cuerpo era lo que se conoce en las revistas de la farándula como escultural: si no estuviera Big Benny por medio valdría la pena hacerle algún avance. Pero en realidad Silvia Gala no me gustaba nada, menos que nada como persona. En cambio sentía simpatía por Big Benny y me parece que era mutua.

–¿Cómo hacemos? –preguntó Adita a Adriano.

–Vidita –dijo Adriano–, nos quedamos otro ratico.

–Pero ¿y él? –Se refería a Big Benny que estaba bebiendo el fondo de su vaso y levantaba la mano para llamar al camarero: había empezado a beber antes de que comenzáramos a comer y ya habíamos terminado y todavía seguía bebiendo.

–No se preocupen –dije yo–, yo lo llevo a su casa.

–¿Tú sabes dónde queda? –me preguntó Adita.

–En el Country Club, ¿no?

–Pero exactamente ¿dónde?

–No te preocupes, que yo la encuentro –le dije. Entretanto Big Benny había ordenado otro trago y por entre nuestra conversación preguntó si alguien más quería un trago. Adriano dijo que él. Yo, por espíritu de geometría, me uní a la petición de un whiskey con agua y Adita pidió un Alexander, mientras que Adriano y Big Benny tomaban el whiskey en la roca. Después de acabar este último trago, con Big Benny insistiendo (y finalmente ganando el derecho) en pagar la cuenta, salimos del Club 21, me despedí de Adriano y Adita, que se fueron como un dúo rumbo a su apartamento del Focsa, y caminé con Big Benny hasta mi carro, que él encontró muy cómico en su borrachera.

–Muy cómico tu carrito –dijo en efecto y después añadió una reflexión que hizo que este hombre me cayera mucho mejor que antes, cuando ya me caía bien–. ¿Tú te has dado cuenta –dijo– que en los países que llaman coches a los carros no manejan bien? Eso pasa –añadió– en España y en Francia. Mi mujer es un desastre al timón.

Era típico del hombre que hubiera hecho esta reflexión tan aguda cuando ya nos encontrábamos solos: no había ni pizca de exhibicionismo en este gran borracho que llevaba tan bien la bebida: solamente en algunas eses silbadas se le notaba que hubiera bebido cuando se había tomado una cuba de whiskey esa noche. Cada vez me caía mejor Big Benny, mientras me caía peor su mujer, Silvia Gala, que lo había dejado solo, librado a la merced de los amigos, y se había llevado el auto para colmo. Ahora le abrí la puerta y acomodó su enorme armazón dentro de mi carrito como si toda la vida hubiera montado en él. Pensé que tal vez cuando más joven había usado un MG o un Austin Healey o cualquiera de los carros deportivos ingleses que son pequeños para quien no se sabe sentar en ellos. Yo di la vuelta y subí al carro. Arranqué y fui por toda la calle 21 (lo poco que quedaba de ella) hasta N y bajé una cuadra hasta 23, subiendo La Rampa y recordando los días en que comenzaba a aprender a manejar mi carro, cómo se me paró el motor ante el semáforo de 23 y L, en lo más empinado de la cuesta, y cómo no sabía, no podía, frenar con un pie, meter el *clutch* con el otro pie y me faltaba un pie más para el acelerador y si lo soltaba este pie derecho del freno el carro se me iba para atrás, calle abajo –y todo este tiempo con autos detrás, el semáforo en verde al frente y a un costado el policía que cambiaba las luces. Hasta que finalmente pude arrancarlo: nunca en mi vida había sudado tanto. Pero ahora subía, Rampa arriba sin el menor tropiezo y bajé por la calle L a coger Línea y de allí entrar por el túnel hasta enfilar por la Quinta Avenida, atravesando todo Miramar, hasta Las Playitas en Marianao, y de ahí coger la avenida del Country Club. A mi lado Big Benny iba amodorrado, tal vez los tragos haciéndole efecto retardado o disfrutando de la brisa fresca que formaba mi convertible con el aire de la noche, de la madrugada. Pero no bien entramos al Country Club, me dijo, bien despierto:

–Dobla a la derecha –y después añadió–: Ahora a la izquierda y ahí estamos. ¡Hey, para! –Frené delante de una mansión, más bien de un palacio, cerca del laguito. Big Benny abrió la puerta y antes de salir me tendió la mano–: Muchas gracias –me dijo.

–No hay de qué –le repliqué.

–Oh, sí hay, sí hay. Hasta luego, mi viejito.

–Hasta luego.

Y me quedé vigilándolo hasta que entrara en la casa, pero no dio el menor tumbo ni el más mínimo tropezón, caminando erguido con sus seis pies de estatura y sus doscientas libras de peso hasta que entró en la casa, que tenía una gran puerta de hierro y cristales. Fue entonces que me di cuenta que en ningún momento en la noche me había hablado en inglés.

La obra –para mí la única obra ese año, aunque Vicente Erre había montado una excelente versión de *El largo viaje del día hacia la noche*–, *Orfeo descendiendo* o como se llamara en Cuba, había cambiado una vez más de Carole Cutrere: ahora la interpretaba Sigrid y una noche me llegué hasta allí, a medio andar la pieza, a ver cómo lo hacía esta actricita que se había convertido, por razones oscuras, en rival de Ella en la vida real: al menos Ella no malgastaba su amor en Sigrid –más bien la despreciaba, un tanto cordialmente: esto fue una de las últimas cosas que supe de Ella antes de desaparecer de mi vida. Sigrid no estaba mal, pero tampoco estaba tan bien: había algo en su figura llenita que la hacía definitivamente tropical y nada posible en el Sur de Tennessee Williams. En esos días ocurrió un incidente que hizo a mi amigo y compañero –doble compañero: en el periódico y en la televisión, además de ex concuño– René de la Nuez un pariente cercano de Big Benny: ambos aprendían a llevar la cornamenta con estilo. Lo que me sorprendió que ocurriera tan pronto en la vida de René y Sigrid, cuando apenas empezaban a ser amantes. Digo apenas porque habían transcurrido tal vez seis meses desde el momento en que salieron juntos por primera vez o desde que ella le entregó su virginidad llenita. Pero tal vez me equivocaba y hacía más de seis meses –o no hacía falta que hiciera seis, ni tres meses, ni siquiera tres semanas o tres días para que ocurriera. De todas maneras el cuento es típico de René, de su actitud ante la vida. Sucedió que Sigrid y su galán de entonces (la obra había cambiado también de primer actor) tuvieron algo más que un momento en la escena y cuando acabó la obra se encontraron solos en el escenario, donde se juntaron en un apretado abrazo. Pero una loca –siempre hay en las historias de teatro cubanas una loca malvada que es la villana del cuento: una especie de Mrs. Danvers criolla–, que odiaba a Sigrid tanto como odiaba las críticas de René, corrió la cortina y en el público, figura solitaria, estaba René esperando a que Sigrid acabara su actuación, mientras leía un periódico o tal vez un libro. La cortina se corrió sin un ruido y René pudo ver a Sigrid y a su galán trabados en un clinche amoroso –es decir, besándose– en la escena. Cuando Sigrid y su amorosa compañía se dieron cuenta de que les habían corrido el telón, se corrieron, pero René, muy frío, casi maquiavélico, miró al escenario, vio la visión amorosa –y volvió su vista a lo que leía para seguir leyendo.

Esta historia puede ser verdad o mentira, realidad o mera fabricación, pero es típica del hombre y de su vida: René podía acoger las más penosas situaciones con la mayor impasividad del mundo –y él declaraba que eso le venía de herencia. Recordaba entonces el fin de los días de su abuelo, que siempre se acostaba a dormir cuando había problemas en la casa, tal vez para ahuyentarlos con el sueño, y un día, abrumado por tantísimos problemas, se acostó a dormir en la línea del ferrocarril y un tren lo decapitó. René recordaba todavía cómo lo trajeron a la casa de su abuela, decapitado y con la cabeza en un saco. Así no me extraña que reaccionara de esa forma a la infidelidad de Sigrid –y no sería ésta sola. Pero para contarlas todas hacen falta años todavía.

A pesar de mi visita al teatro Las Máscaras, yo estaba de acuerdo con una orden dada por el 26 de Julio de paralizar todos los espectáculos en La Habana. Me había venido por el conducto de Alfredo Villas, que había reaparecido como enviado de una célula del 26 de Julio y conectado con otro grupo de saboteadores oposicionistas llamado Acción Cívica. Siguiendo los consejos de Villas le dije a René que tanto Las Máscaras como El Sótano (donde Ella había fracasado hacía ya años o al menos eso parecía) y el grupo Prometeo, a cuyos promotores conocíamos bien, además de la sala Hubert de Blanck y otras no tan bien conocidas por mí, debían reunirse todas (habría como diez salas de teatro en La Habana) y clausurar la temporada hasta que cayera el régimen. René intentó disuadirme porque creía inútil tal gesto (ésa era otra característica de René: su abulia escéptica), pero ante mi insistencia trató de reunir a los grupos teatrales, a los que nos dirigíamos, pero por fas o por nefas no lo consiguió y ahí murió el intento mío y de Villas, que como organizadores de huelgas demostrábamos una gran incapacidad. Por ese tiempo estallaban cada vez más bombas en la noche y al otro día aparecían uno o dos desconocidos muertos a tiros, a veces con un petardo al lado: eran desconocidos porque los conocidos casi siempre se salvaban si caían presos, aunque al final ya no se hacían distinciones, como tampoco se hacían en épocas de conmoción terrorista, como el asalto a Palacio, donde murieron tantas gentes conocidas, participantes en el ataque o no. Ahora, además de las bombas estaban las explosiones de fósforo vivo dentro de los cines, que hacían riesgosa mi profesión. Ya yo le había hablado a René de mi intención de irme a la Sierra cuando Ella me dejó definitivamente y René desinfló esas pretensiones con una frase:

–Vas a ingresar en tu legión extranjera –lo que era más o menos la verdad.

Eso había ocurrido hacía algún tiempo pero ahora le hablaba a René de la inutilidad de hacer crítica de cine, escrita o por televisión, con la situación como estaba, y un día anuncié en la emisora que iba a decirles a los televidentes que se quedaran en sus casas y dejaran de ir al cine. Desde entonces me vigilaban muy de cerca los productores en la emisora, atentos a toda intervención mía en el programa, aparentemente dispuestos a cortar el programa tan pronto yo abriera la boca para decir algo que no fuera una crítica de cine. Octaviano era de los productores el que más asustado estaba y me dijo: «Si haces eso tenemos a Ventura aquí enseguida y vamos a pagar el pato nosotros», se refería a los técnicos de cabina de la emisora. Nunca llegué a cumplir mi promesa, pero desde entonces hasta que se acabó el año, y con él la dictadura de Batista, me tuvieron vigilado muy de cerca sobre lo que yo decía o iba a decir.

Cuarta parte

¿Es posible decir en el trópico «en el invierno de mi descontento»? Nuestro descontento, el descontento de todos:
yo descontento / tú descontentas / él descontenta / nosotros
descontentamos / vosotros descontentáis / ellos desconten-
tan, y el descontento gramatical se hace metafísico cuando se anuncia en letreros que corren luminosos hacia la lectura:

LA HABANA CUBA
EN EL PRINCIPIO CREÓ DIOS EL DESCONTENTO

Pero no es tanto del descontento que yo quería hablar
como del invierno: *Now in the winter of our discontent,* de
nuestro invierno, del invierno cubano, del trópico en invierno. ¿Por qué el descontento en general y no más bien el
invierno? Ese invierno de 1958. ¿Es posible (o risible: uno
no sabe nunca nada) decir en el trópico «en el invierno de
nuestro descontento»? No citar a Shakespeare solamente
por el gusto de citarlo sino imaginar de veras el descontento que es el invierno en Europa, USA, Asia, desde Cuba,
bajo las eternas palmeras, invertidos abanicos de techo y el
sol consuetudinario

EL DESCONTENTO DE CADA DÍA DÁNOSLO HOY,

aquí donde la nieve es un invento del hombre que siente como escarcha en los refrigeradores y se ve solamente en
las tarjetas de Navidad siempre rodeada o rodeando al

FELICES PASCUAS
Y PRÓSPERO AÑO NUEVO
1958   1959

o sentirlo ridiculizado por una turista (¿fue en 1958 o en 1957 cuando la oí, saliendo del Monseñor o entrando, caminando desde el hotel Nacional, con un corto abrigo de visón?). *But is this what you call Winter in Cuba?* Con todo, era el invierno de nuestro descontento. Hubo órdenes tempranas (llegadas primero a mí por conducto de Villas, pero radiadas desde la Sierra Maestra) de no celebrar la Navidad ni el fin de año ese año –y yo me iba a encargar de que por lo menos en mi casa se cumpliera esa consigna. Otro tanto haría Adriano (mi máquina se empeña siempre en escribir Afriano en vez de Adriano como contagiada por el frío del invierno shakesperiano, pero, al reflexionar, veo que ella viene llamándolo Afriano desde muy temprano en el texto, con frío de aire acondicionado y con el calor insular, en verano y en invierno) con Adita, aunque no podía predecir qué haría su padre, que ya no vivía con ellos. Traté de influir en René, pero él era por naturaleza poco amigo de las celebraciones, así que no fue difícil convencerlo y la consigna la pasé a Titón y a Olga, que tampoco harían ninguna celebración: así me preparaba para las Navidades. Aunque, a pesar de los tiempos tan difíciles, de las noches desoladas, yo seguía yendo a *Carteles* a hacer mi columna por la noche y hasta la madrugada, cruzándome apenas con otros carros que eran casi siempre perseguidoras con sus tres policías dentro, y después de terminada mi columna no podía evitar llegarme hasta el Saint John a oír a Elena Burke, esa voz que lanzara mil canciones, cantando acompañada por Frank Domínguez, a oír sus boleros dulces y apagados, creando eso que se llamaba, comenzaba a llamarse entonces, el *feeling* –y que estallaría en una verdadera fuente musical en 1959. Pero ahora comenzaba a profilerar el *feeling* no sólo en las canciones de Frank Domínguez, cantadas por Elena Burke, sino en las pegajosas melodías que cantaba Numidia Vaillant en el Club 21, no muy lejos de aquí, ahí al doblar como quien dice, y en los boleros compuestos por Ella O'Farrill, y hasta la falsa Bettina Brentano se había unido al carro del *feeling* y cantaba en La Gruta, lucía su cuerpo esplendoroso y la belleza negra de su cara, más que cantaba. Me lo anunció un día que la vi por la calle y detuve el carro para saludarla, olvidados los dos (¿los dos?) de los pasados mutuos agravios, y me dijo:

–Ahora estoy cantando en La Gruta. Ven a verme una noche –y se me ocurrió ir a verla en la peor noche del año, cuando un temporal inundaba las calles, y parquée (si éste fuera otro libro habría dicho en cubano parquié) junto al cine La Rampa y me bajé corriendo para entrar en La Gruta con un golpe de agua y de viento que casi me abolían. Creo que la oí cantar una de sus últimas canciones de la noche y solamente lo que hacía era hablarlas, con su voz radial, impostada, falsa pero a la misma vez profunda y que iba bien con su cara, con sus ojos donde había algún misterio todavía (tal vez el misterio fuera de su origen, negrita de Marianao, tal vez del lugar que llamaban con tan singular grosería, y a la vez tan habaneramente o cubanamente mejor dicho, Palo Cagao, detrás del infame campamento militar de Columbia, orígenes que ella trataba de ocultar con su voz modulada, las inflexiones de la cual le daban tanto placer cuando un radioescucha le escribía y la tomaba por blanca) y después de terminar vino a mi mesa la pseudo Bettina Brentano para quien yo no seré su Goethe –¿o tal vez lo haya sido? Sé que le propuse llevarla a su casa y me pareció que de haberle propuesto ir a una posada habría dicho que sí como ahora decía que sí a mi propuesta de dejarla en su casa. Caminó hasta el carro en puntas de pie porque el agua invadía la acera como un arroyo crecido, desbordando la cuneta, y entró en mi maquinita mientras yo daba la vuelta para sentarme frente al timón.

–¿Sabes a quién acabo de dejar? –le pregunté, y ella me preguntó a su vez:

–¿A quién?

–A Adriano de Cárdenas y Espinoza o Spinoza –le dije

yo con todos sus nombres, para fastidiarla, tal vez para humillarla recordándole que Adriano existía y no tenía que decirle que también había estado presente su mujer, su esposa Adita, para que ella lo entendiera y sufriera la humillación de recordar que Adriano no se había casado con ella y que a pesar de todo lo que él dijera no lo había hecho porque ella, la falsificada Bettina Brentano, era negra.

Ésa fue mi satisfacción de esa noche. Más que si me hubiera vuelto a acostar con ella gocé su silencio después que dijo:

–¿Ah, sí? –como preguntando, como diciéndoselo a sí misma, como recordando a dúo los dos el tiempo en que fuimos un trío y cómo ella había roto esa trinidad para tratar de convertirse en un dúo legal con Adriano, a quien mi máquina de escribir sigue empeñada en llamar Afriano.

Pero he venido aquí a hablar del *feeling*, de su nacimiento, no de su posible entierro esa noche de aguaceros, cuando dejé a la cripto Bettina Brentano en su casa sin siquiera tomarle la mano, cuando ella se veía dispuesta a mucho más, portándome como todo un caballero y sintiéndome bien después por ese comportamiento. He venido aquí a hablar de Elena Burke y tal vez de Frank Domínguez, que no se harán realmente famosos hasta el año que viene, pero que terminando el actual tienen su nicho de noche en el Saint John. Muchas veces los visité también para oír el cuarteto de jazz *cool*, venido de Miami, que alternaba con ellos dos en el precario escenario detrás (y encima) del bar. Fue aquí (y me parece haberlo dicho antes: siempre me parece que lo he dicho todo antes, así soy de irrepetitivo) donde una noche tranquila (el *feeling* hay que sentirlo a media luz y en silencio) hubo la interrupción obscena de un hombre que discutía susurrante a un extremo del bar y de pronto sacó de no se sabe dónde, no se sabe cómo, un revólver y fue al punto rodeado por los *bouncers* (quisiera que hubiera una palabra en español para esta expresión inglesa tan certera: sicarios no sirve porque es demasiado y la palabra cubana tarugo sólo se refiere a los tramoyistas de un circo: tendré que buscarla un día, tendré que inventarla), rodeado por cuatro hombres armados de pistolas que lo sacaron del bar dentro del mayor silencio, lo empujaron a través del *lobby* del hotel y lo echaron, casi a patadas y ya sin revólver, a la calle, afuera. Otra interrupción fue de muchos guardaespaldas que invadían el *lobby* y entre ellos se veía la figura de veras obscena del ex teniente ahora coronel y dentro de poco general Esteban Ventura, vestido de blanco a pesar de la estación violenta, cogiendo el elevador tal vez hasta el restaurant cantante del *roof garden* o *penthouse* o alero o como se llame ese lugar donde una noche tuve una cena tardía con mi hermano y con Elías Restrepo, a quien conocía de vista de la escuela de periodismo y que ahora trabajaba para Rolando Masferrer en su periódico y trató, Elias Restrepo, de justificarse y vi que era un buen cubano, un tipo con el que se podía pasar un buen rato conversando y que no era de ninguna manera un defensor de los tigres de Masferrer sino un periodista que se ganaba la vida como mejor sabía, escribiendo en un periódico –y lo respeté porque siempre he respetado a los profesionales.

Ahora debo de (no: debo) hablar de Elena Burke y de su estilo que llevaba la canción cubana más allá del mero límite de tónica-dominante-tónica en que se había mantenido la canción durante decenios, introduciendo (también hay que darle crédito, entre otros, a Frank Domínguez, como compositor y pianista acompañante de Elena por ahora) acordes inusitados en la música popular cubana, siempre rica de ritmo pero pobre en armonía, arrastrando las notas en calderones inesperados, produciendo rubatos rápidos y armonizaciones que parecían venir de Debussy a través de la música americana, de ciertos blues, de las *torch songs* cantadas por Ella Fitzgerald y de los arpegios, del *scat singing* de una Sarah Vaughan, con los elementos tropicales de siempre del bolero que surgió de la habanera, tomando un nombre español pero siendo cubano, compartido por algunos mexicanos (como el inmortal Agustín Lara y como Sabre Marroquín), pero ahora ya no más un bolero, desaparecido el ritmo de habanera licuada y acompañada por el sempiterno ritmo del bongó en tres por cuatro, ahora hasta ese ritmo había desaparecido y en su lugar estaban las armonías debussyanas que llevaban la melodía fluyente como un río, la canción otro río sobre el río subterráneo del ritmo: eso era, eso iba a ser, eso estaba siendo el *feeling*. Pero yo tampoco he venido aquí a dar una conferencia sobre música, discurriendo pedante sobre cosas que apenas sé y que más que saber intuyo, sino que he venido a entronizar a Elena, uno de los manes de estas noches tan solitarias, de estas madrugadas tristes, que ella presidía con su voz cálida, con tonos bajos, con arpegios de contralto aunque era una soprano natural, una de las más naturales sopranos que ha conocido la música cubana. Esas noches solas eran compartidas también por el cuarteto de jazz, al que yo le oía interpretar sus melodías *cool* con el mismo demorado entusiasmo que ellos mostraban por su material, yo *coolamente* sentado a la barra, oyéndolos compartir con Elena, cada media hora, el trono musical. Fue una de estas noches, no en diciembre, tal vez en noviembre, que interrumpí la pasiva atención musical por una activa participación sexual y llevé a Nora no al Saint John, donde se iba a oír música, estaban realmente oyendo música los que sabían oír, sino al Pigal, ahí al lado, a matarnos (como se decía entonces) en la oscuridad cómplice, mientras la orquesta tocaba para que otros bailaran. Fue de aquí, del Pigal, que me llevé a esa ninfa perfecta (a pesar de sus defectos o por ellos mismos: hechos virtudes en su personalidad) para una posada, donde por fin consumé la vieja ansia que tenía de ella, sin temerle ya a su sombra de viudez, a su carácter de viuda negra, ahora alegre, jodedora, singadora (para decirlo con frases populares, ya que ella era eso: una ninfa popular), amante perfecta. Pero ya he hablado de eso antes, aunque me gusta más repetir que digregar —y vaya si me gusta hacer digresiones. Ahora voy a hablar de algo que he comentado en otro lugar pero en otro tiempo y disfrazando la tenue realidad con la retórica. Una de esas noches de salida de *Carteles*, ya en diciembre, en pleno diciembre, venía bajando yo La Rampa (no recuerdo dónde había dejado el carro y un sueño recurrente que tengo todavía es que salgo de un lugar de La Habana, ese *genius loci* eterno, y no encuentro el lugar donde dejé la máquina, no puedo recordarlo y la busco entre todas las máquinas parqueadas y no aparece nunca), atravesando la calle N, cuando justo allí, bajo los pinos que bordean el parqueo de N y 23, me encuentro con Armandito Zequeira, que es lo que yo deseé en un tiempo haber sido: un *drummer*, aunque en realidad yo deseaba ser bongosero y Armandito toca el bongó raramente. No sé qué idea me dio de acercarme a él y al hacerlo reconocí que hablaba con el pianista del cuarteto de jazz del Saint John. Al saludarlo, Armandito me respondió con una pregunta:

–¿Tú tienes carro, tú?

–Sí –le dije yo–, tengo carro.

–Bueno, pues mira, hazme un favor. Este hombre tiene un dolor que se está muriendo y hay que buscarle un médico que le ponga una inyección para que pueda trabajar. Yo no puedo ir con él porque estoy entre shows. ¿Tú puedes llevarlo a algún médico?

Dije que sí, de generoso que soy con mi tiempo (de lo generoso que era entonces con mis noches), pero no sé qué idea me dio de acercarme a Armandito para tener que cargar con este paquete.

–Tú hablas inglés, ¿no, tú? –me preguntó.

–Sí –le dije–, hablo inglés.

Y Armandito se volvió hacia el músico:

–*He's going to take you to a doctor.*

–*I don't need a doctor* –dijo el americano–. *What I need is a shot or something.*

–*He's gonna take you* –le aseguró Armandito.

–Yo voy a buscar el carro –le dije–, y a dar la vuelta.

–Pero ¿seguro que vas a volver? –me preguntó incrédulo Armandito, que no creía que yo lo iba a sacar del aprieto en que estaba: yo que casi no lo conocía de nada.

–Seguro, hombre –le dije y los dejé, mientras el músico americano decía:

–*Where the hell he's going?*

Y Armandito todavía le respondía:

–He's gonna fetch his car.

Lo que hice: busqué el carro y le di la vuelta a la manzana hasta salir por N (esto significa que yo debí haberme parqueado detrás del Habana Hilton), y parar junto a Armandito y su enfermo americano músico. Le abrí la puerta y él entró y se sentó y al sentarse lanzó una especie de gruñido de dolor, furioso tal vez por sentir el dolor, como un animal –y esto es lo que era para mí mi pasajero: un animal de la noche. Por el camino, subiendo por 25, se me iba ocurriendo dónde llevarlo, mientras el americano se quejaba con su gruñido cada vez que la máquina daba un salto, que daba muchos subiendo por 25, no sé realmente por qué. «*All I need is a fix*», me decía, queriendo decir que todo lo que necesitaba era una inyección y yo estaba convencido de que Armandito me había dejado en las manos un drogómano, un *junkie*, como no se decía entonces. Se me ocurrió ir a buscar a Pimienta, que era un médico amigo (trataba a menudo a la familia) y que vivía en el edificio Palace, ese del que he hablado tantas veces, en 25 y avenida de los Presidentes. Paré y dejé al americano todavía gruñendo mientras iba a buscar a Pimienta, a quien desperté con el infernal ruido que hacía a las dos de la madrugada el timbre mecánico de su puerta. Por fin abrió la puerta, mientras abría la boca para bostezar y abría los ojos todavía dormidos. Le expliqué lo que pasaba:

–Tengo un americano abajo que se queja de un dolor y necesita un calmante.

–Bueno –decidió Pimienta, después de más bostezos–, llévamelo a mi consulta. Enseguida estoy contigo.

Pimienta, además de médico, era buena persona: un buen médico, y no se quejó de que lo despertara a esa hora. Yo volví a tomar el timón y arranqué el carro mientras mi pasajero repetía «*All I need is a fix*» y se agarraba las piernas con las manos cruzadas, como para atajar el dolor. Di la vuelta a las dos o tres manzanas hasta volver a la calle 23, donde tenía su consulta Pimienta. Arrimé ahora más definitivo que ahorita y di la vuelta y abrí la puerta, diciendo: «*It's here*», a lo que mi compañía respondió con otro gruñido. Nadie me había dicho dónde le dolía, pero por el ruido que hacía yo me daba cuenta que era un dolor interno. Con todo se las arregló para caminar hasta el portal, medio encogido, y pude sentarlo en uno de los sillones que tenía Pimienta en lo que era su sala de espera externa, como quien dice. (Esto está mejor contado en otra parte porque dramaticé el cuento, pero ahora lo cuento tal y como ocurrió: siempre hay un lapso entre la literatura y la vida y, por mucho que uno quiera cerrarlo, la vida termina por ganar, ya que ella es la mejor depositaria de las historias.) Pimienta se apareció a los pocos minutos y al abrir la consulta y encender la luz se le veía preocupado todavía, pensando en el americano enfermo. Ya antes había mostrado su preocupación por que fuera un rebelde o un terrorista y se calmó cuando le dije que era un americano, pero ahora estaba de nuevo preocupado y me preguntó al hacernos pasar a la casa:

—¿Y qué es por fin lo que le pasa?

—Tiene un dolor —le dije yo—, y quiere una inyección.

—¿Un dolor? —preguntó Pimienta—. ¿Y dónde es que le duele?

—No sé —dije yo—. No me dijo —y dirigiéndome al americano—: *Where does it hurt?*

—*In the anus, man* —dijo el americano, exasperado por el dolor o tal vez por la pregunta.

—Es en el ano —le dije yo a Pimienta, quien tal vez pensó: «Un degenerado», pero que dijo:

—A ver, que pase a la consulta. Tú quédate aquí.

—*Go with him* —le dije al americano, que medio doblado siguió a Pimienta al interior de la consulta. Yo me quedé pensando en qué le pasaría en realidad al pianista (he oído tantos cuentos de pianistas pederastas y Harold Gramatges, él mismo un pianista y un pederasta, me contó que hay algo en la banqueta, en el tornillo central, que influye en los que se sientan: así no hay pianista que escape a este determinismo del tornillo que se proyecta hasta dentro del ano y el pene no es más que una extensión del tornillo), ¿sería maricón? Pero no lo parecía, no lo parecía en absoluto.

Pensando así en el pianista y en los pianos y en los pianis- tas maricones, llegando por generaciones hasta Ernesto Lecuona, regresó por fin Pimienta de dentro del consulto- rio y me dijo:

–Tiene una hemorroides estrangulada. Hay que operar- lo cuanto antes –y añadió–: Tú no te preocupes, que yo me lo llevo para la clínica.

Se refería a la clínica que había en 25 y F, de la que Pi- mienta era médico. Yo me pregunté cómo iba el americano a pagar la operación, pero luego pensé que como músico debía estar ganando buena plata y encima de eso pensé que también debía estarla botando con la misma facilidad con que la ganaba, tal vez jugando, y luego pensé en la genero- sidad de los médicos cubanos, reafirmada cuando Pimien- ta me volvió a decir:

–Tú no te preocupes, que yo me encargo de todo.

Y le dije:

–Bueno, voy a entrar a despedirme. ¿Él ya sabe que lo van a operar?

–Sí –dijo Pimienta–, yo se lo dije –y me sorprendí de que Pimienta, que me había cogido a mí de intérprete, hablara inglés, pero después de todo, pensé, en Cuba hay tanta gen- te que habla inglés, y entré en el consultorio. El americano estaba acostado en la cama alta de investigaciones, como durmiendo. Pimienta, que entraba conmigo, me dijo:

–Le di una inyección contra el dolor. Ahora debe doler- le menos.

–Yo creo que está dormido –dije yo, pero en ese mo- mento el americano abrió los ojos y me habló:

–*Man, thank you. You just brought me to the right man.*

–O –le dije yo–, *forget it. I'm going now but I'll come to see you tomorrow at the clinic. Goodbye and good luck.*

–*God bless you, man* –me dijo el americano bendicién- dome creí yo entonces, pero luego, con los años, aprendí que era una forma de despedida usual en los músicos, aunque tal vez entonces el americano quisiera decir que Dios me bendijera de veras. Lo cierto fue que me fui con- tento como un *boy scout* (yo que nunca pude ser *boy scout* porque mi madre no me dio permiso, diciéndome que eso de dormir al aire libre y hacer excursiones y habitar en campamentos era para los soldados y no para un muchacho enfermizo como yo, lo cual era verdad, que era enfermizo, pero tal vez el régimen de los *boy scouts* fuera perfecto para mí), con una alegría sana por haber hecho un favor importante: tal vez el americano se hubiera muerto si yo no le busco a Pimienta, si hubiera conseguido una inyección de morfina sin que lo viera un médico, aunque, me dije, tarde o temprano hubieran descubierto que estaba muy enfermo y entonces me acordé de Charlie Parker y de la tradición de los músicos de jazz de morirse de buenas a primeras, así casi sin saberlo nadie y mucho menos un médico. Pero me fui contento de todas maneras. Al día siguiente, creo, o tal vez a los dos días (pero creo que fue, en realidad, al día siguiente por la tarde) me llegué a la clínica. No vi a Pimienta, que debía estar en su consulta, pero en la recepción la enfermera de turno me dijo que ya lo habían operado y que podía pasar a verlo si quería. Así lo hice y yo venía preparado para verlo, porque le traje varios libros, *paperbacks* que entonces se llamaban *pocket books* y entre ellos le traje *On the road*. El americano se alegró mucho de verme y me dijo que habían estado los del club y que se habían portado de lo mejor con él, que quien no se había portado nada bien era el director de su conjunto, que era el saxofonista, uno que parecía hijo de la madre de Van Heflin con el padre de James Jones, que más parecía un soldado que un músico, que éste, el saxofonista, se había ido de regreso a Miami, pero que él comprendía por qué se había ido: estaba preocupado por su mujer, sola en Miami y a quien la estaban rondando unos tipos, tal vez un tipo solo, que tenía de lo más preocupado al saxofonista.

–De todas maneras –me dijo el americano–, el grupo se rompió cuando yo me enfermé.

Yo le iba a decir que podían haber contratado otro pianista, uno cubano, que había aquí gente que podía tocar con el conjunto (yo los había oído en las tardes del club Mil Novecientos, aunque allí tocaba más a menudo Frank

Emilio, que era un profesional y tocaba por las noches en otro club, tal vez en el Monseñor), pero después pensé que era mejor no decir nada. Dejé al músico con mis libros, que más nunca recuperé pues no lo volví a ver, ya que después ocurrieron toda una serie de hechos políticos que me mantuvieran ocupado y preocupado y me olvidé de volverlo a visitar. De todas maneras mi misión estaba cumplida, se cumplió cuando lo llevé al consultorio de Pimienta y ahora verlo no era más que una cuestión social –y así terminó la aventura iniciada cuando, por puro gusto, me acerqué a saludar a Armandito Zequeira, cosa que no tenía que haber hecho porque después de todo yo ni siquiera era amigo de él, pero me alegraba de haberlo hecho.

La política terminó por engolfar la vida. Las noches, cuando iba a trabajar a *Carteles*, eran más desoladas que nunca y parecían más peligrosas que nunca –a menudo las calles parecían pertenecer a un pueblo fantasma entrevisto en un oeste. Pero ésta era la realidad. René Jordán lo vio un día por el día en *Carteles* y me dijo, riendo, que ahora solamente tres clases de gente patrullaban las calles de La Habana de noche: la policía, los terroristas y las locas –y añadía:

–Y Pilar (qué nombre para alguien que era, con frase de Villas, «un verdugo del régimen») García. Pilar García ha dicho a sus agentes: «No me toquen a las locas, que son la única alegría que le queda a la ciudad».

Esto me dijo René Jordán y yo repliqué a mi vez:

–¿Y dónde yo me pongo? –queriendo decirle que no era un terrorista ni un policía ni una loca pero me empeñaba en deambular por la noche habanera.

–Tú –dijo René Jordán, tan festivo como siempre en horas de peligro (¡yo no podía olvidar el valor que había demostrado cuando nuestro avión aterrizó envuelto en llamas en Nueva York, hace ya siglos aunque solamente ocurriera el pasado noviembre!)–, tú, ten cuidado.

No tuve tanto cuidado: me limité a dejar de trabajar

por las noches en *Carteles*, iba al cine, de ser posible, por las tardes, a la función de las seis, y cuando terminaba el programa, el sábado a primera noche, regresaba a casa, a pesar del atractivo que tenía la cafetería de Radiocentro, llena de mujeres bellas, perfumadas y peligrosas: ellas arriesgaban su vida cada noche, si no su vida por lo menos una pierna o un brazo, como le ocurrió a la muchacha que cogió una cartera abandonada en Tropicana y la cartera tenía una bomba adentro, que le estalló. Ésta era una fábula popular, con su moraleja política, pero había quienes contaban otra historia: la muchacha era, en realidad, una terrorista.

Por este tiempo infeliz realicé el conocimiento feliz de Edith Rupestre (éste fue mi consonante seudónimo de su verdadero nombre), una noche en la sala Talía, acompañada de Nisia Agüero y del feliz Allón. Ella era una rubia alta (en realidad teñida de rubio, lo que no impedía ver que había un abuelo venido de África escondido en su genealogía), con ojos de gacela (un crítico bienintencionado me ha preguntado si no reconozco que mis descripciones de mujeres se parecen mucho a las de Corín Tellado: y tengo que reconocerlo. Debo a esa maestra mi poca o mucha habilidad para describir mujeres: no sé otra manera de perpetuar las ninfas que usar un lenguaje que ya Homero encontraba gastado), esta deidad con ojos de gacela estaba entre Nisia y el Feliz o Felito acompañante de semejantes bellezas encontradas: la rubia y la negra, solamente faltaba la mulata paradigmática, Cecilia Valdés en persona, para hacer la noche inolvidable, pero con todo no la puedo olvidar, ya que el Félix me presentó a Edith apodada Rupestre por cierto aire cavernario que salía de entre su airosa belleza cubana. Allí mismo hice una cita con ella para llevarla a *chez* Korda y fue otra de las bellezas que adornaron el número de Navidad de *Carteles:* allí está todavía, inmortalizada para siempre por el arte de Daguerre, ya que no por mis torpes palabras para describir su belleza única.

En aquella misma sala tuvo René de la Nuez (que me acompañaba la noche en que conocí a esta Edith no bíblica sino fotogénica) un momento extraño, una de esas *bouta-des* físicas que él solía ejecutar de cuando en cuando (como bajarse del carro de Adriano, a las dos de la madrugada, frente a la casa de Julieta Estévez y gritar, por mandato de Adriano: «¡Julieta, lávate el bollo!» repetidas veces, lavado vaginal conminatorio que acogieron la noche y el mar y no los oídos –tan cerca de odios– dormidos de nuestra Julieta, para quienes fuimos Romeo colectivo), René de la Nuez, digo, al terminar una obra particularmente mala –era un monólogo ejecutado por una actriz y una grabadora, anticipando o calcando a Beckett– y éramos René de la Nuez y yo casi los únicos en el teatro, creo que los únicos, y él se levantó y aplaudió a la pobre actriz como cerca de diez minutos, mientras yo no sabía detrás de qué luneta esconderme.

–¿Para qué has hecho eso? –le pregunté cuando finalmente cayó el telón y me respondió:

–Por joder.

Por supuesto al otro día o a los dos días, en su crítica periódica y en nuestro programa, puso a la obra y a la actriz en su verdadero sitio, que era justo al nivel de los zapatos. Luego voces amigas y enemigas (René había hecho muchos enemigos entre la gente de teatro) contaban que la actriz en cuestión buscó encontrarse con René en alguna parte para darle de bofetadas –afortunadamente no se encontraron, para beneplácito de René, que odiaba la violencia física.

En esa misma sala, por ese mismo tiempo, vi a una muchacha que no he podido olvidar todavía: como el Bernstein de *Citizen Kane* no ha pasado un día de estos últimos veinte años en que no haya pensado en su belleza y en cuánto me hubiera gustado que alguien me la presentara: pero de esa mariposa no pude ser yo lepidopterista o como se llamen los coleccionistas de mariposas, diurnas y nocturnas: esta alevilla no la olvidaré jamás. La vi de perfil, con su labio superior rizado hacia la nariz respingona, su hermosa frente abombada, su barbilla perfecta y el rabo de mula (el peinado de moda) perfecto en que terminaba su cabeza. Luego, al año siguiente, Jesse Fernández y yo coleccionamos muchas bellas cubanas y las inmortalizamos en el formol fotográfico, pero ésta desapareció entre el público esa noche y no la volví a ver jamás. Lástima –hubiera ido, junto a Edith, Nora y las otras, a parar frente al lente de Korda y a convertirse en una linda cubana en mis páginas: pero ni ese consuelo iconográfico me queda. Solamente la palabra, solamente la palabra...

Otra muchacha había muerto poniendo una bomba en el tautológico cine Radiocine –y, según Villas, la noche de las cien bombas éstas habían sido plantadas por Beba Sánchez Arango, hija de Aureliano, famosa por ser tan bella como arriesgada. Pero esas mujeres me estaban vedadas, aunque hubiera conocido a algunas y Silvina, de cierta forma, formara parte de su legión. Una noche en que iba para el cine con mi mujer (esto ocurrió antes del decisivo diciembre, antes de estas últimas noches de que hablaba ahora), tuve la medida del terror que reinaba en las filas del gobierno (que los obligaba a ser aún más insensatamente crueles: el terror respondiendo con el terror al terror), yendo en mi maquinita, con la capota baja y evidentemente inofensiva (aunque hubiera cargado armas en ella, se veía que era un artefacto de paz: blanca, pequeña, rauda, una especie de paloma motorizada y ya apodada por René Jordán con una derivación de mi nombre: conocida como inofensiva), inofensiva a más no poder, cuando de pronto nos vimos rodeados por perseguidoras y carros del SIM: a un lado y a otro y detrás un policía en su carro, gesticulante, truculento: «¡Que se quite, coño!». Esa orden estaba dirigida contra mí: sin yo saberlo mi auto se había integrado a una caravana de carros oficiales y militares y policíacos, donde seguramente viajaba lo que Villas llamaría «un capitoste del régimen». Pude echar mi maquinita a un lado y la caravana pasó rugiente y amenazadora: no sé por qué esa noche me dije que los días de la dictadura estaban contados. Sí sé por qué: si mi carrito podía llevarlos a tal frenesí autoritario, la autoridad con miedo, ¿qué harían de encontrarse con un carro de terroristas o con un camión rebelde? La respuesta era obvia y se podía observar en la cara de los policías que custodiaban la casa del coronel, al lado, cada vez más feroces y autoritarios, mirándome salir o entrar a mi garaje con verdadero odio, con el odio que mira el amo tiránico al esclavo a punto de liberarse: esa reacción estaba presente en sus miradas.

La Nochebuena llegó y con ella, antes de ella, la orden de no celebrarla, de quedarse cada uno en su casa, con las luces apagadas, en una verdadera meditación revolucionaria. No sé de dónde vino la orden. Llegó de boca en boca, como todos los rumores: una orden insurgente era un rumor revolucionario. En casa, por orden mía y de mi hermano (mi madre ya no era tan batistiana como en sus días de fervor comunista, mi padre estaba más atento a las consignas del partido que mi madre y mi abuela veía cada celebración como una punzada de alegría que venía a clavarse en su carácter cada vez más pesimista, triste, meditabundo y acogió, creo que con placer, la orden), no se celebraría la Nochebuena, como teníamos costumbre, con la cena tradicional y la alegría forzada por la fecha. Encerrados en casa, sin siquiera tener la televisión puesta, con las niñas ya dormidas, oímos cómo en casa del coronel se quería exagerar la nota de alegría, de celebración. Por nuestras ventanas casi comunales entraba la música que salía por los ventanales de casa del coronel: música y risa y tintineos de cubiertos: ellos celebraban la Nochebuena por lo grande, tal vez esperando una llamada congratulatoria del Yéneral, como llamaban todos sus testaferros (el lenguaje de Villas terminaba por ser contagioso: lo heroico es siempre retórico) a Batista. Luego, más tarde, mirando por las ventanas que daban a la calle, vimos a la escolta comiendo (lechón evidentemente) y tomando vino o tal vez ron en el zaguán de la casa del coronel: la fiesta duró hasta tarde y así duró mi vigilia, yo mirando la calle como si me fuera a traer un mensaje de libertad. Quise haber llamado a Adriano pero llevó la consigna de cero celebración (como era conocida popularmente) a no llamar siquiera por teléfono, por temor de que a través de él viniera alguna jocosidad, de parte de Adriano, que tampoco celebraba la Nochebuena, pero que no creía en la propiedad de la orden: «Con los ascetas hemos topado», me dijo cuando conversamos con Villas la imposibilidad de celebrar las Navidades cuando había tantos héroes y mártires muertos por la dictadura. La frase era, evidentemente, de Villas quien había suspendido su celebrado buen humor desde los días de la «fracasada huelga de abril» (como se llamaba con lenguaje homérico –todo en la Revolución era homérico: cada ocasión llevaba su adjetivo propio, inalienable– a la no huelga del pasado mes de abril) y ahora Adriano y yo teníamos que vérnoslas con un heraldo de la Revolución –o de la insurrección, como luego vino a llamarse esta época: etapa, según el lenguaje oficial, código de consignas en que vino a terminar la libertad verbal con que se acogió la caída de Batista y la llegada de los guerrilleros a La Habana.

Hacia fines de diciembre, Adriano volvió a hablarme de un propósito que tenía en mente: irse a la Sierra, pero no a la Sierra Maestra, sino a la Sierra Cristal, al frente que había establecido Raúl Castro. Él sabía de las conexiones comunistas necesarias que lo llevarían sano y salvo hasta el estado mayor del Segundo Frente Oriental, donde los comunistas o sus enviados eran recibidos en bandeja de plata o su equivalente guerrillero.

–Además –me decía–, no hay tanto peligro: más peligro hay aquí, en La Habana.

Eso lo sabía yo ya y había concordado con Alberto Mora que había más peligro en cruzar una calle de La Habana (sin contar con las diversas policías: nada más que enfrentando el tráfico alocado de la capital) que vivir en las sierras, en cualquiera de los frentes: por eso es que Alberto estaba en La Habana, corriendo riesgos por cuenta de su organización en la Sierra del Escambray. No había muchos dirigentes del Directorio en la capital: tal vez Alberto fuera el único. No lo sé. No lo supe entonces. Ni lo pregunté. Ahora la proposición de Adriano (porque era una proposición, era la segunda que oía: la primera salió de la bella boca de Silvina, que se quería ir al Escambray de enfermera) me llegó casi entre sonrisas o risas: me imaginaba a Adriano, a quien su madre había bailado y limpiado (el ano con un algodón y alcohol) hasta que cumplió quince años (de ahí el aserto de su psiquiatra: «Usted es heterosexual por la decidida selección de su superego: nadie ha tenido, que yo conozca, *training* mejor para la pederastia», dictamen que regocijaba a Adriano, pero entristecía a su madre cada vez que lo repetía ante ella y el amigo de turno), digo que me imaginaba a Adriano viviendo la vida de la Sierra, que era como decir de la selva, que es lo que eran las sierras de Oriente, usando sus cremas de afeitar, fumando sus cigarrillos Abdullah (importados de Inglaterra por la casa Roberts, de Neptuno y Amistad, S.A.) y comiendo con la exquisitez con que él comía, que me daba envidia cada vez que compartíamos una cena en un restaurant, que era a menudo: nunca vi a nadie, hombre o mujer, comer con mayor delicadeza. Adriano podía, como el rey Luis XIV, invitar a sus amigos a verlo comer: era un espectáculo tan inusitado como verlo pensar. No he conocido a nadie más inteligente y he conocido a dos o tres personas verdaderamente inteligentes. Digo que me lo imaginaba en el monte viviendo la vida de la Sierra, comiendo lo poco que se pudiera encontrar (él tan *gourmet*) y durmiendo al raso, acostándose con el sol y levantándose con el sol, él tan acostumbrado a trasnochar, leyendo hasta el amanecer y durmiendo luego hasta las doce del día, cuando se levantaba para almorzar: haciendo la vida de niño rico que había hecho toda su vida, incluso ahora que estaba casado (con una niña rica, aunque ella compartiera sus inquietudes revolucionarias), y no lograba encajar a Adriano en ese contexto violento y primitivo de la guerra de guerrillas. Pero él estaba determinado a hacerlo.

—Si Carlos Rafael puede hacerlo —decía refiriéndose a Carlos Rafael Rodríguez, el dirigente comunista que ahora sabíamos que estaba en la Sierra Maestra—, también puedo yo. Además, vamos a estar muy bien conectados en la zona de Raúl Castro. Podríamos, como Alfredo —se refería a Alfredo René Guillermo, ascendido a teniente con las guerrillas del Che Guevara nada más llegar por el simple hecho de que era militante del partido comunista—, unirnos al

Che, pero esa gente está en movimiento. Prefiero un cuartel general como el de Raúl Castro. Ahí podemos tú y yo hacer un buen trabajo político.

Y yo lo creía. Ahora la Sierra no sería para mí la legión extranjera, como cuando Ella me dejó, sino una vocación, un destino manifiesto, además de que La Habana se estaba poniendo imposible para cualquiera que se manifestase contra el régimen y habría que hacerse clandestino, echar su suerte con los miembros de acción y sabotaje, terroristas que había conocido y con quienes no tenía nada en común, a pesar de la aureola romántica que los rodeaba, como a los abecedarios de tiempos de Machado, como pandilleros de una causa noble. Esta conversación tuvo lugar el día 25 por la noche, en su casa, adonde pude ir porque la consigna de no hacer reuniones se refería concretamente al día de Nochebuena y al fin de año. El día 26 coincidí en su casa con el hijo de Jorge Mañach, un filósofo cubano («Si ese monstruo borgiano existe», como decía Silvio Rigor), no el hijo sino el padre, profesor universitario, miembro ilustre del ABC cuando el machadato y ahora eminente opositor del régimen pero en la forma de oposición pasiva. El hijo (que no tenía otra credencial que ser hijo de su padre y a quien, por hablar mucho, su padre había creado una frase que Silvio, con rigor, repetía a menudo: «Jorgito, escampa», lo había conminado su padre para interrumpir su verborrea) no tenía ninguna de las cualidades del padre y yo me preguntaba qué hacía en casa de Adriano, aunque Adriano fuera alumno de su padre (casi discípulo, a juicio de una filósofa española refugiada en Cuba, quien solía decir a Adriano, para alentarlo en sus clases: «Usted se tiene que preparar para sustituir a Mañach», frase que yo copiaba a cada rato diciendo, con la voz del anunciador en la pelota: «De Cárdenas sale a batear por Mañach en el séptimo *inning*») y tal vez fuera amigo de Adita: lo que era más probable. Este visitante –yo me consideraba en casa de Adriano como en mi casa– tomó la palabra para ensalzar al régimen de Franco (lo que me violentó pero no dije nada) hablando del «complejo siderúrgico de Avilés» y después pasó a decir que sabía de buena tinta que el tren blindado batistiano había acabado con la columna del Che Guevara. Eso terminó por ensombrecer mi noche. El tren blindado figuraba en la mitología popular política como una suerte de monstruo, un dragón invencible y, más que los casquitos (como se llamaba a los nuevos reclutas de las fuerzas armadas del gobierno, casi en su mayoría negros y mulatos, apodados así por su pobre estampa física debajo del casco militar), éste se encargaría de triturar a las guerrillas revolucionarias, en especial a las tropas del Che Guevara que atacaban la ciudad de Santa Clara. Yo no podía creer que la guerrilla del Che (que ya era popular en la hagiología política nacional) fuera vencida y al mismo tiempo veía cuán juiciosa había sido mi negativa de acompañar a Titón y a su camarógrafo a la provincia de Las Villas. (Luego Titón tampoco fue, sino que fue el camarógrafo solo y mandó algunas fotos de la guerrilla en acción, fotos que mostró a Jay Mallin, entonces corresponsal de la revista *Time,* y fue así como Jay Mallin puso en contacto conmigo a Bob Hernández, otro periodista americano –pero me adelanto un poco.) Volviendo a esa noche del 26 de diciembre, sentí verdadero alivio cuando la visita se hubo marchado, cerca de las doce, y Adriano y yo nos disponíamos a usar el teléfono en serio para saber qué estaba pasando en realidad con el Che Guevara, y llamó a Celia Sánchez. Celia Sánchez compartía el nombre con la guerrillera que ya era conocida como secretaria de Fidel Castro (ya habían salido las famosas fotos de la revista *Life*) y, más modestamente, su militancia en el 26 de Julio. Fue por Celia que supimos que el tren blindado estaba en apuros: la fuimos a ver esa misma noche a su casa de la Sierra (para colmo de confusiones, esta Celia Sánchez vivía en el barrio de la Sierra y así Adriano y yo más Adita pudimos decir que íbamos a la Sierra a ver a Celia Sánchez, cosa que dijo Adriano por teléfono a Silvio, cuando éste llamó poco después de haberse ido la visita) y Celia nos contó que tenía noticias frescas de Las Villas y sabía que ya habían tomado Sancti Spiritus y estaban atacando Santa Clara, que había sido bombardeada por la aviación batistiana, pero la guerrilla del Che no sólo había mantenido sus posiciones sino que había avanzado dentro de la ciudad y el tren blindado había sido descarrilado y puesto fuera de acción. Esas noticias hicieron la noche brillante y fueron un verdadero regalo de Navidad para mí. Pero los dos días siguientes estuvieron llenos de rumores contradictorios, que nunca pude verificar ni con Villas ni con Celia Sánchez. Tampoco Adriano sabía nada. Lo que estaba más firme era su idea de unirse a las fuerzas de Raúl Castro y me arrastraba a mí en su entusiasmo: ya yo me veía subiendo sierras y entrando en el monte, con el uniforme verde olivo que habíamos aprendido a reverenciar como mitos folclóricos: Robin Hood en el bosque de Sherwood otra vez, las sagas de la niñez regresaban como posibles acciones ahora en la tardía juventud –y el invierno dejó de ser de descontento para alumbrarse con un sol no de York pero sí de verde olivo y tal vez de rojo y negro, como la bandera del 26 de Julio, otra forma de la enseña anarquista tan admirada desde los días en que había leído *Homage to Catalonia* por George Orwell. Solamente me preocupaba una función fisiológica: cómo cagar en la guerrilla. Ésta fue siempre mi preocupación en los relatos de guerra y de otras hazañas al fresco: ¿dónde defecar? Había, es cierto, las letrinas, que conocía de las crónicas de la Primera Guerra Mundial, *Sin novedad en el frente* y *El viaje al fin de la noche* que yo, cómicamente, habiendo tropezado un día con él en francés, ¡traduje el *Voyage au bout de la nuit* como *Viaje en el bote nocturno*! pero nada como el poeta Proprecio Quinto, tan afrancesado, citando a Artir Rambó y a Bodeler, tradujo a Gérard de Nerval diciendo que «el duque de Aquitania tiene la torre abolida», castración de ajedrez –hay muchos otros ejemplos de intelectuales y artistas cubanos como traductores, pero no voy a hablar de ellos ahora porque estoy hablando de la guerra de guerrillas y de cómo cagar al raso–, acostumbrado como estaba a la taza individual, al bidet posterior y a la privacidad, aunque mi primer tropiezo con una taza, en el *kindergarten* de mi pueblo, fue negarme a defecar porque «iba a ensuciar un plato tan limpio» –pero eso ocurrió hace tiempo y en otro lugar: ahora yo era un hombre civilizado y veía con cierta cautela este regreso a la vida primitiva que había conocido de niño–, es decir, que casi había conocido, pues una ciudad pequeña, como la mía, no es el campo, aunque conociera el excusado como el único inodoro posible. Hablé de estos temores con Adriano, quien se rió, tal vez acordándose del algodón alcoholizado que usaba su madre como limpiaculos nada rabelesiano.

–No te preocupes por eso –me dijo–, que si Carlos Rafael puede, también podemos nosotros.

Su medida para todo lo posible en la Sierra era Carlos Rafael Rodríguez, también yo podía añadir a Pepe Pardo, el comentarista político ahora refugiado en la Sierra y hombre dado a los trajes de dril cien y a su lujoso apartamento de La Habana: ambos, él y Carlos Rafael Rodríguez, se habían acogido al santuario de la Sierra y parecían soportarlo sin problemas. Estaba también Franqui, pero Franqui había nacido en el campo y estaba acostumbrado a la vida campesina cubana, que significa cagar en un platanal y vivir en un bohío con piso de tierra, como los que yo había conocido en mi niñez, cuando acompañaba a mi abuela a vender números a los campesinos de los alrededores. Pero esa miseria quedó atrás.

Cosa curiosa: retrospectivamente veo que no me preocupaban ni las balas ni las bombas: solamente la vida incómoda: ¿era yo ya un burgués? Debía entonces epatarme a mí mismo y escoger la guerrilla, aunque fuera nada más que por experiencia: ¿no dice Hemingway, hablando de Tolstói, que todo escritor debe experimentar una guerra para ser completo? La guerra faltaba a mi vida, aunque conociera la guerrilla urbana. En estas cavilaciones estaba en *Carteles* cuando me llamaron por teléfono que me buscaban dos personas: una de ellas era Jay Mallin, la otra me fue presentada como Bob Hernández, un periodista que, a pesar del apellido español, lo hablaba poco y mal. Nos sentamos en el sofá del recibidor.

–Bob aquí –me dijo Jay– quiere ir a la Sierra, con el Che

o con Castro: le da igual, pero quiere llegar cuanto antes. Yo le dije que tú le podías conseguir un contacto. ¿Es posible?

Miré al llamado Bob Hernández. ¿Era de veras un periodista o un agente americano? Después de todo, los americanos estaban acusados de trabajar para la CIA y la CIA de tener contactos con el BMC pero estaba Jay Mallin, que era la honradez y la ingenuidad, esas dos virtudes americanas, personificadas. Le dije que tal vez fuera posible, pensando en Villas y también en Celia Sánchez, pero que me hacía falta tiempo.

—Yo quiero ir cuanto antes —me dijo Bob Hernández—. Hoy mismo si es posible.

—Así no va a ser posible —le dije yo—, tengo que hacer los contactos.

—¿Cuánto tiempo necesitas? —me preguntó Jay Mallin.

—No lo sé —le dije—. Un día, dos. No sé.

Lo que era la verdad y lo vio en mi cara.

—Bueno, Bob aquí está parando en el hotel Regis, ¿puedes llamarlo allí cuando sepas algo positivo?

—Sí, seguro —le dije, y ellos se pusieron de pie y yo les estreché las manos, primero al llamado Bob Hernández y después a Jay.

Pensaba en que me había dicho el hotel Regis y fue allí donde un americano curioso, un día 13 de marzo de 1957, se asomó a la ventana al oír un tiroteo y fue a su vez acribillado por una ametralladora que empuñaba un soldado de Batista. Un buen amigo suyo juró vengar su muerte y de Estados Unidos vino a incorporarse a la guerrilla del Escambray. Se llamaba William Morgan y ahora era conocido como el guerrillero Bill. Pronto, en unos meses, sería conocido por toda Cuba y también en el extranjero —y yo tendría el privilegio de hablar con él en su breve, brava vida.

Llamé a Adriano y quedamos en almorzar juntos en El Carmelo, justo en el corazón de la burguesía: el mejor lugar para conspirar —si se hacía con cuidado. Llegué puntual pero como siempre Adriano se presentó tarde, como

427

con media hora de retraso, y yo tenía dos Bloody Marys en el estómago. Hacía tiempo que no bebía y ahora lo hacía para reunir el coraje: no hay nada que ablande tanto como una Coca-Cola o un helado, de ahí que cambiara para el vodka viscoso. Pedimos nuestros platos y, aprovechando la ausencia de camareros –nunca se sabía dónde había un agente de la policía batistiana: esta ubicuidad le costaría la vida a más de uno en unos días–, hablamos de nuestro problema.

–Hay un americano aquí, un periodista.

Adriano miró para todas partes: conocía ya ese chiste suyo.

–¡No aquí en El Carmelo, estúpido, sino en La Habana!

–Ah, bien –dijo Adriano, sonriéndose y mostrando la abertura que tenía arriba, entre diente y diente, y que tanto le molestaba, tanto que pensaba sacarse sus dientes sanos para ponerse un puente de dientes postizos.

–Este americano –continué yo– parece ser un periodista importante y quiere ir a la Sierra.

–Ah –dijo Adriano, usando su interjección favorita–, trabajo para Celia Sánchez, más conocida como Celia Sánchez y Agramonte.

–Sí, ya lo sé –le dije yo–. Pero fíjate que él no quiere unirse a la columna del Che Guevara.

–Que, entre paréntesis –me dijo Adriano–, parece haber tomado Santa Clara, según me dijo Otto Vilches.

Otto Vilches, si ése era su nombre, aunque por improbable debía de serlo, era el contacto de Adriano con los comunistas. Vilches aparentemente era guardaespaldas o amanuense de alguien grande en el partido y cultivaba la amistad de Adriano como si proselitizara: no he hablado antes de él porque no me simpatizaba mucho, con sus ojos hundidos, su bigotico y sus anchos y grandes dientes, siempre prestos a una sonrisa sardónica. Otto Vilches era comunista y mujeriego a la vez, cosas que me parecían incompatibles, aunque mi padre, a su manera escondida y esquinada, era también mujeriego a pesar de que lo negase y pareciese en casa un modelo de amante esposo. Pero ahora no se trataba de Otto Vilches, a quien iba a ver, sin saberlo, mucho en los días siguientes, sino de otra cosa.

–Este americano –traté de continuar– quiere ir a la Sierra.

–¿Con Fidel Castro? –me preguntó Adriano, a quien no hacía mucha gracia Fidel Castro.

–No ha dicho dónde –dije yo–, por lo que se le puede convencer de que es más fácil ir al Segundo Frente con Raúl Castro.

–Ah –dijo Adriano–, ¿y si fueran siendo federales? –con acento mexicano imitando mi imitación de Mariano Azuela.

–¿En serio? –le dije yo.

–Sí –me dijo él–, en serio.

Momento u ocasión en que mi interlocutor y el que habla aprovecharían para ser su guía político y, como si dijéramos, también local.

–Aunque –continuó Adriano–, me asalta una duda: ¿qué sabemos tú y yo de la Sierra Cristal?

–Eso no importa. Mira a Franqui: él no sabía nada de la Sierra Maestra y allí está dirigiendo la Radio Rebelde.

–También está Violeta Casal –dijo Adriano, a quien le sonaba el nombre sonoro de esta actriz comunista, ahora locutora de la Radio Rebelde–. Y Carlosa Rafaela Rodrigueza, como diría un soviético.

–Y otra mucha gente –añadí yo, embullado a convertirme en guía de Bob Hernández–. Entonces –continué en voz baja porque se acercaba un camarero a preguntar si los señores querían algo más, no, muchas gracias, y se fue y fue entonces que continué hablando–: no te queda más que contactar a Celia Sánchez. Cosa que creo que debes ir haciendo desde ya.

–A sus órdenes, mi subteniente –dijo Adriano, imitando mi imitación de Alfonso Bedoya: por alguna razón el acento mexicano se le convertía en algo dudoso, como un cubano afeminado, y sin embargo era muy adicto a adoptarlo, sobre todo en momentos serios como éstos.

–¿Cómo hacemos? –le pregunté.

–Yo contacto a Celia Sánchez y tú traes al americano. ¿Aquí?

–No –dije yo–, vamos a buscar un terreno neutral, como el Miami, por ejemplo: el americano se hospeda en el hotel Regis.

–Me parece bien –dijo Adriano–. ¿A qué hora?

–Cuando Celia pueda. ¿No te parece?

–Sí –dijo Adriano–, ahoritita mismo voy a llamarla –y se levantó rumbo al teléfono público.

Había alguna gente en El Carmelo ese día último del año, pero no estaba Néstor Carbonell ni Óscar Gans ni ninguna de las figuras políticas que hacían tan entretenido antes este lugar, donde se podía armar una broma nacional en unos pocos instantes con sólo saludar a uno de los políticos que te tomaban invariablemente por lo que se llama en la Cuba política un correligionario, que suena casi a un legionario que corre: algo se estaba marchitando en la vida cubana desde hace mucho tiempo pero era ahora, fin de año, que se hacía evidente.

Regresó Adriano.

–Dice Celia Sánchez –dijo, llamándola siempre por su nombre y apellido– que puede ser esta misma noche, a eso de las diez. ¿Te parece bien?

–A mí sí –dije yo–. Ahora no tengo más que contactar al americano.

–Se dice hacer contacto, maldito anglófilo –dijo Adriano, refiriéndose a mi contactar de hace un momento.

–Bueno, contactar, hacer contacto: es lo mismo –dije yo, no sabiendo por qué estaba de tan buen humor.

A mí la suspensión de la celebración del fin de año, aunque la comprendía, me había puesto de mal humor: se me ocurría que había otras formas de acabar con Batista, aunque yo no las adoptara, o sí: hacer contacto entre Celia Sánchez y Bob Hernández era una manera mucho más activa de ayudar a acabar con lo que Adriano llamaba «este tiempo de oprobio y baba», parodiando a Borges hablando del peronismo. Me levanté a mi vez y me llegué al teléfono público de El Carmelo –que era realmente público: había centenares de personas abejeando en torno de él. Pero me acerqué como pude, con prudencia que no fuera evidente: todavía estaban los camareros activos y yo me creía la fábula popular que los hacía agentes del SIM o del BRAC o del BI o de cualquier otra de las siglas terribles. Marqué el número y al responderme pedí la habitación de Bob Hernández. Salió él: era evidente que estaba esperando esta llamada o quizás otra similar. Me identifiqué con la máxima discreción (nunca se sabía quién estaba oyendo el teléfono además de la persona en cuestión) y le dije que nos veríamos a las diez en el restaurant Miami. ¿Sabía él dónde estaba? Creía que sí. Bueno, entonces a las diez.

Fuimos Adriano y yo en mi maquinita a buscar a Celia Sánchez a la Sierra, cerca de las diez de la noche. Salió ella a la calle, sonriente como siempre: he aquí una heroína tranquila. Esta mujer tenía contacto directo con la dirigencia del 26 de Julio en La Habana y tal vez en otras partes: Santiago de Cuba, la misma Sierra y he aquí que parecía una mosquita muerta, incapaz de levantar la voz ante la más evidente injusticia o el mayor oprobio: pero ella era todo lo contrario y de haber sido linda (era *piuttosto brutta*, como decía Silvio Rigor), hubiera sido la heroína perfecta: pero tal vez en la película o en el libro que se haga en el futuro sobre estos días, ella aparecerá con la belleza que Jennifer Jones daba al personaje de la terrorista en *Rompiendo las cadenas:* aquella otra, seguramente, debió ser fea, aunque ahora, entre la gente del Directorio y del 26 de Julio, había más de una belleza, como se revelaría dentro de unos días –qué digo, ¡dentro de unas horas!

Fuimos de la Sierra al Miami en pocos minutos, Celia Sánchez encogida en el asiento trasero (que era para niños o, conociendo que el carro era inglés, para perros, pero nunca para un humano adulto) y Adriano a mi lado, indicando que enfiláramos por la avenida General Batista, «más conocida como calle Línea –dijo él–. Avenida a la que durará poco tiempo su nombre de usurpador». Vigilé que mientras decía esto y parábamos en el semáforo frente a El Jardín no hubiera una perseguidora o carro del SIM aparejado al nuestro. Llegamos por fin al Miami, que era uno de mis puntos de parada, como El Carmelo y El Jardín eran otros y Doce y Ventitrés (así pronunciado) era otro oasis del desierto que era ahora la noche habanera: ahí mismo, en un rincón, está la quincalla donde compro a menudo puros: «Un Por Larrañaga, por favor», que es el mejor tabaco del mundo, aquel que se permite el lujo de no poner banda ni anillo en sus cigarros: la calidad del humo es su mejor etiqueta. Aquí estamos en este restaurant moderno (tiene un excelente aire acondicionado) y a la vez tradicional: ahí están sus mesas de maderas cubanas y sus arecas haciendo los rincones verdes y su larga barra donde sirven lo mismo un buen mojito y un mejor daiquirí (pero nunca comparables, respectivamente, a los servidos por la Bodeguita del Medio –que ahora es la Bodeguita del Miedo, por tanto que la frecuentan Masferrer y muchos de sus tigres de garras de plomo– y el Floridita, que está ahí donde señala Martí desde su pedestal) que un delicioso batido de papaya (hay que decir fruta bomba en La Habana porque papaya, una inocente palabra india, significa el sexo femenino entre los habaneros, llamados en el futuro los hablaneros, pero ahora silenciosos mientras se acerca el nuevo año) y entre digresiones encontramos la mesa en que ya está sentado –puntual– Bob Hernández a quien reconozco. Le presento a Celia Sánchez y él pone cara de reconocer el nombre y aunque me reprimo de decir *She's not the Celia Sánchez*, me sonrío mientras le presento a Adriano de Cárdenas y Espinoza o Spinoza (así le digo el nombre y Bob Hernández, que, como su nombre indica, sabe algún español, sonríe mientras Adriano tiene que sonreír: es bueno que mantengamos el humor mientras celebramos esta reunión clandestina en público) y él, que se ha levantado, nos invita a sentarnos en torno suyo, e inmediatamente –buen americano– le pregunta a la pseudo Celia Sánchez qué va a tomar, en vacilante y acentuado español, y repite la pregunta en torno suyo. Celia vacila y Adriano vacila mientras cada uno pide un Alexander (Celia: es la bebida de las damas ahora en Cuba) y un whiskey con soda (Adriano: todavía no es el bebedor que será en el futuro, pero ya cambia sus tradicionales batidos por whiskey) y un daiquirí (yo

que no bebo whiskey desde los días en que me obligaba el
amor no correspondido, correspondido por Ella), sendos
tragos que son encargados al camarero ubicuo (ninguno,
afortunadamente, tiene la fama que tienen algunos de los
de El Carmelo, de ser chivatos o informantes: tal vez porque al Miami vienen menos antiguas figuras políticas que
a El Carmelo) que parte raudo con su orden. Cuando se ha
ido el camarero se hace el silencio: nadie sabe qué decir primero y es Celia Sánchez, con su timidez, detrás de sus lentes que acortan su perfil, quien dice:

–Los amigos acá –esos somos nosotros dos: Adriano y
yo– me dicen que usted quiere hacer un viaje.

Excelente línea para comenzar una conspiradora en público: a la vez precisa y suficientemente vaga como para
que no la entiendan oídos ajenos.

–Bueno, yo –comenzó Bob Hernández, hablando en su
mejor español, todavía con demasiado acento: es luego,
más tarde, que sé que su padre era español pero que él nació en Estados Unidos, adonde había venido su padre de
Jamaica, y perdió cuando niño el hábito de hablar español,
que sabía muy bien entonces, idioma que ahora, al venir a
Cuba, ha desempolvado del desván de su memoria– querría ir, si es posible.

–Todo es posible –dijo Celia Sánchez sonriendo–. De-
pende de cuándo y adónde quiere usted ir.

–Bueno –dijo Bob Hernández–, yo quiero ir al sitio más
alto –y me gusta su eufemismo: exacto y vago, como la frase introductoria de Celia Sánchez– y cuanto antes mejor.

Bob Hernández habla lentamente y en uno de sus espa-
cios regresa el camarero con los tragos.

–Gracias –dijo Bob Hernández–. ¿Cuándo podría ser?

–Bueno –dijo Celia Sánchez un tanto evasiva–, eso hay
que verlo. Primero hay que hacer los contactos y después
buscar a la gente que conozca el camino.

Casi me ofrezco yo entonces: yo conozco la provincia
de Oriente. Ahí nací y, no hace mucho, viajé por casi toda
ella, llegando hasta Santiago y su Puerto de Boniato, que
está en la zona oriental de la Sierra Maestra. Pero es evi-

dente que hacen falta prácticos, pilotos que naveguen entre los puertos de montaña y lleven a su escoltado visitante al lugar indicado –y seguro.

–No es problema para mí –dijo Bob Hernández–. Es más, yo estoy esperando a un colega norteamericano –me gustó cómo se cuidó de no decir americano entre los susceptibles nativos– y no vendrá hasta dentro de dos o tres días. Aunque, si es preciso, yo puedo irme cuando usted lo diga.

–Bueno –dijo Celia Sánchez–, yo estoy en contacto con acá –qué bueno que empleara ese adverbio y no mi nombre para que no lo oyeran oídos terceros y no me obligara a mí a transcribirlo ahora– y a través de él podemos ponernos en contacto enseguida. Usted sabe las condiciones en que se viaja, me parece.

–Me las puedo imaginar –respondió Bob Hernández, que podría haber dicho: «Son las mismas que encontró Ambrose Bierce para dar con Pancho Villa», pero no lo hizo. Quiero decir, que no dijo nada.

–Bueno –dijo Celia Sánchez–, entonces no tengo que decirle lo difíciles que son, aun ahora, precisamente ahora.

–Lo comprendo –dijo Bob Hernández. Era evidente que no había más que decir y Celia Sánchez apuró (en ambos sentidos) su Alexander, mientras yo demoraba mi daiquirí: diciembre no había sido demasiado frío ese año.

Bob Hernández observó que Celia Sánchez había terminado con su trago y propuso:

–¿Quiere tomar otro?

–No, gracias –dijo Celia Sánchez–. Nos tenemos, mejor dicho: me tengo que ir. Si tú te quieres quedar –me propuso–, yo puedo regresar a casa en una máquina de alquiler.

–De ninguna manera –le dije yo–, yo te traje, yo te llevo. Bueno, Bob, nos vamos a ir. Yo te tendré informado de lo que haya.

–Está bien –dijo él poniéndose de pie al tiempo que lo hacía Celia Sánchez–. Mucho gusto y muchas gracias –le dijo a ella.

–No hay por qué –dijo Celia Sánchez–. Gracias a usted. Visitas como la suya, por lo que me cuenta su amigo –y Celia Sánchez se las arregló una vez más para no pronunciar nombres, el *training* de la clandestinidad: se refería a mí, por supuesto–, es lo que nosotros necesitamos.

–De todas maneras –dijo Bob Hernández–, muchas gracias. Gracias a ti también –dijo, volviéndose hacia mí.

–No hay de qué. Hasta luego.

–Nos vemos –dijo Bob Hernández, y a Celia Sánchez–: Adiós.

–Mucho gusto –dijo Adriano, tendiéndole la mano a Bob Hernández.

–Encantado –dijo Bob Hernández.

Y nos fuimos, dejándolo en la acción de volverse a sentar, tal vez para tomar otro trago o para pedir la cuenta. Cuando salimos, cerca de las once, había muy poca gente por esta parte de La Habana moderna (la llamo así para diferenciarla de La Habana Vieja propiamente dicha y de La Habana contemporánea que se reunía alrededor de La Rampa) y el paseo del Prado se veía vacío. Cojimos mi maquinita y desandamos el camino rumbo a la Sierra, a dejar a Celia Sánchez en su casa y a cumplir la consigna de dejar la calle a la policía y a la gente de acción y sabotaje como eufemísticamente se llamaban las brigadas del 26 de Julio que el partido comunista (y el gobierno de Batista, coincidiendo una vez más) llamaba terroristas. Por Nicanor del Campo se nos atravesó una máquina del SIM, pero no se detuvo por nosotros sino que tomó la calle a gran velocidad. Luego, unas esquinas más tarde, otra máquina del SIM pasó rauda.

–Eh, caballeros –dijo Celia Sánchez desde el asiento trasero–, ¿pasará algo?

–¿Qué va a pasar? –le dije yo escépticamente.

–No sé. Hay un movimiento extraño.

Pero yo no me dejé llevar por una intuición femenina: error mío, ya lo sé.

–Seguro que van adonde estalló una bomba –sugirió Adriano y me gustó cómo aun en un momento trivial (luego se mostraría terriblemente trascendental) se cuidaba de decir estalló y no explotó como cualquier otro cubano: no todos los cubanos nacen en Berlín.

–¿Máquinas del SIM? –preguntó retóricamente Celia Sánchez–. Eso se lo dejan, si es una bomba, a las perseguidoras que trabajan con las estaciones locales. Las máquinas del SIM tienen que ver mayormente con el ejército.

–Pero no pasa nada –insistí yo obtusamente.

Finalmente llegamos a la casa de Celia Sánchez en la Sierra sin haber visto otra máquina del SIM.

–Bueno –dijo ella al bajarse–, yo te llamo, Adriano, en cuanto sepa algo, que será mañana por la tarde, me parece, si es temprano. Si no, será pasado mañana. En cuanto a ti –me habló a mí–, muchas gracias por traerme.

–Y por llevarte también –le dije yo, en broma.

–Y por llevarme, claro –dijo Celia Sánchez–. Supongo que te veré en uno de estos días.

–Sí, claro. Ahora yo visito mucho a Adriano.

–Bueno. Está bien. Hasta luego.

–Hasta luego.

–Hasta luego –dijo Adriano, usando el saludo de despedida favorito de los cubanos, que nunca quieren decir adiós: supersticiones de la nación. Arranqué cuando ya Celia Sánchez había entrado en su casa, y volviendo a tomar la calle Línea, su continuación en Marianao, me dirigí directamente al Focsa, a dejar a Adriano. Lo hice y nos despedimos hasta mañana, cuando, según le dije en el trayecto, nos pondríamos de acuerdo para viajar o no con Bob Hernández: aún entonces Adriano prefería el frente de Raúl Castro a la Sierra Maestra, pero sería cuestión de convencerlo. Al dejarlo en el Focsa subí por N a coger la calle 23 y al pasar por el Hilton vi la alegre iluminación de su fachada y alguna gente que entraba en él, y caminando por la acera veo nada más y nada menos que a las hermanas Verano, las gemelas Junia y Julia, vestidas de noche, no de largo pero con trajes que brillan como la lentejuela o la mostacilla: trajes de noche para el invierno amable cubano. Seguí y parqueé junto al Hilton y me bajé esperando a que ellas pasaran por mi lado.

–Buenas noches y feliz año –les dije. Ellas no me iban a hacer caso pero miraron y vieron que era yo.

–Eh, tú –dijo Junia, tan popular como siempre. Y Julia, más tímida, aunque fueran gemelas idénticas, me llamó por mi seudónimo y las dos vinieron hasta mí, que me había recostado en mi carro.

–¿Dónde van tan bellas y arriesgadas? –les pregunté, y las dos respondieron al unísono:

–Ay, hijo, al Jilton.

Junia y Julia Verano, las gemelas de la farándula –mejor dicho, las estrellitas que empezaban y a quienes había conocido hacía pocos días en la cafetería de Radiocentro y que parecían ideales para un *ménage à trois*, si no fuera porque ellas no conocían esa frase, de todas maneras fáciles cada una por su cuenta aunque estuvieran lejos de ser las Dolly Sisters cubanas: me refiero a las bellezas que estuvieron de moda en Cuba (y creo que en México también) al final de los años cuarenta: Junia y Julia bien podrían ser sus dobles, aunque carecieran de la picardía de las Dolly Sisters cubanas.

–Ay –dijo una, comenzando por esa exclamación de cante jondo que es tan popular entre las mujeres populares de Cuba–, ¿y por qué no nos acompañas?

–Ay, sí –dijo la otra–. Ven con nosotras. Nada más que hasta el salón.

–¿De qué? ¿De té? –les pregunté yo a cada una, en broma.

–No, chico –dijo Junia–, al salón de baile.

–Al cabaré –dijo Julia–. Nada más que hasta la puerta. Si quieres no entras.

Decidí pensarlo. La consigna rebelde era no celebrar el fin de año, ni asistir a los sitios de fiesta ni a ninguna celebración. Hasta ahora yo la había cumplido al pie de la letra, pero de pronto se me presentaron estas dos tentaciones o esta tentación doble como a san Antonio y pensé que ya había hecho bastante revolución (¿pensé entonces en la palabra insurrección?, no lo sé: nunca lo supe) por ese día, por ese año como quien dice, arriesgando la posible prisión con servirle de contacto a un periodista extranjero con una terrorista, y finalmente decidí irme con Junia y Julia, contestando al llamado de las ninfas. Me coloqué en medio de las dos, di a cada una un brazo y así abrazados caminamos acera arriba y luego subimos los cortos escalones para después franquear el *lobby* del Hilton y finalmente ascendimos en el elevador hasta el piso indicado. Para mi sorpresa había bastante gente esperando el año nuevo bailando y yo, que no bailo (excepto cuando el baile es un subterfugio del amor), me zafé de los brazos níveos de Junia y de Julia Verano y les dije:

—Bueno, hasta aquí llegó mi amor —queriendo decirles que no las acompañaba más.

—Pero ¿y eso? —preguntó Junia.

—Tú no te puedes ir —dijo Julia.

—Lo prometido es deuda, ya sé, y sólo les prometí, como ustedes propusieron, hasta la puerta.

En ese momento había visto a varios conocidos bailando, uno de ellos (cuyo nombre no voy a repetir) con bastante conciencia política como para no estar allí, y decidí en contra de mi primitiva, apresurada decisión: tenía que irme de allí, a pesar del doble encanto de las hermanas Verano.

—¡Ay, tú! —exclamó Julia.

—¡Qué pesadez! —la siguió Junia.

—Las dejo, plumas de avestruz, para ceñir mi espada.

—¡Cómo! —exclamaron las dos al unísono.

—Que la noche es de ustedes. Tengo que irme. Nos veremos otro día o tal vez otra noche.

Junia y Julia ya casi bailaban en su sitio, movidas por la música —un chachachá de moda—, y allí las dejé: muy pronto tendrían compañero. Pero mi escapada rauda no me salvó del saludo del conocido, que me dijo:

—Dichosos los ojos. Feliz año nuevo.

—No ha terminado el viejo todavía.

—Pero falta poco.

Todavía recuerdo esa frase como si hubiera sido dicha en otro contexto, uno político: fue la última frase pública que oí ese año. Mi conocido estaba bailando y se había separado de su pareja, su mujer creo, para felicitarme y después siguió bailando. Aproveché ese instante en que ya había dejado de ser el centro de atención de las hermanas Verano y que mi conocido público se retiraba con un paso de baile, para encaminarme hacia los elevadores, descender, salir a la calle, meterme en mi máquina y conducir hasta mi casa: cuando llegué todavía no eran las doce. Todo estaba en calma, todo el mundo en cama. Mi madre, a quien tanto le gustaba despedir el año, le había hecho caso a mi hermano y se había retirado temprano. Mi hermano creo que dormía: por lo menos la luz de su cuarto, como la del cuarto de mis padres, estaba apagada y mi abuela seguramente dormía, como de costumbre, desde temprano. Sólo salió a recibirme mi perro Ready y al encender la luz de mi cuarto comprobé que mi mujer no dormía –o tal vez se había despertado con mi llegada. En todo caso me esperaba con los ojos abiertos. No nos dijimos nada y después de desvestirme (entonces no dormía en payamas) me metí en la cama, y me dispuse a leer un libro: uno cualquiera de los varios que estaban en la mesa de noche y que leía a retazos.

El fin llegó como un anticlímax. Estaba todavía leyendo cuando sonó el teléfono. Me levanté y fui hasta la sala a descolgarlo. Era Adriano.

–Oye –me dijo–, parece que efectivamente pasaba algo, como presagió Celia.

Solamente Adriano era capaz de decir «presagió» a la una de la mañana.

–¿Qué pasa?

–Parece que el hombre se ha ido. –Adriano había decidido, ahora, ser críptico y cauteloso.

–¿Qué hombre?

–El Hombre, Batista. Me lo han dicho de buena tinta.

Yo no lo podía creer.

–Seguro que es una bola.

–¿Por qué no llamas a Ortega a ver si como director sabe algo?

Adriano no podía evitar ser irónico, aun en ese momento.

–Está bien. Voy a llamarlo enseguida.

Llamé y me salió Ortega al instante.

–Oiga, Ortega, ¿es verdad el rumor que circula de que Batista se fue?

–Sí, sí, sí –dijo Ortega muy excitado, su pronunciación española haciéndose más cerrada–. Me acaba de llamar Miguel para decirme que se ha ido. Estoy esperando su llamada para confirmar cómo ha sido la fuga.

–Bueno, gracias –fue todo lo que pude decir y colgué.

Me detuve un momento junto al teléfono decidiendo si llamar a Adriano o no: decidí despertar primero a mi familia. Me fui al cuarto de mi hermano y lo toqué por el hombro: no se había despertado con el teléfono, pero ahora se despertó.

–Óyeme, me acaba de decir Ortega que se ha ido Batista.

Ya desde su cuarto venía mi madre y lo oyó.

–¡No me digas! –dijo y ya no quedaba en ella nada de la antigua simpatía de los viejos comunistas por el Batista que conocieron a finales de los años treinta. Mi padre se levantó y soltó esa exclamación tan cubana:

–¡Ya tú sabes!

Yo, antes de comentar más la noticia y de llamar a Adriano, me dirigí a las ventanas de la calle: 23 estaba solitaria, sin una máquina que cruzara, y la escolta habitual del coronel había desaparecido como si un prestidigitador la hubiera suprimido. Volví a mi cuarto donde mi mujer, ya enterada de la noticia, estaba sentada en la cama. De repente el teléfono comenzó a sonar en la casa del coronel: a través de las ventanas abiertas pero a oscuras se oía el timbre con toda claridad: nadie respondía y el teléfono seguía sonando. Pensé en el teléfono que suena en otra pieza en *El diario de Anna Frank:* casi tan ansiosos como ellos en la obra, mi familia en la vida real esperaba que el teléfono fuera descolgado o se callara. Pero seguía sonando, solo, alarmante, eterno, sus timbrazos me confirmaban más que la voz de Ortega la noticia de que Batista había huido: también el coronel había emprendido la fuga. Fue entonces, cuando estaba de veras convencido de que Batista había huido, que llamé a Adriano. Su teléfono estaba ocupado y mi madre salía del cuarto.

—¡Por nada del mundo vayas a salir ahora a la calle! —me dijo, adivinando mis intenciones—. Recuerda lo que pasó con Machado el ocho de agosto.

Se refería a la falsa fuga del dictador Machado, en 1933, cuando media Habana se dirigió al Palacio Presidencial a ver la casa del tirano (Machado había construido el palacio) y fueron recibidos por las ametralladoras que disparaban desde Palacio: Machado estaba todavía en el poder y murieron muchos en el parque Zayas. Mi madre temía ahora una repetición de la historia. Yo no le dije nada y volví a marcar el número de Adriano. Descolgó enseguida el teléfono.

—Es verdad —le dije—. Ortega me lo ha confirmado. Se lo dijo Miguel Ángel Quevedo, que debe saber la noticia de fuentes fidelinas.

—Ah, caray —dijo Adriano en su exclamación típica de los momentos importantes—. Así que se nos fue el Hombre. Y tú aprovechas el momento para hacer juegos de palabras.

Lo había hecho casi inconscientemente. Conscientemente estaba muy excitado y de lo que tenía ganas no era de hablar por teléfono sino de salir a la calle a dar gritos: a despertar a todo el mundo, es decir a toda La Habana, que dormía inocente de toda noticia. Me contenía un resto de prudencia, que Adriano trató de hacer desaparecer.

—¿Por qué no vienes para acá?

—No, ahora no. Voy a esperar que sea más de día.

—Temeroso el hombrín —dijo Adriano.

—Prudente —dije yo—. Pero no te preocupes que estaré ahí dentro de un rato. Voy a colgar ahora para llamar a Titón y a Olga y darles la noticia.

Pero no llamé por teléfono sino que le pedí a mi madre que hiciera café. Cuando estuvo hecho lo tomé puro, aunque no lo necesitaba: la excitación me mantendría despierto. Mi hermano ocupó el teléfono para llamar a no sé dónde (luego supe que había llamado, cosa curiosa, a Elena, a su casa de huéspedes, para saber si estaba bien) y se puso a conversar. Yo quería decirle que el teléfono debía estar desocupado o estar ocupado lo mínimo para recibir más noticias: tal vez Ortega tuviera algo más que decirme y esa noche, esa madrugada, el teléfono ocupado me salvó de participar en una aventura que podía haber sido muy peligrosa y que de sublime terminó en un ridículo apropiado. Raudol me había llamado (me lo dijo luego) para invitarme a la toma de La Cabaña, hazaña que completó con media docena de civiles: no tuvieron más que llegarse a los mandos militares y anunciar que tomaban La Fortaleza en nombre del 26 de Julio. Ignoro si Mimí de la Selva estaba en el grupo, ya que bien pudo ella tomar también La Cabaña. El tiempo no pasaba y decidí salir a la calle, a buscar a Titón para darle la noticia, más que esperar a que mi hermano terminara de hablar por teléfono y llamarlo entonces. Toda la calle 23 estaba solitaria: no me encontré una sola máquina (sí: hubo un solitario carro de leche) por el camino hasta la avenida de los Presidentes. Me bajé, cogí el elevador y me llegué al quinto piso, donde vivía Titón. Tuve que tocar el timbre largo rato y al cabo salió Olga a abrir la puerta, en bata de dormir, los ojos casi cerrados y bostezando: no era un espectáculo precisamente erotizante aunque el momento era histórico, no erótico, yo me había dejado arrastrar por la historia. Entré.

–¿Qué pasó? –preguntó Olga en otro bostezo.

–Batista. Se ha ido.

–¡Cómo! –Su pregunta era una exclamación.

–Que Batista se fue, se fugó. Ido.

–¡No lo puedo creer!

–Pues es cierto. Vamos, despierta a Titón.

Olga corrió al cuarto y a los pocos segundos reapareció con Titón, que daba tumbos de dormido.

–Él estuvo dibujando hasta muy tarde –explicó Olga para excusar el sueño de Titón, que se había pasado la noche sin celebrar el fin de año (que ahora, en unas pocas horas, se había convertido en el fin de una era: yo no lo sabía bien, no sabía hasta qué punto ese 31 de diciembre de 1958 terminaría con tantas cosas, malas y buenas y regulares), dibujando sus policías acromegálicos y sus vecinas adiposas. Ahora lo desperté yo:

—Batista se fue.

—¡No me jodas! —dijo él abriendo los ojos y luego fregándoselos para despertarse del todo. Su exclamación podría parecer que no creía en mi noticia pero era su habitual reacción ante todo acontecimiento.

—¿Cómo lo sabes? —me preguntó Olga.

—Me llamó Adriano que había recibido un rumor proveniente del partido y yo llamé a Ortega quien lo confirmó. Se la habían dado a Quevedo de buena tinta. Tal vez del mismo Palacio.

—¡No me jodas! —volvió a decir Titón—. ¿Qué vas a hacer tú ahora?

—No sé. Irme para casa, supongo.

—¿Por qué no vamos a casa de Pepe?

Se refería a Pepe Massó, muy amigo suyo y como él protoñángara. Ñángara es un apodo cubano para decir comunista entre familia, que deriva del despectivo comuñángara y a su vez los ñángaras se dividían en ñángaras propiamente dichos, los protoñángaras, los pseudoñángaras, los sesquiñángaras y los criptoñángaras. Pepe Massó, como Titón, era protoñángara.

—Bueno —dije yo—, vamos.

—¿Vamos en tu máquina?

—Sí, claro —dije yo—. Así hablamos por el camino y no formamos una caravana o safari.

Olga se rió: estaba contenta. Titón estaba muy contento y yo estaba más que contento: estaba alborozado, alboreado. Fuimos hasta casa de Pepe Massó (no quedaba lejos: estaba en el mismo Vedado) y lo despertamos, dándole la noticia que yo había repetido tantas veces esa madrugada. Pepe Massó tampoco lo quería creer: nadie quería creer que Batista hubiera dejado el poder tan de repente. Después de despertar y darle la noticia a Pepe le pregunté a Titón si se quedaba en casa de Pepe o lo devolvía a su casa y él decidió regresar a su casa conmigo. Cuando salimos ya estaba amaneciendo y a pesar de que era invierno iba yo con la capota bajada porque no había frío ese 1 de enero de 1959, comienzo de una era, un día histórico, aunque a juzgar por la quietud de la calle casi todo el mundo lo pasaba durmiendo. Después de dejar a Titón en su casa, me dirigí al Focsa, a buscar a Adriano. Cuando llegué, él estaba vestido y hablando por teléfono con alguien a quien trataba muy respetuosamente y de quien se despidió diciendo:

—Bueno, Juan, ya nos veremos más tarde.

Yo sospechaba quién era ese Juan al que Adriano trataba tan respetuosamente, pero no podía creer que él tan temprano se pusiera al habla con el presidente del partido.

—¿Quién era ese Juan?

—¿Quién va a ser? Marinello.

Era Juan Marinello sin duda alguna: Adriano se codeaba ya con la plana mayor del partido.

—Ya se puede saber y ahora te lo puedo decir. Otto Vilches es el secretario de Marinello.

—Ah, vaya —dije yo pero pensé que por una vez Adriano había sido reservado y tenía un secreto para mí: yo que me sabía su vida íntima casi como sabía la mía, él que hasta me contaba las veces que se acostaba con su mujer, los «palos que echaba», es decir, la frecuencia de orgasmos durante el coito: todo. Ahora resultaba que su amigo Otto Vilches, el del nombre improbable, los dientes grandes y los ojos saltones hundidos, era el secretario de Juan Marinello, presidente del Partido Socialista Popular, es decir, de los comunistas—. Se entera uno de cosas en esta casa —terminé por decirle. Adriano se sonrió mostrando la división entre sus dientes. ¿Sería por esto que era tan chismoso? ¿O pensé en que era chismoso porque había tenido una reserva conmigo?

Decidí cambiar de tema.

—¿Por qué no llamamos a Silvio?

—Ya yo lo hice —me dijo Adriano—. ¿Y tú sabes lo que me dijo?

—No. ¿Qué te dijo?

—Literatim: «Yo soy como Hegel: prefiero la filosofía de la historia a la historia. La primera historia ponla con mayúscula». Eso fue lo que me dijo. No estaba nada interesado en la caída de Batista ni en lo que va a ocurrir ahora y hasta me pareció que le molestó que lo despertara para darle la noticia.

Yo me reí: yo me estaba riendo recordando a Silvio, teniendo presente su cara y la frialdad con que acogió la noticia que le dio Adriano. Era típico de él responder con la pedantería con que respondió, como era típico de Adriano anteceder esa andanada pedante con otra pedantería, esta vez en latín.

—Bueno —dijo Adriano—, ¿cómo hacemos?

—¡Hola! Feliz año.

Antes de responderle a Adriano había entrado Adita sonriendo con sus grandes, fuertes dientes.

—¡Feliz era nueva! —le dije a modo de respuesta.

—Sí —dijo ella—. ¡Feliz era nueva!

—Es una lástima no tener champán —dijo Adriano.

—No lo compramos siguiendo la consigna —explicó Adita.

—Bueno, ahora hay que ponerse manos a la obra —dijo Adriano—. Lo primero es poner preso a Ramón Saa —se refería al padrastro de Margarita Saa.

—Ay, Adriano —exclamó Adita.

—¿Y para qué tú quieres poner preso a ese señor? —le pregunté.

—Por haber sido ministro del régimen —dijo Adriano.

—Mejor dejamos eso.

—Sí, Adriano —dijo Adita—, deja eso a otra gente.

—Bueno —dijo Adriano—, sólo era una sugestión, vulgo sugerencia.

—Sí —dije yo y propuse—: Vamos a salir.

—¿Adónde? —preguntó Adita.

—A ver despertarse La Habana a un nuevo régimen, a ver cómo reacciona la gente.

—Vamos —dijo Adita—, va a ser muy divertido.

—No, nené —terció Adriano que a veces usaba esos términos infantiles con su mujer—. Tú te quedas en casita. A lo mejor es peligroso andar por la calle. Todavía quedan muchos batistianos por ahí —y volviéndose para mí—: Y a ese cabrón de Ramón Saa debiéramos ir a prenderlo ahora mismo.

–Ah, caray –dije yo–. Y vuelta con lo mismo. Deja a ese hombre tranquilo. Ya se ocuparán de él –aunque en realidad yo estaba preocupado por lo que le pudiera pasar a Margarita. Finalmente convencí a Adriano de que saliéramos a la calle. Él se despidió de Adita con un beso y una frase–: Ten cuidado, nené.

–Ten cuidado tú –le respondió Adita.

El *lobby* del Focsa, que siempre daba un aspecto de hotel al edificio de apartamentos, comenzaba a bullir de inquilinos y tal vez de visitantes, que miraban por las ventanas a la calle y algunos llegaban a pararse en la acera, debajo de la marquesina de concreto.

–Vamos en tu máquina, ¿no? –me preguntó Adriano.

–Sí, claro.

–Es mejor así.

Cogimos mi auto y me dirigí hacia La Habana.

–Vamos a desayunar en el Miami –propuse.

–Muy buena idea. Ya me estaba entrando hambre. ¡Cabrones! –dijo de pronto.

–¿Qué es? –le pregunté.

–Una perseguidora solitaria que pasó por la otra calle. ¡Hay que acabar con toda la policía batistiana!

Adriano estaba de un humor belicoso pero también informativo. Me contó cómo se fugó Batista y me dijo que él lo sabía:

–De fuentes fidedignas, no fidelinas, como tú dices.

–Digamos Otto Vilches –le dije yo.

–Puede ser –dijo Adriano, sonriéndose–. Bueno, el hombrín que ya no el Hombre, como solían llamarlo sus acólitos.

–El acólito en flor –interpuse yo.

–¿Quieres oír o no la historia o mejor el cuento ya que te gusta tan poco la historia?

–Sí, cómo no. Cuenta.

–Bueno, pues el homúnculo reunió a sus fieles en el campamento de Columbia, aparentemente para despedir el año, y al ofrecer un brindis con ocasión del año nuevo les dijo que él había decidido dejar el poder a una junta militar y que se iba del país, el muy cabrón, para evitar derramamientos de sangre. Y ahí mismo se formó la corredera rumbo a dos o tres aviones de transporte adonde se dirigió él el primero. Aparentemente la junta militar ha cedido el poder al coronel Barquín que fue sacado del presidio de Isla de Pinos para hacerse cargo de la situación. Eso es lo último que supe.

—Que es mucho más que lo que sé yo. No he vuelto a hablar con Ortega, que debe tener información en cantidades apreciables.

Cuando yo estaba con Adriano terminaba por hablar como él, lo mismo me ocurría con Silvio y así a veces yo era una cruza de los dos: esta mañana luminosa (era de veras luminosa, físicamente hablando) me contaminaba con la dicción manierista de Adriano. Pero ya habíamos llegado al Miami y me dispuse a la difícil maniobra de parqueo. Entramos al restaurant que estaba casi vacío y nos sentamos en una mesa que daba a una de las ventanas, para dominar la calle. Cuando vino el camarero pedimos café con leche y pan con mantequilla y este desayuno del primero de enero me recordaba otro desayuno del 4 de julio aunque entonces comí revoltillo y pan y café con leche. No había terminado de tomar el desayuno cuando sentí una euforia nueva. De pronto se me saltaron las lágrimas de pura felicidad: estaba llorando por la libertad recuperada, nunca antes había llorado por tan feliz momento. Adriano me vio y se dio cuenta y tuvo el tacto (él siempre bien educado) de no decir nada: al cabo pude hablar:

—Me siento como un hombre nuevo –dije.

—Ya lo veo –dijo Adriano, que tomaba las cosas más fríamente: él era un espíritu frío.

—Me parece mentira que hace apenas diez horas estábamos en este lugar sumidos en lo más negro de la dictadura y que ahora todo eso ha terminado.

—Bueno –dijo Adriano–, vamos a ver lo que pasa ahora.

—Por lo pronto yo voy a ponerme en contacto con Alberto Mora. De seguro que él tiene noticias que darme. Ya las tuyas las sé todas.

–Yo me quedo en casa entonces. Quiero hacer varias llamadas.

–Me parece bien.

Pagamos y salimos del restaurant. El paseo del Prado, la acera del Louvre y el parque Central comenzaban a verse poblados por gente que salía a la calle de las casas vecinas. Yo me dirigí de regreso al Focsa, donde dejé a Adriano, y conduje hasta la casa de Lala, la madre de Alberto. Cuando llegué ella estaba en la calle, rodeada de varias mujeres y del guardaespaldas de Alberto. Una de las mujeres me produjo un verdadero asombro: era Edith Rupestre, que había abandonado su imagen de cuasi modelo, como yo la había conocido y hecho fotografiar, por una mujer presta a la acción, junto a Lala, que me dijo:

–Éstas son mujeres del Directorio –sin yo haberle preguntado. Cuando le pregunté por Alberto me dijo–: Él debe de andar por la universidad.

Decidí dejar aquel grupo de mujeres activistas (casi no me había atrevido a saludar a Edith) y llegarme a casa, donde me esperaba una sorpresa en forma de un cuento que me hizo mi madre. Sucedió que la gente del fondo se metió en casa del coronel y comenzó a saquearla, a lo que se opusieron, cuando lo vieron, mi madre y mi mujer: la misma gente que había salido a dar vivas a Batista cuando su visita al padre del coronel, ahora estaba sacando muebles y objetos de la casa abandonada. Cuando mi madre les llamó la atención la acusaron de batistiana y luego había habido un altercado en el fondo, cuando mi mujer insultó a una de las saqueadoras y ésta le dio una patada en el vientre y enseguida avisó que vendrían sus primos, que eran del 26 de Julio, a arreglarles las cuentas a «esos batistianos», según mi madre, que éramos nosotros. Yo logré calmar a mi mujer un poco, que estaba casi histérica y con lágrimas en los ojos por la rabia pasada, y prometí a mi madre que me ocuparía del asunto. Salí al fondo y me encaré con la turba, que todavía rodeaba la casa, y enseguida vi que se había desarrollado una situación peligrosa. Volví a entrar en la casa y salí por la puerta de la calle. Todavía había gente saliendo de la casa del coronel con objetos transportables en las manos. Arranqué lo más veloz que pude y enseguida estuve en la universidad. La entrada de automóviles estaba bloqueada y parqueé en la calle. Pregunté a un muchacho con una ametralladora en las manos dónde estaba la comandancia y me dijo que en las oficinas del rectorado. Hasta allá me fui y en la entrada me topé con Teresa Paz, a la que no veía desde los días en que Korda le hizo fotos: ahora estaba vestida con pantalones y llevaba una metralleta en las manos. Se veía linda aunque estaba sin maquillaje y en su cara había una expresión casi feroz: de decidida militancia. La saludé y por un momento ella no me reconoció, pero luego lo hizo, saludándome bruscamente. Parecía estar de guardia ante el rectorado y sin preocuparme más de ella entré al edificio en busca de Alberto: no me fue difícil encontrarlo. Estaba con un grupo y él también tenía una metralleta entre las manos. Lo saludé y él me dio una palmada cariñosa en el hombro.

—¿Te nos vienes a unir? —me preguntó con el aire de sorna con que siempre hacía estas preguntas.

Había además una especie de alegría salvaje dentro de él que se parecía mucho a la de Teresa Paz. Supuse que sería el sabor de la victoria, pero no me detuve a meditar sobre su estado de ánimo y le conté lo que pasaba. Terminé diciéndole:

—La situación es grave —como efectivamente yo lo creí al ver la chusma congregada al fondo de la casa—. ¿No podrías venir conmigo?

—No —me dijo Alberto—, pero ve tú, que yo te sigo.

Lo vi dispuesto a cumplir su palabra y salí del rectorado. Alberto venía detrás de mí y al ver que yo estaba junto a Teresa Paz, me dijo:

—¿Qué te parece esta mujer de acción?

—Ya la veo —le dije—, dispuesta a la lucha.

—Más que dispuesta: ella sola ha liquidado a tres batistianos ya —y Alberto le pasó una mano por la espalda.

Teresa Paz no dijo nada, solamente sonrió una media sonrisa y apretó el arma entre sus manos, ahora más femeninas contrastando con la agresividad del gesto y del arma, hechas el uno para la otra. Le dije adiós a Teresa Paz y dejé a Alberto caminando hacia un jeep que había en la plaza Cadenas y me fui hacia mi automóvil. Bajé hasta L para coger 23 y al llegar a la esquina vi un solitario policía de tránsito cambiando las luces del semáforo. Entonces ocurrió un hecho que daba la tónica del momento. Un pasajero se bajó de un ómnibus que había parado a media cuadra del semáforo y comenzó a insultar al policía en voz alta, llamándole batistiano y esbirro. El policía no hacía ni decía nada: simplemente trataba de ser un instrumento más del tránsito, pero se veía cortado, temeroso, incapaz de hacer otra cosa que mover la palanca que cambiaba las luces. Se veía que el policía era habitual en esa esquina y en ese trabajo y que había venido a ordenar el tránsito como otro día cualquiera o tal vez sin saber qué hacer: era evidente que no había jefes que ordenaran a capitanes que ordenaran a tenientes que ordenaran a sargentos que ordenaran a cabos que ordenaran a simples policías de tránsito qué hacer en esa mañana en que toda la policía (menos este solitario agente del tránsito) estaba en fuga. Me dieron ganas de bajarme del carro y llegarme hasta él para decirle que dejara el tránsito, se olvidara de su deber y se fuera a su casa. Era evidente que el policía era todo menos un esbirro y yo me sentía compelido a salir en su defensa. Pero yo tenía cosas más urgentes que hacer que salvar a aquel solitario policía del escarnio a que era sometido y arranqué subiendo por 23 hasta la casa. Entré a mi casa y le dije a mi madre (mi mujer estaba acostada con una especie de soponcio nervioso) que había visto a Alberto y que venía enseguida. La puerta del fondo estaba ahora cerrada. A los pocos minutos oí un chirrido de frenos y un toque en la puerta: Alberto había llegado, salvador, con dos o tres muchachos (eran mucho más jóvenes que él y que yo) que portaban ametralladoras y rifles. Preguntó dónde era el problema. «Ahí al fondo», le dije yo y me dirigí hacia la puerta, abriéndola. Vi que había un grupo formado en el fondo, con las mujeres que habían amenazado a mi mujer.

Alberto se encaró con el grupo y subiendo los tres escalones que daban a una breve explanada donde estaba el grupo, gritó:

—A ver, ¿qué pasa? No quiero grupos aquí junto a la casa.

El grupo comenzó a dispersarse, murmurando.

—En esta casa no viven más que revolucionarios —gritó Alberto y parecía con toda la autoridad posible en ese momento como para que la chusma del fondo lo creyera—. ¡Revolucionarios! —gritó Alberto—. A ver, ¿quién se va a meter con ellos?

Nadie respondió nada: Alberto estaba impresionante con su ametralladora en las manos y rodeado por su guardia: parecía un pretoriano listo a entrar en acción. La gente del fondo se dispersó más aún y dejó de ser un grupo. Vi que dos hombres entre ellos, que se habían mostrado engallados antes, ahora reaccionaban atemorizados por las palabras y, sobre todo, por el tono con que las pronunciaba Alberto. Pronto el grupo dejó de ser un grupo y Alberto consideró que estaba terminada su misión porque regresó a la casa. Ahora abrazó a mi madre.

—¿Y qué, vieja? —le dijo cariñoso.

—Aquí —dijo mi madre—, viendo las cosas de la vida.

Mi madre quería decir las ironías de la historia y Alberto lo entendió así:

—No se preocupe, que no va a haber ningún problema.

—Vamos a ver si es verdad —dijo mi madre y cambiando de tono le preguntó—: ¿No quieres un poco de café?

—Querría —dijo Alberto—, pero no puedo. Tengo que regresar a la universidad. Estoy prácticamente solo allá.

—Bueno, pero luego vienes por acá, ¿no?

—Sí, cómo no, vieja —dijo Alberto y volviéndose hacia mí me dijo—: Concluido el asunto, ¿no?

—Yo creo que sí —le dije y lo acompañé hasta la puerta, viéndolo cómo se montaba en el jeep y salía el vehículo disparado calle 23 abajo.

Yo decidí suspender mi viaje a *Carteles* hasta más tarde y me quedé en casa pensando en las ironías de la psicología de masas: la chusma del fondo, que había salido a hacer grupo junto a la entrada de la casa del coronel el día que vino a visitarlo Batista y que le dieron vivas a éste, era la que no hace mucho nos acusaba de batistianos por estar en contra del saqueo y pillaje de la casa del coronel. Era mi primera experiencia con las mutaciones que la historia hace sufrir a las masas –pero no sería la última. Me puse a ver televisión para saber qué estaba pasando en La Habana que yo no había visto y en el resto de Cuba. Había un programa especial de noticias y el locutor ahora perifoneaba un parte de un tal comandante Diego (el tono del locutor indicaba que este nombre era un seudónimo) que operaba en la provincia de La Habana y llamaba «al pueblo a mantenerse en calma y vigilante ante las maniobras batistianas». No sabía de qué se trataba pero después el locutor pasaba a la siguiente noticia que era que el coronel Barquín mandaba a las fuerzas del ejército estacionadas en Columbia y una junta civil, dirigida por el funcionario más antiguo del Tribunal Supremo, Carlos Manuel Piedra, se haría cargo del poder. Siguieron otras noticias llamando al pueblo a tener calma y a la repetición de las consignas del comandante Diego. Entonces Adriano me llamó por teléfono: se le había ocurrido una idea que era visitar a Guillermo Belt. Guillermo Belt había sido embajador de Cuba en Washington y ahora vivía en un semirretiro político. No sé qué querría él de Guillermo Belt, pero decidí llegarme a recogerlo a su apartamento. Por el camino me encontré con una ausencia de policías (el que estaba manejando el semáforo de 23 y L había desaparecido) y una mayor cantidad de gente en la calle.

Salimos para casa de Guillermo Belt, que vivía cerca del cabaret Sans Souci, más allá del Country. Fuimos en mi carro una vez más (ya por entonces yo había llegado a la conclusión de que Adriano le había prestado su carro a Otto Vilches) y al salir de La Habana, por Marianao, empezamos a ver turbas vociferantes. La gente se apelotonaba en las esquinas y en una esquina particular había cerrado el tránsito y algunos emprendedores se entretenían en la tarea de pintar los carros que pasaban cerca. Cuando llegó el turno mío de pasar por esta especie de control popular, por un momento creí que iban a volcar el carro de la manera que se encimaron sobre nosotros, gritando vivas al 26 de Julio y comenzando a pintar no consignas sino M-26-7 en las partes blancas de mi auto con pintura roja. Yo no sabía qué hacer, si protestar o dar vivas al 26 de Julio como quería la turbamulta. Traté de que no me pintaran el carro pero fue inútil: le cubrieron todas las partes blancas con aquella odiosa pintura roja. Por otra parte, ¿cómo evitarlo? Allí estábamos Adriano y yo (en el diagnóstico preciso de Masferrer: sacos y espejuelos nada más) en medio de la multitud que gritaba vivas al 26 de Julio y embarraba con pintura roja mi automóvil. A duras penas logramos pasar después de permitir que el carro fuera sometido al escarnio y me pregunté entonces si aquel motín no se habría congregado en alguna parte a dar vivas a Batista, como la chusma que vivía al fondo de mi casa. Por fin dejamos atrás la chusma pintora y enfilamos directo para casa de Guillermo Belt –para encontrarnos cuando llegamos a su casa que un criado nos recibiera y dijera que el caballero no estaba en casa. Fue inútil que Adriano invocara el apellido Espinoza o Spinoza, porque no logramos ver a nadie más que al temeroso criado que apenas abrió la puerta para despedirnos. Cuando regresamos a mi carro fue que me di verdadera cuenta del lamentable estado en que se veía.

–¡Maldita sea! –dije, señalándole a Adriano mi Metropolitan rojo y blanco antes y ahora casi todo rojo.

Adriano se rió.

–Con razón –me dijo– yo no quería sacar el mío: me sospechaba que algo semejante pasaría.

Lo miré, no sé si incómodo con él o admirado de su franqueza que bordeaba, como siempre, en el cinismo. Regresamos a La Habana dando un largo rodeo para evitar la parte popular de Marianao, bordeando el campamento de Columbia (donde todo parecía estar en calma: nada había sucedido anoche) para salir a la Quinta Avenida y luego al Malecón. Dejé a Adriano en su casa, diciéndole:

—La próxima vez que vayamos a visitar a Guillermo Belt, vamos en tu carro.

Él se sonrió.

—De acuerdo —dijo—. Me alegra que lo tomes con buen humor.

—¿Qué otra cosa puedo hacer?

Podía hacer algo más y esto fue lo que hice en casa, puse el carro en la rampa del garaje y yo lavándolo mientras por 23 pasaban camiones con gente vociferante y los ómnibus iban y venían como en una fiesta constante, afortunadamente la pintura era solvente en agua y se la pude quitar toda, con gran trabajo.

Por la tarde fui a *Carteles*, no a trabajar sino a hablar con Ortega, quien se había enterado de muchos incidentes, a través de Quevedo, supongo. Batista, como me había contado Adriano, congregó a sus íntimos en Columbia y se fueron a República Dominicana en avión. Muchos otros se fueron en yates, otros se habían refugiado en embajadas y había el temor de que el pueblo —Ortega lo llamó el populacho y después de haber experimentado lo que experimenté en Marianao tendía a darle la razón— no respetara el derecho de asilo, sobre todo si había gente como Ventura o Carratalá refugiados en las embajadas. Ortega creía que Carratalá, Ventura, Orlando Piedra y Pilar García se habían ido junto con Batista, pero no sabía en concreto si era así.

—*Bohemia* —me dijo— está preparando una edición de un millón de ejemplares, sacando todas las fotos que Miguel Ángel tenía escondidas durante la dictadura.

Le pregunté si *Carteles* haría algo semejante, pero mi pregunta era inútil: nosotros nos conformábamos con las sobras del banquete de *Bohemia*. Regresé a casa, a sentarme frente al televisor en busca de más noticias. Por la noche comimos temprano y decidí no salir, ante la presión de mi madre y mi abuela. De vez en cuando, en la lejanía y el silencio de la noche, se oían disparos de armas de fuego. La televisión ofrecía más partes de parte del comandante Diego, quien no se materializaba, y un llamado de la Sierra a la huelga general (que apareció por televisión junto con una llamada de Alfredo Villas, conminándome a la huelga general: lo había hecho tantas veces antes que si no lo oigo por televisión no lo creo) con la que Fidel Castro se oponía al gobierno interino. La situación aún aparecía confusa y recibí varias llamadas telefónicas, una anunciándome que el comandante Cubela (del Directorio) había ocupado el Palacio Presidencial, lo que no me extrañaba: el Directorio parecía tener una fijación con el Palacio Presidencial. Tarde en la noche me llamó Adriano para decirme que Santiago de Cuba había capitulado ante Fidel Castro, pero decidí no llamar a Ortega para confirmarlo. La excitación histórica (que es casi una excitación histérica) no me dejó dormir hasta muy tarde. Cuando me desperté, tarde en la mañana, decidí ir a *Carteles*. Ortega ya estaba allí y había reaparecido Pepe el Loco, José-Hernández-que-no-escribirá-el-Martín-Fierro, a quien no había visto el día anterior. Parecía compartir la euforia general, a pesar de su nihilismo negativo, y no detestar ya tanto a Fidel Castro; compartía la atmósfera de cuasi fiesta (nadie trabajaba: se cumplía con la consigna de huelga general pero todos nos habíamos congregado en *Carteles*, aun los más tímidos, como Andrés, que ese día no dibujó ninguna portada) que reinaba en el castillo del barrio de La Victoria (nombre apropiado). Ortega llegó tarde también porque se detuvo en *Bohemia*, donde reinaba el alborozo aunque se había detenido la producción del Número del Millón, como era conocida la próxima tirada de la revista. Carlitos el Maldito (y tengo que aclarar por una vez que la acepción de maldito que él mismo proponía para sí era la habanera, esa que quiere decir pícaro, malicioso y malo como cuando se dice «¡Qué muchacho más malo!» y nunca en la acepción baudelairiana de la palabra maldito) apareció un momento y anunció que estaba en el cuartel general del Directorio para la gente de acción, que ya no era la universidad ni Palacio sino la compañía de electricidad. Luego alguien anunció que habían cogido a Laurent y lo tenían en la cárcel de un pueblo cercano. Enseguida propuse, movido por no sé qué entusiasmo entre reporteril y vengativo, ir a ver preso a uno de los «verdugos del régimen», como los llamaba Villas. Santiago Cardoso, Pepe el Loco y hasta René, que había mantenido su discreta distancia y su falta de entusiasmo ante el momento culminante que vivíamos, decidieron acompañarme. Allá fue mi maquinita. Por el camino, Pepe el Loco dio muestras de que su apodo no era gratuito y al ir sentado a mi lado, dio un tirón al timón y el carro se precipitó a la cuneta y no cayó en ella porque yo logré quitarle las manos a Pepe el Loco y enderezar el timón. Hubo una especie de altercado entre los otros pasajeros y Pepe el Loco, que no dijo una palabra y se mantuvo sentado en su asiento, sonriendo levemente. Menos mal que había un poco de orden en su locura y tiró del timón hacia la derecha y no hacia la izquierda, maniobra que hubiera enfrentado al carro al tránsito en dirección contraria y provocado un accidente mayor. Calmé los ánimos de Santiago Cardoso y seguimos nuestra ruta. Preguntando en el pueblo pudimos localizar la cárcel y no hubiera sido difícil dar con ella por la aglomeración de gente a su alrededor. Me identifiqué como periodista y logramos entrar al edificio, que más parecía un matadero que una cárcel, aunque en medio de un salón amplio había como una jaula en que estaban encerrados dos hombres, rodeados, afuera, por unos muchachos vestidos de uniforme verde olivo con bandas rojas y negras en el brazo y uno de ellos, el que parecía más importante, con una banda en que se leía M-26-7 –el uniforme del 26 de Julio en la Sierra. Dejaron que nuestro grupo se acercara a la jaula, donde los dos hombres, vestidos de paisano, con camisas de manga corta, parecían enajenados, alienados en un asilo de locos. De pronto uno de ellos, que había oído mi presentación al jefe de los rebeldes, me dijo:

–¡Periodista, por su madre, que nos van a linchar!

El jefe de los rebeldes dijo, con autoridad:

–Aquí no se lincha a nadie. Se le hará justicia pero no se lincha a nadie.

–¡Por su madre, periodista! –dijo el preso–. ¡Yo no soy Laurent! Esta gente cree que yo soy Laurent pero yo no soy Laurent. Mi nombre es Lázaro Pérez. ¡Yo no he matado a nadie, no he torturado a nadie y ahora me quieren linchar! ¡Por su madre, periodista, intervenga!

El otro preso no decía nada, aparentemente presa del terror, pero el que hablaba y pedía justicia, que en la vida diaria debió haber sido un hombre bien parecido, seguía protestando su inocencia. El espectáculo de aquellos dos hombres encerrados en la jaula, uno pasivo, esperando su suerte, y el otro declarando activamente su inocencia, me pareció de pronto obsceno. Aunque seguramente se merecieran estar en la jaula, me parecía indecoroso para la dignidad humana verlos enjaulados como fieras aterradas. Seguramente que les esperaba el pelotón de fusilamiento (según Ortega, Fidel Castro desde la Sierra había dado órdenes de que nadie se tomara la justicia por su cuenta, como ocurrió cuando cayó la dictadura de Machado en 1933), que la justicia rebelde se encargaría de juzgar a los culpables y darles su merecido. No me cabía duda de que estos dos presos, los primeros esbirros –como los llamaba Villas– que había visto de cerca, serían juzgados sumariamente y fusilados en un día o dos y sentí hasta pena por ellos en ese momento: después de todo eran dos personas, dos seres humanos, los que estaban en aquella jaula inhumana, tal vez hasta diseñada por ellos (o por alguien como ellos), pero no por ello menos cruel. Salí a la calle mientras el preso activo no cesaba de llamarme:

–¡Por la Virgen santa, periodista, que nos van a linchar!

Decidí volver a La Habana. Por el camino Pepe el Loco rompió su silencio para decir:

–Se la van a pelar. No sé por qué esperan tanto para acabar con ellos.

–Dijo Fidel –dijo Cardoso– que la justicia rebelde será justa, no importa lo injusto que haya sido el enemigo.

La retórica revolucionaria de Cardoso, enunciada con su acento oriental, contrastaba con el jacobinismo feroz de Pepe el Loco:

–¡Qué justicia rebelde, ni qué justicia! ¡Ésos lo que se merecen es un tiro en la nuca!

Por su parte René de la Nuez no había dicho una palabra; había sido un testigo tan desapasionado como acostumbraba a serlo. El regreso fue menos aventurero y más triste –pero tal vez más sabios los viajeros– que la ida a esta cárcel.

Ortega ordenó a José Lorenzo que entrevistara al Che Guevara, que ya era el ocupante de la fortaleza de La Cabaña, y José Lorenzo, que no tenía automóvil, me pidió que lo llevara. Yo no tenía nada que hacer y me interesaba conocer al Che Guevara. De cierta manera me sentía responsable por José Lorenzo, que había venido a trabajar a *Carteles* gracias a mi intervención. Fuimos en la maquinita al otro lado del túnel y no fue difícil entrar a La Cabaña una vez que nos identificamos con la posta rebelde a la entrada. José Lorenzo preguntó dónde se podría encontrar al Che Guevara y un rebelde nos dijo dónde. Acompañé a José Lorenzo en la entrevista, que no la hacía él solo: había periodistas nacionales y extranjeros. En la antesala me había encontrado con un rebelde que me saludó (tenía el grado de teniente) y era alguien que me conocía de *Carteles* y a quien no pude identificar ni entonces ni luego más tarde.

Nos encontramos con un hombre de mediana estatura, de barba completa aunque rala y con un gran parecido con Cantinflas. Usaba boina y fumaba un puro: era el Che Guevara. Las preguntas caían ante él y él las respondía con un tono extranjero y cortante, de demasiado tono militar. José Lorenzo no pudo hacer más que una pregunta:

–¿Es cierto que usted piensa invadir la República Dominicana? (Nunca supe cómo se le ocurrió semejante pregunta.)

Y la respuesta del Che Guevara vino como un disparo:

–¡Falso!

José Lorenzo no la oyó y le preguntó:

–¿Cómo?

Y el Che Guevara volvió a disparar:

–¡Falso! –esta vez con un tono más autoritario.

Siguieron otras preguntas de otros periodistas a las que

el Che Guevara daba respuesta en el mismo tono y con igual rapidez con que había respondido a José Lorenzo. A la salida volví a encontrarme con mi conocido y una mujer joven, de cara bonita aunque de cuerpo ancho y bajo. Me la presentó como Aleida March, la secretaria del Che Guevara, que meses más tarde sería su segunda esposa. Aproveché para preguntarle si conocía a Franqui y me dijo que sí lo conocía. Le pregunté si lo había visto después de la caída de Batista y si vendría entre los adelantados del ejército rebelde y me dijo que no a las dos preguntas. Afuera, en la explanada, con el sol ya cayendo, había muchos soldados rebeldes y uno particularmente me llamó la atención. Era un rufo de barbita en punta que usaba un gorro ruso de imitación de astracán. Tiempo después pude identificarlo como Ramiro Valdés. Por la noche fui a La Víbora (que no es ir a la selva sino a un barrio residencial habanero) a una gestión que he olvidado, pero no puedo olvidar el misterio de aquellas calles oscuras, de los disparos que sonaban a intervalos irregulares y del alto que me daban a cada rato muchachos que más parecían *boy scouts* que rebeldes. (Todavía no se usaba el término de guerrilla para referirse a ellos, ya que la palabra guerrilla en Cuba evocaba la triste memoria de los cubanos que peleaban junto a los españoles contra los cubanos en las guerras de independencia: ésos se llamaban guerrilleros.) Esa noche vino a verme Alberto Mora, que quería que yo ayudara a organizar el futuro periódico del Directorio, que se iba a llamar *Combate*. Le dije que sí, que visitaría la redacción del periódico, que estaba donde estaban los talleres de imprenta de la *Gaceta Oficial* en La Habana Vieja. Al otro día me desperté con un tumulto: mi madre me llamaba para decirme que había un pelotón de rebeldes ante la casa. Me levanté y por la ventana pude ver al grupo, que no eran realmente rebeldes sino jóvenes vestidos de civil pero llevando armas largas. Me vestí y abrí la puerta y pude hablar con uno de ellos, quien señalando arriba me dijo que había un batistiano refugiado en el último piso —y tocaba la casualidad que ahí vivía mi suegro desde hace no mucho y él había sido policía de tránsito hasta hace muy poco. Me alarmé y le dije al rebelde que estaba equivocado, que allí no vivía batistiano alguno. No me contestó y subió con otro muchacho a llamar a la puerta. Desaparecieron en la escalera y a los pocos momentos se oyó un disparo. Otros muchachos subieron por la escalera y después de unos rumores confusos bajaron al muchacho con quien yo había hablado, que venía agarrándose el vientre y quejándose débilmente, mientras la sangre le corría por las manos y los brazos y manchaba la escalera al paso de los que lo cargaban.

–¿Qué pasó? –pregunté.

–Parece que el batistiano de arriba le disparó.

Antes de que yo pudiera decir nada, otro de los muchachos que parecía el jefe gritó, desde la acera:

–¡Ahí está! –y apuntó su carabina a los altos del edificio, a la parte justa donde vivía mi suegro, y disparó una ráfaga.

Luego otros dispararon sus rifles automáticos y sus pistolas hacia la parte alta del edificio. Yo, por temor de que una de las ráfagas se equivocara de dirección y viniera a dar a la misma parte del edificio pero en los bajos, que era donde vivíamos, cerré la puerta y me llevé a mi hija mayor que estaba en el salón delantero para adentro de la casa y dispuse que mi mujer, mi madre y mi abuela se ocultaran detrás del columbario que dividía la sala propiamente dicha del comedor. Allí se acurrucaron todas, haciéndolo yo también. (Ni mi padre ni mi hermano habían aparecido, por lo que deduje después que no estaban en la casa.) Al poco rato de oírse la balacera –que asustaba a mi hija al punto de hacerla llorar– se oyeron voces autoritarias y los disparos cesaron. Después de unos prudentes minutos salí y había una fila de jóvenes que subían y bajaban la escalera, pero entre ellos no vi a mi suegro.

–¿Encontraron al batistiano? –le pregunté al que había subido segundo hacía un rato, y me dijo que no.

–Qué va, el apartamento estaba vacío.

Habían forzado la puerta de casa de mi suegro y no habían, felizmente, encontrado a nadie. Luego me enteraría que el muchacho herido, que fue el primero que subió, había sido herido por una bala escapada al segundo, que no quiso admitir que se le había disparado su arma y prácticamente inventó la historia del disparo hecho desde el apartamento de mi suegro. Fue solamente cuando el muchacho herido pudo declarar que se supo la verdad y yo me enteré por las noticias de la televisión. Afortunadamente mi suegro se había ido con su mujer (que no era mi suegra) y su hija a otra parte de La Habana y no volvió a su apartamento hasta días después. Tuvo, por supuesto, que cambiar la cerradura rota.

Esa mañana que había comenzado con la histeria armada, me dirigí hacia La Habana Vieja, a la esquina del Ministerio de Gobernación donde estaba la editorial Luz-Hilo (recordable retruécano ya que su dueño se llamaba Lucilo de la Peña: Lucilo-Luz-Hilo, ¿lo cogieron?) donde se editaba corrientemente la *Gaceta Oficial*. La plazoleta estaba extrañamente solitaria tarde en la mañana, con las casas alrededor mostrando sus ventanas de persianas de madera cerradas y ni una sola persona en la calle. Cuando entraba a la editorial me dio el alto un muchacho armado con un M-1 que hacía las veces de portero. Le expliqué quién era y a qué iba allí y después de dudar un poco me dejó entrar. Dentro había una confusión de jóvenes, algunos tratando de escribir a máquina y otros sin hacer nada visible, todos armados de pistolas y rifles –demasiadas armas para mi gusto y pensé en los días jóvenes de mi vida, cuando era corrector de pruebas en *El Universal* y a la redacción se mudaron Masferrer y sus acólitos (todavía no se llamaban tigres) que usaban pistolas como pisapapeles, y mi rápida fuga del trabajo, sin decirle nada a nadie, renunciando a convivir con las pistolas: como creo que dije, siempre que oigo la palabra pistola echo mano a mi libro. Al oír mi nombre se separó del grupo (en el que había, ahora lo veía, dos mujeres muy hermosas, también armadas de sendas pistolas: el Directorio parecía tener, por ahora, el monopolio de bellezas armadas, las amazonas cubanas, aunque, afortunadamente, con dos tetas cada una) un hombre bastante joven, de espejuelos, que me saludó como si me conociera de tiempo atrás y que, como mucha gente hace, no se dio cuenta de que yo no lo reconocía. Traté de recordar dónde podía haberlo visto antes, tal vez con Alberto o con Joe Westbrook, no sé. Afortunadamente me dijo:

—Yo soy Orlando Pérez y estoy tratando de dirigir esto que pudiera llamarse *Confusión* y no *Combate*.

Me gustó lo que dijo pero no me gustó lo que vi a su alrededor: más gente armada.

—A ver si nos puedes dar una mano —agregó.

—Bueno —dije yo, precavido—, Alberto Mora me dijo que viniera por aquí pero yo trabajo en *Carteles* y en la televisión —cosa que era cierta, aunque reportara poco por uno y otro puesto—, y no sé si pueda trabajar con ustedes.

—Bueno —me dijo Orlando Pérez—, tú ve a ver lo que puedes hacer. Quítate el saco y échanos un codazo.

Su tono era popular pero forzado: no creía que él se encontrara más cómodo que yo en aquella situación. Traté de trabajar con los elementos que había y me senté a un buró que no estaba ocupado. Al poco rato Orlando Pérez me trajo unas cuantas páginas, escritas malamente a máquina y con peor redacción que escritura. Intenté arreglarlas pero era un trabajo inútil: la sintaxis directorial era endiablada. Trabajé (es un decir, intenté producir algunas cuartillas que pudieran parecerse a columnas de un periódico, sacadas de la prosa combatiente) el resto de la mañana y a la una dije que me iba a almorzar. Por un momento temí que Orlando Pérez decidiera acompañarme, pero me dijo:

—Yo tengo que quedarme por aquí: estamos esperando noticias de Palacio. Pero tú vienes por la tarde, ¿no?

—Bueno —dije yo, demorando la respuesta—, tengo que trabajar en *Carteles* pero voy a ver si me escapo.

—Haz lo posible —me dijo Orlando Pérez pero con alguna desgana, como si previera que yo no regresaría.

Al salir de la editorial Luz-Hilo (o del periódico *Combate*, como ustedes quieran) miré en todas direcciones: de la plazoleta, de los balcones vacíos y las persianas cerradas parecían salir pistolas, apuntadas contra la gente del Directorio y ahora contra mí: el sol del mediodía caía vertical sobre las casas y las calles y ponía una nota de amenaza a lo Chirico en la plazoleta. Cogí mi carro lo más rápido que pude y, por supuesto, la editorial Luz-Hilo, el periódico *Combate* y el frente intelectual del Directorio no me vieron más el pelo.

Mientras almorzaba en mi casa vi la televisión. Tenían puesto el canal 12, donde trabajaba mi hermano y donde ahora, para mi sorpresa, vi a Leandro Otro junto al periodista americano Jules Dubois entrevistando a soldados rebeldes. Al mismo tiempo me llamó Adriano.

–¿Viste lo que está haciendo el cabrón de Leandrito? –me preguntó como si adivinara mi visión.

–Ahora mismo acabo de verlo –le dije.

–Bueno –me dijo–, ya te darás cuenta de lo que están haciendo él y ese agente americano que dice llamarse como si fuera hermano de Blanche.

Por un momento no comprendí la alusión de Adriano: esto me pasaba a veces. Pero de pronto comprendí: Blanche Dubois, por supuesto.

–No, no he visto mucho. Acabo de llegar de la calle. –No quise decirle que venía del periódico de la gente del Directorio.

–Bueno –dijo Adriano–, pues entérate, el Jules y el Leandrito están entrevistando a cuanto rebelde que encuentran llevando una medalla al cuello, y hay muchos.

Era verdad: acababa de notarlo y también lo había visto en La Cabaña. Muchos rebeldes llevaban medallas al cuello, además de collares de cuentas y otras gangarrias, amuletos, supongo.

–Sí –le dije a Adriano–, he visto bastantes.

–Bueno –dijo–, pues tu amiguito y el americano se encargan de entrevistar a esos pobres rebeldes, enfatizando su anticomunismo posible. Ya me llamaron para decírmelo –añadió y supuse que sería Otto Vilches–, y estoy tentado de salirle al paso. Llevo un rato viéndolo y no hacen más que preguntarle a cada rebelde entrevistado si es católico, como si Leandrito y el Dubois fueran militantes del catolicismo, los cabrones.

Mientras hablaba por teléfono miraba la televisión y pude comprobar que Adriano decía la verdad: acababa de ver a Leandrito cogiendo entre sus dedos la medalla de un rebelde, que ya comenzaban a llamarse los barbudos o los peludos, y preguntarle por su amor (no en esos términos, claro, sino más populares) por la Virgen de la Caridad del Cobre, patrona de Cuba.

—Ya lo veo —le dije a Adriano.

—Ah, caray —me dijo éste—, vamos a tener que darle un susto a Leandrito.

—Bueno —le dije yo—, encárgate tú de eso que yo tengo que acabar de almorzar.

—¿Qué haces hoy, por la tarde, quiero decir?

—Voy a *Carteles*.

—No será al cierre —me dijo, riéndose—, porque se me va a atravesar en salva sea la parte como a Juliano Mata.

Era una vieja broma nuestra, desde los días de la Cinemateca de Cuba, en que uno de los directivos de la Cinemateca, Juliano Mata, al haber una reunión y yo decir que no podía asistir porque era el cierre de *Carteles* a esa hora, me dijo: «¡Se me está atravesando en el ojo del culo el cierre de *Carteles*!» —y no lo decía en broma.

—Bueno —terminó Adriano (es curioso lo romana que era mi Habana, mis amigos llevando nombres romanos a menudo)—, es posible que nos veamos por la noche. Esta tarde voy a sacar al viejo Marinello de paseo por los barrios populares.

Lo decía Adriano y no era broma, porque una de esas tardes lo vi, raudo en su carro, con la distintiva melena blanca del viejo Juan Marinello en el asiento del viajero.

Estaba ya en *Carteles* (no trabajando, aunque no sé si dije que la huelga duró 24 horas y terminó con una victoria fácil para Fidel Castro: nadie se oponía al nombramiento del juez Urrutia como nuevo presidente de Cuba), como dije, no trabajando (hacía días que no iba al cine: la vida era más entretenida que lo que pasaba en las pantallas ha-

baneras y por otra parte los cuentos que tenía que leer podían esperar ahora que la política o la historia diaria se había entronizado en nuestras vidas) sino conversando con
Wangüemert, creo, o tal vez con René o tal vez oyendo las
rapsodias que entonaba ahora a los rebeldes Pepe el Loco,
José-Hernández-que-no-escribirá-el-Martín-Fierro, o tal vez
haciendo todas esas cosas a la vez. Lo que sé de seguro es
que mi hermano me llamó y había en su voz una urgencia
suprema:

–¡Acaban de prender a Blasito! –me dijo. Blasito era
Blasito Gómez, viejo amigo de la casa.

–¿Cómo pasó? –le pregunté a mi hermano.

–Todo es muy confuso, parece que vinieron a buscarlo
a la casa para prenderlo y él se dio a la fuga, pero eso no es
lo importante, lo importante es que hagas algo.

–¿Y qué puedo hacer yo?

–Yo no sé –estalló mi hermano–, pero algo tienes que
hacer, coño, que todo esto es una mierda.

–No sé qué hacer –le dije–, ni con quién hablar.

–Vete al programa de Leandrito en el canal –él se refería al canal 12.

–Bueno –le contesté–, me parece una buena idea –y me
fui al canal 12.

La entrada a los estudios, que estaban en el Habana Hilton, estaba abarrotada de gentes y había más gente aún
en los pasillos, mayormente barbudos, soldados rebeldes y
curiosos o tal vez solicitantes de autógrafos, que de todo
había en aquellos días. Logré pasar al interior de la emisora y allí me encontré con Julio Castellano, que era amigo y
compañero de Leandrito, y le dije que tenía que hablar con
éste, que en este momento estaba entrevistando a más soldados rebeldes portadores de medallas religiosas y otras
gangarrias.

–Voy a pasarle una nota –me dijo Castellano cuando le
dije que era urgente y así lo hizo. Vi a través de los cristales
cómo Leandrito leía el papel y miraba para la cabina, donde yo estaba y hacía señas de que sí con la cabeza. Al poco
rato dejó el micrófono y vino a la cabina de control.

–¿Qué pasa, viejo? –me saludó Leandrito, siempre afable conmigo.

–Nada –le dije, queriendo decir mucho–, que han cogido preso a Blasito Gómez y quiero hacer un llamamiento a los que lo pusieron preso para que no vaya a ocurrir ninguna equivocación con él. Tú sabes que Blasito no es un esbirro ni cosa por el estilo.

–Sí, claro, claro –dijo Leandrito–. Ahora mismo te presento. Ven conmigo.

Lo seguí hasta el escenario donde entrevistaban a otro soldado rebelde y Leandrito pidió permiso para una intervención.

–Aquí tenemos con nosotros a un amigo que quiere hacer uso de nuestros micrófonos para un mensaje importante –dijo y siguió haciendo mi elogio como revolucionario y pidió atención para mis palabras.

Yo, nervioso como siempre, estaba ante el ojo ubicuo de la cámara de televisión, aunque debiera ya estar acostumbrado a él, comencé gagueando para decir que había ocurrido una equivocación: alguien había prendido a Blasito Gómez y éste no era de ninguna manera un esbirro batistiano, sino un simple empleado del Ministerio de Gobernación, seguí diciendo que tuvieran mucho cuidado cómo lo trataban y que era mi opinión que debía ser puesto en libertad. Así, me quedé corto, como no era mi intención, casi llamando a pedirles cuentas a los que habían detenido a Blasito. Terminé diciendo que eso era todo y que esperaba que los captores de Blasito Gómez atendieran a mi súplica. Caminé de espaldas para dejar el micrófono libre a Leandro Otro, más conocido entre nosotros como Leandrito, y de pronto me asaltó la incongruencia de la situación: resultaba que mi primera intervención pública era para pedir justicia benigna a un batistiano (porque Blasito, aunque yo no lo admitiera por la televisión, era batistiano) y no formando filas con los que pedían la cabeza de todos los batistianos responsables de crímenes, que en muchos casos eran delitos políticos, pero, como en los juicios de Nuremberg, los vencedores se convertían en fiscales de la historia. La verdad detrás de la detención de Blasito tiene ribetes cómicos, que yo pude ver solamente cuando lo dejaron libre. Sucedió que Blasito se había hecho notar en el barrio porque tenía en su carro, como en las perseguidoras y máquinas de los servicios secretos, un espejo colocado sobre el asiento delantero, como para que los pasajeros, en el asiento trasero, pudieran ver quién venía detrás y en qué auto. Esta idea del segundo espejo retrovisor interior era idiota pero distinguía a muchos carros de la policía secreta y todo el mundo sabía que era un automóvil de la policía batistiana si llevaba ese segundo espejo trasero. Blasito llevaba además una pistola, que nunca usaría, con las cachas adornadas con los colores batistianos de la bandera del 4 de septiembre, y el hecho de trabajar en el Ministerio de Gobernación había completado en los vecinos una imagen batistiana malvada de Blasito –que era, en realidad, un infeliz, como se dice en Cuba para significar que alguien es manso y bueno. La historia íntima dentro de la gran historia colectiva de esos días confusos deja ver a Blasito saliendo de su casa subrepticiamente (que es como decir sospechosamente), seguido de su padre y, para colmo, cuando uno de los vecinos le da el alto, mete al viejo Gómez en el maletero y arranca su carro a toda velocidad. Muy pronto es perseguido por otros automóviles, éstos armados, y a la persecución se une una balacera, que nadie sabe cómo no mataron a Blasito y, sobre todo, al viejo Gómez escondido en el baúl del carro. La persecución terminó unas cuadras más allá, sobre la todavía llamada avenida General Batista, cuando el carro de Blasito se estrelló contra una cerca, saliendo milagrosamente ileso Blasito y, de nuevo sobre todo, el viejo Gómez en su refugio y rincón. La historia es cómica porque, no sé si gracias a mi llamamiento o a un brote de cordura entre sus captores, todo acabó bien y se le perdonaron a Blasito su pistola con cachas batistianas, su segundo espejo retrovisor y, sobre todo, su fuga rauda al oír el alto rebelde –que muy bien pudo haber sido dado por vecinos que, como los nuestros, dieran vivas al mismo Batista un día del pasado.

Esa noche estaba tranquilo en casa y me pareció que hacía años que no iba al cine, tanto la historia se había metido en mi vida. No estaba viendo la televisión ni oyendo música y quizás hablaba con mi madre cuando tocaron a la puerta. Fueron a abrir y de pronto en la sala irrumpió una figura vestida de uniforme verde olivo, con gorra de *fatigues* americanos (que es lo que en realidad era el uniforme verde olivo del 26 de Julio) y una tupida barba enmarañada –era Franqui. Acababa de llegar de la Sierra, vía Santiago de Cuba, y nos había venido a visitar enseguida. Hubo un gran alborozo en casa, contentos de ver vivo y sano a Franqui, ansiosos por oírle contar sus aventuras, orgullosos de tenerlo entre los amigos íntimos, pero Franqui no tenía tiempo para charlar: con su acostumbrado acento de Las Villas nos dijo que tenía una máquina esperándolo afuera y que debía seguir rumbo al campamento de Columbia (bautizado en esos días como Ciudad Libertad) y me preguntó si yo quería ir con él: por supuesto que le dije que sí y nos fuimos de casa, con mi madre diciéndole todavía a Franqui que tuviera cuidado conmigo, como si hubiera algún peligro en ir ahora a Columbia. Por el camino Franqui me contó que venía a hacerse cargo de *Revolución*, el diario del Movimiento 26 de Julio, que ahora ocupaba la redacción y los talleres del antiguo periódico batistiano *Alerta*, y me dijo que quería contar con mi ayuda. Yo le dije que la tendría cuando quisiera.

–Bueno –dijo–, esta noche no podemos hacer nada, pero mañana nos encargamos del periódico.

Le dije que estaba bien y ya estábamos franqueando la entrada de Columbia, con dos centinelas rebeldes en la puerta (¿qué número sería?, ¿sería la famosa posta 6 por donde Batista había entrado a dar el golpe de estado el 10 de marzo de 1952?, ¿era ésta otra ocasión histórica? No pude contestar a tantas preguntas, sobre todo a la última, tan vanagloriosa) y el campamento vacío de soldados batistianos, que habían desaparecido como por ensalmo. Franqui me contó que Camilo Cienfuegos, el otro comandante legendario de la Sierra, había tomado el enorme cuartel con doscientos rebeldes y había en él en ese momento cerca de 20.000 soldados batistianos. Una simple ametralladora calibre 50 en la portada habría acabado con la columna de Cienfuegos, al que Franqui llamaba siempre Camilo, como llamaba Fidel a Fidel Castro y Che al comandante Ernesto Guevara: yo nunca me acostumbré a esta nominalidad tuteadora y no pensaba en esto sino en la calma que había en todas partes cuando llegamos a la comandancia, el antiguo cuartel general batistiano. Allí había otro solitario centinela rebelde, que nos dejó pasar sin decirnos nada al ver el uniforme y la barba de Franqui, atuendo que el centinela compartía con él. Franqui se movió dentro del edificio como si lo conociera y entramos a una antesala donde había otro guardia rebelde y abrió la puerta que daba al antiguo sanctasanctórum del ejército tradicional, ya batistiano o constitucional, el llamado G-l, siguiendo la nomenclatura americana. Dentro del salón había algunos militares del ejército batistiano, vestidos con el kaki reglamentario pero sin gorra o casco en sus cabezas. Había además varias personas vestidas de civil, con saco y corbata, rodeando a un hombre, alto, delgado, de uniforme verde olivo pero con botas, con las caderas estrechas y las espaldas anchas de un *cowboy*, también tenía una barba larga, una melena más larga y le colgaba de la cintura en vez de la esperada pistola un inesperado revólver calibre 45. Cuando Franqui exclamó «¡Camilo!» y fue a abrazarlo, supe que era Camilo Cienfuegos: era la primera vez que lo veía, pero no sería la última. Franqui me presentó a Camilo Cienfuegos, que me dio la mano, y luego a varios de los civiles a su alrededor. De uno de ellos (al otro lo conocía: era Bilito Castellanos, antiguo líder estudiantil) retuve el nombre y la estampa: era Santiago Rueda, que llevaba espejuelos de carey y un ancho bigote. También hubo un encuentro inesperado: entre los militares vestidos de kaki me encontré, de repente, con una cara conocida; era Mario Moreno, antiguo *habitué* a las reuniones católicas de Berto y a quien me había encontrado, en 1956, en Santiago de Cuba, de civil y trabajando en una compañía que hacía obras públicas en la zona de Baracoa, abriendo la llamada Vía Mulata, un proyecto batistiano: entonces protestó que trabajaba para obras públicas porque no tenía otro trabajo posible, ahora tímidamente, después de saludarme con su voz casi susurrante, me dijo que estaba en el departamento legal del ejército (él era abogado) y había venido a parar, no sabía cómo, a la comandancia general. Había en su voz y en sus maneras un ansia de hacerse un vencido invisible, de levantar el menor perfil posible y al mismo tiempo trataba como de participar en la euforia que reinaba entre los vencedores. Había, también en la comandancia, entre los militares batistianos, casi todos coroneles, una gran confusión: tanta que no sólo llamaron comandante a Franqui, que podía parecerlo por su larga barba y su uniforme verde olivo, sino que también me llamaron comandante a mí, yo que estaba vestido de saco y corbata y con la cara limpia, barbilampiña de esos años. De pronto hubo un movimiento del grupo cercano a Camilo Cienfuegos y éste se movió hacia otra puerta, la abrió y entró por ella. Franqui lo siguió y me llamó. Tambien entró con nosotros Santiago Rueda. El cuarto era pequeño y había en él un catre en el que se tumbó Camilo Cienfuegos, hablando con Franqui y con Rueda, que permanecía silencioso: hablaban del «problema de Palacio», que había sido ocupado por fuerzas del Directorio, con el comandante Rolando Cubela al frente de su tropa.

–Le hemos dado un ultimátum –dijo Cienfuegos–. Si no salen de ahí mañana por la mañana, vamos a ir y los vamos a sacar de ahí.

Camilo Cienfuegos hizo una pausa porque por la otra puerta del cuarto entraba un ordenanza rebelde (que se distinguían de los ordenanzas militares habituales por su aire poco marcial y su barba, además del uniforme verde olivo) trayendo una bandeja con lo que era obviamente la comida de Camilo Cienfuegos –o mejor la cena, aunque no se la conoce por ese nombre en Cuba.

–Déjala ahí –dijo Camilo Cienfuegos al ordenanza, indicando la mesita al lado del catre, y, cuando el ordenanza hubo salido, continuó sin prestarle más atención a la comida y añadió–: Claro que no se lo dije así, con esas palabras. Después de todo hay que respetar a Cubela por lo que hizo en Las Villas con el Che y además no queremos conflicto con el Directorio. Pero ellos tienen que comprender que a Urrutia hay que instalarlo en la sede del gobierno y la sede del gobierno está en Palacio.

Franqui dijo que estaba completamente de acuerdo y también asintió Rueda con la cabeza. Yo no dije nada: no estaba ahí para dar la opinión sino como un mero testigo mudo. Santiago Rueda cogió a Franqui por el brazo y le dijo:

–Ven para que veas una cosa y así dejamos a Camilo que coma tranquilo.

–No, qué va –dijo Camilo Cienfuegos–, si no tengo hambre.

–Bueno –dijo Santiago Rueda–, de todas maneras quiero enseñarle esto a Franqui. Ven tú también –me dijo a mí, seguro yo de que no se acordaba de mi nombre.

Acompañamos a Santiago Rueda hasta la tercera puerta del cuarto, que cuando se abrió pude ver que daba a un baño bastante grande. Era un baño común y corriente excepto por la bañadera, tan poco usual en Cuba y ésta era más inusual todavía porque estaba llena de papeles y documentos y se veía que había habido un fuego entre los papeles porque la mayoría de ellos estaban chamuscados.

–Trataron de quemarlos lo más posible –dijo Santiago Rueda–, pero no les dio tiempo.

Metió la mano en la bañadera y sacó una especie de rollo, quemado por una esquina, y dijo:

–Es un protocolo. Lo que no sé qué vino a hacer en la comandancia militar.

–Eso lo dejé ahí para que la Inteligencia se ocupe de ello –dijo Camilo Cienfuegos desde su camastro.

–Sí, ya lo sé –dijo Santiago Rueda–, solamente quería enseñárselo a Franqui, para que viera con qué premura se fue esta gente.

–No, si ya me lo imagino –dijo Franqui, sonriendo y

volviendo al cuarto en que Camilo Cienfuegos comía con desgana su cena compuesta por arroz blanco, picadillo y ensalada de lechuga. Al cabo dejó caer el tenedor en el plato, completamente aburrido de la comida.

–¿Qué, no tienes hambre? –preguntó Santiago Rueda.

–No, lo que me hace falta es otra cosa –dijo Camilo Cienfuegos y se sonrió con picardía.

–Me lo imagino –dijo Franqui, riéndose también. Santiago Rueda sonreía por debajo de sus grandes bigotes. Yo tuve que sonreírme porque era adecuado hacerlo: Camilo Cienfuegos quería decir que tenía ganas de tener una mujer y pensé que con el tipo que tenía y el aura de leyenda que lo rodeaba no le sería difícil encontrar mujer en La Habana, aunque no estábamos en La Habana sino en el campamento de Columbia.

–Vamos a ver a la gente –dijo Camilo Cienfuegos, levantándose y caminando hacia la puerta que daba al gran salón de la comandancia. Yo seguí al último, que era Santiago Rueda, y estaba observando una regla de protocolo que no aprendería sino tres años más tarde. El salón de la comandancia parecía muy iluminado después de la relativa oscuridad del cuartico. También parecía que había más gente y todos se congregaron junto a Camilo Cienfuegos, menos los militares batistianos –que ya no eran más batistianos y a quienes debía describir por sus uniformes kaki– que se quedaron en las afueras del grupo, regados por el salón, obviamente cortados, mohínos, sin saber qué hacer, realmente sin tener nada que hacer excepto esperar. Algunos de ellos, me pareció, temían más que esperaban y supongo que la falta de atención que conseguían era una especie de tregua en su espera –aunque el hecho de hallarse allí y no en fuga indicaba que no eran responsables de ninguna de las acciones del ejército batistiano y que eran más bien (la presencia de Mario Moreno lo atestiguaba) meros burócratas militares. De pronto la puerta se abrió y apareció la figura, ya discernible para mí, del Che Guevara. Venía tocado con su boina habitual y fumaba un puro de regular tamaño. Se movió por el salón y los concurrentes le abrieron un espacio para que se moviera hacia Camilo Cienfuegos. Era obvio que uno y otro se habían mantenido en contacto, hablando por teléfono sin duda, pero que no se habían visto en algún tiempo. (El mismo tiempo, creo, que hacía que Franqui no veía a Camilo Cienfuegos. Ambos, el Che Guevara y Camilo Cienfuegos, peleando en la misma provincia –Las Villas– pero en diferentes zonas.) El Che Guevara se movió con cierta cortedad, sonriendo sardónicamente en apariencia, pero la cortedad y la sonrisa obedecían más al hecho de que fuera extranjero –y él lo supiera. No abrazó a Camilo Cienfuegos como había hecho Franqui sino que le tendió la mano derecha, que Camilo Cienfuegos cogió entre las dos suyas. Detrás del Che Guevara venía una mujer que identifiqué como la misma que me habían presentado en La Cabaña (era Aleida March: luego tendría ocasión de conocer bien su nombre, ya que se casaría con Guevara) y al verme me reconoció y sonrió y dijo:

–Ah, ya encontraste a Franqui –quien estaba ahora hablando con Guevara y con Cienfuegos.

–Sí –dije y no dije más. Para disipar mi timidez enfocaba al grupo con una cámara miniatura que había traído Franqui, el moderno aparato contrastando con el aspecto primitivo que el uniforme y la barba le daban, y ahora dirigí la máquina hacia Aleida March.

–Ah –dijo ella–, qué cámara tan chiquitica. Déjame verla.

Se la alargué diciendo:

–Es de Franqui.

Ella le dio vueltas en su mano.

–Se mira por ahí. –Le indiqué el visor.

–¡Parece mentira que con una cámara tan chiquita –dijo ella– se pueda retratar toda esta sala!

Se veía en Aleida March su procedencia provinciana, asombrándose de la tecnología –pero por otra parte un hombre tan citadino como Raúl Roa (que en unos días sería ministro de Relaciones Exteriores) había mostrado el mismo asombro ante la Nikon de 35 milímetros de Jesse Fernández. Ella me devolvió la cámara.

—Es genial –dijo, y esta frase la situó entre las habitantes de una ciudad de provincia, y sin tener el acento villaclareño de Franqui se sabía que era de Santa Clara. Con la cámara como pretexto devolví mi atención hacia el grupo que formaban el Che Guevara, Camilo Cienfuegos y Franqui, vestidos de verde olivo, con Santiago Rueda, Bilito Castellanos y otros más en traje civil, separados como por un vacío de los militares batistianos (no sabía si habían conservado sus rangos respectivos), a los que el Che Guevara, al entrar, ni siquiera dirigió la mirada. Camilo Cienfuegos era el más alto y más abierto del grupo, riendo mucho, evidentemente satisfecho de su posición en la vida que pronto sería una posición en la Revolución, que contrastaba con la parquedad y cortedad (aunque no era en modo alguno apocado) del Che Guevara y la modestia campesina todavía de Franqui. Luego Camilo Cienfuegos, el Che Guevara y Franqui se dirigieron solamente los tres hacia la puerta del pequeño cuarto, dejando detrás a los civiles que antes conversaban con ellos. Era evidente que iban a discutir los problemas del momento, tal vez exclusivamente el problema de la ocupación de Palacio. Bilito Castellanos, seguramente para atenuar el evidente desaire de que el Che Guevara, Camilo Cienfuegos y Franqui formaran un grupo del que era tan visiblemente excluido, vino a conversar conmigo, también con el pretexto de la cámara. Tuve que explicar una vez más que era de Franqui, que la había traído de la Sierra y él se rió de la incongruencia de que una máquina tan moderna viniera del campo, de la Sierra, que era todavía más primitiva. Yo no se lo presenté a Aleida March, entre otras cosas porque no recordaba el nombre de ella o tal vez no lo sabía entonces, pero Bilito habló con ella como si la conociera de siempre –se sabía bien parecido y confiado en su habilidad de palabra como el político universitario (viejo) que era. Aleida March era otra de las bellezas rebeldes y era agradable conversar con ella; por otra parte la conversación se hacía inconsecuente por la chatedad de Bilito, que hablaba de lo evidente: de cómo habían huido Batista y su camarilla, de lo precipitadamente que habían abandonado el cuartel general, de cómo Camilo Cienfuegos había tomado todo el campamento con apenas doscientos hombres –sin darse cuenta de que hablaba con la secretaria del Che Guevara que había tomado La Cabaña con menos hombres. Al cabo Camilo Cienfuegos, el Che Guevara y Franqui salieron del cuartico y a su alrededor se agruparon los civiles, entre ellos casi el primero Santiago Rueda. Ese momento lo escogió Mario Moreno para venir a hablarme –quizá pensaba que su conversación conmigo atenuaría su presencia de oficial de kaki en la comandancia del campamento de Columbia, que era para casi todos los cubanos el odiado centro del poder batistiano. Ya para entonces Aleida March se había acercado al Che Guevara, tal vez para hacerse útil como su secretaria, tal vez aburrida de la conversación de Bilito Castellanos. La reunión se extendió (y no sería la primera vez) hasta la madrugada, cuando regresé con Franqui a mi casa. Él seguiría hasta Santos Suárez, pues estaba viviendo en casa de sus suegros.

Al otro día, al anochecer, me llegué solo al periódico *Alerta*, es decir a *Revolución* (yo había visto un ejemplar del periódico en la calle esa tarde y me asombró que fuera tan *amateur*: más primitivo que el periódico clandestino y todavía con un logo de pésima calidad en que el título se sobreponía a la foto de una muchedumbre, y título y foto eran a cuál más malo) y me encuentro en la puerta, haciendo guardia, nada menos que a Branly, que había desaparecido de mi vista casi totalmente. Al verme llegar sacó el peine a la ametralladora que tenía sobre las piernas y comenzó a peinarse con él –ése fue su saludo y comentario a mi llegada, diciéndome que conservaba su humor y que no tomaba muy en serio su papel de guardián del órgano del Movimiento 26 de Julio. Hablé con él y me explicó que adentro estaba Charles Manchú, que había tomado el periódico *Alerta* el día primero. Charles Manchú (a quien encontré dentro del periódico) era un caso tan extraordinario como su nombre. Ya me había tropezado con él alrededor de los días de abril de 1958, cuando me entregó, en plena calle y a mediodía, un volante del 26 de Julio: era evidente que quería caer preso inmediatamente y al no verlo más deduje que había ido a parar a una de las prisiones batistianas. Charles Manchú se había hecho notorio porque había tratado de enmendar a Otto Jaeger, que era una loca perdida que había conocido en los locales del movimiento anarquista cubano (que a pesar de su nombre era una organización más bien amable). Charles intentó por todos los medios que Otto «se hiciera hombre» y la persuasión trabajó en sentido opuesto, terminando Charles por vivir con Otto como marido y mujer y se hicieron famosos en La Habana cultural como un caso extremo de lumpenburguesía –y en el caso de Charles de alta burguesía: su familia era una de las más ricas de Holguín, y hay una historia sintomática de lo que era en realidad su familia: habían sido pobres campesinos de la zona de Holguín, hasta que un día una puerca que tenían amarrada a un árbol, hociqueando, descubrió una botija española llena de centenes de oro –y para celebrar el acontecimiento mataron a la puerca y se la comieron. Así fue como los Manchú se hicieron ricos. Charles y Otto no pusieron casa, como otros matrimonios homosexuales, sino que se dedicaron a vivir en los mejores hoteles habaneros –pero sin pagar un céntimo, ya que a Charles su familia no le pasaba un centavo. Simplemente se mudaban a un hotel –por ejemplo, el Nacional– y llegaban a él con dos maletas de excelente aspecto y al cabo de unos días, cuando la regencia les pedía que pagaran la cuenta, ellos se escurrían y no volvían al hotel, dejando las maletas detrás, llenas de trapos viejos en vez de ropas elegantes. Así hicieron en el hotel Presidente, el hotel Sevilla, el hotel Lincoln –hasta que agotaron la lista de hoteles de primera. Estas aventuras picarescas ocurrieron a mediados de los años cincuenta y tuvieron su fin cuando Otto decidió dejar a Charles y se fue a Nueva York. Aquí siguió practicando su forma de anarquía trabajando en una fábrica de pañuelos, acoplando los pañuelos a su caja respectiva –y haciéndolo de manera muy diversa: en cada caja ponía en vez de los seis pañuelos anunciados en el envase, cinco o siete. «Para que no crean en la eficacia del capitalismo», aclaraba a sus amigos. Lo último que supe de Otto Jaeger es que deambulaba por Roma, a veces cerca del Vaticano, con un largo rosario al que daba vueltas con un dedo, mientras, mirando a los muchachos que pasaban, decía:

–*Quanti belli cazzi! Quanti belli cazzi!*

Por su lado, Charles Manchú se normalizó (si es que se puede llamar así a sus aventuras políticas), se dedicó a hacer revolución con más o menos fortuna subversiva y luego se echó novia. Ahora Charles había capturado, solo o acompañado, la redacción y los talleres de *Alerta*. Cuando lo encontré dentro me saludó con gran alegría. Yo también lo saludé con alegría: me caía bien Charles Manchú. Pero éste fue el único encuentro agradable en la ahora redacción de *Revolución*.

En el despacho del director estaba el grupo que dirigía el periódico, aparentemente comandado por una belleza revolucionaria: Irmita Montealegre. Yo no la conocía a ella, pero sabía que existía porque conocía a sus padres, los dos escritores: su madre periodista y su padre novelista. Es más, en los días que yo visitaba por primera vez el periódico comunista *Hoy* (donde trabajaba mi padre), el viejo Montealegre, entonces no tan viejo, me dio mi primera lección de mecanografía. No pude haber malgastado su tiempo mejor: no hay peor mecanógrafo que yo, que escribo con el índice de la mano izquierda y el dedo del medio de la mano derecha y cometo errores que ustedes podrán apreciar, ya que muchas veces los incorporo a la escritura. De Irmita sabía también por Villas que me había dicho, al pasar, que ella redactaba, entre otros, el periódico *Revolución* clandestino circa noviembre de 1958. Ahora me esperaba con su grupo en el despacho del director. Charles Manchú (que aparentemente no se llevaba nada bien con los colectivos directores de *Revolución*) anunció mi llegada y cuando entré fui recibido por muchas caras largas o una sola cara larga repetida. Solamente dije:

–Vengo a encargarme de la dirección del periódico por órdenes de Franqui.

Nadie dijo nada: me pareció que la consigna era tratar de no verme a ver si así desaparecía.

–¿Quién se está encargando del emplanaje? –pregunté.

–Yo, ¿por qué? –me respondió casi insolente Irmita Montealegre.

–Bueno –dije en tono conciliador–, vamos a tener que introducir algunos cambios, sobre todo en el título.

Irmita me miró más certeramente (me gustaba su cara de belleza blanca con pelo negro y su cuerpo bastante lleno, aunque no me gustaba el uso que hacía de él para enfrentarme) y dijo:

–Bueno, eso habrá que discutirlo. El título ha sido el título del periódico clandestino…

La interrumpí:

–Pero ahora no estamos en la clandestinidad.

Me miró, más fijamente todavía.

–No tengo por qué discutir eso con usted –me dijo–. Hable si quiere con Horacio, que está ahí al lado.

Después de mirarla un momento (era realmente bella, aun su militancia la embellecía), di media vuelta –para enfrentar a un hombre alto que salía de la oficina de al lado.

–¿Horacio? –pregunté.

–Yo soy Horacio –me dijo–. ¿Hay algún problema?

Me gustó Horacio (ése no era su verdadero nombre sino un alias para la clandestinidad) a primera vista. Tenía cara de ser un hombre ecuánime y hasta ahora no había encontrado más que histeria en *Revolución*.

–Bueno –le dije–, Franqui me ha mandado para que me haga cargo del periódico y estoy encontrando dificultades.

–No hay que precipitarse –me dijo–. Hay que tomar las cosas con calma. ¿Cuál es el problema?

–Que no puede haber dos direcciones en el periódico. Los problemas del periódico comienzan por su logo –no entendió esta palabra y rectifiqué–, quiero decir el título.

–¿Qué hay con el título? –preguntó Horacio muy pausadamente: afectaba cierta lentitud campesina aunque debía ser hombre de ciudad a juzgar por su pronunciación.

También su atuendo (no vestía verde olivo pero llevaba botas) era campesino.

—Hay que cambiarlo —dije.

—¿Y eso por qué?

—Bueno —dije yo—, para empezar es muy *amateur*. No me molesta que el nombre del periódico vaya en rojo. Al contrario, me parece el color apropiado, pero ese título sobre ese mar de cabezas está mal concebido y peor ejecutado.

—Ya veo —me dijo y pareció reflexionar no mis palabras sino las suyas.

—Bueno, ¿y quién se opone al cambio? No yo.

—Pero la gente que está en la dirección sí se opone. —Decidí ser definitivo—: Y o se hace el cambio o yo me voy.

—Un momento, un momento —dijo—. No se tiene que ir nadie. ¿Por qué no ha venido Franqui?

—No sé —dije—, creo que está ocupado en Columbia o en Palacio. No sé dónde.

—Vamos a hablar —dijo—. Primero vamos a hablar con la dirección.

—Bueno —le dije—. Yo no tengo más nada que hablar con la dirección: ya yo he dicho lo que tenía que decir.

Se movió tan lentamente como hablaba. Me fijé entonces que no estaba armado: era la primera persona de alguna consecuencia (porque era evidente que Horacio jugaba un papel importante, sea en el periódico o en el 26 de Julio) que no iba armada: esto me gustó.

—Bueno —dijo—, pero yo puedo decir algo, puedo hablar con ellos, ¿no?

—Me parece —le dije y me quedé junto a la puerta mientras lo veía caminar lentamente y entrar lentamente en el despacho de la dirección.

—¿Qué, hay problema? —Me volví para ver a Charles Manchú que me sonreía al hablar.

—Hay un pequeño malentendido. Nada más.

—¿Con Irmita y su grupo?

Le dije que sí con la cabeza.

—Me lo figuraba; esa gente ni siquiera me agradeció que yo hubiera tomado el periódico.

No le dije nada y Charles se calló. Al poco rato regresó Horacio.

–Bueno –dijo–, vamos a tener que localizar a Franqui esta misma noche. Hay que aclarar la situación.

–Me parece perfecto –le dije.

Horacio hizo varias llamadas y no parecía dar con Franqui: no estaba en Columbia y no estaba en Palacio, tal vez porque en Palacio no sucedía nada todavía y Franqui estaba entonces donde todo sucedía (no lo supe esa noche sino días después). Ante la infructuosidad de Horacio, me despedí de él diciéndole:

–Vengo mañana –y al ver él mi resolución no dijo nada más que hasta luego.

Al otro día fui al periódico temprano con Franqui (que me vino a buscar a mi casa). Ya el comité que dirigía el periódico (y lo hacía para ellos mismos) por el Movimiento 26 de Julio no aparecía por parte alguna, Irmita Montealegre desaparecida pero jurando tomar venganza contra mí (pobre yo que solamente quería, como quise antes en *Carteles*, que el periódico fuera funcional y moderno) un día –pero no lo hizo ella sino su madre y por escrito: pero eso sucedió hace tiempo y está olvidado, no lo voy a poner aquí. Franqui me dejó solo en el periódico y cuando digo solo no lo digo metafórica sino realmente: no había un alma en la redacción –solamente un nuevo conocido: era Mateo, que sería administrador del periódico. Mateo no se llamaba Mateo sino que era uno de sus seudónimos o nombres de guerra: Mateo había sido el miembro del 26 de Julio clandestino que más alias tuvo y se había quedado con el último, que escogió –lo supe luego– por ser el nombre de uno de los apóstoles: Mateo era un católico casi tan militante como miembro del 26 de Julio. Pero no había más nadie: Franqui había despedido a toda la antigua redacción del diario *Alerta*, dejando únicamente a los obreros de los talleres y de la rotativa, impresores, linotipistas y tipógrafos: éstos (ésa era la idea) no estaban contaminados por las ideas batistianas que infectaban a los redactores y cronistas. Franqui me dejó solo y con el encargo de sacar el periódico al día siguiente. Yo no pude hacer otra cosa que llamar a Villas (que estaba disponible y acudió enseguida) para redactar las noticias y notas y disponer los cables. Había algún material de relleno dejado del día anterior pero no había nada más. De no sé dónde apareció Rodríguez Dueña que era corto como largo su nombre: recordaba a Toulouse Lautrec, si Toulouse Lautrec se hubiera afeitado la barba y quitado las gafas, además de cambiar su acondroplasia por la espina bífida: Rodríguez Dueña estaba partido por el espinazo y tenía una joroba en el pecho y otra en la espalda y era un espectáculo único verlo sentarse en uno de los sillones de la redacción, acomodando sus piernas largas y su corto cuerpo entre las manos del sillón para pasar mejor las muchas noches de vigilia impresora y de sueño expectante hasta que saliera el primer ejemplar del periódico de las rotativas. Rodríguez Dueña fue una adquisición no sólo por su capacidad de trabajo como emplanador sino por su humor y buena voluntad. La fantasía popular describe a los jorobados como contrahechos de cuerpo y de alma, malas personas, intrigantes cuando no comunistas, pero Rodríguez Dueña no era nada de eso y además tenía un don que yo envidiaba: usaba su bien modulada voz para cambiar largos parlamentos telefónicos con diversas mujeres, que eran, aparentemente, suyas, a juzgar por las altas horas de la noche en que las llamaba. Villas, por su parte, trabajó como un mulo escribano, redactando notas y noticias y disponiendo los cables para entregarlos a los linotipistas. Fueron tres noches de soledad y de intenso trabajo pero fueron felices. Luego Franqui recapituló (en realidad quien había echado a la redacción entera era el comité del 26 de Julio) y mandó a buscar a todos los redactores y a los jefes de redacción y de información, sobre todo a López Lugo, jefe de redacción, que conocía a cada uno de sus redactores y del pie que cojeaba cada cual: aunque a mí nunca me gustó personalmente, con su dispéptica y escéptica edad mediana, sus espejuelos (más bien eran gafitas) oscuros, su boquilla de cigarrillo a un costado de la boca y su aspecto de hombre curtido por la tinta impresora: nunca tuve dudas de que era el único realmente batistiano de la redacción, pero jamás lo manifesté y aunque no llegamos a llevarnos verdaderamente bien, nos toleramos en el tiempo en que yo era el director virtual del periódico *Revolución*. Franqui se reintegró (o mejor se integró) a su cargo el mismo día que Fidel Castro entró en La Habana. Yo estaba, a la hora de su desfile por La Rampa, en una oficina aledaña con Ithiel León, quien había sido encargado (por Franqui y por mí) de reformar el logo del periódico y diseñar la primera plana. Estábamos en su oficina de la agencia de publicidad en que trabajaba cuando oímos la algarabía, que penetraba las paredes macizas, las puertas cerradas y las ventanas de hojas fijas, del edificio totalmente refrigerado. Dijo Ithiel:

—Me represento como una caricatura –creo que él empleó la palabra *cartoon*–, en que se ve una multitud saludando al héroe vencedor que llega de la guerra y hay un hombrecito –no recuerdo si dijo hombrecito o tal vez hombre– que está vuelto de espaldas, totalmente impermeable al momento histórico que está ocurriendo –y así era en verdad, pues no fuimos a las ventanas que daban a La Rampa sino que seguimos combinando tipos y familias de letras que fueran posible título permanente para el periódico.

Luego por la noche, en la dirección, donde habían instalado un televisor, vi a Fidel Castro hablando por primera vez en público, con su nueva imagen de las barbas y el quepis, que serían su distintivo presente y futuro. El discurso comenzó lo que sería una oratoria desusada, con el orador hablando en una voz baja y apagada y aparentemente inofensiva –para hacer una denostación, que era un ataque directo al Directorio: el discurso tenía como estribillo una frase: «¿Armas para qué?», que se refería (como bien sabíamos en el periódico y mucha gente política en Cuba) al acopio de armas que se rumoreaba que estaba haciendo el Directorio en la universidad y otras partes de La Habana. En medio del discurso, Fidel Castro se volvía hacia uno de sus acompañantes, que era Camilo Cienfuegos, para preguntarle, en un audible *sottovoce*: «¿Voy bien, Camilo?».

Además hubo en su discurso algo realmente inusitado: ¡dos o tres coños perfectamente inteligibles! En una ocasión durante el discurso, cuando soltaron palomas blancas, ocurrió que una paloma vino a posarse sobre el hombro de Fidel Castro para acentuar su discurso antibélico: el símbolo de la paz sobre hombros pacíficos –y todo el mundo que vio el programa, que es como decir toda Cuba, quedó encantado con la mezcla de nueva oratoria, modestia personal y pacifismo del guerrero.

En el periódico hubo esa noche un editorial –escrito por Oclides Candela, que había venido enviado a nosotros desde Santiago de Cuba y quien sería su subdirector efectivo– que también se llamaba «¿Armas para qué?», y que era, como serían muchos de los editoriales y noticias de primera plana de *Revolución* una repetición hasta hacerla consigna de algo dicho, opinado o sugerido por Fidel Castro. Esa noche, para hacerla más histórica, tarde en la madrugada se apareció Fidel Castro: difería mucho, en persona, del Fidel Castro que yo había conocido, circa 1948, en la esquina de Prado y Virtudes, donde se reunían gángsters, líderes estudiantiles, escritores y borrachos de esquina (había uno de estos borrachos filósofos que tenía el apropiado apellido de Vicioso: todo el mundo creía que se trataba de un apodo pero era realmente así como se llamaba ese hombre). Llegó Fidel Castro al periódico con su escolta, que pronto sería habitual, todos fuertemente armados (Fidel Castro, desde sus días estudiantiles, portaba siempre una pistola bajo el saco: oculta entonces, ahora visible sobre el uniforme verde olivo), lo que era una especie de contrasentido al discurso pronunciado hacía pocas horas. Discretamente Oclides Candela y yo abandonamos la dirección para que Fidel Castro se entrevistara en secreto con Franqui; todavía había problemas agudos a pesar de la victoria aplastante de unos pocos hombres decididos contra todo un ejército fuertemente armado. Todos los redactores del periódico se movían cautelosos, entre y alrededor de la escolta, compuesta por evidentes campesinos barbudos y peludos y con olor a monte todavía. (Luego descubriría que no todos en la escolta eran campesinos, sino que aparentaban serlo: ésa fue una de mis primeras desilusiones, y de haber sido cierta la noción de que Fidel Castro estaba rodeado por simples guajiros habría pensado diferente de este hombre que tanto tuvo que ver en mi vida –como en la de todos los cubanos.)

Había en el periódico también, enviadas por el 26 de Julio de La Habana, dos secretarias que eran dos bellezas: una medio mulata llamada Leonora (a la que yo siempre llamé Leonora de Beethoven) y otra llamada Mirta: esta última era la más joven y más linda de las dos, pero ambas estaban imbuidas de lo que pronto sería, en los medios políticos o pseudopolíticos (como lo era el periódico), una especie de moda: la castidad revolucionaria. A Mirta le hablé pocas veces, porque venía al periódico por las mañanas y las tardes, cuando yo no estaba allí, pero pude admirar sus bellas piernas, sobre todo un día que se inclinó al suelo a recoger un papel y dejó ver el comienzo de unos muslos perfectos y promisorios en apariencia pero, ay, infinitamente inalcanzables. A Leonora de Beethoven la vi más porque trabajaba por la tarde hasta medianoche y entraba a menudo en la dirección y lo que la hacía más atractiva eran sus gruesos espejuelos de miope. Debo confesar que los primeros días de trabajar en el periódico, cuando Villas, Rodríguez Dueña y yo hacíamos el periódico casi solos y cuando después seguíamos ocupándonos de su dirección (Villas desapareció al poco tiempo. Simplemente no vino más y no me dio explicación de por qué lo hacía: tal vez ya no hubiera desafío de la tarea en el periódico para él y Rodríguez Dueña se reintegró a su trabajo publicitario: con la incorporación de Ithiel León, rehaciendo el título y componiendo la primera plana, ya no había nada que hacer para él), en estos primeros días de fervor (no patriótico: tengo una opinión johnsoniana del patriotismo) político me ocupaba poco de las mujeres y no vine a notar las secretarias hasta días más tarde de que empezaran a trabajar en el periódico. Seguía, sexualmente, volviendo a mi mujer, como si nunca hubiera pasado nada, como si Ella no hubiera existido, como si las incontables otras fueran una invención.

Eran días en que lo más significante eran los testimonios de las atrocidades batistianas (que los periódicos explotaban: fue en *Bohemia* donde Bernardo Viera lanzó la cifra exacta de 20.000, veinte mil, muertes cometidas por Batista, aunque sabíamos que decididamente no eran tantas, pero era una buena cifra, casi un número mágico para creer y hacer creer en él). También se producían las noticias de los fusilamientos de batistianos que habían cometido crímenes de guerra –y de algunos que no los habían cometido, como el capitán Castaño. Por el capitán Castaño tuve una discusión con Titón y Olga, quienes, como el Che Guevara, que llevó a cabo el fusilamiento, estaban de acuerdo con que se le fusilara. El juicio resultó una pálida farsa de un juicio (aunque vine a darme cuenta de ello mucho más tarde), con un abogado defensor que estaba más asustado del poder del tribunal y del fiscal que convencido de la inocencia del acusado. Fue Adriano quien me contó que Mirta Aguirre, una intelectual del partido, que se suponía que sabía lo que decía, le dijo que si el abogado defensor hubiera llamado a varios comunistas importantes a declarar, nunca hubieran podido condenar a Castaño a muerte; simplemente no había pruebas de que hubiera torturado ni matado a nadie y a los comunistas que entrevistó lo hizo con notable deferencia: fue por eso que no hubo hombre más asombrado (según testigos presenciales) que el capitán Castaño cuando le comunicaron que se le condenaba a la pena de muerte. Yo había tenido que entrevistarme con el capitán Castaño en el año 1957 para obtener la vigencia de mi pasaporte y excepto porque el edecán (parecía más bien un conserje militarizado) me advirtió que debía apagar el cigarrillo antes de entrar, aduciendo: «El capitán detesta el humo», no hubo ninguna otra orden compulsiva. El capitán Castaño habló de cine conmigo y me dijo que no compartía muchas de mis opiniones.

–Están políticamente demasiado a la izquierda para mi gusto –fue todo lo que me dijo al respecto y todo el tiempo que duró la entrevista estuvo de lo más correcto y amable.

Ahora su ejecución se mostraba como una manera de que el Che Guevara se congraciase con los comunistas (como lo fue, unas semanas más tarde, ofrecer su primera aparición pública en una conferencia en la sociedad cultural Nuestro Tiempo, que era una organización pantalla del partido) y me pareció un exceso de justicia: es decir, una injusticia.

Cuando ya el periódico estaba definitivamente encarrilado y Franqui asumió su dirección total, puse mi interés en lo que siempre me había interesado tanto como las mujeres: la cultura. Acababa de nombrar Armando Hart (ministro de Educación gracias a Franqui, que lo sugirió, aunque recuerdo la entrevista que le hice en esos días, donde me dijo, hablando con sus eses escupidas de siempre que lo acercaban, junto con su fofa mano al estrechársela, a un mongoloide: «Tenemos que intimidar con Venezuela y tenemos que intimidar con México y con Colombia», diciendo siempre intimidar por intimar) al Chino Romualdo como delegado suyo ante el Consejo de Cultura.

Al Chino Romualdo lo conocía yo por ser amigo de Harold Gramatges (quien decía que era amigo de su hermana) y a quien yo siempre había tenido por maricón y nada inteligente: la persona más alejada (excepto por la mariconería) para tener que ver algo con la cultura. Se lo hice notar a Franqui, quien me dijo:

—Tenemos que ocupar esa posición. Voy a hablar con Armando ese asunto.

Ya había venido de su exilio en México Alfredo Guevara (sin parentesco con el Che) y se llegó al periódico una noche, donde nos abrazamos: yo había sido instrumento de que él se exilara en México a principios de 1957, perseguido como estaba por los servicios secretos de Batista por haber sido comunista durante sus días universitarios. Franqui contaba con hacer a Alfredo jefe de la industria del cine, que iba a crear por decreto el presidente Urrutia. Pero Urrutia tenía su candidato propio para ese cargo: era César Blanco, jefe de la recién creada Jefatura de Orden Público, adscrita al Ministerio de Gobernación: ya ese cargo lo había hecho famoso porque Blanco había decidido clausurar todas las posadas y los hotelitos y una noche asaltó varios de estos *hotels de passe*, tan cubanos, con una brigada de la policía rebelde. Tenían un método casi nazi para el asalto: rodeaban la posada con perseguidoras y el propio Blanco, con un megáfono, estentoreaba:

–¡Es la policía! ¡Tienen cinco minutos para desalojar el local!

Blanco era protestante y como tal muy militante y se había hecho enemigo declarado del sexo: logró clausurar varias posadas hasta que intervinieron con Urrutia para impedir que siguiera acosando a los pobres singantes, hombres y mujeres que pasaban un buen rato en los hotelitos. Éste era el candidato del presidente de la República para el cargo de organizador de la industria del cine. Como con el nombramiento del Chino Romualdo ante el Consejo de Cultura, Franqui se hizo cargo de enderezar esos entuertos.

A los dos días habían quitado al Chino Romualdo y me habían nombrado a mí delegado del ministro de Educación ante el Consejo Nacional de Cultura. Flamante burócrata, sin darme por enterado de que lo era aunque fuera para un gobierno revolucionario, me dirigía todas las mañanas temprano hasta el Palacio de Bellas Artes, donde estaban las oficinas del Consejo de Cultura. Me tocó al principio la ingrata tarea de suprimir las sinecuras batistianas en el Consejo, labor espinosa porque se trataba de escritores más o menos conocidos que eran empleados del Ministerio de Educación adscritos a Cultura. Por supuesto, ninguno de ellos daba un golpe: eran clásicos botelleros y había que terminar con sus botellas. Así conseguí no pocos enemigos (había colaboradores de *Carteles* entre los enchufados), pero logré restablecer un equilibrio al venir a verme, a la segunda o tercera mañana, el poeta Lezama Lima (a quien Silvio Rigor llamaba el Dalai Lama, atendiendo a su rango de maestro poético, casi gurú cultural), quien se sentó frente a mi buró con sus trescientas libras de peso y su jadeo de asmático para decirme:

–Yo quiero que usted sepa que yo todo lo que gano en el mundo son los noventa pesos que me paga Cultura y me hacían venir todos los días aunque no tenía nada que hacer aquí.

Ya yo había visto el nombre de Lezama en la lista de empleados y había remitido una carta al ministro diciendo que el poeta era una gloria nacional (claro, ésos fueron términos para que los entendiera Armando Hart) y no sólo se debía mantener su puesto sino aumentarle el sueldo a ciento cincuenta pesos mensuales. Cuando le dije lo que había hecho y decidido en su caso, Lezama casi no pudo contener su alegría ante mis palabras: él sabía bien que estábamos en las antípodas estéticas y, temiendo lo peor de mi parte, esperaba una cesantía, así no estaba preparado para mi decisión. Este gesto justiciero me valió la eterna gratitud del poeta y así otra mañana organizó una comisión del grupo literario que conducía, Orígenes, y todos vinieron a visitarme en mi despacho. Estaban los poetas alborozados con las nuevas perspectivas que se abrían para Cuba y uno de ellos (Julián Orbón, que era la eminencia musical del grupo) lo declaró «un momento auroral», rapsodiando sobre los barbudos que habían bajado de la Sierra. (En su voz de católico militante con tonos de sacristán, casi parecían los rebeldes otros tantos apóstoles bajados del cielo.) El poeta Lezama Lima llegó en su perorata a aludir al Sturm und Drang pero en su pronunciación cubana dijo claramente Strungundrán, que desde entonces fue el nombre que tuvo para mí: Lezama Lima sería el Gran Strungundrán y sus discípulos los strungundros. Ese breve lapso no impidió que la conversación del maestro Lezama estuviera llena de alusiones, todas loas al «momento epocal» (el maestro no quiso repetir la frase de Orbón y se limitó a parafrasearla) en que vivíamos. También vino Harold Gramatges, presentando problemas musicales con la orquesta filarmónica, delegados de la orquesta eran Aragú y Deogracias Moncada, nombres sonoros y nostálgicos de los días en que yo era un *habitué* de la filarmónica, siempre presente los domingos por la mañana en sus conciertos populares. También encontré a Juan Blanco, al que había dejado de ver durante los días más confusos del batistato y que ahora también estaba entre las delegaciones musicales. Muchas noches (es decir, casi todas) dormía dos o tres horas en el periódico y de allí me iba al Palacio de Bellas Artes, desayunando en la calle, y no pasaba por casa más que a bañarme y a cambiarme de ropa. De la época queda una fotografía en que me veo visitando las obras de reconstrucción del castillo de La Fuerza («La fortaleza más antigua de América», explicaba su restaurador, Prat Puig, que había continuado trabajando en el enero libre como en el diciembre dictatorial, atento solamente a la piedra y el cemento, a la reconstrucción de monumentos: pero a juzgar por la obra que había hecho en el Ayuntamiento de Santiago de Cuba, edificio que parecía un pastiche del estilo barroco, llamado colonial en Cuba y pretendidamente más cubano que español, no se podía esperar que el castillo de La Fuerza no pareciera de utillería, hecho como de cartón y yeso: no obstante asistí a una breve ceremonia que celebraba la continuidad de la restauración histórica). La foto, publicada en *Revolución*, era un esfuerzo personal por mantenerme en el cargo, torpedeado como estaba por varias facciones culturales, muchas de ellas apoyadas por los comunistas. Aunque Adriano estaba conmigo durante las horas de trabajo en Cultura, esto no garantizaba que tuviera el visto bueno de la comisión cultural del partido y, por otra parte, había elementos en el 26 de Julio que no me querían nada, entre ellos la facción en que militaba Irmita Montealegre. Apresuró mi caída el nombramiento de Charles Manchú para dirigir la radioemisora del Ministerio de Educación. Charles llegó a la emisora con más celo rebelde que el que me atacaba a mí en Cultura, pero allí chocó él con un hermano de Armando Hart que aspiraba a su puesto. Un día, mejor una tarde ya tarde, recibí una llamada en *Revolución* en que la esposa de Armando Hart, y líder y heroína del 26 de Julio, se me quejaba de lo que ocurría en la emisora, que llevaba el cómico nombre de CMZ. Yo apoyé a Manchú, por supuesto, porque aunque lo sabía locoide sabía también que estaba haciendo un buen trabajo en la radio. Haydée Santamaría, conocida por sus íntimos como Yeyé, me dijo que la función de Manchú tenía que terminar, yo le dije que Manchú estaba nombrado por mí y hacía un buen trabajo en su puesto, ella insistió en que había que sacar a Manchú y nombrar a alguien (evidentemente, el hermano de Hart) en su lugar, yo me negué y en un momento de la conversación ella cometió el error de decirme:

–Los soldados no discuten las órdenes, las obedecen.

Y yo cometí el lapso de dejarme llevar por la no civilidad y decirle:

–Pero yo no soy un soldado, señora.

Allí terminó la conversación y era evidente que también terminarían mis días como director en funciones de la cultura cubana oficial. Por otra parte descubrí el juego comunista de apoyar a otro candidato para el puesto, un adocenado que llegaba de Santiago de Cuba pero que era un viejo compañero de viaje. Enseguida me fui con Adriano a la casa de Carlos Rafael Rodríguez, que quedaba justamente frente al Focsa, y tuve una conversación con él, solicitando el apoyo de la comisión cultural del partido (de la cual él era una suerte de guía espiritual, si se puede decir así) para mantener el cargo de delegado en Cultura. Carlos Rafael se detuvo y se mesó su nueva barba que él no sospechaba que era más trotskista que rebelde (si lo hubiera sospechado, viejo estalinista, se habría afeitado *ipso facto*) y me dijo:

–Pero yo creía que a ti te apoyaba el 26 de Julio.

Había genuina sorpresa en su voz y hasta simpatía, pero supe enseguida que mis días estaban contados: me fui de casa de Carlos Rafael Rodríguez sin obtener el apoyo que había venido a buscar. Eso condujo a una discusión con Adriano, en las oficinas de Cultura, en que yo acusaba al partido de doble juego. Me dejé llevar por la indignación y salí de la oficina gritándole a Adriano que era indecente el doble juego que jugaba el partido –y lo oyó Marta Ajena, que trabajaba para el museo en que estaban las oficinas de Cultura y que era una vieja compañera de viaje si no una comunista convencida– y fue entonces que supe, sin poder controlar mi indignación, que no había nada que hacer: los comunistas se apoderarían del centro de control de la cultura cubana. Al otro día, o tal vez al otro, me llegó la comunicación de que sería suplantado por el viejo santiaguero, tradicional y académico pero apoyado por el partido. Ni siquiera Franqui, que ponía ministros con nada más nombrarlos, pudo hacer nada para mantenerme en el puesto: la cultura, consideraba el partido, es demasiado importante para dejarla en manos amigas pero no decididamente partidarias.

Tuvo lugar una visita que fue casi una aparición, vino al periódico Plinio Prieto, ahora comandante del Segundo Frente del Escambray. Casi no lo reconocía (había conocido a Plinio en los días, mejor en las noches gloriosas de la Cinemateca de Cuba, cuando este club de cine silente –eso es lo que realmente era, pasando por encima del recuerdo romántico– tenía su sede en el Colegio de Arquitectos: allí Plinio era el proyeccionista y mucho que nos ayudó con sus conocimientos prácticos, más tarde se propuso construir un laboratorio de animación y casi lo logró pero sus esfuerzos se malograron por el golpe de estado batistiano, después –esto lo supe por amigos mutuos– Plinio se había convertido en un luchador contra la dictadura), ahora blanco en canas como estaba. Plinio, siempre reticente y modesto, nos contó lo que le había ocurrido, que era una verdadera odisea marina. Había salido de Miami en los últimos días de diciembre con un barco cargado de armas para el Escambray. El barco fue sorprendido por una tormenta, perdieron el rumbo y, ya casi náufragos, fueron encontrados a la deriva por una fragata americana, que los devolvió a Miami: fue allí donde se enteró que Batista había huido hacía ya días. De esa aventura le quedaba un recuerdo imborrable: había encanecido de la noche a la mañana. Me gustó ver a Plinio: fue uno de los más gratos recuerdos de esos días, aglomerado de sorpresas, imaginaciones y remembranzas.

Otra noche se aparecieron por el periódico otros dos desaparecidos desde los días de la dictadura: Mike Silva y Junior Doce. Venían juntos como juntos habían estado en la clandestinidad. Me gustó verlos. A los pocos días me enteré de que Mike Silva nos hacía la competencia: había escrito un artículo para una revista americana, *Coronet* o *Pageant*, no recuerdo, en el que exaltaba la vida guerrillera de nada menos que Haydée Santamaría. En el artículo la declaraba modelo de revolucionaria y, a pesar de los elogios casi desmesurados, la publicación no gustó nada a la señora Santamaría, quien se dedicó a denostar a Mike. Así, cuando éste volvió a emprender el exilio (ya Junior se había ido también...) poco tiempo después, no me asombré poco ni mucho: con esa iglesia había topado yo antes.

El periódico era un centro de poder en esos días y en el centro del centro estaba la dirección, donde yo me pasaba la mayor parte del tiempo. En la puerta hubo que poner un letrero que decía: «Si no tiene algo urgente que tratar / No pasar», con su rima impensada y todo. En la dirección se apareció una noche Camilo Cienfuegos, quien antes de entrar dejó su huella en la puerta: agregó de su puño y letra sobre el cartel: «Esto es antidemocrático», como lo era efectivamente. En esos días Camilo Cienfuegos había dado mucho que hablar ya que se había aparecido repentinamente en Nueva York y allí se había cortado su larga cabellera negra. Esto no le gustó nada a Fidel Castro (que nunca tuvo el pelo largo) y amonestó a Camilo Cienfuegos por haberse cortado el pelo. Dicen que le dijo Fidel Castro: «Un poco más y te afeitas la barba» y dicen que respondió Camilo Cienfuegos: «No creas, que lo estuve pensando», lo que era, ante los ojos del Máximo Líder (todavía no llevaba ese título ridículo y maximalista) un desacato, realizado por nada menos que el jefe del ejército, que es lo que era entonces Camilo Cienfuegos.

Por ese tiempo se le ocurrió a Franqui crear un órgano cultural paralelo al periódico: es decir, un magazine literario. Me encomendó que viera al pseudopoeta Roberto Retama para encargarle la dirección. Retama había tenido sus veleidades comunistas en el pasado pero luego se había pasado a las filas de los jóvenes católicos universitarios y ahora, en 1958, había mantenido contactos con el 26 de Julio. Fui a verlo y con su sonrisa levemente irónica me dio a entender que él esperaba cosas mejores que ser el director de un suplemento del periódico y rechazó el nombramiento. Se lo comuniqué así a Franqui, quien se extrañó de las pretensiones de Retama, pero seguía insistiendo en la necesidad de tener un suplemento cultural. De la conversación salió que yo debía encargarme de él y aunque yo trabajaba todavía en la dirección del periódico, tenía mis páginas de *Carteles* (todavía no había renunciado al puesto de jefe de redacción de la revista pero apenas si podía ir por ella) y mantenía mi programa de televisión, decidí aceptar la encomienda, más que nada porque era un reto. Esa misma noche buscamos un título apropiado y de entre las sugerencias surrealistas (ya había regresado Baragaño de París y estaba casi todo el tiempo en el periódico), como «Punto de mira», por aquel eslogan bretoniano, «El punto de mira de la revolución os observa», por eliminación tropezamos con lo evidente: el magazine saldría los lunes (el periódico no se publicaba el domingo y el lunes era su día extraordinario) y debía llamarse como su día: *Lunes de Revolución*. ¡Eureka! ¡Eso es! ¡Exacto!

Adriano colaboraría en el magazine y José Atila trabajaría en él como una suerte de jefe de redacción y, a veces, crítico. Conseguí que Silvio escribiera un artículo para el primer número («Seré como los testículos –me dijo–: Colaboro pero no entro») aunque no estaba entre sus regidores. El artículo, previsiblemente, versaba sobre Heidegger y su rueda de molino filosofal. Había que buscar un director artístico más que un emplanador e Ithiel León estaba ocupado en su trabajo publicitario. De pronto surgió, como un reflejo, el nombre de Jean-Loup Bourget. Él había colaborado en la *mise en page* de una que otra revista surrealista en Francia: así podría hacer en *Lunes* (el magazine comenzó a llamarse, como en el partido comunista o como en Hollywood, por su primer nombre, y ninguno de nosotros lo llamó más *Lunes de Revolución*, aunque ése era su nombre completo) y así hizo. El magazine se hacía de noche, más bien de madrugada: se comenzaba a emplanar cuando se había tirado la última edición del periódico y la *mise en page* se hacía (para seguir hablando en francés) *sur place*: sobre las ramas de emplanaje, con los bloques de texto en plomo moviéndolos de un lado a otro, haciendo su tipografía con los tipos que había en el periódico, inventando Jean-Loup sobre la marcha. Los artículos se escribían o eran solicitados a los colaboradores durante la semana, pero muchos de ellos se hacían la misma noche en que se emplanaba el magazine. Así muchos de ellos tenían la calidad efímera de una madrugada. Pero salió el primer número y fue un éxito total; nunca antes se había visto en Cuba un magazine de pretensiones serias publicado como suplemento a un diario de masas, como era *Revolución,* y aunque tuvo sus detractores, sobre todo en la derecha del Movimiento 26 de Julio (sobre todo a partir del tercer número, que se llamaba «Literatura y Revolución» y en el que publicamos textos de Marx –nada menos que su *Manifiesto comunista*–, de Saint-Just –el famoso discurso pidiendo la condenación del rey–, Breton y Trotsky –el manifiesto político-artístico que hicieron los dos en México– y otros escritos parecidos), también tuvo sus defensores a ultranza y, lo que no pensamos, un día sería de una importancia capital en la cultura cubana y en la Revolución –pero eso ocurrió más tarde.

En el interregno que tuvo lugar entre mi salida del Consejo de Cultura y la creación de *Lunes,* ocurrió que, en vez de irme a casa por la madrugada, dormía una hora o dos en el periódico y después me llegaba a casa de Silvina, definitivamente separada de René, viviendo sola en el número 69 de la calle C, y a veces me tiraba en su cama a dormir otra hora o dos (ya ella se había levantado) y ella velaba mi sueño breve como un ángel guardián, luego yo me iba y desayunaba en El Carmelo o en 12 y 23 o regresaba a casa (a la que evitaba cuanto podía) a desayunar. Pero eran las mañanas con Silvina las que se marcaron en el recuerdo de estos días, además del bullicioso trabajo del periódico. También había momentos imperecederos, conservados todavía en la memoria («Nada se pierde para un escritor»), como cuando visitaba a Lydia Cabrera en su finca y hablábamos de la cultura negra, del folclore africano en Cuba, del que ella era una especialista y una maestra y en el que yo me había comenzado a interesar de veras (a partir de un cuento que escribí en el verano de 1958, texto con el que estaba bastante conforme), tratando de ser más que el mero diletante que había sido hasta entonces. Recuerdo una tarde particular, un crepúsculo no malva ni dorado sino más bien azafrán, rodeando los azulejos azules de su patio colonial (que era una maravilla de recreación, ya que no estaba en la casa-finca en un principio sino que había sido trasladado, como trasplantado, de una casa colonial en ruinas de La Habana Vieja), irisando las plantas del jardín central, cuando Lydia me contó un sueño que había tenido antes de que Batista diera su golpe de estado en 1952. En el sueño Lydia veía un sol (que luego supo que era la cara redonda de Batista) sangriento que enrojecía todo el paisaje. Ella interpretó el sueño como un mal augurio para Cuba y se dio el agüero malo. Fueron los siete años de sangrienta dictadura: ella se reflejaba en el sol. Pero Lydia añadió una posdata a su interpretación de su sueño. Usando una forma familiar de mi nombre, me dijo:

—¿Y tú sabes lo que más temo?

No tuve que preguntarle qué.

—Que ese sueño nos sigue rigiendo todavía, que el derramamiento de sangre no ha terminado.

Ella hablaba de los fusilamientos, del juicio público y transmitido por televisión, como una versión cubana del circo romano, en que se condenó al coronel Sosa, que era un hombre que merecía su pena de muerte, si la pena de muerte puede tener algún sentido, pero que evidentemente merecía un juicio más serio que el que tuvo. Aunque el propio coronel era amante del humor sangriento, había hecho un eslogan casi de comercial de la televisión o del radio, anunciando sus terribles andanzas soldadescas en los últimos días de la dictadura de Batista: «¿Qué pasa si Sosa pasa?». Esta sangre cubana derramada ya no conmovía a Lydia, lo que la aterrorizaba era la sangre por venir. Yo, que no la veía, la calmé pero no pude disipar su angustia –y hablamos de otra cosa, como hacía ella, de la vida colonial, de la permanencia de un estilo en la sociedad esclavista que era la cubana en los siglos pasados, de la que quedaban el teñido de hierro de una ventana, el arco iris de cristal de un vitral casero, la arquitectura viva de un arco de medio punto: de esa permanencia cubana de la que ella formaba parte y, al hablar, la compartía conmigo. Yo también la descubriría en otras partes que no eran La Habana Vieja –pero para eso faltaban algunos días todavía.

Fue en esos días que tuvo lugar el asalto al periódico de los comunistas *Hoy*. Mejor dicho, no llegó a ser asalto porque intervino el jefe de la policía rebelde, Efigenio Amejeiras, y hasta el mismo Camilo Cienfuegos se pronunció verbalmente y apareció físicamente por la calle Desagüe, donde había tenido lugar el casi asalto y sitio del periódico y donde (por una casualidad forzada por los comunistas en los tiempos de su asociación con Batista, en los años cuarenta) estaba también la sede central de la Confederación de Trabajadores de Cuba, la CTC, de donde no había partido el ataque pero donde se refugiaron algunos de los merodeadores del periódico *Hoy*. Titón y yo decidimos ir a ver a Carlos Rafael Rodríguez, que era el director de *Hoy*, y volví a su modesto apartamento de la calle 17, frente al todavía elegante Focsa. Hubo los saludos correspondientes y enseguida Titón y yo le dijimos por qué estábamos allí: le ofrecíamos nuestra solidaridad. De pronto Carlos Rafael estalló:

–¡Yo no sé qué quiere Fidel Castro! –dijo casi gritando–. No nos vamos a meter en ese convento –se refería por supuesto a los comunistas–, ¡y no nos vamos a dejar asustar!

Tomó aliento un momento y continuó:

–No importa lo que haga Fidel ahora: si sigue el buen camino nos vamos a volver a encontrar.

Yo no sabía entonces lo proféticas que iban a ser esas palabras. Seguimos hablando: ya el resto de la conversación era anticlímax y al poco rato nos fuimos. No le ocurrió nada más al periódico *Hoy* y los comunistas siguieron aumentando secretamente su poder.

No hay ningún mapa erótico de Cuba: mejor dicho, de La Habana, que no incluya el teatro Shanghai (o mejor, en habanero, Changai), en el corazón del barrio chino, en la calle Zanja. Ir al Shanghai fue una de mis iniciaciones eróticas, como ir al primer burdel (bayú en habanero). Ya dije que fui con Franqui a mi primera casa de putas, pero no he dicho que Eloy Santos me llevó al Shanghai por primera vez (contra la negativa moralizante de mi padre, un hombre a quien nunca oí decir una mala palabra y sólo una vez se cagó en Dios en voz alta: cuando se dio un martillazo en un dedo) y tampoco he dicho quién era Eloy Santos, viejo amigo de mi familia, guagüero (es decir, conductor de ómnibus), la primera persona que buscaron mis padres cuando llegaron a La Habana, el mismo día de la llegada de mi madre con mi hermano y conmigo, parados en la esquina de Águila y Reina, esperando que pasara la guagua de la ruta 23 donde trabajaba Eloy, parando el ómnibus, montando en él y Eloy reconociendo a mi madre, con una exclamación de alegría (o tal vez fue una mala palabra o una blasfemia: Eloy Santos, viejo comunista, de los fundadores del partido en Cuba, estaba muy orgulloso de su materialismo y su ateísmo: el Iconoclasta, con mayúscula, se hacía llamar él) y en su guagua recorrimos casi todo el trayecto de la ruta 23. Luego lo recuerdo el primer domingo de nuestra llegada a La Habana, caminando por el Malecón frente al parque Maceo, yo deslumbrado con las luces de La Habana y los letreros lumínicos a un costado del parque y dando al Malecón. Después estuvo el refugio en su casa de Lawton y la ida al primer cine habanero la hicimos mi hermano y yo con él: al San Francisco de La Víbora, a ver *Sólo doce se salvaron* y después, una semana más tarde (o tan sólo unos días: estuvimos todos refugiados en su cuarto de Lawton solamente unos días mientras mi padre encontraba donde vivir, que lo hizo en Monte 822, frente al Mercado Único, allí donde la primera mesa de comer de la familia fue hecha por un carpintero negro, Maceo lo apodaban, amigo de Eloy Santos y también comunista: mesa hecha con cuatro tablas pero la primera que permitió a la familia comer juntos), en el mismo cine San Francisco vimos, vi yo también por primera vez, la figura inmortal de Edward G. en *The Whole Town's Talking*, cuyo nombre no recuerdo en español como no recuerdo el nombre inglés de *Sólo doce se salvaron*. Eloy Santos que prestó a mi tío la que sería la primera novela erótica que yo leería, *Memorias de una princesa rusa*. Eloy Santos que lo sabía todo de las enfermedades venéreas (enfermo de sífilis en los años veinte, lo habían dado por muerto en el hospital y lo pusieron en lo que él y los enfermeros llamaban el cuarto de los papas, la morgue local, y fue salvado porque cuando vinieron a llevárselo para la sala de disección, su cadáver sin ser reclamado por pariente alguno, movió el dedo gordo del pie y un estudiante le aplicó un soplete de acetileno sobre el lado izquierdo del pecho, «calentándome el corazón», decía Eloy Santos cuando muy modestamente hablaba de este rescate de entre los muertos) y de las mujeres de la vida y de la vida: un héroe gorkiano, como creo que quería él verse o saberse, aunque nunca lo dijera. Eloy Santos enamorado de Rusia –mejor de la Unión Soviética– y de todo lo ruso, que odiaba las flores y un día alguien, mi madre, creo, dijo: «Mira, violetas rusas», a mi padre, y Eloy Santos corrió a interponerse, exclamando: «¡Déjame verlas!». Eloy Santos fue quien me llevó al Shanghai o Changai y creo que Franqui estaba presente o tal vez fuera otra vez con Franqui. El teatro Shanghai había heredado su notoriedad del antiguo Alhambra, legendario teatro alegre, que estaba donde hoy está el cine Alkázar, y que fue a su vez heredero del teatro bufo cubano de la época colonial, pero el Alhambra le añadió, una vez que la colonia se liberó de la siempre mojigata España, le agregó el libertinaje criollo, el llamado relajo cubano, a las comedias del teatro bufo, especie de escena vernácula, y de ahí lo heredó el Shanghai, ahora llevando el relajo a un verdadero delirio de las malas palabras puestas en las bocas más pretendidamente burguesas (en la escena), compitiendo estas figuras tradicionales, como la Señora y el Caballero, con el negrito y el gallego, el cubano y el español, el vivo criollo versus el bruto y a la vez inocente hispano, gallego o gaíto, como vino a llamársele en el Shanghai, además de la viuda respetable que en cuanto enterraba al marido se volvía en desenfrenada hetaira (el lenguaje era así, a veces, de arcaico y eufemístico, haciendo contraste con la explosión de mala palabra o lenguaje obsceno, característico del cuento de relajo cubano que el Shanghai ponía en escena, llevando la obscenidad hasta los títulos, como el inolvidable de *Siete tiros en el siete*, que quiere decir en cubano siete disparos en el culo, o la otra escena memorable, en el velorio del rico, en que su viuda –encarnada en escena por la mulata cantante, ahora doblada en blanca Señora– pasaba al negrito y al gallego una tarjeta de visita y los convocaba a visitarla cuando quisieran, al tiempo que se dejaba casi manosear por el negrito, con su marido todavía de cuerpo presente, y ella exclamaba este delicioso oxímoron: «¡Ustedes saben, mi marido era escéptico y por ende bugarrón!» para sorpresa asustada del gallego y deleite del negrito que ya repellaba, es decir, arrimaba su miembro a las nalgas de la viuda.

Éste era el teatro Shanghai que conocí con Eloy Santos, teatro de contrasentidos, ya que su principal actor, el viejito Brenguier, era en su vida privada un marido serio y un padre exigente y moralista, lo que no le impedía, en la escena, soltar los ternos más eternos: «¡Coño! ¡Me cago en su madre! ¡Esta mujer cree que yo soy maricón o algo parecido!», etc., etc. Esta dualidad llegaba hasta el portero alto, de blancas canas y aspecto de senador de la República que era a su vez uno de los más respetados inquilinos de Zulueta 408, la cuartería en que pasé parte de mi niñez y parte de mi juventud. Pero ahora, en 1958, el teatro ha cambiado, se ha hecho más obsceno y, adelantado a los tiempos, muestra un erotismo desenfrenado, llegando al striptease total, en que una muchacha no sólo se desnuda sino que finalmente se abre de piernas y con ambas manos se abre los grandes labios y muestra (¡ya no es posible desnudarse más: sólo falta el alma!) la vagina rosada y húmeda. Aquí llegaron (circa noviembre de 1958) a la participación total, con un espontáneo del público que corría al escenario y a la *stripper* en cuclillas le hacía un profundo cunnilingus, succionándole la vulva o, en cubano, ¡mamándole el bollo!

Ahora el Shanghai, además, exhibe films pornográficos o películas de relajo, como gustéis, entre entremés en vivo y entremés en vivo. Fue a este Shanghai que fui con Branly, ya tarde en noviembre. La sala estaba curiosamente llena de policías de uniforme, supongo que de la estación próxima. Había algunos espectadores de civil (entre los que se encontraba el espontáneo), pero predominaban los odiosos uniformes azules. Las películas, silentes y *amateurs* todas, eran acompañadas por la orquesta de danzone típica de este espectáculo habanero desde los días de los cómicos bufos, mantenida a través de la historia del Alhambra, con la orquesta de danzones de Jorge Ackerman, cuyas grabaciones yo había coleccionado en los viejos discos Columbia y RCA Victor. Ahora el acompañamiento era único, oyendo los ritmos habaneros del danzón mientras en la pantalla se practicaba una fellatio con todos los pormenores eróticos. Yo le avisé a Giovanni (léase Juan) Blanco de estas revelaciones sonoras del antiguo danzón, conservado en el Shanghai como en un museo, y él vino con nosotros a oír los danzones más que a ver las películas. Pero ocurrió que entramos cuando ya las películas habían comenzado y estaba sonando un solo de clarinete que acompañaba a la visión de un pene desmesurado en la pantalla. Juan entró y no más oír la música exclamó: «¡Qué maravilla!», pero su exclamación apreciativa coincidió con el *close up* del pene y al oírlo algunos espectadores volvieron la cabeza. Afortunadamente, Bianco tiene precisa apariencia heterosexual y las miradas dirigidas a su exclamación pronto se volvieron hacia la pantalla, mientras Juan oía extasiado a la orquesta de danzones. Pero ya un año antes, yendo al teatro con el conde Gonzi, proyectaban una película sobre el Caribe y sus islas, y lo llevé a que viera el teatro más cubano que podía presentarse en La Habana entonces (lo demás, lo que daban las salas teatrales profesionales o *amateurs*, eran casi siempre traducciones del francés o del inglés, más bien del americano, y esas producciones, pobres pero a veces eficaces, no se podían llamar cubanas) y el conde encontró el espectáculo maravilloso, le gustó sobre todo el personaje de una vieja rijosa que se rascaba constantemente todas las partes de su cuerpo sucio y ajado que sin embargo no dejaba de simular un breve asalto sexual con el negrito. Al conde Gonzi (¿sería realmente conde? En todo caso era un italiano atildado y frío, que más bien parecía venir del norte de Italia, a pesar de su pelo negrísimo y engomado) le pareció que era como el teatro popular napolitano (entonces no pasaban películas en el Shanghai) y tomó nota para incluir una visita al teatro cuando filmaran la película –que nunca llegó a hacerse. En *Nuestro hombre en La Habana*, también Graham Greene (o tal vez fuera solamente Carol Reed, el director de *El tercer hombre*) se interesó por el espectáculo del Shanghai –pero eso ocurrirá más tarde.

Estábamos todos incómodamente sentados porque Alec Guinness se había sentado incómodo, manteniendo su sonrisa de Gioconda sajona, rubia en sus pálidos labios a medio distender, como empeñados en sonreír por la voluntad y renunciando a la sonrisa por el temperamento. En ese momento, a toda velocidad, airado, vestido con una chaqueta roja que era su *jacket*, fumando en su esmoquin de pantalones de raso y zapatos de charol, impecablemente afeitado, con el pelo pegado, peinado, haciendo juego charolado con sus zapatos, la sonrisa convirtiéndose casi en risa y las más largas orejas de esta parte elefantiásica, sin tocar, abriendo la puerta como si no el cuarto ni la suite sino todo el hotel fuera suyo, entró un hombre alto, más bien fornido, de amplia frente y grandes ojos azules, que frunció el entrecejo al tiempo que sonreía generoso con sus gordos labios y enseguida reconocí en el gesto, más que en la apariencia pues no esperaba que fuera tan fornido, a Noel Coward. La sonrisa era por nosotros, para nosotros, aunque lo que dijo momentos después iba dirigido a todos pero particularmente a Alec Guinness. Nos levantamos al tiempo que Noel Coward decía:

—Alec, por Dios, si me llegas a decir antes que tenía a estos gloriosos muchachos de visita habría venido con mis garras esmaltadas.

Debía de ser una broma privada compartida con Alec Guinness, quien se había levantado y ahora sonreía con deleite pero no sin que hubiera desaparecido su eterna timidez, evidentemente más vieja que su profesión, su amistad y su compañerismo.

—Ah, Noel —dijo Alec Guinness—. Te presento a estos señores de la prensa.

—Señores de la prensa —dijo Coward—, señores de presa.

Era evidente que se sentía en la selva pues todas sus metáforas eran salvajes. Pero no llegó a entrar del todo al cuarto, permaneciendo entre el umbral y el acceso como a la espera de algo que sólo él podía ver y reconocer. Nos miró a todos. Miró primero a René Jordán, que era tan alto como él, con su belleza de cubano antiguo, y tal vez reconoció en él a un par y Coward lo que buscaba era una nueva pieza. Así miró a Fausto, que era el más joven y lo parecía, con su aire rubicundo de nuevo cubano, con padres españoles del norte. Finalmente me miró a mí y no vio nada de interés. Todos decidimos irnos ya que era evidente que la entrevista con Alec Guinness había terminado y la entrevista con Noel Coward no empezaría jamás: él no estaba en Cuba para ser entrevistado sino para ser visto y nunca oído. Su sentido del reparto, su acento (que era más pronunciadamente inglés del cine que el de Guinness) y sus salidas eran solamente para oídos sajones. ¿Cómo iban a entender estos habaneros que hablaban inglés con una precariedad peligrosa su inestable *wit*, capaces ellos de abolir con su oído los subidos bibelots de inanidad sonora? Jamás captarían la sutileza de su arpegio sobre la peligrosa palidez de la luz de la luna. No entenderían en sus pobres vidas públicas que hay que golpear a la mujer regularmente, como un gong, porque serían capaces de tomarlo en sentido recto y zurrar a sus esposas, novias y, en el caso de René, novios. Nos fuimos, con Alec Guinness tratando de esbozar su sonrisa como un pintor mediocre que copia la Mona Lisa en un pasillo del Louvre y con Noel Coward, todavía riendo con labios gordos, ojos azules que parecían verdes en su deseo de dominar la selva y su entrecejo poderoso para un hombre que era tan obviamente un sodomita de éxito. A la salida del Capri, Fausto, que sería siempre Faustino, preguntó:

—¿Quién era ese hombre?

—Ése no era un hombre —le respondió René Jordán con acierto—. Ése era Noel Coward —y en su voz se podía oír el aire de su admiración como un acento circunflejo. Pensé que Coward, rico y famoso, era un pederasta notorio y que por mucho menos de lo que él desplegaba habitualmente, por un desliz comparado con sus actos célebres, otro hombre, otro inglés al que había copiado todo, hasta el acento que no le era propio, había ido a la cárcel, cubierto de infamia y muerto en la última pobreza. Un día Coward sería honrado por la realeza y declarado sir, mientras que su antepasado y antiguo artífice no tendría más que una placa en una calle de Londres que dice: OSCAR WILDE 1854-1900 *Poet, wit and dramatist lived here*, cuando la inscripción, de ser veraz, diría: *Oscar Wilde, pederast, sodomit and convict died here before his time*. Pero la tarde era luminosa entonces, soplaba brisa desde el Malecón cercano, la calle 21 rezumaba sofisticación y no pensé nada de lo que digo ahora. Tal vez pensara que el club Saint Michel, enfrente, acababa de ser cerrado por ser el centro elegante de la mariconería habanera y ni Wilde con sus epigramas desde ultratumba, ni Noel Coward con sus líneas lánguidas ahora ni René Jordán con su veneración por el actor, compositor y autor podrían conseguir abrirlo otra vez. Ese mundo de mariconería, como el huevo Humpty-Dumpty después de la caída, no había quien compusiera su rotura final.

–¿Qué te pareció Noel? –me preguntó Renato, olvidado de que habíamos venido a conocer y él y Fausto a entrevistar a Alec Guinness.

–*He has the courage of his name* –fue lo que le dije, que por supuesto no fue entendido por Faustino, alias Fausto. Pero René dijo:

–Ah, ah. *Mad Dogs and the Cubans...*

Y yo lo completé:

–*Get too much sun.*

Se organizó un viaje a Venezuela y el periódico (mejor dicho Franqui) me escogió para participar en la gira: aunque ésta era de un solo país, se consideraba muy importante: no hay que olvidar lo cerca que estaban desde hace rato los venezolanos y los cubanos, el actual presidente de Venezuela, Rómulo Betancourt, inclusive, había pasado su exilio en La Habana y muchos revolucionarios se habían exilado en Caracas, que era adonde íbamos a ir. Me agradó la idea de viajar a Caracas, sobre todo recordaba a Margarita del Campo, que vivía en Venezuela desde 1955 y a quien sería agradable volver a ver. Así salimos en el avión presidencial rumbo a Caracas. Cuando llegamos me asombró encontrar en Caracas una ciudad organizada alrededor de un centro muy moderno, con riberas aldeanas y todo rodeado por los cerros limítrofes, imponentes. La visita fue breve y nunca pude encontrar a Margarita del Campo, pero sí encontré lo que no había ido a buscar: los primeros esbozos de un retrato de Fidel Castro. Reunidos en la embajada lo oí cuando se preparaba para visitar a Rómulo Betancourt, lleno de esperanza, casi diciendo a sus íntimos (entre los que me hallaba forzosamente) que de esa entrevista dependía el futuro de Cuba. Pero otra fue la historia cuando regresó a la misma embajada: venía furioso. Se

dice que Fidel Castro trató de negociar un acuerdo petro-
lero con Venezuela, pero que Rómulo Betancourt se negó,
sobre todo, a las proposiciones antiamericanas que le hizo
Fidel Castro. No sé qué había de cierto en esto, que lo oí
formulado ya de regreso a La Habana, pero en Caracas, en
la embajada, aquel día, Fidel Castro demostró que era capaz de unas rabietas dignas de Hitler y sin embargo cuando le anunciaron la visita, casi inmediata, de un enviado de
Rómulo Betancourt, aparentemente mandado para apaci-
guar la furia castrense, Fidel Castro cambió enseguida de
humor y fue un anfitrión mesurado. El otro encuentro con
la verdad temprana ocurrió en medio de una tragedia en
el aeropuerto, cuando ya regresábamos. Hubo una gran
confusión alrededor del avión, con Fidel Castro llegando,
como siempre, retrasado y una vez que los motores estaban en marcha hizo grupo alrededor del avión y de pronto
hubo un grito atroz y una revelación sanguinaria: uno de
los comandantes del séquito, llamado Ramón Cabrera, intentó pasar de un extremo del avión al otro y no se dio cuenta de que estaba demasiado cerca de los motores. Nunca
supo qué lo golpeó, fue una hélice que le alcanzó la cabeza,
abriéndosela en dos: murió instantáneamente. Fidel Castro
se enfureció, calificó el accidente de estúpido y se ordenó
conseguir un ataúd para traer al comandante muerto de regreso a Cuba. Para mí fue un espectáculo (aunque sólo vi
su terminación) grotesco. Me impresionó mucho la muerte tan súbita de aquel comandante que unos momentos antes había estado a mi lado y que de pronto era una masa
sanguinolenta sobre la que se abalanzó inmediatamente el
comandante médico que acompañaba a Fidel Castro y no
pudo hacer otra cosa que certificar la muerte del comandante Cabrera. Fidel Castro por su parte pateó el suelo,
como si echara la culpa de aquella muerte inútil y anticli-
mática a la misma tierra venezolana. Luego encendió un
tabaco y pareció olvidarse de todo lo que había ocurrido
mientras esperábamos todos en el aeropuerto por la llegada de un ataúd a esa hora de la noche. Más tarde, ya en el
avión, de regreso, se estuvo riendo con un ayudante, com-

pletamente olvidado del comandante muerto que venía en la parte trasera del avión: nunca me pude olvidar de aquellas transiciones.

Cazar el pez espada mayor, ese pez justamente llamado en Cuba emperador: no hay otro pez más noble de aspecto, más gallardo en la lidia, más hermoso. Solamente lo aventajan el delfín, el cachalote y la ballena –y ya ésos no son peces.

Una embarcación muy rápida se aparejó mar afuera a la nuestra y de ella desembarcaron –o mejor, trasladaron– un pez espada enorme, mucho mayor que ninguno que hubiera visto antes y ciertamente desmesurado al lado del pez que habíamos cogido. La lancha no era de la marina pero había marinos expertos en ella y lo que habían cogido, por pericia o suerte, era un verdadero emperador. Sin embargo había un pero: este pez tuvo que ser cazado la noche o el día anterior porque tenía un aspecto acarbonado, su hermoso azul cuando estaba vivo se había convertido en un negro mate que le daba el aspecto de betún o de esas reliquias embetunadas. Era ciertamente la momia de un emperador.

Fidel Castro, al desembarcar y venir a abrazar a Hemingway –en realidad fue Hemingway quien lo abrazó, sonriendo su extraña sonrisa de gato de Cheshire que se ha dejado crecer la barba más que el bigote–, la sonrisa permanente en sus labios pero su cara, su cabeza, toda envuelta en pelos, desaparecía. Castro, mucho más joven, más alto –le llevaría una pulgada a Hemingway–, menos fornido pero más fuerte, con su extraña combinación de piernas largas y mucho pecho –mientras que Hemingway era más proporcionado, tal vez corto de piernas, con su barriga de barril mucho mayor que su pecho–, seguía sonriendo. Pero no tenía de qué sonreír. En nuestro barco, un marinero de los contratados por Celia Sánchez extrajo el enorme emperador –hacía rato que Fidel Castro se deshizo del viejo emperador pequeño– cogiéndolo por la cola y gritó: «¡*Eh*,

Mister Way!» llamando la atención del novelista. Nadie se iba a creer que este viejo pescador, veterano de la pesca en el golfo, experto en la caza del pez espada, iba a perder contra un guajiro, educado por los jesuitas, convertido en habanero que nunca veía el mar y que no había cogido un pez en su vida. Pero iba a ganar la competencia contra Hemingway. Era obvio que Fidel Castro no se iba a dejar ganar por nadie, y mucho menos por un escritor que había peleado –ocasionalmente– en la Guerra Civil española, que decía saber el arte de la guerra de guerrillas, que fue un corresponsal demasiado arriesgado en la Segunda Guerra Mundial y que antes, muchos años antes de que Fidel Castro fuera concebido, había conducido una ambulancia en el frente italiano. Este antiguo guerrero hacía años que se había reposado con demasiados safaris usando de sirvientes a posibles miembros del Mau-Mau, y en Cuba últimamente no hacía amistad más que con dos o tres habaneros ricos que tenían el dinero suficiente para permitirse una excursión al África y que pasaban las tardes rodeando al escritor junto a la barra del Floridita, *afternoons of fawning*, vistiendo guayabera de Holanda, de la tela que Vermeer no soñó para ver mar.

Así Fidel Castro sonrió su sonrisa que quería ser generosa, que era tal vez generosa, pero que a mí, viéndola por entre la maraña de su barba, me parecía una sonrisa guerrillera por entre la manigua negra de su pelo mediterráneo, del perfil casi helénico que lo hacía uno de esos héroes mercenarios que nunca serían dioses, más Jenofonte que Ulises, aunque tan astuto como ambos y tan cruel como Aquiles, sin un Patroclo de pretexto, sin un Príamo que lo apiadara y, lo que era más decisivo, sin un tendón vulnerable. Ahora Fidel Castro enfrentó a Hemingway, lo miró de arriba abajo y dijo, condescendiente pero aparentemente cortés, que sentía más haber ganado que haber perdido, pero que lo compensaba la calidad de su oponente. Hemingway seguía sonriendo, contrastando su cabeza cana, su barba canosa –¿Canossa?– con su piel bronceada, pero totalmente opuesto, en su atuendo de *shorts*, pullóver marinero y tenis, con las botas, el uniforme verde olivo y la gorra con la estrella del comandante. Dijo algo que he olvidado pero no he olvidado: que Hemingway actuó como un verdadero derrotado, no en la lid de pesca sino en la supremacía por la isla. Hasta ahora había sido el hombre mundialmente más famoso que vivía en Cuba: *Ernest Hemingway of Finca Vigia*. Desde ese momento había reconocido que cedía el terreno a Fidel Castro, el hombre más famoso nacido en Cuba en este siglo. Esa doble diferencia (nacido en Cuba, nacido en este siglo) era la única consolación para el perdedor que no se lleva nada.

El magazine iba muy bien, cada día mas leído y mejor organizado, y cuando Franqui me pidió otra vez que yo acompañara, entre otros periodistas de *Revolución* y de otros periódicos, a Fidel Castro en su viaje a Estados Unidos, le dije que sí. Franqui también iría, así a mediados de abril volábamos en el avión presidencial (llamado con un nombre sonoro y a la vez con tintes patrióticos, «Guáimaro», aunque fuera el avión presidencial de tiempos de Batista) hacia Washington. Llegamos a la capital de los Estados Unidos, que yo no conocía, al anochecer y a pesar de un fuerte dolor de oídos, por la descompresión que me produjo ver abajo las avenidas trazadas como con una regla y señaladas ahora por innumerables luces. Fuimos todos los periodistas al hotel, mientras Fidel Castro y su comitiva iba a vivir en la embajada cubana. Al segundo o tercer día de estar allí, en la embajada cubana fui testigo de una explosión temperamental de Fidel Castro. Furioso porque Eisenhower no lo recibía y lo hacía en su lugar el vicepresidente Nixon, estalló:

—¡Ese mierda de Eisenhower se niega a verme y tengo que entrevistarme con su segundo, Nixon! ¡Pues no voy a ir a la cita!.

Franqui era de los que aconsejaban a Fidel Castro que aceptara entrevistarse con Nixon, pero aquél, fumando un enorme tabaco y en calzoncillos y camiseta (prendas ambas que estaban visiblemente sucias y no olían precisamente a rosas), se paseaba de un lado al otro de la habitación. El embajador en Washington era otro de los que aconsejaban a Fidel Castro que accediera a entrevistarse con Nixon, pero el jefe de su guardia personal (al que yo había puesto capitán Maraña, por su enredada barba) insistía en que Fidel Castro no debía ir «a ninguna reunión de segundones de ésas». Finalmente, mientras él rezongaba por lo bajo y Franqui hablaba con el capitán Maraña, Fidel Castro gritó:

–¡Cállense ya! ¡Déjenme quieto! ¡Quiero pensar bien lo que hay que hacer!

Ese momento lo aprovechó el capitán Maraña para sacar a todo el mundo del cuarto, pastoreándonos, haciendo gestos con las manos que indicaban que teníamos que salir. Fidel Castro dejó de caminar, miró para el grupo que salía, incluyendo al embajador, y dijo:

–No, que se quede Franqui –y Franqui se quedó.

Después (yo me fui a ver televisión en colores, que era mucho mejor que la que había instalado en Cuba el canal 12) le pregunté a Franqui qué había pasado allí dentro y éste me dijo:

–Nada, que Fidel quería estar solo, pero no completamente. Odia estar solo y quería compartir con alguien la responsabilidad de su decisión.

Me asombré de que Franqui, que idolatraba a Fidel Castro, rindiera una versión tan justa del momento. Por fin –y esto se supo al día siguiente– Fidel Castro se entrevistó con Nixon y también con el secretario de Estado Herter, al que Fidel Castro llamaba «el de las canillas», refiriéndose a sus piernas inválidas rodeadas de tirantes de acero. Esa tarde dejé a Korda (que había venido como uno de los fotógrafos de *Revolución*) en el hotel y me fui con Max Alakri, a quien había visto en mis días de estudiante de la escuela de periodismo (era imposible no ver a Max, tan alto –medía más de seis pies– y robusto como era) y estaba allí por el periódico *Combate*, del Directorio. Estaba gracias a mí, pues en el aeropuerto, en La Habana, se negaban a admitir a nadie del periódico del Directorio y después de hablar con Guillermito Jiménez, que dirigía el periódico y que me dijo: «¡Deja que se entere de esto Raúl Castro!», fui a hablar con Franqui y le expliqué lo que ocurría, cómo la gente del 26 de Julio se negaba a que fuera a Washington la gente de *Combate,* y finalmente se acordó que iría un periodista del Directorio y éste resultó ser Max, más conocido por mi apodo de Maxim, como el cabaret famoso. Ahora estábamos por las calles de Washington, acompañados por Bebo Alfonso, a quien yo no conocía personalmente sino por sus reportajes cinematográficos para el *Noticiero Nacional* y que el día anterior, en el restaurant, cuando Llano, el otro fotógrafo de *Revolución,* dijo que lo que quería comer era arroz con frijoles y plátanos fritos y no ninguna de esas comidas sosas americanas, Bebo le dijo, dándole una palmada cariñosa en la cara:

–Te comes un bisté, que yo te lo voy a pedir.

Y cuando yo creía que Bebo iba a sacar a relucir un inglés perfecto, llamó a la camarera con un dedo, muy misteriosamente, y cuando la camarera vino, en voz muy baja y muy clara, le dijo:

–Quiero un bisté para acá, mi amigo Llano –¡y la camarera apuntó en su libreta, muy claro, *one steak*! Esto me pareció un milagro: Bebo Alfonso no sabía una palabra de inglés, como me confesó después, pero era capaz de darse a entender en cualquier idioma.

Así salimos Bebo Alfonso, Max Alakri y yo a caminar por Washington, donde había una primavera amable y apenas hacía frío en esa tarde de domingo. El ojo avizor de Bebo (no por gusto es camarógrafo) divisó a tres mujeres tres caminando acera adelante y con su amable donjuanismo habanero nos conminó a apresurar el paso y pronto estuvimos junto a las muchachas, que eran muchachas y no mujeres. Bebo, que es bien parecido de una manera latina, con su gran cabeza y su corta estatura y su cara de facciones regulares, sin bigote, y Max, que es bien parecido de una manera judía y descollante por su estatura, se colocaron a ambos lados de las muchachas. Bebo les habló en español, en su español.

–¿Po-de-mos a-com-pa-ñar-las? –les preguntó y las muchachas se rieron como si entendieran –y no me sorprendería que entendièran.

Maxim sacó a relucir su inglés, que era poco y casi tradujo, sílaba a sílaba, la frase de Bebo. Ahora las muchachas habían comprendido más, pero seguían riéndose, y Bebo y Maxim se reían. Entré yo a hablarles y les dije: «*May we walk with you?*» –que produjo tanta risa en las muchachas como la invitación de Bebo, pero al momento dijo una de ellas: «*Why, yes. If you want to*».

Seguimos hablando con ellas, Bebo siempre en español, y cuando tuve que traducirle, porque una de las muchachas preguntó «*what is he saying?*», me oí preguntándoles si no habría un lugar en Washington donde pudiéramos ir todos.

–Que no sea al cine –interpeló Bebo y yo lo traduje enseguida.

Ellas no sabían, pero de pronto una de ellas dijo que sí sabía: había un club no lejos de allí y, al traducirlo a Bebo, dijo éste:

–Perfecto, perfecto –a mí y a Max, y a las muchachas les dijo–: *Perfeck, very perfeck* –a lo que ellas volvieron a reír a carcajadas.

Pronto encontramos el club –debía ser el único lugar abierto ese domingo en Washington, porque era por la tarde y estaba lleno, colmado.

–De bote en bote –dijo Bebo y una de las muchachas me preguntó:

–*What?*

–*He says it's crowded* –le dije y ella me dijo:

–*I bet it is!*

Pero entramos y conseguimos una mesa atrás y arriba de la pista de baile, donde la gente bailaba una especie de rock'n'roll amable. Pedimos los tragos, empezando por Bebo que dijo:

–Un bisté.

–*What!* –exclamó el camarero y yo intervine para decirle que queríamos todos whiskey con soda.

Les pregunté a las muchachas:

–*Is that all right?* –y ellas dijeron todas que sí–: *Scotch and soda for everybody then* –y el camarero se fue mientras Bebo le alcanzaba con su frase:

–Y para mí un bisté.

Nos trajeron los tragos y comenzamos a beber: las muchachas vaciaron sus vasos casi de un trago y Bebo les preguntó:

–¿Más? –y ellas se rieron hasta que yo dije:

–*Some more?* –y ellas dijeron:

–*All right, yes* –mientras Bebo decía:

–Yo también quiero más.

Era legendario Bebo por su capacidad de bebida más que por su habilidad de fotógrafo y él mismo llamó al camarero, lo que no era fácil en el club atestado. Cuando vino éste, Bebo le dijo:

–Otro bisté, por favor –y casi encima de su voz yo dije:

–*Fill'em up, please* –que sonó casi a diálogo de Edward G. Robinson encarnando a un gángster: por lo menos las muchachas lo entendieron así y se rieron.

–*All right?* –preguntó Bebo y ellas dijeron:

–*All right.*

Mientras, Max le había ya pasado un brazo por encima a la muchacha más cercana y Bebo se acercó a otra de las muchachas y yo me quedé no con la más fea pero sí con la más baja. Después de otra ronda de whiskeys la invité a bailar. Yo que apenas puedo dar un paso de bolero la invitaba a bailar al compás de otra suerte de rock'n' roll aguado. Ella aceptó y bajamos a la pista mientras Bebo nos gritaba atrás: «Muy buen bisté», pero yo no me reí ya, concentrado como estaba en penetrar la multitud que estaba en la pista bailando. Por fin pudimos asentar los pies en el borde de la pista y yo tomé a la muchacha (ni siquiera les habíamos preguntado sus nombres) en mis brazos y comenzamos a bailar, yo junto a ella, y fue entonces que sentí el olor de su pelo: olía mal, como si no se lo hubiera lavado en años y me quedaba justamente debajo de mi nariz. Seguí bailando –¿qué otra cosa podía hacer? De pronto, ocurrió un hecho extraordinario: comenzaron a pesarme las piernas y mientras daba un paso con una pierna tenía que esforzarme por mover la otra del sitio donde había caído en el pasillo anterior: me dolían y me pesaban las piernas, terriblemente, como si hubiera subido montañas y solamente habíamos dado unos pocos pasillos. No comprendía por qué las piernas me dolían tanto pero fue una bendición porque me pude olvidar de la peste del pelo de mi compañera de baile –y de pronto, milagrosa, misericordiosamente, la pieza se acabó. Podíamos volver a la mesa. La muchacha dijo como comentario:

–*Short, isn't it?*

–*Yes* –dije yo guiándola por entre la gente que se disponía a bailar más y apenas podía avanzar con mis piernas pesando toneladas y doliéndome las pantorrillas como si hubiera bailado toda la tarde, todo el día.

Por fin llegamos a la mesa, donde Bebo le explicaba, en español, a su acompañante, quiénes éramos. Lo sé porque le oí decir:

–Pe-rio-dis-tas –muy marcadamente y al verme llegar se volvió a mí rápido y dijo–: ¿Qué tal el bisté?

–Muy bueno –dije yo, entrando en el espíritu del momento según nada más, ya que Max seguía acercándose a la muchacha lo más que podía y Bebo le preguntó:

–¿Y qué más, Max?

–¿De qué? –preguntó Max riéndose y Bebo le respondió:

–De tu bisté –y Max dijo:

–Ah, muy bueno, tú, muy bueno –y me di cuenta de lo cubanizado, aplatanado que era Max como judío.

Mientras, mi compañera de danza se había sentado y así hice yo, sintiendo un alivio infinito en las piernas de alpinista que eran las mías ahora –y al sentarme volví a sentir el hedor del pelo de mi compañía, pero no obstante me puse a conversar con ella, tan humana, nada divina, que me decía que hacía tiempo que no bailaba, como excusándose, y me dio una lástima eterna que le apestara el pelo. Me interrumpió la lástima Bebo cuando me preguntó:

–¿Y qué tal tu bisté?

Casi estuve a punto de decirle:

–Hiede –pero me sonreí y le dije en cambio–: Muy bien, chico. ¿Y qué tal el tuyo?

A lo que respondió él:

–¿Mi bisté? Se puede comer, se puede.

Al otro día me encontré a Bob Hernández entre los periodistas que venían al hotel. No lo había visto desde la noche del 31 de diciembre y me saludó muy contento. Se lo presenté a Franqui y éste, agradecido de encontrar un periodista americano que hablaba español, lo invitó a la ceremonia doble que era visitar el cementerio de Arlington y luego ver a Fidel Castro depositando una corona ante el monumento a Lincoln. Por el camino surgió una discusión, ya que a Franqui no le gustaba la manera en que estaban reportando los periodistas americanos la visita de Fidel Castro (ya había habido otros encuentros, en Cuba, entre Franqui y periodistas americanos visitantes, con quienes él sostenía discrepancias casi absolutas, sobre todo la manera de cubrir los fusilamientos y los juicios a criminales de guerra batistianos) y ahora Franqui era de la opinión que estaban vendidos a los monopolios. Bob, muy paciente, escuchó toda la descarga de Franqui sin interrumpir y cuando terminó le dijo, simplemente:

–No, Franqui, tú no entiendes los mecanismos de la prensa americana. No están vendidos a nadie. De hecho son muy independientes.

Bob hablaba con tal despego de los periodistas americanos como si él no fuera uno de ellos y tal vez su apellido español le daba la suficiente distancia para hablar sin apasionamiento. Todo el camino estuvo tratando de convencer a Franqui de la honestidad de la prensa americana, diciendo:

–Aquí es de veras un cuarto poder.

Y quería decir que no era como la prensa cubana, antes corrompida (aunque no tan corrompida, aun bajo Batista, como la prensa mexicana, por ejemplo), y vendida al mejor postor, que eran los anunciantes por un lado y el gobierno por otro, aunque había excepciones, como eran *Bohemia* y *Carteles*, para mencionar los ejemplos más cercanos y ahora con algunos periódicos incondicionales de Fidel Castro, como era el propio periódico *Revolución*, aunque Bob tuvo el tacto de no mencionarlo –y podía muy bien decir que *Revolución* era incapaz de criticar al gobierno de Fidel Castro como lo hacían con el suyo los periódicos americanos. Llegamos al cementerio de Arlington, que es un bello lugar, aunque a Franqui le molestó el monumento a los *marines*, con la mención de cada momento epopéyico de este cuerpo, entre los que se contaba Cuba, o mejor la loma de San Juan en Santiago de Cuba, y me hizo tomar nota de ellos para el reportaje que tenía yo que hacer para el periódico. Luego vino la ceremonia en el monumento a Lincoln, con Fidel Castro colocando muy respetuosamente su corona al pie de la estatua monumental. Llegamos tarde y hubo alguna confusión buscando alojamiento. Por la tarde hasta prima noche hubo una recepción en la embajada, en la que Fidel Castro abandonó sus *fatigues* por una especie de uniforme de gala: pantalones beige claro, chaqueta marrón y cuello y corbata, que no se la he visto desde los días de la esquina de Prado y Virtudes, entre los estudiantes.

De pronto nos estábamos yendo de Washington rumbo a la universidad de Princeton, yo con ganas de terminar el periplo y encontrarme en Nueva York, ciudad que seguía ejerciendo un atractivo poderoso para mí. En el tren tuve que caer no cerca de Bebo y de Max, como me habría gustado, sino junto al capitán Maraña y el resto de la escolta de Fidel Castro. No sé por qué no me gustaba nada esta compañía militar, aunque fuera rebelde, y era obvio que el sentimiento era mutuo. Me entretuve contemplando el paisaje rural americano en primavera, que nunca había visto y que me parecía de una gran belleza sedante. En un momento del viaje el capitán Maraña, hablando con su voz tan enmarañada como sus barbas y su pelo, hizo un comentario que no comprendí y oí que su compañía se reía a carcajadas: me pareció que el chiste era a costa mía pero decidí no darle importancia y cerré los ojos como si durmiera. Para llegar a Princeton había que abandonar el tren y tomar un largo ómnibus que nos esperaba, a nosotros los periodistas, mientras Fidel Castro viajaba en automóvil aparte. Llegamos tarde y hubo alguna confusión buscando alojamiento.

A un grupo de periodistas nos asignaron a dos tejanos, extremadamente grandes y que hablaban muy buen español aunque con un acento entre americano y mexicano que era gracioso, sobre todo saliendo de aquellas bocas tan altas. Por fin encontramos un lugar para dormir y me gustó mucho la atmósfera de la universidad, con sus dormitorios tan abrigados del frío que hacía en Princeton. Al otro día por la mañana el ómnibus nos condujo donde Fidel Castro hacía un discurso ante el claustro y los estudiantes. Hablaba, como lo había hecho en Washington, por televisión y ante la prensa, en un curioso inglés, extremadamente chabacano y a veces cómico, con el que sin embargo se hacía entender, sin la más mínima conciencia de que su inglés era casi todo inventado por él mismo. De Princeton volvimos al tren y de allí a Nueva York en unas pocas horas. Esta vez Fidel Castro se hospedaba en el mismo hotel que nosotros, no aislado en la embajada, como en Washington, aunque el hotel tenía varios pisos aislados para él, su comitiva y los periodistas. Aquí, a las habitaciones que teníamos Franqui y yo, vinieron a vernos varios amigos cubanos, entre los que estaban Jesse Fernández, de los primeros, Saulo Ernesto Rodríguez, Óscar Hurtado y su mujer, la actriz Miriam Acevedo, y Eduardo Denoyer, que era cubano a medias, la otra mitad compuesta por jamaicanos «aunque blancos», como siempre aclaraba él, como si temiera que por su pelo rubio y su acento extraño (que se hacía más extranjero cuando escribía) pudiera tomárselo por jamaiquino –es decir negro. A todos los conminamos, Franqui y yo, para que volvieran a Cuba. Algunos estaban establecidos en Nueva York pero les contamos el renacimiento cultural de que gozaba el país ahora y les expresamos cuán necesarios eran. Lo mismo hicimos con otros, entre los cuales tengo que destacar a Heberto Arenas, siempre con su timidez resabiosa, que también era escritor y trabajaba en una revista en español que se publicaba en Nueva York «para toda América Latina», como rezaba su eslogan. Las habitaciones nuestras, sobre todo la de Franqui, eran un constante trasiego de cubanos, todos amigos, viejos y nuevos, a quienes maravillábamos con los cuentos de Cuba en 1959 –y en realidad, hasta ahora, ninguna de las historias maravillosas era mentira. Ninguno de estos amigos se exiló por razones políticas sino económicas y personales, con la posible excepción de Eduardo Denoyer, a quien vi en La Habana el año pasado, cuando vino al entierro de su padre, Juan Pérez (el verdadero nombre de Denoyer es Juan Eduardo Pérez Denoyer, pero él ha optado por sus segundos nombres y apellidos por razones literarias). Entonces, hablando conmigo mientras caminábamos por la calle 17, rumbo a la casa de su madre, me dijo que no pensaba volver más a Cuba, que ahora escribiría en inglés y que cada día sentía menos propio su país, al que acusaba de haber hecho fracasar la guerra de 1868 hecha por los colonos blancos, y triunfar la de 1895 peleada por los esclavos negros: eso había destruido a las minorías cultas y entronizado a la mayoría inculta: de ahí arrancaban todos los males de Cuba, incluso Batista, descendiente de esclavos. Su posición entonces era tan negativa como su literatura, que consistía, mayormente, en novelas que duraban una página, epopeyas de página y media: él se consideraba un original y solamente en Cuba no le habían dado su merecido, que sin duda iba a encontrar en los Estados Unidos. Pero ahora Denoyer se mostraba entusiasmado, a su manera, con las «perspectivas cubanas», como él decía, imitando un poco a Walt Whitman, aunque no tuviera su barba hirsuta y su larga cabellera cana. En un momento él y Heberto Arenas me hicieron notar lo frío que estábamos con Óscar Hurtado, al que el último consideraba «una pobre persona» y decía que nosotros, Franqui y yo, le dábamos de lado, mientras casi le hacíamos la corte a Miriam Acevedo –en realidad los dos decían que teníamos celos de Óscar porque estábamos enamorados de Miriam: esto sin embargo se podía aplicar más a Franqui que a mí, que había sido siempre un atento y entusiasta oyente de los cuentos de Óscar Hurtado y a quien Miriam no me gustaba mucho, aunque admirara mucho su cuerpo que con los años (Miriam había sido compañera de bachillerato mía) había desarrollado hasta hacerse conspicuo por su estructura escultural. Pero hice caso a la observación doble de Eduardo y Heberto y regresé al cuarto de Franqui a hablar con Óscar, a convencerlo de que Cuba lo necesitaba –cosa que creyó, ya que Óscar era una extraña mezcla de timidez y vanidad, en cuya mente triunfaba a veces la una a expensas de la otra: ahora era su vanidad la que dominaba. Fuimos todos al mitin que dio Fidel Castro en Central Park y fue una ocasión extraña, con la voz del orador en español, más bien en cubano, y rodeado por multitudes que hablaban español en medio de la ciudad americana por excelencia. Hubo sus sobresaltos también, con amenazas de bombas, tal vez hechas por exilados batistianos, pero estuvimos todos juntos, sobre todo Franqui, Miriam y yo, y luego regresamos al hotel y nos sentamos en su restaurant, a beber (creo que café) y a oír un breve combo de jazz que no era del todo malo, sobre todo su pianista, y la música y el lugar hicieron memorable la ocasión.

Al día siguiente salí con Jesse Fernández, a recobrar los buenos tiempos de 1957, y terminamos en un cine, viendo a Marilyn Monroe en su mejor momento *(Some Like it Hot)* aunque no era mi mejor momento, pues estaba realmente cansado y solamente el arte cómico de Billy Wilder evitó que me durmiera en el cine. Al otro día Fidel Castro y su comitiva se fueron para el Canadá y yo me regalé con la «perspectiva americana» de quedarme una semana o dos en Nueva York: de allí en adelante mi lugar lo ocuparía Oclides Candela. Pero se apareció Franqui con contraórdenes: yo tenía que ir al Canadá y después seguir con Fidel Castro en su viaje por América Latina, pues él (Franqui) no confiaba mucho en la capacidad de Oclides Candela como reportero. Yo traté de eludir el compromiso, pero fue imposible lograrlo y así me encontré volando solo al Canadá (Fidel Castro y su comitiva habían hecho el viaje vía Boston, por lo que no me perdería mucho de lo que pasaba en Montreal, adonde llegaríamos casi juntos). Pero llegué solo y costó trabajo que me admitieran (yo no tenía visa canadiense) y solamente mi don de persuasión, entonces patente, convenció a la policía de inmigración de que yo era parte de la comitiva de Fidel Castro y por fin pude entrar al país para mí asombrosamente bilingüe. Emiliano (otro nombre romano) Mata, que era el organizador de la seguridad civil de Fidel Castro (había dos cuerpos de guardaespaldas: uno visible, uniformado y armado, y otro civil, invisible pero también fuertemente armado), me consiguió una ramita de alerce de metal, para llevarla en el ojal, que era la identificación para que la policía canadiense (asombrosamente para mí policías montados, como los de los muñequitos –«King de la policía montada del Canadá»– y las operetas) supiera quiénes eran de la comitiva. De esa ciudad olvidable (todavía con nieve endurecida en las aceras aunque ya no nevaba), recuerdo una cena en el Armory (donde me encontré con una amiga de adolescencia, ya no tan bella como antaño pero todavía hermosa, Antonieta Miranda, y su madre María Pepa, que era ella del mismo pueblo que nuestra familia, quienes habían emigrado a Canadá, Antonieta casada con un canadiense: charlamos sobre los viejos tiempos y los tiempos nuevos y de allí salí no sé cómo) con una modelo alta, tal vez demasiado alta, pelirroja, con quien estuvimos (Maxim estaba con otra modelo: una modelo amiga de mi modelo) bebiendo en un *night club* hasta bien tarde. Después acompañé a la modelo a su casa y recuerdo que mi empeño en ser (o parecer) un caballero me impidió acostarme con ella, ya que vivía sola en un pequeño apartamento adonde me hizo pasar y me brindó todavía más tragos y más simpatía. Después, pensando, recordando, me pareció que con sólo estirar una mano la modelo habría pasado a ser realmente mía –pero no hice ese movimiento, solamente hablé con ella, la oí hablar de su vida difícil en el mundo de la moda canadiense (si ese mundo existe) y de su vida en el mundo: ella quería emigrar, vivir en Nueva York o tal vez más al Sur.

Esto recuerdo que me lo dijo: «Tal vez más al Sur» y el sur
sonó con sonido de mayúscula: tal vez quisiera ir a Cuba,
no sé. Sé solamente que me fui de su casa bien tarde o bien
temprano en la mañana, por la madrugada, completamente borracho y borracho encontré el hotel como milagrosamente o tal vez por estar borracho: sólo sé que mi sentido
de la orientación es nulo, de ahí mi sorpresa al encontrar el
hotel en que estábamos. Pude por pura voluntad levantarme a las ocho, ya que a las nueve salíamos de Montreal, de
Canadá, dejando atrás sus policías montados de colores,
que escoltaban al grupo, a Fidel Castro y su *entourage* (que
yo un día llamaría *en toute rage*: pero eso ocurrió años después), hasta el aeropuerto.

De Montreal volamos a Houston, Texas (o mejor, Tejas), y nos hospedamos en un hotel en el desierto, bien lejos
de la ciudad, que nunca vi. Fidel Castro había ido para visitar un rancho y ver unos toros o unas vacas –y eso fue
todo lo que vi de Tejas, excepto por una belleza Tex-Mex
que trabajaba en el hotel, en una quincalla de *Texan cu-
rious*. Me hubiera gustado tener con ella un *tête-à-tête*
(como con la modelo canadiense) o como se dijera a ese encuentro en Tex-Mexican, pero eso no era posible. Max me
dijo: «Está aquí esperando a ver si pesca un millonario tejano», lo que era posiblemente la verdad, durante el viaje,
más que en los años que lo había conocido en La Habana,
supe que Max sabía mucho de mujeres.

Salimos de Houston, de los Estados Unidos, y no paramos hasta la isla de Trinidad, que me gustó con su atmósfera tropical, bienvenida después de la nieve canadiense y
del desierto tejano. Allí, en visita a una especie de monasterio, tuvimos Max y yo un intercambio de palabras con
un rebelde de la escolta de Fidel Castro, no con el capitán
Maraña, sino con un miembro menor que se hacía llamar
Leoncito Segundo, para distinguirlo de Leoncito Primero,
el verdadero Leoncito, que era pelirrojo. Este rebelde había
estado tirando puyas a los periodistas, cada vez más agudas
y precisas, y Max y yo lo llamamos a un lado, al costado del
monasterio, y le pedimos una explicacion. Max le dijo:

–De hombre a hombre, ¿cuál es tu problema?

–¿Mi problema? –dijo Leoncito Segundo–. Yo no tengo problemas.

–Sí los tienes –le dijo Max–, con nosotros los periodistas.

Yo le dije a mi vez:

–Estamos aquí cumpliendo un deber como tú cumples el tuyo.

Estábamos muy serios Max y yo y a pesar de que Leoncito Segundo estaba fuertemente armado, estábamos dispuestos a llevar esta oposición hasta sus últimas consecuencias. Leoncito Segundo lo comprendió así y se rió y dijo:

–Caballeros, no pasa nada, ustedes se están imaginando cosas –y volvió a reírse y trató de darle una palmada en el hombro a Max pero Maxim era realmente muy alto para que Leoncito Segundo, que era más bajo que yo, pudiera llegarle cómodamente al hombro, por lo que se volvió para mí y me dijo–: Periodista, no hay problema.

–Me alegro de saberlo –le dije yo y le di la espalda.

Maxim también lo dejó allí en la colina quemada por el sol del Caribe y nos volvimos a integrar al grupo y no pasó nada más: en todo el viaje Leoncito Segundo no dijo una puya más contra los periodistas ni contra nadie, creo –sí habló del Che Guevara, pero eso ocurrió en Montevideo. De Trinidad recuerdo su paisaje caribeño, tan parecido a Santiago de Cuba, con el hotel en las afueras, servido por indios, y las pagodas hindúes, señaladas por muchas banderas de diferentes colores, que era la primera vez que yo veía. Lo que diferenciaba a Trinidad de Cuba era la presencia hindú. También, por la noche, fuimos al puerto y oímos las famosas *steel bands*, que yo escuchaba por primera vez, con su sonido metálico y a la vez tan musical, negro en su ritmo y al mismo tiempo inglés en sus armonías.

La próxima escala fue maravillosa: Río de Janeiro, con su bahía y sus mogotes, los famosos panes. A pesar de haber oído celebrar su belleza y haberla visto en fotografías y en el cine, no esperaba tal esplendor: Río es una verdadera fiesta de la naturaleza y del hombre, con sus edificios modernos y sus aceras cebradas, atigradas. Además, era el trópico amable, como en Cuba, y su fragancia, venida de la selva que rodeaba a la ciudad, nos llegaba evanescente como el ruido del mar en sus playas. Recorrí la ciudad a mi gusto, subí al Pan de Azúcar, con su monumental imagen de Cristo, y crucé de Río a Copacabana, donde parábamos muchas veces. Por la tarde Fidel Castro dio una conferencia de prensa y entre el público, junto a mí de pronto, me encontré una muchacha rubia, no muy alta pero de cuerpo esbelto y serenos ojos azules. Yo estaba sentado en una silla, rodeado de periodistas de pie, y ella se acercó a mí, inadvertidamente. Me levanté y le ofrecí la silla, no para que se sentara, sino para pararse sobre ella y ver mejor a Fidel Castro. No pude decírselo en portugués, mejor dicho en brasileño que es un idioma tan distante del español, y le hablé en inglés: afortunadamente ella entendía y hablaba inglés y aceptó mi ofrecimiento. La ayudé a subir a la silla y sentí su piel suave bajo mi mano. Cuando terminó la conferencia de prensa, que se había convertido casi en un mitin por la logorrea de Fidel Castro, la seguí y salimos juntos a la calle. Le hablé y le pregunté su nombre y me dijo que se llamaba Julia Pfeiffer: era, por supuesto, alemana, pero también muy brasileña y la invité a tomar café, que tomamos en una cafetería pequeña y abierta que recordaba mucho las cafeteras de Cuba. Después insistí en acompañarla a su casa y nos fuimos en uno de esos curiosos tranvías abiertos que hay en Río, tan originales y al mismo tiempo tan apropiados para el clima: no me explico cómo no se le ocurrió un vehículo semejante a los cubanos, asociando las ideas por el parecido que tiene Río con La Habana. Ella vivía un poco lejos pero en el viaje logré pasarle una mano por detrás, sin tocarla pero al mismo tiempo como apropiándome de ella. Llegamos a su parada y ella me dijo que me quedara allí y allí me quedé: ella había prometido que iría esa noche conmigo al hotel, a comer, aparentemente ella estaba interesada en Fidel Castro o en la política, no sé, pero lo cierto es que yo esperaba que no viniese, aunque me preparé para recibirla. Oclides Candela, que compartía el cuarto conmigo (a pesar de todo lo que hice no pude quedarme solo y tuve que compartir mi cuarto con él), me dijo:

—¿Adónde vas, a una fiesta?

—La fiesta viene a mí —le dije y ya iba a decirle que si podía dejarme el cuarto solo cuando me di cuenta de que eran casi las ocho y decidí bajar enseguida al *lobby*.

A pesar de mi escepticismo, a las ocho apareció ella en un taxi: venía vestida de noche: al menos traía una bata de organdí o de una gasa parecida y lucía realmente bella. Ante el asombro de algunos de mis compañeros de viaje, que poblaban el *lobby*, la conduje al comedor. No recuerdo lo que comimos (yo que siempre recuerdo lo que he comido en ocasiones importantes y aun en las más triviales) pero recuerdo haberla estado mirando mientras ella comía con gran delicadeza: cada vez me gustaba más. Durante la comida le pregunté que si le gustaría conocer nuestras oficinas y ella me dijo que sí. No estaba esperando más que ella acabase de comer, que la cena terminara, para subirla al cuarto —tenía la vana esperanza de que Oclides no estuviera en él. Así, cuando terminamos, cuando terminó ella, con la orquesta del restaurant todavía tocando zambas interminables, la escolté hasta el elevador y dijo mi piso, andar en portugués, y el ascensorista me dijo algo que no entendí, pero vi que ella se ponía pálida, aunque no hice caso a una cosa ni a la otra. Salí del elevador y abrí la puerta del cuarto (nuestras oficinas para ella) y lo primero que me encontré fue la cara sorprendida de Oclides, que estaba medio tumbado en su cama. Entonces ocurrieron muchas cosas a la vez: ella se quedó parada ante la puerta abierta, Oclides se puso en pie, sonriéndose medio apocado, medio entendido, el ascensorista seguía hablando a mi espalda y finalmente ella dio media vuelta y caminó hasta el elevador: fue entonces que me di cuenta de que ella se había sentido engañada (en cierta manera lo fue: lo confieso) y entendí que el ascensorista decía que no se permitía subir mujeres a las habitaciones y ella entró en el elevador y yo la seguí y bajamos hasta el *lobby*. No me dijo nada pero echó a andar hacia la calle, mientras yo la seguía muy de cerca: le pedí perdón, le dije que había sido una confusión, le supliqué que se quedara pero ella estaba, más que desencantada, furiosa y quería irse de allí cuanto antes. Yo la complací y, haciendo señas a un taxi que estaba parqueado junto al hotel, le pedí que me dejara acompañarla hasta su casa. Ella no dijo nada pero yo entendí que accedía a mi compañía. En el viaje no dijo nada y yo no tenía nada más que decir: ya me había disculpado, pedido disculpas, mejor dicho, y no había nada más que hacer. El viaje duró mucho tiempo, cuando por fin llegamos a una esquina que ella dijo que era la de su casa.

—Por favor —me dijo—, me quiero quedar aquí.

Yo no respondí nada pero ella le habló al chofer en portugués y éste detuvo el taxi. Ella se bajó mientras yo le pedía que nos viéramos de nuevo. No conseguí ninguna promesa de su parte: todo lo que saqué fue la dirección de su trabajo, donde al otro día envié un ramo de rosas con unas palabras en inglés sobre una tarjeta, pero ese recado fue nuestra última comunicación. La vi alejarse calle abajo hasta entrar en una casa. Me volví al hotel.

Maxim me esperaba en el *lobby*, también estaban Oclides y Bebo, que me dijo:

—Tremendo filete —queriendo decir ella—, mucho mejor que el bisté en Washington.

Maxim me dijo:

—Todo se te echó a perder, ¿no?

—Sí —le dije—, por culpa de Oclides.

—¿Por mi culpa? —dijo Oclides—. ¿Qué sabía yo qué te traías tú entre manos? Debías por lo menos haberme dicho algo.

—Ah —dije yo echando a un lado las disculpas de Oclides: ciertamente todo era culpa mía, pero no lo iba a admitir.

—Bueno —dijo Max—, lo que hay que hacer es salir a divertirse. Hay un cabaré que tiene muy buen show. ¿Vamos allá?

Bebo dijo que no, pero Oclides dijo que él iba, yo me dejé arrastrar por Maxim al cabaret, que estaba al otro lado de Río. El show era bueno (llegamos cuando ya había empezado), y con un cantante negro cuya gracia se transparentaba por entre la tupida malla del dialecto y un grupo de coristas que exhibían unas piernas muy largas y morenas y algunas de ellas eran verdaderamente sensacionales de cara y de cuerpo. Ya hacíamos planes Maxim y yo para ir a verlas tan pronto terminara el show, cuando de pronto Oclides se desplomó sobre la mesa: literalmente su cabeza golpeó la mesa, y se quedó allí... Maxim y yo nos miramos extrañados y tratamos de reanimarlo, de levantarle la cabeza, pero estaba inconsciente.

–¿Qué le pasó? –preguntó Maxim, retóricamente.

–Sé tanto como tú –le dije.

–¿Estarán cargados los tragos? –preguntó Max mientras olía su vaso y luego olía el de Oclides–. No huelen más que a alcohol –dijo.

Olí el mío y ratifiqué su diagnóstico: los tragos no tenían más que alcohol y, si acaso, agua. Tratamos de nuevo de reanimar a Oclides, pero seguía desplomado sobre la mesa.

–Hay que llevárselo para el hotel, no queda otro remedio –me dijo Maxim, filosófico.

–Así parece –le respondí yo.

Pedimos la cuenta, pagamos y entre Maxim y yo arrastramos a Oclides fuera del cabaret y hasta un taxi, por el camino al hotel se despertó Oclides preguntando qué pasó qué pasó.

–Nada –le dije yo–, ¿qué te pasó a ti?

–No sé –dijo Oclides con la lengua todavía pastosa–, el trago me tumbó.

Bajamos la ventanilla para que cogiera aire y entonces el chofer habló, en brasileño: qué nos querría decir.

–*You speak English?* –le preguntó Maxim.

–*Yes* –dijo el chofer–. *Me speakee Eenglish.*

–*What did you say?* –le preguntó de nuevo Maxim.

–*Me say you want ooman? Me savvy place you haf ooman.*

–Nos quiere llevar al barrio de las putas, seguro –aseveró Maxim y no estaba errado.

–*The red-light district?* –preguntó Max al chofer.

–*Yes* –dijo el chofer–, *red lite yes!*

–¿Vamos? –me preguntó Maxim al tiempo que miraba a Oclides, tumbado ahora en el asiento pero con los ojos abiertos–. Vamos por lo menos a ver cómo es –me dijo a mí.

–Bueno –le dije yo y Maxim le dijo que sí al chofer, que se volvió hacia todos nosotros y se sonrió.

–*Red lite* –dijo– *bery good!*

Dimos la vuelta a Río o por lo menos me lo pareció, saliendo como a las afueras, donde la vegetación invadía casi las calles y llegamos a unas casas alumbradas en un barrio oscuro, casas con puertas que se abrían por la mitad y en las que se adivinaban más que se veían formas femeninas móviles o estáticas, bullendo en todo caso.

–*Red lite* –dijo el chofer, apuntando hacia las casas.

Yo miré y conseguí ver unas pocas mujeres que salían de una casa para entrar en otra. Miré a Maxim y luego a Oclides, que ahora parecía dormir en su rincón.

–Yo no tengo ganas de entrar ahí –le dije a Maxim.

–Ni yo tampoco –dijo él.

–¿Regresamos al hotel?

–Regresamos –dije yo a Maxim y al chofer le pedí que fuéramos a Copacabana.

–¿Copacabana? –preguntó el chofer extrañado–. *No red lite?*

–*No, thank you. Hotel Copacabana.*

–*Okey. No red lite. Copacabana* –y dio media vuelta al taxi en la calle oscura y enfiló hacia Copacabana, que debía quedar al otro extremo de la ciudad.

Cuando llegamos al hotel había gente nuestra regada por el *lobby*. No hubo que ayudar a salir y a subir a su cuarto a Oclides, que lo hizo él mismo, con rapidez, como para que nadie se diera cuenta de su estado. Maxim me dijo que debíamos dar una vuelta por la playa, donde debía haber vida nocturna. Intuición carioca o experiencia habanera de Maxim pero encontramos los locales nocturnos, pequeños *night clubs* que se agrupaban unos sobre otro en las calles laterales. De uno de ellos surgió como salida de una caja de sorpresa una mulata bellísima, con una gran figura y muy alta. Inmediatamente supe que no era brasileña (no podía serlo: no habíamos visto mujeres tan grandes en Río) y cuando Maxim la saludó ella dijo: «*Sorry, no Portuguese*», se vio que era americana: una cantante de uno de los clubs. Hablamos con ella pero enseguida me di cuenta de que la alta estatura de Maxim, su cara de sefardí bien parecido, me llevaba ventaja: efectivamente Maxim bromeaba con ella en su inglés chapurreado y la mulata se reía, mientras caminábamos hacia la playa. Decidí que lo mejor era irme y dejar a Maxim a su suerte, que era mucha esa noche: había pescado la mejor pesca de Río (sin tratar de hacer un chiste). Cuando iba camino del hotel miré hacia atrás y vi a Maxim y a la mulata dándose un beso entre la arena y la calle. En el hotel seguía el grupo de cubanos aglomerado en el *lobby*. Entre ellos estaba Luis Beale, a quien yo conocía de la escuela de periodismo pero que no se había hecho conspicuo hasta ahora, no sé decir por qué. Vino hacia mí y me explicó que estaban esperando el regreso de Fidel Castro que había ido a cenar con un tal Nabuco. El nombre, sonoro y cómico, me dio la idea de una broma.

–¿Dónde está Conde? –Éste era el nombre sonoro de un conocido periodista político y supuestamente muy amigo de Fidel Castro o al menos así lo proclamaba él, a pesar de ser hermano de un ministro de Batista, fugitivo ahora pero hasta hace unos meses presunto presidente de la República.

–Se fue a dormir –me dijo Luis–. Se le veía cansado y aunque estaba esperando a Fidel se fue a dormir.

Miré a Luis y le dije:

–¿Qué tal si Fidel Castro lo llama ahora por teléfono y lo manda a buscar?

–Seguro que sale corriendo a verlo –dijo Luis Beale.

–¿Y si lo invita a venir el señor Nabuco? –dije yo y repetí–: *O senhor Nabuco* –imitando una pronunciación brasileña, recuerdo de mis dotes de imitador en los días estudiantiles.

A Luis Beale se le alegró enseguida la cara y sonrió su sonrisa de dientes grandes y numerosos.

–¿Tú lo vas a hacer?

–Se puede intentar, ¿no?

–¡Claro que sí! –se exclamó Luis Beale (Luis Beale no fue nunca Luis o Beale, sino Luis Beale) entusiasmado y me dijo–: Vengo enseguida –y fue a comunicar la noticia a algunos de los periodistas cubanos que quedaban en el *lobby* a esa hora (eran las dos de la mañana), esperando el regreso de Fidel Castro. Luis Beale regresó con más entusiasmo–: ¿Lo llamamos a su habitación?

–Sí –dije yo–, pero no de aquí del hotel. Vamos a la calle.

Regresé por donde había venido, evitando la zona de playa donde debían estar Maxim y la mulata americana: huyéndole a mis fracasos, en busca de mis triunfos: y pronto encontramos un teléfono público, en otro hotel. Luis Beale estaba muy excitado con la idea de la broma, mucho más con su realización:

–Llámalo, llámalo –me dijo.

–Espérate –le dije yo–, déjame buscar la dirección de un Nabuco.

Busqué en la guía y había varios Nabucos. Decidí, por intuición, cuál era el Nabuco más lejano y tomé nota mental de la dirección. Luego llamé al hotel nuestro y pedí que me comunicaran con Conde y después de unos timbrazos salió al teléfono una voz de mucho sueño:

–¿Sí?

–*O senhor Conde?* –pregunté yo con mi falso carioca.

–Sí, es el que habla –dijo Conde.

–*Fabla o senhor Nabuco* –dije yo.

–Ah –dijo Conde, ahora más despierto–. Mucho gusto.

–*O gusto e mio* –dije yo impersonando imposiblemente al posible Nabuco–. *Senhor Conde, e uma invitaciao a venir a mia casa* –a veces el portugués se escurría hacia el italiano, pero el excitado Conde no notaba nada, mientras que a mi lado tenía que limitar a codazos las casi carcajadas de Luis Beale–. *Stamos aquí con o senhor Fideu* –la fuerte l brasileña me había sonado siempre a u–, *Cashtro y quishiera que usthed viniera con noixx. Puede facerlo?*

–Sí, ¡cómo no! –dijo alegre Conde.

–*Uma momentu* –dije yo, exagerando todavía más mi dicción, jugando con el riesgo de que Conde se diera cuenta de la patraña–, *que voy a darle la mia direcsao.*

–Un momento, por favor –suplicó Conde–, déjeme buscar un lápiz.

–*Sí, como nou* –dije yo, es decir el *senhor* Nabuco, y cuando la voz de Conde me pidió que ya por favor estaba listo, le di la dirección del más lejano de los Nabucos posibles.

Colgamos, Conde derretido en gracias y promesas de una pronta llegada a la casa del anfitrión imaginario de Fidel Castro. Corrimos Luis Beale y yo al hotel, a ver la salida de Conde. Luis Beale, después de alertar a los pocos periodistas que quedaban en el *lobby* a las dos de la mañana, dijo:

–Te apuesto que sale hecho una mascarita de tanto talco que se pone.

Que Conde se echaba talco en la cara para blanquearla y atenuar su color moreno para no parecer mulato era un chiste y un rumor (cuando era más malévolo que un mero chiste) que corría entre los periodistas que volaban por Sudamérica con Fidel Castro. Efectivamente, a los pocos minutos se abría la puerta del elevador y surgía Conde, todavía con sueño en los ojos y con talco en la cara.

–Eh, Conde –dijo Luis Beale, llevando la broma a su último extremo–, ¿adónde vas a esta hora?

–Nada, chico –dijo Conde–, que Fidel me ha mandado a buscar para que vaya a casa del señor Nabuco, donde está él.

–Ah –dijo Luis Beale–, ya me parecía que debía ser por algo importante que te levantaste de la cama.

–Sí, chico –dijo Conde, casi con cara de decir así de sacrificada es la vida del político cubano en estos momentos, pero dijo solamente–: Ahora tengo que encontrar una máquina de alquiler que me lleve allá.

—Seguro que ahí mismo en la esquina hay una —dijo Luis Beale, que ya casi no podía aguantar la risa, aliviado cuando Conde dijo hasta luego y se fue.

Soltó entonces una gran carcajada, tan alta que tuve que decirle:

—Más bajito, coño, que te va a oír.

—Ése no oye nada —dijo Luis Beale—, no hay quien lo haga desistir ahora de su viaje a encontrarse con Fidel en casa de Nabuco —y Luis Beale tenía razón: así era de ciega la idolatría de Conde por Fidel Castro, y lo más grave es que no era él solo. La mecánica del chiste exigía que esperáramos a Conde en el *lobby* pero pasó una media hora, una hora, y no regresaba.

A las tres yo tenía mucho sueño para esperarlo y se lo dije así a Luis Beale, quien decidió quedarse un rato más en el *lobby*, mientras yo subía a dormir, confiando en que Oclides no roncara.

Por la mañana todo el mundo sabía lo de la broma a Conde, hasta Celia Sánchez había sido enterada por Luis Beale —y, por supuesto, el mismo Fidel Castro. Pero Conde tomó la broma con mucha ecuanimidad, me vino a ver en el salón de desayunar, y me dijo:

—Está bien, está bien: me cogiste de lo lindo anoche.

—Ten cuidado que eso no se puede decir en Argentina —intercedió Bebo Alfonso, dándome tiempo a decir:

—¿Yo? ¿Anoche? No entiendo lo que quieres decir.

—Sí —dijo Conde—, tú y Luis Beale, los dos, me embarcaron anoche.

—Yo no sé nada de nada —le dije, poniéndome serio, pero Luis Beale se reía en la mesa contigua y no pude menos que sonreírme.

—¿Ya ves? —dijo Conde—. Tu sonrisa te condena. No te preocupes que no me voy a poner bravo ni nada.

Y era verdad: tenía muy buen carácter Conde y sabía soportar una broma, por pesada que fuese. Me sentí tentado de preguntarle qué había pasado en casa del Nabuco cuya dirección le di, pero no pude atreverme a tanto y todo lo que hice fue sonreírme más ampliamente cuando Conde me dio una palmada en la cabeza y me dijo: «Cabroncito», pero no con mala leche sino aceptando la broma como algo natural.

Volamos de Río de Janeiro a Brasilia, donde hubo un almuerzo con todo el *entourage* y con Juscelino Kubitschek de anfitrión. El palacio presidencial era una maravilla de la arquitectura moderna, y también los otros edificios visibles: eran pocos todavía y Brasilia era el prospecto de una ciudad futura, con avenidas llamadas de España y de Bélgica, donde estarían las respectivas embajadas de los países nombrados, pero ahora los actuales sitios de estos edificios futuros todavía eran solares yermos. La ciudad está situada en una suerte de meseta donde se siente poco el calor opresivo de la selva que rodea a su emplazamiento. Estaba conversando precisamente con Niemeyer, el arquitecto del palacio presidencial y de otros edificios ya construidos y uno de los padres de Brasilia, estábamos en una suerte de balcón terraza, cuando vi a lo lejos un grupo de hombres que se cernían sobre matojos y otra manigua indiscernible.

–¿Qué hacen esos hombres? –pregunté a Niemeyer y me contestó:

–Son batidores. Están limpiando esa zona de serpientes.

–¿Venenosas? –pregunté yo ya asombrado y Niemeyer me dijo:

–Sí, algunas.

Desde entonces caminé con mucho cuidado cuando abandonaba el palacio para recorrer a pie los otros sitios construidos de Brasilia. No sé qué conversaron Fidel Castro y Kubitschek porque no se dio un comunicado inmediato. Sólo sé que volamos de Brasilia a São Paulo, donde llegamos ya de noche. Esta ciudad fue una decepción, en el sentido arquitectónico, ya que era una ciudad mucho más europea que Río y sin ninguna de sus bellezas naturales. Había todavía en ella tranvías y se sentía, en sus calles, una gran aglomeración, que no era visible en Río. Pero ocurrió en ella un incidente cuasi amoroso que la hizo inolvidable. Habíamos quedado Maxim y yo de ir a oír a Maysa Matarazzo, que era la cantante de moda de todo Brasil en ese momento. Al irnos íbamos a dejar la llave en la carpeta cuando tropecé con una muchacha bella, cuasi rubia pero muy brasileña en su piel tostada por el sol. Le pedí perdón y ella se sonrió.

–Cáele, cáele –me dijo Maxim al observar su sonrisa y yo, alentado, le hablé preguntándole si era de Brasil.

–Sí, claro que sí –me dijo ella en brasileño puro–. Pero soy de Santos. Somos de Santos –dijo señalando a otras dos muchachas, a cuál más bella, una de ellas muy morena y la otra de pelo negro y piel blanca, que hacían un lindo arco iris. Me decidí a abordarla y le dije, señalando a Maxim:

–¿Podemos salir juntos?

Ella miró a Maxim y me dijo:

–Ahora no. Vamos a salir nosotras a comer, pero –añadió graciosamente– podemos vernos más tarde.

–¿Cuándo más tarde? –le pregunté yo y me dijo:

–En una hora o dos, ¿no? ¿Está bien?

–Sí –le dije yo–, está muy bien –y me despedí.

Maxim me dijo:

–Caíste redondo, mi hermano –siendo más cubano que los cubanos este sefardí aplatanado. ¿Qué, cuándo las vemos?

–Más tarde –le dije.

–¿Dónde?

–Aquí en el hotel.

–Ah –dijo Max–, es una lata. Con tal de que no nos pase lo que te pasó en Río...

–No –le dije yo–, no va a pasar. Éstas viven aquí en el hotel.

Fuimos a ver y a oír cantar a Maysa Matarazzo (esta vez sin que hubiera un Oclides que se cayera rendido sobre la mesa, además estábamos en el bar), que era una versión joven de Anna Magnani con veinte libras de más, pero también una cantante excepcional, que cantaba unas *canções* que son el equivalente del bolero cubano con notable sentimiento y una dicción ejemplarmente brasileña, tanto que entendíamos todo lo que cantaba y que cantando nos encantó. Creo, además, que estuvimos demasiado tiempo oyendo a Maysa (como la llamaba todo el mundo) porque cuando regresamos al hotel apenas había nadie en el *lobby*, que era mucho más pequeño que el *lobby* del hotel en Copacabana.

–No habrán venido todavía –le dije a Max.

–Confiemos en que sea así –dijo Max, que sabía mucho del arte de levantar mujeres, como lo probó con la enorme mulata americana en Río: él me contó cómo tuvo que acostarse con ella en la arena, pero la falta de comodidad, según él, valió la pena. Ahora una duda me asaltó y se la comuniqué a Maxim:

–¿Y qué hacemos con la tercera muchacha?

Max me dijo:

–La dividimos en dos –y se rió.

–No –le dije yo–, en serio.

–¿Debíamos haber traído a Oclides con nosotros? –preguntó medio en serio, medio en broma.

–No –dije yo–, porque se nos desmaya.

Max se rió, yo me reí también, pero dejé de reírme cuando vi la hora: era tarde: seguro que las muchachas de Santos no iban a venir. Se lo dije a Max.

–Bueno, ¿y qué hacemos? –preguntó él.

–Yo, por lo pronto –le dije–, me voy a dormir –y me dirigí al elevador, oprimí el botón, se abrió la puerta, entré, y antes de volver a cerrarse vi a Max todavía en el *lobby* solitario. El *lobby* solitario. Me sonreí.

Yo estaba ya en la cama cuando sonó el teléfono. Era Max.

–Adivina dónde estoy –me dijo.

–No sé –le dije–, no soy muy bueno adivinando.

–Pues estoy en el tercer piso.

–Ah, ¿sí? –le dije–, me parece muy bien.

–No –me dijo él–, de veras: estoy en el tercer piso, en el cuarto de las muchachas, que es el número 35. Estoy con una de ellas. Baja tú dentro de un rato.

–¿Cuánto tiempo? –le pregunté.

–No sé, media hora o cosa así.

Me vestí y me calcé enseguida y me puse a vigilar en el reloj que pasara media hora: la media hora más lenta que pasé en mi vida. Por fin llegó el momento y bajé las escaleras del cuarto piso al tercero (tenía mis razones para no coger el elevador: razones recibidas en Río) y caminé por el pasillo hasta encontrar el número 35. Toqué en la puerta. Nadie respondió. Volví a tocar, esta vez más fuerte. Nadie respondió tampoco. Ya me iba a ir cuando decidí tocar una vez más: fue entonces que una voz femenina dijo algo en portugués (o mejor, en brasileño) que sonó a una invitación a entrar. Probé el pomo de la puerta y dio media vuelta fácilmente y la puerta se abrió. Entré. Me encontré con un espectáculo inusitado: las tres muchachas de Santos estaban metidas en la cama (que no era muy grande), evidentemente desnudas debajo de la sábana que las cubría. Max no aparecía por ninguna parte. No supe qué decir ni qué hacer: ¿tenía que acostarme con las tres? ¿Debía? La que yo había encontrado en el *lobby* y con la que había hablado era la más bella de las tres y ahora estaba en el medio, flanqueada por las otras dos muchachas. ¿Debía acostarme con las tres? Pero –me asaltó una duda– ¿por dónde entrar a la cama? Además, yo no cabría en ella, que estaba ya desbordada con las tres mujeres, las tres muchachas. Pensé que lo primero era quitarme la ropa y empecé por los zapatos (yo siempre comienzo a desnudarme por los pies, como termino vistiéndome por los zapatos) y ya me los había quitado cuando sonó el teléfono. La muchacha del lado del teléfono lo descolgó y contestó, mientras mi muchacha de Santos le dijo «No», solamente, diciéndole que no contestara el teléfono, pero la muchacha que lo descolgó ya estaba contestando y poniendo cara de que no entendía nada, diciendo en brasileño que no comprendía nada. Mi muchacha de Santos le dijo: «*Ninha, dexa ya el aparato*», frase que entendí muy bien, no sólo porque era fácil sino porque la repitió varias veces, oyendo yo claro la frase, sobre todo la palabra aparato (pronunciada casi *aparachu*) que me parecía cómica y encantadora: salida de sus labios bien hechos. Seguí quitándome la ropa, esta vez le tocaba el turno al saco (cuando estoy vestido de cuello y corbata, y había bajado vestido de cuello y corbata, lo primero que me quito de mi ropa es el saco) y ya lo tenía en la mano cuando la otra muchacha de Santos, la que no hablaba por teléfono, la que estaba al otro lado de la cama, comenzó a protestar en un brasileño muy rápido que yo no entendía nada, pero podía comprender. Ella protestaba de que yo me quitara la ropa: eso era obvio, por lo que no seguí desnudándome. Mientras, mi muchacha de Santos seguía enfrascada en una lucha verbal con la otra muchacha por que dejara el aparato, tan tesoneramente como empeñada estaba la otra muchacha en hablar por teléfono. Entonces ocurrió algo que era tan inusitado que nunca lo olvidaré: se abrió la puerta y apareció en ella, en calzoncillos, uno de los guardaespaldas de Fidel Castro, uno que era trabado y con cara romana, que abrió ahora en una sonrisa cómplice conmigo: se sonreía para mí mientras miraba a las muchachas en la cama (la muchacha del teléfono lo contestaba al mismo tiempo que trataba de cubrirse con la sábana, operación que no conseguía del todo y una teta asomaba por el orillo de la sábana: esto era lo que hacía sonreír al guardaespaldas –nunca supe su nombre y no era el momento de preguntárselo, me parece–) y ahora volvía a mirarme a mí y a sonreírse más. Entonces la muchacha que estaba del otro lado de la cama habló en voz muy alta, protestando por la presencia del guardaespaldas en el cuarto, fue obvio enseguida, pero también por mi presencia. No entendía nada. Ahora esta muchacha amenazaba con llamar a la conserjería (esto era obvio) para sacarnos del cuarto, mientras mi muchacha (que cada vez iba siendo menos mía: esto también era obvio) protestaba por el uso que la una y la otra intentaban hacer del teléfono. En ese momento hubo ruido en el pasillo y la puerta se abrió, apareciendo otro miembro de la escolta civil de Fidel Castro, un poco más y aparecería el capitán Maraña o el asistente entorchado que había ayudado a Fidel Castro a colocar la corona de flores en la tumba de Lincoln –y no me extrañaría que se apareciera en el cuarto el propio Fidel Castro: era obvio que las mu-

chachas habían invitado a más de uno–, por lo menos a
uno, que era yo, y a otro, que había sido Maxim. Ahora la
muchacha del otro extremo de la cama se levantó (completamente desnuda: no había que usar espejuelos, como yo,
para saber que tenía un gran cuerpo: quizá fue por esto que
se levantó) y fue hasta el teléfono, que le quitó de las manos a la otra muchacha del otro extremo y la muchacha
toda desnuda (de la otra no vi siempre más que un seno) pidió claramente por la conserjería y comenzó a quejarse en
brasileño que por el tono era claro como cubano y ése fue
el momento en que yo recogí mis zapatos, mi saco y salí, echando a un lado al guardaespaldas de Fidel Castro.
Cuando salí al pasillo oí que venía subiendo el elevador y
volví sobre mis pasos para coger el otro pasillo, el de mi derecha: caminé por él casi en puntillas (lo que no hacía falta
después de todo: estaba en plantilla de medias) y de pronto una puerta se abrió y surgió la cabeza de otro de los
guardaespaldas de Fidel Castro, mientras detrás de mí, viniendo del cuarto de las muchachas de Santos, se formaba
una nueva y gran algarabía. Entré lo más rápido que pude
al cuarto que tenía la puerta abierta y allí me puse los zapatos y la chaqueta, arreglándome la corbata –y en eso empujaron y tocaron a la puerta. Era el primer guardaespaldas de Fidel Castro, en calzoncillos y camiseta (no supe si
estuvo siempre en paños menores o si fue solamente ahora
que lo noté), y entró al cuarto declarando:

–¡Tremendo lío! –y cuando me vio se paró frente a mí y
me dijo–: Compadre, ¡y yo que creía que usted no rompía
ni un plato! –para agregar después–: Con esa cara de semi-
narista y estaba en un cuarto con tres mujeres –declaración
que hizo a otros guardaespaldas que estaban en el cuarto,
ya en cama, pero ahora despiertos por el ruido que todavía
se oía como trasfondo.

Yo no pude menos que sonreírme y le iba a decir que no
había pasado nada cuando decidí que era mejor que pensa-
se lo que quisiera. No dije nada sino que seguí oyendo, tratando de oír el escándalo o *fracas* (me gustaba más la
segunda palabra porque participaba de la condición de fra-

caso que había padecido esa noche saopauliana), hasta que todo estuvo, aparentemente, en calma. Entonces salí del cuarto sin decir las buenas noches y me encaminé por el pasillo rumbo a las escaleras, pasando por el cuarto de las muchachas de Santos, que todavía tenían las luces encendidas –y a lo mejor participaban de la compañía de un invitado con suerte.

Al otro día, en la mesa de desayuno, me encontré con Maxim, que muy ingenuamente (o tal vez fingiendo ingenuidad) me preguntó qué tal me había ido anoche. Para no compartir la miseria de otro fracaso brasileño, le dije que muy bien.

–¿Con cuántas te acostaste?

Le dije que con las tres.

–¡Ah, bárbaro! –dijo Max casi imitando a Cantinflas o a Tintán o al cómico mexicano que había puesto de moda esa expresión hacía años.

–Pues yo –me confió Maxim– me acosté con una mientras las otras miraban. Pero por mucho que las invité a la cama, las espectadoras siempre se negaron –y después me preguntó, tal vez con un poco de desconfianza–: ¿Cómo pudiste acostarte con las tres?

–No sé –le dije–, las tres estaban en la cama –lo que era, después de todo, la verdad y nada más que la verdad.

Me sonreí y Maxim creyó que mi sonrisa era en recuerdo del placer de la noche anterior, de lo que en Cuba llamaríamos un triple palo, pero en realidad sonreía al primer guardaespaldas de Fidel Castro, que entraba en el comedor, me veía y movía un dedo índice en el aire, señalando mi carácter de maldito (en el sentido habanero) al que le esperaba un castigo. Me sonreí, casi me reí, porque mi castigo estaba en el falso testimonio que le daba a Maxim en ese momento, en mi vanidad herida por no haber resultado un Casanova sino más bien un proyecto fallido del rey Candaules.

De São Paulo volamos directamente a Buenos Aires y en el avión Fidel Castro pidió que alguien le hablara de Argentina, de su historia, de sus costumbres –y se ofreció José Rego, que era el periodista que venía por el *Diario de la*

Marina, el más antiguo de los diarios cubanos. Después que terminó su conferencia, Rego se fue a su asiento porque Fidel Castro le había indicado, con bastante poco tacto, que ya no le interesaba hablar más con él. Estos desaires eran frecuentes en Fidel Castro. Hizo un gran barullo en Río cuando Celia Sánchez insistió en que usara una bufanda porque hacía fresco y se podría resfriar, poniéndola en su lugar con un despliegue de machismo digno del capitán Maraña. Luego, en São Paulo, le hizo un desplante al pobre Beale, cuando éste insistió en que hablara con un periodista brasileño mientras esperábamos la salida del avión. En ambas ocasiones hizo un uso muy liberal de las malas palabras y exhibió el poco respeto en que tenía a sus semejantes todos: él amaría al pueblo, como decía, pero odiaba al individuo –y más que odiarlo parecía despreciarlo, colocarlo siempre por debajo de sí mismo, como hizo ahora con Conde, al que llamó a su lado. Yo creí que le iba a hacer preguntas de tipo político sobre Argentina (después de todo, Conde era un periodista político, casi un líder político en Cuba antes de la Revolución, y conocía muy bien sus textos políticos), pero lo que hizo fue pedirle que le cantara tangos –y lo más sorprendente fue que Conde comenzó a cantarle tangos a Fidel Castro, casi al oído. ¡Lo más extraordinario de todo era que Conde no cantaba mal y los tangos (pasados de moda, si es que un día estuvieron muy de moda en Cuba) sonaban argentinos en la cabina silenciosa (Fidel Castro había pedido tangos) del avión, mientras volábamos hacia la Argentina!

En Buenos Aires encontramos una recepción no muy animada ni numerosa (lo había sido muchos menos en São Paulo y Río) en el aeropuerto y de allí nos fuimos al muy exclusivo hotel Alvear Palace, cosa que no gustó mucho a los simpatizantes argentinos de la Revolución. En el Alvear Palace vi a Dysis Guira (la novia de Joe Westbrook), a quien no había visto desde la noche en que vino a *Carteles* a buscar fotos de muertos y torturados por la policía de Batista, y a su marido argentino, Álex Olendorf, que había estado en Cuba antes. Me gustó mucho volver a ver a Dysis, su belleza rubia, exótica en Cuba pero muy adaptable a la Argentina, y a Álex, de pelo rojo y de ideas tan rojas como su pelo, aunque como buen socialista despreciaba y temía a los comunistas. Allí en el vestíbulo del hotel distinguió a varios de los policías que cuidaban a Fidel Castro del pueblo (más bien parecían cuidar al pueblo de Fidel Castro) como viejos agentes peronistas.

–Sí, che –dijo en alta voz, tanto como para que lo oyeran los agentes–, éstos son policías de cuando Perón.

Pero no ocurrió nada memorable, excepto esa noche el paseo por los pasillos y el *lobby* de dos bellezas venezolanas (no sé cómo supe que eran venezolanas), de vestidos de raso que delineaban sus fastuosas curvas y de zorros (rosados) al cuello. Parecían buscar algo entre el gentío del *lobby*, pero sabiéndolas venezolanas (y por ende ricas) no creí que buscaran un marido rico, tampoco buscaban a los soldados rebeldes, a los que ni siquiera miraban y, ay, no me buscaban por cierto a mí. Al otro día (llegamos el 30 de abril a Buenos Aires) Fidel Castro tuvo que fingir un catarro al pedirle el gobierno protocolariamente que no hiciera acto de presencia pública –y se quedó en sus habitaciones, rabiando, maldiciendo y diciendo malas palabras. (Esto lo supe porque más tarde subí con Oclides Candela a su suite, acompañando a Santiago Rueda, que había venido expresamente de La Habana para hablar un asunto urgente con Fidel Castro: pero eso ocurrió más tarde.) Ese mediodía lo pasé en casa de Dysis y de Álex, que invitaron a almorzar a varias gentes de su partido, entre ellas dos mujeres, que me cayeron muy bien aunque estaban bien lejos de ser unas bellezas, pero las prefería a las vanas venezolanas. (Siempre me han gustado las argentinas, que son las mujeres más independientes de toda Sudamérica y algunas muestran una sutil inteligencia y, lo que es mejor, sentido del humor: estas dos de hoy tenían de las tres cosas.) Y el almuerzo fue muy agradable. Luego el grupo se dirigió a mítines socialistas, celebrados en el barrio norte, en los barrios obreros, y eran muy distintos de los mítines políticos cubanos, de antes y después de la Revolución. Esa noche Oclides sintió también una súbita pasión por los tangos y con Dysis y Álex fuimos a La Boca, donde se suponía que todavía cantaban tangos: los argentinos parecían menos amantes del tango brumoso que estos cubanos tropicales. Pero antes ocurrió el incidente más extraordinario del viaje.

Sucedió en la suite de Fidel Castro (en la que éste se quejaba de que había frío, y era cierto: el Alvear Palace con calefacción parecía esperar el invierno para encenderla y la humedad del otoño argentino se colaba por entre las ventanas que cerraban mal: yo sentí más frío en Buenos Aires que en Montreal), adonde fui acompañando a Oclides y a Santiago Rueda. Yo no sabía por qué estaba yo allí (como estuve en la habitación de Fidel Castro en Washington cuando maldijo a Nixon y Eisenhower) pero lo cierto es que estaba. A petición de Fidel Castro que a modo de saludo le dijo:

—¿Y qué es lo que carajo pasa en Cuba que te mandaron acá?

Santiago Rueda se sonrió y dijo:

—Bueno, comandante, hay varias cosas pero la más importante tiene que ver con Raúl y el Che.

Fidel Castro se levantó de la cama, donde estaba tumbado completamente vestido y con las botas sucias sobre la sábana hasta entonces blanca.

—¿Qué es lo que pasa con Raúl y con el Che?

—Bueno, comandante, ellos han comenzado a repartir tierras a los campesinos en Oriente.

—¡Cómo! —gritó Fidel Castro—. ¿No han esperado a la reforma agraria?

—No han esperado a nadie ni a nada y han repartido tierras pertenecientes a ingenios americanos y…

—¡Me cago en Dios! —dijo Fidel Castro realmente furioso, las zapatetas de Río con Celia Sánchez y su bufanda y la de São Paulo con Beale eran meras quejas comparadas con esta furia de ahora.

Ya había saltado de la cama a la primera noticia de Santiago Rueda y ahora se paseaba por el cuarto, que se le hacía pequeño.

—¡Esta gente de mierda ha hecho lo que le da la gana!

Pero ya van a ver, van a saber que conmigo no se juega. Al Che lo saco de Cuba y en cuanto a Raúl él sabe que si tengo que fusilar a mi hermano lo fusilo. ¡Los fusilo a los dos, carajo! ¡Coño, me cago en la mierda! ¡Pero yo los fusilo a los dos si no paran! ¡A los dos!

Santiago Rueda no sabía qué hacer ni qué decir. Oclides se puso en pie cuando lo hizo Fidel Castro pero no caminó con él por el cuarto sino que se quedó muy quieto, sin moverse, como si fuera un Oclides de cera. Yo, por mi parte, me quedé sentado, haciéndome invisible, ya que no tenía nada que hacer allí: solamente subí porque Oclides me dijo «Ven» y porque me caía muy bien Santiago Rueda, con su bigote marxiano (a lo Groucho, no a lo Karl), sus espejuelos de carey gruesos y su afable lentitud. Hasta para comunicarle a Fidel Castro esta noticia que lo había traído especialmente de Cuba fue parsimonioso. Fidel Castro había encendido un puro y fumaba mientras caminaba. El humo le daba un aspecto aun más formidablemente enfurecido, y rezongaba de vez en cuando: «¡Los fusilo, coño, los fusilo!». Después dijo, en un cambio que era típico del hombre, que para atacar se tenía que sentir atacado:

–¡Mira que hacerme esto a mí, mi propio hermano! En cuanto al Che, puse demasiada fe en él, ¡que después de todo es un argentino! –y en ese momento se detuvo de hablar y de caminar y miró a todas partes, a Santiago Rueda, a Oclides y a mí, como si buscara otro argentino en el cuarto, o tal vez se daba cuenta por primera vez de que estaba en Argentina.

Después de detenerse, volvió a echar a andar y dijo:

–¿Y qué más pasa? –con la entonación de que no podía pasar nada más grave, pero a lo que Santiago Rueda tenía una respuesta:

–Bueno, Raúl ha nombrado a Chaín responsable del 26 de Julio en Oriente…

–¿Y qué pasa con este Chaín o Caín? –Este devastar a un individuo al cambiarle el nombre era también típico del hombre y lo haría muchas veces en el futuro, la más notable, porque la hizo en público, fue cuando dijo, refiriéndose al ministro de Relaciones Exteriores de Argelia–: ¡Este Buteflika o Butterfly o como se llame!

Pero ahora le respondía Santiago Rueda:

–Bueno, comandante, yo no sé si usted sabe que Chaín es comunista.

–¿Cómo lo voy a saber? –dijo Fidel Castro–, si es la primera vez que oigo hablar de ese individuo. ¿De manera que Raúl lo puso al frente del 26 de Julio en Santiago?

–En Oriente –aclaró Santiago Rueda.

–Bueno, en Santiago, en Oriente, da lo mismo –intervino Fidel Castro–. Lo cual quiere decir que controla el Movimiento en la provincia desde Santiago.

–Así es, comandante –dijo Santiago Rueda, siempre respetuoso y guardando la distancia con Fidel Castro, quien ahora caminó cuarto arriba y abajo con más vehemencia, con furor casi.

–Y Marcelo, ¿sigue al frente del Movimiento nacionalmente? –preguntó Fidel Castro.

–Sí, comandante –dijo Santiago Rueda, quien a veces parecía casi un militar subordinado a Fidel Castro.

–Bueno –dijo Fidel Castro, deteniéndose en su paseo como llegando a una solución del problema–, tú te vas ahora mismo para Cuba y le dices a Marcelo –Marcelo era Marcelo Fernández, último cordinador general del Movimiento 26 de Julio en la clandestinidad y ahora primer (casi) secretario general del Movimiento en la legalidad–, de mi parte, que destituya a este individuo, como se llame, y si tiene algún inconveniente con Raúl o con el Che, que les diga a éstos que actúa bajo mis órdenes directas. ¿Comprendido?

–Sí, comandante –dijo Santiago Rueda y casi se cuadró militarmente.

Luego, con el mismo impulso y casi con igual furor, Fidel Castro pasó a hablar de la Argentina.

–¡Este cabrón de Frondizi me ha obligado a encerrarme en el hotel pero nos vamos, mañana mismo, carajo!

Y ese día mismo salimos de Buenos Aires, cruzamos el Río de la Plata y aterrizamos en el aeropuerto de Montevideo, donde Fidel Castro encontró el más caluroso recibimiento de toda su gira, con miles de uruguayos vitoreando su llegada a la acogedora capital del Uruguay. Montevideo me gustó con su vida provinciana y apacible, después del gigantismo de Buenos Aires y de São Paulo. Más me gustó cuando vi salir del hotel a una mujer (ésta no era ya una muchacha), alta, bien formada, trigueña de pelo muy negro y cara de una belleza exótica aun para Montevideo, donde encontré mujeres muy bellas. Era evidente que ésta era una extranjera. Venía acompañada por otra mujer, un poco más vieja, que parecía su dama de compañía más que su madre o que una parienta cercana. La volví a ver entrando al hotel y su presencia se me hizo necesaria cada vez que entraba o salía del *lobby*. Esa noche la vi comiendo acompañada por su aparente dama de compañía y me hizo la comida más pasajera que mi compañía de esa noche, que fue, azares de la distribución de mesas, la de José Rego y Leoncito Segundo. No sé cómo Rego llevó la conversación al tema del Che Guevara. Leoncito Segundo se despachó opinando y como se veía que él no tenía más opiniones que las posibles en la escolta de Fidel Castro y era claro que estas opiniones no venían del capitán Maraña sino del propio Fidel Castro, apropiadas por ósmosis por la escolta, se podía decir que sus opiniones eran de fuente fidedigna (en este caso la palabra significaba dignas de Fidel), Rego le prestó la mayor atención.

–Él –se refería al Che Guevara, aunque varias veces empleó solamente el pronombre como para distanciarlo o tal vez para hacerlo más asequible, como si Leoncito Segundo fuera un íntimo del Che Guevara– es el único comunista de los líderes de la Revolución pero no tiene ningún poder efectivo. No es como Raúl o Camilo que sí tienen poder. Además, el Che no es muy popular con nosotros –ahora quería decir con la tropa–, no es nada popular.

Yo hubiera matado a Leoncito Segundo con mi mirada, que iba de él a Rego, quien a su vez lo miraba ávido, como si estuviera tomando notas de sus palabras para llevarlas directamente al *Diario de la Marina*. Yo hubiera matado a

Leoncito Segundo entonces, pero no había nada que yo pudiera hacer para evitar que siguiera hablando con el mismo tono, por lo que abandoné mi mirada de la mesa y la dirigí a la de la bella extranjera: en un momento se cruzaron nuestras miradas y ella no la apartó de la mía. Esta visión de ojos negros me hizo olvidar la estúpida realidad política de Leoncito Segundo despachándose sobre el Che Guevara con José Rego como audiencia. Terminamos de comer y nos dirigimos todos al mitin que ofrecería esa noche Fidel Castro. Asistieron miles más de uruguayos que los que estuvieron en el aeropuerto y, ya tarde en la noche, oyeron con devoción a un Fidel Castro que peroraba sobre la Revolución (se sobreentendía que era la cubana, pero él apenas si mencionaba su nombre propio) durante dos horas y yo me mezclé durante ese tiempo con el público que estaba atento a las palabras de Fidel Castro como si éste fuera un político uruguayo. Después del mitin, Bebo Alfonso y Maxim insistieron en que fuéramos a una casa de putas de la que le habían hablado muy elogiosamente a Bebo –y yo (débil es la carne) me dejé arrastrar aunque mi deseo mayor era volver a encontrar los ojos exóticos de la mujer del hotel. La casa de putas no era precisamente una casa de putas sino un bar, casi un cabaret, en que había meseras que luego se acostarían con los parroquianos –si ambos llegaban a un entendimiento. O tal cosa me pareció a mí. A nuestra mesa vino una mujer como de unos treinta años, blanca y de pelo rubianco, con una cara en la que había, como principal atractivo, unos ojos claros (no azules: tal vez fueran amarillos) bellos y una boca bien hecha. Estuvo hablando con nosotros un rato y tomaba un trago especial (lo más probable es que fuera té) mientras nosotros bebíamos bebidas más potentes que la de ella: esto era evidente por lo meloso que se volvía el Bebo (que no hizo esa noche ninguna alusión a su famoso bisté, tal vez porque en Uruguay hablaban español), quien finalmente se fue con nuestra anfitriona a un lugar que no recuerdo del hotel: solamente recuerdo otras dos anfitrionas de repuesto que vinieron a nuestra mesa a sostener una conversación entretenida (eran muy hábiles en su conversación estas putas uruguayas: no parecían putas para nada) con nosotros, pero era evidente que no progresarían mucho, entre otras cosas porque Maxim estaba mal acostumbrado a obtener el amor de gratis, gracias a su estatura y su perfil de semita bien parecido, y porque yo nunca he podido tener una relación relajada (en todos los sentidos de la palabra) con una puta, excepto con aquellas cubanas cuya rijosidad más que aparente las sacaba del contexto «putería» y las colocaba entre mis admiradoras más *enragées*. Así nos fuimos del cabaret-burdel y dejamos a Bebo entregado al amor de su bisté, como él diría.

Al otro día era el último (con su noche) que pasaríamos en Montevideo y a falta de una calle Florida recorrí la avenida frente al hotel hasta llegar a un café de viejo estilo, con mesas de mármol, como los que iban desapareciendo ya de La Habana (la desaparición del café Isla de Cuba, de la calle Galiano, y del Ambos Mundos, en La Habana Vieja, se pueden catalogar como verdaderos desastres ambientales) y me senté, solo, a tomar un café. Luego, de regreso al hotel, me encontré de pronto con la bella exótica, todavía acompañada por la otra mujer que no parecía ser su madre, y la saludé, casi haciendo una venia, como quitándome un sombrero imaginario, y ella contestó el saludo y se detuvo en el *lobby* un momento lo suficientemente largo como para que yo hablara con ella, y le preguntara si era actriz y ella me contestara, con un marcado acento italiano, que lo era y yo a mi vez le pregunté su nombre y me dijo que se llamaba Angelina Battista, que ya desde que nombró ese nombre yo sabía que debía escribirlo con dos tes, no sólo porque ella era italiana sino para diferenciarlo del de nuestro tirano tropical. La invité a que cenara conmigo esa noche en el restaurant del hotel, sin tener esperanza de que dijera que sí, y asombrosamente aceptó y se fue hacia la calle caminando con su elegancia mediterránea y yo me fui a mi cuarto, esperando a que llegara la noche, acicalándome, tratando de parecer elegante y mundano aun en una ciudad extranjera con una extranjera, y así cuando me encontré con Maxim por la tarde no le dije que había logrado invitar a la dama exótica (así la había bautizado él), ahora para mí Angelina Battista, a cenar y me comporté como alguien que tiene un secreto –aunque por gusto, ya que Maxim no notó nada.

Por la noche la esperé en el *lobby*, a las ocho como habíamos quedado, y ella tuvo el cuidado de no aparecerse con su dama de compañía, mientras yo sabía cómo tenía que comportarme para evitar el error de Río con la carioca alemana. Entramos al restaurant y pedí una mesa al maître, que nos colocó en el sitio exacto del salón para que fuéramos la atención de todos los cubanos, que nos miraron con asombro por mi compañía y hasta pude ver a Maxim, sonriéndose sabichoso, moviendo su cabeza en señal de aprobación, como concediéndome un punto. La cena pasó sin incidentes, con Angelina contándome en un español que derivaba sensiblemente hacia el italiano que estaba en Montevideo para hacer un programa de televisión mientras esperaba por su próxima película que se haría en Italia. No le pregunté qué película era ni cuántas había hecho porque me parecía una perfecta desconocida a pesar de su belleza (o tal vez por eso mismo: de haber sido una actriz italiana conocida, o siquiera una *starlet*, habría oído hablar de ella en los magazines que venían a *Carteles*, como *Oggi* y *L'Europeo* o en las revistas de cine y no era así), y me contenté no con su historia vital sino con su presencia, porque era realmente bella, con una belleza que no podía ser sino italiana, descendiente de generaciones de bellezas como ella, con el cuello largo, una línea de mandíbula perfecta, los ojos grandes y redondos y negros, y el perfil perfecto, no romano sino más bien napolitano o siciliano (creo que en un momento de la conversación ella mencionó que era de Palermo), con toda su antigüedad –y me sentí bien mientras comía poco por atender mucho a la belleza de la mujer que me acompañaba a cenar. Luego, ya tarde en la noche, la acompañé hasta el elevador y nos despedimos: yo le dije que me iría por la mañana temprano y ella me dijo, con suma gentileza, que lamentaba que no nos volviéramos a ver y yo la invité a Cuba y ella me dijo que quisiera conocer La Habana, que le habían hablado mucho de esa bella ciudad y yo le dije que sí, que era cierto que era bella y que ella debía verla, citándole el refrán que dice «La Habana / quien no la ve / no la ama» y ella se rió para enseñar sus dientes parejos y perlados –y yo lamenté, más en ese momento que nunca antes, que no nos quedáramos más tiempo en Montevideo, aspirando a ser para Angelina Battista algo que no fui: algo más que una compañía para cenar. Y ella se fue con el elevador.

De Montevideo volamos de nuevo a Río de Janeiro, haciendo una mera parada técnica, con los periodistas de nuevo arremolinándose alrededor de Fidel Castro (a quien casi no había visto en Montevideo), y de allí volamos hasta Trinidad, adonde llegamos de madrugada y fuimos a parar al mismo hotel lejos de la ciudad, rodeado de ventanas con tela metálica como mosquiteros arquitectónicos. Enseguida nos enteramos del rumor de que Raúl Castro estaba esperando a Fidel Castro en Trinidad y mientras los periodistas del grupo se preguntaban por qué, casi me sonreía porque yo sabía el porqué. De Trinidad, al otro día, volamos de regreso a La Habana, y Fidel Castro (que fue recibido por Camilo Cienfuegos en la pista) partió de allí a la plaza de la República (luego llamada plaza de la Revolución) en un *jeep*, a pronunciar su discurso que luego fue muy famoso en el que habló de que la Revolución (para él siempre había que escribir la palabra con mayúscula) era tan cubana como las palmas (sin que nadie le dijera que palmas como las cubanas las había en todo el trópico), verde como las palmas (y ese guasón de Bernardo Viera, Vierita, un periodista, el mismo que había respondido a su lema de «La Historia me absolverá» con un «Pero la geografía te condena», ese mismo chistoso cubano había dicho que la Revolución era como un melón: verde por fuera pero roja por dentro), aunque su discurso fue realmente anticomunista. Este discurso prolongado (como se veía que iban a ser todos los discursos de Fidel Castro) terminé de verlo y oírlo esa noche en el periódico *Revolución*. Titón estaba conmigo y ambos estuvimos de acuerdo en que su anticomunismo era sospechoso, cuando menos demagógico. Hubo una pequeña discusión entre los incondicionales, que estaban entonces de visita (tal vez como Titón, quizá con más derecho que éste), y allí se invocó, para probar la fehaciencia de Fidel Castro, el numeroso público que congestionaba la plaza de la República.

–También Hitler –dije yo– enardecía a las multitudes alemanas.

–Y Mussolini –dijo Titón– en Italia.

Ernesto Biera hizo una exclamación con una sarta de malas palabras y Emiliano Diéguez dijo que solamente a los contrarrevolucionarios se les podía ocurrir comparar a Fidel Castro con Hitler. (Lo curioso es que pocos meses después Emiliano Diéguez estaba en el exilio –por contrarrevolucionario.)

Franqui fue más condescendiente y me dijo que tenía que hablar conmigo, después que terminara el discurso de Fidel Castro. Titón decidió irse a su casa y yo me quedé en el periódico, no ya en la dirección (donde estaba inmarcesible Fidel Castro, perorando), sino hablando en la redacción con uno que otro amigo. (Mientras yo había estado fuera, Ithiel León había sido conquistado por Franqui y ahora trabajaba para el periódico, después de haber dejado la agencia de publicidad, y era alguien con quien se podía hablar porque se podía bromear con él y aunque yo siempre –no sé por qué– lo traté de usted, tuvimos al principio de nuestra común asociación con el periódico una buena relación: solíamos hacer chistes, aunque ya él no se permitía insistir en su personaje favorito de enero: el iconoclasta absoluto que le da la espalda a la historia como se la daba al raso de Fidel Castro por la calle contigua. Pero hablamos de otras cosas, entre ellas de las chulerías que se hacían, desde el punto de vista tipográfico, en el magazine.)

Precisamente del magazine me quería hablar Franqui. No sabía cómo empezar y movía entre sus dedos, de una mano a otra, un cigarrillo sin encender, que le había quitado a alguien y con el que se pasaría toda la noche, moviéndolo de un dedo al otro y de una mano a la otra, hasta hacerle perder su forma –pero sin prenderlo. Se veía que buscaba cómo decirme lo que quería decirme y finalmente cayó *in media res*, como siempre: había ocurrido un problema con el magazine. Yo pensé que se refería a los viejos ataques que le hacía el ala derecha del Movimiento 26 de Julio (mejor dicho, su sedicente organismo cultural), pero se trataba de todo lo contrario.

–Este tipo –me dijo, sin identificarlo– trató de hacerse con el magazine.

–¿Qué tipo? –le pregunté yo, incapaz de sospechar de José Atila.

–Éste, cómo se llama, Adriano –él sabía que Adriano de Cárdenas y Espinoza o Spinoza era íntimo amigo mío, pero Franqui lo odiaba tanto que no quería pronunciar su nombre: lo odiaba desde hacía tiempo sin que yo comprendiera muy bien el porqué: tal vez alguna indiscreción de Adriano, una de sus bromas terribles, algo que tenía que ver con Franqui, me parece: en fin, que nunca Franqui tragó a Adriano y yo no esperaba que lo tragase en el futuro y me reí, pero él me dijo–: La cosa es seria. Este individuo intentó infiltrar el periódico por el magazine y publicó, sin que yo lo viera, un artículo de crítica a la revolución boliviana, que no me quedó más remedio que desmentir desde el periódico. Ya tú lo verás cuando veas el magazine, si no lo has visto ya.

–No –le dije–, no he tenido tiempo de echarle una ojeada a los magazines publicados mientras estuve fuera.

Era verdad, pues cuando me llegué a casa desde el aeropuerto fui, por supuesto, a la casa mía y de mis padres, para encontrarme con que mi mujer había alquilado un apartamento en el edificio del Retiro Médico –y era allí que estaban mis cosas: mis ropas, mis libros, mis papeles. Era una ironía que mi mujer hubiera escogido el edificio del Retiro Médico para vivir, cuando había sido uno de los posibles asientos de nuestro *tumbadoir*, que visité precisamente con Juan Blanco y Silvio, un año atrás, en los días febriles de amor clandestino de 1958. Ahora yo vivía allí donde había pensado hacer un oasis erótico en el desierto de mi vida afectiva. Fue por eso por lo que no vi una sola copia del magazine y mucho menos esta a que hacía referencia Franqui.

–¿Tú estás seguro de eso? –le pregunté, aludiendo a la infiltración comunista iniciada por Adriano.

–Bueno –me dijo Franqui–, no está sólo ese magazine sino que hay además un grupo de posibles colaboradores que lo infiltrarían desde fuera. Los descubrimos a tiempo, pero creo que tendrás que hacer un reajuste del magazine. Por supuesto, ese tipo Adriano no me pone un pie más aquí en el periódico, aunque yo no lo he visto por aquí nunca, eso es cierto. ¿Tú tienes confianza en este muchacho Atila?

–¿José Atila?

–Sí.

–Bueno, bastante. ¿Por qué?

–¿Tú crees que él sea un agente del partido?

–¿Cómo, un agente?

–No –dijo Franqui–, no un agente sino una gente.

–¿Del partido comunista?

–Sí.

–Lo dudo. ¿Por qué?

–Bueno –dijo Franqui–, él se estaba encargando del magazine en tu ausencia, ¿no?

–Sí –dije yo–. Él no se quedó como director, pero en verdad estaba ocupando mi puesto. Pero yo no creo que él sea comunista.

–Bueno –dijo Franqui–, pero son muy amigos –y no dijo más.

–¿Quiénes?

–Él y este Adriano, ¿no?

–Sí, son amigos, como yo soy amigo de Adriano.

–Pues Atila le sirvió de instrumento a los comunistas. Todo eso vas a tener que investigarlo.

–Por supuesto –le dije yo y era la verdad: una cosa era que no estuviera de acuerdo con el tono anticomunista del discurso de Fidel Castro y otra cosa era que permitiera una infiltración no ya del periódico sino del magazine por la gente del partido: tenía que averiguar hasta el fondo lo que estaba pasando y una manera era enfrentar a Adriano directamente.

–No te ocupes –le dije a Franqui–, que yo me encargo de eso. Quiero decir, si no dudas de que yo sea capaz de encargarme de eso. ¿No sospecharás también que yo sea un infiltrado del partido?

Franqui se sonrió con su sonrisa tímida, todavía un tanto campesina.

–No –dijo–, de ninguna manera –y añadió–: Pero sí podías haber sido utilizado sin darte cuenta.

–Créeme que no ha sido así –le dije–, déjame ese asunto a mí y yo lo arreglo todo.

Eso acordamos.

Yo debí haber ido esa misma noche a ver a Adriano, pero decidí dejarlo para el otro día. Esa noche, a pesar de lo tarde que era, desperté a mi mujer para hacer el amor, ejercicio que hacía tanto tiempo (casi medio mes) que no practicaba. Me levanté tarde, sintiendo una rara sensación al despertarme y encontrarme en otra casa y, a pesar de haber vivido todos los últimos días en hoteles, me costó trabajo localizar las cosas en el cuarto, que no tenía ventanas sino una pared que era toda ventana con persianas Miami de arriba abajo y de derecha a izquierda. Decidí visitar a esa hora (era mediodía) a Adriano, quien también se levantaba tarde. Me recibió Adita, que después de los buenos días me dijo que Adriano estaba despierto pero todavía en la cama, y que yo podía entrar al cuarto si quería. Lo había hecho (entrar al cuarto de Adriano) muchas veces cuando estaba soltero y no veía yo por qué no debía hacerlo ahora que estaba casado y era su propia mujer quien me decía que podía pasar al cuarto. La puerta estaba abierta y Adriano estaba en la cama, leyendo (tal vez fuera Allah Hegel o Marx, su profeta, ya que dudo mucho que fuera Spinoza, a pesar de ser un lejano pariente, según la genealogía de Adriano en otros tiempos menos marxistas) y, al levantar los ojos, los abrió con admiración.

–Ah, caray –dijo–. ¡Nada menos que el viajero! Ya me extrañaba que no hubieras venido anoche.

–No –le dije–, tuve que trabajar.

–¿No en el cierre de *Carteles*? –me preguntó Adriano en broma.

–Casi en el cierre de *Lunes* –le dije yo en serio–. Y es por esto que he venido a verte tan temprano.

–Si quieres ser como me dices –dijo Adriano–, no ironices, no ironices.

Se rió y yo me sonreí.

–Sin ironías –le dije–, vengo a hablarte del magazine.

–Supongo –dijo Adriano–, que el ínclito Franqui ya te habrá ilustrado al respecto.

–Sí –dije–, me contó de una disparidad de criterio entre el contenido del magazine y la política del periódico.

–Si es que el periódico tiene política –dijo Adriano–, que no sea su anticomunismo feroz.

–No tan feroz, no creas –le dije–. Recuerda el número sobre literatura y revolución.

–Tú sabes que el contenido de ese número era más trotskista que otra cosa.

–Es posible –le dije yo, que no había venido a discutir ese número en particular, ni ningún otro número, sino el magazine en general–. Pero ahora quiero hablar de lo que ha pasado. Ya oí la versión de Franqui. Ahora quiero oír la tuya. Te advierto que no he hablado todavia con José Atila –Adriano se sonrió ante la mención del seudónimo–, ya que creo que tú habrás tenido más que ver que él en el problema boliviano.

–Bueno –dijo Adriano–, supongo que has leído el artículo en cuestión.

Le dije que no.

–Ah, ¿no? Pues léelo –me dijo Adriano–, y verás que no había motivo para la sonada desmentida que nos dieron en el periódico. Yo hablaba, para decirlo sucintamente, de la supuesta revolución boliviana (como recordarás, yo estuve en Bolivia el año pasado y nadie más del magazine ha estado, incluyéndote a ti en tu periplo sudamericano, que creo que Fidel Castro evitó Bolivia muy cuidadosamente), hablaba, como te digo, de la pseudorrevolución en Bolivia y esgrimía evidencias, ponía ejemplos concretos de por qué no se debía considerar a ese país un Estado en revolución ni mucho menos. Ante mis palabras supongo que Franqui saltaría atemorizado y es por eso que publicó ese cuadro en primera plana desmintiéndome. Ni siquiera llegó a esperar al número siguiente.

Hizo una pausa y yo le dije:

—No es ese número de que vengo a hablar concretamente sino de todo el magazine.

—¡Ah, caramba! —dijo Adriano, en una de sus exclamaciones—. De manera que hay que hablar de todo el magazine ahora.

—Eso parece —le dije—. ¿Qué pasó en realidad? ¿Es cierto que trataste de infiltrar el periódico a través del magazine? (No era esto precisamente lo que Franqui me había dicho, pero se sobreentendía.)

—Bueno —dijo Adriano—. Es cuestión de opinión.

—Quiero una respuesta concreta —le dije—: creo que tengo derecho a ella —invocaba mi condición de director del magazine, pero también de viejo amigo de Adriano.

—Concretamente —dijo Adriano—, hay una falacia *ad hominem*. ¿Cómo puedo infiltrar un sitio al que ni siquiera tengo acceso?

—Eso es muy fácil —le dije—, pudiste haberlo hecho a traves de José Atila.

—Ah —dijo Adriano—, el viejo Atila cabalga de nuevo. No, te voy a decir lo que en realidad pasó. Sí, es cierto que intenté —y voy a cargar con toda la culpa ya que la idea fue mía— derivar el magazine hacia una línea más a la izquierda.

—Yo diría —le dije interrumpiendo—, que sería más a la derecha, si tiene que ver con el partido.

—¿De manera que tú te creíste todo lo que publicamos —Adriano usaba el pronombre personal porque él se sentía parte integrante del magazine entonces— en el número de literatura y revolución?

—Por supuesto.

–Eso, mi admirado –dijo Adriano–, no fue más que infantilismo de izquierda, si fue de izquierda. Yo pensaba en una publicación avanzada.

–En la dirección –volví a interrumpirlo– del periódico *Hoy*, ¿no?

–No exactamente. El magazine podía seguir siendo lo que es, teniendo la influencia que tiene, pero no cargando con el lastre derechista del periódico y del ala derecha del 26 de Julio, que lo sostiene.

Hizo una pausa y luego siguió una frase como colofón:

–Si es de esto de lo que me acusas, me declaro culpable. Mea culpa, mea máxima culpa.

Adriano, como Fidel Castro, no podía ocultar que había sido educado por los jesuitas. A propósito de este pensamiento, varió de dirección pero no de sentido y me preguntó:

–¿Y qué te ha parecido el Máximo Líder después de convivir con él casi un mes?

Ya no había que dilucidar acerca del magazine: Adriano se declaraba culpable de lo que lo había acusado Franqui: era cierto que trató de infiltrar el periódico a través del magazine, no quedaba más que separarlo definitivamente del magazine y ahora que yo estaba de regreso y en guardia contra él, nada podía ser más fácil –no había pues por qué no hablar de otra cosa. De Fidel Castro, por ejemplo.

–Ah –dije sentándome en el borde de la cama–, me ha engañado totalmente.

–¿Engañado? ¿Por qué? ¿Y cómo?

Traté de responder a sus tres preguntas con una sola respuesta:

–Bueno, yo creía, sinceramente, que había cambiado. Lo creí desde su desembarco y lo seguí creyendo todos estos años y lo creí más aún cuando Franqui me hablaba de Fidel Castro –antes del desembarco, cuando fue a verlo a México– como si se tratara de un apóstol: una encarnación de Martí y Maceo. Lo seguí creyendo la noche que habló por primera vez por televisión, cuando aprovechó el momento para hacer papillas al Directorio: hasta eso le perdoné. Pero ahora, durante el viaje, he comprobado que es el mismo Fidel Castro de siempre, el Fidel Castro de la esquina de Prado y Virtudes, el Fidel Castro que mató a Manolo Castro, sin parentesco –le dije en broma, tratando de suavizar mi diagnóstico–, el mismo Fidel Castro autoritario y gangsteril que yo tenía en la trastienda de la memoria. Vamos hacia días peores y creo que serán días de una dictadura anticomunista pero de una dictadura ni más ni menos.

Me callé más de un momento y Adriano se pellizcó el labio inferior con el índice y el pulgar de la mano izquierda y después dijo:

–¡Ah, caray! –y también se calló. Después dijo–: Razón de más para estar más cerca del Partido –para él siempre sonaba a Partido con mayúscula–, ¿no crees?

–No, no creo, porque el partido está fosilizado y no hay quien lo cambie. Lo que creo es que hay que fortalecer el 26 de Julio como sea y al mismo tiempo impedir que Fidel Castro se haga amo absoluto de Cuba.

–Tarea nada fácil –dijo Adriano–, considerando que en el 26 de Julio hay gentes como Franqui y otros tantos que idolatran a Fidel Castro.

–Ah, ¿tú ves? –le dije–. Ahí sí creo que tienes razón. Pero también creo que Franqui puede cambiar y hay otra gente en el 26 de Julio que puede cambiar y aunque su ala derecha es enemiga nu... mía –casi iba a decir nuestra–, creo que hay gente ahí con verdadera vocación democrática: es a ésos a los que hay que ganar.

–Tarea ímproba –dijo Adriano.

–Pero me parece mucho más noble, no, noble no es la palabra, más válida si tú quieres que infiltrar de comunistas el periódico.

–Bueno –dijo Adriano–, pero en ese caso, en mi caso, no ha habido infiltración: eso es una calumnia de Franqui –pero no había suficiente convicción en las palabras de Adriano, o mejor sería decir que no me comunicaba a mí la convicción de que él era inocente de lo que se le acusaba: me fui de la casa con la convicción de su no convicción y quedamos amigos, pero la amistad se colocaba ahora en una suerte de tierra de nadie.

Curioso, caray, era la segunda vez que Adriano me traicionaba, pero ahora era una traición política, en que la amistad no quedaba comprometida, como la vez anterior, por su relación con la falsa Bettina Brentano. Pero entonces como ahora había una ambigüedad de mi parte: tal vez también ahora yo lo había alentado a que me traicionara, compartiendo demasiado a menudo sus puntos de vista, aun jugando con un compromiso con los comunistas, para quienes tenía una ambivalencia de sentimientos. En todo caso no rompí del todo con él como la vez anterior. Verdad que no había (como lo fue la pseudo Bettina Brentano) alguien que lo alentara a aceptar un rompimiento o a romper él a su vez conmigo.

Al salir del Focsa, me encontré con Queta Far. Venía como salida de otro libro: todavía rubia desvaída, todavía patata, todavía pálida y sonriendo una sonrisa secreta bajo la luz del día. Iba sola.

—Queta, ¿tú por aquí?

—¡Ah, qué bien! Te estaba buscando.

—¿A mí?

—Sí, a ti. Me preguntaba ahora mismo dónde encontrarte.

Ésa era Queta: siempre igual, siempre distinta, diferente a sí misma.

—¿Tú te acuerdas que yo me preguntaba quién sería la soprano calva?

No tenía la menor idea de qué hablaba.

—Sí, claro.

—Ah, ya sabía que te acordarías. Tienes una memoria prodigiosa.

—¿Quién era la soprano calva?

—Era no, es.

Se sonrió aún más, alumbrada por un rayo de sol como iluminada.

—La soprano calva es la muerte.

—¿La soprano calva es la muerte?

—La soprano calva es la muerte. Bueno, adiós.

No dijo más y desapareció tras la otra esquina a la que sin saberlo habíamos caminado.

Posdatas

Principios de 1961

Cuando ya había obtenido la visa americana, me encontré a Silvio por la que creí la última vez.

Le hablé de La Habana, de cómo sería su fantasma, de cuánto la recordaría en el futuro, de cómo cada pasado sería su presente y me replicó:

–*Nostalgia rhymes with neuralgia. I aspire to the condition of aspirin*, aunque todos nosotros somos un caso Dreyfus: inocentes condenados a la Isla del Diablo. No sólo la historia, sino la geografía nos condena. Han hecho truco hasta con la topografía. Nacimos en un oasis y con un pase de mano nos encontramos en pleno desierto. Tendremos que acudir a la topología para desatar este nudo gordo.

Quise imitar al Dr. Johnson y comencé:

–Sir...

–O no sir –concluyó Silvio.

–Iba a hablar del patriotismo.

–Sí, ya sé: es el último refugio del pícaro. Lo has hecho miles de veces. Todo el mundo lo ha hecho. Hasta Kubrick. ¿O era Kirk Douglas?

–Douglas Sirk. Lo que iba a decir cuando fui tan atrozmente interrumpido es que el patriotismo es el primer refugio del pícaro. Su refugio es su patria.

–Dos patrias tengo yo: la historia y la geografía. Aquellos que olvidan su geografía están obligados a recorrerla. La historia siempre se repite. La primera vez como historia, la segunda como geografía. El hombre es un animal geográfico. La historia no es más que geografía en movimiento, una suerte de isla flotante. Las islas tienden a dominar el continente. Me sé todas esas citas. Son tantas que podrías construir una casa de citas.

Tuve que reírme. Yo siempre termino por reír. Tengo que reírme como hombre de lo que he perdido como mujer. Tienda de citas.

Mediados de 1962

Las revoluciones son el final de un proceso de las ideas, no el principio, y es siempre un proceso cultural, nunca político. Cuando interviene la política –o mejor los políticos– no se produce una revolución sino un golpe de estado y el proceso cultural se detiene para dar lugar a un programa político. La cultura entonces se convierte en una rama de la propaganda. Es decir, las ilusiones de la cultura, el sueño de la razón, se transforman en pesadilla. Pensaba esto mientras caminaba con Adriano por el Malecón, recorriéndolo no sabía por qué desde La Punta para arriba, como si el camino fuera una culminación. Después que Adriano me hubo confesado su desilusión y que lo felicitara no por su puesto sino por su ida, recomendándole que no regresara, me preguntó de pronto:

–¿Te acuerdas de las tardes del Yank, de los *steaks* tejanos que en realidad venían de Camagüey y de los *strawberry shortcakes* que tú siempre rebautizabas como *shortcuts*, la trocha a la noche de paseos y de aventuras?

–Claro que lo recuerdo.

–¿Te acuerdas de las idas al Mambo Club, yo a buscar a Magaly, la puta tan buena que era la mejor pagada y se podía dar el lujo de manejar un Fiat convertible blanco, y cómo tú descubriste que había una mesa dedicada solamente a contener las carteras de las pupilas y a ti te fascinaba y al mismo tiempo horrorizaba esa mesa toda llena de carteras?

–Y de música de Alas, de Alas del Casino, que siempre sonaba en la vitrola.

–Todo Dadá.

—*My part belongs to Ada* —como tal vez diría nuestro ido Silvio Rigor.

—Sí. Hasta los juegos políticos, creando invisibles grupos terroristas intelectuales que eran menos efectivos que peligrosos para nosotros todos. ¿Te acuerdas de cómo Silvio Rigor disolvió una reunión clandestina al llegar el llamado Raymond Windy y coincidir su llegada con Javier de Varona que decía: «Hay que tomar posiciones». Y Silvio, tirado en mi cama, totalmente vestido y calzado, con traje, cuello y corbata y zapatos que nunca limpiaba, respondió, arqueando el cuerpo obscenamente: «Sí, posiciones. Ventoso así y yo así», sugiriendo que se tiraría al cada vez más asombrado Raymond Windy, que salió de la reunión y de la casa para no volver jamás? ¿Te acuerdas? Fue aquélla la mejor época de nuestra vida.

—Sí —le dije—. Es muy posible que fuera la mejor.

Colofón

Olga Andreu, José Hernández *Pepe el Loco*,
Miguel Ángel Quevedo, Alberto Mora,
Javier de Varona, Haydée Santamaría
y Osvaldo Dorticós, todos se suicidaron.

Adriano murió en el exilio alcoholizado
y con graves problemas mentales.
Falló en varios intentos de suicidio.

Ellos, él y ella, se volvieron a juntar
y ya no se separaron más y viajaron mucho
y conocieron países extraños.

«Para viajar lejos no hay mejor nave que un libro.»

Emily Dickinson

Gracias por tu lectura de este libro.

En **penguinlibros.club** encontrarás las mejores
recomendaciones de lectura.

Únete a nuestra comunidad y viaja con nosotros.

penguinlibros.club